böhlau

Brüche und Kontinuitäten

Forschungen zu Kunst und Kunstgeschichte
im Nationalsozialismus

Band 11

Herausgegeben von
Magdalena Bushart und Christian Fuhrmeister

Sophia Barth-Coorssen

Die Kunst des Geschäftemachens

Alois Miedl (1903–1970) – Eine Biografie zwischen Kommerz und Kunst

BÖHLAU

Zugleich Dissertation der LMU, München, 2024

Bibliografische Information der Deutschen Nationalbibliothek:
Die Deutsche Nationalbibliothek verzeichnet diese Publikation in der Deutschen Nationalbibliografie; detaillierte bibliografische Daten sind im Internet über https://dnb.de abrufbar.

Umschlagabbildung: Alois Miedl, ca. 1940 © Stadsarchief Amsterdam, Archief van de Gemeentepolitie, Eintragsnummer 5225, Inventarnummer 4327, Scan 142.

Umschlaggestaltung: Michael Haderer, Wien
Korrektorat: Simone Buckreus, Regensburg
Satz: büro mn, Bielefeld
Druck und Bindung: Prime Rate, Budapest
Printed in the EU

Vandenhoeck & Ruprecht Verlage | www.vandenhoeck-ruprecht-verlage.com
E-Mail: info@boehlau-verlag.com

ISBN 978-3-412-53278-9

Inhalt

Danksagung

Während des fünfjährigen Entstehungsprozesses der vorliegenden Studie haben mich zahlreiche Personen auf meinem Weg begleitet und tatkräftig unterstützt, denen ich an dieser Stelle meinen herzlichen Dank aussprechen möchte.

Mein aufrichtiger Dank gilt Dr. Ilse von zur Mühlen, die mich im Rahmen einer Tagung im Jahr 2017 auf Alois Miedl und den – in Anbetracht seiner bedeutenden Rolle im NS-Kunsthandel – bemerkenswerten Umstand hinwies, dass eine fundierte Rekonstruktion seiner Biografie bis dato aussteht. Ihre wegweisende Anregung hat also den Grundstein für diese Dissertation gelegt.

Meinem Doktorvater Prof. Dr. Christian Fuhrmeister verdanke ich bereits vom Anfang meiner akademischen Ausbildung an wertvollen Rat und konstruktive Impulse durch offene, reflektierende Gespräche. Im Kontext der vorliegenden Studie möchte ich ihm vor allem dafür danken, dass er nicht nur meine Überzeugung von der Relevanz einer wissenschaftlichen Auseinandersetzung mit der Person Alois Miedl geteilt, sondern mich auch darin bestärkt hat, die gesamte Biografie – einschließlich ihrer wirtschafts-, rechts- und zeithistorischen Dimensionen – zu erfassen. Darüber hinaus hat er maßgeblich dazu beigetragen, die strukturellen und methodischen Weichen für diese Studie zu stellen.

Zu Dank verpflichtet bin ich außerdem Prof. Dr. Meike Hopp in Berlin, die sich trotz der räumlichen Distanz zu München sofort dazu bereit erklärt hat, die Funktion der Zweitgutachterin zu übernehmen. Für ihre Zeit und Mühe, die sie in die Begutachtung meiner Arbeit investiert hat, bin ich ihr dankbar.

Im universitären Bereich möchte ich abschließend Prof. Dr. Magnus Brechtken für sein explizites Interesse an der Studie und seine Bereitschaft danken, als Drittprüfer in der Disputation mitzuwirken.

Angesichts der zentralen Bedeutung der Primärquellen für die Realisierung dieser Studie gilt mein großer Dank den Mitarbeitern der zahlreichen nationalen und internationalen Archive, Bibliotheken, Museen und Forschungseinrichtungen, auf deren Expertise ich mich bei der Bereitstellung selbst umfangreicher Materialien immer verlassen konnte.

Zuletzt möchte ich mich von Herzen bei meinen Freunden und meiner Familie für ihre unermüdliche Unterstützung bedanken. Insbesondere meine Eltern und mein Ehemann haben meine Arbeit mit einem über die Jahre nie nachlassenden Interesse begleitet, mich in schwierigen Phasen motiviert und den in jeder Hinsicht festen Rückhalt gegeben, der mir die Durchführung dieser Studie ermöglichte.

München, Mai 2025
Sophia Barth-Coorssen

1. Warum diese Studie?

Das Geschäftemachen mit Kunst hat in Form des Art Flipping – einer Praxis, bei der Kunstwerke erworben werden, um sie schnell und vor allem gewinnbringend weiterzuveräußern – in den letzten Jahren auf den Kunstmärkten zu kontroversen Debatten geführt. Forciert wird diese spekulative Praxis durch Internetplattformen, die tagesaktuell auf Basis quantitativer Analysen zum Kauf oder Verkauf bestimmter Kunstwerke animieren. Unverkennbar ist dabei die Analogie zu den Praktiken auf den Aktienmärkten. Während derartige Spekulationsgeschäfte dort die Norm darstellen, rufen sie auf den Kunstmärkten durchaus Kritik hervor. Der kunsthistorisch-soziologische Diskurs der letzten Jahrzehnte insistiert jedenfalls, dass Kunst und Geld distinkte Sphären seien[1] und dass die Kunst eine Art exterritoriale Enklave in einer marktorientierten Welt sei.[2] Die Kernaussage, die Kunst sei ihrem Wesen nach mit dem Kommerz letztlich unvereinbar, vertrat bereits der als „Ahnvater des modernen Galeristen" bezeichnete Franzose Paul Durand-Ruel, wenn er postulierte: „Ein echter Kunsthändler muss gleichzeitig auch ein aufgeklärter Kunstliebhaber sein, der, wenn nötig, bereit ist, sein unmittelbares geschäftliches Interesse seiner künstlerischen Überzeugung zu opfern, und lieber gegen Spekulanten kämpft, als dass er sich an ihren Machenschaften beteiligt."[3] Im Kunsthandel des frühen 20. Jahrhunderts dominierten zumeist Kunsthistoriker, Sammler und Mäzene zeitgenössischer Künstler wie etwa Alfred Flechtheim oder Paul Cassirer, die im Ruf standen, diesem Idealtypus zu entsprechen. Dagegen betätigten sich im Nationalsozialismus immer mehr kunstferne Laien augenscheinlich aufgrund vornehmlich ökonomischer Anreize als Kunsthändler. Die Kölnische Zeitung kommentierte diese Entwicklung im April 1942 pointiert: „Die Marktbedingungen des 17. Jahrhunderts scheinen zurückgekehrt zu sein, als der Beruf des Kunsthändlers noch nicht existierte und unzählige Menschen wie Bäcker, Metzger, Juweliere, Buchhalter und Floristen im Kunsthandel tätig wurden."[4]

Einer dieser Quereinsteiger war der 1903 in München geborene Bankkaufmann Alois Miedl, der sich in den 1930er Jahren als von Amsterdam aus agierender Geschäftsführer mehrerer weltweit tätiger Unternehmen bei hochrangigen NS-Funktionären den Ruf erworben

1 Landwehr, Manuela: Kunst und ökonomische Theorie, Wiesbaden 1998, S. 1.

2 Schultheis, Franz: The Art, the Market, and Sociology. Concluding Remarks, in: Glauser, Andrea u. a. (Hrsg.): The Sociology of Arts and Markets. New Developments and persistent Patterns, Cham (CH) 2020, S. 413. – Für eine ausführliche ökonomische Betrachtung des Kunstmarkts, s. Jeuthe, Gesa: Kunstwerke im Wandel. Die Preisentwicklung der deutschen Moderne im nationalen und internationalen Kunstmarkt 1925 bis 1955, Berlin 2010.

3 Zitiert nach Cabanne, Pierre: Die Geschichte großer Sammler. Von der Liebe zu großen Kunstwerken und der Leidenschaft sie zu sammeln, Bern/Stuttgart 1961, S. 102.

4 Zitiert nach Den Hollander, Pieter: Roofkunst. De zaak Goudstikker, Amsterdam 2007, S. 130.

hatte, „wertvolle Dienste für die deutsche Volkswirtschaft“[5] zu leisten. Nach der deutschen Okkupation der Niederlande im Mai 1940 eröffnete sich ihm der dortige Kunstmarkt als neues, vielversprechendes Geschäftsfeld durch die ‚Arisierung‘ des international renommierten Amsterdamer Kunsthandels von Jacques Goudstikker, einem „echten Kunsthändler“ im Sinne von Durand-Ruel. Finanziell maßgeblich an diesem Zwangsverkauf beteiligt war Reichsmarschall Hermann Göring, der den gesamten von Goudstikker aufgebauten Handelsbestand für sich beanspruchte und auch in den folgenden Kriegsjahren umfangreiche Käufe bei dem nun als „voorheen J. Goudstikker N.V.“ firmierenden Kunsthandel tätigte. Die überragende Rolle, die Miedl bei der Erweiterung der größten Kunstsammlung in Privatbesitz während des Nationalsozialismus[6] spielte, bestätigte Göring lapidar im Nürnberger Hauptkriegsverbrecherprozess: „Er war, könnte man sagen, mein Hauptkunsthändler.“[7] Trotz der jahrelangen Vormachtstellung Miedls auf dem niederländischen Kunstmarkt durch die „Verwertung“ sämtlicher verfügbarer Ressourcen und der Reputation des ursprünglichen Kunsthandels J. Goudstikker ist seine Biografie bis dato in weiten Teilen ein Desiderat der NS-Kunstmarkt- und Provenienzforschung geblieben.

Weshalb Miedl in der entsprechenden Fachliteratur lange Zeit nur am Rande erwähnt wurde,[8] liegt kaum an der Abwertung des Genres Biografie, das im späteren 20. Jahrhundert in multidisziplinären Debatten als „theoretisch naiv“[9] gebrandmarkt wurde, sondern an den Herausforderungen der Quellenlage sowie den Forschungsfragen, die einen Akteur wie Miedl bislang nicht als relevant erachteten. Eine gewisse Rolle spielte die Skepsis gegenüber dem Genre allerdings durchaus. Von dem zugrunde liegenden Gedanken, die Fokussierung auf Individuen erschwere, ja verhindere sogar substanzielle Erkenntnisse zu gesellschaftlichen

---

5 NARA, M1944, RG 239, The Roberts Commission, 1943–1946, Subject Files, 1940–1946, Menten, H. W., Schreiben von Heinrich Himmler und Rudolf Heß an das Reichsjustizministerium, 4.7.1935, unfoliiert.

6 Hermann Göring wurde in seiner Sammelambition nur noch von Adolf Hitler übertroffen. Letzterer erwarb einen Großteil der Kunstwerke jedoch nicht für seine Privatsammlung, sondern für das geplante ‚Führermuseum‘ in Linz, s. Von zur Mühlen, Ilse: Die Kunstsammlung Hermann Göring. Ein Provenienzbericht der Bayerischen Staatsgemäldesammlungen, München 2004, S. 25; Schwarz, Birgit: Geniewahn: Hitler und die Kunst, Wien 2024.

7 NARA, M1922, RG 260, Records of the External Assets Investigation Section of the Property Division, OMGUS, 1945–1949, General Records pertaining to External Assets Investigations, 1939–1950, Interrogations of Hermann Göring, Mrs. Göring and Friends of the Family: Göring, H. – Sonnemann, E., Befragung Hermann Göring, 22. Dezember 1945, unfoliiert.

8 Exemplarisch genannt werden könnten: Kurz, Jakob: Kunstraub in Europa 1938–1945, Hamburg 1989; Petropoulos, Jonathan: Kunstraub und Sammelwahn. Kunst und Politik im Dritten Reich, Berlin 1999; Yeide, Nancy: Beyond the Dreams of Avarice. The Hermann Goering Collection, Dallas 2009; Rydell, Anders: Hitlers Bilder. Kunstraub der Nazis – Raubkunst der Gegenwart, Frankfurt a. M. 2014.

9 Klein, Christian: Handbuch Biographie. Methoden, Traditionen, Theorien, Stuttgart 2009, S. 113.

Strukturen und historischen Prozessen, löste man sich erst allmählich ab den 1980er Jahren, als alltags-, kultur- und gendergeschichtliche Fragestellungen Eingang in den Diskurs fanden. Vor allem vor dem Hintergrund der wissenschaftlichen Auseinandersetzung innerhalb der Neuen Kulturgeschichte festigte sich schließlich in den 1990er Jahren die Ansicht, dass gerade durch die „Auslotung des Spannungsverhältnisses zwischen Singularität und Repräsentativität"[10] eines Individuums Rückschlüsse auf größere historische Kontinuitäten und Brüche gezogen werden können. Dieses spezifische Potenzial der Biografik kann sich insbesondere bei NS-Tätern[11] offenbaren, deren individuelles Handeln den teils permissiven, teils restriktiven Rahmenbedingungen des diktatorischen Systems einerseits unterworfen war und gleichzeitig diese widerspiegelt und konkretisiert. Dass Miedl in diesem Kontext zu den Akteuren gehört, über die noch zu wenig bekannt ist, stellte der Schweizer Historiker und Journalist Thomas Buomberger schon 1998 fest.[12] Es vergingen jedoch noch über zwanzig Jahre, bis erste Publikationen zu Miedl erschienen, die sich selektiv mit bestimmten Aspekten seiner Biografie befassten.[13]

Um die Kontinuität von Miedls systemübergreifenden Erfolg gründlicher rekonstruieren, differenziert kontextualisieren und problematisieren zu können, bedarf es anstelle eines kursorischen Ansatzes einer quellenbasierten sowie -kritischen Gesamtschau, wobei Miedls immanente enorme Vielschichtigkeit hauptverantwortlich für das bisherige Ausbleiben gerade einer solchen Synopse zu sein scheint. So gilt es nicht nur, Miedl als „eine der meistumstrittenen"[14] oder „schillerndsten Figuren des NS-Kunsthandels"[15] auf den wissenschaftlichen Prüfstand zu stellen, sondern auch unter dem Blickwinkel transnationaler Karrieren seine umfangreichen Wirtschafts- und Finanzgeschäfte innerhalb Europas, Nord- und Südamerikas, Asiens sowie Afrikas als akteurszentrierte Globalisierungsgeschichte avant la lettre detailliert zu beleuchten. Seine Aktivitäten reichten vom Handel mit Gebrauchsartikeln wie etwa Kosmetik, Kinderspielzeug und Küchenutensilien über Transaktionen im Rohstoffsektor bis zu Waffen- und Kunstgeschäften. Ausschlaggebend dafür, Miedls Unternehmungen

10 Koll, Johannes: Biographik und NS-Forschung, in: Neue Politische Literatur. Berichte über das internationale Schrifttum, Jg. 57 Heft 1, 2012, S. 67–69, hier S. 69.

11 Diese Arbeit folgt der relativ expansiven Definition des NS-Täterbegriffs von Koll, laut dem „unter Tätern all jene zu verstehen [sind], die – aus welchen Motiven und mit welcher Zielsetzung auch immer – zumindest zeitweilig das NS-Regime unterstützt oder mitgetragen haben.", s. Koll 2012, S. 74.

12 Buomberger, Thomas: Raubkunst – Kunstraub. Die Schweiz und der Handel mit gestohlenen Kulturgütern zur Zeit des Zweiten Weltkriegs, Zürich 1998, S. 156.

13 Fiebig, Nils: Alois Miedl – Der Bankier und die Raubkunst. Geschäfte im Schatten der Macht, Würzburg 2020; Martorell, Miguel: El expolio nazi, Barcelona 2020; Flick, Caroline: Verwertungskampagne. Beobachtungen zur niederländischen Kunsthandlung Goudstikker-Miedl, Berlin 2022, in: carolineflick.de, https://carolineflick.de/verwertungskampagne/ [zuletzt aufgerufen 6.5.2023].

14 Haase, Günther: Kunstraub und Kunstschutz, Bd. I, Norderstedt 2008, S. 260.

15 Buomberger 1998, S. 88.

außerhalb des Kunsthandels in eine kunsthistorische Forschungsarbeit aufzunehmen und zu analysieren, ist nicht der Umstand, dass er nur fünf Jahre hauptberuflich als Kunsthändler tätig war. Tatsächlich basiert diese Entscheidung nur nachrangig auf einem Anspruch chronologischer Vollständigkeit. Vielmehr erweist sich Miedl infolge des breiten Spektrums seiner Aktivitäten auf einer Metaebene als Idealfall für jene neue reflektierte Biografik, die „in hohem Maß das Potenzial zu inter- und multidisziplinärer Forschung“[16] besitzt. Darüber hinaus kann dadurch die These erörtert werden, Miedls Kenntnisse, Tätigkeiten und Kontakte im Finanz- und Wirtschaftssektor der Zwischenkriegszeit hätten seinen späteren Erfolg im nationalsozialistischen Kunsthandelssystem erst ermöglicht.

Ausgehend davon soll der Frage nachgegangen werden, ob – und wenn ja, inwieweit – Miedl genuin profitorientierte Strategien aus seinem bisherigen Berufsleben auf den Kunstmarkt eines Besatzungssystems übertrug und durch eine Reduzierung von Kunstwerken auf ihren Warencharakter von dem anfangs zitierten Durand-Ruel'schen Idealbild eines Kunsthändlers abweicht. Hierfür wird anhand ausgewählter Beispiele gehandelter Werke der Versuch unternommen, Charakteristika und Strategien seiner An- und Verkaufspolitik zu identifizieren. Diese im Detail mit Miedls Kollegen auf dem niederländischen Kunstmarkt abzugleichen, würde indes den Umfang dieser Arbeit sprengen, da Voraussetzung dafür die bisher nicht erfolgte Analyse der Usancen der entsprechenden Kunsthandlungen wäre. Die in dieser Studie vorgenommene synoptische Auswertung der dokumentierten Handelstransaktionen von Miedl im Zeitraum 1940 bis 1945 ermöglicht jedoch, Veränderungen seiner Geschäftsstrategie nicht nur zu identifizieren, sondern auch mittels Kontextualisierung dahingehend einzuordnen, ob sie Tendenzen auf dem niederländischen Kunstmarkt widerspiegelten oder davon abwichen.

Um die Strukturen und Mechanismen des Miedl'schen Kunsthandelssystems jenseits der summarischen Bilanzangaben detailliert abzubilden, muss aufgeschlüsselt werden, welche Werke zu welchen Preisen auf welche Art und Weise gekauft oder veräußert wurden, vor allem aber, von wem sie angeboten wurden und wer sie erwarb. Hierzu war es notwendig, die erhaltenen Geschäftsbücher und Fakturen des Kunsthandels voorheen J. Goudstikker systematisch zu bearbeiten und zu kompilieren. Erklärtermaßen geht es dagegen in dieser Studie nicht um die Aufklärung der Provenienzen sämtlicher von Miedl gehandelter Kunstgegenstände. Die Objektebene wird deshalb inkludiert, da erst auf Basis der Analyse der Handlungs- und Gestaltungsspielräume die übergeordneten Bezugssysteme empirisch fundiert in den Blick genommen werden können. Von Interesse sind dabei unter anderem folgende Fragen: Welchen Anteil an Miedls Anbieter- sowie Kundenkreis hatten Personen, die hauptberuflich auf dem Kunstmarkt tätig, in anderen Geschäftsfeldern aktiv oder NS-Funktionsträger waren? Welchen Nationalitäten gehörten sie an und wie häufig waren sie sowohl Verkäufer als auch Käufer? Zudem soll untersucht werden, inwiefern sich im Verlauf von fünf Jahren diesbezüglich Veränderungen feststellen lassen und inwieweit Miedl

16 Koll 2012, S. 69.

gewisse Gruppen etwa aufgrund persönlicher oder geschäftlicher Beziehungen bevorzugte. Eine Zusammenschau dieses heterogenen Personenkreises stellt letztlich nicht nur eine elementare Voraussetzung zum Verständnis von Miedls Kunsthandelstätigkeit dar, sondern kann auch Lücken schließen, die für die kunsthistorische Forschung zum ‚Dritten Reich' insgesamt relevant sind.

Die Geschäftsunterlagen der ‚arisierten' Kunsthandlung voorheen J. Goudstikker erweisen sich als überaus ergiebig, da sie im Gegensatz zu vielen ebenfalls in der Branche tätigen Unternehmen, zum Beispiel dem „Münchner Kunsthandel Xaver Scheidwimmer", weitgehend erhalten geblieben sind. Im Rahmen einer quellenkritischen Auseinandersetzung mit diesen Dokumenten wird jedoch beim Abgleich mit Aktenmaterial der Nachkriegszeit und neueren Erkenntnissen der Provenienzforschung immer wieder ersichtlich, dass Details zu Transaktionen wie beispielsweise Werkzuschreibungen oder Personen falsch verzeichnet wurden. Im Fall solcher nachweisbaren Fehler gilt es einzuschätzen, ob sie versehentlich oder aber intentional waren, insbesondere ob sie zur Verschleierung fragwürdiger Geschäfte wie dem Erwerb von NS-verfolgungsbedingt gefährdeten[17] beziehungsweise dem Handel mit NS-verfolgungsbedingt entzogenen Kulturgütern dienten. Bei über 5.000 gehandelten Gemälden und Grafiken[18] ist es allerdings unvermeidbar, dass nicht alle Widersprüche geklärt werden können. Um die teils divergenten, teils kongruenten Informationen zu den Werken bündeln zu können, wurde auf Grundlage der ausgewerteten Primär- und Sekundärquellen eine objektbezogene Datenübersicht in Form einer strukturierten Exceltabelle erstellt. Nachdem ein Mitarbeiter der Kunsthandlung die Geschäftsunterlagen zu Plastiken, Skulpturen und Möbelstücken sowie Tapisserien und Teppichen bereits 1942 als „sehr mangelhaft"[19] bewertete, sind diese Transaktionen vorerst nicht aufgenommen worden. Anfangs nur als Hilfsmittel gedacht, um angesichts des immensen Handelsbestands nicht den Überblick zu verlieren, hat die Tabelle in ihrer über mehrere Jahre gewachsenen Form das Potenzial, ihrerseits zukünftig als Quelle für objekt- und personenbezogene Recherchen der NS-Kunstmarkt- und Provenienzforschung sowie der NS-Biografik zu dienen.

Während Miedls Aktivitäten im NS-Kunsthandel trotz quellenbedingter Hürden mehrheitlich rekonstruiert, kontextualisiert und damit letztlich auch bewertet werden können, gestaltet sich eine Einschätzung seiner persönlichen Einstellung zum Nationalsozialismus

---

17 Da der seit 1999 im deutschsprachigen Raum gebräuchliche Terminus „NS-verfolgungsbedingt entzogenes Kulturgut" eine bereits erfolgte Enteignung voraussetzt, wird hier und im Folgenden für Kulturgüter, die sich während des ‚Dritten Reichs' im Besitz von NS-Verfolgten befanden, der Terminus „NS-verfolgungsbedingt gefährdetes Kulturgut" eingeführt.

18 Den Hollander, Pieter/Müller, Melissa: Jacques Goudstikker, in: Müller, Melissa/Tatzkow, Monika (Hrsg.): Verlorene Bilder, Verlorene Leben. Jüdische Sammler und was aus ihren Kunstwerken wurde, München 2014, S. 227.

19 NL-HaNA, NBI 2.09.16 Nr. 854, Inventaris van het dossierarchief van het Nederlandse Beheersinstituut, en van de in beslag genomen administraties, 1945–1967, Correspondentie, u. a. H. Zimmermann, München, Kunsthandel v/h J. Goudstikker an Schantung Handels AG, 27.10.1942, unfoliiert.

als wesentlich schwieriger. So versorgte er als Ehemann einer Frau jüdischer Abstammung andere vom Regime verfolgte Personen mit Lebensmitteln, erwirkte Freilassungen aus der ‚Schutzhaft' und unternahm in mehreren Fällen Schritte, um Deportationen zu verhindern oder zumindest zu verzögern. Gleichzeitig veranstaltete er unter anderem zu Ehren von Hitlers Geburtstag jährlich ausschweifende Feste, an denen sowohl langjährige Freude wie Heinrich Hoffmann, dessen Tochter Henriette von Schirach oder Görings Schwester Olga Rigele teilnahmen als auch neue Bekannte wie Willy Lages und Ferdinand aus der Fünten, die als Leiter des Amsterdamer ‚Sicherheitsdienstes' und der ‚Zentralstelle für jüdische Auswanderung' maßgeblich für die Deportationen in den Niederlanden verantwortlich waren. Dieses paradoxe Verhalten ist jedoch kein Alleinstellungsmerkmal von Miedl, sondern findet sich regelmäßig in Biografien über Profiteure des NS-Kunstmarktes. Wie schon Meike Hopp in ihrer Dissertation über Adolf Weinmüller darstellte,[20] gründete eine solch opportunistische Haltung gegenüber dem System vermutlich vor allem auf dem unbedingten Willen, höchstmöglichen Profit zu generieren. Dass sich dieses Vorgehen für Miedl auszahlte, beweist wohl am anschaulichsten der in wenigen Jahren allein durch Gemäldeverkäufe erzielte Umsatz von geschätzten neunzehn Millionen Gulden,[21] nach heutiger Kaufkraft äquivalent zu 107 Millionen Euro.

Angesichts eines derartigen Umsatzvolumens verwundert es nicht, dass die alliierten Kunstschutzeinheiten Miedl schon ein Jahr nach Kriegsende zum „Dreh- und Angelpunkt [ihrer] Untersuchungen hinsichtlich des deutschen Kunstraubs in Holland"[22] erklärten. Ausführlichen Befragungen – wie im Fall von Walter Andreas Hofer oder Maria Almas-Dietrich – konnte sich Miedl durch seine schon 1944 erfolgte Übersiedlung nach Spanien entziehen. Da er sich unter dem Schutz des faschistischen Franco-Regimes darauf beschränken konnte, nach Gutdünken Informationen preiszugeben, mussten sich die Alliierten trotz intensiver Recherchen letztlich mit der ernüchternden Schlussfolgerung zufriedengeben, er habe „seine Spuren im Großen und Ganzen so sorgfältig verdeckt, dass allein dieser Umstand zur starken Vermutung führe, etwas Schlechtes würde sich darunter verstecken."[23]

---

20 Hopp, Meike: Kunsthandel im Nationalsozialismus. Adolf Weinmüller in München und Wien, Köln/Weimar/Wien 2012, S. 17–18.

21 Euwe, Jereon: De Nederlandse Kunstmarkt 1940–1945, Amsterdam 2007, S. 83; SAA 1341 Nr. 112, Archief van Jacques Goudstikker en Desi Goudstikker-Halban, 1898–1990, Rapport van de Centrale Accountants Dienst van het Ministerie van Financien aan het NBI van het onderzoek naar de voorwaarden waaronder door de beheerders van het vermogen van Alois Miedl en van den Kunsthandel v. h. J. Goudstikker N. V. restitutie van vermogenswaarden heeft plaatsgevonden aan de Kunsthandel J. Goudstikker N. V., 7. 11. 1951, Bl. 12.

22 NARA, M1944, RG 239, The Roberts Commission, 1943–1946, Subject Files, 1940–1946, Art Looting Investigation Unit: Final Report, 1. 5. 1946, Bl. 3.

23 Im Original: „Throughout he has covered his tracks so carefully that this alone gives rise to strong suspicions that there is something bad underneath it all", s. NARA, M1946, RG 260, Records

Anstelle sich in Spanien unauffällig zurückzuziehen, wo Vorbehalte dieser Art keine negativen Konsequenzen für ihn hatten, verschrieb sich Miedl in den folgenden Jahren seiner umfassenden Rehabilitierung. Auf welche Methoden und Strategien er dabei zurückgriff, muss ebenso erörtert werden wie die Frage, ob seine Kontakte, Kenntnisse und Einnahmen aus dem Kunsthandel sich in diesem Kontext als hinderlich oder eher vorteilhaft erwiesen. Dass sein Vorhaben zumindest partiell von Erfolg gekrönt war, belegt unter anderem seine problemlose Rückkehr nach München Mitte der 1950er Jahre. Dem Kunsthandel hatte er den Rücken gekehrt, betätigte sich vielmehr bis zu seinem Tod im Jahr 1970 erneut als Geschäftsführer mehrerer international agierender, verschachtelter Unternehmensgeflechte, denen er überwiegend bereits im ‚Dritten Reich' vorgestanden hatte. Offensichtlich waren es jedoch nicht nur Firmen, sondern auch persönliche Kontakte aus der NS-Zeit, an die Miedl anknüpfte. So tauchen in Dokumenten aus der Nachkriegszeit neben ehemaligen Wirtschaftsführern wie Hjalmar Schacht und Emil Georg Bührle wiederholt auch Namen „prominenter" Kunstmarktakteure auf. Es stellt sich folglich die Frage, welche Bedeutung Kunst für Miedl in seinen letzten zwei Lebensjahrzehnten hatte. Von Interesse ist dabei vor allem sein privater Kunstbesitz, mit dessen Aufbau er nach der ‚Arisierung' des Kunsthandels J. Goudstikker begonnen hatte; das bei insgesamt dürftiger Quellenlage vorhandene Material liefert immerhin erste Anhaltspunkte für eine Rekonstruktion, die sowohl Motive für Miedls Sammlertätigkeit offenlegt, als auch hilfreich für zukünftige Provenienzrecherchen sein kann.

1.1 Archivalische Quellenlage

Da Alois Miedl als Forschungsgegenstand in der Sekundärliteratur bisher weitgehend nur fragmentarisch behandelt wurde, kommt den Primärquellen in dieser Studie eine entscheidende Bedeutung zu. Die transnationale und interdisziplinäre Dimension seiner Biografie spiegelt sich dabei in äußerst umfangreichen Quellenbeständen in einer Vielzahl inner- und außereuropäischer Archive wider. Im Rahmen der Recherchen wurden in toto vierunddreißig Archive in acht Ländern konsultiert; der Großteil der Archivalien verteilt sich dabei auf Deutschland,[24]

Concerning the Central Collecting Points: Munich Central Collecting Point, 1945–1951, Restitution Research Records, 1945–1950, Interrogations: Miedl Case, No. 3, 13.12.1945, Bl. 17.

24 Konsultiert wurden in Deutschland neben den im Fließtext genannten Archiven das Brandenburgische Landeshauptarchiv (BLHA), das Landesarchiv Berlin (LAB), das Landesarchiv Baden-Württemberg (LABW), das Generallandesarchiv Karlsruhe (GLAK), das Staatsarchiv Bayreuth (StA Bayreuth), das Politische Archiv des Auswärtigen Amts (PA AA), das Geheime Staatsarchiv Preußischer Kulturbesitz (GStA), das Archiv des Liberalismus der Friedrich-Naumann Stiftung für die Freiheit (ADL), das Historische Archiv der Commerzbank (HAC), das Stadtarchiv Freising (StdA Freising), das Zentralinstitut für Kunstgeschichte München (ZI München) sowie das Heimatmuseum Oettingen am Ries und die Arolsen Archives.

die Niederlande[25] sowie die USA[26] und die Schweiz. Von den insgesamt gesichteten Archivalien im Umfang mehrerer Zehntausend Seiten (414 Archivsignaturen) wurden lediglich die für die Fragestellungen dieser Studie relevanten verwendet und im Archivalienverzeichnis (s. Kap. 11.1) aufgeführt.

Zu Miedls familiären Hintergrund und seinem beruflichen Werdegang in den 1920er Jahren finden sich hauptsächlich in den Münchner Archiven[27] eine Reihe von Unterlagen. Seine Geschäfte im Wirtschaftssektor der 1930er Jahre können eingehend mithilfe der Bestände der Berliner Niederlassung des Bundesarchivs (BArch Berlin-Lichterfelde) nachgezeichnet werden, während dessen Hauptstandort in Koblenz (BArch Koblenz) vor allem über zahlreiche Akten[28] hinsichtlich Miedls Aktivitäten im NS-Kunsthandel verfügt.

Eine geradezu überwältigende Anzahl an Dokumenten zu Miedls Unternehmungen in den Niederlanden während des Nationalsozialismus und der Nachkriegszeit stellen das Nationaal Archief in Den Haag (NL-HaNA) sowie das Stadsarchief (SAA) und das Instituut voor Oorlogs-, Holocaust- en Genocidestudies (NIOD) in Amsterdam bereit. Ebenso umfangreich – wenn nicht größer – sind die Bestände der National Archives and Records Administration (NARA) in Washington, die die Akten der alliierten Untersuchungseinheiten beherbergen.

Weitere ausführliche Informationen über Miedls Nachkriegsaktivitäten in Europa liefern zudem die Bestände des Schweizerischen Bundesarchivs (BAR). Darüber hinaus wurden Dokumente aus den britischen National Archives (TNA), dem Service historique de la Défense (SHD), dem Liechtensteinischen Landesarchiv (LI LA) und den Luxembourg Business Registers (LBR) herangezogen.[29] Als überaus informativ erwiesen sich neben all diesen Archiven außerdem die digitalisierten Quellen der niederländischen Digitalbibliothek delpher.nl[30], des Nederlands Instituut voor Kunstgeschiedenis (RKD)[31], der Datenbanken

25 Konsultiert wurde in den Niederlanden neben den im Fließtext genannten Archiven das Gemeentearchief Alphen aan den Rijn.

26 Konsultiert wurden in den USA neben dem im Fließtext genannten Archiv die Freedom of Information Act Library des US Department of Justice sowie die Donovan Nuremberg Trials Collection der Cornell University Law Library.

27 Stadtarchiv München (StdA München), Staatsarchiv München (StAM), Bayerisches Hauptstaatsarchiv (BayHStA), Bayerisches Wirtschaftsarchiv (BWA).

28 Zurückgegriffen wurden vorwiegend auf den Bestand B 323, der die Unterlagen der Treuhandverwaltung von Kulturgut bei der Oberfinanzdirektion München umfasst.

29 Die Nachforschungen zu einem potenziell in Privatbesitz befindlichen Nachlass von Miedl blieben bis zum Abschluss dieser Studie ergebnislos.

30 https://www.delpher.nl [zuletzt aufgerufen 6.12.2023].

31 Die noch heute verwendete Abkürzung RKD geht auf den 2013 geänderten Namen Rijksbureau voor Kunsthistorische Documentatie zurück, https://rkd.nl/en/ [zuletzt aufgerufen 6.12.2023].

zum „Central Collecting Point München", zum „Sonderauftrag Linz" und zur „Kunstsammlung Hermann Göring"[32] sowie das Themenportal „German Sales".[33]

Diese Fülle an Material ist eine wesentliche Voraussetzung dafür, die häufig weit verzweigten Handlungsstränge in Miedls Biografie nachvollziehen, kontextualisieren und hinsichtlich der Forschungsfragen schlüssig abbilden und bewerten zu können. Gleichzeitig birgt diese aber auch Herausforderungen: So erwies sich die Erfassung abgesehen vom Reiseaufwand vor allem aufgrund der teils nur rudimentären Vorsortierung der Bestände als überaus zeitintensiv. Die Tatsache, dass Quellen in insgesamt fünf Sprachen konsultiert werden mussten, war eine ebenfalls nicht zu vernachlässigende, jedoch überwindbare Hürde. Trotz eingehender Beschäftigung mit den Archivalien ist dagegen nicht zu vermeiden, dass punktuell angesichts fehlender Seiten oder eines besonders mangelhaften Erhaltungszustands inhaltliche Lücken bestehen bleiben.

1.2 Formale Hinweise

Sämtliche Begriffe, die im Zusammenhang mit der nationalsozialistischen Ideologie stehen, sind im Text durchgängig in einfache Anführungszeichen gesetzt.

Problematisch ist in diesem Kontext insbesondere die Verwendung der Begriffe „Jude" beziehungsweise „jüdisch", da die Religionszugehörigkeit zum Judentum zu keinem Zeitpunkt zwangsläufig eine entsprechende Selbstzuschreibung implizierte. Bereits vor 1933 wurden diese Begriffe zudem in völkisch-antisemitischen Kreisen der deutschen Gesellschaft stigmatisierend verwendet, um schließlich im Nationalsozialismus in Form der rassenideologischen Definition der 1935 verabschiedeten ‚Nürnberger Gesetze' sanktioniert zu werden. Mangels besserer Alternativen werden sie in dieser Studie im Sinne der NS-Definition zur Kennzeichnung von Personen und Institutionen verwendet, um diese als von den NS-Verfolgungsmaßnahmen Betroffene kenntlich zu machen.

Die Zahlen 1 bis 100 werden im Fließtext mit Ausnahme von Hausnummern, Datumsangaben und Gesetzesartikeln ausgeschrieben. Für eine bessere Lesbarkeit werden in den Fußnoten lediglich die Zahlen 1 bis 12 ausgeschrieben.

32 Deutsches Historisches Museum (DHM), Datenbank zum „Central Collecting Point München", https://www.dhm.de/datenbank/ccp/; DHM, Datenbank zum „Sonderauftrag Linz", https://www.dhm.de/datenbank/linzdb/; DHM, Datenbank „Kunstsammlung Hermann Göring", https://www.dhm.de/datenbank/goering/ [zuletzt aufgerufen 6.12.2023].

33 Universitätsbibliothek Heidelberg/Staatliche Museen zu Berlin/Getty Research Institute Los Angeles, „German Sales", https://www.arthistoricum.net/themen/portale/german-sales [zuletzt aufgerufen 6.12.2023].

Falls vorhanden, folgt auf den stets kursiv gesetzten Titel eines Kunstwerkes in Klammern und kleinerer Schriftgröße die vom Kunsthandel (voorheen) J. Goudstikker vergebene Inventarnummer.

2. Herkunft und Ausbildung (1903 bis 1924)

Alois Miedl kam am 3. März 1903 in der Ettlingerstraße[1] 14 in der Münchner Arbeitervorstadt Au zur Welt.[2] Seine Eltern Alois Miedl[3] und Maria Miedl, geborene Streicher,[4] stammten nicht – wie Miedl später behauptete – aus bayerischen Bauernfamilien,[5] sondern hatten als Kinder von Tagelöhnern ein Leben von „der Hand in den Mund"[6] geführt, das nur wenig Aussicht auf sozialen Aufstieg und materielle Sicherheit bot. Die ohnehin prekäre soziale Situation dürfte sich für Miedls Mutter in den Jahren 1884 und 1887 nochmals drastisch durch die Geburten zweier unehelicher Töchter verschlechtert haben, zumal sie bei der ersten noch minderjährig war. Für die Kirche und einen Großteil der Bevölkerung zählte sie damit zu den im 19. Jahrhundert zahlreichen „verarmten und unmoralischen Müttern."[7] Womöglich um weiterer Diskriminierung angesichts einer erneuten Schwangerschaft 1889 zu entgehen, verließ sie spätestens 1890 ihre dörfliche Heimat und zog mit ihren beiden Töchtern in die aufstrebende, damals noch selbstständige Kleinstadt Pasing. Hier gebar sie im selben Jahr ihren ersten, ebenfalls unehelichen Sohn, der aber nach nur fünf Monaten starb.[8]

---

1 Umbenennung in Edlingerstraße im Jahr 1904, s. Dollinger, Hans: Die Münchner Straßennamen, München 2007, S. 70.

2 StdA München, DE-1992-STANM-7580, Geburtenregistereintrag Alois Miedl, Urkundennummer 772, 3.3.1903, unfoliiert. – Einige Primärquellen geben fälschlicherweise als Geburtsjahr 1902 und als Geburtsort Rosenheim an.

3 Alois Miedl Senior wurde am 1.6.1867 als uneheliches Kind von Maria Miedl in Forsthart bei Vilshofen an der Donau geboren, s. StdA München, DE-1992-EWK-65-M-457, Einwohnermeldekarte Maria Miedl, geb. Streicher, 25.4.1928, unfoliiert.

4 Maria Streicher wurde am 19.10.1865 in Landsberied bei Fürstenfeldbruck als Tochter von Josef und Katharina Streicher geboren, s. ebd.

5 BAR, E4264#2006/96#8882*, Miedl, Alois, 3.3.1903, 1952–1953, Dr. J. Odermatt i.A. Miedl an die Polizeiabteilung des eidgenössischen Justiz- und Polizeidepartements Bern, 13.12.1952, unfoliiert.

6 StdA München, DE-1992-EWK-65-M-457, Einwohnermeldekarte Maria Miedl, 25.4.1928, unfoliiert.

7 Schardt, Sandra: Uneheliche Kinder in der Neuzeit. Rechtliche Normen im Hochstift und in der Erzdiözese Bamberg, in: Franz, Ute/Hermann, Iris (Hrsg.): Kolloquium Forschende Frauen 2016 und 2017. Beiträge Bamberger Nachwuchswissenschaftlerinnen (Forschende Frauen in Bamberg Bd. 9), Bamberg 2018, S. 64.

8 Anne Streicher (geb. 24.6.1884 in Alling, Ldkr. Fürstenfeldbruck), Kreszenz Streicher (geb. 17.2.1887 in Fürstenfeldbruck, gest. 10.8.1914) und Johann Streicher (geb. 12.3.1890, gest. 21.8.1890), s. StdA München, DE-1992-EWK-65-M-457, Einwohnermeldekarte Maria Miedl, 25.4.1928, unfoliiert.

Alois Miedl Senior hatte den obligatorischen mindestens dreijährigen Militärdienst[9] im sechzehnten Infanterieregiment in Burghausen geleistet, bevor er etwa Anfang November 1890 seinen Wohnsitz nach München verlegte.[10] Innerhalb der nächsten drei Jahre lernte er dort Maria Streicher kennen, die inzwischen ebenfalls in die Landeshauptstadt übergesiedelt war. Damit gehörten sie zu den mehreren Hunderttausend Zuzüglern, die Münchens Einwohnerzahl zwischen 1871 und 1913 um das Vierfache auf 620.000 anwachsen ließen.[11]

Bis zur Jahrhundertwende bekam das unverheiratete Paar drei Töchter;[12] den Lebensunterhalt für seine bald sechsköpfige Familie bestritt Miedls Vater zunächst als Tagelöhner und Hausknecht sowie als sogenannter Ausgeher, also Botengänger.[13] Vom wirtschaftlichen Aufschwung, der in München dank des wachsenden Handels ab circa 1880 eingesetzt hatte,[14] profitierten auch Miedls Eltern. Offenbar konsolidierte sich ihre finanzielle Situation, sodass sie am 10. Mai 1900 heiraten konnten. In der Folge wurden die drei gemeinsamen Töchter für ehelich erklärt und trugen fortan den Namen Miedl.[15] Außerdem gelang ihnen am 13. September des Jahres mit der Gründung eines Geschäftslokals,[16] in dem neben Milch auch Eier, Brot und Zucker angeboten wurden,[17] der Sprung in die Selbstständigkeit und damit der Aufstieg aus dem Prekariat. Kurz darauf kam der erste männliche Nachkomme

9 Im Zuge der nach preußischem Vorbild gestalteten bayerischen Heeresreform von 1868 hatte jeder männliche Bayer zwischen dem 17. und dem 42. Lebensjahr eine dreijährige Wehrpflicht zu absolvieren, s. Reinhard, Augustin: Heerwesen und Dienst der königlich bayerischen Armee, München 1877, S. 15.

10 StdA München, DE-1992-PMB-M-235, Polizeilicher Meldebogen Alois Miedl Sr., 23. 11. 1890, unfoliiert.

11 Gömmel, Rainer: Der Aufstieg zum führenden bayerischen Finanzplatz (1860er Jahre bis 1914), in: Pohl, Manfred (Hrsg.): Geschichte des Finanzplatzes München, München 2007, S. 92.

12 Maria Theresie (geb. 20. 4. 1894), Sofia (geb. 15. 4. 1897), Thekla (geb. 22. 9. 1898). – Alle Personenstandsdaten in diesem Abschnitt entstammen: StdA München, DE-1992-EWK-65-M-457, Einwohnermeldekarte Maria Miedl, 25. 4. 1928, unfoliiert.

13 StdA München, DE-1992-PMB-M-235, Polizeilicher Meldebogen Alois Miedl Sr., 23. 11. 1890, unfoliiert.

14 Gömmel 2007, S. 123.

15 In §1706 BGB von 1896 war dieser Vorgang geregelt; in amtlichen Dokumenten wurde er mit dem Kürzel p. m. s. e. (= per matrimonium subscript. eius) gekennzeichnet. Die beiden Töchter Maria Miedls aus den 1880er Jahren galten weiterhin als „illegitim".

16 Laut Auskunft der zuständigen Handwerkskammer für München und Oberbayern existieren für diesen Betrieb keine Unterlagen mehr. – In den konsultierten Primärquellen und der Sekundärliteratur wurde Miedls spätere Aufwertung des Milchgeschäftes zu einer Molkerei ausnahmslos übernommen, s. NL-HaNA, NBI 2.09.16 Nr. 854, Inventaris van het dossierarchief van het Nederlandse Beheersinstituut, en van de in beslag genomen administraties, 1945–1967, Correspondentie, u. a. H. Zimmermann, München, Alois Miedl an Prof. Antonio de Luna, Madrid, 10. 4. 1947, Bl. 1.

17 StdA München, DE-1992-PMB-M-235, Polizeilicher Meldebogen Alois Miedl Sr., 23. 11. 1890, unfoliiert.

zur Welt und erhielt den Vornamen des Vaters. Der sicherlich lang erwartete Stammhalter überlebte jedoch nur wenige Tage.[18]

Zweieinhalb Jahre später dürfte die erneute Geburt eines Jungen, der wieder auf den Namen Alois getauft wurde, bei den Eltern nicht nur Freude, sondern auch ängstliche Besorgnis und besondere Zuwendung ausgelöst haben. Im Unterschied zu seinen Geschwistern wuchs Alois Miedl in auskömmlichen kleinbürgerlichen Verhältnissen auf, die auch durch den frühen Tod des Vaters am 19. Januar 1905[19] mit nicht einmal achtunddreißig Jahren an Herzinsuffizienz nicht nachhaltig gefährdet wurden, da es der Mutter gelang, das bereits vorher von ihr allein betriebene Milchgeschäft weiterzuführen.[20] Die wirtschaftliche Situation der Familie in den folgenden Jahren beschrieb Miedls späterer Rechtsanwalt Kurt Erhardt rückblickend als „einfach"[21] und betonte, sein Mandant habe seine Karriere völlig mittellos begonnen.[22] Allerdings konnte es sich die Familie leisten, dass Miedl nach Abschluss der achtjährigen Volksschule im Jahr 1917, das nach dem vorausgegangenen „Steckrübenwinter" von einer katastrophalen Versorgungslage geprägt war,[23] nicht sofort zum Unterhalt beitragen musste, vielmehr immerhin drei Jahre die naturwissenschaftlich orientierte Luitpold-Kreisoberrealschule München besuchen konnte.[24] Dieser Umstand ist insofern aufschlussreich, da die Ausbildung an einer weiterführenden Schule im Kaiserreich lediglich einem Zehntel der

18 Alois Miedl (geb. 21.9.1900, gest. 7.10.1900), s. ebd.

19 StdA München, DE-1992-EWK-65-M-457, Einwohnermeldekarte Maria Miedl, 25.4.1928, unfoliiert. – In einer Übersetzung von Miedls Lebenslauf wird der Sterbetag fälschlicherweise auf den 5.1.1905 datiert, s. NARA, M1947, RG 260, Records Concerning the Central Collecting Points: Wiesbaden Central Collecting Point, 1945–1952, Administrative Records, Intelligence: German disposal of works of art; Vaucher Commission Lists, July 16, 1945, autobiography of Alois Miedl, unfoliiert.

20 Im Sterbebucheintrag von Miedl Sen. werden als Todesursache „Herzerweiterung, Wassersucht, Herzlähmung" und als Standesbezeichnung lediglich „Ausgeher" angegeben, s. Pfarrei Heilig Kreuz Giesing, CB252, M8580, Sterbefälle Erwachsene 1903–1913, S. 33, https://data.matricula-online.eu/de/deutschland/muenchen/CB252 [zuletzt aufgerufen 27.8.2022]. – Laut des Heiratsregistereintrags aus dem Jahr 1924 führte Maria Miedl das Geschäft zu dieser Zeit immer noch, s. StdA München, DE-1992-STANM-1754, Heiratsregistereintrag Alois Miedl, Urkundennummer 194, 31.3.1924, unfoliiert.

21 Erhardt kannte Miedl seit dem Jahr 1930, s. NARA, M1922, RG 260, Records of the External Assets Investigation Section of the Property Division, OMGUS, 1945–1949, Reports and Exhibits relating to Investigations, 1931–1948, Interrogations of All Close Friends of Nazi Big Wings: Angerer – Haberstock, Befragung Kurt Erhardt, 21.11.1945, unfoliiert.

22 Ebd.

23 Steiner, André: Einkommen und Lebenshaltungskosten, in: Boldorf, Marcel (Hrsg.): Deutsche Wirtschaft im Ersten Weltkrieg (Handbücher zur Wirtschaftsgeschichte), Berlin/Boston 2020, S. 467–468.

24 NL-HaNA, NBI 2.09.16 Nr. 854, Alois Miedl an Prof. Antonio de Luna, Madrid, 10.4.1947, Bl. 1.

Kinder – fast ausnahmslos aus der Mittel- und Oberschicht – vorbehalten war.[25] Der Verzicht auf finanzielle Unterstützung durch das einzige männliche Familienmitglied zugunsten einer überdurchschnittlichen Ausbildung indiziert sowohl materielle Sicherheit der Familie als auch zumindest von der Mutter geteilte Ambitionen auf gesellschaftlichen Aufstieg.

Mit siebzehn Jahren verließ Miedl zwei Jahre vor dem Abitur die Schule und begann eine kaufmännische Ausbildung beim Bankhaus Heinrich & Hugo Marx[26] in der Maffeistraße 4/I am Marienplatz.[27] Während München vor 1914 noch zu den am wenigsten industrialisierten Metropolen des Kaiserreichs gezählt hatte, erfuhr die Stadt während des Ersten Weltkriegs einen immensen Zuwachs kriegswichtiger Firmen und damit verbunden einen Aufschwung der Finanzbranche.[28] Gerade der Sektor der Privatbanken, der um die Jahrhundertwende stagnierte, prosperierte nach dem Krieg, sodass sich die Zahl der mittleren und kleinen inhabergeführten Banken innerhalb von lediglich fünf Jahren auf nahezu einundachtzig verdoppelte.[29] Gemein hatte das Bankhaus Marx[30] mit vielen dieser Neugründungen seinen Ursprung: Vor 1914 als Lotterien gegründet, wurden sie während und auch noch nach dem Krieg in Privatbanken transformiert, die jedoch fast ausschließlich Kriegsanleihen vermittelten. Da allerdings der Großteil dieser nicht besonders breit aufgestellten Banken spätestens in der Hochphase der Hyperinflation 1923 kollabierte, handelte es sich bei dem Nachkriegsboom des Privatbankwesens also lediglich um eine „Scheinblüte“[31]. Die Brüder Marx hingegen konnten sich in dieser instabilen Phase behaupten, indem sie sich unter anderem verstärkt auf den Handel mit Wechseln konzentrierten.[32] Dies offensichtlich so erfolgreich, dass sie sich Geschäftsräume in der besten Lage der Stadt leisten konnten. Hier

25 Cloer, Ernst u.a.: Deutsche Schulgeschichte von 1800 bis zur Gegenwart. Eine Einführung, München/Weinheim 2005, S. 108–115.

26 Das Bankhaus Heinrich & Hugo Marx wurde im Zuge der „Verordnung über den Einsatz des jüdischen Vermögens“ vom 3.12.1938 am 5.1.1939 rückwirkend auf den 31.12.1938 liquidiert, s. James, Harold: Die Deutsche Bank und die „Arisierung“, München 2001, S. 69. – Zur Arisierung des Privatbanksektors, s. Köhler, Ingo: Die „Arisierung“ der Privatbanken im Dritten Reich. Verdrängung, Ausschaltung und die Frage der Wiedergutmachung, München 2008.

27 NARA, M1944, RG 239, The Roberts Commission, 1943–1946, Subject Files, 1940–1946, Miedl, Alois, Walter A. Brandt an Bruce Ottley zu Miedls wirtschaftlichen Beteiligungen, 22.5.1945, unfoliiert.

28 Geyer, Martin H.: Verkehrte Welt. Revolution, Inflation und Moderne, München 1914–1924, Göttingen 1998, S. 37–38.

29 Ebd., S. 260.

30 Vgl. Simplicissimus, Jg. 14, Nr. 29, 18.10.1909, Lotterie-Anzeige Heinrich & Hugo Marx, S. 483.

31 Elsner von der Malsburg, Maximilian: „Arisierung“ von Privatbanken am Beispiel des Bankhauses E. J. Meyer in Berlin (Rechtshistorische Reihe Nr. 453), Frankfurt a.M. 2015, S. 25.

32 StdA München, Gewerbeamt 177a, Verzeichnis der gewerbepolizeilich gemeldeten jüdischen Gewerbetreibenden in München, 15.2.1938, Nr. 1000, Bank- und Wechselgeschäft Heinrich & Hugo Marx, Bl. 56.

absolvierte Miedl seine Lehre, die er nach zweieinhalb Jahren mit einem Zeugnis der städtischen Handelsschule abschloss.[33]

Der einzige Zeitzeuge, der nach dem Zweiten Weltkrieg über Miedls Jugend- und Lehrjahre berichtete, war der bereits 1931 in die NSDAP eingetretene, nur zwei Jahre ältere Münchner Privatbankier Georg Eidenschink.[34] Seiner Aussage zufolge hatte er Miedl in dessen ersten Lehrjahr 1920 kennengelernt und ihm seitdem fördernd zur Seite gestanden. Er beschrieb ihn als „einen Naturburschen“[35] – eine Charakterisierung, die später noch von Bedeutung sein wird – „mit bestimmt guten Ideen“, der indes „sehr zu politischen Spielen neige.“ Inwiefern gerade der letzte Teil dieser Einschätzung zutrifft, wird nach einer detaillierteren Analyse der späteren Geschäftsaktivitäten Miedls klarer werden. Retrospektiv behauptete Miedl jedenfalls, früh den Kontakt zur Politik gesucht zu haben. So habe er der deutschen Reichsregierung etwa gleichzeitig zu seinem Ausbildungsabschluss 1923 einen Stabilisierungsplan für die inflationäre Papiermark unterbreitet, zwar erfolglos, aber angeblich unterstützt von einem der führenden deutschen Währungsexperten, dem Münchner Professor Walther Lotz.[36] Abgesehen von Miedls eigener Aussage findet sich allerdings im konsultierten Archivmaterial kein weiterer Beleg für den Realitätsgehalt dieser Darstellung. Die von einigen Autoren daraus abgeleitete Einschätzung Miedls als „finanzielles Wunderkind“[37] steht also eher auf schwachen Füßen. Dass ein Zwanzigjähriger der Überzeugung gewesen sein soll, im Alleingang das hochkomplexe, landesweit von Experten wie Lotz diskutierte Problem der Hyperinflation lösen zu können, lässt gleichwohl unabhängig von seinen tatsächlichen Kompetenzen auf ein erhebliches – wenn nicht sogar überzogenes – Selbstbewusstsein sowie auf gehobene Ambitionen schließen.

Miedls Bereitschaft, nicht nur, wie Eidenschink es beschrieb, „immer an die Grenze des Erlaubten zu gehen“[38], sondern sie auch für den eigenen Vorteil zu übertreten, zeigt

33 LI LA Vaduz, RF 214/171, Alois Miedl – Einbürgerungsgesuch, 1942, Dr. Arthur Wiederkehr an die Fürstliche Regierung und den Hohen Landtag des Fürstentums Liechtenstein i. S. Einbürgerungsgesuch im Namen von Alois Miedl, 5. 11. 1942, unfoliiert.

34 Georg Eidenschink gründete gleichzeitig zu seinem Eintritt in die NSDAP im Jahr 1931 das Bankhaus Georg Eidenschink in der Perusastraße in München. Die Kreisleitung der NSDAP attestierte ihm, in „politischer, sozialer und charakterlicher Hinsicht vollkommen einwandfrei“ zu sein, s. Ludwig, Johannes: Boykott, Enteignung, Mord. Die „Entjudung“ der deutschen Wirtschaft, München 1992, S. 57, 98; NARA, M1922, RG 260, Records of the External Assets Investigation Section of the Property Division, OMGUS, 1945–1949, General Records pertaining to External Assets Investigations, 1939–1950, Eidenschink, Georg Josef, Eidenschink interrogation, Lager Moosburg, 19. 11. 1945, unfoliiert.

35 Cornell University Law Library, Donovan Nuremberg Trials Collection, 53.015, Others investigated or interrogated, Eidenschink interrogation, Lager Moosburg, 6. 11. 1945, Bl. 9; folgende Zitate ebd.

36 NL-HaNA, NBI 2.09.16 Nr. 854, Alois Miedl an Prof. Antonio de Luna, Madrid, 10. 4. 1947, Bl. 1.

37 Den Hollander 2007, S. 98.

38 Cornell University Law Library, Eidenschink interrogation, Lager Moosburg, 6. 11. 1945, Bl. 9.

sich bereits bei seinen frühen Aktientransaktionen. Nach ihrer Gründung 1830 fristete die Bayerische Börse („Münchner Börse") in den ersten fast vier Jahrzehnten ein bescheidenes Dasein, danach entwickelte sie sich allmählich bis zum Beginn des Ersten Weltkriegs zur viertwichtigsten Börse des Reichs.[39] Nachdem sie wie alle anderen deutschen Börsen während der Kriegsjahre geschlossen worden war, erlebte sie 1918 einen Ansturm von unerfahrenen Anlegern, die sich durch die Flucht in Aktien und Sachwerte vor der rapide zunehmenden Inflation schützen wollten.[40] Die aus den rasanten Kurssteigerungen resultierende Spekulationswut griff laut Jahresbericht des Münchner Handelsvereins von Februar 1922 mithin „in die weitesten Kreise des Volkes [ein], um durch mühelose Gewinne einen Nebenerwerb und eine Aufbesserung des angesichts der Teuerung unzureichenden Einkommens zu sichern."[41] Um an diesem Boom zu partizipieren, hatte sich Miedl von seinen Vorgesetzten beim Bankhaus Marx bereits im Dezember 1921 eine Börsenkarte beantragen lassen. Da er zu diesem Zeitpunkt lediglich achtzehn Jahre alt war, hätte ihm diese de facto verwehrt werden müssen. Miedl umging diese Sperre allerdings dreist, indem er behauptete, er sei gerichtlich für volljährig erklärt worden, was weder von der Bank noch von der Börsenaufsicht überprüft wurde.[42]

Während sich Miedl an der Börse zunächst anscheinend unauffällig verhielt, brachten ihn seine Aktivitäten im Jahr 1923, das durch stürmische Aktienaufschwünge infolge der Hyperinflation geprägt war,[43] vor das Ehrengericht bei der Münchner Börse. Wie aus dem Abhörprotokoll eines Telefonats zwischen Miedl und einem Bekannten von November 1933 hervorgeht, führte Miedl den daraus resultierenden zeitweiligen Börsenverweis auf die „Gehässigkeiten eines jüdischen Bankiers"[44] zurück. Erhardt konkretisierte Miedls Version des Vorgangs nach dem Krieg bei seiner Befragung durch die Alliierten: Schon Anfang der 1920er Jahre habe sich Miedl als erfolgreicher Bankier verstanden, was ihm nicht nur den Spott der älteren Mitarbeiter beim Bankhaus Marx eingebracht habe, sondern auch ein Mitglied des Börsenvorstands veranlasst habe, ihm „einen Streich zu spielen"[45], um ihn

39 Gömmel 2007, S. 127, 130.

40 Fischer, Wolfram: Die Wirtschaftspolitik Deutschlands 1918–1945, Hannover 1961, S. 12.

41 Vom 1.9.1922 bis zum 1.1.1923 stieg die Mehrzahl der Aktien durchschnittlich um das Zehnfache, s. Geyer 1998, S. 253.

42 BayHStA, Ministerium für Handel, Industrie und Gewerbe (MHIG) Nr. 8230, Ehrengerichtsverfahren gegen den Bankgeschäftsinhaber Moritz Held, München, und einen Teilhaber Louis [sic!] Miedl, München, Entscheidung des Ehrengerichts bei der Münchner Börse, 25.10.1923, Bl. 7.

43 Fischer, Albert: Münchens Finanzinstitute in Kriegs- und Krisenzeiten, in: Pohl, Manfred (Hrsg.): Geschichte des Finanzplatzes München, München 2007, S. 147.

44 BayHStA, Ministerium für Handel, Industrie und Gewerbe (MHIG) Nr. 8128, Akten des Staatsministeriums des Äußern, Telefongespräche, die sich auf die Strafsache beziehen, Bl. 22.

45 NARA, M1922, RG 260, Interrogations of All Close Friends of Nazi Big Wings: Angerer – Haberstock, Befragung Kurt Erhardt, 21.11.1945, unfoliiert.

auf seinen Platz zu verweisen. Als sich Miedl bei diesem Vorstandsmitglied ein halbes Jahr später auf ähnliche Weise revanchiert habe, sei er von der Börse ausgeschlossen worden.[46]

Die Akten der Verhandlung zeichnen allerdings ein gänzlich anderes Bild. Tatsächlich leitete das Ehrengericht am 24. August 1923 ein Verfahren ein gegen Moritz Held, den Inhaber des gleichnamigen Bankgeschäfts in der Herzogspitalstraße 14, München, und Alois Miedl, der als dessen Teilhaber bezeichnet wird, wegen des Verdachts auf Börsenmanipulation.[47] Das Gericht sah es im Laufe des Prozesses für erwiesen an, dass Miedl Anfang Juli 1923 einen größeren Posten junger Aktien[48] eines Unternehmens zu einem niedrigen Kurs für die Bank erworben hatte. Am 11. Juli erhielt er die Order eines Kunden, eine große Anzahl alter Aktien dieses Unternehmens zum aktuellen Kurs zu kaufen. An diese Vorgabe hielt er sich nicht; vielmehr wies er seinen Börsenmakler an, einen beträchtlichen Teil auch zu einem deutlich höheren Kurs zu erwerben. Der Kurs der alten Aktien stieg angesichts dieser Nachfrage sprunghaft und zog auch die neuen Aktien mit, deren Kurs sich fast verdoppelte. Daraufhin stieß Miedl die wenige Tage zuvor erworbenen neuen Aktien mit ausgesprochen hohem Gewinn ab. Wegen des „schweren Missbrauchs der kaufmännischen Usancen“[49] zum Zweck der Kursmanipulation schloss das Ehrengericht Held für drei Monate und Miedl „infolge seines Spekulationstriebs“[50] für ein halbes Jahr unter öffentlicher Bekanntgabe am 25. Oktober 1923 von der Börse aus.[51] Die sowohl von Miedl und Held als auch vom Staatskommissär eingelegten Berufungen wurden von der Berliner Kammer am 3. März 1924 wegen fehlender neuer Beweise zurückgewiesen. Betont wurde zwar, dass Miedl – der an diesem Tag volljährig wurde – „die schärfste Missbilligung und eine empfindliche Strafe“[52] verdiene, die vom Staatskommissär geforderte Verschärfung des Urteils angesichts seiner

46 Ebd.

47 Held eröffnete 1920 eine Privatbank, die hauptsächlich Kreditgeschäfte tätigte, s. BayHStA, MHIG Nr. 8230, Urteil der 2. Strafkammer des Landgerichts München I in der Strafsache gegen Moritz Held wegen des Vergehens gegen das Börsengesetz, 19. 8. 1930, Bl. 2. – Unklar ist, wann und mit welchem Kapital Miedl sich an dieser Privatbank beteiligte. Offensichtlich gehörte er zu diesem Zeitpunkt nicht mehr dem Bankhaus Marx an. Dass in keiner Publikation zu Miedls Werdegang seine Tätigkeit beim Bankhaus M. Held bisher erwähnt wurde, ist wahrscheinlich auf die abweichende Schreibweise „Louis“ Miedl in der entsprechenden Akte im Bayerischen Hauptstaatsarchiv zurückzuführen.

48 Als junge Aktien werden die im Zuge einer Kapitalerhöhung während des laufenden Geschäftsjahres emittierten Aktien eines Unternehmens bezeichnet; da sie anders als die alten Aktien nur partiell dividendenberechtigt sind, werden sie zu einem niedrigeren Kurs gehandelt.

49 BayHStA, MHIG Nr. 8230, Entscheidung des Ehrengerichts bei der Münchner Börse, 25. 10. 1923, Bl. 1–8.

50 Ebd.

51 Ebd.

52 Ebd., Entscheidung der Berufungskammer im Börsenehrengericht Berlin, 26. 3. 1924, Bl. 1–3.

Jugend jedoch nicht gerechtfertigt sei.[53] Als Kind seiner Zeit eiferte Miedl offensichtlich dem Stereotyp des Spekulanten nach, der in den damaligen öffentlichen Debatten zum Profiteur der Modernisierung stilisiert wurde.[54] Daher schreckte ihn das gewissermaßen „unter Welpenschutz" gefällte Urteil nicht davon ab, auch zukünftig nicht nur an die Grenze des Erlaubten, sondern auch darüber hinaus zu gehen, wenn es seinem Vorteil diente.

Eidenschinks weitere Charakterisierung Miedls als „Naturburschen" bezog sich vermutlich auf dessen Leidenschaft für das Bergsteigen.[55] Hierbei lernte er 1920 den erfahrenen österreichischen Bergsteiger Friedrich „Fritz" Rigele kennen, von Beruf Notar und seit 1912 Ehemann von Hermann Görings vier Jahre älterer Schwester Olga.[56] Rigele verkörperte geradezu die Entwicklungen, die sich in den vergangenen Jahrzehnten in den Alpenvereinen ergeben hatten. Die seit Ende des 19. Jahrhunderts zunehmende Begeisterung für den Alpinismus wurde in Bergsteigerkreisen sehr ambivalent aufgenommen. Einerseits befürchteten sie eine Kommerzialisierung, wenn nicht sogar Zerstörung der Gebirgslandschaft durch den Laienandrang; andererseits war nach ihrer Überzeugung „der Berg als Schule des Lebens"[57] geeignet, die Sozialisation vor allem junger Männer positiv zu beeinflussen. Konkret gefördert werden sollten die Liebe zur Natur als Gegenentwurf zum angeblich sinnentleerten Großstadtleben, der Kampfgeist, der wenig später in einer zunehmenden Militarisierung des Sports mündete, sowie eine Identifikation mit der Heimat, die bald um den Volksgedanken ergänzt wurde.[58] Während diese vereinsbetriebene „Jugendpflege" vor 1914 noch explizit ihren unpolitischen Charakter betonte, mutierten viele Bergsteigerverbände infolge des verlorenen Kriegs und der politischen und gesellschaftlichen Umwälzungen zu rechtsgerichteten Vereinigungen, die es sich zur Aufgabe machten, „die sittliche Kraft des deutschen Volkes [...] in Form der bergsteigerischen Arbeit wieder herzustellen."[59]

In München traten diese Tendenzen noch deutlicher zutage nach der Ermordung des ersten bayerischen Ministerpräsidenten Kurt Eisner und der blutigen Niederschlagung der daraufhin im April 1919 ausgerufenen kommunistischen Räterepublik nur einen Monat später durch nationalistische Freikorps. In diesen Zeiten des lokalen Bürgerkriegs rief der Ortsausschuss der Münchner Alpenvereinssektion öffentlich dazu auf, durch den Beitritt in die Einwohnerwehr mitzuhelfen, dass München nicht noch einmal „der Gewaltherrschaft eines kleinen Kreises entarteter, zum Teil fremder Gesellen zum Opfer falle."[60] Als Bedrohung

---

53 Ebd.

54 Geyer 1998, S. 385.

55 NARA, M1946, RG 260, Interrogations: Miedl Case, No. 3, 13.12.1945, Bl. 1.

56 NL-HaNA, NBI 2.09.16 Nr. 854, Alois Miedl an Prof. Antonio de Luna, Madrid, 10.4.1947, Bl. 1.

57 Keller, Tait: Apostles of the Alps. Mountaineering and Nation Building in Germany and Austria 1860–1939, Chapel Hill 2016, S. 80–90.

58 Ebd.

59 Mailänder, Nicholas: Im Zeichen des Edelweiss. Die Geschichte Münchens als Bergsteigerstadt, Zürich 2006, S. 132, 136–137.

60 Ebd., S. 127–134.

empfanden die Alpinisten jedoch nicht nur ein erneutes Aufkeimen des Kommunismus, sondern auch zunehmend das Judentum. Rigele war ein prominenter und radikaler Vertreter dieser antisemitischen Gruppierung. In seinem 1935 veröffentlichten Buch „50 Jahre Bergsteiger: Erlebnisse und Gedanken" propagierte er neben dem Kampfgedanken und der Verklärung der Natur vor allem die Bedeutung der Jugendpflege im Bergsport für die „nationale Wiedergeburt"[61], die er seit 1918 vorantrieb. Sein Antisemitismus zeigte sich unter anderem darin, dass er 1925 die Einführung eines ‚Arier'-Paragrafen im Österreichischen Sportverband, der die Mitgliedschaft von Juden ausschloss,[62] überschwänglich begrüßte.[63]

Sehr wahrscheinlich wird Rigele diese Ideen auch gegenüber Miedl vertreten haben. Als fünfundzwanzig Jahre ältere Vaterfigur und Mentor hätte Rigele grundsätzlich die besten Chancen gehabt, den ab dem zweiten Lebensjahr vaterlos aufgewachsenen Siebzehnjährigen zu indoktrinieren. Sollte dies der Fall gewesen sein, konnte er Miedl zumindest nicht von seinen antisemitischen[64] und misogynen Ansichten überzeugen. Am 31. März 1924 heiratete Alois Miedl nämlich die ebenfalls aus München stammende Feodora Fleischer,[65] die am 12. März 1900[66] als Tochter des jüdischen Kaufmanns Sigmund Fleischer und seiner ebenfalls jüdischen Ehefrau Hedwig[67] geboren worden war.

Im Anschluss an die Volksschule besuchte Feodora drei weitere Jahre die städtische Riemerschmid-Wirtschaftsschule in München, die erste deutsche Handelsschule für Mädchen. Dieser Abschluss ermöglichte es ihr, nach dem Tod ihres Vaters durch die Vermittlung der Schule eine einjährige Anstellung bei der renommierten Baugesellschaft Heilmann & Littmann anzutreten und anschließend bis zu ihrer Hochzeit bei der Münchner Rückver-

61 Rigele, Fritz: 50 Jahre Bergsteiger: Erlebnisse und Gedanken, Berlin 1935, S. 128–136.

62 Die Münchner Sektion der Bergsteiger entschied sich dagegen im Jahr 1924 für einen antisemitischen Numerus clausus, also eine zahlenmäßige Beschränkung jüdischer Mitglieder, s. Mailänder 2006, S. 161.

63 Noch 1947 behauptete Miedl dagegen, Rigele sei „mit den Maßnahmen der deutschen Regierung gegenüber anders Denkenden nicht einverstanden [gewesen], und [habe] dies oft geäußert, weshalb er zu seinen Lebzeiten bei seinem Schwager [Hermann Göring] nicht sehr beliebt" gewesen sei, s. NL-HaNA, NBI 2.09.16 Nr. 854, Alois Miedl an Prof. Antonio de Luna, Madrid, 10. 4. 1947, Bl. 4.

64 Im Kapitel „Der nationale Gedanke im Sport" formuliert Rigele unter Verwendung der NS-Terminologie offen seine antisemitischen Ansichten, die er in den vorausgehenden Kapiteln noch verklausuliert wiedergibt, s. Rigele 1935, S. 325–336.

65 StdA München, DE-1992-STANM-1754, Heiratsregistereintrag Alois Miedl, Urkundennummer 194, 31. 3. 1924, unfoliiert.

66 BAR, E4264#2006/96#8882*, Dr. J. Odermatt i. A. Miedl an die Polizeiabteilung des eidgenössischen Justiz- und Polizeidepartements Bern, 13. 12. 1952, unfoliiert.

67 Sigmund Fleischer wurde am 30. 9. 1867 als Sohn eines Bayreuther Lederhändlers in Aufseß geboren. Hedwig Springer war die Tochter eines Kaufmanns und wurde am 15. 5. 1875 in Augsburg geboren. Ihre Ehe wurde 1899 geschlossen, s. StA Bayreuth, Nr. 9660/293, Gesuche um Ausstellung von Verehelichungszeugnissen 1875–1915, Bl. 118; Jahresbericht der königl. bayerischen Studienanstalt in Bayreuth für das Studienjahr 1877/78, Bayreuth 1878, S. 22.

sicherungs-Gesellschaft zu arbeiten.[68] Durch die standesamtliche Heirat gehörten die beiden zu den insgesamt 626 christlich-jüdischen Ehen in München, die zwischen 1918 und 1933 geschlossen wurden.[69] Die verschiedentlich wiederholte Behauptung, Miedl sei strenggläubiger Katholik gewesen,[70] erscheint zumindest fragwürdig angesichts seiner Entscheidung für eine interreligiöse Ehe ohne den Segen der Kirche. Dass es darüber nicht zu einem Bruch der Beziehung zu Rigele kam, deutet darauf hin, dass es abgesehen vom Bergsteigen weitere Gemeinsamkeiten gab, die die Freundschaft der beiden Männer bis zum Tod Rigeles im Jahr 1937 bestehen ließ.

68 NARA, M1947, RG 260, Intelligence: German disposal of works of art; Vaucher Commission Lists, July 16, 1945, autobiography of Alois Miedl, unfoliiert.

69 Diese 626 Hochzeiten machen 26,5 % aller jüdischen Eheschließungen in München im besagten Zeitraum aus. Die hohe Assimilation der Münchner Juden zeigt sich im Vergleich zum restlichen Deutschen Reich, wo der entsprechende Wert lediglich bei 18,3 % lag, s. Rappl, Marian: Arisierungen in München. Die Verdrängung der jüdischen Gewerbetreibenden aus dem Wirtschaftsleben der Stadt 1933–1939, in: Zeitschrift für bayerische Landesgeschichte, Bd. 63 Heft 1, 2000, S. 126–127.

70 Vgl. BAR, E6100A-24#1000/1924#75*, Raubgut aus kriegsbesetzten Gebieten; Verschiedene am Raubgut Beteiligte (Dossier Nr. 2222), 1948–1954, Aktivitäten von Alois Miedl, Kunstagent, 26.9.1944, unfoliiert; TNA, T209/7/1, Ministry of Economic Warfare, 1944–1945, Identification of looted works of art, Schreiben Douglas Cooper an den Handelsberater der Berner Legation, 2.3.1945, unfoliiert.

3. Erste Metageschäfte mit Johannes Witzig (1925 bis 1929)

Im Februar 1925 leiteten zwei Ereignisse eine für die Zukunft der Weimarer Republik verhängnisvolle Zäsur ein: Nach Aufhebung des seit 1923 bestehenden Parteiverbots verkündete Adolf Hitler am 27. des Monats die Neugründung der NSDAP[1] und nur einen Tag später starb mit Reichspräsident Friedrich Ebert der oberste Repräsentant der Demokratie.[2] Die Nachfolge des in den Jahren zuvor von rechtsextremen Kreisen als „Novemberverbrecher" und „Landesverräter" diffamierten Sozialdemokraten trat im April ausgerechnet Paul von Hindenburg an, der durch die Verbreitung der „Dolchstoßlegende" nach Ende des Ersten Weltkriegs solch subversive, demokratiefeindliche und antisemitische Hetze geschürt hatte.[3] In diese Umbruchsphase fielen auch für Alois Miedl bedeutsame berufliche und familiäre Veränderungen: zum einen durch die Geburt seiner Tochter Ruth Maria Theresia am 18. Februar 1925,[4] zum anderen aufgrund seiner ebenfalls in dem Jahr eingegangenen Geschäftsbeziehung zu dem Privatbankier Johannes Witzig.[5]

Witzig, der am 5. September 1890 als Sohn eines protestantischen Orgelbaugehilfen und Schreiners in eine „uralte bayerische Familie"[6] in Oettingen am Ries geboren wurde,[7] war bis zu seiner Einberufung zum Wehrdienst im August 1914 als Bankangestellter in Starnberg und anschließend in München beschäftigt gewesen. Nach nur etwa acht Monaten beim Militär kehrte er zu letzterer Bank als Bevollmächtigter und späterer Prokurist zurück.[8] Am 17. Mai

1 Büttner, Ursula: Weimar. Die überforderte Republik 1918–1933, Stuttgart 2008, S. 407.

2 Winkler, Heinrich-August: Weimar 1918–1933. Die Geschichte der ersten deutschen Demokratie, München 1993, S. 276.

3 Haffner, Sebastian: Die deutsche Revolution 1918/19, Reinbek bei Hamburg 2018, S. 125.

4 StdA München, DE-1992-EWK-38, Einwohnermeldekarte Alois Miedl, 27.1.1927, unfoliiert.

5 SAA, 5225 Nr. 4327, Archief van de Gemeentepolitie, Stukken betreffende een visumaanvraag door de Duitser Alois Miedl, tijdens de bezetting bankier-kunsthandelaar, 1953, Einwanderungsabteilung Amsterdam an den Generalstaatsanwalt, 24.10.1959, unfoliiert.

6 BWA, K1/XXI 16, Akt 5, Fall 68, Akt der Industrie- und Handelskammer zu München, Kennzeichnung als deutsche Firma, Juli 1934 – Oktober 1934, Joh. Witzig & Co. Bankgeschäft an die Industrie- und Handelskammer München zur Firmenauskunft, 12.10.1934, unfoliiert.

7 StadtAOett, Familienstandsbogen, Johann Friedrich Witzig und Luisa Witzig, geb. Bauer, unfoliiert.

8 BWA, K1/XIV 26a, Akt 4, Fall 8, Akt der Industrie- und Handelskammer zu München, Depot- und Depositenrecht, Gutachten, Januar 1929, Joh. Witzig & Co. Bankgeschäft an die Industrie- und Handelskammer München zum Vollzug des Gesetzes über Depot- und Depositengeschäfte, 22.8.1929, unfoliiert.

1924 machte er sich mit der Gründung des Bankgeschäfts Joh. Witzig & Co. (Witzig & Co.) in der Herzog-Wilhelm-Straße 11 in München selbstständig.[9]

Wann und wie Miedl Witzig kennenlernte, ist ebenso unklar wie seine Einkommensquellen zu Beginn der Zusammenarbeit. Es erscheint indes plausibel, dass sich der Kontakt, der sich schnell zu einer engen Freundschaft entwickelte,[10] innerhalb des Münchner Finanzmilieus ergab und Miedls Partnerschaft mit Held zu der Zeit nicht mehr bestand. Als Helds Teilhaber wäre Miedl wohl kaum dazu gezwungen gewesen, bei Witzig & Co. einen Kredit[11] aufzunehmen, für den schließlich seine Schwester Thekla im Mai 1926 bürgte.[12]

Diese wirtschaftliche Schieflage schreckte Witzig allerdings nicht davon ab, den Zweiundzwanzigjährigen fortan zu protegieren. So kursierte angesichts der intensiven Zusammenarbeit nach nur wenigen Jahren die Annahme, Miedl sei entweder stiller Teilhaber[13] oder sogar Partner[14] bei Witzig & Co. Entsprechende Handelsregisterauszüge und Äußerungen von Bankmitarbeitern widerlegen hingegen diese bis heute verbreitete Spekulation. Bevor Miedl dem Unternehmen offiziell als Kommanditist beitrat,[15] beschränkte sich die Geschäftsverbindung bis mindestens Mitte der 1930er Jahre tatsächlich auf Metageschäfte, also Gelegenheitsgeschäfte, bei denen die Vertragspartner (Metisten) Kapitaleinsatz, Gewinn und

9 BWA, K1/XXI 5, Akt 30, Fall 43, Akt der Industrie- und Handelskammer zu München, Behördliche Anfragen, März – Juli 1933, Industrie- und Handelskammer Augsburg an Industrie- und Handelskammer München, 5. 7. 1933, unfoliiert. – In den Primärquellen wird Witzig fälschlicherweise an manchen Stellen als Seniorpartner bezeichnet oder sein Einstieg als Alleininhaber unzutreffend datiert, s. TNA, FO 837/1154/3, Looted works of art, archives, etc., February 1944 – September 1945, A memorandum about Alois Miedl, who was involved in looting art for Göring, and which states that he took 12 pictures to Spain, including three paintings by Cézanne, Black List Section „Memorandum Alois Miedl", 19. 9. 1944, unfoliiert; BayHStA, MHIG Nr. 8128, Akten des Staatsministeriums des Äußern, Bayerische Staatsbank an das Ministerium des Äußern zum Bankhaus Joh. Witzig & Co., 2. 5. 1932,unfoliiert.

10 NL-HaNA, NBI 2.09.16 Nr. 854, Alois Miedl an Prof. Antonio de Luna, Madrid, 10. 4. 1947, Bl. 1.

11 Aus den konsultierten Akten lässt sich weder der Grund für das Eingehen der Verbindlichkeiten noch deren Höhe ersehen.

12 BArch Berlin-Lichterfelde, R 2107/2461, Oberfinanzpräsident Berlin-Brandenburg, Außenstelle für feindliches Vermögen, Einzelfälle, Anmeldeunterlagen Alois Miedl, Joh. Witzig & Co. München an das Finanzamt München-West zur Anmeldung feindlichen Vermögens, 3. 7. 1940, unfoliiert. – Sowohl Miedl als auch Thekla Wiederholdt unterhielten ab 1925 Bankkonten bei Witzig & Co., die ab dem Zeitpunkt der Bürgschaft am 18. 5. 1926 als ein wirtschaftlicher Komplex galten, s. ebd.

13 Vgl. BArch Berlin-Lichterfelde, R 3102/2626, China, Bd. 8, Schantung Handels AG, 1937–1939, Berliner Börsen-Zeitung, Nr. 172, Schantung Handels AG, Berlin, 14. 4. 1931, unfoliiert.

14 Vgl. NARA, M1922, RG 260, Interrogations of Hermann Göring, Mrs. Göring and Friends of the Family: Ahman, E. – Göring, E., Befragung Walther Funk, 7. 11. 1945, unfoliiert.

15 NARA, M1946, RG 260, Records Concerning the Central Collecting Points: Munich Central Collecting Point, 1945–1951, Restitution Claim Records, 1945–1951, Belgium Claims, Alphabetical: Monteau-Wassermann, Alois Miedl an Lt. Th. Rousseau, undatiert, unfoliiert.

Verlust zu gleichen Teilen aufteilen.[16] Vielfach handelte es sich um verdeckte Metageschäfte, bei denen Miedl als Vertragspartner nach außen hin nicht in Erscheinung trat. Eine klare Trennung der Aktivitäten von Witzig & Co. und derjenigen von Miedl ist daher spätestens ab 1929 (s. Kap. 4) häufig nicht möglich.

Neben seiner Tätigkeit im Finanzwesen engagierte sich Witzig nicht nur in verschiedenen Aufsichtsräten, sondern gründete unter anderem auch eine Ziegelei in Freising.[17] Dieses Vorbild dürfte Miedl ermutigt haben, seine zukünftigen Betätigungsfelder breit zu fächern. Dass der „rührige und geschäftsgewandte"[18] Bankier wegen seiner zum Teil undurchsichtigen Praktiken immer wieder bei Finanzkreisen in Kritik geriet,[19] bedeutete für den selbst schon öffentlich gerügten Miedl wohl lediglich eine weitere Gemeinsamkeit. Ihrem ersten aktenkundigen Metageschäft wurde dementsprechend von der Wirtschaftspresse eine äußerst intransparente Vorgehensweise bescheinigt, die auch weiterhin charakteristisch für ihre Zusammenarbeit sein sollte.

Im besagten Fall erwarben Witzig und Miedl 1927 die Majorität der Terrain-Aktiengesellschaft Herzogpark München-Gern[20] sowie der weit über pari notierten Terraingesellschaft Neu-Westend AG in München.[21] Deren Hauptaktionärin war bis dahin die Deutsche Bank, wobei der Verkauf der Aktienmehrheit durch die Münchner Bezirksdirektion von der Berliner Zentrale nachträglich scharf gerügt wurde.[22] Den Vorstand der Neu-Westend AG bildeten sodann der neu ernannte Direktor Miedl und ein gewisser Georg Münich, während Witzig und Erhardt gemeinsam mit vier weiteren Mitgliedern sowie Direktoren der Deutschen Bank und der Mitteldeutschen Kreditbank den Aufsichtsrat besetzten.[23] Das Großprojekt der Gesellschaft begann Ende Oktober 1928 mit dem Bau von 106 zweigeschossigen Einfa-

---

16 BAR, E6100A-24#1000/1924#75*, Aktennotiz der Eidgenössischen Finanzverwaltung betreffend Alois Miedl, 30.12.1952, unfoliiert. – Laut Erhardt und dem Bankmitarbeiter Max Fremdling wurde die Geschäftsbeziehung zwischen Witzig und Miedl aus Steuergründen vom Finanzamt als Partnerschaft behandelt, s. NARA, M1922, RG 260, Interrogations of All Close Friends of Nazi Big Wings: Angerer – Haberstock, Befragung Kurt Erhardt, 21.11.1945, unfoliiert.

17 Kloss, Alfred: Das Münchner Privatbankwesen, in: Münchner Allgemeine Zeitung, Jg. 124, 25.9.1921, S. 384.

18 BayHStA, MHIG Nr. 8128, Bayerische Staatsbank an das Ministerium des Äußern zum Bankhaus Joh. Witzig & Co., 2.5.1932, unfoliiert.

19 Ebd.

20 BWA, K1/XXI 5, Akt 49, Fall 39, Akt der Industrie- und Handelskammer zu München, Behördliche Anfragen Juni 1937 – Oktober 1937, Feststellung zu Witzigs Geschäftslaufbahn, undatiert, unfoliiert.

21 BayHStA, MHIG Nr. 8128, Bayerische Staatsbank an das Ministerium des Äußern zum Bankhaus Joh. Witzig & Co., 2.5.1932, unfoliiert.

22 NARA, M1922, RG 260, Interrogations of All Close Friends of Nazi Big Wings: Angerer – Haberstock, Befragung Kurt Erhardt, 21.11.1945, unfoliiert.

23 Adreßbuch [sic!] der Direktoren und Aufsichtsräte, Bd. 2, 1928, S. 1354–1355.

milienhäusern im Viertel Friedenheim, die circa ein Jahr später fertiggestellt wurden.[24] Trotz oder eben gerade wegen der erfolgreichen Umsetzung dieses Bauvorhabens entschlossen sich Witzig & Co. im Mai 1929 zur Veräußerung ihrer Mehrheitsbeteiligung an ein im Aufsichtsrat vertretenes Bankhaus. Da sich die Terraingesellschaft laut Witzigs Aussage zu dem Zeitpunkt in „denkbar günstigsten und liquidesten Verhältnissen“[25] befand, handelt es sich bei dem Verkauf am ehesten um eine Gewinnmitnahme, also ein klassisches Spekulationsgeschäft.

Neben dem Effekten- und Anlagengeschäft[26] konzentrierte sich das Bankhaus Witzig & Co. ab Mitte der 1920er Jahre vermehrt auf den internationalen Vertrieb von Sammlermünzen, der – wie Justizrat Christoph Schramm 1934 anmerkte – schon früh im „Dienst nationaler Interessen“[27] stand. Fraglos hatte er bei dieser Formulierung unter anderem Witzigs Vermittlungserfolg von 1930 im Sinn, in dessen Folge Deutschland erstmals seit Ende des Ersten Weltkriegs einen Prägeauftrag aus dem Ausland erhielt. Der Prestigegewinn, der aus der Lieferung von 40.000 Münzen für die Tausendjahrfeier des isländischen Parlaments für die Reichsregierung und die staatlichen Prägeanstalten resultierte, sollte auch Witzig später zugutekommen.[28] Welche Kontakte Witzig nutzte, um sich gegen die britische und französische Konkurrenz durchzusetzen, bleibt ebenso offen wie die Rolle Miedls bei der Auftragsvermittlung. Zumindest behauptete er, wie Witzig ein persönliches Dankesschreiben samt Anerkennungsurkunde vom isländischen Premierminister erhalten zu haben.[29] Allein dieses Beispiel belegt, dass Witzig & Co. zumindest zu diesem Zeitpunkt kein „drittklassiges Provinzunternehmen“[30] war, sondern als eine der vier bekanntesten Vertriebsstellen für Münzen in Deutschland[31] über einflussreiche Kontakte auf internationaler Ebene verfügte. Der Erfolg von Witzig & Co. zeigt sich auch an der stetig wachsenden Mitarbeiterzahl, die sich von durchschnittlich zwölf Angestellten in den 1920er Jahren auf eine Belegschaft von über zwanzig Beschäftigten im Jahr 1933 erhöhte, von denen allein fünfzehn in der Münzabteilung tätig waren.[32]

---

24 BayHStA, MHIG Nr. 8128, Bayerische Staatsbank an das Ministerium des Äußern zum Bankhaus Joh. Witzig & Co., 2. 5. 1932, unfoliiert.

25 BArch Berlin-Lichterfelde, R 3102/2626, Berliner Börsen-Zeitung, Nr. 41, Schantung Handels AG, Berlin, 18. 2. 1931, unfoliiert.

26 Kloss, Alfred: Das Münchner Privatbankwesen, in: Münchner Allgemeine Zeitung, Jg. 124, 25. 9. 1921, S. 384.

27 BayHStA, MHIG Nr. 8128, Bericht von Dr. Christoph Schramm, 1934, Bl. 7.

28 NARA, M1946, RG 260, Interrogations: Miedl Case, No. 3, 13. 12. 1945, Bl. 2–3.

29 NL-HaNA, NBI 2.09.16 Nr. 854, Alois Miedl an Prof. Antonio de Luna, Madrid, 10. 4. 1947, Bl. 2.

30 TNA, FO 837/1154/3, Black List Section „Memorandum Alois Miedl“, 19. 9. 1944, unfoliiert.

31 Bannicke, Elke: Zur Entstehung von Medaillen und Gedenkmünzen im 20. Jahrhundert in Verbindung mit der Berliner Stempelsammlung, in: Steguweit, Wolfgang (Hrsg.): Die Medaille und Gedenkmünze des 20. Jahrhunderts in Deutschland (Die Kunstmedaille in Deutschland Bd. 14), Berlin 2000, S. 283.

32 BayHStA, MHIG Nr. 8128, Bericht von Dr. Christoph Schramm, 1934, Bl. 1.

Wie andere private Vertriebsstellen beauftragte Witzig & Co. die Berliner und Münchner Münzen mit der Prägung besonders lukrativer Motive; in diesem Kontext sind Serien zu Paul von Hindenburg sowie zu Luftfahrtthemen noch heute am bekanntesten.[33] Mit der Herausgabe der „Hindenburg Jubiläums Münze" 1927 sowie der „Köhl und v. Hünefeld Münze" 1928 zu Ehren des deutschen Transatlantikflugs entsprach das Unternehmen ganz dem Zeitgeist.[34] Die überwiegend gewinnorientierte Ausrichtung dieses Geschäftsmodells wurde vor den Käufern verschleiert. Die Erlöse sollten zwar laut der Zeitungsannoncen meist Wohltätigkeitszwecken zugutekommen, landeten aber eher – auch bei Witzig & Co. – in den Taschen der Verkäufer. So fand die Industrie- und Handelskammer München 1928 bei der Prüfung der Bewerbung der „Köhl und v. Hünefeld Münze" heraus, dass es Witzig & Co. verboten worden war, die „Hindenburg Jubiläums Münze" weiterhin unter Berufung auf die Hindenburg-Spende zu vertreiben; die Firma hatte nämlich die eigentlich schon 1927 fällige Überweisung der Erlöse an die Kriegsopferfürsorge unterlassen. Witzigs Rechtfertigung lautete schließlich, es handele sich doch lediglich um „eventuelle, allerdings sehr fragliche Erträge."[35] Dass die Einnahmen aus dem Verkauf der „Augsburger Konfession Gedenkmünze" (1930) also wirklich der Evangelisch-Lutherischen Kirche Augsburg zugutekamen, der Erlös der „Niobe Gedenkmünze" (1932) der entsprechenden Volksspende zufloss und die „Goethe Gedenkmünze" (1932) zur Volksspende zugunsten Goethes Geburtsstätte beitrug, muss demzufolge genauso bezweifelt werden wie Witzigs Behauptung, er habe für die Verbreitung dieser Münzserien verschiedene Ehrungen erhalten.[36]

Das propagierte und von Schramm gerühmte Wohltätigkeitsengagement in der „verdienstvollen Rolle auf dem Gebiet des Großvertriebs vaterländischer Gedenkmünzen"[37] lässt sich bei Witzig & Co. tatsächlich nur ein einziges Mal nachweisen, und zwar als 1934 der bis dato realisierte Reinertrag der „Gedenkmünze zur deutschen Schicksalswende" in Höhe von fast 30.000 Reichsmark der NSDAP gespendet wurde. Nach Witzigs Darstellung hatte er die Prägung einer solchen Propagandamünze für Hitler bereits drei Jahre vor dem Machtantritt der Nationalsozialisten angeregt und seit 1932 auf eigenes Risiko vorbereitet.[38]

---

33 Bannicke 2000, S. 282.

34 BWA, K1/XXI 5, Akt 18, Fall 5, Akt der Industrie- und Handelskammer zu München, Behördliche Anfrage Juni 1928 – Oktober 1928, IHK München an den Deutschen Industrie- und Handelstag Berlin zur „Köhl und v. Hünefeld Ehrenmünze", 18. 6. 1928, unfoliiert.

35 Ebd., IHK München an das Bayerische Staatsministerium des Innern zum Vertrieb der Köhl und v. Hünefeld Münze, 6. 6. 1928, unfoliiert; IHK München an den Deutschen Industrie- und Handelstag Berlin zum Vertrieb der Köhl und v. Hünefeld Münze, 18. 6. 1928, unfoliiert.

36 Gegenüber Schramm behauptete Witzig, ein Dankschreiben des Chefs der Marineleitung Erich Raeder, ein signiertes Bild von v. Hindenburg, die Goethe-Plakette des Freien Deutschen Hochstifts und das Ehrenband der Niobe erhalten zu haben, s. BayHStA, MHIG Nr. 8128, Bericht von Dr. Christoph Schramm, 1934, Bl. 7.

37 Ebd.

38 Ebd., Bl. 9.

Entworfen wurde die Münze schließlich im Sommer 1933 von Oskar Glöckler.[39] Für die Vermarktung ab Oktober 1933 war Witzig & Co. von der Reichsleitung der NSDAP als Hauptvertriebsstelle autorisiert und erklärte sich im Gegenzug bereit, Werbematerial für die reichsweit etwa 5.000 Nebenvertriebsstellen kostenlos zur Verfügung zu stellen,[40] sodass allein für Vertrieb und Werbung nahezu 50.000 Reichsmark vorfinanziert werden mussten.[41] Eine mögliche Erklärung dieser für Witzig & Co. untypischen Uneigennützigkeit erschließt sich aus dem Kontext, in dem der Bericht von Schramm verfasst wurde. 1931 war nämlich ein strafrechtliches Verfahren gegen Witzig und Miedl eingeleitet worden (s. Kap. 5), das nach einer zeitweiligen Einstellung Mitte 1933 fortgeführt wurde, nur um kurz darauf erneut vorläufig ausgesetzt zu werden.[42] Von ihrer Großzügigkeit erhofften sich Witzig und Miedl sicherlich einen günstigen Einfluss auf den Ausgang des schwebenden Verfahrens. Durch die Hervorhebung des deutlich vor 1933 einsetzenden Engagements für die NSDAP und Hitler bauten sie zugleich dem Verdacht vor, aus opportunistischen Motiven und nicht aus nationalsozialistischer Überzeugung gehandelt zu haben.

Da zumindest Witzig in einigen alliierten Berichten eine ablehnende Haltung zum NS-System attestiert wurde,[43] könnte man vermuten, dass die Parteispende hauptsächlich der Anbiederung diente. Wahrscheinlicher ist jedoch, dass Witzig und Miedl die Aktion primär aus Überzeugung durchführten und im Prozess zu ihren Gunsten instrumentalisierten. Für diese Version sprechen Dokumente, die sowohl Witzig als auch Miedl als frühe Sympathisanten der Partei ausweisen. Schramm, der schon Ernst Röhm im sogenannten

---

39 Der Stuttgarter Bildhauer und Medailleur Oskar Glöckler war als überzeugter Nationalsozialist bereits 1923 am ‚Hitlerputsch' beteiligt. Neben seiner beruflichen Tätigkeit als Fachamtsleiter des deutschen Fußballbundes in Brandenburg entwarf er zahlreiche von den Nationalsozialisten ausgezeichnete Münzen, Abzeichen und Büsten. Ab 1937 war er als Landesleiter der Reichskammer der bildenden Künste Württemberg-Hohenzollern tätig. 1938 erhielt er einen Ruf als Direktor an die Württembergische Staatliche Kunstgewerbeschule Stuttgart. [https://bawue.museum-digital.de/people/200048] Nachdem bekannt wurde, dass er jahrelang unberechtigt einen Professorentitel geführt hatte, beging Glöckler vor seinem Amtsantritt Suizid, s. K. G. Saur Verlag (Hrsg.): Allgemeines Künstler-Lexikon. Die bildenden Künstler aller Zeiten und Völker, Bd. 56, Leipzig/München 2007, S. 196.

40 Friedrich-Ebert-Stiftung (Hrsg.): Grundstein. Mitteilungsblatt für den Deutschen Arbeiterverband des Baugewerbes, Jg. 46 Nr. 41, 14. 10. 1933, Gedenkmünze zur deutschen Schicksalswende (Adolf-Hitler-Gedenkmünze), S. 187.

41 BayHStA, MHIG Nr. 8128, Bericht von Dr. Christoph Schramm, 1934, Bl. 10.

42 Ebd., Oberstaatsanwalt beim Landgericht München I an den Generalstaatsanwalt beim Oberlandesgericht zu Alois Miedl und einer Übersicht über den Gang des bisherigen Verfahrens, 7. 3. 1934, unfoliiert.

43 Vgl. NARA, M1946, RG 260, Records Concerning the Central Collecting Points: Munich Central Collecting Point, 1945–1951, Restitution Research Records, 1945–1950, Goudstikker Collection: Lists and Reports, Bericht der MFAA; NARA, M1944, RG 239, The Roberts Commission, 1943–1946, Card File on Art-Looting Suspects, 1943–1946, Witzig Johann, unfoliiert.

Hitler-Prozess 1924 verteidigt hatte,[44] beschrieb etwa beide als „langjährige Kämpfer in der Freiheitsbewegung“[45]; Witzigs Tätigkeit sei „besonders in den kritischen Jahren 1919 und 1920 im Interesse einer Reihe von Flüchtlingen sehr delikater Natur“[46] gewesen. Aller Wahrscheinlichkeit nach handelte es sich bei diesen „Flüchtlingen“ um Anhänger völkisch-rechtsradikaler Kreise wie zum Beispiel der Thule-Gesellschaft, den zahlreichen Freikorps und Bürgerwehren sowie der Reichswehr, die bei der Niederschlagung der Münchner Räterepublik Anfang Mai 1919 straffällig geworden waren.[47] Zu diesem reichsweit agierenden rechten Sammelbecken gehörten auch spätere Nationalsozialisten wie Rigele und Eidenschink sowie Martin Bormann, der angeblich spätestens ab 1927 finanziell und ideell von Miedl und Witzig unterstützt wurde.[48] Zumindest Witzig wurde später von der NSDAP bescheinigt, dass er „sich bereits vor der Machtübernahme große Verdienste um die Bewegung durch Hingabe von Geldmitteln erworben“[49] habe. Besonders brisant, jedoch letztendlich unbewiesen ist die mehrfach wiederholte Behauptung, Witzig sei ein enger Freund und Privatbankier von Adolf Hitler gewesen.[50]

Abgesehen von diesen Behauptungen Dritter geht die politische Orientierung Miedls und Witzigs in der Weimarer Republik auch aus den 1933 von den Untersuchungsbehörden abgehörten Telefonaten der beiden hervor. Ihre Gespräche drehten sich hauptsächlich um die Frage, welche Belege für ihre Konformität mit dem Nationalsozialismus sie im Prozess beibringen könnten. Beispielsweise erinnerte Miedl Witzig an ein Dankesschreiben, das ihnen „in freudiger Erinnerung an ihre gemeinsame Kampfzeit für Deutschlands Erneuerung“[51] geschickt worden war. Diese von den Nationalsozialisten gemeinhin für die Destabilisierung

44 Weber, Reinhard: Das Schicksal der jüdischen Rechtsanwälte in Bayern nach 1933, München 2006, S. 59.

45 BayHStA, MHIG Nr. 8128, Justizrat Dr. Chr. Schramm an das Bayerische Justizministerium zum Niederschlagungsgesuch in Sachen Miedl und Gen., 4.10.1933, unfoliiert.

46 Ebd.

47 Geyer 1998, S. 88.

48 Eidenschink sagte bei einer Vernehmung aus, Witzig habe Bormanns Schulden bezahlt und ihn neu eingekleidet. Außerdem hätten sich Witzig und Miedl nach Bormanns Blinddarmoperation um ihn gekümmert, s. Cornell University Law Library, Eidenschink interrogation, Lager Moosburg, 6.11.1945, Bl. 6–7.

49 BArch Berlin-Lichterfelde, R 9361-II/1218786, Sammlung Berlin Document Center: Personenbezogene Unterlagen der NSDAP, Parteikorrespondenz, Johannes Witzig, Gaugericht der Auslands-Organisation der NSDAP an den Reichsschatzmeister der NSDAP, 21.10.1938, unfoliiert.

50 TNA, FO 837/1154/3, Black List Section „Memorandum Alois Miedl“, 19.9.1944, unfoliiert; Venema, Adriaan: Kunsthandel in Nederland 1940–1945, Amsterdam 1986, S. 132; NL-HaNA, NBI 2.20.01 Nr. 5956, Nr. 311, Inventaris van het archief van de Nederlandsche Handel-Maatschappii, 1824–1964, Informatie omtrent het handelen van de Duitser A. Miedl in Nederlands-Indie, 1936, Bl. 311.

51 BayHStA, MHIG Nr. 8128, Telefongespräche, die sich auf die Strafsache beziehen, Telefonat zwischen Witzig und Miedl, 8.11.1933, Bl. 27.

der Weimarer Demokratie verwendete Formulierung[52] lässt zumindest auf Sympathisantentum, wenn nicht sogar aktive Beteiligung an diesem Vorhaben schließen. Während Witzig laut der Gesprächsaufzeichnungen über weitere Unterlagen verfügte, die ihn als „wirtschaftlich und national einwandfrei"[53] auswiesen,[54] bereitete Miedl dies Schwierigkeiten. Auf Witzigs Aufforderung, ihm seine Parteibelege zu schicken, antwortete er verzweifelt, er sei „doch erledigt [...] und halte es für furchtbar gefährlich, diese Sachen da anzugeben."[55] Aller Wahrscheinlichkeit nach bezog er sich dabei auf den Umstand, einmal „sozial" gewesen zu sein, was auch Witzig als „etwas hinderlich" einschätzte. Im Gegensatz zu diesem hatte sich Miedl nämlich bis mindestens 1931 eine weitere politische Option offengehalten.

Ihren Ausdruck fand diese „soziale" Phase mutmaßlich in Miedls Mitgliedschaft in der Deutschen Demokratischen Partei (DDP). Im November 1918 als Nachfolgerin der Fortschrittlichen Volkspartei und der Demokratischen Vereinigung gegründet, etablierte sich die linksliberale DDP bereits bei den ersten Wahlen zur Nationalversammlung im Januar 1919 mit 18,5 Prozent als „wahre Volkspartei"[56], die als drittstärkste Kraft mit der SPD und der Zentrumspartei die Weimarer Koalition bildete.[57] Dieser kometenhafte Aufstieg stellte sich allerdings schon nach einem Jahr als Strohfeuer heraus. Angesichts der beginnenden Hyperinflation und der Mitwirkung der Liberalen am Versailler Vertrag fiel es der politischen Rechten leicht, antiliberale Ressentiments zu schüren, sodass sich die Wähler massenhaft von der Partei abwandten.[58] Hinzu kam, dass die Partei von zwei Drittel der jüdischen Bevölkerung gewählt wurde, was ihr die antisemitische Diffamierung einer „Judenpartei"[59] und „Beschützerin des Großkapitals unter jüdischer Führung"[60] einbrachte. Der einsetzende Rechtsruck zeigte sich exemplarisch in München, wo die DDP 1920 bei der Landtagswahl nicht einmal acht Prozent erreichte, nachdem sie im Jahr zuvor noch 18,99 Prozent erhal-

52 Piper, Ernst: Geschichte des Nationalsozialismus. Von den Anfängen bis heute, Bonn 2018, S. 7.

53 BayHStA, MHIG Nr. 8128, Telefongespräche, die sich auf die Strafsache beziehen, Telefonat zwischen Witzig und Miedl, 8.11.1933, Bl. 27.

54 Ausgehend von einem NSDAP-Beurteilungsbogen aus dem Jahr 1939 gehörte Witzig vor 1933 keiner politischen Partei an, s. BArch Berlin-Lichterfelde, R 9361-II/1218786, Gauhauptstellenleiter NSDAP München-Oberbayern an die Organisationseinheit Sendlingertor der NSDAP i. S. Johann Witzig, 16.12.1939, unfoliiert.

55 BayHStA, MHIG Nr. 8128, Telefongespräche, die sich auf die Strafsache beziehen, Telefonat zwischen Witzig und Miedl, 8.11.1933, Bl. 25, 27; folgende Zitate ebd.

56 Stalmann, Volker: Rheinische Linksliberale in der Weimarer Republik. Bernhard Falk und Anton Erkelenz, in: Conze, Eckart u. a. (Hrsg.): Jahrbuch zur Liberalismus-Forschung (Friedrich-Naumann-Stiftung für die Freiheit, Jg. 30), Baden-Baden 2018, S. 181, 198.

57 Ebd.

58 Geyer 1998, S. 370.

59 Stalmann 2018, S. 187–188.

60 Geyer 1998, S. 370.

ten hatte.[61] In der Zuspitzung dieser Entwicklung fiel am 24. Juni 1922 mit dem jüdischen Außenminister Walther Rathenau der prominenteste Repräsentant der DDP, eine Hassfigur rechter und völkischer Kreise, einem Attentat der extremistischen „Organisation Consul“ zum Opfer. Der Abwärtstrend beschleunigte sich infolge der Weltwirtschaftskrise und mündete 1930 im kurzzeitigen Zusammenschluss der in Deutsche Staatspartei umbenannten DDP mit der tendenziell antisemitischen Volksnationalen Reichsvereinigung, der zur Abspaltung des linken Flügels und anschließender Bedeutungslosigkeit bis zur endgültigen Auflösung im Zuge der Gleichschaltung führte.[62]

Über seine Mitgliedschaft in der Partei berichtete Miedl 1947, er sei „circa 1931 Schatzmeister der Deutschen Demokratischen Partei in München“[63] gewesen, die auf kommunaler Ebene von dem befreundeten Rechtsanwalt Kurt Erhardt geführt wurde.[64] Aus dieser Formulierung lässt sich schließen, dass Miedls Parteiengagement wahrscheinlich deutlich vor 1931 begonnen haben muss; im Fall einer Mitgliedschaft ab 1931 hätte er sich ja als Schatzmeister der Deutschen Staatspartei bezeichnet.[65] Auch die vage Datierung des Parteiamtes erscheint nicht zufällig; zu diesem Zeitpunkt hatte sich der soziale linke Flügel der Partei bereits abgespalten. Falls Miedl im Prozess 1933 eine ähnliche Version seiner Parteiaktivitäten vorbrachte, wäre die Problematik des „Sozial-Sein“ damit zumindest entschärft worden.

Inwiefern Miedls politische Einstellung und zukünftige Geschäfte mit den nationalsozialistischen Werten und Vorgaben korrespondierten, wird in späteren Kapiteln detailliert behandelt werden. Erwähnenswert ist jedoch schon jetzt, dass sowohl Miedl als auch Witzig Anfang April 1933 eine Mitgliedschaft in der NSDAP beantragten, die allerdings im September abgelehnt wurde.[66] In der NSDAP-Mitgliederkartei befindet sich eine Warnungskarte zu Miedl, dessen Vorname inkorrekt – wie schon beim Ehrengerichtsverfahren 1923 – mit Louis angegeben wird, die seine Aufnahme strikt ausschließt. Erstellt wurde diese Karte jedoch

61 Ebd., S. 356.

62 Die Volksnationale Reichsvereinigung stand in enger Verbindung zum antisemitischen und nationalistischen Jungdeutschen Orden, der aus einem Freikorps entstanden war, s. Nonn, Christoph: Nationale Volksbewegung, bürgerliche Interessenpartei, gesellschaftliche Reformkraft. Der Liberalismus am Rhein, in: Conze, Eckart u. a. (Hrsg.): Jahrbuch zur Liberalismus-Forschung (Friedrich-Naumann-Stiftung für die Freiheit, Jg. 30), Baden-Baden 2018, S. 31–52, hier S. 45–46.

63 NL-HaNA, NBI 2.09.16 Nr. 854, Alois Miedl an Prof. Antonio de Luna, Madrid, 10. 4. 1947, Bl. 3.

64 Ebd.

65 Laut freundlicher Auskunft des Leiters des Archivs des Liberalismus Prof. Dr. Ewald Grothe vom 8. 3. 2021 existieren Mitgliederlisten der DDP aus diesem Zeitraum nicht mehr, da sie zum Schutz der Mitglieder vor politischer Verfolgung in den 1930er Jahren vernichtet wurden. Eine Konkretisierung von Miedls Angaben ist daher nicht möglich.

66 BArch Berlin-Lichterfelde, R 9361-II/1218786, Reichsleitung der NSDAP an die Abteilung für Deutsche im Ausland, 12. 9. 1933, unfoliiert.

nicht, weil Miedl – wie er nach 1945 stets betonte – mit einer Jüdin verheiratet war,[67] sondern wegen des ab 1931 gegen ihn laufenden Ermittlungs- beziehungsweise Strafverfahrens.[68]

Im Resümee erwarb der Bankkaufmann Miedl bei den Metageschäften mit Witzig im Zeitraum 1925 bis 1929 die unternehmerischen Kenntnisse, die ihn in den folgenden Jahren zur Expansion seiner Geschäftsaktivitäten befähigten.

67 NARA, M1946, RG 260, Interrogations: Miedl Case, No. 3, 13.12.1945, Bl. 2.

68 BArch Berlin-Lichterfelde, R 9361-IX/28641626, Sammlung Berlin Document Center: Personenbezogene Unterlagen der NSDAP, Mitgliederkartei, Gaukartei, Louis [sic!] Miedl, unfoliiert.

4. Expansion während der Weltwirtschaftskrise (1929 bis 1932)

Nach dem Ersten Weltkrieg beliefen sich die in Gold und Sachwerten zu tilgenden Reparationsforderungen der Alliierten an die Weimarer Republik auf etwa 144 Milliarden Reichsmark. Eine für Deutschland ökonomisch solide Erfüllung dieser Forderungen musste allerdings an der Realität scheitern. Einerseits waren Deutschlands Goldreserven zur Finanzierung des Krieges fast gänzlich aufgebraucht worden, andererseits fehlten nennenswerte Exporteinnahmen, da die Siegermächte nur in äußerst geringem Maß dazu bereit waren, ihre Märkte für deutsche Waren zu öffnen.[1] Es blieb also nichts anderes übrig, als im Ausland – vorrangig in den USA – Kredite aufzunehmen.[2] Diese von Deutschland an Frankreich und Großbritannien überwiesenen Darlehen gelangten wiederum zum Großteil auf direktem Weg zurück nach Amerika, da beide Länder während des Krieges für Kredite zur Rüstungsfinanzierung ebenfalls circa zwölf Milliarden Dollar Schulden gemacht hatten.[3] Dieser als „Schuldenkarussell"[4] bezeichnete Kreislauf der 1920er Jahre, der die Spekulationsblase an den Finanzmärkten fortwährend anheizte, gipfelte schließlich im Börsencrash vom 24. Oktober 1929.[5] Da die USA ihre an Deutschland vergebenen Kredite unverzüglich zurückforderten, wurde das Land im Vergleich zum Rest Europas besonders hart von der globalen Finanzkrise getroffen.[6]

Unbeeindruckt davon entwickelten Miedl und Witzig mit dem Rückenwind der erfolgreichen Spekulation bei der Neu-Westend AG 1929 eine ambitionierte Expansionsstrategie, die sie schrittweise bis 1932 konsequent umsetzten. Im Endeffekt strebten sie eine kooperierende Gruppe von Export- und Kolonialunternehmen an, da sie in diesen unter den Restriktionen des Versailler Vertrags besonders leidenden Bereichen die größten Wachstumschancen sahen. In einem ersten Schritt zielten sie mit der Schantung Handels-Aktiengesellschaft (Schantung) auf ein Unternehmen, dessen Hauptaktionär – wie schon bei der Neu-Westend AG – die Deutsche Bank war. Unerwartete Hindernisse bei der Umsetzung dieser Strategie aufgrund veränderter politischer Rahmenbedingungen, die sie mit riskanten Manövern zu umgehen

1 Pressler, Florian: Die erste Weltwirtschaftskrise. Eine kleine Geschichte der großen Depression, München 2019, S. 29–30.

2 Hesse, Jan-Otmar/Köster, Roman/Plumpe, Werner (Hrsg.): Die Große Depression. Die Weltwirtschaftskrise 1929–1939, Bonn 2017, S. 29.

3 Pressler 2019, S. 29.

4 Hesse/Köster/Plumpe 2017, S. 29.

5 Ebd.

6 Pressler 2019, S. 38.

suchten, führten allerdings dazu, dass zumindest Miedl ab Sommer 1932 seine Geschäfte für einige Jahre nicht mehr von Deutschland aus führen konnte (s. Kap. 5).

4.1 Feindliche Übernahme der Schantung Handels-AG

Der deutsche Aktienmarkt, der 1928 den Höchstindex seit Ende des Ersten Weltkriegs erreicht hatte, befand sich nach dem Wall-Street-Crash in einem kontinuierlichen Sinkflug, der 1931 mit einem Drittel des Standes von 1928 seinen Tiefpunkt erreichte.[7] Zu den wenigen Ausnahmen, die selbst im Krisenjahr 1931 an der deutschen Börse einen Kursanstieg verzeichnen konnten, gehörte die Schantung, deren „fortgesetzte Festigkeit"[8] den Experten auffiel und die Aufmerksamkeit der Fachpresse schließlich auf Witzig & Co. lenkte.[9]

Diese Kolonialgesellschaft war am 14. Juni 1899 als Schantung-Eisenbahn-Gesellschaft von einem deutschen Bankenkonsortium mit einem Grundkapital von vierundfünfzig Millionen Goldmark in Berlin gegründet worden. Benannt war das Unternehmen nach der chinesischen Provinz Schantung (heute Shandong), deren Teilgebiet Kiautschou ein Jahr zuvor an das Deutsche Reich verpachtet worden war. Nur wenige Monate nach der Unternehmensgründung wurde ausgehend von der Hafenstadt Tsingtau (heute Qingdao) mit dem Bau einer Eisenbahnlinie begonnen, die sich bei ihrer Fertigstellung im Jahr 1904 über eine Länge von etwa 435 Kilometern erstreckte[10] und schon 1905 einen Reingewinn von 3,8 Millionen Goldmark erzielte.[11] Nachdem sie bereits im Zuge der Belagerung Tsingtaus ab September 1914 durch japanische und britische Truppen von den Japanern beschlagnahmt worden war, zwang schließlich der Versailler Vertrag das Deutsche Reich, den gesamten Schantung-Besitz[12] an Japan abzutreten.[13] Als Kompensation erhielt die Berliner Gesellschaft von der Weimarer Regierung einen Wiederaufbauzuschlag in Höhe von 973.500 Reichsmark sowie Reichsschuldbuchforderungen, also Staatsanleihen, von etwa 7,69 Millionen Reichsmark,

---

7 Hesse/Köster/Plumpe 2017, S. 53–54.

8 BArch Berlin-Lichterfelde, R 3102/2626, Frankfurter Zeitung, Nr. 115/117, Mehrheitswechsel bei Schantung? Überfremdung in der Stille durch die Münchner Bankfirma Witzig, 13. 2. 1931, unfoliiert.

9 Ebd.

10 BArch Berlin-Lichterfelde, R 3102/5584, Großunternehmen im Deutschen Reich, Bd. 326: Schantung Handels-AG Berlin, 1941–1943, Schantung Handels-Aktiengesellschaft Berlin, Fasanenstraße 77, 1942, unfoliiert.

11 Weickert, Hans: Kiautschou. Das deutsche Schutzgebiet in Ostasien, Berlin 1908, S. 163.

12 1899 gründete das besagte Bankenkonsortium zudem für 12 Mio. Goldmark die Schantung-Bergbau-Gesellschaft, die 1902 mit dem Abbau der an der Bahnstrecke gelegenen Kohlevorkommen begonnen hatte. Auch diese Bergwerke wurden von den Japanern beschlagnahmt, nach dem Ersten Weltkrieg jedoch in eine japanisch-chinesische Gesellschaft eingebracht, s. BArch Berlin-Lichterfelde, R 3102/5584, Schantung Handels-Aktiengesellschaft Berlin, Fasanenstraße 77, 1942, unfoliiert.

13 BayHStA, MHIG Nr. 8128, Schantung Handels-Aktiengesellschaft, undatiert, unfoliiert.

deren Marktwert sich aufgrund der bis 1948 angesetzten Laufzeit auf 5,2 Millionen Reichsmark belief und die bei einer relativ hohen Verzinsung von sechs Prozent das Hauptaktivum darstellten.[14] Mit dieser Staatshilfe konnte die Schantung ihre kolonialen Unternehmungen 1929 von China[15] weitgehend nach Afrika verlagern, wo sie von der Deutsch-Ostafrikanischen Gesellschaft (DOAG) Beteiligungen an zwei mehrere Tausend Hektar großen Sisalplantagen in Tansania und Kenia erwarb. Im April 1930 erfolgte daraufhin die Umbenennung der Firma in Schantung Handels-Aktiengesellschaft.[16]

Am 13. Februar 1931 thematisierte die Berliner Börsen-Zeitung die atypische Entwicklung der Schantung-Aktien. Im Fokus stand dabei die Frage, was deren Kurs von etwa fünfzig auf zuletzt achtundneunzig Prozent getrieben hatte. Dazu befragt, räumte die Verwaltung der Gesellschaft unter Vorsitz der Deutschen Bank ein, man habe bereits seit geraumer Zeit Aktienankäufe bemerkt, die von „verschiedenen Deckfirmen“[17] getätigt worden seien. Die Vermutung des Journalisten, es handele sich bei der verdeckt operierenden Gruppe um Witzig & Co.,[18] verdeutlicht, wie selbstverständlich Börsenkreise ein solch intransparentes Vorgehen mit dem Münchner Bankhaus assoziierten. Über konkretere Informationen verfügte die Frankfurter Zeitung, die am selben Tag unter dem Aufmacher „Mehrheitswechsel bei Schantung? Überfremdung in der Stille durch die Münchner Bankfirma Witzig“ von einer am Vortrag erfolgten Besprechung des Bankhauses mit dem Aufsichtsratsvorsitzenden der Schantung Franz Urbig[19] berichtete. In diesem Artikel wurde nicht nur die Übernahme der Majorität bestätigt, sondern auch als Motiv der Erwerb der lukrativen Reichsschuldbuchforderungen genannt sowie über eine bald zu erwartende außerordentliche Generalversammlung mit Austausch der Geschäftsführung spekuliert.[20] Witzigs Prokurist Otto Höglmeier gab

---

14 BArch Berlin-Lichterfelde, R 3102/2626, Frankfurter Zeitung, Nr. 115/117, Mehrheitswechsel bei Schantung? Überfremdung in der Stille durch die Münchner Bankfirma Witzig, 13. 2. 1931, unfoliiert.

15 Die Schantung Handels-AG besaß noch eine Beteiligung an der Deutsch-Asiatischen Bank in Höhe von 16.631,40 RM, s. BArch Berlin-Lichterfelde, R 3118/931, Schantung Handels-AG, Bd. 2, 1914–1938, Geschäftsbericht für das 32. Geschäftsjahr 1930, Bl. 57.

16 Die DOAG wurde 1885 als Kolonialgesellschaft gegründet und war geschäftsführend an den beiden Sisalpflanzungen Teita Concessions Ltd. (Mombasa, Kenia) und Kwamdulu Sisal Estates Ltd. (Tanga, Kenia) beteiligt. 1933 wurde auf den Sisalplantagen mit dem Bau von Fabrikanlagen begonnen, die Anfang 1934 in Betrieb genommen wurden, s. BArch Berlin-Lichterfelde, R 3102/5584, Schantung Handels-Aktiengesellschaft Berlin, Fasanenstraße 77, 1942, unfoliiert.

17 BArch Berlin-Lichterfelde, R 3102/2626, Berliner Börsen-Zeitung, Nr. 73, Schantung Handels-AG in Berlin, 13. 2. 1931, unfoliiert.

18 Ebd.

19 Franz Urbig war ein deutscher Bankier, der ab 1929 dem Aufsichtsrat der fusionierten Deutschen Bank und Diskonto-Gesellschaft vorsaß. Nach 1933 war er am Ausschluss der jüdischen Vorstandsmitglieder beteiligt, s. James 2001, S. 25–27.

20 BArch Berlin-Lichterfelde, R 3102/2626, Frankfurter Zeitung, Nr. 115/117, Mehrheitswechsel bei Schantung? Überfremdung in der Stille durch die Münchner Bankfirma Witzig, 13. 2. 1931, unfoliiert.

später an, das Bankhaus habe die Aktienmajorität tatsächlich „nicht auf einmal in Form eines Paketkaufes“[21] erworben, sondern „vielmehr im Verlauf von einigen Jahren – etwa 1921 [sic!] bis 1931 – in aller Stille allmählich an den Börsen von Berlin, Hamburg und Frankfurt aufgekauft.“[22] Die Käufe erfolgten im Namen verschiedener Großkunden des Bankhauses sowie durch Witzig & Co.,[23] wobei das Unternehmen nachweislich auch Pseudonyme wie etwa „Walter Spiel“ verwendete, um seine Identität zu verschleiern.[24] Finanziert wurden diese Geschäfte nicht nur mit Eigenkapital, sondern auch mithilfe eines Kredits, der später noch von entscheidender Bedeutung für Miedls weiteren Lebensweg sein wird.[25]

Der Majoritätswechsel löste erhebliche Unsicherheit über die Zukunft der Gesellschaft aus und führte ab der Bekanntmachung zu einem kontinuierlichen Kursabfall der Schantung-Aktien. Das Misstrauen der Anleger speiste sich vor allem aus der Erinnerung an Witzigs Geschäftsgebaren bei der Münchner Terraingesellschaft Neu-Westend AG, das in der öffentlichen Wahrnehmung für die verlustreiche Liquidation der Bayerischen Landesproduktenbank verantwortlich war.[26] Anstatt den Sorgen der Aktionäre entgegenzuwirken, indem er die Gründe für die Erwerbung der Aktienmajorität und die Pläne für das Unternehmen offenlegte, teilte Witzig der Presse einige Tage später lediglich mit, „als notwendig erwiese sich nur die Bildung einer neuen einheitlichen und verantwortungsbewussten Verwaltung, die das künftige Schicksal der Gesellschaft in zielbewusster Wirtschaftlichkeit gestalten werde.“[27] An dieser Taktik des Ausschweigens änderte sich auch nichts während der Generalversammlung der Schantung am 16. März 1931, bei der von insgesamt 3.989.200 Reichsmark Aktienkapital mit 2.450.400 Reichsmark eine solide Majorität durch die Gruppe Witzig & Co. vertreten war. Zu Beginn der Versammlung stellte Erhardt als Vertreter der Münchner Gruppe unter heftigen Protesten den Antrag auf Abberufung und Neuwahl des Aufsichts-

21 Ein Zeitraum von zehn Jahren ist jedoch unwahrscheinlich und die Angabe 1921 vermutlich auf einen Tippfehler zurückzuführen, da die restlichen Quellen übereinstimmend 1929 nennen, s. BAR, E6100A-24#1000/1924#75*, Eidgenössische Finanzverwaltung, Dr. Sieben, Aktennotiz über die Besprechung vom 9.12.1952, unfoliiert; NL-HaNA, NBI 2.09.16 Nr. 854, Alois Miedl an Prof. Antonio de Luna, Madrid, 10.4.1947, Bl. 1.

22 Ebd.

23 BAR, E6100A-24#1000/1924#75*, Eidgenössische Finanzverwaltung, Dr. Sieben, Aktennotiz betreffend Alois Miedl, 30.12.1952, unfoliiert.

24 BayHStA, MHIG Nr. 8128, Telefongespräche, die sich auf die Strafsache beziehen, Telefonat zwischen Miedl und Höglmeier, 17.1.1934, Bl. 48.

25 BAR, E6100A-24#1000/1924#75*, Eidgenössische Finanzverwaltung, Dr. Sieben, Aktennotiz betreffend Alois Miedl, 30.12.1952, unfoliiert.

26 BArch Berlin-Lichterfelde, R 3103/306, Reichskommissar bei der Berliner Börse, 8 Abteilung G – Eisenbahngesellschaften, Schantung Handels-AG Berlin, 1902–1937, Berliner Tageblatt, Nr. 77, Schantung schwach. Folgen des Majoritätswechsels, 14.2.1931, Bl. 161.

27 Ebd., Frankfurter Beitrag, Nr. 131, Schantung Handels-AG und Bankgeschäft Witzig, 18.2.1931, Bl. 162.

rats sowie die Ernennung eines neuen Vorsitzenden der Generalversammlung. Dies führte laut Presse zu dem „immerhin seltenen Zustand, dass eine im Wesentlichen von den Großbanken besetzte Verwaltung sich für die Minorität gegen die Majorität einsetzte."[28] Aber alle Versuche der in interne Querelen verstrickten alten Verwaltung, durch Auslegung der Geschäftssatzung zu ihren Gunsten Erhardts Antrag abzuwehren, scheiterten, sodass sich die geschlossen agierende Gruppe Witzig & Co. durchsetzen konnte.[29] Auf die kritische Frage, wieso sich der Aufsichtsrat nicht rechtzeitig gegen die Aufkäufe gewehrt hatte, erhielten die Aktionäre lediglich die fadenscheinige Antwort, „die Banken hätten im Jahr 1930 so viel zu tun gehabt, um Kurse zu stützen, die fielen, dass sie sich nicht um Kurse hätten kümmern können, die unter Schwankungen steigende Tendenz zeigten."[30]

Die wenig schmeichelhafte Niederlage der Großbanken in der „Schlacht um Schantung" – wie die Presse die Vorgänge um die gelungene feindliche Übernahme betitelte – konnte auch Urbigs Argument, zur Münchner Gruppe gehöre ein Mitglied, das bereits einmal von der Börse ausgeschlossen worden sei, nicht verhindern.[31] Diese Anspielung auf Miedl ist aufschlussreich, da er während der Generalversammlung weder anwesend war, noch für einen Posten im Aufsichtsrat vorgeschlagen wurde, der wiederum mit Witzig, den Münchner Kaufleuten Gottfried W. Friedrichs und Georg Birnstiel[32] sowie Erhardt neu besetzt wurde.[33] Offiziell trat Miedl erst mit dem Aufsichtsratsbericht vom 4. Juni 1931 in Erscheinung, in dem er den Aktionären als neuer Vorstandsvorsitzender ab 1. April 1931 vorgestellt, seine Beteiligung an der Übernahme hingegen weiterhin unterschlagen wurde.[34] Bestätigt wurde dies schließlich nach 1945 sowohl von Erhardt, der zugab, Miedls Anteile bei der Generalversammlung vertreten zu haben,[35] als auch von Miedl selbst: „Wir kamen aus der sogenannten Provinz und die in dieser Gesellschaft den Aufsichtsrat bildenden achtzehn Herren, fast alle gehörten der ersten Garnitur der deutschen Großbanken an, mussten in der

28 BArch Berlin-Lichterfelde, R 3103/306, Berliner Tageblatt, Nr. 125, Die Taktik in der Schantung-Schlacht. Vertauschte Fronten, 17. 3. 1931, Bl. 167.

29 Ebd.

30 Ebd., Berliner Tageblatt, Nr. 127, Schlacht um Schantung. Sieg der neuen Majorität, 16. 3. 1931, Bl. 165–166.

31 BArch Berlin-Lichterfelde, R 3102/2626, Berliner Börsen-Zeitung, Nr. 126, Der Kampf um Schantung. Vertagung der Bilanzgenehmigung – Annahme der neuen Majoritätsgruppe unter Protesten, 16. 3. 1931, unfoliiert.

32 Der Münchner Steuerberater und spätere FDP-Politiker Georg Birnstiel war in den 1950er Jahren zeitweise bayerischer Wirtschafts- sowie anschließend Innenminister, s. Schumacher, Martin: M. d. B. – Die Volksvertretung 1946–1972, Berlin 2006, S. 108.

33 BArch Berlin-Lichterfelde, R 3103/306, Berliner Tageblatt, Nr. 127, Schlacht um Schantung. Sieg der neuen Majorität, 16. 3. 1931, Bl. 165–166.

34 BArch Berlin-Lichterfelde, R 3118/931, Geschäftsbericht für das 32. Geschäftsjahr 1930, Bl. 57.

35 NARA, M1922, RG 260, Interrogations of All Close Friends of Nazi Big Wings: Angerer – Haberstock, Befragung Kurt Erhardt, 21. 11. 1945, unfoliiert.

Generalversammlung ihre Sitze räumen, weil sie das deutsche Aktienrecht nicht kannten oder dachten, dass es auf sie keine Anwendung finden könnte, sonst wären sie auf unsere ihr Alter berücksichtigenden Vorschläge rechtzeitig eingegangen."[36] Diese abschätzige Aussage des Mittvierzigers lässt zum einen immer noch das Hochgefühl erahnen, das der Triumph über das alte Bankenestablishment bei dem achtundzwanzigjährigen Außenseiter Miedl ausgelöst haben muss. Zum anderen gibt sie auch einen Hinweis, woher Urbigs frühzeitige Kenntnis von Miedls Beteiligung stammte. Angesichts des von Beginn an konfrontativen Vorgehens in der Generalversammlung müssen die Vorschläge, auf die vom alten Aufsichtsrat nicht „rechtzeitig" eingegangen wurde, Urbig zu einem deutlich früheren Zeitpunkt unterbreitet worden sein, etwa bei der bereits erwähnten Unterredung mit Witzig & Co. am 12. Februar 1931.[37] Da diese das „Alter berücksichtigenden" Vorschläge sehr wahrscheinlich auch eine Verjüngung der Geschäftsleitung beinhalteten, war der eindeutige Favorit für diese Rolle natürlich Witzigs Intimus Miedl. Welche weiteren Vorschläge in vertraulichen Vorgesprächen gemacht wurden, kann nachträglich nicht eindeutig geklärt werden. Da sich die alte Geschäftsführung aber fast ausschließlich auf die Verwaltung des Effektenbesitzes beschränkt hatte[38] und Witzig ankündigte, das Unternehmen zukünftig in „zielbewusster Wirtschaftlichkeit"[39] führen zu wollen, wurde höchstwahrscheinlich der Ausbau der gewinnversprechenden Geschäftsbereiche Export- und Kolonialunternehmen vorgeschlagen.

4.1.1 Kapitalbeschaffung

Die unverzügliche Umsetzung dieser „zielbewussten Wirtschaftlichkeit" durch die neue Verwaltung dokumentierte der 1932 veröffentlichte Geschäftsbericht für 1931, der bei den Minderheitsaktionären einen Sturm der Empörung auslöste. Der Bericht bestätigte nicht nur, dass Miedl und Witzig ihre ursprüngliche Zusage, die Generalversammlung bei Entscheidungen über größere Verkäufe einzubeziehen, gebrochen hatten. Vielmehr bewahrheiteten sich auch die anfänglichen Befürchtungen der Anleger bezüglich der Erwerbsmotive der Münchner Gruppe.[40] Bei den getätigten Verkäufen handelte es sich nämlich um einen beträchtlichen Teil des Hauptaktivums der Schantung, also der Reichsschuldbuchforderungen in Höhe von 7,69 Millionen Reichsmark, deren Verzinsung jährlich etwa 415.000 Reichsmark eingebracht

36 NL-HaNA, NBI 2.09.16 Nr. 854, Alois Miedl an Prof. Antonio de Luna, Madrid, 10. 4. 1947, Bl. 1.
37 BArch Berlin-Lichterfelde, R 3102/2626, Frankfurter Zeitung, Nr. 115/117, Mehrheitswechsel bei Schantung? Überfremdung in der Stille durch die Münchner Bankfirma Witzig, 13. 2. 1931, unfoliiert.
38 BayHStA, MHIG Nr. 8128, Bericht von Dr. Christoph Schramm,1934, Bl. 3.
39 BArch Berlin-Lichterfelde, R 3103/306, Frankfurter Beitrag, Nr. 131, Schantung Handels-AG und Bankgeschäft Witzig, 18. 2. 1931, Bl. 162.
40 BArch Berlin-Lichterfelde, R 3102/2626, Berliner Börsen-Berichte, Nr. 171, Schantung ohne Schuldbücher, 23. 7. 1932, unfoliiert.

hatte.[41] Nachdem die Majoritätsgruppe nun Anleihen im Nennwert von 2.686.399 Reichsmark sowie zusätzlich 35.000 Stück der Deutschen Kommunalen Goldanleihe verkauft hatte, ergab sich für das Geschäftsjahr 1931 ein Verlust von insgesamt 831.335 Reichsmark, wobei 626.627 Reichsmark als Buchverluste auf diese Veräußerungen zurückzuführen waren.[42]

Dass diese offensichtliche Aushöhlung des Grundkapitals der Gesellschaft bei den Aktionären keine Zustimmung fand, hielt den Vorstand jedoch nicht davon ab, auch in der Folgezeit umfangreiche Verkäufe zu tätigen: Nachdem die Gesellschaft im Sommer 1932 Reichsschuldbuchforderungen in Höhe von nur noch 500.000 Reichsmark ihr Eigen nennen konnte,[43] erfuhren die Aktionäre ein Jahr später durch den Geschäftsbericht von der endgültigen Liquidation der verbliebenen Restbestände.[44] Demzufolge hatte sich zum Bilanzabschluss 1933 zwar das Grundkapital mit 1,2 Millionen Reichsmark um mehr als ein Drittel gegenüber 1930 vermindert,[45] dafür war aber das Bankguthaben von 205.000 Reichsmark auf etwa 2,9 Millionen Reichsmark angewachsen, die bei Witzig & Co. deponiert waren.[46]

Die restliche durch die Veräußerung des Effektenbesitzes generierte Liquidität hatten Miedl und Witzig bereits für teils hochspekulative Investitionen der Schantung in Kolonial- und Exportunternehmen verwendet. Kritik von Aktionären und Presse an dieser Geschäftspolitik begegneten sie mit der lapidaren Feststellung, die Schantung sei keine Holdinggesellschaft für Reichsschuldbuchforderungen.[47] Ansonsten gaben sie sich nicht allzu viel Mühe, ihre komplexen geschäftlichen Manöver zu erklären. Die kritische Berichterstattung der Presse setzte sich daher auch nach dem Machtantritt der Nationalsozialisten fort, wobei die durchaus zweideutige Einschätzung, „dass es sich um eine Verwaltung handelt, der die Interessen der deutschen Wirtschaft und des deutschen Exports über alles gehen“[48], dem Ansehen von Miedl und Witzig bei den neuen Machthabern sicherlich nicht schadete.

41 BArch Berlin-Lichterfelde, R 3103/306, Berliner Börsen-Courier, Nr. 74, Schantung-Überraschung. Neuer Majoritätsbesitzer fordert Rücktritt der Verwaltung, 13. 2. 1931, Bl. 50.

42 BArch Berlin-Lichterfelde, R 3102/2626, Berliner Börsen-Zeitung, Nr. 318, Schantung, 9. 7. 1932, unfoliiert.

43 Ebd., Berliner Börsen-Berichte, Nr. 171, Schantung ohne Schuldbücher, 23. 7. 1932, unfoliiert.

44 BArch Berlin-Lichterfelde, R 3103/306, Geschäftsbericht für das 35. Geschäftsjahr 1933, Bl. 208.

45 BArch Berlin-Lichterfelde, R 3102/2626, Berliner Börsen-Berichte, Nr. 162, Schantung gibt Auskunft über Beteiligungen, 14. 7. 1933, unfoliiert.

46 BArch Berlin-Lichterfelde, R 3103/306, Geschäftsbericht für das 35. Geschäftsjahr 1933, Bl. 210.

47 BArch Berlin-Lichterfelde, R 3102/2626, Berliner Börsen-Berichte, Nr. 171, Schantung ohne Schuldbücher, 23. 7. 1932, unfoliiert. – Eidenschink erklärte in seinem Nachkriegsverhör, Miedl habe die Reichsschuldscheine zu ungünstigen Kursen verkauft. Die Empfehlung dafür habe er angeblich von Reichsfinanzminister Hermann Dietrich erhalten, s. Cornell University Law Library, Eidenschink interrogation, Lager Moosburg, 6. 11. 1945, Bl. 9. – Da Miedl Dietrichs Intelligenz gering schätzte (s. folgenden Abschnitt), erscheint diese Darstellung fragwürdig.

48 BArch Berlin-Lichterfelde, R 3102/2626, Berliner Börsen-Berichte, Nr. 162, Schantung gibt Auskunft über Beteiligungen, 14. 7. 1933, unfoliiert.

4.2 Pläne zur Exportsteigerung der deutschen Wirtschaft

Nur wenige Monate nach der Einführung der Devisenbewirtschaftung[49] hatte Miedl der Reichsregierung am 30. November 1931 im Namen der Schantung das von ihm entworfene „Zusatzausfuhrverfahren" zur „Exportsteigerung und Belebung der deutschen Wirtschaft"[50] vorgestellt. Nachdem Reichskanzler Heinrich Brüning eine Steigerung der Wettbewerbsfähigkeit seit Beginn der Weltwirtschaftskrise durch innere Abwertung angestrebt, diese Deflationspolitik jedoch eine Überschuldung der Wirtschaft sowie einen Anstieg der Arbeitslosigkeit auf sechs Millionen[51] bewirkt hatte,[52] wählte Miedl dieses den Nerv der Zeit treffende Thema sicherlich nicht zufällig. Bedenkt man zudem, dass er angeblich schon 1923 der Reichsregierung einen Stabilisierungsplan für die inflationäre Papiermark vorgelegt hat (s. Kap. 2), zeichnet sich als Muster in Miedls Selbstwahrnehmung ab, in Krisenzeiten für die Lösung hochkomplexer nationaler Probleme prädestiniert zu sein. Die erwartete Anerkennung wurde ihm jedoch auch dieses Mal verwehrt. Abgesehen von der äußerst umständlichen Vorgehensweise[53] lehnte das Kabinett Miedls Vorschlag vermutlich wegen des von ihm zur Umsetzung geforderten Kredits ab.[54] Frei von Selbstzweifeln sah Miedl die Ursache für sein erneutes Scheitern dagegen in der seiner Ansicht nach mangelnden Intelligenz von Reichs-

49 Ebi, Michael: Export um jeden Preis, Stuttgart 2004, S. 11.

50 BArch Koblenz, N 1138/4, Ludwig Kastl, Vorschläge und Ausarbeitungen zur Sanierung der deutschen Wirtschaft, Schantung Handelsgesellschaft an die Reichsregierung, Plan zur Exportsteigerung und Belebung der deutschen Wirtschaft, 30.11.1931, Bl. 47–50.

51 Evans, Richard J.: Das Dritte Reich. Bd. 1: Aufstieg, München 2004, S. 331.

52 Brünings politische Entscheidungen brachten ihm in der Folge den Titel „Hungerkanzler" ein, s. Pressler 2019, S. 135–136.

53 Der Plan bestand darin, im Ausland eine private Exportfirma zu gründen, die der Kontrolle der Reichsregierung oder einer Vertrauensperson – vermutlich Miedl – unterstellt werden sollte. Diese Firma sollte deutsche Waren von „besonders notleidenden Industrien" im Wert von einer Milliarde RM zu den bestehenden deutschen Exportpreisen übernehmen, wobei die Lieferungen mit langfristigen Wechseln bezahlt würden. Diese Akzepte würden wiederum von der Reichsbank bzw. Golddiskontbank mit 5 % pro Jahr diskontiert. Durch den unterpreisigen Verkauf der Waren entstünde ein Verlust bis zur Höhe von 20 %, während mindestens 80 % in Devisen erwirtschaftet würden. Aus dem Erlös für je 100.000.000 RM erwürbe die ausländische Firma anschließend in Devisen zum nominalen Gegenwert deutsche Auslandsverpflichtungen, die sie als Deckung für ihre Wechsel bei der Reichsbank einsetzte. Dadurch machte die Firma einen Devisengewinn von etwa 30 %, den sie als Sicherheit bei der Reichsbank hinterlegte. Die Bank wäre damit zur Diskontierung der Wechsel befähigt, ohne auf die Gold- und Devisenreserven zurückgreifen zu müssen, s. BArch Koblenz, N 1138/4, Plan zur Exportsteigerung und Belebung der deutschen Wirtschaft, 30.11.1931, Bl. 47–49.

54 NARA, M1922, RG 260, Interrogations of All Close Friends of Nazi Big Wings: Angerer – Haberstock, Befragung Kurt Erhardt, 21.11.1945, unfoliiert.

finanzminister Hermann Dietrich und Reichswirtschaftsminister Hermann Warmbold, die „den einfachen Plan leider nicht verstanden."[55] Lediglich den Präsidenten des Statistischen Reichsamts Ernst Wagemann, einen Kritiker Brünings, beurteilte er positiv, da er „die volle Bedeutung des Plans verstand."

Von der erneuten Ablehnung aus Berlin ließ sich Miedl jedoch keineswegs entmutigen, vielmehr konzentrierte er sich wieder auf seine Heimatstadt München, wo er einen auf dem „Zusatzausfuhrverfahren" basierenden Exportplan zur Förderung des bayerischen Fremdenverkehrs vorstellte. Schon bald fand er im Münchner Oberbürgermeister und späteren CSU-Mitbegründer Karl Scharnagl einen prominenten Unterstützer, der die Idee dem Reichswirtschaftsministerium gemeinsam mit Miedl im Frühjahr 1932 vorstellte.[56] Beabsichtigt war, über amerikanische und britische Unternehmen Reisen nach Bayern unter Marktpreis zu verkaufen. Mit den eingenommenen Devisen sollten wiederum von den Agenturen unterbewertete und im selben Jahr fällige deutsche Auslandsanleihen erworben werden, um die entstandenen Verluste mit Gewinn zu decken.[57] Da sich der Plan im Grunde lediglich von der Reichsebene auf die Länderebene verschoben hatte, ist es nicht überraschend, dass das Ministerium Miedl trotz der Fürsprache des Oberbürgermeisters ein drittes Mal eine Absage erteilte. Laut Scharnagl herrschte unübersehbar während der Verhandlungen eine für Miedl „wenig günstige"[58] Stimmung, die letzterer auf die von einflussreichen Bankkreisen missbilligte Schantung-Übernahme zurückführte. Da ihm Miedls „Regsamkeit für München und für [die] wirtschaftlichen Verhältnisse vorteilhaft erschien" und er von dessen „Persönlichkeit einen guten Eindruck erhalten hatte", hielten ihn jedoch weder diese Ablehnung noch Warnungen Dritter vor dem Bankhaus Witzig & Co. und Miedl davon ab, sich für dessen Geschäftsidee weiterhin einzusetzen.

Auch das im Gegensatz zum Exportplan eigentlich schon endgültig abgeschriebene „Zusatzausfuhrverfahren" erhielt Miedl zufolge im Mai 1932 Aufwind. Zumindest behauptete er später, Adolf Hitler dieses Verfahren am Pfingstdienstag in Berchtesgaden im Beisein von Hitlers Privatsekretär Rudolf Heß und seinen persönlichen Wirtschaftsberatern Walther Funk

55 NL-HaNA, NBI 2.09.16 Nr. 854, Alois Miedl an Prof. Antonio de Luna, Madrid, 10.4.1947, Bl. 2; folgendes Zitat ebd.

56 Ebd., Bl. 3.

57 BayHStA, MHIG Nr. 8128, Karl Scharnagl an das Ministerium des Äußern, das Ministerium für Unterricht und Kultur sowie das Finanzministerium, 17.5.1932, unfoliiert.

58 Ebd., Karl Scharnagl an Ministerialrat Karl Micheler, 5.8.1932, unfoliiert. – Im Mai 1932 erhielt Scharnagl von der Bayerischen Staatsregierung die Zusage, den Exportplan im Rahmen des Möglichen zu unterstützen, s. ebd., Heinrich Held an Karl Scharnagl, 21.5.1932, unfoliiert. – In den konsultierten Quellen finden sich keine Informationen zur konkreten Umsetzung des Plans; folgende Zitate ebd.

und Wilhelm Keppler vorgestellt zu haben.[59] Zu seinem „großen Erstaunen“[60] habe Hitler die zweistündigen Ausführungen verstanden, in zehn Minuten korrekt wiedergegeben[61] und sodann erklärt, „er werde sobald er die Regierungsgewalt besitzen würde, den Plan im Interesse der Behebung der Arbeitslosigkeit im Großen zur Durchführung bringen.“[62] Beim Abschied habe er ihn schließlich noch dazu aufgefordert, sich im Falle von neuen Ideen zukünftig immer direkt an ihn zu wenden.[63] Während Miedl behauptete, Hitler habe ihn um den Besuch gebeten, schilderte Eidenschink, Miedl habe die Initiative ergriffen und den Kontakt zu Hitler über Walther Funk hergestellt.[64] Abgesehen von dieser und Miedls eigenen Aussagen finden sich allerdings keine weiteren Belege für die Faktizität dieses Treffens. Zudem befand sich Hitler laut des Itinerars vom 13. bis 18. Mai 1932 zwar in München, ein Abstecher nach Berchtesgaden wird dort aber nicht aufgeführt.[65]

Inwiefern Miedls „Zusatzausfuhrverfahren“ nach 1933 tatsächlich umgesetzt wurde, wird in den Quellen widersprüchlich dargestellt. Sowohl Hermann Göring, der Miedl zudem etwas zweideutig attestierte, er habe „von Zeit zu Zeit fantastische finanzielle Vorschläge“[66] gemacht, als auch Erhardt berichteten nach dem Krieg, der Plan sei letztlich auch von Hitler abgelehnt worden.[67] Dagegen führte Schramm 1934 in seinem Plädoyer aus, Miedls Exportplan habe „zusätzlichen Export“[68] generiert, „in dessen Folge die deutsche Industrie für schätzungsweise mehrere Hundert Millionen Mark Ware exportieren und damit die Auslandsverschuldung um ein Bedeutendes herunterdrücken konnte.“ Tatsächlich legte

59 NL-HaNA, NBI 2.09.16.10 Nr. 203497, Inventaris van het archief van het Nederlands Beheersinstituut, beheersdossiers beginnend met de letter M, Miedl A. (II), Amsterdam, Alois Miedl an Senator P. Puricelli, 5.2.1937, Bl. 2.

60 NL-HaNA, NBI 2.09.16.10 Nr. 203501, Inventaris van het archief van het Nederlands Beheersinstituut, beheersdossiers beginnend met de letter M, Miedl, A. (VI), Amsterdam, Entfeindungskommission, Befragung Alois Miedl, 18.9.1950, Bl. 1.

61 Ebd.

62 NL-HaNA, NBI 2.09.16 Nr. 854, Alois Miedl an Prof. Antonio de Luna, Madrid, 10.4.1947, Bl. 3.

63 NL-HaNA, NBI 2.09.16.10 Nr. 203496, Inventaris van het archief van het Nederlands Beheersinstituut, beheersdossiers beginnend met de letter M, Miedl A. (I), Amsterdam, Alois Miedl, 27.2.1937, Bl. 3.

64 Cornell University Law Library, Eidenschink interrogation, Lager Moosburg, 6.11.1945, Bl. 9.

65 Sandner, Harald: Hitler – Das Itinerar. Aufenthaltsorte und Reisen von 1889 bis 1945, Bd. II, 1928–1933, 17.5.1932, Berlin 2018.

66 NARA, M1922, RG 260, Records of the External Assets Investigation Section of the Property Division, OMGUS, 1945–1949, Reports and Exhibits relating to Investigations, 1931–1948, Göring, Hermann: External Assets-Report, External Assets Branch US, Report on External Assets of Hermann Göring, unfoliiert.

67 NARA, M1922, RG 260, Interrogations of All Close Friends of Nazi Big Wings: Angerer – Haberstock, Befragung Kurt Erhardt, 21.11.1945, unfoliiert.

68 BayHStA, MHIG Nr. 8128, Akten des Staatsministeriums des Äußern, Bericht von Dr. Christoph Schramm, 1934, Bl. 7; folgendes Zitat ebd.

auch die NS-Führung Wert auf die Verbesserung der deutschen Handelsbilanz. Daher wurde im September 1933 neben dem bereits bestehenden Verfahren[69] ein weiteres vom Reichswirtschaftsministerium eingeführt, das auf dem Handel mit zinslosen Schuldscheinen unbestimmter Fälligkeit, sogenannten Scrips,[70] basierte.[71] Zusätzlich setzte Reichsbankpräsident und Reichswirtschaftsminister Hjalmar Schacht 1934 im Rahmen der überarbeiteten NS-Wirtschaftspolitik – des sogenannten Neuen Plans[72] – noch ein Verfahren in Kraft, bei dem die Reichsbank beziehungsweise die Golddiskontbank abgewertete deutsche Auslandsanleihen erwarb, um mit dem Buchgewinn den Export zu subventionieren.[73] Diese Reformmaßnahmen hatten jedoch lediglich zur Folge, dass die deutsche Handelsbilanz, die 1929 immerhin einen kleinen Überschuss aufgewiesen hatte, 1936 mit einem überschaubaren Defizit abschloss.[74]

Miedls Plan weist mit den beiden letzteren Verfahren etwa beim Handel mit deutschen Schuldscheinen gewisse Ähnlichkeiten auf. Grundsätzlich unterscheiden sich die Verfahren jedoch sowohl in der Komplexität ihrer Konstruktion als auch bei den Modalitäten der konkreten Umsetzung, sodass Miedls Bedeutung als Ideengeber oder gar Urheber in dieser Angelegenheit zumindest zweifelhaft ist. Er selbst sah das offenbar anders. Miedls Formulierung im Schantung-Geschäftsbericht von 1934, die Finanzierung von Exportverlusten durch Rückkauf deutscher Auslandsanleihen sei von der deutschen Regierung aufgenommen worden,[75] unterstreicht seinen Anspruch. Zudem findet sich in den Akten des Staatsministeriums des Äußern ein undatierter, vermutlich von Schramm stammender Bericht über die Schantung, in dem davon die Rede ist, das Wirtschaftsministerium habe Miedls Exportpläne mit kleinen Änderungen übernommen und an die deutsche Großindustrie weitergegeben. Demnach könne mit vollem Recht behauptet werden, dass keine deutsche

69 Im Sommer 1932 hatte das Reichswirtschaftsministerium das sog. Auslandsbondsverfahren eingeführt. Auslandsbonds waren Wertpapiere, die von einem Inländer ausgestellt wurden und auf eine ausländische Währung lauteten, s. Ebi 2004, S. 32.

70 Vorteilhaft an diesem neuen Scrips-Verfahren war, dass man mit einem relativ geringen Devisenaufwand einen hohen Verlustausgleich erzielen konnte, s. ebd., S. 51.

71 Reichs-Kredit-Gesellschaft Aktiengesellschaft (Hrsg.): Das Zusatzausfuhrverfahren, Scrips und Konversionsguthaben, Auslandsbondsgeschäft, Kurssicherung, Berlin 1933, S. 1–3.

72 Der sog. Neue Plan trat am 24. 9. 1934 in Kraft und setzte auf ein geschlossenes Überwachungssystem des deutschen Export- und Importwesens, s. Ebi 2004, S. 127–128, 240.

73 Kreutzmüller, Christoph/Wildt, Michael (Hrsg.): Berlin 1933–1945. Stadt und Gesellschaft im Nationalsozialismus, München 2013, S. 89–90.

74 Das Realvolumen des deutschen Exports sank von etwa 13,7 Milliarden RM im Jahr 1929 auf 7,5 Milliarden RM 1933 und stieg 1936 nur leicht auf 8 Milliarden RM. Im gleichen Zeitraum verringerte sich das Realimportvolumen von 13,5 Milliarden RM (1929) auf 8,6 Milliarden RM (1936), s. Barkai, Avraham: Das Wirtschaftssystem des Nationalsozialismus. Ideologie, Theorie, Politik 1933–1945, Frankfurt a. M. 1988, S. 162.

75 BArch Berlin-Lichterfelde, R 3103/306, Geschäftsbericht für das 36. Geschäftsjahr 1934, Bl. 217.

Gesellschaft und kein Wirtschaftsführer in Deutschland auch nur annähernd die Verdienste um das Wirtschaftsleben, die Exportförderung und die Tilgung ausländischer Schulden habe, wie sie der Schantung beziehungsweise ihrem Direktor Alois Miedl zugesprochen werden müssten.[76] Ungeachtet solcher Elogen muss letztendlich offenbleiben, inwiefern Miedl mit seinen Exportplänen tatsächlich „wertvolle Wiederaufbauarbeit für die deutsche Wirtschaft geleistet und die nationale Regierung in der Bewältigung der schweren wirtschaftlichen Aufgaben im besonderen Maß unterstützt“[77] hat.

4.3 Kolonialunternehmen im Kontext deutscher Kolonialpolitik

Als Direktor einer ursprünglich zu Kolonialzwecken gegründeten Gesellschaft, die bereits Beteiligungen an zwei kenianischen Sisalplantagen besaß und als „Vorkämpferin für die Wiedererlangung deutschen überseeischen Besitzes“[78] galt, lag es für Miedl nahe, sein Augenmerk bei den Expansionsplänen des Unternehmens auf die ehemals deutschen Kolonien in Afrika zu richten. Nachdem das Reichskolonialamt zu Beginn des Ersten Weltkriegs noch enthusiastisch einen Plan zur Bildung eines dem Reich unterstellten „Mittelafrikas“ vorgelegt und der völkisch-nationalistische Alldeutsche Verband[79] sogar die Aneignung fast sämtlicher Kolonien der europäischen Konkurrenten für möglich gehalten hatte,[80] musste Deutschland nach Artikel 119 des Versailler Vertrags „zugunsten der alliierten und assoziierten Hauptmächte auf alle seine Rechte und Ansprüche bezüglich seiner überseeischen Besitzungen [verzichten].“[81] Diese ohnehin für die Kolonialverbände nur schwer zu verkraftende Entscheidung erhielt durch die Begründung der Alliierten, das Reich sei aufgrund seines gewalttätigen Vorgehens in Afrika nicht zur Kolonialmacht geeignet, eine zusätzliche Brisanz, da sich nun auch viele Deutsche ohne einen entsprechenden Hintergrund in ihrem Nationalstolz angegriffen fühlten. Ausgehend von dieser sogenannten Kolonialschuldlüge formierte sich eine beachtliche kolonialrevisionistische Bewegung, die in den 1920er und

---

76 BayHStA, MHIG Nr. 8128, Schantung Handels-Aktiengesellschaft, undatiert, unfoliiert.

77 Ebd., Bericht von Dr. Christoph Schramm, 1934, Bl. 7.

78 Ebd., Schantung Handels-Aktiengesellschaft, undatiert, unfoliiert.

79 Der Alldeutsche Verband wurde 1891 u. a. von Alfred Hugenberg mitbegründet, der mit seinem gleichnamigen Medienkonzern in den 1920er Jahren maßgeblich durch die Propagierung antisemitischer und völkischer Parolen zum Aufstieg des Nationalsozialismus beigetragen hat. Die Ideologie dieses Agitationsverbands deutscher Kolonialinteressen war von Anfang an im rechten politischen Milieu angesiedelt und gilt mit ihrer Forderung nach neuem Lebensraum, dem Glauben an die sozialdarwinistische Rassenlehre und dem Konzept eines völkischen Staats als zentraler Vorläufer der späteren NS-Politik, s. Evans 2004, S. 96, 163.

80 Linne, Karsten: Deutschland jenseits des Äquators? Die NS-Kolonialplanungen für Afrika, Berlin 2008, S. 16.

81 Koop, Volker: Hitlers Griff nach Afrika. Kolonialpolitik im Dritten Reich, Bonn 2018, S. 9.

1930er Jahren mit Ausnahme der Kommunisten in allen politischen Parteien Befürworter hatte.[82] Neben der Deutschen sowie der Deutschnationalen Volkspartei, die sich beide in besonderem Maß für die Revision der Kolonialklausel stark machten, setzten sich auch der wirtschafts- und bankenaffine Flügel der Deutschen Demokratischen Partei[83] sowie die NSDAP dafür ein, die bereits 1920 in ihrem Grundsatzprogramm unter Punkt 3 „Land und Boden (Kolonien) zur Ernährung unseres Volkes und Ansiedlung unseres Bevölkerungsüberschusses“[84] gefordert hatte. Trotz der breit gefächerten Unterstützung in der Bevölkerung und Politik konnte die kolonialrevisionistische Bewegung in den 1920er Jahren jedoch keine substanziellen Fortschritte erzielen. Die Schuld dafür wurde zum Großteil der Weimarer Regierung angelastet, die nach Meinung der Gruppierung zu wenig Engagement bei dem Vorhaben an den Tag gelegt hatte. Diese negative Stimmung machten sich die Nationalsozialisten wiederum zunutze, indem sie 1929 über ihr Reichstagsmitglied Xaver Ritter von Epp verlauten ließen, hinsichtlich der Kolonialfrage sei „eine scharfe Opposition zu der jetzigen Politik der Regierung der einzige Weg.“[85] Die Unterstützung von Teilen der alten, kolonialnostalgischen Eliten sowie von diversen Verbänden und Unternehmen war ihnen dadurch sicher.

In ihren Hoffnungen bestärkt sah sich diese Interessengruppe nur etwa zwei Wochen nach Hitlers Ernennung zum Reichskanzler, als er der britischen Zeitung Sunday Express mitteilte, seine Regierung habe die kolonialen Bestrebungen bezüglich der ehemaligen Überseekolonien keinesfalls aufgegeben. Der Rest des Zitats ließ jedoch erahnen, dass es ihm bei der Rückgewinnung dieser Kolonien nicht darum ging, neuen ‚Lebensraum‘ – wie er von Hans Grimm 1926 in seinem Roman „Volk ohne Raum“[86] beschrieben worden war – zu schaffen: „Es gibt eine große Menge Dinge, die Deutschland aus den Kolonien beziehen muss, und wir brauchen Kolonien genauso nötig, wie irgendeine andere Macht.“[87] Tatsächlich dienten die Überseekolonien nach Hitlers Ansicht nämlich einzig und allein der Gewinnung von Rohstoffen und Kolonialerzeugnissen für die deutsche Wirtschaft, während die ‚Lebensraumpolitik‘ in Osteuropa umgesetzt werden sollte.[88] Diese für die Kolonialrevisionisten ernüchternde Einstellung des Reichskanzlers stand wiederum in vollem Einklang mit Miedls Überseeplänen. Indem die Schantung jedoch nach außen hin mehrmals ihre Pflicht betonte, für die Wiedergutmachung des Deutschland angetanen Unrechts zu

82 Linne 2008, S. 19–23.

83 Schmokel, Wolfe W.: Der Traum vom Reich. Der deutsche Kolonialismus zwischen 1919 und 1945, Gütersloh 1967, S. 24–25.

84 Barkai 1988, S. 30–31.

85 Linne 2008, S. 24–25.

86 Ebd., S. 41.

87 Ebd., S. 26.

88 Koop 2018, S. 10.

kämpfen,[89] verstanden er und Witzig es ein weiteres Mal, ihren eigenen wirtschaftlichen Interessen einen patriotischen Anstrich zu geben.

Die Gelegenheit für einen solchen „Kampf" führten Miedl und Witzig herbei, indem sie in unmittelbarem Zusammenhang mit der Schantung-Übernahme eine weitere Gesellschaft anvisierten: die ebenfalls in Berlin ansässige Kaoko Land- und Minengesellschaft (Kaoko).[90] Diese Kolonialgesellschaft war 1895 zum Zweck der Erschließung des sogenannten Kaokovelds, einer erzhaltigen, etwa 100.000 Quadratkilometer großen Region im Nordwesten Namibias gegründet worden.[91] Dass dieses Gebiet als Teil der Kolonie Deutsch-Südwestafrika 1920 unter das Mandat der Südafrikanischen Union[92] gestellt wurde, gründete nicht – wie in verschiedenen Quellen behauptet – auf Artikel 119 des Versailler Vertrags, sondern erfolgte auf Veranlassung einer südafrikanischen Konzessions-Nachprüfungskommission.[93] Die um ihren kolonialen Besitz gebrachte und mithin unproduktive Kaoko versuchte in den folgenden Jahren mit Unterstützung der Reichsregierung erfolglos, ihre Ansprüche auf Rückgabe beziehungsweise Entschädigung bei der Südafrikanischen Union durchzusetzen,[94] sodass ihre Bilanz auch noch 1929 und 1930 mit einem Verlust abschloss.[95]

Das Interesse von Witzig & Co. an der unprofitablen Gesellschaft beruhte nicht wie im Fall der Schantung auf nennenswerten Aktiva; vielmehr sahen sie gerade aufgrund der bisherigen Erfolglosigkeit der Verhandlungen ihre Chance, ohne finanzielles Risiko maßgeblichen Einfluss auf ein Unternehmen mit Potenzial zu gewinnen. Miedl und Witzig spekulierten offensichtlich darauf, mithilfe persönlicher Beziehungen Witzigs zu südafrikanischen Führungskreisen die Ansprüche der Kaoko durchsetzen zu können.[96] Als Erfolgsprämie stellten sie sich eine Kaufoption auf einen beträchtlichen Geschäftsanteil vor. Der Ablauf der weiteren

89 BayHStA, MHIG Nr. 8128, Schantung Handels-Aktiengesellschaft, undatiert, unfoliiert.

90 BArch Berlin-Lichterfelde, R 1001/1627, Reichskolonialamt, Kaoko Land- und Minengesellschaft.-Generalversammlungen, Bd. 1, Oktober 1910 – Dezember 1932, Kaoko-Schantung-Vertrag, 22.1.1932, Bl. 223.

91 100.000 Quadratkilometer entsprechen etwa der gemeinsamen Fläche von Bayern und Baden-Württemberg, s. StAM, Staatsanwaltschaften 46336/7, Miedl u. a., Bd. VI, Rechtsanwalt Hermann Mennacher, Gutachtliche Äußerung, 24.9.1979, Bl. 214.

92 Die Republik Südafrika verpachtete das Kaokoveld seither an indigene Stammesgruppen, s. StAM, Staatsanwaltschaften 46336/10, Miedl u. a., Beweisband I, Rechtsanwalt Dr. Wolfgang Fahrenkamp an das Amtsgericht München, 6.11.1970, Bl. 90.

93 Demzufolge kam die Kaoko anders als die Schantung nicht in den Genuss staatlicher Entschädigungen, s. BArch Berlin-Lichterfelde, R 1001/1627, Kaoko-Bericht über das 19. bis einschließlich 26. Geschäftsjahr 1914–1921, Bericht des Direktoriums, 31.12.1921, Bl. 91–92; Handbuch der deutschen Aktiengesellschaften, Jg. 1943, Bd. 48, Teil 5, Kaoko Land- und Minengesellschaft, S. 5272.

94 StAM, Staatsanwaltschaften 46336/10, Rechtsanwalt Dr. Wolfgang Fahrenkamp an das Amtsgericht München, 6.11.1970, Bl. 90.

95 BArch Berlin-Lichterfelde, R 1001/1627, Bericht des Direktoriums über die Geschäftsjahre 1929 und 1930, Bl. 130.

96 BayHStA, MHIG Nr. 8128, Bericht von Dr. Christoph Schramm, 1934, Bl. 4.

Ereignisse legt nahe, dass Witzig & Co. ihren Plan dem Direktorium der Kaoko spätestens im Frühjahr 1931 unterbreiteten und hier auf Zustimmung stießen. In einem ersten Schritt gelang es dem Direktorium auf einer außerordentlichen Generalversammlung am 13. Mai 1931, ohne konkrete Begründung die Mehrheit der Aktionäre für eine Erhöhung des Grundkapitals um bis zu 1,2 Millionen Reichsmark durch die Ausgabe von 120.000 neuen Stammaktien zu gewinnen. Miedl und das Schantung-Vorstandsmitglied Erich Krehske[97] waren als Vertreter eines gewissen Karl Schätz aus München mit einem kleinen Paket von 3.179 Aktien[98] bei insgesamt 53.750 in der Versammlung vertretenen Anteilen quasi als Beobachter anwesend.

Eine mit dieser Kapitalerhöhung nicht einverstandene Minderheit der Aktionäre unter Führung des ehemaligen Reichsministers Erich Koch-Weser ging zunächst erfolgreich gerichtlich dagegen vor.[99] Auf einer erneuten Generalversammlung am 4. Juli 1931 setzte das Direktorium letztendlich seinen Vorschlag mit der Begründung durch, eine Verbesserung der Verhandlungschancen gegen die Südafrikanische Union sei nur mit einem höheren Grundkapital möglich. Den wahren Grund konnte der anscheinend recht durchsetzungsfähige Koch-Weser[100] jedoch schon bald vom Kaoko-Direktor Jessen erfahren. In einem Schreiben wandte er sich daraufhin an das Auswärtige Amt als zuständige Aufsichtsbehörde: „In der Tat handelt es sich auch nicht um eine Maßnahme, die angesichts der Verhandlungen mit der Union geboten war, sondern um einen Akt, der stark spekulativen Einschlag hat. [...] Die Verwaltung beabsichtigt, den größeren Teil der neuen Anteile – 700.000 Reichsmark – einer Kapitalgruppe, der Schantung-Gesellschaft, hinter der sich jedoch die Witzig-Gruppe verbirgt, zu überlassen. Dies würde bedeuten, dass den bisherigen Anteilsinhabern die Früchte ihrer Bemühungen zu Gunsten einer Spekulantengruppe vorenthalten würden. Hierzu darf das Reich nicht die Hand bieten."[101]

Ungeachtet dieses Protests genehmigte das Auswärtige Amt am 25. Februar 1932 die Kapitalerhöhung mit der Einschränkung, dass die neuen Stammanteile nicht gezeichnet werden dürften, „solange die Ansprüche gegen die Südafrikanische Union in der Schwebe sind."[102]

97 Krehske wurde am 13.2.1932 vom Kaoko-Vorstand zum neuen Direktor der Gesellschaft ernannt, s. BArch Berlin-Lichterfelde, R 3102/2626, Berliner Börsen-Zeitung, Nr. 73, Kaoko-Schantung, 13.2.1932, unfoliiert.

98 BArch Berlin-Lichterfelde, R 1001/1627, Teilnehmerverzeichnis der am 13.5.1931 stattgefundenen Generalversammlung der Kaoko Land- und Minengesellschaft, Bl. 135.

99 Ebd., Erich Koch-Weser an das Amtsgericht Berlin, 19.5.1931, Bl. 143.

100 Erich Koch-Weser war von 1924 bis zur verlorenen Reichstagswahl 1930 Vorsitzender der Deutschen Demokratischen Partei bzw. Deutschen Staatspartei, in der sich auch Miedl zumindest bis 1931 engagiert hatte (s. Kapitel 2). Nach Entzug seiner Zulassung als Notar und Anwalt durch die Nationalsozialisten emigrierte er Ende 1933 nach Brasilien, s. Historische Kommission der Bayerischen Akademie der Wissenschaften (Hrsg.): Neue Deutsche Biographie, Bd. 12, Berlin 1980, S. 280–281.

101 BArch Berlin-Lichterfelde, R 1001/1627, Erich Koch-Weser an das Auswärtige Amt Berlin, 27.7.1931, Bl. 169–170.

102 Ebd., Auswärtiges Amt an Kaoko, 22.2.1932, Bl. 228.

Miedl und Witzig hatten offenbar fest mit dieser Entscheidung gerechnet, denn bereits am 22. Januar 1932 war der Interessenvertrag der beiden Parteien unterzeichnet worden. Demnach verfolgte die Schantung fortan für die Kaoko die Durchsetzung ihrer Ansprüche gegen die Südafrikanische Union. Im Fall einer Rückgabe beziehungsweise finanziellen Entschädigung erklärte sie sich dazu bereit, der Kaoko einen Kredit von bis zu sechs Millionen Reichsmark zu „billigem Zinssatz“[103] für den Wiederaufbau zur Verfügung zu stellen; die Schantung erhielt im Gegenzug eine Option auf fünfunddreißig Prozent des auf 2,2 Millionen Reichsmark erhöhten, jedoch noch nicht gezeichneten Gesamtkapitals[104] in Form von Stammanteilen.[105]

Zwei Jahre nach dem Vertragsabschluss führte Schramm aus, Witzigs persönliche Beziehungen zu südafrikanischen Würdenträgern wie etwa Premierminister James Hertzog hätten die Behörden dazu bewogen, erneut in Verhandlungen mit der Schantung einzutreten. „Die Schantung sei also unter Führung des Herrn Witzig und des Herrn Miedl in einem hervorragenden Maße auf kolonialem Gebiet tätig und die Verfolgung der [...] Pläne und Ziele dürfte für Deutschland von überaus großer wirtschaftlicher Bedeutung sein.“[106] Dass Schramm den Sachverhalt auch in dieser Angelegenheit an den Fakten vorbei beschönigte, geht aus den Geschäftsberichten der Kaoko von 1933 und 1934 hervor, laut denen von einer Kooperationsbereitschaft der Südafrikanischen Union keine Rede sein konnte. Vielmehr verhinderte die Regierung kompromisslos eine Gebietsrückgabe durch langwierige Prüfungen der deutschen Memoranda und Beauftragung von Gegengutachten.[107] Obwohl die Bemühungen der Schantung bis zum Kriegsausbruch 1939 ohne Erfolg blieben, beschloss die Mehrheit der Aktionäre nichtsdestoweniger am 7. März 1936 die Kapitalerhöhung.[108] Offenbar realisierte die Schantung jedoch nicht ihre davon abhängige Kaufoption, da sie bis 1938 lediglich in bescheidenem Umfang Wertpapiere der Gesellschaft im Gegenwert von 30.000 Reichsmark erwarb.[109] Durch kontinuierliche Ankäufe auch in der Nachkriegszeit konnte Miedl über die Schantung bis Anfang der 1970er Jahre eine Mehrheitsbeteiligung von achtundsiebzig Prozent an der Gesellschaft aufbauen.[110]

103 BArch Berlin-Lichterfelde, R 1001/1627, Auswärtiges Amt an Kaoko, 22. 2. 1932, Bl. 227–228.

104 Ebd.

105 Ebd., Kaoko-Schantung-Vertrag, 22. 1. 1932, Bl. 223–226.

106 BayHStA, MHIG Nr. 8128, Bericht von Dr. Christoph Schramm, 1934, Bl. 4.

107 BArch Berlin-Lichterfelde, R 3102/2626, Berliner Börsen-Zeitung, Nr. 31, Zwei neue Verlustjahre für Kaoko, 19. 1. 1936, unfoliiert.

108 Ebd., Berliner Börsen-Zeitung, Nr. 114, Kaoko Land- und Minen-Gesellschaft und K. G. in Berlin, 7. 3. 1936, unfoliiert.

109 Ebd., Berliner Börsen-Zeitung, Nr. 329, Die Beteiligungstransaktionen bei Schantung. Außerordentliche Aufwendungen durch missglücktes Holzgeschäft, 16. 7. 1939, unfoliiert.

110 StAM, Staatsanwaltschaften, 46336/1, Miedl u. a., Hauptakt Bd. I, Wirtschaftsprüfer und Steuerberater Dr. Franz Schmitt über steuerliche Fragen im Zusammenhang mit der Verwertung der Entschädigungsansprüche der Kaoko Land- und Minengesellschaft, 1. 6. 1971, unfoliiert.

4.4 Einstieg in den Exportsektor

Ebenfalls im Frühjahr 1932 erwarb die Schantung, „getragen vom Bestreben, an dem Wiederaufbau der deutschen Wirtschaft mitzuwirken",[111] fast das gesamte Aktienkapital von zwei Millionen Reichsmark der Moritz Ribbert Aktiengesellschaft (Ribbert AG) in Hohenlimburg. Diese schon Anfang des 19. Jahrhunderts gegründete Blaufärberei und Kattunfabrik hatte durch ihre Spezialisierung auf „Afrikadrucke" um die Jahrhundertwende eine marktführende Position in Afrika eingenommen, die sie jedoch nach dem Ersten Weltkrieg aufgrund der umfassenden Restriktionen der Siegermächte nicht behaupten konnte.[112] Auf dem Höhepunkt der Weltwirtschaftskrise 1931 ging die Firma insolvent, musste ihren Betrieb einstellen und wurde zunächst der Deutschen Bank übereignet.[113] Dass diese einer Übernahme trotz ihrer mehrfachen Negativerfahrungen mit Miedl und Witzig zustimmte, war möglicherweise darauf zurückzuführen, dass die Bank die Zukunftsaussichten der bankrotten Firma angesichts der herrschenden wirtschaftlichen Krisensituation nicht allzu positiv einschätzte, den neuen Besitzern also ein Danaergeschenk machte. Unter der Auflage einer sofortigen Wiederinbetriebnahme des Werkes erhielt die Schantung die Mehrheitsanteile außerordentlich günstig, nämlich lediglich für eine in fünf Jahren abzulösende und von 4,8 Millionen auf 800.000 Reichsmark reduzierte Hypothek.[114]

Falls die Deutsche Bank auf ein Scheitern von Miedl und Witzig gehofft hatte, sollte sie enttäuscht werden, denn für die beiden Spekulanten erwies sich dieses mit nur äußerst geringem finanziellen Engagement getätigte Geschäft als ein Erfolg, der sich auch im Anstieg der Mitarbeiterzahl von 150[115] im ersten Jahr auf bereits 220 Angestellte 1933[116] widerspiegelte; 1934 stellte Schramm für den Fall eines erfolgreichen Abschlusses der Verhandlungen mit englisch-belgischen und französischen Exportfirmen gar eine Erhöhung der Belegschaft auf mindestens 600 in Aussicht.[117] Miedls Wahl fiel höchstwahrscheinlich jedoch nicht nur wegen der geringen Kosten auf die Ribbert AG, sondern weil sich über die Gesellschaft auch seine beiden bevorzugten Geschäftsfelder – der Export und Kolonialunternehmungen – verbinden ließen. Um „die vor Jahren verlorenen ausländischen Märkte wieder für die

111 BArch Berlin-Lichterfelde, R 3102/2626, Berliner Börsen-Zeitung, Nr. 324, Schantung. Rund 1,2 Mill. Mark Verlust, 14.7.1933, unfoliiert.

112 BayHStA, MHIG Nr. 8128, Schantung Handels-Aktiengesellschaft, undatiert, unfoliiert.

113 BArch Berlin-Lichterfelde, R 3102/2626, Berliner Börsen-Zeitung, Nr. 354, Schantung Handels-AG, 1.8.1938, unfoliiert.

114 NL-HaNA, NBI 2.09.16 Nr. 854, Alois Miedl an Prof. Antonio de Luna, Madrid, 10.4.1947, Bl. 2. – Nach eigener Aussage machte Miedl der Deutschen Bank zur selben Zeit ein Angebot für die Aktienmehrheit der Daimler-Benz-Werke in Untertürkheim, das jedoch abgelehnt wurde, s. ebd.

115 BArch Berlin-Lichterfelde, R 3118/931, Geschäftsbericht für das 34. Geschäftsjahr 1932, Bl. 64.

116 BArch Berlin-Lichterfelde, R 3103/306, Geschäftsbericht für das 35. Geschäftsjahr 1933, Bl. 208.

117 BayHStA, MHIG Nr. 8128, Bericht von Dr. Christoph Schramm, 1934, Bl. 11.

anerkannten Qualitätsprodukte der Ribbert-Werke"[118] sowie für andere deutsche Waren zu erschließen, gründete die Schantung etwa gleichzeitig zum Erwerb der Ribbert-Majorität[119] zwei Exportunternehmen, in die 600.000 Reichsmark aus dem Verkauf der Reichsschuldbuchforderungen investiert wurden.[120]

Die Exima Handelsgesellschaft mbH (Exima) mit Sitz in Berlin verfügte über ein voll eingezahltes Grundkapital in Höhe von 50.000 Reichsmark, das sich zu achtundneunzig Prozent im Besitz der Schantung befand. Neben dem Ein- und Ausfuhrhandel sowie dem Verleih von Feldbahn- und Baugeräten[121] vertrieb die Gesellschaft eine Exportversicherung, die vor dem Risiko von Valutaschwankungen schützen sollte.[122]

Die Veland Import en Export Handel Maatschappij N. V.[123] (Veland) wurde wiederum mit Genehmigung des Reichswirtschaftsministeriums[124] in Amsterdam, Roemer Visscherstraat 23, gegründet; auch hier hielt die Schantung achtundneunzig Prozent des auf 500.000 Gulden festgesetzten Aktienkapitals der insgesamt mit einer Million Gulden dotierten Gesellschaft.[125] Die Hauptaufgabe der Veland sollte darin bestehen, für „notleidende Zweige der deutschen Industrie"[126] Auslandsaufträge zu generieren, indem sie die internationale Konkurrenz während der Vergabeprozesse unterbot.

---

118 BArch Berlin-Lichterfelde, R 3118/931, Geschäftsbericht für das 34. Geschäftsjahr 1932, Bl. 64.

119 1938 macht die Schantung mit dem Verkauf der Ribbert-Werke für 1,214 Mio. RM „ein ungewöhnlich gutes Geschäft", s. BArch Berlin-Lichterfelde, R 3102/2626, Berliner Börsen-Zeitung, Nr. 354, Schantung Handels-AG, 1. 8. 1938, unfoliiert.

120 Ebd., Berliner Börsen-Berichte, Nr. 171, Schantung ohne Schuldbücher, 23. 7. 1932, unfoliiert.

121 BArch Berlin-Lichterfelde, R 3102/5584, Schantung Handels-Aktiengesellschaft Berlin, Fasanenstraße 77, 1942, unfoliiert.

122 BWA, K1/XXI 5, Akt 30, Fall 43, Industrie- und Handelskammer Augsburg an Industrie- und Handelskammer München, 5. 7. 1933, unfoliiert. – Exima, die das Geschäftsjahr 1934 noch mit einem Verlust von über 20.000 Reichsmark abgeschlossen hatte, konnte erst 1937/1938 eine Dividende in Höhe von 6 % ausschütten, s. BArch Berlin-Lichterfelde, R 3102/2626, Berliner Börsen-Zeitung, Nr. 281, Schantung – Erhebliche Interessenausdehnung, 19. 6. 1937, unfoliiert; ebd., Berliner Börsen-Zeitung, Nr. 329, Die Beteiligungstransaktionen bei Schantung, 16. 7. 1939, unfoliiert.

123 Laut Eidenschink hieß die Veland ursprünglich „Impex", s. Cornell University Law Library, Eidenschink interrogation, Lager Moosburg, 6. 11. 1945, Bl. 9.

124 BayHStA, MHIG Nr. 8128, Schantung Handels-Aktiengesellschaft, undatiert, unfoliiert.

125 BArch Berlin-Lichterfelde, R 3102/5584, Schantung Handels-Aktiengesellschaft Berlin, Fasanenstraße 77, 1942, unfoliiert. – Die restlichen 2 % befanden sich in Miedls privatem Besitz, s. NL-HaNA, 2.25.68 Nr. 14322, Inventaris van het Secretarie-archief, archieven van afdelingen van de hoofdbank en archieven van de bankkantoren van de Nederlandsche Bank N. V., 1814–1995, Dossier inzake Buitenlandsche Bankvereeniging N. V., 1934–1944, Nederlandsche Bank N. V. i. S. Prüfung der Monatsbilanz der Buitenlandsche Bankvereeniging N. V. zum 31. 8. 1942, Oktober 1942, Bl. 12.

126 Nach Einschätzung der Exima von 1933 wäre es möglich gewesen, in den nächsten Jahren deutsche Dollarbonds im Wert von 25 Millionen zu erwerben, ohne die Kurse spürbar steigen zu lassen, s. BArch Berlin-Lichterfelde, R 2/16594, Reichsfinanzministerium (F1-F9), Exima Handelsgesellschaft

Die anschließenden Schritte zur Kompensation der dadurch entstandenen Verluste sowie zur Bezahlung der Schwester- und Vermittlergesellschaft Exima und den jeweiligen Fabrikanten erfolgten dann nach Miedls „Zusatzausfuhrverfahren", wobei die Wechsel mit deutschen Dollarbonds aus dem Ausland beglichen werden sollten. Vermutlich dank der Zusage, die Reichsbank habe keinerlei Devisenforderungen zu erwarten und sämtliche Verluste würden von der holländischen Gesellschaft getragen,[127] erteilte das Reichswirtschaftsministerium diesem neuen „alten" Plan 1933 eine zumindest vorläufige Genehmigung, da nicht klar war, „ob die Durchführung der [...] vorgeschlagenen Geschäfte in der Weise möglich ist, die den währungs- und exportwirtschaftlichen öffentlichen Interessen entspricht."[128] Dass Miedls Verfahren allen Skeptikern zum Trotz schon nach kurzer Zeit Erfolge verbuchen konnte, zeigte sich bei der Ribbert AG, die über die Veland einen afrikanischen Lieferauftrag für Kattun im Wert von 250.000 Reichsmark erhielt.[129]

Um „dem geschrumpften Außenhandel neue Wege zu öffnen"[130] und „so die Aufbauarbeit der nationalsozialistischen Regierung tatkräftig zu unterstützten", beschränkten sich Miedl und Witzig jedoch nicht nur auf den Export legaler Waren; vielmehr scheuten sie auch nicht davor zurück, gegen die Entmilitarisierungsauflagen des Versailler Vertrags und das 1927 erlassene Kriegsgerätegesetz, das Deutschland den Waffenexport verbot,[131] zu verstoßen, indem sie dem Waffenhersteller C. G. Haenel aus Suhl 1933 einen Auftrag der brasilianischen Regierung über 50.000 Gewehre im Gegenwert von drei Millionen Reichsmark vermittelten. Zur Umgehung des Gesetzes waren die Bauteile der Waffen zur Montage in das Ausland geschickt worden, wo sie von der Amsterdamer Veland mit Devisen bezahlt und an die entsprechenden Auftraggeber weitergeleitet wurden.[132] Glaubt man Schramm, war eine solche Förderung der deutschen Rüstungsindustrie noch vor der Aufhebung des Gesetzes durch Hitler am 21. Mai 1935[133] keine Ausnahme. So soll Miedl Anfang 1934 einen weiteren

---

mbH Berlin, 1933, Exima Handelsgesellschaft mbH an das Reichswirtschaftsministerium, 21. 2. 1933, Bl. 2.

127 Ebd., Bl. 2–3.

128 BArch Berlin-Lichterfelde, R 2/16594, Exima Handelsgesellschaft mbH an das Reichswirtschaftsministerium, 21. 2. 1933, Bl. 3.

129 BArch Berlin-Lichterfelde, R 3102/2626, Berliner Börsen-Zeitung, Nr. 92, Die Lage der Schantung Töchter, 20. 4. 1934, unfoliiert. – Laut Schramm akquirierten die Ribbert Werke mithilfe der Veland bis zum Februar 1934 Auslandsaufträge in Höhe von 259.000 RM, s. BayHStA, MHIG Nr. 8128, Bericht von Dr. Christoph Schramm, 1934, Bl. 5.

130 BArch Berlin-Lichterfelde, R 3103/306, Geschäftsbericht für das 35. Geschäftsjahr 1933, Bl. 208; folgendes Zitat ebd.

131 Volkmann, Hans-Erich: Ökonomie und Expansion. Grundzüge der NS-Wirtschaftspolitik. Ausgewählte Schriften, München 2003, S. 114.

132 BArch Berlin-Lichterfelde, R 2/16594, Exima Handelsgesellschaft mbH an das Reichswirtschaftsministerium, 21. 2. 1933, Bl. 1–2.

133 Volkmann 2003, S. 114.

ausländischen Waffenauftrag für Deutschland akquiriert und zudem mit mehreren Staaten in diesbezüglichen Verhandlungen gestanden haben.[134] Das Engagement, das er und Witzig bei solchen Geschäften an den Tag legten, zeigt sich exemplarisch im Fall der brasilianischen Regierung, die den Auftrag eigentlich bereits an einen tschechischen Konkurrenten vergeben hatte, sich nach einem persönlichen Gespräch mit einem von der Veland entsandten Waffenexperten jedoch umstimmen ließ.[135] Ob Argumente ideeller oder eher materieller Natur diesen Umschwung bewirkten, geht aus den Akten nicht hervor.

Mit der Übernahme beziehungsweise Gründung all dieser Firmen hatten Witzig und Miedl 1932 erreicht, was sie sich 1929 vorgenommen hatten. Allerdings bereitete ihnen ab Dezember 1931 ausgerechnet der Kredit, der im ersten Schritt den Erwerb der Schantung-Majorität ermöglicht hatte, unerwartete und weitreichende Schwierigkeiten.

134 BayHStA, MHIG Nr. 8128, Bericht von Dr. Christoph Schramm, 1934, Bl. 6.

135 BArch Berlin-Lichterfelde, R 2/16594, Exima Handelsgesellschaft mbH an das Reichswirtschaftsministerium, 21.2.1933, Bl. 1–2.

5. Flucht vor der Justiz in die Niederlande (1932)

Dass Miedl und Witzig die Schantung als Sprungbrett für den Ausbau ihrer internationalen Geschäftsaktivitäten übernehmen konnten, verdankten sie der 1919 gegründeten Züricher Atmos Aktiengesellschaft (Atmos), die ihnen 1930 einen Kredit in Höhe von zwei Millionen Schweizer Franken zum Erwerb der Mehrheitsbeteiligung gewährt hatte.[1] Die Vergabe von Krediten war für ausländische Kapitalgeber durchaus lukrativ, da in Deutschland sowohl staatliche Stellen als auch Unternehmen bereit waren, für Devisen höhere Zinsen als üblich zu zahlen. Ungeachtet der schwerwiegenden Folgen der Weltwirtschaftskrise galten ausländischen Banken und sonstigen Investoren Anlagen in Deutschland als der größten Volkswirtschaft Europas auch noch zu diesem Zeitpunkt zudem als sicher.[2] Dies änderte sich schlagartig mit dem Zusammenbruch des deutschen Bankensystems 1931.

Am 15. Juli 1931 auf dem Höhepunkt der deutschen Bankenkrise[3] betrug der von Miedl und Witzig noch zurückzuzahlende Restbetrag dieses Lombardkredits[4] 1.014.200 Reichsmark, den sie mit Schuldbuchforderungen in Höhe von 723.900 Reichsmark sowie Schantung-Aktien im Wert von 750.000 Reichsmark besichert hatten.[5] Mit Inkrafttreten der „Verordnung des Reichspräsidenten über die Devisenbewirtschaftung“ vom 1. August 1931 wurde die Begleichung dieser Schulden jedoch erheblich erschwert, da der gesamte Devisentransfer nun unter der Kontrolle der Reichsbank stand, um die anhaltende Kapitalflucht in das Ausland zu unterbinden.[6] Infolge des Konvertibilitätsverlustes der Reichsmark, der einer

1 Die Atmos AG wurde von ihrem Verwaltungsratspräsidenten, dem Züricher Rechtsanwalt Dr. Wilhelm Frick, vertreten, der in den 1940er Jahren erneut eine Rolle in Miedls Leben spielen wird, s. BAR, E6100A-24#1000/1924#75*, Aktennotiz der Eidgenössischen Finanzverwaltung zu einer Besprechung vom 9.12.1952 mit Miedl, Erhardt, Schlotterer und Sieben, Dezember 1952, unfoliiert. – Die Gesellschaft betätigte sich in „der Finanzierung, dem Erwerb und der Verwaltung von Beteiligungen aller Art“, s. BAR, E7160–07#1968/54#2134*, Nr. 965, Atmos AG, Zürich, 1946–1960, Schweizerische Verrechnungsstelle i. S. Revisions-Bericht betreffend Atmos AG Zürich, 10.3.1951, Bl. 1.

2 Straumann, Tobias: 1931 – Die Finanzkrise und Hitlers Aufstieg, Darmstadt 2020, S. 26, 28.

3 Kindleberger, Charles: Die Weltwirtschaftskrise 1929–1939, München 2019, S. 182.

4 Bei einem Lombardkredit werden Wertpapiere, Bankguthaben und bewegliche Wertgegenstände als Sicherheiten hinterlegt.

5 BayHStA, MHIG Nr. 8128, Schreiben des Oberstaatsanwalts beim Landgericht München I an den Generalstaatsanwalt beim Oberlandesgericht zu Miedl Alois, Witzig, Johannes, Adler Ott, Dr. Kurt Erhardt wegen Zuwiderhandlung gegen die Devisenvorschriften, 7.3.1934, Bl. 3.

6 Ebi 2004, S. 11, 20.

internationalen Abwertung gleichkam, wurden ausländische Bankguthaben zu sogenannten Sperrmark-Konten, die nur mit Genehmigung der neu eingerichteten Devisenstellen über wenige ausgewählte Außenhandelsbanken und zu einem hohen Disagio transferiert werden durften.[7] Angesichts dieser rigiden Devisenbewirtschaftung forderte die Atmos ihren Kredit im Oktober 1931 zurück und drohte im Fall der Nichterfüllung mit dem Verkauf der Sicherheiten.[8]

Witzig hielt sich zwar zur Diabetesbehandlung von Ende Oktober 1931 bis Januar 1932 im Schweizer Kurort Cademario auf[9] und hatte Miedl für diesen Zeitraum zu seinem Bankbevollmächtigten in München ernannt. Im November 1931 unterbrach er jedoch seine Kur und reiste mit Miedl zu Verhandlungen mit der Atmos nach Zürich, um den Verlust der Sicherheiten abzuwenden.[10] Im Ergebnis verzichtete die Atmos nicht nur auf die Verwertung der Sicherheiten, sondern transferierte darüber hinaus ihr gesamtes bei deutschen Banken liegendes Vermögen in Höhe von fast 1,5 Millionen Reichsmark ab dem 25. November bis Anfang Dezember 1931 auf ein Konto bei Witzig & Co. Parallel dazu stellte Miedl am 28. November bei der Münchner Devisenstelle einen Antrag auf Rückzahlung des noch ausstehenden Lombardkredits, der jedoch am 4. Dezember 1931 vom Reichswirtschaftsministerium abgelehnt wurde.

Dass der Stab um Hermann Warmbold dem Ansinnen trotz Miedls mehrmals persönlich vorgetragener Bitten sowie einer Empfehlung der Devisenstelle nicht nur keine Genehmigung erteilte,[11] sondern zusätzlich für Ende Dezember 1931 eine neuntägige Buch- und Betriebsprüfung bei Witzig & Co. veranlasste,[12] war für Miedl, der ja schon die Ablehnung des nur wenige Tage zuvor präsentierten „Zusatzausfuhrverfahrens" verkraften musste, ein herber Schlag. Ob die äußerst ungünstige ministerielle Entscheidung auf rein sachlichen Gründen beruhte oder Warmbold sich damit revanchierte, falls ihm Miedls Einschätzung seiner Intelligenz zu Ohren gekommen war, muss offenbleiben. Sowohl Rechtsanwalt Schramm als auch Erhardt behaupteten später, die Zollfahndungsstelle habe bei der Betriebsprüfung zunächst vermeintliche Verstöße gefunden, die „jedoch innerhalb eines Tages restlos aufgeklärt

---

7 Kreutzmüller, Christoph: Händler und Handlungsgehilfen. Der Finanzplatz Amsterdam und die deutschen Großbanken 1918–1945, Stuttgart 2005, S. 29.

8 BayHStA, MHIG Nr. 8128, Schreiben des Justizrats Dr. Christoph Schramm an das Bayerische Justizministerium zum Niederschlagungsgesuch i. S. Miedl und Gen., 4. 10. 1933, unfoliiert.

9 Rechtsanwalt Schramm behauptete 1934 wiederum, Witzig habe sich zu dieser Zeit wegen einer schweren Erkrankung in einem Münchner Krankenhaus befunden, s. ebd., Schreiben des Justizrats Dr. Christoph Schramm an das Bayerische Justizministerium zum Niederschlagungsgesuch i. S. Miedl und Gen., 19. 2. 1934, Bl. 6.

10 Ebd., Schreiben des Oberstaatsanwalts beim Landgericht München I an den Generalstaatsanwalt beim Oberlandesgericht zu Miedl Alois, Witzig, Johannes, Adler Ott, Dr. Kurt Erhardt wegen Zuwiderhandlung gegen die Devisenvorschriften, 7. 3. 1934, Bl. 7–8.

11 Ebd., Bl. 1–2.

12 Ebd., Bl. 10.

werden"[13] konnten. Tatsächlich stießen die Kontrolleure bei der Kontenprüfung auf erste Unstimmigkeiten, die weitere Nachforschungen in den folgenden Monaten nach sich zogen.

Fragen warf insbesondere der Transfer des gesamten deutschen Atmos-Kapitals auf ein Konto des Schuldners Witzig & Co. auf. Miedl behauptete zunächst, mit dem Betrag sei der Erwerb von Effekten für die Atmos beabsichtigt gewesen, letztlich aber nicht umgesetzt worden, da sich die Genehmigung zum Transfer auf das Witzig-Konto verzögert habe. Auf Nachfrage der Zollfahndung bestätigte die Devisenstelle allerdings, dass die Erlaubnis fristgerecht erteilt worden war, sodass Miedl eine andere Erklärung bieten musste und die Kapitalumlagerung nun als neues Darlehen der Atmos darstellte; mit mehr Kapital habe er größere Chancen gesehen, das alte Darlehen ohne das Flüssigmachen anderer Werte zurückzahlen zu können.[14] Zur Besicherung dieses neuen Darlehens befragt, verwies er auf eine Übereinkunft mit der im Oktober 1931 gegründeten Züricher Kohlenimport-Aktiengesellschaft Tellus, die sich trotz eines Aktienkapitals von nur 150.000 Schweizer Franken angeblich dazu bereiterklärt hatte, eine Bürgschaft für den auf fast 2,5 Millionen Reichsmark angewachsenen Kredit der Atmos zu übernehmen. Als Sicherheit habe die Tellus allerdings Diamanten im Wert von etwa zwei Millionen Reichsmark gefordert, die nach und nach zur Deckung des Darlehens verkauft werden sollten.[15] Bei dem Stichwort „Diamanten" wurden die Zollfahnder hellhörig; bei ihrer Kontrolle Ende Dezember 1931 war ihnen nicht entgangen, dass Miedl ab dem 4. Dezember 1931 von den Konten des Bankhauses Witzig & Co. bei der Preußischen Staatsbank in Berlin und dem Bankhaus E. L. Friedmann & Co. in München Barabhebungen getätigt hatte, die auf ein „Juwelenkonto Miedl" belastet wurden und sich bis zum 3. Februar 1932 auf insgesamt 2.010.000 Reichsmark summierten.[16]

Die Zollfahnder schlossen daraus, dass diese Manöver lediglich den unerlaubten Auslandstransfer des aufgrund der Devisenbewirtschaftung gesperrten Kapitals der Atmos verschleiern sollte. Damit konfrontiert, rechtfertigte sich Miedl, Ministerialrat Karl Micheler[17] vom Bayerischen Staatsministerium des Äußern habe ihm empfohlen, anstelle von Devisen

13 BAR, E6100A-24#1000/1924#75*, Aktennotiz der Eidgenössischen Finanzverwaltung zu einer Besprechung vom 9. 12. 1952 mit Miedl, Erhardt, Schlotterer und Sieben, Dezember 1952, unfoliiert.

14 BayHStA, MHIG Nr. 8128, Schreiben des Oberstaatsanwalts beim Landgericht München I an den Generalstaatsanwalt beim Oberlandesgericht zu Miedl Alois, Witzig, Johannes, Adler Ott, Dr. Kurt Erhardt wegen Zuwiderhandlung gegen die Devisenvorschriften, 7. 3. 1934, Bl. 10.

15 Der Hauptzweck der Tellus bestand im Kohle- und Mineralienhandel sowie in der Beteiligung an ähnlichen Gesellschaften. Bis zum 11. 8. 1932 war der Züricher Kaufmann Otto Adler das einzige Vorstandsmitglied. Anschließend wurde Direktor Fritz Wehninger zum Präsidenten des Verwaltungsrats gewählt, s. ebd., Bl. 2, 4.

16 Am 22. 3. 1933 zahlte Miedl 4.064,55 RM des ursprünglichen Betrags auf das Juwelenkonto Miedl ein, s. ebd., Bl. 3.

17 Karl Micheler gehörte sowohl dem Bayerischen Staatsministeriums des Äußern als auch nach dessen Auflösung der Abteilung Handel, Industrie und Gewerbe des am 24. 4. 1933 gegründeten Bayerischen Staatsministeriums für Wirtschaft an, s. Heydenreuter, Reinhard: Finanzkontrolle in Bayern unterm

Sachwerte wie Kohle, Holz oder eben Diamanten zu transferieren,[18] als ihm auch das Ministerium nicht zu einer Rückzahlungsgenehmigung verhelfen konnte. Schon im Dezember 1931 habe er von der Möglichkeit erfahren, Brillanten bei der sowjetischen Handelsvertretung in Berlin zu erwerben.[19] Daraufhin habe er sich zur Absicherung an den Reichsverband der deutschen Industrie in Berlin gewandt, der ihm die Legitimität eines solchen Kaufes bestätigt und erklärt habe, Exportvalutaerklärungen seien für die Ausfuhr in die Schweiz nicht notwendig.[20]

Zum konkreten Ablauf des Kaufs lieferte Miedl mehrere differente Versionen. Zunächst gab er an, alle Brillanten direkt bei der Handelsvertretung erworben zu haben; dann behauptete er, die Brillanten an vier Terminen von einem Mitarbeiter der russischen Botschaft gekauft zu haben, der ihm für die Barzahlung Quittungen auf russischem Zigarettenpapier ausstellte.[21] Seiner finalen Version zufolge erwarb er an drei Terminen Brillanten im Wert von fast 1,7 Millionen Reichsmark von der Handelsvertretung, die ihm gegen Quittung von einem Mittelsmann ausgehändigt worden seien. Zu dieser Person gab Miedl lediglich die vage Information preis, es handele sich um einen der sowjetischen Botschaft nahestehenden Mann, der ihm über einen Beamten des Auswärtigen Amtes vermittelt worden sei. Namen könne er jedoch nicht nennen, da er dem besagten Beamten, der ihm mehrfach in Sachen Schantung behilflich gewesen war, Diskretion zugesichert habe. Einen vierten Posten Brillanten habe er schließlich wie ursprünglich beabsichtigt direkt von der Handelsvertretung für 300.000 Reichsmark gekauft, die er bei der Berliner Garantiebank für den Osten einzahlte. Nach diesem letzten Kauf habe ihm der Reichsbank-Oberinspektor im Reichswirtschaftsministerium bestätigt, dass gegen den Kauf und die Ausfuhr von Diamanten in das Ausland nichts einzuwenden sei, woraufhin er mit den bei Witzig & Co. gelagerten Brillanten Anfang Februar 1932 nach Brüssel gereist sei, um einen Teil davon auf den Namen von Tellus bei der Banque Saint-Phalle & Cie. zu hinterlegen. Die restlichen Brillanten habe er auf direktem Weg von Belgien nach Zürich zur Übergabe an Tellus transportiert.[22]

Am 14. Juli 1932 leitete die Zollfahndungsstelle München ihre Ermittlungsergebnisse an die Staatsanwaltschaft weiter. Beanstandet wurden sowohl der in bar getätigte Erwerb von

Hakenkreuz 1933–1945. Der Bayerische Oberste Rechnungshof und die Außenstelle München des Rechnungshofs des Deutschen Reichs, München 2012, S. 56, 119.

18 BayHStA, MHIG Nr. 8128, Schreiben des Oberstaatsanwalts beim Landgericht München I an den Generalstaatsanwalt beim Oberlandesgericht zu Miedl Alois, Witzig, Johannes, Adler Ott, Dr. Kurt Erhardt wegen Zuwiderhandlung gegen die Devisenvorschriften, 7. 3. 1934, Bl. 4.

19 BAR, E6100A-24#1000/1924#75*, Aktennotiz der Eidgenössischen Finanzverwaltung zu Alois Miedl, 30. 12. 1952, unfoliiert.

20 BayHStA, MHIG Nr. 8128, Schreiben des Oberstaatsanwalts beim Landgericht München I an den Generalstaatsanwalt beim Oberlandesgericht zu Miedl Alois, Witzig, Johannes, Adler Ott, Dr. Kurt Erhardt wegen Zuwiderhandlung gegen die Devisenvorschriften, 7. 3. 1934, Bl. 3.

21 Ebd., Bl. 13–14.

22 Ebd., Bl. 3–6.

Brillanten mit Sperrguthaben ohne Genehmigung der Devisenstelle als auch die Ausfuhr der Brillanten ins Ausland und ihr dortiger Verkauf ohne eine Exportvalutaerklärung.[23] Aufgrund dieser Anschuldigungen erließ das Amtsgericht München am 16. Juli 1932 sowohl eine Vermögensbeschlagnahme wie auch einen Haftbefehl gegen Miedl und Witzig, der zwei Tage später mit ihrer Inhaftierung im Münchner Untersuchungsgefängnis Neudeck[24] vollzogen wurde. Ihr dortiger Aufenthalt war jedoch nur von kurzer Dauer. Witzigs Haftbefehl wurde nach nur vierundzwanzig Stunden aufgehoben und auch Miedl konnte nach Aussetzung des Vollzugs das Gefängnis bereits am 20. Juli 1932 verlassen; fünf Tage danach wurden schließlich auch sein Haftbefehl und der Beschluss zur Vermögensbeschlagnahme aufgehoben.[25]

Da das Verfahren jedoch immer noch wie ein Damoklesschwert über ihnen schwebte, wandte sich Miedl umgehend an seinen in München einflussreichsten Unterstützer Karl Scharnagl, der ihm bereits einige Monate zuvor bei der erfolglosen Präsentation des bayerischen Exportförderungsplans unbeirrt zur Seite gestanden hatte. Dass sich der Oberbürgermeister von seiner „wirtschaftlichen Regsamkeit" einen Vorteil für die Landeshauptstadt versprach, nutzte Miedl in einem persönlichen Gespräch am 4. August 1932 geschickt aus, indem er andeutete, das seiner Meinung nach unverhältnismäßige Vorgehen der Behörden bewege ihn zur Verlegung seines Wohn- und vor allem Geschäftssitzes aus München. Dass weder die Schantung noch eines der anderen von Miedl geführten Unternehmen ihren Sitz in München und somit zumindest keine unmittelbare wirtschaftliche Bedeutung für den Standort hatten, kam Scharnagl offensichtlich ebenso wenig in den Sinn, wie sich bei den Ermittlungsbehörden nach deren Sicht der Dinge zu erkundigen. Vielmehr verfasste er bereits einen Tag nach diesem Gespräch ein Schreiben an Ministerialrat Micheler, in dem er mitteilte, er sei von dem behördlichen Vorgehen angesichts „verhältnismäßig geringfügiger Verdachtsmomente"[26] „in hohem Maße sehr peinlich überrascht" und davon überzeugt, dass sich „solide Geschäftsleute [so etwas] nicht ohne weiteres bieten lassen können." Weiter „halte er es im Interesse der Stadt für untragbar, wenn Behörden in dieser Weise die wirtschaftlichen Grundlagen erschüttern", da sie damit auch „die moralische Existenz der betroffenen Persönlichkeiten" untergraben würden. Er wünsche zwar „in keinerlei Weise auch nur eine gewisse Nachsicht gegenüber Personen, die zweifelsfrei gegen Steuergesetze [...] verfehlen", aber er sei „auch der Meinung, dass es nicht angehe, aufgrund von Verdachtsmomenten

23 Ebd., Bl. 8–9.

24 Ebd., Schreiben von Dr. Kurt Erhardt an das Bayerische Staatsministerium des Äußern zu Störungen des Geschäftsbetriebes der Firma Joh. Witzig & Co. durch Devisen- und Steuerbehörden, 9.12.1932, unfoliiert.

25 Aufgrund welcher Interventionen Miedl und Witzig verschont wurden, geht aus den Akten nicht hervor, s. ebd., Schreiben des Oberstaatsanwalts beim Landgericht München I an den Generalstaatsanwalt beim Oberlandesgericht zu Miedl Alois. Übersicht über den Gang des bisherigen Verfahrens, 7.3.1934, unfoliiert.

26 Ebd., Schreiben vom Münchner Oberbürgermeister Karl Scharnagl an Ministerialrat Karl Micheler, 5.8.1932, unfoliiert; die folgenden Zitate ebd.

jeden für einen schlechten Kerl zu halten, der irgendwie über Besitz oder Einkommen verfügt.“ Angesichts von Münchens schwacher wirtschaftlicher Basis müsse im Interesse der Stadt vielmehr darauf geachtet werden, „wirtschaftliche Unternehmen in jeder Weise zu unterstützen.“

Nur etwa zwei Wochen nachdem das Staatsministerium des Äußern den Brandbrief Scharnagls erhalten hatte, wurde das Verfahren gegen Miedl und Witzig beim Landgericht München am 17. August 1932[27] eingestellt.[28] Begründet wurde diese Entscheidung unter anderem damit, man könne Miedl den bösen Glauben bei den von der Zollfahndung inkriminierten Handlungen nicht nachweisen, mit anderen Worten: Es gebe keinen Beleg, dass Miedl um die Illegalität seines Vorgehens wusste. Ferner könnten sich einige Beamte – namentlich Micheler, an den die Beschwerde gerichtet gewesen war – bezüglich der auszuführenden Waren geirrt haben und „die maßgeblichen Herren des Reichswirtschaftsministeriums [könnten sich] an die Miedl gegenüber gemachten Erklärungen nicht mehr in allen Punkten erinnern, insbesondere, soweit die Ausfuhr von Warenwerten in Betracht kam.“[29] Die schnelle Verfahrenseinstellung aufgrund dieser fadenscheinigen, auf juristischen Winkelzügen und kollektivem Gedächtnisverlust basierenden Begründung war also höchstwahrscheinlich auf Scharnagls Einflussnahme über inoffizielle Kanäle zurückzuführen. Die brüskierte Zollfahndungsstelle wollte sich allerdings damit nicht abfinden, legte bereits am 21. August 1932 Beschwerde gegen die Entscheidung ein und erklärte, sie werde ihre Ermittlungen weiterführen.[30] Infolgedessen konnten sich Witzig und Miedl vor einer erneuten Anklage und Inhaftierung nicht sicher fühlen. Dies beunruhigte den sonst so selbstsicheren Miedl dermaßen, dass er sich mit seiner Familie fluchtartig in die Niederlande absetzte, was wiederum für die Strafverfolgungsbehörde, deren Zugriff er sich damit entzog,[31] einem Schuldeingeständnis gleichkam.

27 Als alternatives Datum wird in einigen Primärquellen auch der 19. 8. 1932 genannt, s. ebd., Schreiben des Justizrats Dr. Christoph Schramm an das Bayerische Justizministerium zum Niederschlagungsgesuch i. S. Miedl und Gen., 4. 10. 1933, unfoliiert; NARA, M1944, RG 239, Menten, H. W., Schreiben von Heinrich Himmler und Rudolf Heß an das Reichsjustizministerium, 4. 7. 1935, unfoliiert.

28 BayHStA, MHIG Nr. 8128, Schreiben des Oberstaatsanwalts beim Landgericht München I an den Generalstaatsanwalt beim Oberlandesgericht zu Miedl Alois. Übersicht über den Gang des bisherigen Verfahrens, 7. 3. 1934, unfoliiert.

29 Ebd., Schreiben von Dr. Chr. Schramm an das Bayerische Justizministerium zur Niederschlagung i. S. Miedl und Gen., 19. 2. 1934, Bl. 2–3.

30 Ebd., Schreiben des Oberstaatsanwalts beim Landgericht München I an den Generalstaatsanwalt beim Oberlandesgericht zu Miedl Alois. Übersicht über den Gang des bisherigen Verfahrens, 7. 3. 1934, unfoliiert.

31 Zwischen dem Deutschen Reich und den Niederlanden bestand zwar seit 1896 ein Auslieferungsvertrag, in dessen Artikel 1 die zur Auslieferung führenden Delikte aufgeführt waren; Devisenvergehen fielen allerdings nicht darunter, s. Roschauer, Oliver: Asyl und Auslieferung. Entwicklung von Straf-

Wider Erwarten verbrachten Miedl und seine Familie die erste Zeit in den Niederlanden nicht bei seiner älteren Schwester Thekla Wiederholdt, die seit ihrer Heirat 1922 in Beekbergen lebte,[32] sondern wählten als Zuflucht das Grand Hotel Huis ter Duin im Seebad Noordwijk.[33] Dass sich Miedl für ein Hotel als Unterkunft entschied, das zwar jeglichen Komfort bot, für einen dauerhaften Aufenthalt aber nicht geeignet war, legt nahe, dass er zumindest anfangs von einer zeitnahen Rückkehr nach Deutschland ausging. Höchstwahrscheinlich nahm er gemäß dem Sprichwort „Aus den Augen, aus dem Sinn" an, die Zollfahndungsbehörde werde nach seinem Abtauchen das Interesse an ihm verlieren und ihre Untersuchungen einstellen. Als sich diese Hoffnung jedoch auch nach mehreren Monaten nicht erfüllte und eine gefahrlose Rückkehr in die Heimat nicht abzusehen war, zog Miedl mit Anmeldung vom 24. Dezember 1932 nach Amsterdam in den Geschäftssitz der Veland in der Roemer Visscherstraat 23,[34] der spätestens ab dem Frühjahr 1933 auch von Witzig für einige Monate als Unterschlupf genutzt wurde.[35] Wie aus den Abhörprotokollen der Telefonate hervorgeht, reiste Miedl, der wie seine gesamte Familie die deutsche Staatsbürgerschaft behielt,[36] wohl aus geschäftlichen Gründen im weiteren Verlauf mehrfach von den Niederlanden nach Zürich und Genf.[37]

Während Miedls Abwesenheit übergab Erhardt der Zollfahndungsstelle am 9. Dezember 1932 mehrere bereits seit Monaten angeforderte Juwelenverzeichnisse, die den rechtmäßigen Kauf der Brillanten belegen sollten. Weil die Dokumente abgesehen von den Kaufdaten und dem Preis der ersten drei Posten weder die obligatorische notarielle Beglaubigung aufwiesen, noch auf den entsprechenden Quittungen eine Unterschrift des Verkäufers vorhanden war, wurden die Zweifel der Behörde durch diesen Schritt jedoch nur verstärkt. Als äußerst fragwürdig erwies sich auf entsprechende Nachfrage auch Miedls Begründung, notarielle

---

anspruch und Auslieferungsrecht in der Zeit vom Deutschen Bund bis zum Ende des Deutschen Kaiserreichs, Münster 2021, S. 120–121.

32 BArch Berlin-Lichterfelde, R 2107/2461, Anmeldebogen C1 Thekla Wiederholdt, 3. 7. 1940, unfoliiert.

33 De Volkskrant, Jg. 33, Nr. 9520, Proces in Munchen over Oostenrijks boek „Amsterdams" bankier contra Duitse meesterspion, 5. 3. 1956, Bl. 4 [www.delpher.nl, zuletzt aufgerufen 6. 5. 2021].

34 SAA, 5225 Nr. 4327, Einwanderungsabteilung Amsterdam an den Visadienst, 6. 3. 1952, unfoliiert.

35 BArch Berlin-Lichterfelde, R 9361-II/1218786, Gauleitung München-Oberbayern an den Gauschatzmeister München-Oberbayern, 12. 7. 1939, unfoliiert. – Nachweislich lebte Witzig am 5. 4. 1933 in Amsterdam. Am 28. 9. 1933 teilte er Eidenschink in einem Telefonat mit, dass er nun wieder in München lebe, s. ebd., Gaugericht der Auslandsorganisation der NSDAP an den Reichsschatzmeister der NSDAP, 21. 10. 1938, unfoliiert; BayHStA, MHIG Nr. 8128, Telefongespräche, die sich auf die Strafsache beziehen, Telefonat zwischen Witzig und Eidenschink, 28. 9. 1933, Bl. 3.

36 LI LA Vaduz, RF 214/171, Arthur Wiederkehr an die Fürstliche Regierung und den Hohen Landtag des Fürstentums Liechtenstein i. S. Einbürgerungsgesuch im Namen von Alois Miedl,5. 11. 1942, unfoliiert.

37 BayHStA, MHIG Nr. 8128, Telefongespräche, die sich auf die Strafsache beziehen, Telefonate zwischen Miedl und Witzig bzw. Höglmeier, 1933/1934, unfoliiert.

Bescheinigungen könnten nicht vorgelegt werden, da es „die Firma Tellus in ihrer außerordentlichen Empörung über das [...] Verfahren"[38] abgelehnt habe, die Urkunden zuzusenden. Eine endgültige Bestätigung, dass es sich bei den Verzeichnissen um Fälschungen handelte, lieferte schließlich die sowjetische Handelsvertretung, laut der an den genannten Tagen keine Brillanten verkauft worden waren. Die Fahnder gingen nun davon aus, dass Miedl die angeblich für den Kauf aufgewendeten etwa 1,7 Millionen Reichsmark im Dezember 1931 sowie im Januar 1932 unter dem Vorwand, Witzig während seines Kuraufenthalts zu besuchen, in die Schweiz zur Atmos geschmuggelt hatte. Offensichtlich in Unkenntnis des Ermittlungsstands der Zollfahnder legte Erhardt ihnen am 12. März 1933 ein weiteres Verzeichnis über den Kauf des vierten Postens vor, den Miedl genau ein Jahr zuvor erworben und anschließend bei der Tellus deponiert habe. Zur Überprüfung dieser Angaben wurden der zunächst recht unkooperative Prokurist Krehske sowie die Kontoristin der Schantung und der damalige Direktor der Veland Helmuth von Cramon intensiv und mehrfach vernommen. Schließlich sagten alle übereinstimmend aus, Miedl habe die Brillanten tatsächlich am 12. März 1932 durch Vermittlung eines jüdischen in Antwerpen lebenden Maklers namens Herstein bei der Handelsvertretung erworben. Daraufhin sei er am 2. April 1932 nach Rotterdam gefahren, habe die Edelsteine von dort allerdings nicht – wie von Erhardt behauptet – in die Schweiz zur Tellus gebracht, sondern sie anschließend in Belgien veräußert.[39]

Vermutlich aufgrund dieser Falschaussage wurde Erhardt am 28. März 1933 für vier Tage inhaftiert[40] und am 3. April 1933 wegen Begünstigung von der Zollfahndungsstelle angezeigt. Überdies veranlasste das Amtsgericht München am 5. April 1933 eine von Erhardt erfolglos angefochtene Durchsuchung seiner Privat- und Geschäftsräume, bei der diverse Aufzeichnungen sichergestellt wurden, die laut Beschluss vom 11. Mai 1933 als Beweise in einem Verfahren gegen ihn verwendet werden sollten.[41] Unabhängig davon, ob er bisher in gutem Glauben oder als Mitwisser agiert hatte, sah sich Erhardt nunmehr als Angeklagter in Miedls Probleme verstrickt. Dass er anders als dieser für die deutsche Justiz greifbar war, könnte ihn spätestens zu diesem Zeitpunkt – aber möglicherweise auch schon vorher – veranlasst haben in Sachen Miedl zurückhaltender aufzutreten. Jedenfalls engagierte Miedl

38 BayHStA, MHIG Nr. 8128, Schreiben des Oberstaatsanwalts beim Landgericht München I an den Generalstaatsanwalt beim Oberlandesgericht zu Miedl Alois, Witzig, Johannes, Adler Ott, Dr. Kurt Erhardt wegen Zuwiderhandlung gegen die Devisenvorschriften, 7. 3. 1934, Bl. 14–18, 33.

39 Ebd.

40 ADL, N 53–107, Bestand Thomas Dehler, Korrespondenz Erhardt-Dehler, Äußerung des Rechtsanwalts Dr. Kurt Erhardt zu einer anonymen Denunziation, 31. 5. 1946, Bl. 17.

41 Am 23. 6. 1933 wurde das Verfahren gegen Erhardt wegen des unbekannten Aufenthalts von Miedl vorläufig eingestellt. Laut Oberstaatsanwalt ließ sich der Tatbestand einer Begünstigung erst nach Abschluss des Verfahrens gegen Miedl und Witzig sicher feststellen, s. BayHStA, MHIG Nr. 8128, Schreiben des Oberstaatsanwalts beim Landgericht München I an den Generalstaatsanwalt beim Oberlandesgericht zu Miedl Alois. Übersicht über den Gang des bisherigen Verfahrens, 7. 3. 1934, Bl. 31–32.

bereits im Frühjahr 1933 mit Christoph Schramm einen weiteren Anwalt, der zumindest ab Ende März 1933 seine Vertretung in dieser Angelegenheit übernahm. Nichts ahnend von der bevorstehenden Verhaftung Erhardts hatte Miedl sich noch am 23. März 1933 zu einer Befragung in Deutschland bereit erklärt, sofern ihm freies Geleit gewährt werde. Darauf ließ sich die Zollfahndungsbehörde zu diesem Zeitpunkt selbstverständlich nicht mehr ein.[42] Auch ein nur einen Tag später lanciertes weiteres Entlastungsmanöver war für die Fahnder leicht durchschaubar: Schramm übergab ihnen den notariell beglaubigten Auszug eines Briefs ohne Absender vom 31. Dezember 1932, laut dem sich alle vier Posten Brillanten – „696 Pakete"[43] – bei dem anonymen Absender in Verwahrung befänden. In Anbetracht des bestätigten Verkaufs des vierten Postens muss dieser erneute plumpe Täuschungsversuch auf die Beamten recht dreist gewirkt haben.

Falls Miedl und Witzig gehofft hatten, unter der nationalsozialistischen Regierung nachsichtiger behandelt zu werden, wurden sie spätestens durch das scharfe Vorgehen der Behörden gegen Erhardt eines Besseren belehrt. Um bei den neuen Machthabern Boden gutzumachen, demonstrierten sie fortan in Worten und Taten eine stramm nationalsozialistische patriotische Gesinnung. In einem ersten Schritt beantragten beide am 5. April 1933 bei der Auslandsorganisation der NSDAP in Amsterdam eine Parteimitgliedschaft, die auch am 1. Mai 1933 von der Reichsleitung vorgemerkt wurde. Bereits am 15. April ließ Miedl ein Schreiben an Hitler folgen, um „dem hochverehrten Reichskanzler, in tiefster Ergebenheit und unwandelbarer Treue meine Dienste zur Verfügung zu stellen"[44], denn „nachdem unter Ihrer glorreichen Führung Deutschland politisch geeinigt worden ist und ein neuer deutscher Geist im deutschen Volk erwachte, stehen wir vor der Notwendigkeit, auch den wirtschaftlichen Wiederaufstieg Deutschlands mit allen zu Gebote stehenden Mitteln zu erzwingen." Da er bei der praktischen Durchführung seiner Pläne von der Regierung bereits „verständnisvolle Förderung" erhalten habe, plane er nun, „seine Gedankenarbeit zum Nutzen der gesamten deutschen Industrie und damit des deutschen Volkes auszuweiten." Neben der Zurückgewinnung des internationalen Zündholzmonopols schwebe ihm etwa auch eine „Lösung der internationalen Kriegsschuldenfrage unter deutscher Führung" vor, die er Hitler im Wissen, kein Experte für Außenpolitik zu sein, gerne in umfassender Weise vorstellen wolle.

Ob dieses Schreiben überhaupt bei Hitler ankam, ist ungewiss; weder Miedl noch Witzig erwähnen irgendeine Reaktion und die erbetene Privataudienz fand nicht statt. Die nächste Gelegenheit zur Profilierung ergab sich allerdings schon bald. Am 1. Mai 1933 nahmen beide an einer Festveranstaltung zum „Tag der nationalen Arbeit" im deutschen

42 Ebd., Bl. 22.

43 Ausgehend von den konsultierten Primärquellen wandte sich Schramm erstmals am 24.3.1933 als Miedls Rechtsanwalt an die Untersuchungsbehörden, s. ebd., Bl. 16.

44 NL-HaNA, NBI 2.09.16.10 Nr. 203501, Alois Miedl an Adolf Hitler, 15.4.1933, unfoliiert; die folgenden Zitate ebd.

Konsulat in Amsterdam teil, die vom Verband Deutscher Vereine und dem Deutsch-Katholischen Verein[45] organisiert wurde. Nachdem die Feiernden im Laufe des Abends mehrfach jüdische Passanten mit antisemitischen Parolen angepöbelt hatten, kam es im Anschluss zu gewalttätigen Auseinandersetzungen zwischen den deutschen Teilnehmern sowie jüdischen und kommunistischen Arbeitergruppen.[46] Bei diesen Krawallen habe Miedl laut Schramms späterer Angabe die deutschen Interessen „auf das Nachdrücklichste vertreten"[47] und sei bei der Verteidigung des Konsulats „körperlich schwer verletzt worden."[48] Weniger zurückhaltend drückte sich Witzig in einem kurz nach dem Vorfall verfassten Schreiben an Wilhelm Keppler aus: „Wir mussten uns gegen mindestens hundert hassssprühende Juden längere Zeit verteidigen [...]. Mit dem Ruf ‚schlagt sie tot' fiel das Judengesindel über uns her. [...] Lieber Herr Keppler, sorgen Sie dafür, dass SA und SS wohlgerüstet, wohldiszipliniert und unvermischt mit unzuverlässigen Elementen auf der Wache steht [sic!], auf dass unter keinen Umständen der jüdische Mordsinn Gelegenheit hat, in unserem Volke Orgien zu feiern."[49] Nach diesem antisemitischen Exzess kam Witzig schließlich zur Sache: „Sie wissen ja, sehr verehrter Herr Keppler, dass ich von dem Werte der Miedlschen Gedanken voll und ganz überzeugt bin. Die Wege, die er aufzeigt, sind gangbar und führen schneller aus Arbeitslosigkeit und Wirtschaftselend als alles, was ich sonst an Auswegen kennengelernt habe."

Witzigs Wahl des persönlichen Wirtschaftsbeauftragten Hitlers als Adressaten hing wahrscheinlich mit der ausbleibenden Reaktion auf Miedls vorangegangenes Schreiben zusammen. Als auch auf den zweiten Anlauf keine Reaktion erfolgte, versuchte Miedl, Keppler, dem er ja bereits im Mai 1932 am Obersalzberg begegnet war, persönlich anzurufen, und erfuhr,

45 Zur Entwicklung des deutschen Vereinslebens in den Niederlanden, s. Happe, Katja: Deutsche in den Niederlanden 1918–1945. Eine historische Untersuchung zu nationalen Identifikationsangeboten im Prozess der Konstruktion individueller Identitäten, Diss., Siegen 2004, S. 57–60.

46 Vgl. De Tribune, Jg. 26, Nr. 166, De Amsterdamsche Arbeiders dulden de Nazi-Propaganda niet, 3.5.1933, Bl. 8; Provinciale Geldersche en Nijmeegsche Courant, Jg. 33, Nr. 105, De Incidenten te Amsterdam, 3.5.1933, Bl. 3; De Bredasche Courant, Jg. 143, Nr. 119, 35 Duitschers mishandeld, 4.5.1933, Bl. 5 [www.delpher.nl, alle zuletzt aufgerufen 23.4.2021].

47 BayHStA, MHIG Nr. 8128, Schreiben des Justizrats Dr. Christoph Schramm an das Bayerische Justizministerium zum Niederschlagungsgesuch i.S. Miedl und Gen., 4.10.1933, unfoliiert. – Im Rahmen der alliierten Nachforschungen wurde unzutreffend angenommen, Miedl habe am 1.5.1933 eine nationalsozialistische Demonstration in Amsterdam organisiert, die die Straßenkämpfe auslöste, s. NARA, M1947, RG 260, Records Concerning the Central Collecting Points: Wiesbaden Central Collecting Point, 1945–1952, Restitution, Research and Reference Records, Hoffmann, Heinrich: Documents and T.R., Notes, Nachforschungen zu Ludwig Müller, unfoliiert.

48 BayHStA, MHIG Nr. 8128, Schreiben des Justizrats Dr. Christoph Schramm an das Bayerische Justizministerium zum Niederschlagungsgesuch i.S. Miedl und Gen., 4.10.1933, unfoliiert.

49 NL-HaNA, NBI 2.09.16.10 Nr. 203501, Johannes Witzig an Wilhelm Keppler, 4.5.1933, unfoliiert; folgendes Zitat ebd.

dass er in Rom sei.[50] Kurzentschlossen flogen Miedl und Witzig daraufhin in die italienische Hauptstadt. Über das Treffen mit Keppler berichtete Miedl später: „Wir haben dort mit Herrn Keppler eingehend gesprochen und erklärten ihm auch im Verlauf dieses Gesprächs, dass ich in Deutschland Schwierigkeiten habe. Im Übrigen kam es mir aber hauptsächlich auf folgendes an: Der Ankauf von vielen Auslandsobligationen, der seinerzeit von vielen Hunderten von Stellen erfolgte, musste unter allen Umständen zentralisiert werden. Herr Keppler hatte scheinbar keine Zeit meine rechtzeitig gegebene Anregung zu verfolgen; hätte er sie verfolgt, wären einige Hundert Millionen Mark Devisen beim Rückkauf der Deutschen Auslandsschulden gespart worden."[51]

Das Treffen erwies sich also als ein Fehlschlag, von der erhofften Unterstützung Kepplers konnte keine Rede sein.[52] Daran änderte auch ein Schreiben Miedls vom 10. Juli 1933 an Keppler nichts, in dem er behauptete, „seit Jahren von Juden und Freimaurern bekämpft"[53] zu werden. Das Strafverfahren gegen Miedl und Witzig lief unterdessen nicht nur weiter, sondern nahm nach einem kurzen für sie vielversprechenden Intermezzo sogar Fahrt auf.

Während sich Witzig fortan „zur vollen Zufriedenheit des Landesgruppenleiters"[54] als kommissarischer politischer Stabsleiter der NSDAP-Auslandsorganisation in den Niederlanden engagierte,[55] stellte der mit seinen vielfältigen Geschäften ausgelastete Miedl für den Fall der Untersuchungseinstellung einen unverzinslichen Kredit in Höhe von 250.000 Reichsmark in Aussicht, der zum Bau eines SA-Heims genutzt werden sollte.[56] Aber auch dieser offensichtliche Bestechungsversuch – von der Staatsanwaltschaft später als „Sühneangebot"[57]

50 Miedl gibt unzutreffend an, Keppler habe dort an der Weltwirtschaftskonferenz teilgenommen, die tatsächlich vom 12. Juni bis 27. Juli 1933 in London stattfand; möglicherweise war er an einem der vorbereitenden Treffen in den deutschen Auslandsmissionen beteiligt.

51 NL-HaNA, NBI 2.09.16.10 Nr. 203494, Inventaris van het archief van het Nederlands Beheersinstituut, beheersdossiers beginnend met de letter M, Miedl, (Bankierskantoor) (IV), Amsterdam, Auszug aus dem Exposé des Herrn Alois Miedl, Direktor der Schantung, 1937, unfoliiert.

52 1952 berichtete Erhardt, Keppler habe Miedl und Witzig sogar zu einer gemeinsamen Rückreise nach Deutschland überredet. Während der Fahrt habe Witzig aber rechtzeitig bemerkt, dass es sich dabei um eine Falle handelte, um Miedl bei der Einreise festzunehmen, s. BAR, E6100A-24#1000/1924#75*, Aktennotiz der Eidgenössischen Finanzverwaltung zu einer Besprechung vom 9. 12. 1952 mit Miedl, Erhardt, Schlotterer und Sieben, Dezember 1952, unfoliiert.

53 NL-HaNA, NBI 2.09.16 Nr. 883, Inventaris van het dossierarchief van het Nederlandse Beheersinstituut, en van de in beslag genomen administraties, 1945–1967, Correspondentie Miedl, 1950–1951, A. A. J. de Neef, Notities inzake ontvijandingsverzoek Alois Miedl, 30. 1. 1951, Bl. 1.

54 BArch Berlin-Lichterfelde, R 9361-II/1218786, Schreiben der Gaugericht der Auslandsorganisation der NSDAP an den Reichsschatzmeister der NSDAP, 21. 10. 1938, unfoliiert.

55 Ebd.

56 BayHStA, MHIG Nr. 8128, Schreiben des Oberstaatsanwalts beim Landgericht München I an den Generalstaatsanwalt beim Oberlandesgericht zu Miedl Alois, Witzig, Johannes, Adler Ott, Dr. Kurt Erhardt wegen Zuwiderhandlung gegen die Devisenvorschriften, 7. 3. 1934, Bl. 35.

57 Ebd., Bl. 22.

bagatellisiert – hielt trotz Schramms vermeintlich „besonders guten Beziehungen zu der heutigen Regierung und Polizeidirektion“[58] die Behörden nicht von weiteren Ermittlungen ab. Um wirklich von einen „Sühneangebot“ sprechen zu können, hätte Miedl seine Schuld eingestehen müssen, was er jedoch konsequent vermied. Vielmehr beharrte er auf seiner Darstellung, mit den fast zwei Millionen Reichsmark Brillanten erworben zu haben, und achtete sorgfältig darauf, keine konkreteren Informationen zum vermeintlichen Kauf preiszugeben. Dementsprechend vage fiel die neue Version aus, die Schramm dem Bayerischen Staatsministerium für Wirtschaft auf dessen Ersuchen präsentierte, den Namen des unbekannten Verkäufers offenzulegen: Miedl habe ihm versichert, die Brillanten von einem Reichsdeutschen gekauft zu haben, der die Edelsteine wiederum auf dessen Wunsch nur von anderen Reichsdeutschen erworben habe. Weiterhin sei es zwar „aus bürokratischer Sicht gerechtfertigt“[59], die Identität des Verkäufers aufdecken zu wollen, doch auch Miedls Weigerung sei „menschlich begreiflich“[60], da der Unbekannte „Deutschland im Zuge der politischen Ereignisse seit dem 30. Januar 1933 für immer verlassen“ habe.

Miedls Bemühungen, die Ermittlungen durch solch unüberprüfbare Aussagen zu boykottieren, konnten die Wiederaufnahme des Verfahrens durch die Staatsanwaltschaft am 8. Juni 1933 jedoch ebenso wenig verhindern wie den am 30. des Monats gegen ihn erlassenen Haftbefehl wegen Fluchtverdacht und Verdunklungsgefahr. Dass das Verfahren nur einen Tag nach dieser Anordnung vorläufig von der Staatsanwaltschaft eingestellt und die Untersuchungen erneut an die Zollfahndungsbehörde abgegeben wurden,[61] verdankte Miedl aller Wahrscheinlichkeit nach Schramms seit Monaten anhaltender Intervention bei ranghohen Ministerialbeamten. Angesichts der finanziellen Notlage, in der sich Deutschland auch noch vier Jahre nach Beginn der Weltwirtschaftskrise befand, argumentierte Schramm mit Miedls wirtschaftlicher Relevanz sowie dem schweren ökonomischen Schaden, den nicht nur seine Unternehmen, sondern auch das Reich selbst bei einer Weiterführung des Verfahrens verkraften müsste. Nachdem Miedl bereits Scharnagl mit eben dieser Argumentation zu seinen Gunsten beeinflusst hatte, gelang Schramm dies nun auch beim Bayerischen Staatsministerium für Wirtschaft; so teilte es dem Reichswirtschaftsminister schon am 24. Mai 1933 sein

58 Ebd., Telefongespräche, die sich auf die Strafsache beziehen, Telefonat zwischen Miedl und Höglmeier, 18.10.1933, unfoliiert. – Miedl könnte sich hier getäuscht haben, denn Schramm wurde am 28. März 1933 „sang- und klanglos“ als Vorsitzender der Münchner Rechtsanwaltskammer durch einen Altparteigenossen ersetzt, s. Weber 2006, S. 59.

59 BayHStA, MHIG Nr. 8128, Schreiben von Dr. Chr. Schramm an das Bayerische Staatsministerium für Wirtschaft, 15.5.1933, Bl. 4.

60 Ebd., Schreiben von Dr. Chr. Schramm an das Bayerische Staatsministerium für Wirtschaft, 15.5.1933, Bl. 4; folgendes Zitat ebd.

61 Ebd., Schreiben des Oberstaatsanwalts beim Landgericht München I an den Generalstaatsanwalt beim Oberlandesgericht zu Miedl Alois. Übersicht über den Gang des bisherigen Verfahrens, 7.3.1934, unfoliiert.

„lebhaftes Interesse"[62] mit, „den Abschluss der in Aussicht gestellten umfangreichen Ausfuhrgeschäfte nicht an den Folgen eines devisenrechtlichen Strafverfahrens scheitern" zu lassen.

Dieser Meinung schloss sich Reichswirtschaftsminister Kurt Schmitt trotz der Versuche „zahlreicher interessierter und beauftragter Personen"[63], ihn zu einer Miedl begünstigenden Einflussnahme auf das Verfahren zu bewegen, hingegen im August 1933 nicht an; weder war er davon zu überzeugen, dass die Verdachtsmomente von der Zollfahndungsstelle konstruiert worden seien, noch glaubte er, dass durch „die dauernde Belästigung Miedls ein schwerer volkswirtschaftlicher Schaden [drohe]." Ob er tatsächlich allen Beeinflussungen in dieser Angelegenheit widerstand, ist allerdings sehr fragwürdig. Abgesehen von der gemeinsamen Geburtsstadt Heidelberg gibt es zahlreiche Indizien für eine enge Beziehung Schmitts zu Keppler. Unter anderem war er nicht nur Mitglied im Keppler-Kreis beziehungsweise dessen Nachfolger Freundeskreis Reichsführer SS,[64] sondern verdankte angeblich auch seine Ernennung zum Minister durch Göring einem Vorschlag Kepplers.[65] Angesichts der Abfuhr, die Keppler Miedl in Rom erteilt hatte, legte er für ihn sicherlich kein gutes Wort ein, falls Schmitt ihn in Sachen Miedl zurate zog.

Ungeachtet dessen versuchte Schramm, die hartnäckig ermittelnde Zollfahndung endgültig auszuschalten, und begründete ein Niederschlagungsgesuch an das Bayerische Staatsministerium der Justiz am 4. Oktober 1933 weiterhin mit „dringenden wirtschaftlichen Gründen."[66] So habe Miedl als „Seele" der Schantung eine Reihe von Millionenaufträgen aus dem Ausland nach Deutschland gebracht. Gefährdet werde dieser Erfolg nun durch die Zollfahndungsstelle, die aufgrund eines „unglücklichen Zufalls" seit über einem Jahr ein zum Großteil gesetzeswidriges Verfahren betreibe, das bereits zu einem enormen volkswirtschaftlichen Schaden geführt habe. Da „die ganzen, angeblich strafbaren Handlungen in der Zeit vor dem politischen Umschwung" erfolgt seien, berief sich Schramm schließlich auf „eine Verfügung des preußischen Ministerpräsidenten Göring, derartige wirtschaftliche Vergehen […] niederzuschlagen, wenn kein Eigennutz vorliege."

62 Ebd., Schreiben des Bayerischen Staatsministeriums für Wirtschaft an die Staatskanzlei i. S. Strafverfahren gegen den Bankier Alois Miedl, 4. 4. 1934, unfoliiert; folgendes Zitat ebd.

63 Ebd., Schreiben des Reichswirtschaftsministers an das Bayerische Staatsministerium für Wirtschaft, 14. 8. 1933, unfoliiert; folgendes Zitat ebd.

64 Klee, Ernst: Das Personen Lexikon zum Dritten Reich. Wer war was vor und nach 1945, Hamburg 2016, S. 549. – Es gibt eine Fotografie, auf der Schmitt und Keppler in SS-Uniform beim Besuch des KZ Dachau 1936 nebeneinander abgebildet sind, https://www.widdershausen.de/august-rosterg.html [zuletzt aufgerufen 6. 9. 2022].

65 Teichert, Eckart: Autarkie und Großraumwirtschaft in Deutschland 1930–1939. Außenwirtschaftspolitische Konzeptionen zwischen Wirtschaftskrise und Zweitem Weltkrieg, München 1984, S. 69, 72.

66 BayHStA, MHIG Nr. 8128, Schreiben des Justizrats Dr. Christoph Schramm an das Bayerische Justizministerium zum Niederschlagungsgesuch i. S. Miedl und Gen., 4. 10. 1933, unfoliiert; folgende Zitate ebd.

Gemeint war damit die am 21. März 1933 von Reichspräsident Hindenburg erlassene und von Göring befürwortete ‚Straffreiheitsverordnung', die eine Amnestie für Straftaten vorsah, „die im Kampf für die nationale Erhebung des Deutschen Volkes, zu ihrer Vorbereitung oder im Kampfe für die deutsche Scholle begangen [worden waren]."[67] Die eigentlichen Begünstigten dieses Gesetzes waren somit ausschließlich rechtsgerichtete Gruppierungen und Organisationen, die sich vor März 1933 durch Gewalttaten an politischen Gegnern strafbar gemacht hatten.[68] Die illegale Ausfuhr knapper Devisenbestände gehörte dagegen sicherlich nicht zu der Art von Vergehen, die dem nationalsozialistischen Regime zum Aufstieg verholfen hatten. Dass die NSDAP-Reichsleitung angesichts eines solchen Vorwurfs auch bei „langjährigen Kämpfern für die Freiheitsbewegung"[69] wie Miedl und Witzig keine Nachsicht walten ließ, verdeutlichte sie am 12. September 1933, indem sie deren Mitgliedsanträge ablehnte. Darüber informiert wurden die beiden aber erst acht Tage nach Schramms Gesuch im Oktober.[70]

In Unkenntnis dieser Lage hatte sich Witzig bereits im September 1933 zur Rückkehr nach München entschieden. Ausgehend von den Abhörprotokollen seiner Telefonate nahm er kurz nach seiner Ankunft offenbar im Auftrag Miedls Kontakt zu Georg Eidenschink auf, der Miedl während einer Geschäftsreise in den Niederlanden seine Unterstützung bei einer Rückkehr zugesagt hatte.[71] Dafür wandte er sich an seinen Cousin Johann „Hans" Rattenhuber, der als Adjutant des Münchner Polizeipräsidenten und ‚Reichsführer SS' Heinrich Himmler in den Ministerien und Behörden nicht nur über gute Beziehungen verfügte, sondern wenn nötig auch Druck ausüben konnte.[72]

Angesichts eines solchen Verbündeten überrascht es nicht, dass Witzig Miedl am 8. November eindringlich dazu aufforderte, ihm innerhalb der nächsten vierundzwanzig Stunden

67 Gruchmann, Lothar: Justiz im Dritten Reich 1933–1940. Anpassung und Unterwerfung in der Ära Gürtner, München 2001, S. 326–327.

68 Ebd.

69 BayHStA, MHIG Nr. 8128, Schreiben des Justizrats Dr. Christoph Schramm an das Bayerische Justizministerium zum Niederschlagungsgesuch i. S. Miedl und Gen., 4. 10. 1933, unfoliiert.

70 BArch Berlin-Lichterfelde, R 9361-II/1218786, Schreiben der NSDAP-Reichsleitung an die Abteilung für Deutsche im Ausland, 12. 9. 1933, unfoliiert. – Sowohl für Miedl als auch Witzig wurde eine Warnungskarte angelegt, die eine zukünftige Aufnahme strikt ausschloss, s. ebd., Schreiben des Gaugerichts der Auslands-Organisation der NSDAP an den Reichsschatzmeister der NSDAP, 21. 10. 1938, unfoliiert.

71 Cornell University Law Library, Eidenschink interrogation, Lager Moosburg, 6. 11. 1945, Bl. 10.

72 BayHStA, MHIG Nr. 8128, Schreiben des Bayerischen Staatsministeriums für Wirtschaft an die Staatskanzlei i. S. Strafverfahren gegen den Bankier Alois Miedl, 4. 4. 1934, unfoliiert. – Johann „Hans" Rattenhuber baute ab 1934 in Himmlers Auftrag den Reichssicherheitsdienst (RSD) zum Personenschutz Hitlers und anderer hochrangiger NS-Funktionäre auf. Als Leiter des RSD fungierte er bis zu dessen Suizid auch als Hitlers persönlicher Leibwächter, s. Klee 2016, S. 481; Ludwig 1992, S. 65, 81.

Parteibelege, eine Schilderung seines Treffens mit Hitler im Jahr 1932 sowie jegliche andere Unterlagen zukommen zu lassen, die belegten, dass „[sie] wirtschaftlich und national einwandfrei [seien]“[73]; wichtig sei vor allem, dass Miedl „möglichst dastehe wie Friedrich der Große.“ Dass dessen unmittelbare Reaktion, „er sei doch erledigt [...] und halte es für furchtbar gefährlich, diese Sachen anzugeben“, sich als unbegründet erwies, geht aus einem von Witzig am 15. November 1933 geführten Telefonat hervor, in dem er seinem Gesprächspartner mitteilte, „dass die Sache, die über Miedl und [ihm] schwebe, sich jetzt sehr gut entwickele, da sich eine hohe Stelle dafür eingesetzt habe.“[74] Damit war vermutlich Rattenhuber gemeint.

Besonders aufschlussreich ist allerdings der Adressat dieser Mitteilung, Ernst Mantel. Dieser war 1933 nach einjähriger Tätigkeit als Erster Staatsanwalt zum Landgerichtsrat am Landgericht I München berufen worden, wechselte jedoch noch im selben Jahr an das örtliche Sondergericht.[75] Im Frühjahr 1933 zur „Abwehr und Ausschaltung oppositioneller Strömungen“[76] in allen Oberlandesgerichtsbezirken gegründet, agierten diese Sondergerichte zugunsten des ‚Führerwillens‘ zunehmend außerhalb der geltenden Rechtsnormen. Indem sie das rechtsstaatliche Prinzip „Nulla poena sine lege“ (Keine Strafe ohne Gesetz) zum Leitspruch „Nullum crimen sine poena“ (Kein Verbrechen ohne Bestrafung) pervertierten, stand „kurzen Prozessen“ und willkürlichen Urteilen letztlich nichts mehr im Weg.[77] Mantel, dessen Laufbahn 1944 in der Ernennung zum Chef der Heeresjustiz kulminierte, vertrat eben dieses Credo exemplarisch, indem er noch im April 1945 als Generalrichter der ‚Wehrmacht‘ das Gnadengesuch eines zum Tode verurteilten Soldaten ablehnte.[78]

Der Umstand, dass Witzig zu einem fanatischen Nationalsozialisten wie Mantel, der „jederzeit rückhaltlos für den nationalsozialistischen Staat eintritt und ihn wirksam vertritt“[79] buchstäblich über einen direkten Draht verfügte, lässt nicht nur wenig Zweifel über seine politische Einstellung aufkommen, sondern legt zudem nahe, dass er und Miedl auch innerhalb der bayerischen Justiz einflussreiche Fürsprecher hatten. Dass zu dieser Gruppe

73 BayHStA, MHIG Nr. 8128, Telefongespräche, die sich auf die Strafsache beziehen, Telefonat zwischen Witzig und Miedl, 8.11.1933, Bl. 26; folgende Zitate ebd.

74 Ebd., Telefonat zwischen Witzig und Mantel, 15.11.1933, Bl. 28.

75 Klee 2016, S. 390.

76 Heusler, Andreas: Ausbeutung und Disziplinierung. Zur Rolle des Münchner Sondergerichts und der Stapoleitstelle München im Kontext der nationalsozialistischen Fremdarbeiterpolitik [15.1.1998], in: forum historiae iuris, S. 1–4, https://forhistiur.net/1998-01-heusler/#Fn12 [zuletzt aufgerufen 18.5.2021].

77 Ebd.

78 Godau-Schüttke, Klaus-Detlev: Der Bundesgerichtshof – Justiz in Deutschland, Berlin 2005, S. 320–328.

79 Klee 2016, S. 390.

womöglich sogar der bayerische Justizminister Hans Frank[80] zählte, deutete Miedl in einem Telefonat vom Oktober 1933 an; demnach sei es seiner Meinung nach wesentlich vorteilhafter für den Fortgang des Verfahrens gewesen, wenn Rattenhuber anstelle mit dem Oberstaatsanwalt ein Gespräch mit Frank gesucht hätte.[81]

Es stellt sich allerdings die Frage, wie Miedl auf eine solche Einschätzung kam, denn tatsächlich vertrat das Bayerische Staatsministerium für Justiz konsequent die Haltung, das Verfahren müsse weiterbetrieben werden. Insofern verwundert es nicht, dass auch in den folgenden Monaten keine signifikanten Fortschritte erzielt werden konnten. Anfang Januar 1934 erwähnte Rattenhuber zwar, dass laut Auskunft der Politischen Polizei beabsichtigt sei, den Haftbefehl aufzuheben,[82] und einige Tage später informierte Witzig Miedl außerdem über das Angebot, er könne nach Hinterlegung einer Sicherheitsleistung von 10.000 Reichsmark wieder nach Deutschland zurückkehren.[83] Auf eine zeitige Einstellung der Untersuchungen, wie sie Witzig in Aussicht gestellt wurde, konnte Miedl jedoch nicht hoffen. Vielmehr wurde Höglmeier am 15. Januar 1934 darüber informiert, dass Miedls Verfahren weitergeführt werden solle, „da ja schließlich bekannt [sei], dass er auf eigene Kasse gehandelt hat und nicht im Auftrag des Herrn Witzig."[84]

Vermutlich als Reaktion auf diese Ankündigung stellte Schramm vier Tage später ein zweites Niederschlagungsgesuch. Obwohl der Großteil dieses Schreibens aus Wiederholungen vom Oktober 1933 bestand, fallen doch zumindest in zwei Passagen markante Unterschiede auf: Zwar bestand Schramm weiterhin darauf, Miedl habe mit dem gesamten Geld Brillanten erworben, gab nun allerdings zu, dass eine gewisse Anzahl in Antwerpen veräußert worden sei. Dies sei aber nur auf Drängen des Maklers pro forma zur Begleichung der Provision geschehen. Außerdem gestand er erstmals ein, dass bei den Schritten, die infolge des angedrohten Aktienverkaufs von Witzig & Co. unternommen wurden, „rein privatwirtschaftliche

80 Hans Frank, der sich 1919 als Mitglied des Freikorps Epp an der Niederschlagung der Münchner Räterepublik und später am ‚Hitlerputsch' beteiligt hatte, fungierte ab den 1920er Jahren als Hitlers Rechtsbeistand. Zusätzlich zu Franks Tätigkeit als Leiter des ‚Reichsrechtsamts der NSDAP', wurde er etwa gleichzeitig zu seinem Amtsantritt als bayerischer Justizminister 1933 auch zum ‚Reichskommissar für die Gleichschaltung der Justiz in den Ländern' ernannt. Ab 1934 wechselte er vom bayerischen Staatsministerium der Justiz als Reichsminister ohne Geschäftsbereich in die Regierung. Ab 1939 bis zu seiner Verhaftung 1945 fungierte er schließlich als ‚Generalgouverneur' im besetzten Polen. Im Zuge der Nürnberger Hauptkriegsverbrecherprozesse wurde Frank 1946 zum Tode verurteilt, s. Klee 2016, S. 160.

81 BayHStA, MHIG Nr. 8128, Telefongespräche, die sich auf die Strafsache beziehen, Telefonat zwischen Witzig und Miedl, 12.10.1933, Bl. 10.

82 Ebd., Telefonat zwischen Höglmeier und Rattenhuber, 3.1.1934, Bl. 41.

83 Ebd., Telefonat zwischen Witzig und Miedl, 11.1.1934, Bl. 42.

84 Ebd., Telefonat zwischen Höglmeier und Rechtsanwalt Haus, 15.1.1934, Bl. 45.

persönliche Interessen [...] eine große Rolle gespielt"[85] hätten. Auch hier folgte die Rechtfertigung jedoch schon im nächsten Atemzug, denn „derartige privatwirtschaftliche, eigene Interessen eines deutschen Kaufmanns [seien] darüber hinaus unter Umständen geeignet, in weitest gehendem Maß allgemeine Interessen zu unterstützen." So seien die Schantung und deren Kooperationspartner nach einer Einstellung des Verfahrens wieder dazu fähig, „beschleunigt große Summen von Devisen nach Deutschland zu bringen."

Schramms Behauptungen, „es bestehe wohl kein Zweifel, dass die bisherigen Ergebnisse des Strafverfahrens keinen direkten Beweis für strafbare Handlungen erbracht hätten", vielmehr „lediglich eine Reihe von Indizien vorlägen, die nur durch Schlussfolgerungen zu einer Verurteilung führen könnten", stellte der Oberstaatsanwalt am 7. März 1934 schließlich einen umfassenden Bericht entgegen. Als unbestritten galten Witzigs ursprüngliche Kreditaufnahme bei der Atmos, deren Überweisungen an das Bankhaus im Winter 1931, Miedls abgelehnter Antrag zur Rückzahlung des ersten Lombardkredits wie auch die Abhebung von etwa zwei Millionen Reichsmark. Auf die Anschuldigungen der Zollfahndungsstelle vom Juli 1932 sowie Miedls bereits bekannte Darstellung der Vorgänge folgten schließlich die erstmals kumulierten Ergebnisse aller Untersuchungsbehörden. Mithin angezweifelt wurde die paradoxe Entscheidung der Atmos, ihr gesamtes deutsches Vermögen an Witzig & Co. zu transferieren, obwohl sie nur kurz zuvor noch die Rückzahlung des offenen Lombardkredits gefordert hatte. Da sie überdies keinerlei Sicherheiten dafür beansprucht hatte, stand für den Oberstaatsanwalt fest, dass das Sperrguthaben von Anfang an mithilfe von Miedl und Witzig in die Schweiz gebracht werden sollte.[86]

Ebenso unglaubwürdig erschien ihm die Behauptung, die nur wenige Monate alte, mit einem Aktienkapital von lediglich 150.000 Schweizer Franken ausgestattete Tellus sei dazu fähig gewesen, für einen Kredit von mehreren Millionen zu bürgen. Die Tatsache, dass der auf den 11. Januar 1932 datierte Vertrag erst Ende Juli von den Beschuldigten vorgelegt werden konnte, legte den Schluss nahe, dass dieses mit Fehlern gespickte Dokument wie auch die Juwelenverzeichnisse gefälscht worden war. Ebenso fingiert erwies sich ein Schreiben der Tellus vom Februar 1932, in dem sie den Empfang eines Depotschlüssels und Ankaufsrechnungen für die vier Posten Brillanten bestätigte, die jedoch in drei Fällen gar nicht und im letzteren erst im März 1932 erworben worden waren. Darüber hinaus entpuppte sich auch Helmuth von Cramons Arbeitsvertrag vom 2. April 1932 als besonders aufschlussreich. Dass dieser anstelle der „Veland Import en Export Handel Mij. N.V." auf den Firmennamen

85 Ebd., Schreiben von Dr. Chr. Schramm an das Bayerische Justizministerium zur Niederschlagung i. S. Miedl und Gen., 19. 2. 1934, Bl. 1–7; folgende Zitate ebd.

86 Ebd., Schreiben des Oberstaatsanwalts beim Landgericht München I an den Generalstaatsanwalt beim Oberlandesgericht zu Miedl Alois, Witzig, Johannes, Adler Ott, Dr. Kurt Erhardt wegen Zuwiderhandlung gegen die Devisenvorschriften, 7. 3. 1934, Bl. 1–3.

„Tellus Export Mij. N.V." lief, unterstützte die These des Oberstaatsanwalts, Miedl und Witzig seien an der Gründung der Schweizer Firma beteiligt gewesen.[87]

Auch im Hinblick auf die vermeintlichen Erwerbsvorgänge der Brillanten konnten die Behörden eine Reihe von weiteren Lügen aufdecken. So hatte Miedl den Beamten entgegen späterer Behauptungen bereits im Zuge der Buchprüfung bei Witzig & Co. im Dezember 1931 erklärt, er habe mit den 1,2 Millionen Reichsmark Brillanten erworben. Gleichermaßen als unwahr stellte sich seine Rechtfertigung heraus, das Bayerische Staatsministerium für Wirtschaft habe ihm den Transfer von Sachwerten empfohlen; tatsächlich war ihm dazu geraten worden, durch das „Zusatzausfuhrverfahren" Devisen zu erwirtschaften, die er wiederum mit Erlaubnis der Reichsbank zur Deckung des Kredits verwenden sollte. Nach Gesprächen mit allen infrage kommenden Beamten des Auswärtigen Amtes konnte zudem nachgewiesen werden, dass niemand Miedl um Diskretion bezüglich der Identität eines Maklers gebeten hatte[88].

Während die Ermittler durch Anfragen bei staatlichen Stellen also mit relativ geringem Aufwand Miedls Falschaussagen widerlegen konnten, erwies sich die Befragung zweier wichtiger Zeugen als unmöglich; weder der Aufenthaltsort des von der Bildfläche abgetauchten Maklers Herstein noch der des anonymen Brillantenkäufers in Antwerpen, der sich laut Miedl auf einer Reise durch Afrika befand, waren zu ermitteln. Angesichts solcher für Miedl überaus glücklichen – sicher nicht zufälligen – Fügungen gelangte der Oberstaatsanwalt zu der plausiblen Einschätzung, „es scheine die Taktik des Miedl zu sein, sich zur Glaubhaftmachung seiner Angaben auf dritte Personen zu berufen, von denen er wisse, dass sie nie vernommen werden könnten."[89] Da auch Miedl selbst nicht beabsichtigte, in näherer Zukunft nach Deutschland zurückzukehren, empfahl der Oberstaatsanwalt, entweder den Haftbefehl zeitweilig gegen eine Sicherheitsleistung von etwa 300.000 Reichsmark aufzuheben oder ein dreitägiges freies Geleit anzubieten, um Miedl in der Nähe der niederländischen Grenze befragen zu können.[90]

Basierend auf allen Ermittlungsergebnissen der letzten drei Jahre zog er schließlich das Fazit, dass das gesamte in Deutschland deponierte Sperrguthaben infolge einer Abmachung zwischen der Atmos und dem Bankhaus Witzig & Co. von Miedl unter Umgehung der geltenden Devisenvorschriften in die Schweiz gebracht worden war; dafür wurde sowohl ein Scheinvertrag mit der Tellus als auch der Erwerb und die Übergabe von Brillanten als Kompensation vorgetäuscht. Demzufolge galten Miedl und Witzig als „dringend verdächtig"[91], ein gemeinschaftlich verübtes Verbrechen begangen zu haben, da sie „fortgesetzt ohne schriftliche Genehmigung der Stelle der Devisenbewirtschaftung" erstens „über Forderungen

87 Ebd., Bl. 10–13.
88 Ebd., Bl. 14.
89 Ebd., Bl. 17.
90 Ebd., Bl. 34–35.
91 Ebd., Bl. 23; folgende Zitate ebd.

verfügt haben, die auf Reichsmark lauteten, vor dem 16. Juli 1931 entstanden sind und einer im Ausland ansässigen Person zustanden, indem sie [...] das Sperrguthaben der Atmos [...] abhoben [...]", zweitens „Zahlungsmittel ins Ausland brachten, indem sie Geldbeträge in Höhe von 1.697.352,50 Reichsmark in bar der Atmos aushändigten", und drittens „über ausländische Zahlungsmittel verfügten, indem sie das Geld [aus] der Veräußerung der Brillanten in Belgien am 12. März 1932 an die Atmos aushändigten." Als vierter und fünfter Straftatbestand kam hinzu, dass sie „als Personen, die im Deutschen Reich ihren Wohnsitz hatten, ausländische Zahlungsmittel nicht binnen drei Tagen beziehungsweise einer Woche nach der Rückkehr aus dem Ausland der örtlichen zuständigen Reichsbankanstalt angeboten" hatten und „Waren aus dem deutschen Wirtschaftsgebiet ausführten und dafür keine Exportvalutaerklärung abgaben." Die Straftatbestände eins bis vier wurden schließlich „mit Rücksicht auf die Höhe der in Frage stehenden Beträge und [...] auf das ganze Vorgehen der Täter, die trotz der Versagung der Genehmigung zur Rückzahlung des Altguthabens die Gelder in raffinierter Weise ins Ausland schafften, als besonders schwere Fälle [...] und somit als Verbrechen qualifiziert."[92]

Obwohl der Oberstaatsanwalt Miedls Verurteilung als sicher erachtete,[93] plädierte das Bayerische Staatsministerium für Wirtschaft auch weiterhin für eine Niederschlagung des Verfahrens. Die ungeachtet der eindeutigen juristischen Einschätzung fortbestehende ministerielle Fürsprache verdankte Miedl einer nur wenige Tage zuvor erfolgten erneuten Intervention von Rattenhuber, der wiederum behauptete, „dass nach genauer Untersuchung des Falles keine Anhaltspunkte vorlägen, die die Weiterverfolgung des Devisenstrafverfahrens gegen Miedl rechtfertigten."[94] Hochrangige Unterstützung erhielt Rattenhuber durch seinen Vorgesetzten Himmler, der Anfang April 1934 dem Bayerischen Staatsministerium für Wirtschaft sein Interesse am Fall Miedl signalisierte und mitteilte, er werde die Angelegenheit in Berlin persönlich vertreten.[95] Das auf den ersten Blick überraschende Engagement von Himmler beruhte möglicherweise darauf, dass er von einer inoffiziellen Vereinbarung erfahren hatte, die Miedl angeblich bereits im März 1934 über Vermittlung von Eidenschink mit dem NSDAP-Gauleiter in Ostpreußen Erich Koch getroffen hatte. Demnach sicherte Koch ihm zu, im Gegenzug für die schnellstmögliche Bereitstellung eines Darlehens in Höhe von 450.000 Schweizer Franken zur Finanzierung einer Propagandakampagne im Vorfeld der „Saarabstimmung" (13. Januar 1935)[96] die sofortige Niederschlagung des Verfahrens durch den Reichsminister Heß zu veranlassen. Während Miedl voller Hoffnung seine „Existenz

92 Ebd., Bl. 24.

93 Ebd., Bl. 25.

94 Ebd., Schreiben des Bayerischen Staatsministeriums für Wirtschaft an die Staatskanzlei i. S. Strafverfahren gegen den Bankier Alois Miedl, 4.4.1934, unfoliiert.

95 Ebd.

96 NL-HaNA, NBI 2.09.16.10 Nr. 203497, Alois Miedl an Senator P. Puricelli, 5.2.1937, Bl. 3.

unter Aufwendung von Krediten bewusst aufs Spiel setzte“[97], um den geforderten Betrag schon am 2. Mai 1934 in Zürich zur Verfügung stellen zu können, war der ‚Stellvertreter des Führers‘ nicht fähig oder willens, seinen Teil der Abmachung zu erfüllen.[98] Infolgedessen lief das Ermittlungsverfahren ungehindert weiter, zumal die von Himmler angekündigte „persönliche Vertretung“ des Falles Miedl auf sich warten ließ.

Das Bayerische Staatsministerium der Justiz hatte sich bereits am 12. März 1934 auf den Standpunkt gestellt, eine Verfahrenseinstellung sei aus strafrechtlicher Sicht nicht zu befürworten. Eine Einschätzung, ob wirtschaftspolitische Gründe eine solche Entscheidung rechtfertigten, überließ das Ministerium wiederum wie schon im August 1933 dem Reichswirtschaftsminister Schmitt,[99] der dies Ende Mai 1934 nicht nur klar verneinte, sondern sogar eine Beschleunigung des Verfahrens forderte. Demnach seien die „begangenen Devisenverfehlungen so schwerer Natur und der entstandene devisenwirtschaftliche Schaden derart erheblich, dass demgegenüber etwaige aus der Tätigkeit des Miedl für die deutsche Wirtschaft zu erwartende Vorteile nicht ins Gewicht fallen könnten.“[100] Mit diesem Rückhalt fiel es der Staatsanwaltschaft nicht schwer, sich der vom Bayerischen Staatsministerium für Wirtschaft geforderten Einstellung des Verfahrens zu widersetzen.

Miedl hatte im Mai 1934 die Hoffnung nicht aufgegeben, Hitler durch erneute Anpreisung seines „Zusatzausfuhrverfahrens“ doch noch auf seine Seite zu ziehen, um mit dessen Hilfe das gegen ihn schwebende Verfahren zu beenden. Anlass für diese zweite Präsentation war die kurz vorher erfolgte Einführung von Schachts Exportinitiative im Rahmen des sogenannten Neuen Plans (s. Kap. 4.2). Am 19. Mai 1934 entwarf er ein Schreiben an Hitler, in dem er den „lieben Herrn Hitler [...] herzlich darum [bittet], meiner Anregung intensivstes Interesse zu widmen.“[101] Anschließend sprach er der mit dem Export befassten Reichsbürokratie jegliche Befähigung ab, während er sich selbst in höchsten Tönen lobte. So beklagte er etwa, „der zusätzliche Export aus Deutschland, den ich im Oktober 1931 als Erster zum Kampf gegen das englische Valuta-Dumping der seinerzeitigen Reichsregierung vorgeschlagen habe, wird seit zwei Jahren vollständig planlos ausgeführt. Die mit der zusätzlichen Ausfuhr befasste Bürokratie macht es den Feinden Deutschlands, die seinen Export bekämpfen und seine Kreditwürdigkeit in den Schmutz ziehen, allzu leicht.“ Da sein Plan bisher nur „zögernd

97 NL-HaNA, NBI 2.09.16.10 Nr. 203496, Alois Miedl, 27. 2. 1937, Bl. 2.

98 Ebd.

99 BayHStA, MHIG Nr. 8128, Schreiben des Bayerischen Staatsministeriums für Justiz an die Staatskanzlei des Freistaates Bayern zum Strafverfahren gegen den Direktor Alois Miedl wegen Zuwiderhandlungen gegen die Devisenvorschriften, 12. 3. 1934, unfoliiert; BayHStA, Reichsstatthalter Nr. 612, 1934, Schreiben des Bayerischen Staatsministeriums der Justiz an den Reichsstatthalter in Bayern, 25. 6. 1934, unfoliiert.

100 BayHStA, MHIG Nr. 8128, Schreiben des Reichswirtschaftsministers an die Staatskanzlei des Freistaates Bayern, 31. 5. 1934, unfoliiert.

101 NL-HaNA, NBI 2.09.16.10 Nr. 203497, Alois Miedl an Adolf Hitler, 19. 5. 1934, Bl. 1–3; folgende Zitate ebd.

und verstümmelt“ von den Behörden ausgeführt wurde, schätzte er „die Vergeudung des deutschen Volksvermögens durch diese ziel- und planlose Umschuldung in den letzten Jahren auf über 200 Millionen Mark in Devisen“ und mutmaßte, dass „bei der planmäßigen Durchführung viele Hundert Millionen Mark mehr exportiert und heute verlorene Absatzgebiete hätten erhalten werden können. [...] Ich arbeite alleinig seit mehreren Jahren daran, der deutschen Exportindustrie die notwendige Unterstützung zu verschaffen.“ Nachdem er im Folgenden langatmig über mehrere Seiten hinweg erneut seinen Plan erläutert hatte, schloss er als uneigennütziger Patriot, konnte sich jedoch einen Plagiatsvorwurf gegen seine Konkurrenten wie etwa Schacht nicht verkneifen: „Wenn große Industriekapitäne, denen ich meine Pläne unterbreitete, dieselben sofort, ohne mich heranzuziehen, zur Durchführung brachten, freute ich mich trotzdem, weil dadurch deutsche Arbeiter in Brot blieben und neue an die Werkbank gekommen sind.“ Angesichts des Inhalts und der Formulierungen dieses Schreibens verwundert es nicht, dass Miedl es auf Anraten Witzigs nicht abschickte.[102]

Mit mehr als einjähriger Verzögerung traten am 4. Juli 1935 Himmler und Heß doch noch offiziell als Miedls Fürsprecher auf. In einem Schreiben an das Reichsjustizministerium argumentierten sie mit Miedls Relevanz für die deutsche Volkswirtschaft: „Die oberste Parteileitung legt Wert darauf, dass dieses Verfahren gegen Alois Miedl und Genossen niedergeschlagen wird, da die Beschuldigten sich bei Einführung der Devisengesetzgebung in einer wirtschaftlichen Notlage befanden, die sie dazu zwang, ihren durch wertvolle Pfänder gesicherten Auslandskredit abzudecken. Außerdem haben beide Beschuldigte sowohl der Partei wie auch der deutschen Volkswirtschaft wertvolle Dienste bei der Förderung der deutschen Ausfuhr geleistet. Durch die endliche Niederschlagung des Verfahrens soll den beiden Beschuldigten wieder die Freiheit zur weiteren Ausdehnung ihrer Arbeit im Interesse der deutschen Volkswirtschaft gegeben werden.“[103]

Dass das Reichsjustizministerium dem Ansinnen der in der NS-Hierarchie über ihm stehenden Parteileitung letztlich nicht nachkam, hing sehr wahrscheinlich mit Himmlers wenig später getroffener Entscheidung zusammen, seine Fürsprache zurückzuziehen.[104] Schuld an diesem Meinungsumschwung und der daraus resultierenden Weiterführung des Strafverfahrens war nach Miedls Überzeugung niemand anderes als Keppler,[105] der womöglich bereits die für Miedl ungünstigen Entscheidungen von Reichswirtschaftsminister Schmitt beeinflusst hatte. 1937 beklagte er, „das Büro des Herrn Ingenieur Keppler versucht in für

102 NL-HaNA, NBI 2.09.16 Nr. 854, Alois Miedl an Prof. Antonio de Luna, Madrid, 10.4.1947, Bl. 4.

103 NARA, M1944, RG 239, Menten, H.W., Schreiben von Heinrich Himmler und Rudolf Heß an das Reichsjustizministerium, 4.7.1935, unfoliiert.

104 NL-HaNA, NBI 2.09.16.10 Nr. 203496, Alois Miedl, 27.2.1937, Bl. 3.

105 Im Mai 1946 behauptete Erhardt, das Devisenstrafverfahren gegen Miedl sei auf „Veranlassung von Keppler und der SS auf das Schärfste betrieben worden“, s. ADL, N 53–107, Äußerung des Rechtsanwalts Dr. Kurt Erhardt zu einer anonymen Denunziation, 31.5.1946, Bl. 17. – Zu Kepplers Biografie s. Klee 2016, S. 304; Barkai 1988, S. 35.

mich unbegreiflicher Weise jede Möglichkeit einer Erledigung meiner alten Schwierigkeiten abzuschneiden"[106]; „[...] jeder Versuch, bei anderen Stellen Hilfe zu finden, wird aus dem Büro Keppler mit neuen wirtschaftlichen Bedrohungen und schlimmsten Verdächtigungen beantwortet." Besonders mokierte er sich über Kepplers fehlendes wirtschaftliches Verständnis, da er sich doch „vor allem mit der praktischen Auflösung großer finanzieller Probleme beschäftigte." Auch mit fünfzehn Jahren Abstand bezeichnete er Keppler noch 1950 als seinen „Todfeind"[107].

Wie es zu dieser „Todfeindschaft" Kepplers kam, kann man nur vermuten. Kepplers nationalsozialistischem Idealtypus des ehrbaren Kaufmanns, „der für jede Handlung vollverantwortlich sein muss und für seine Person mit seinem Vermögen haftet"[108], entsprachen Unternehmer wie Miedl und Witzig mit ihren oft undurchsichtigen Geschäftspraktiken sicherlich keineswegs. Hinzu kam, dass ihr spekulatives Vorgehen aus nationalsozialistischer Sicht anstelle von „produktivem"[109] beziehungsweise „schaffendem" ausschließlich „raffendes" Kapital generierte, das als persönliche Bereicherung an der Wirtschaft galt, die laut Hitler „nur eine notwendige Dienerin im Leben eines Volkskörpers und Volkstums"[110] sein sollte.

Im Endeffekt müssen für den seit Sommer 1932 im Exil festsitzenden Miedl die zahlreichen erfolglosen Versuche, die Untersuchungen gegen ihn niederzuschlagen, sehr enttäuschend gewesen sein. Anstatt in Lethargie zu verfallen, entfaltete er jedoch auch in den Niederlanden den gewohnten geschäftlichen Tatendrang, der ihm im Endeffekt schließlich doch noch zur Verfahrenseinstellung verhelfen sollte.

---

106 NL-HaNA, NBI 2.09.16.10 Nr. 203497, Alois Miedl an Senator P. Puricelli, 5. 2. 1937, Bl. 1; folgende Zitate ebd.

107 NL-HaNA, NBI 2.09.16.10 Nr. 203501, Entfeindungskommission, Befragung Alois Miedl, 18. 9. 1950, unfoliiert.

108 Hamburgisches Welt-Wirtschafts-Archiv, Frankfurter Zeitung, Nr. 768, „Neue Wege für den Handel", 21. 10. 1933.

109 James 2001, S. 21; folgende Zitate ebd.

110 Barkai 1988, S. 28.

6. Internationalisierung des Firmengeflechts (1933 bis 1939)

Dass tatsächlich die Angst vor Strafverfolgung Alois Miedl zur Emigration in die Niederlande veranlasste, fand weder in die Berichte der Alliierten noch in die Sekundärliteratur Eingang. Vielmehr wurde und wird immer wieder aufs Neue kritiklos Miedls „Persilschein-Version" aus der Nachkriegszeit übernommen, er habe Deutschland 1932 angesichts der drohenden Verfolgung seiner jüdischen Ehefrau durch die Nationalsozialisten freiwillig verlassen.[1] Ihm sei die Gefahr, die von der NSDAP und deren Vorsitzenden Adolf Hitler ausging, nach seinem Besuch auf dem Obersalzberg bewusst geworden; da seine diesbezüglichen Warnungen jedoch ausnahmslos auf taube Ohren stießen, habe er die Konsequenzen gezogen und sei mit seiner Familie nach Holland übergesiedelt.[2] Seinen erfolglosen Antrag auf Aufnahme in die NSDAP und seine Elogen auf Hitler kurz nach dessen Machtantritt unterschlug er in seinem persönlichen Nachkriegsnarrativ hingegen erfolgreich. Da Feodora Miedl in Amsterdam bis zur Besetzung der Niederlande 1940 keine systematische Ausgrenzung oder gar Verfolgung aufgrund ihres jüdischen Glaubens[3] zu befürchten hatte, unternahm Miedl seine diversen Annäherungsversuche an das NS-Regime in den 1930er Jahren nicht – wie

1 Vgl. SAA, 5225 Nr. 4327, Archief van de Gemeentepolitie, Einwanderungsabteilung Amsterdam an den Generalstaatsanwalt, 24.10.1959, unfoliiert; BAR, J1.269–01#1999/82#33*, Alois Miedl, verschiedene Dokumente, 1949–1951, Eidgenössische Finanzverwaltung an das Schweizerische Bundesgericht i. S. Antwort der Schweizer Eidgenossenschaft gegen Alois Miedl, 7.4.1939, unfoliiert; BArch Koblenz, B 323/516, Treuhandverwaltung von Kulturgut bei der Oberfinanzdirektion München, Entstehung der „Sammlung Göring" sowie Herkunft und Restitution der einzelnen Sammlungsobjekte, Bd. 3, 1945–1955, Kajetan Mühlmann i. S. Alois Miedls Kunstgeschäfte in Holland, 14.9.1947, Bl. 308–309; NARA, M1946, RG 260, Interrogations: Miedl Case, No. 3, 13.12.1945, Bl. 2.

2 Insbesondere will Miedl den ihm „befreundeten sozialdemokratischen Vizepräsidenten des Bayerischen Landtags Erhard Auer" gewarnt haben. Dieser soll Hitler vor dem angeblichen Obersalzberg-Treffen lachend als „verrückten Malergesellen" bezeichnet haben, s. NL-HaNA, NBI 2.09.16 Nr. 854, Alois Miedl an Prof. Antonio de Luna, Madrid, 10.4.1947, Bl. 3. – Miedls Darstellung, Auer habe Hitler 1932 nicht als Bedrohung wahrgenommen, ist unglaubhaft: Bereits 1919 nach der Ermordung Eisners und einem Attentat auf ihn selbst hatte Auer zur Verteidigung gegen radikalrechte Kreise die sog. Auer-Garde gegründet. Nach Inhaftierung und Misshandlungen im KZ Dachau starb Auer am 20. März 1945, sodass Miedls Angaben wieder einmal nicht überprüft werden können, s. Schmalzl, Markus: Erhard Auer. Wegbereiter der Parlamentarischen Demokratie in Bayern, Kallmünz 2013.

3 Ein 1942 verfasstes Schreiben des Rechtsanwalts Arthur Wiederkehr legt nahe, dass Feodora Miedl spätestens in diesem Jahr zum Katholizismus konvertierte, s. LI LA Vaduz, RF 214/171, Arthur Wiederkehr an die Fürstliche Regierung und den Hohen Landtag des Fürstentums Liechtenstein i. S. Einbürgerungsgesuch im Namen von Alois Miedl, 5.11.1942, unfoliiert.

später von ihm behauptet –, um seine Ehefrau zu schützen. Vielmehr dienten sie der Abwehr der gegen ihn laufenden Ermittlungen, um seine wirtschaftlichen Interessen nicht nur in Holland, sondern auch wieder in Deutschland möglichst ungehindert verfolgen zu können.

Im Privatbereich ließ es Miedl allerdings an der propagierten Regimetreue mangeln. So veranlasste er bereits 1933 den Wechsel seiner Tochter von der deutschen Schule in Amsterdam an eine niederländische Schule.[4] Da sowohl Ruth Miedl als auch ihr am 4. Dezember 1933 geborener Bruder Hans Alois Nikolaus[5] katholisch erzogen wurden,[6] lässt sich der frühzeitige Schulwechsel nur marginal mit der elterlichen Sorge vor einer antisemitischen Diskriminierung ihres Kindes infolge der einsetzenden Angleichung deutscher Auslandsschulen an die nationalsozialistische Erziehungspolitik erklären.[7] Vielmehr legt diese Entscheidung den Schluss nahe, dass Miedl die Schulerziehung seiner Tochter nicht Lehrern überlassen wollte, die als „Schildhalter an vorderster Front im Kampf für das Deutschtum"[8] „den Gedanken des Führertums im Sinne Adolf Hitlers hinaustragen" sollten.

Dieses janusköpfige Verhalten erregte in den vor der Besatzung durchaus deutschfreundlichen Niederlanden keinen Anstoß.[9] Bereits während des Ersten Weltkriegs hatte sich Amsterdam aufgrund der Neutralität des Landes quasi als Ersatz für den für Deutsche nur bedingt zugänglichen Finanzplatz London zu einem internationalen Finanzzentrum entwickelt, dessen Wachstum auch nach Kriegsende insbesondere durch die Gründung deutscher Tochterunternehmen und den stetigen Fluss deutschen Fluchtkapitals befördert wurde.[10] Nach Schätzung des niederländischen Ökonomen Gijsbert Weijer Jan Bruins gelangten allein bis zum Jahr der deutschen Hyperinflation 1923 umgerechnet etwa 500 bis 800 Millionen Gulden von dort in die Niederlande.[11] Die Überwindung der Inflation infolge der ab November 1923 einsetzenden Währungsreformen führte nicht nur zur Erholung des deutschen Bruttoinlandsprodukts, sondern auch zu einem Anstieg des niederländischen Exports nach Deutschland um durchschnittlich zweiundzwanzig Prozent pro Jahr zwischen

---

4 SAA, 5225 Nr. 4327, Rechtsanwalt Dr. E. Karlsberg an den Einwanderungsdienst Amsterdam, undatiert, unfoliiert.

5 StdA München, DE-1992-EWK-38, Einwohnermeldekarte Alois Miedl, Kartenanlage am 27. 1. 1927, unfoliiert.

6 SAA, 5225 Nr. 4327, Einwanderungsabteilung Amsterdam, 28. 9. 1950, unfoliiert.

7 Zur Entwicklung deutscher Auslandsschulen im Nationalsozialismus, s. Waibel, Jens: Die deutschen Auslandsschulen – Materialien zur Außenpolitik des Dritten Reiches, Diss., Frankfurt a. O. 2010.

8 Ebd., S. 86–87; folgendes Zitat ebd.

9 Happe 2004, S. 315.

10 Kreutzmüller 2005, S. 33, 38.

11 Euwe, Jeroen: Amsterdam als Finanzzentrum für Deutschland 1914–1931, in: Klemann, Hein A. M./ Wielenga, Friso (Hrsg.): Deutschland und die Niederlande. Wirtschaftsbeziehungen im 19. und 20. Jahrhundert (Niederlande-Studien Bd. 46), Berlin/München/Münster/New York 2009, S. 169.

1923 und 1928, sodass man von einer Wirtschaftssymbiose der beiden Länder sprechen kann.[12] Diese enge finanzielle Verflechtung wurde ab Beginn der Weltwirtschaftskrise 1929 durch eine zweite Welle deutschen Fluchtkapitals abermals verstärkt, bevor sie im Anschluss an die Einführung der deutschen Devisenbewirtschaftung im Sommer 1931 zum vorläufigen Stillstand kam.[13] Daraufhin setzte auch in den Niederlanden, dem „Guldenparadies"[14] der 1920er Jahre, eine Wirtschaftskrise ein, die 1936 mit einer fast dreiunddreißigprozentigen Arbeitslosenquote ihren Höhepunkt erreichte.[15] Miedl, der laut der niederländischen Tageszeitung De Volkskrant in seiner Wahlheimat 1932 über ein Kapital von circa zehn Millionen Reichsmark verfügte,[16] konnte es sich dagegen 1934 unter anderem leisten, ein deutsches Kindermädchen in seinem Haushalt einzustellen[17] und seine Tochter nach dem Besuch des angesehenen Städtischen Mädchenlyzeums Amsterdam-Süd für ein halbes Jahr in die Schweiz zu schicken.[18] Die Vorteile dieses Vermögens genoss nicht nur seine Familie in den Niederlanden, sondern auch seine in München lebende Mutter, der er über Höglmeier regelmäßig Geldbeträge zukommen ließ.[19] Da Maria Miedl sich laut ihrer Einwohnermeldekarte nach der Schließung des Milchgeschäftes etwa ab Ende der 1920er Jahre fortan als Privatière bezeichnete,[20] kann davon ausgegangen werden, dass ihr Lebensunterhalt zum Großteil von ihrem Sohn bestritten wurde.

---

12 Klemann, Hein A. M.: Wirtschaftliche Verflechtungen im Schatten zweier Kriege 1914–1940, in: Klemann, Hein A. M./Wielenga, Friso (Hrsg.): Deutschland und die Niederlande. Wirtschaftsbeziehungen im 19. und 20. Jahrhundert (Niederlande-Studien Bd. 46), Berlin/München/Münster/New York 2009, S. 37. – Die enge Verbindung der beiden Länder zeigte sich unter anderem in der Aufhebung der Visumspflicht für Deutsche in den Niederlanden 1926, s. Happe 2004, S. 69.

13 Neben den Niederlanden diente auch die Schweiz als bevorzugtes Ziel deutschen Fluchtkapitals, s. Barthelmess, Petra u. a.: Tarnung, Transfer, Transit. Die Schweiz als Drehscheibe verdeckter deutscher Operationen (1939–1952) (Unabhängige Expertenkommission Schweiz – Zweiter Weltkrieg Bd. 9), Zürich 2001, S. 44.

14 Happe 2004, S. 43.

15 Mit der Abwertung des Guldens 1936 verbesserte sich die wirtschaftliche Lage des Landes langsam, aber kontinuierlich, s. Kreutzmüller 2005, S. 31.

16 De Volkskrant, Jg. 33, Nr. 9520, Proces in Munchen over Oostenrijks boek. Amsterdams bankier contra Duitse meesterspion, 5. 3. 1956, Bl. 4 [www.delpher.nl, zuletzt aufgerufen 13. 6. 2021].

17 SAA, 5225 Nr. 4327, Deutsches Generalkonsulat für die Niederlande an die Polizei Amsterdam, 15. 3. 1934, unfoliiert.

18 Ebd., Rechtsanwalt Dr. E. Karlsberg an den Einwanderungsdienst Amsterdam, undatiert, unfoliiert.

19 BayHStA, MHIG Nr. 8128, Telefongespräche, die sich auf die Strafsache beziehen, Telefonat zwischen Miedl und Höglmeier, 17. 11. 1933, Bl. 29.

20 StdA München, DE-1992-EWK-65-M-457, Einwohnermeldekarte Maria Miedl, 25. 4. 1928, unfoliiert.

6.1 Übernahme der N.V. Buitenlandsche Bankvereeniging

Mit der Übernahme der Direktion der N.V. Veland Import- en Export Mij. 1933 endeten Miedls expansive Bestrebungen keineswegs.[21] Vielmehr fasste er als nächsten Übernahmekandidaten die N.V. Buitenlandsche Bankvereeniging, Amsterdam (Buitenlandbank) ins Auge. Dieses 1897 gegründete Bankinstitut[22] mit Sitz in der zentral gelegenen Rokin 84 war auf internationale Effekten- und Devisenarbitrage spezialisiert, nutzte also Preis-, Kurs- und Zinsunterschiede zwischen verschiedenen Märkten zur Gewinnerzielung. Von Anfang an legte die Direktion bei dieser eigentlich als risikoarm geltenden Geschäftsstrategie eine hochgradige Spekulationsbereitschaft an den Tag, die sich im Auf und Ab der teils hohe Gewinne, teils hohe Verluste aufweisenden Bilanzen widerspiegelte. 1917 zwangen derartige Verluste sogar zu einer Kapitalherabsetzung von 1,5 Millionen auf nur noch 150.000 Gulden, wobei in den folgenden Jahren eine erneute Aufstockung auf immerhin noch 429.000 Gulden durch Privateinlagen gelang. Danach einsetzende Bemühungen, zusätzliche Gewinne durch die Vergabe von Handelskrediten zu generieren, erwiesen sich allerdings als ebenso erfolglos wie der Versuch, den negativen Ruf des Unternehmens abzustreifen.[23] So attestierte eine niederländische Wirtschaftszeitung der Bank noch 1936, sie habe „in den letzten Jahren eine gewisse Berühmtheit durch meisterhafte Bilanzmanipulationen erlangt, die es ermöglichten, die vielen Wunden dieser Scheintoten vor den Augen des weniger aufmerksamen Beobachters zu verbergen."[24] Als diesem „wackligen Unternehmen", dessen „sichtbarer Verlust" Ende 1933 um die 100.000 Gulden betragen hatte und das zu diesem Zeitpunkt „nur noch ein Skelett war", 1935 von der Miedl-Gruppe langfristige Einlagen von etwa 2,5 Millionen Gulden gewährt wurden, vermutete die Presse zu Recht, es müssten „schon ganz besondere Gründe" vorliegen, „damit diese Gruppe eine Beziehung zu einer so schwachen Institution wie der Buitenlandbank eingehe." Tatsächlich beabsichtigte Miedl, das „Skelett" nach Übernahme der Aktienmajorität mit neuem Leben zu erfüllen, indem er die Bank in den folgenden Jahren für seine Unternehmungen instrumentalisierte.

---

21 NL-HaNA, NBI 2.09.16 Nr. 854, Alois Miedl an Prof. Antonio de Luna, Madrid, 10.4.1947, Bl. 2.

22 NL-HaNA, NBI 2.09.16.10 Nr. 203496, Politieke Recherche Afdeeling Colaboratie, Amsterdam i. S. Rapport inzake N.V. Buitenlandsche Bankvereeniging, Bankierskantoor Alois Miedl, Amsterdam, 13.11.1946, unfoliiert.

23 NL-HaNA, 2.25.68 Nr. 14322, Buitenlandsche Bank N.V. an Nederlandsche Bank N.V. i. S. Prüfung der Monatsbilanz zum 31.8.1942, Bl. 1. – Laut Miedl belief sich das Aktienkapital auf nur 415.000 Gulden, s. NARA, M1946, RG 260, Belgium Claims, Alphabetical: Monteau-Wassermann, Miedl an Lt. Th. Rousseau, undatiert, unfoliiert. – Im März 1938 behaupteten einige niederländische und deutsche Zeitungen unzutreffend, Miedl sei an der N.V. Hollandsche Koopmansbank in Amsterdam beteiligt, s. BArch Berlin-Lichterfelde, R 3102/2626, Deutsche Bergwerks-Zeitung, Nr. 69, Neuer Mehrheitsbesitzer bei Gebrüder Goedhart, 23.3.1938, unfoliiert.

24 NL-HaNA, 2.25.68 Nr. 14322, Financieel Weekblad voor den Fondsenhandel, Buitenlandsche Bankvereeniging N.V., 23.4.1936, unfoliiert; folgende Zitate ebd.

Bereits 1934 hatte er mit den Ko-Direktoren der Buitenlandbank Cornelis Stehouwer und Walter Johann Hartmann, die über neunzig Prozent der Aktien verfügten, Kontakt aufgenommen und mit ihnen schließlich am 27. Juni 1934 einen Vertrag abgeschlossen. Darin sicherte er zu, zukünftig sein eigenes Bank-, Wertpapier- und Provisionsgeschäft sowie das seiner Unternehmen über die Buitenlandbank abzuwickeln und der Bank unter seiner Aufsicht das erforderliche Sanierungskapital zur Verfügung zu stellen. Im Gegenzug erwarb er von Stehouwer und Hartmann die Aktienmajorität im Nominalwert von 183.300 Gulden für lediglich 18.330 Gulden. Zum Ausgleich erhielten die bisherigen Direktoren eine Beschäftigungsgarantie für fünf Jahre als Aufsichtsrat beziehungsweise Geschäftsführer mit festem Jahresgehalt plus Gewinnbeteiligung.[25] Da die in Aussicht gestellte Einlage tatsächlich 1935 erfolgte, zog der Geschäftsbericht für das Jahr 1934 das optimistische Resümee, „die Gewinne des Instituts wurden durch neu gewonnene Beziehungen günstig beeinflusst, wodurch die rückläufige Entwicklung der Erträge gestoppt werden konnte und die Zukunft bessere Aussichten für unser Unternehmen bietet, die erlittenen Verluste auf Dauer wieder aufzuholen."[26] Wie optimistisch Stehouwer und Hartmann die eigene Zukunft sahen, ist durchaus fraglich, nachdem sie aufgrund fehlender Sanierungsalternativen die Kontrolle über die marode Bank für einen Spottpreis an Miedl hatten abgeben müssen.

Auch wenn in der Direktion und bei den Geschäftsfeldern nach dem Majoritätswechsel zunächst keine Veränderungen vorgenommen wurden, durchlief die Buitenlandbank unter dem Einfluss Miedls[27] in den folgenden Jahren einen umfassenden Transformationsprozess. War das Institut trotz seines Status als Spezialbank zuvor stets darum bemüht gewesen, einen größtmöglichen heterogenen Kundenstamm aufzubauen, entwickelte es sich nach nur wenigen Jahren zu einer exklusiven Privatbank, die „am besten als die Bank von und für Herrn Miedl und dessen enge Bekannte"[28] beschrieben werden konnte. Dass sich der Wirkungskreis der Bank fast ausschließlich auf seine eigenen Unternehmen sowie die enger Geschäftspartner beschränkte, zeigt sich am offensichtlichsten anhand der Namen der Personenkonten, die praktisch alle in direkter Verbindung zu Miedl standen. Zur Wahrung dieser Exklusivität verzichtete die „neue" Buitenlandbank nicht nur auf ein Firmenschild an

25 NL-HaNA, NBI 2.09.16.10 Nr. 203495, Inventaris van het archief van het Nederlands Beheersinstituut, beheersdossiers beginnend met de letter M, Miedl, (Bankierskantoor) (V), Amsterdam, Vertrag Alois Miedl und Dr. Wouter Johannes Hartmann und Cornelis Stehouwer, 27. 6. 1934, unfoliiert.

26 NL-HaNA, 2.25.68 Nr. 14322, De Telegraaf, Buitenlandsche Bankvereeniging N.V., 25. 7. 1935, unfoliiert.

27 Laut eines Revisionsberichts des niederländischen Clearing-Instituts von 1940 besaß die Schantung Handels-AG die Aktienmehrheit, s. ebd., Revisionsbericht des niederländischen Clearing-Instituts i. S. Buitenlandsche Bankvereeniging N.V. Amsterdam, 4. 5. 1940, unfoliiert. – In den Schantung-Unterlagen, die über Beteiligungen Auskunft geben, wird die Buitenlandsche Bankvereeniging nicht erwähnt.

28 Ebd., Nederlandsche Bank N.V. i. S. Prüfung der Monatsbilanz der Buitenlandsche Bankvereeniging N.V. zum 31. 8. 1942, Oktober 1942, Bl. 2–3; folgendes Zitat ebd.

ihrem Stammsitz, sondern akquirierte neue Kunden proaktiv, indem sie nach aussichtsreichen Investitionsobjekten Ausschau hielt, deren Finanzierung sie anschließend anbot. Sollten die vorhandenen Mittel im gegebenen Fall nicht ausreichen, stellte dies laut den Erkenntnissen der Nederlandsche Bank kein Hindernis dar, „denn – so heißt es – Herr Miedl und sein Freundeskreis werden die fehlenden Mittel schnell aufbringen." Von dieser kontinuierlichen Privatisierung wenig begeistert schien vor allem Hartmann zu sein, der nach zwei konfliktreichen Jahren unter Miedls Ägide freiwillig zurücktrat;[29] ebenfalls nach Kontroversen um die Geschäftspolitik[30] folgte ihm im Januar 1938 schließlich auch Stehouwer,[31] der sich den Direktorenposten seit dem 25. Oktober 1937 mit dem gebürtigen Freiburger Hans Ferdinand Wilhelm Meyer geteilt hatte.[32] Meyer leitete bereits gemeinsam mit Miedl und Witzig die Direktion der Veland[33] und übernahm nun als deren langjährige rechte Hand ein zweites Mal die Rolle eines Entscheidungsbefugten, war jedoch de facto lediglich Miedls Marionette.[34]

Dass die Buitenlandbank abgesehen von ihrem Namen nur noch wenig mit einer klassischen Bank gemein hatte, verdeutlichte der 1939 gefasste Entschluss, die Tätigkeit auf den Im- und Exporthandel auszuweiten. Dafür bediente sie sich zum einen der im selben Gebäude ansässigen Veland,[35] die sich zumindest im Jahr 1937 mit finanzieller Unterstützung der Schantung auf den Export deutscher Maschinengewehre beschränkt hatte.[36] Zum anderen arbeitete sie auch eng mit der Schantung und anderen deutschen Unternehmen zusammen, für die sie entweder auf Provisionsbasis Geschäfte vermittelte oder Waren zum Weiterverkauf bezog. Das Sortiment der Exportgüter reichte von Textilwaren über Papier

29 NL-HaNA, 2.25.68 Nr. 14322, Verwalter der Buitenlandsche Bankvereeniging an das Nederlandse Beheersinstituut Amsterdam, undatiert, Bl. 2.

30 NL-HaNA, CABR 2.09.09 Nr. 86942-I, Inventaris van het archief van het Ministerie van Justitie: Centraal Archief van de Bijzondere Rechtspleging, 1945–1952, Veland Import- en Export Handel Mij. Amsterdam, Politieke Recherche Afdeeling Amsterdam, Proces-Verbaal, betr. Vermoedelijke collaboratie van Hans Ferdinand Wilhelm Meyer, 24.7.1946, unfoliiert.

31 NL-HaNA, 2.25.68 Nr. 14322, Informatie-Biljet i. S. C. Stehouwer, 3.5.1934, unfoliiert.

32 Meyer wurde am 22.3.1888 in Freiburg im Breisgau geboren. In den 1920er Jahren wanderte er in die Niederlande aus und nahm die dortige Staatsangehörigkeit an, s. ebd., Financieel Weekblad voor den Fondsenhandel, Een Nederlandsche bankrelatie van den Duitschen spionnagedienst, 21.12.1945, unfoliiert.

33 TNA, FO 837/1154/3, Ministry of Economic Warfare i. S. Memo on the present state of the investigation into enemy assets, 15.12.1944, unfoliiert.

34 NL-HaNA, 2.25.68 Nr. 14322, Nederlandsche Bank N.V. i. S. Prüfung der Monatsbilanz der Buitenlandsche Bankvereeniging N.V. zum 31.8.1942, Oktober 1942, Bl. 2.

35 Ebd., Bl. 3.

36 NL-HaNA, NBI 2.09.16.10 Nr. 203496, Inspectie der Belastingen, Amsterdam an das Nederlandsche Beheersinstituut, Den Haag, 24.4.1950, unfoliiert. – Ende 1937 beliefen sich die feststellbaren Schulden der Veland bei der Schantung auf 600.000 RM, s. NL-HaNA, NBI 2.09.16.10 Nr. 203497, Bureau Bestrijding Vermogensflucht i. S. Enkele notities uit de geschiedenis van Redjang Lebong, 1.8.1945, unfoliiert.

und Kaffee bis hin zu Sprengstoff und Rohstoffen.[37] So erwarb sie beispielsweise von der Continental AG[38] noch unmittelbar vor Kriegsbeginn 560 Tonnen Kautschuk, die sie für fast 48.500 Pfund an eine Londoner Firma verkaufte. Zuvor hatte die Bank bereits eine Reihe von größeren Transaktionen im Auftrag des Frankfurter Metallgroßhändlers Carl Ludwigsen und der Wilhelmsburger Zinnwerke in die britische Hauptstadt abgewickelt.[39] Zumindest 1939 gelang es Miedl allerdings nicht, die Einbußen der letzten Jahre durch Geschäfte wie diese auszugleichen; vielmehr wies die Bilanz Ende September 1939 trotz eines von der Schantung zuvor gewährten Kredits in Höhe von 2.500.000 RM[40] immer noch einen Verlust von 327.000 Gulden aus.[41] Die Zukunft der Bank erschien also nicht allzu aussichtsreich, zumal die Bankmitarbeiter im Frühjahr 1940 auf einen Revisor des Niederländischen Clearing-Instituts einen recht unvorteilhaften Eindruck machten: „Das Personal der Buitenlandsche Bankvereeniging stellt sich zusammen aus einem sich in vorgerücktem Alter befindlichen Prokurist […], der […] alle ihm vorgelegten Schriftstücke unterschreibt und davon – sowohl in Ermangelung der Kenntnis dieser Transaktionen wie auch seiner psychischen Verfassung zufolge – die Tragweite dessen nicht zu ermessen vermag. Des Weiteren einem Buchhalter, der während der letzten neun Monate nahezu nichts mehr eingetragen hat, und einer sich Hemmens nennenden Person, die vorgibt die rechte Hand des Herrn Meyer zu sein, aber keine bestimmte Funktion anzugeben wusste."[42] Ungeachtet dieses sehr bescheidenen Personaltableaus gelang es Miedl noch im selben Jahr, mit der Bank fortan „exorbitante Gewinne"[43] zu erzielen. (s. Kap. 7.20)

37 NL-HaNA, 2.25.68 Nr. 14322, Verwalter der Buitenlandsche Bankvereeniging an das Nederlandse Beheersinstituut Amsterdam, undatiert, Bl. 8–9.

38 Zur Rolle der Continental AG im Nationalsozialismus, s. Erker, Paul: Zulieferer für Hitlers Krieg. Der Continental-Konzern in der NS-Zeit, München 2020.

39 NL-HaNA, 2.25.68 Nr. 14322, Verwalter der Buitenlandsche Bankvereeniging an das Nederlandse Beheersinstituut Amsterdam, undatiert, Bl. 9–10.

40 NL-HaNA, NBI 2.09.16 Nr. 857, Inventaris van het dossierarchief van het Nederlandse Beheersinstituut, en van de in beslag genomen administraties, 1945–1967, N. V. Buitenlandse Bank Vereeniging, 1941–1946, Schantung Handels-AG i. S. Entwicklung der Beziehungen der Schantung Handels-AG, Berlin und Alois Miedl, Amsterdam, 27. 9. 1945, unfoliiert.

41 NL-HaNA, 2.25.68 Nr. 14322, Buitenlandsche Bank N. V. an Nederlandsche Bank N. V. i. S. Prüfung der Monatsbilanz zum 31. 8. 1942, Bl. 19–20.

42 Ebd., Revisionsbericht des niederländischen Clearing-Instituts i. S. Buitenlandsche Bankvereeniging N. V. Amsterdam, 4. 5. 1940, unfoliiert.

43 Ebd., Nederlandsche Bank N. V. i. S. Prüfung der Monatsbilanz der Buitenlandsche Bankvereeniging N. V. zum 31. 8. 1942, Oktober 1942, Bl. 2.

6.2 Spekulative Goldminengeschäfte

Neben seiner Tätigkeit im Export- und Finanzsektor suchte Miedl in den Niederlanden und Deutschland auch weiterhin nach lukrativen Geschäftsfeldern zur Expansion der Schantung auf kolonialem Gebiet. Sein Interesse weckten dabei Anfang der 1930er Jahre die auf Goldgewinnung spezialisierten Bergbaufirmen in Afrika sowie Niederländisch-Ostindien, die Miedl nicht nur wegen ihres spekulativen Charakters anzogen, sondern auch über ein Abbauprodukt verfügten, dem in Zeiten deutscher Devisenknappheit höchste Bedeutung zukam.

6.2.1 Lupa-Studiensyndikat

Im Hinblick auf Afrika veranlasste Miedl die Schantung im Frühjahr 1934 dazu, eine mögliche Beteiligung am sogenannten Lupa-Studiensyndikat, Berlin zu sondieren. Dabei handelte es sich um eine noch in der Gründungsphase befindliche Gesellschaft, die die gefährdeten Konzessionen des im März 1934 liquidierten „Lupa Prospecting and Development Sydicate“[44] zur Untersuchung und zum Abbau von Goldvorkommen im tansanischen Lupa-Gebiet übernehmen sollte.[45] Da die Chancen auf Goldgewinnung im etwa neun Quadratmeilen großen Lupa-Gebiet[46] angesichts eines dort ebenfalls tätigen ausländischen Syndikats hoch bewertet wurden, hatten als Erstes die Deutsche Bank und die zwei Kolonialunternehmen Deutsch-Ostafrikanische Gesellschaft (DOAG) sowie Otavi Minen- und Eisenbahngesellschaft[47] einer Beteiligung an dem Syndikat zugestimmt. Die Einschätzung der Kolonialabteilung des Auswärtigen Amtes, die Konzessionen seien „nicht nur kolonialpolitisch, sondern auch devisenwirtschaftlich für die Heimat von erheblicher Bedeutung“[48], bewog anschließend

44 BArch Berlin-Lichterfelde, R 2/11638, Reichsfinanzministerium, Lupa-Studiensyndikat (Goldausbeute in Deutsch-Ostafrika), 1934–1938, Auswärtiges Amt an den Reichsfinanzminister, 22. 3. 1934, unfoliiert.

45 Ebd., Lupa-Studiensyndikat, undatiert, unfoliiert.

46 Ebd., Entwurf für die Vereinbarungen zwischen dem Studiensyndikat und der Gruppe Trainer, 6. 4. 1934, unfoliiert.

47 Laut Walther Funk beteiligte sich Miedl an einem Spekulationsgeschäft mit Aktien der Otavi Minen- und Eisenbahngesellschaft, s. NARA, M1922, RG 260, Records of the External Assets Investigation Section of the Property Division, OMGUS, 1945–1949, General Records pertaining to External Assets Investigations, 1939–1950, Interrogations of Hermann Göring, Mrs. Göring and Friends of the Family: Ahman, E. – Göring, E., Befragung Walther Funk, 7. 11. 1945, unfoliiert. – Unklar ist, ob Funk die gemeinsame Beteiligung der Schantung und der Otavi am Lupa-Studiensyndikat mit dem gerade erwähnten Aktiengeschäft verwechselte oder ob es sich dabei um eine gesonderte, in den restlichen Akten unerwähnte Transaktion Miedls handelte.

48 BArch Berlin-Lichterfelde, R 2/11638, Auswärtiges Amt an den Reichsfinanzminister, 22. 3. 1934, unfoliiert; folgende Zitate ebd.

auch die Reichsregierung dazu, die Überseeische Gesellschaft als ihre Treuhänderin in Verhandlungen treten zu lassen.

Während die drei bereits beteiligten Unternehmen mit der Regierung reibungslos zu einer Einigung über die „Rettung des [deutschen] Besitzes" gelangten, verhielt es sich im Fall der Gespräche mit der Schantung anscheinend komplizierter. So berichtete das Auswärtige Amt, „Verhandlungen mit einer vierten Stelle [würden] sich außerordentlich in die Länge ziehen." Anhand der konsultierten Quellen lässt sich zwar heute nicht mehr ermitteln, welche konkreten Unstimmigkeiten den Verhandlungsabschluss verzögerten; angesichts der negativen Vorerfahrungen mit Miedl scheint allerdings plausibel, dass die Deutsche Bank eine Beteiligung der Schantung zu verhindern suchte. Offenbar konnte sich die Großbank aber damit letztendlich nicht durchsetzen und zog sich aus dem Syndikat zurück.

Danach stand der Gründung des Lupa-Studiensyndikats unter Führung der DOAG am 8. Mai 1934 nichts mehr im Weg.[49] Am Gesamtkapital in Höhe von 40.000 Reichsmark waren die vier Gesellschafter mit je einem Viertel beteiligt.[50] Anfang Juli 1934 wurde ein Sachverständiger zur Prospektion nach Tansania entsandt.[51] Die großen Hoffnungen, die das Syndikat in dessen Bericht gesetzt hatte, wurden im März des folgenden Jahres jedoch nachhaltig enttäuscht; laut der Expertise seien nicht nur die bisherigen Ergebnisse „entmutigend"[52], sondern es würden auch zusätzliche 75.000 bis 100.000 Reichsmark für weitere Untersuchungen benötigt.[53] Anstelle wie geplant Devisenüberschüsse für das Reich zu erwirtschaften, den Export deutscher Bergwerksmaschinen nach Afrika zu steigern und eine eigene Bergbaugesellschaft zu gründen,[54] folgte das Syndikat daraufhin der Empfehlung des Reichsfinanzministers, die Konzessionen auf schnellstem Weg zu verkaufen.[55]

Trotz mehrfacher Verhandlungen mit britischen und amerikanischen Interessenten[56] war dies auch ein Jahr später nicht gelungen. Dass das Syndikat ungeachtet der aussichtslosen Konzessionen seine Tätigkeit nicht einstellte, hatte vor allem kolonialpolitische Gründe. So berichtete das Auswärtige Amt im August 1936 etwa von britischem und südafrikanischem Minenkapital, das gerade im letzten Jahr in ehemals Deutsch-Ostafrika gewaltige Investitionen getätigt und mit der Entwicklung zahlreicher Goldvorkommen begonnen habe. Es bestehe demzufolge die Gefahr, dass Deutschland von diesem immer wichtiger werdenden Wirtschaftszweig ganz verdrängt werde und alle großen Objekte des Bergbaus in die Hände

49 Ebd., Vereinbarungen zwischen dem Studiensyndikat und der Gruppe Trainer, 8.5.1934, unfoliiert.

50 BArch Berlin-Lichterfelde, R 2/11632, Reichsfinanzministerium, Haushaltsmittel für koloniale Zwecke und ihre Bewirtschaftung, 1936–1943, Bericht des Lupa-Studiensyndikats, 28.1.1938, unfoliiert.

51 BArch Berlin-Lichterfelde, R 2/11638, Auswärtiges Amt an den Reichsfinanzminister i.S. Lupa Studiensyndikat, 24.7.1934, unfoliiert.

52 Ebd., Reichsfinanzminister an das Auswärtige Amt, 15.4.1935, unfoliiert.

53 Ebd.

54 Ebd., Auswärtiges Amt an den Reichsfinanzminister i.S. Lupa Studiensyndikat, 24.7.1934, unfoliiert.

55 Ebd., Reichsfinanzminister an das Auswärtige Amt, 15.4.1935, unfoliiert.

56 Ebd., Lupa-Studiensyndikat an das Auswärtige Amt, 6.2.1936, unfoliiert.

des englischen Großkapitals kämen. Damit würden aber Deutschlands Aussichten auf Rückgewinnung der ostafrikanischen Kolonien stark geschwächt. Um der „geradezu kolonialpolitischen Notwendigkeit“[57] nachzukommen, „deutsche Interessen im Tanganijka-Goldbergbau zu schaffen“, stellten die vier Gesellschafter deshalb 1936 jeweils weitere 20.000 Reichsmark zur Verfügung. Da auch dadurch keine nennenswerten Fortschritte erzielt werden konnten, löste sich das unprofitable Syndikat 1939 endgültig auf.[58]

6.2.2 Feindliche Übernahme der N.V. Redjang Lebong

Während der Misserfolg des Lupa-Studiensyndikats nur wenig mediale Beachtung fand, wurden über Miedls Spekulationsgeschäft im niederländisch-ostindischen Goldminensektor von 1935 bis 1941 mehrere Hundert Artikel verfasst. Dass sowohl die niederländische als auch die koloniale Presse ein solch anhaltendes Interesse an den Tag legte, hing nicht nur mit Miedls durchaus zwiespältigem Ruf eines „in Amsterdamer Kreisen bekannten Finanziers“[59] zusammen, sondern beruhte auch auf der zweifelhaften Reputation der 1897 gegründeten Bergbaugesellschaft N.V. Redjang Lebong,[60] die zu den bekanntesten niederländisch-ostindischen Unternehmen der Branche zählte.[61] Ihre Publizität verdankte sie jedoch weniger geschäftlichen Erfolgen als vielmehr dem genauen Gegenteil, denn während die Kurse der Redjang-Lebong-Aktien vor dem Ersten Weltkrieg noch Spitzenwerte bis zu 1210 Prozent erreichten, nahmen ab 1918 nicht nur diese, sondern auch das öffentliche Interesse angesichts der mutmaßlich schwindenden Goldvorkommen in der seit 1899 betriebenen Mine Lebong Donok kontinuierlich ab.[62]

Ab Mitte der 1920er Jahre wiederholte sich allerdings ein anderes auf Kursmanipulation abzielendes Muster: Zunächst kündigte die Redjang Lebong die Schließung der Mine an, schüttete zum Ende des entsprechenden Geschäftsjahres jedoch eine recht hohe Dividende

---

57 BArch Berlin-Lichterfelde, R 2/11638, Auswärtiges Amt an den Reichsfinanzminister, 13. 8. 1936, unfoliiert; folgendes Zitat ebd.

58 BArch Berlin-Lichterfelde, R 3102/5584, Schantung Handels-Aktiengesellschaft Berlin, Fasanenstraße 77, 1942, unfoliiert.

59 Soerabaijasch Handelsblad, Jg. 84, Nr. 86, Redjang Lebong magnaat. De heer A. Miedl gisteren aangekomen, 14. 4. 1936, Bl. 2 [www.delpher.nl, zuletzt aufgerufen 23. 7. 2021].

60 BArch Berlin-Lichterfelde, R 3112/188, Reichsamt für Wirtschaftsaufbau, Gründung der KG Rexhäuser & Co. Batavia, 1935–1938, Gründungsurkunde der KG Rexhäuser & Co. Batavia, 27. 4. 1937, unfoliiert.

61 BArch Berlin-Lichterfelde, R 3102/2626, Berliner Börsen-Zeitung, Nr. 203, Redjang Lebong. Misserfolg der Schantung-Gruppe, 1. 5. 1936, unfoliiert.

62 Algemeen Handelsblad, Jg. 111, Nr. 36591, Redjang Lebong, 8. 12. 1938, Bl. 5 [www.delpher.nl, zuletzt aufgerufen 23. 7. 2021].

aus, sodass die Liquidation verschoben wurde.[63] Laut der niederländischen Tageszeitung De Tijd gab es „wenige Unternehmen, in denen Eingeweihte so regelmäßig Insiderinformationen über [Gold]Vorkommen ausnutzten wie hier“[64]; vor allem „die Geschäftsleitung beziehungsweise die ihr angeschlossenen Kreise“ waren demnach dafür bekannt, die Kurse „mit viel Phantasie auf und ab tanzen“ zu lassen. Dass es sich bei diesen an der Amsterdamer Börse gehandelten Spekulationswerten im Grunde um Liquidationspapiere handelte, die Anfang der 1930er Jahre nie mehr als 110 bis 140 Prozent[65] erreichten, schreckte Miedl erwartungsgemäß nicht ab, sondern erregte wie schon bei der letztlich erfolglosen Kaoko-Aktion gerade sein Interesse.

Die Strategie, mit der er ab 1933 die Aktienmehrheit der Redjang Lebong (Gesamtkapital 2,5 Millionen Gulden[66]) anstrebte,[67] glich dem bereits bewährten Vorgehen im Fall der Schantung. So wurden sechzig Prozent der Aktien[68] im Laufe von zwei Jahren in aller Stille an der Amsterdamer Börse[69] durch die von Miedl angeblich 1932 erworbene luxemburgische Gesellschaft Société Financière et Commerciale S. A. (SOFICO)[70] sowie durch zwei weitere anonyme Interessengruppen aufgekauft. Auch noch nach der Mehrheitsübernahme im Frühjahr 1935[71] konnte die Presse die Beteiligten dieser beiden Konsortien nicht identi-

---

63 BArch Berlin-Lichterfelde, R 3102/2626, Berliner Börsen-Zeitung, Nr. 203, Redjang Lebong. Misserfolg der Schantung-Gruppe, 1. 5. 1936, unfoliiert.

64 De Tijd, Jg. 91, Nr. 28751, Herr Miedl en de Indische pers. Duistere invloeden?, 24. 4. 1936, Bl. 1 [www.delpher.nl, zuletzt aufgerufen 23. 7. 2021]; folgende Zitate ebd.

65 Ebd.

66 BArch Berlin-Lichterfelde, R 3103/306, Geschäftsbericht für das 37. Geschäftsjahr 1935, Bl. 225.

67 De Locomotief, Jg. 84, Nr. 60, Redjang Lebong. De Meerderheid der aandeelen in andere handen, 13. 3. 1935, Bl. 1 [www.delpher.nl, zuletzt aufgerufen 26. 7. 2021].

68 Soerabaijasch Handelsblad, Jg. 84, Nr. 86, Redjang Lebong magnaat. De heer A. Miedl gisteren aangekomen, 14. 4. 1936, Bl. 2 [www.delpher.nl, zuletzt aufgerufen 23. 7. 2021].

69 De Indische Courant, Jg. 15, Nr. 178, Mijnbouw Mij. Redjang Lebong, 16. 4. 1936, Bl. 4 [www.delpher.nl, zuletzt aufgerufen 28. 7. 2021].

70 NL-HaNA, NBI, 2.09.16 Nr. 854, Alois Miedl an Prof. Antonio de Luna, Madrid, 10. 4. 1947, Bl. 3. – Laut der freundlichen Mitteilung des Nationalarchivs Luxemburg vom 22. 7. 2021 finden sich in den Beständen keine Unterlagen zu der Gesellschaft. – Laut der freundlichen Auskunft der Luxembourg Business Registers vom 27. 7. 2021 wurde die SOFICO mit einem Kapital von 300.000 Francs am 11. 11. 1927 gegründet. Während die Bilanz der Gesellschaft zum 31. 12. 1931 3.446.826,80 Francs betrug, stieg sie im Jahr von Miedls Übernahme auf 57.399.853,03 Francs und erreichte 1934 ihren höchsten Wert mit 98.629.467,78 Francs. Zum Zeitpunkt des Mehrheitserwerbs der Redjang-Lebong-Aktien 1935 belief sie sich schließlich wiederum auf 72.085.976,96 Francs. Da Miedls Name in den existierenden Handelsregisterauszügen (1931–1935) nicht genannt wird, kann davon ausgegangen werden, dass sich seine Mehrheitsbeteiligung in den Händen eines Strohmanns befand.

71 NL-HaNA, NBI, 2.09.16 Nr. 854, Alois Miedl an Prof. Antonio de Luna, Madrid, 10. 4. 1947, Bl. 3. – In einem Interview mit De Telegraaf vom Dezember 1935 behauptete Miedl, seine Gruppe habe bereits 1933 die Aktienmajorität erworben, s. De Telegraaf, Jg. 43, Nr. 16282, De hausse in Redjang

fizieren. Miedl gab lediglich an, es handele sich um eine niederländische sowie eine größere schweizerische Gruppe[72] mit Redjang-Lebong-Aktien im Nennwert von 1.251.000 Gulden.[73] Aufgrund der unvollständigen Quellenlage und Miedls Praxis, Transaktionen durch Einbeziehung von Stroh- und Mittelsmännern möglichst intransparent zu gestalten, bleibt nicht nur die Frage nach der Identität der neuen Majoritätsinhaber ungeklärt. Auch muss offenbleiben, ob er die ominösen Investoren nicht nur vorschob, um seinen Redjang-Lebong-Plänen in der Öffentlichkeit größere Seriosität zu verleihen. Tatsächlich trat nur er in der Folgezeit als Bevollmächtigter der neuen Majorität in Verhandlungen mit der bisherigen Verwaltung Erdmann & Sielcken. Deren Absicht, die Gesellschaft wegen der erschöpften Erzvorkommen möglichst bald zu liquidieren und den Erlös an die Aktionäre zu verteilen, passte nicht in sein Konzept, die Mine weiterzubetreiben und dadurch zumindest den Anschein von Rentabilität zu wahren.

Um sich durchzusetzen, hätte sich Miedl in Deutschland oder den Niederlanden lediglich auf die Aktienmajorität berufen müssen; im Geltungsbereich des niederländisch-ostindischen Handelsrechtes war dies allerdings nicht möglich, da jedem Aktionär pro Aktie eine, maximal aber nicht mehr als insgesamt sechs Stimmen zur Verfügung standen. Aufgrund dieser Besonderheit befand sich Miedl trotz Aktienmajorität gegenüber den restlichen Aktionären, die dem Kurs der Verwaltung folgten, in der Stimmenminorität.[74] Um dennoch bei den im April 1935 stattfindenden Verhandlungen über die Zukunft der Redjang Lebong auf Erdmann & Sielcken Druck ausüben zu können, hatte er allerdings frühzeitig Vorkehrungen getroffen, und zwar durch die Gründung einer Reihe von Briefkastenfirmen, den sogenannten Lutetia-Gesellschaften. Diese einhundert fortlaufend nummerierten Aktiengesellschaften luxemburgischen Rechts mit einem Grundkapital von jeweils 14.000 Francs waren auf seine Initiative hin bereits am 13. März 1935 durch eine Gruppe von sieben Strohmännern aus den Niederlanden, der Schweiz und Luxemburg[75] gegründet worden. Die Kapitalausstattung

---

Lebong. Een onderhoud met den heer Miedl, 21.12.1935, Bl. 4 [www.delpher.nl, zuletzt aufgerufen 26.7.2021].

72 Hinter der Schweizer Gruppe verbarg sich möglicherweise die Atmos AG, die Miedl im Frühjahr 1935 bei Verhandlungen mit Konzessionsinhabern zu präsentieren beabsichtigte, s. De Sumatra Post, Jg. 37, Nr. 67, Redjang Lebong. Geheimzinnige Groep, 12.3.1935, Bl. 3 [www.delpher.nl, zuletzt aufgerufen 26.7.2021].

73 Indisch Tijdschrift van het Recht: Orgaan der Nederlandsch-Indische Juristen-Vereeniging, Nr. 145, De Naamlooze Vennootschappen volgens de Luxemburgsche wet Société Anonyme Lutetia I en Lutetia II tegen de Naamlooze Vennootschap Mijnbouw Maatschappij Redjang Lebong, Batavia 1937, S. 48.

74 Soerabaijasch Handelsblad, Jg. 85, Nr. 17, Geen Stroo-vennootschappen! Vordering der groep-Miedl ontzegd. Belangrijke beslissing inzake vennootschapsrechts, Bl. 2 [www.delpher.nl, zuletzt aufgerufen 2.8.2021].

75 Zu der Gruppe, die die 28 Inhaberaktien besaß, gehörte der Züricher Anwalt Wilhelm Frick, der die Atmos AG im Rahmen der Kreditvergabe an die Schantung vertreten hatte (s. Kapitel 5). Als

war passgenau so gestaltet, dass jede der Lutetia-Gesellschaften zum Gründungszeitpunkt von der SOFICO sechs Redjang-Lebong-Aktien zum Preis von 13.466 Francs erwerben konnte,[76] wodurch ihr – zumindest theoretisch – je sechs Stimmen zustanden.[77] Mit diesen zusätzlichen 600 Stimmen hätte Miedl eine Aktionärsversammlung nach Belieben dominieren und insbesondere die Verwaltung ablösen können. Auch wenn die Legalität dieses Vorgehens sicherlich fragwürdig war, zeigte es bei Erdmann & Sielcken anscheinend Wirkung, die gegen ihre Überzeugung einem Weiterbetrieb der Mine zustimmten und im Gegenzug im Amt blieben.[78]

Nachdem Miedl während des gesamten Übernahmeprozesses höchste mediale Zurückhaltung an den Tag gelegt hatte, suchte er danach geradezu den Kontakt zur niederländischen Presse in der Absicht, Spekulationen über eine bevorstehende Liquidation der Redjang Lebong entgegenzuwirken. In einem Interview etwa mit der überregionalen Tageszeitung De Telegraaf im Dezember 1935 begründete er den Erwerb der Mehrheitsbeteiligung zum einen mit seiner Zuversicht hinsichtlich der ostindischen Bergbauindustrie, „vorausgesetzt, sie ist energisch und vor allem seriös und wirtschaftlich"[79]; zum anderen habe er Vertrauen in die Redjang Lebong, der zwar „schon mehrfach der bevorstehende Tod vorhergesagt" worden

---

Besitzer von acht Inhaberaktien der Lutetia-Gesellschaften übernahm er den Posten des Vizepräsidenten. Zum Verwaltungsratspräsidenten wurde der in Den Haag lebende Rentner Dr. Walter Johann Hartmann Senior ernannt; Geschäftsführer wurde der Zandvoorter Bankdirektor Cornelis Stehouwer. Weitere Beteiligte waren der Hilversumer Bankangestellte Dr. Walter Johann Hartmann Junior, der Amsterdamer Rechtsanwalt Jacob Eskens, der luxemburgische Notar Jean Lehners, der Schweizer Geschäftsführer Adolf Däumling und der Amsterdamer Händler Rienk Jekel, s. Luxembourg Business Registers, Mémorial du Grand-Duché de Luxembourg, Nr. 25, Lutetia S. A., 25. 3. 1935, S. 469–498. – In den konsultierten Quellen finden sich neben Frick nur zu Däumling, Stehouwer und Hartmann Sr. genauere Informationen. Demnach war Däumling in den 1930er Jahren Direktor der Atmos AG und verließ die Schweiz 1939 als „bekannter Nazi" in Richtung Deutschland, s. BAR, E7160–07#1968/54#2134*, Schweizerische Verrechnungsstelle i. S. Revisions-Bericht betreffend Atmos AG Zürich, 10. 3. 1951, Bl. 6. – Am 30. 6. 1942 übernahm die SOFICO Däumlings Forderung gegen Miedl in Höhe von fast 200.000 Gulden, s. NL-HaNA, NBI, 2.09.16 Nr. 854, Wirtschaftsprüfer Steneker & Flipse i. S. Vermögen A. Miedl, 10. 10. 1947, unfoliiert. – Cornelis Stehouwer war bis Januar 1938 Direktor der Buitenlandsche Bankvereeniging N. V., s. NL-HaNA, 2.25.68 Nr. 14322, Auflistung der Direktoren der Buitenlandsche Bankvereeniging N. V. Amsterdam, unfoliiert.

76 Indisch Tijdschrift van het Recht 1937, S. 53.

77 Am selben Tag gründete die Gruppe außerdem weitere 400 identische Einzelgesellschaften mit den Namen „Lutetia 101 bis 500", die zumindest bis 1938 gesondert zu „Lutetia 1 bis 100" behandelt wurden. Luxembourg Business Registers, Mémorial du Grand-Duché de Luxembourg, Nr. 25, Lutetia S. A., 25. 3. 1935, S. 469–498.

78 De Locomotief, Jg. 84, Nr. 93, Redjang Lebong. Compromis getroffen, 23. 4. 1935, Bl. 2 [www.delpher.nl, zuletzt aufgerufen 26. 7. 2021].

79 De Telegraaf, Jg. 43, Nr. 16282, De Hausse In Redjang Lebong. Een onderhoud met den Heer Miedl, 21. 12. 1935, Bl. 4 [www.delpher.nl, zuletzt aufgerufen 26. 7. 2021]; folgende Zitate ebd.

sei, doch „lassen Sie sich eines sagen: Die Redjang Lebong lebt noch und wird vorerst nicht geschlossen!" Dieser für Bergbauexperten und Börsenkreise nur schwer nachvollziehbare Optimismus gründete laut Miedl vor allem auf der im Jahr zuvor erworbenen Mine Lebong Simpang, in die er große Erwartungen setzte.[80] Dass die Regierung dieses Bergwerk aufgrund seiner als gering eingeschätzten Erzvorräte bereitwillig für einen Tiefstpreis von lediglich 40.000 Gulden verkauft hatte,[81] unterschlug er zugunsten seiner zentralen Botschaft, die „Redjang Lebong auf ein größeres Unternehmen ausweiten und in Ostindien in größerem Umfang, schneller, aber genauso gründlich wie bisher, Bergbau betreiben [zu wollen]."[82]

Zur Überraschung aller Beobachter schien Miedl diesen ambitionierten Expansionsplan jedoch nach wenigen Monaten wieder aufgegeben zu haben, da er im März 1936 das gesamte zuvor erworbene Aktienpaket der Redjang Lebong zu einem Spitzenkurs von 225 Prozent[83] gegen Eastman-Kodak-Aktien aus dem Besitz der sogenannten Photopapier-Gruppe tauschte.[84] Der Hauptaktionär dieser aus drei in Liquidation befindlichen Gesellschaften bestehenden Gruppe war der international agierende Pharmakonzern Schering-Kahlbaum,[85] der den Redjang-Lebong-Aktien offenbar einen höheren Wert als den Eastman-Kodak-Aktien beimaß.[86] Diese Einschätzung stieß bei der Presse unmittelbar auf Unverständnis, denn an den internationalen Börsen wurden die vor allem am US-Markt stets begehrten Eastman-Kodak-Shares den für Kursschwankungen bekannten Redjang-Lebong-Aktien zweifellos vorgezogen. Die Frage kam auf, was die Schering-Kahlbaum AG wohl zu einer solchen nach Ansicht der Presse „unsinnigen Transaktion"[87] bewogen haben mochte.

Wahrscheinlich wurde die Entscheidung des Pharmakonzerns durch zwei Aktionen Miedls im Vorfeld des Tausches beeinflusst: Zum einen sorgte er für eine Hausse der Berg-

---

80 Zusätzlich plante Miedl über die Redjang Lebong den Erwerb der zehn sog. Hundeshagen-Konzessionen, s. ebd.

81 De Locomotief, Jg. 85, Nr. 7, Het lokkende goud van Redjang Lebong, 9.1.1936, Bl. 1 [www.delpher.nl, zuletzt aufgerufen 26.7.2021].

82 De Telegraaf, Jg. 43, Nr. 16282, De hausse in Redjang Lebong. Een onderhoud met den heer Miedl, 21.12.1935, Bl. 4 [www.delpher.nl, zuletzt aufgerufen 26.7.2021].

83 BArch Berlin-Lichterfelde, R 3103/306, Frankfurter Zeitung, Jg. 211, Nr. 12, Was plant Schantung?, 25.4.1936, Bl. 229.

84 De Locomotief, Jg. 85, Nr. 75, De ruil van Eastman-Kodaks tegen Redjangs. Koop niet mogelijk door deviezenbepalingen, 28.3.1936, Bl. 2 [www.delpher.nl, zuletzt aufgerufen 27.7.2021].

85 Die Photopapier-Gruppe bestand aus der Albuminpapierfabrik Dresden (i. L. seit 1929), den Vereinigten Fabriken photogr. Papiere Berlin (i. L. seit 1934) und der Fabrik photogr. Papiere vorm. Dr. A. Kurz Berlin (i. L. seit 1934), s. BArch Berlin-Lichterfelde, R 3103/306, Berliner Börsen-Zeitung, Nr. 144, Photo-Geheimnis gelüftet, 25.3.1936, Bl. 240. – Zu Schering-Kahlbaum, s. Wlasich, Gert: Die Schering AG in der Zeit des Nationalsozialismus, Berlin 2011.

86 De Locomotief, Jg. 85, Nr. 75, De ruil van Eastman-Kodaks tegen Redjangs. Koop niet mogelijk door deviezenbepalingen, 28.3.1936, Bl. 2 [www.delpher.nl, zuletzt aufgerufen 27.7.2021].

87 De Tijd, Jg. 91, Nr. 28751, Herr Miedl en de Indische pers. Duistere invloeden?, 24.4.1936, Bl. 1 [www.delpher.nl, zuletzt aufgerufen 27.7.2021].

bau-Aktie auf bis zu 228 Prozent im Dezember 1935, indem er auch nach dem Majoritätserwerb weiterhin verdeckt Aktien der Gesellschaft aufkaufte, um proaktiv den Kurs in die Höhe zu treiben. Angesprochen auf seine Rolle als Anstifter („auctor intellectualis") dieses Booms, leugnete Miedl gegenüber der Presse jegliche Beteiligung.[88] Zudem legte er ein Gutachten über die alte Mine Lebong Donok vor, welches sie als rentablen Besitz mit einem umfangreichen Goldvorkommen bewertete, um die in Zeiten der Devisenbewirtschaftung für einen solchen Tausch notwendige Genehmigung der Reichsbank nach Zustimmung der deutschen Regierung zu erhalten. Dass sämtliche niederländischen Expertisen der positiven Einschätzung eindeutig widersprachen, fand in dieses offensichtliche Gefälligkeitsgutachten selbstredend keinen Eingang.[89] Ob Regierung und Reichsbank die gegenteiligen Beurteilungen nicht kannten oder wissentlich ignorierten, sei dahingestellt; jedenfalls stimmten sie dem Vorhaben in der Hoffnung zu, ihre Devisenbestände mittels der Goldvorkommen in Niederländisch-Ostindien aufstocken zu können. Wenn die Führung des Schering-Konzerns als neuer Redjang-Lebong-Hauptaktionär aber glaubte, ein lukratives Tauschgeschäft abgeschlossen zu haben, hätte sie Miedls späterer Kommentar sicher desillusioniert. 1947 konzedierte er, „durch verschiedene andere Manöver, die in Amsterdam bekannt sein dürften, waren die Anteile der Redjang Lebong praktisch unbelehnbar geworden und viele hatten sich bereits auf einen finanziellen Zusammenbruch gefreut. Als jedoch die Finanzzeitung die Nachricht brachte, dass die Firma Schering, Berlin, die in ihrem Besitz befindlichen 14.000 Eastman-Kodak-Shares im Wert von über drei Millionen Dollar[90] gegen Redjang-Lebong-Aktien getauscht hatte, wollten die Beglückwünschungen, wenn auch mit sauren Gesichtern, kein Ende nehmen."[91]

Diese geglückte Transaktion war allerdings keineswegs der Schlusspunkt, sondern lediglich ein Zwischenschritt bei Miedls weiteren Redjang-Lebong-Plänen. Nachdem er die Eastman-Kodak-Shares umgehend an eine amerikanische Firmengruppe veräußert und mit einem Teil des Erlöses Kredite zurückgezahlt hatte, die er für den Erwerb der Redjang-Lebong-Mehrheit aufgenommen hatte,[92] ließ er den Anteilseignern der Photopapier-Gruppe schon im März 1936 ein anonymes Barangebot unterbreiten, drei Viertel des Aktienkapitals zu einem Kurs von 292 Prozent zu übernehmen. Obwohl er nicht in Erscheinung trat, sondern die Privat-

88 De Telegraaf, Jg. 43, Nr. 16282, De hausse in Redjang Lebong. Een onderhoud met den heer Miedl, 21.12.1935, Bl. 4 [www.delpher.nl, zuletzt aufgerufen 26.7.2021].

89 Algemeen Handelsblad, Jg. 109, Nr. 35636, Redjang Lebong, 20.4.1936, Bl. 5 [www.delpher.nl, zuletzt aufgerufen 27.7.2021].

90 Laut De Indische Courant belief sich der Wert der Eastman-Kodak-Aktien auf 3,4 Mio. Gulden bzw. 5,5 Mio. RM, s. De Indische Courant, Jg. 15, Nr. 178, Mijnbouw Mij. Redjang Lebong, 16.4.1936, Bl. 4 [www.delpher.nl, zuletzt aufgerufen 28.7.2021].

91 In den konsultierten Quellen finden sich keine Hinweise auf die erwähnten Manöver, s. NL-HaNA, NBI 2.09.16 Nr. 854, Alois Miedl an Prof. Antonio de Luna, Madrid, 10.4.1947, Bl. 3.

92 Bataviaasch Nieuwsblad, Jg. 51, Nr. 125, De Redjang-barter. De heer Miedl vertrekt naar Indië, 28.3.1936, Bl. 7 [www.delpher.nl, zuletzt aufgerufen 27.7.2021].

bank Hardy & Co. die Verhandlungen führte, kam die Presse schnell zu dem Schluss, dass es sich bei dem anonymen Kaufinteressenten um ihn oder die Schantung handeln müsse.[93] Ende April wurde diese Vermutung durch eine Mitteilung der Kolonialgesellschaft teilweise bestätigt; demnach hatte sie für rund 3,1 Millionen Reichsmark[94] lediglich eine dem Kaufpreis angemessene Minderheitsbeteiligung erworben. Da das Gesamtvermögen der Photopapier-Gruppe etwas mehr als zwölf Millionen Reichsmark betrug, hätte sie im Fall der geplanten fünfundsiebzigprozentigen Anteilsübernahme neun Millionen Reichsmark aufbringen müssen. Wer die restlichen circa sechs Millionen Reichsmark für die Realisierung der Mehrheitsbeteiligung investiert hatte, blieb der Presse ein Rätsel. Vermutet wurde jedoch, „dass hier Sperrmarkgelder, vorwiegend holländischer Herkunft, investiert worden seien."[95] Der im Juli 1936 veröffentlichte Geschäftsbericht der Schantung belegt, dass es sich bei diesen von der Presse nicht zu identifizierenden Investoren um Miedl eng verbundene Personen oder Firmen handelte. Miedl gab nämlich an, er habe für die Schantung trotz eigener Minderheitsbeteiligung die stimmenmäßige Majorität der Photopapier-Gruppe „durch freundschaftliche Vereinbarung gesichert."[96] In den Unterlagen der vorrangig im niederländisch-ostindischen Bankensektor tätigen Niederländischen Handelsgesellschaft (Nederlandsche Handel-Maatschappij) findet sich ein ebenfalls auf 1936 datierter Bericht über Miedls Geschäftsaktivitäten, der Licht ins Dunkel der Transaktion bringen könnte. Nach Auskunft eines anonymen Informanten, der behauptete, eng mit der Redjang Lebong verbunden zu sein, erhielten die Miedl-Gruppe sowie Hardy & Co. demnach von der Reichsbank die Erlaubnis, zwölf Millionen Sperrmark mit lediglich 1,8 Millionen Gulden zu erwerben. Diese Summe stammte wiederum aus dem Erlös der Eastman-Kodak-Shares in Höhe von circa 3,3 Millionen Gulden, sodass letztlich ein Gewinn von mehr als einer

93 De Indische Courant, Jg. 15, Nr. 178, Mijnbouw Mij. Redjang Lebong, 16.4.1936, Bl. 4 [www.delpher.nl, zuletzt aufgerufen 28.7.2021].

94 2,8 Mio. RM der insgesamt rund 3,1 Mio. RM stammten von der Veland, die den Betrag sehr wahrscheinlich mit Sperrmark bezahlte. Dementsprechend gelangten die erworbenen Photopapier-Aktien in das Portfolio der Tochtergesellschaft, die wiederum einen Teil davon an die SOFICO übertrug, s. BArch Berlin-Lichterfelde, R 3103/306, Allgemeine Zeitung, Nr. 397, Schantung-Rätsel, 25.8.1936, Bl. 237; BArch Berlin-Lichterfelde, R 3102/2626, Berliner Börsen-Berichte, Nr. 18, Schantung-Problematik, 22.1.1937, unfoliiert; ebd., Berliner Börsen-Zeitung, Nr. 281, Schantung – Erhebliche Interessenausdehnung, 19.6.1937, unfoliiert. – Laut der Wirtschaftsprüfungsgesellschaft Steneker & Flipse bezahlte Miedl für die Aktien der Photopapier-Gruppe 1.831.880,10 Gulden, s. NL-HaNA, NBI 2.09.16 Nr. 854, Wirtschaftsprüfer Steneker & Flipse i. S. Vermögen A. Miedl, 10.10.1947, unfoliiert.

95 BArch Berlin-Lichterfelde, R 3103/306, Frankfurter Zeitung, Jg. 211, Nr. 12, Was plant Schantung?, 25.4.1936, Bl. 229.

96 Ebd., Geschäftsbericht für das 37. Geschäftsjahr 1935, Bl. 225.

Millionen Gulden aufseiten von Miedl und Hardy & Co. verbucht werden konnte.[97] Abgesehen davon kontrollierte Miedl jetzt die Aktiva der Photopapier-Gruppe, also insbesondere wieder die Aktienmajorität der Redjang Lebong.

Die „Sicherung einer gebührenden Einflussnahme der Mehrheitsbesitzer auf die Geschäftsführung der Gesellschaft"[98] hatte für ihn nun oberste Priorität. Seit Monaten spitzte sich nämlich wieder die Kontroverse zwischen ihm und der Geschäftsführung über die weitere Ausbeutung beziehungsweise Stilllegung der Mine Lebong-Donok zu. Obwohl die Schantung und Miedl persönlich zusammen inzwischen etwa fünfundsiebzig bis achtzig Prozent des Aktienkapitals auf sich vereinten,[99] konnte von einer „gebührenden Einflussnahme"[100] angesichts der Restriktionen des niederländisch-ostindischen Aktienrechts bei 160 potenziellen Gegenstimmen zunächst keine Rede sein. Um bei der Generalversammlung am 29. April 1936[101] dennoch die Mehrheit der Stimmen kontrollieren zu können, musste Miedl die Lutetia-Gesellschaften ins Spiel bringen. Als Bevollmächtigter dieser hundert vermeintlichen Einzelaktionäre flog Miedl im April 1936 nach Sumatra,[102] um die Verwaltung zur Zulassung der Strohgesellschaften an der Generalversammlung zu bewegen. Am 17. April stimmte Erdmann & Sielcken unter der Bedingung eines Legitimitätsnachweises der Lutetia-Gruppe zwar vorerst zu, trat dann jedoch kurz vor der Versammlung von der Vereinbarung zurück, obwohl Miedl die geforderte Beglaubigung vorgelegt hatte. Derart düpiert wandte sich Miedl an den Präsidenten des Justizrates von Batavia, um im Eilverfahren mithilfe einer einstweiligen Verfügung doch noch die Zulassung der Lutetia-Gesellschaften durchzusetzen, blieb aber erfolglos. Anstelle von 600 Stimmen standen ihm damit nur sechs Stimmen aufgrund seines persönlichen Aktienbesitzes im Nennwert von 5.000 Gulden zur Verfügung, sodass sein Vorhaben, die Verwaltung zum Weiterbetrieb der Mine oder bei Weigerung zum Rücktritt zu zwingen, zumindest vorerst nicht zu realisieren war. In der Generalversammlung

97 NL-HaNA, NBI 2.20.01 Nr. 5956, Nr. 311, Informatie omtrent het handelen van de Duitser A. Miedl in Nederlands-Indie, 1936, Bl. 313.

98 BArch Berlin-Lichterfelde, R 3103/306, Geschäftsbericht für das 37. Geschäftsjahr 1935, Bl. 225.

99 Indisch Tijdschrift van het Recht 1937, S. 46.

100 BArch Berlin-Lichterfelde, R 3102/2626, Berliner Tageblatt, Nr. 376, Schantung auf Sumatra. Die Politik der Redjang-Lebong-Verwaltung, 10. 8. 1936, unfoliiert.

101 Ebd.

102 In seinem 1945 erschienenen Reisebericht „Return to Malaya" erwähnt der britische Diplomat und Geheimagent Robert Hamilton Bruce Lockhart immer wieder seine Flugzeugbekanntschaft Alois Miedl, der aufgrund eines Streits mit Niederländern über Bergbaurechte nach Batavia gereist war. Ihre Unterhaltungen führten die Männer auf Deutsch, da Miedl, den Lockhart als deutschen Riesen, „bullig und mächtig wie einen Ochsen", beschrieb, kein Englisch sprach. Vor Ort dinierten sie wiederholt im berühmten Hotel des Indes, wo Miedl auch die Verhandlungen mit den Niederländern führte. Neben der Arbeit kam auch das Private inklusive gemeinsamem Bordellbesuch nicht zu kurz, s. Lockhart, Robert: Return to Malaya, Glasgow 1945, S. 247, 260, 269, 274, 280, 403, 405.

konnte er sich nicht gegen die restlichen 160 Stimmen behaupten, die Erdmann & Sielcken unterstützten und für weitere zehn Jahre als Geschäftsführer verpflichteten.[103]

Da Miedl auf Niederlagen nicht mit Rückzug, sondern mit Angriff reagierte, reichte er nicht nur am 21. Juli 1936 über Lutetia eine Klage gegen Redjang Lebong ein,[104] sondern setzte auch eine erneute Begutachtung der Goldmine durch. Dafür engagierte er neben einem Experten für neue Testverfahren sicherlich nicht zufällig erneut den Sachverständigen, der schon den wohlgesonnenen Bericht für die Reichsregierung verfasst hatte, sodass die Gegenseite zur Sicherstellung eines objektiven Gutachtens auf die Einschätzung eines weiteren „neutralen Ingenieurs“[105] bestand. Dessen Prognose, die Erzgewinnung müsse aufgrund der hohen Einsturzgefahr bis spätestens Mitte November 1936 eingestellt werden, veranlasste die Verwaltung dazu, den Betrieb bis zur Urteilsverkündung des Obersten Gerichtshofs vorerst zu unterbrechen. Bei Miedl stieß die Warnung dagegen auf taube Ohren: Trotz der erheblichen Gefahr, die den Arbeitern unter Tage drohte, bestand er angesichts des einbrechenden Aktienkurses[106] weiterhin darauf, „mit der beabsichtigten Schließung der Mine handele die Direktion gegen den Willen der Mehrheit der Anteilsbesitzer.“[107] Infolgedessen drohte er Erdmann & Sielcken öffentlichkeitswirksam mit einer außerordentlichen Generalversammlung, in der ermittelt werden sollte, „welchen Schaden das Unternehmen durch die Stilllegung erlitten hat und wer dafür verantwortlich ist.“ Bevor sich die Verwaltung von Miedl als Sündenbock für den Misserfolg einer vermeintlich zukunftsträchtigen Gesellschaft diffamieren ließ, berief sie Mitte April 1937 für den 29. April selbst eine Hauptversammlung ein, um ihren Rücktritt zu verkünden.[108] Ihr freiwilliges Ausscheiden war insofern überraschend, da das Urteil des Obersten Gerichtshofs im Januar des Jahres zu ihren Gunsten ausgefallen war,[109] was sie de facto dazu berechtigt hätte, die Mine endgültig zu schließen.[110]

103 BArch Berlin-Lichterfelde, R 3102/2626, Berliner Tageblatt, Nr. 376, Schantung auf Sumatra. Die Politik der Redjang-Lebong-Verwaltung, 10. 8. 1936, unfoliiert.

104 Indisch Tijdschrift van het Recht 1937, S. 30.

105 De Telegraaf, Jg. 44, Nr. 16441, Redjang Lebong. Commissie van deskundigen onderzoekt thans opnieuw den goudrijkdom der mijn, 30. 5. 1936, Bl. 2 [www.delpher.nl, zuletzt aufgerufen 3. 8. 2021].

106 De Telegraaf, Jg. 44, Nr. 16604, Mijnbouw Maatschappij Redjang Lebong, 10. 11. 1936, Bl. 5 [www.delpher.nl, zuletzt aufgerufen 3. 8. 2021]. – Im März 1937 war der Aktienkurs vermutlich durch Stützungskäufe der Miedl-Gruppe bereits wieder auf 200 % gestiegen, s. De Locomotief, Jg. 86, Nr. 61, Miedls groote plannen, 15. 3. 1937, Bl. 2 [www.delpher.nl, zuletzt aufgerufen 3. 8. 2021].

107 BArch Berlin-Lichterfelde, R 3102/2626, Berliner Börsen-Zeitung, Nr. 531, Schantung Handels-AG in Berlin, 11. 11. 1936, unfoliiert; folgendes Zitat ebd.

108 Arnhemsche Courant, Jg. 124, Nr. 15589, Wijziging in leiding Redjang Lebong, 15. 4. 1937, Bl. 3 [www.delpher.nl, zuletzt aufgerufen 4. 8. 2021].

109 De Locomotief, Jg. 86, Nr. 16, Miedl-Vordering door hof afgewezen, 21. 1. 1937, Bl. 3 [www.delpher.nl, zuletzt aufgerufen 4. 8. 2021].

110 De Telegraaf, Jg. 44, Nr. 16604, Mijnbouw Maatschappij Redjang Lebong, 10. 11. 1936, Bl. 5 [www.delpher.nl, zuletzt aufgerufen 3. 8. 2021].

Auch in diesem Fall hätte Erdmann & Sielcken allerdings weiter mit der Majoritätsgruppe kooperieren müssen, was angesichts der infolge des fehlenden Vertrauensverhältnisses zu erwartenden Probleme durch die Genugtuung über den juristischen Erfolg nicht kompensiert wurde. Glaubt man Miedls Nachkriegsbericht, gab jedoch nicht, wie offiziell behauptet, das schlechte Verhältnis zwischen der Geschäftsführung und den Gesellschaftern, sondern die Zahlung einer Abfindungssumme von 50.000 Gulden den Ausschlag zum Rücktritt.[111] Wenn es schon nicht gelungen war, sich der Verwaltung auf legalem Weg zu entledigen, war für Miedl das Angebot eines solchen Goldenen Handschlags, nachdem er seine Kontrahenten durch hartnäckige Attacken mürbe gemacht hatte, sicherlich eine akzeptable Lösung.

In Vorwegnahme des Rücktritts von Erdmann & Sielcken initiierte Miedl bereits im April 1937 die Gründung einer Kommanditgesellschaft (KG) niederländisch-ostindischen Rechts, die nach seinen Vorstellungen die Verwaltung der Redjang Lebong fortan übernehmen sollte. Dieser Plan stieß bei der Reichsdevisenstelle jedoch auf Ablehnung, da man befürchtete, dass die Gesellschaft durch Miedls uneingeschränkte Einflussnahme „ausgehöhlt"[112] und die Aktien somit „für den deutschen Devisenbestand an Bedeutung verlieren" würden. Um sein Vorhaben dennoch umzusetzen, musste Miedl der Reichsregierung als Kompromiss eine Beteiligung und damit eine Kontrollmöglichkeit einräumen, indem er als zweiten Kommanditisten neben sich selbst den westfälischen Industriellen und NSDAP-Gauwirtschaftsberater Paul Pleiger[113] vorschlug. Miedls Wahl hing sicherlich mit dessen bevorstehender Ernennung zum Leiter der in diesem Jahr gegründeten Reichswerke AG für Erzbergbau und Eisenhütten „Hermann Göring" in Salzgitter[114] zusammen.

Die Gründung dieses Staatskonzerns markiert am sichtbarsten die ab 1936 einsetzende Neuorientierung der nationalsozialistischen Wirtschaftspolitik, deren Priorität nunmehr der Kriegsvorbereitung gelten sollte. In seiner Denkschrift zum zweiten ‚Vierjahresplan' postulierte Hitler im August 1936, in vier Jahren müsse die deutsche Armee einsatzfähig und die deutsche Industrie kriegsfähig sein. Notwendig waren dafür eine Forcierung der Rüstungsproduktion und eine möglichst umfassende Unabhängigkeit von Importen bei kriegswichtigen Produkten wie Treibstoff, Kautschuk oder Erzen durch Bereitstellung von

111 NL-HaNA, 2.05.117 Nr. 5953, Inventaris van het code-archief van het Ministerie van Buitenlandse Zaken, 1945–1954, kunstschatten en effecten van Miedl, Alois, 1946–1952, Niederländische Gesandtschaft Madrid an Den Haag, Alois Miedl, 18.6.1947, Bl. 3.

112 BArch Berlin-Lichterfelde, R 3112/188, Rechtsanwälte beim Landgericht und Oberlandesgericht Amsterdam Dr. H. van Krimpen & J. Hartelust an das Bankgeschäft Hein Martin & Co. München, 22.4.1937, unfoliiert; folgendes Zitat ebd.

113 Paul Pleiger war in diversen Funktionen einer der einflussreichsten Wirtschaftsführer des ‚Dritten Reichs'; er wurde im sog. Nürnberger Wilhelmstraßen-Prozess 1949 u. a. wegen der massenhaften Versklavung russischer Zwangsarbeiter zu 15 Jahren Haft verurteilt, aber bereits 1951 vorzeitig entlassen, s. Meyer, August: Hitlers Holding – Die Reichswerke „Hermann Göring", München/Wien 1999, S. 374–376.

114 Ludwig 1992, S. 180.

Ersatzstoffen aus heimischen oder anderweitig sicheren Quellen. Die Organisation dieser Maßnahmen delegierte Hitler im Oktober 1936 an Göring, den er zum Beauftragten für den ‚Vierjahresplan' mit weitreichenden Weisungsbefugnissen gegenüber allen Behörden ernannte.[115] Von der personellen Verbindung mit dem hochrangigen Göring-Mitarbeiter Pleiger erhoffte sich Miedl höchstwahrscheinlich Vorteile für die Redjang-Lebong-Geschäfte mit Deutschland.[116] Die Reichsregierung stimmte Miedls Vorschlag schließlich mit der Modifikation zu, dass der Leiter der Rechtsabteilung der ‚Reichswerke' Georg Strickrodt anstelle Pleiger Kommanditist wurde und Pleiger einen Platz im ebenfalls neu zu besetzenden Aufsichtsrat der Redjang Lebong erhielt.[117] Persönlich haftender Gesellschafter wurde der ehemalige Thule-Anhänger[118] und Bergbauingenieur Valentin Rexhäuser, nach dem die Kommanditgesellschaft Rexhäuser & Co. benannt wurde.[119] Nur zwei Tage nach der Gründung am 27. April 1937 wurde die KG von der Generalversammlung der Redjang Lebong als neue Geschäftsführung bestellt und Rexhäuser zum Direktor ernannt.[120] Die anfänglichen Bedenken der Reichsdevisenstelle, Miedl könne die Redjang Lebong „aushöhlen"[121], ihr also Kapital für andere Unternehmungen entziehen, waren damit allerdings nicht gegenstandslos geworden.

Bei einer Sitzung in Berlin am 25. November 1937 musste Pleiger gegenüber Göring einräumen, dass Miedl Aktiva der Redjang Lebong tatsächlich bereits ab Juli 1937 zur

---

115 Spoerer, Mark/Streb, Jochen: Neue deutsche Wirtschaftsgeschichte des 20. Jahrhunderts, München 2013, S. 157.

116 Im Januar 1938 erhielten die Reichswerke von der Redjang Lebong Erz- und Gesteinsproben zur wissenschaftlichen Beurteilung, s. BArch Berlin-Lichterfelde, R 3112/188, Valentin Rexhäuser an Paul Pleiger, 13. 1. 1938, unfoliiert.

117 Die Posten im Aufsichtsrat bekleideten neben Pleiger der Amsterdamer Rechtsanwalt Dr. Hendrik van Krimpen und ein gewisser F. P. C. S. van der Ploeg aus Den Haag, s. Bataviaasch Nieuwsblad, Jg. 52, Nr. 122, Redjang Lebong. De nieuwe directie, 29. 4. 1937, Bl. 1 [www.delpher.nl, zuletzt aufgerufen 4. 8. 2021].

118 Von Sebottendorf, Rudolf: Bevor Hitler kam. Ursprüngliches aus der Frühzeit der nationalsozialistischen Bewegung, München 1933, S. 255. – Von Sebottendorf, mit richtigen Namen Adam Glauer, war Ende der 1910er Jahre Mitbegründer der Münchner Thule-Gesellschaft und Verleger des Völkischen Beobachter.

119 BArch Berlin-Lichterfelde, R 3112/188, Gründungsurkunde der KG Rexhäuser & Co. Batavia, 27. 4. 1937, unfoliiert.

120 BArch Berlin-Lichterfelde, R 3102/2626, Berliner Börsen-Bericht, Nr. 100, Schantung Handels-AG Berlin, 3. 5. 1937, unfoliiert.

121 Laut Pleiger kam für Miedl auch der Amsterdamsche Investment Trust infrage, der sich angeblich in dessen Besitz befunden haben soll, s. BArch Berlin-Lichterfelde, R 3112/188, Paul Pleiger an Hermann Göring, 26. 11. 1937, unfoliiert. – Laut De Nederlandse Mercuur vom 10. 12. 1936 wurde Miedl zum stellvertretenden Direktor und Aufsichtsratsmitglied des Amsterdamsche Investment Trust N. V. ernannt, s. NL-HaNA, 2.25.68 Nr. 14322, Informatie-Biljet i. S. A. Miedl, Dezember 1936, unfoliiert; folgendes Zitat ebd.

Finanzierung anderer Projekte eingesetzt hatte. Dass Göring mit Pleigers Ausführungen offensichtlich nicht zufrieden war, beweist der Tenor eines Berichts „zur Klarstellung", den Pleiger nur einen Tag nach der Sitzung ablieferte. Darin bemüht er sich, seine Rolle bei Miedls Aktion herunterzuspielen und sich selbst als einen rein im finanziellen Interesse Deutschlands Handelnden darzustellen, der aber von Miedl hintergangen wurde. Da eine Dividendenausschüttung aufgrund der erst langsam anlaufenden Arbeiten in den Minen nicht möglich gewesen sei, habe er in der Hoffnung, „für Deutschland wenigstens eine wenn auch bescheidene Deviseneinnahme zu sichern"[122], im Juni 1937 einem Vorschlag Miedls zugestimmt. Danach sollten die mit über einer Million Gulden bewerteten Staatsanleihen und sonstigen Effekten im Besitz der Redjang Lebong veräußert und die Erlöse gegen Hinterlegung von „absolut sicheren Wertpapieren" zu einem Zinssatz von 4,5 Prozent als Darlehen an die Veland vergeben werden. Noch während der Verhandlungen über die Darlehensbesicherung sei ihm die Abschrift eines Schreibens von Rexhäuser an den Aufsichtsrat Van Krimpen zugespielt worden, demzufolge Miedl bereits mindestens einmal eigenmächtig von der Gesellschaft Geld angefordert hatte. Demnach habe er Anfang Juli 1937 eine Überweisung von 200.000 Gulden gegen 4,5 Prozent Zinsen an die Veland beauftragt, woraufhin Rexhäuser unter Einsatz von Staatsanleihen, die später zur Deckung verkauft wurden, einen Bankkredit aufnehmen musste. Ein Hinweis Rexhäusers, ab August auf weitere 300.000 Gulden zugreifen zu können, habe ihn außerdem davon überzeugt, dass auch dieser Betrag an die niederländische Gesellschaft geflossen sei. Nachdem er anfänglich noch gehofft habe, Miedl könne einen nachvollziehbaren Grund für die Transferierung der umgerechnet fast 700.000 Reichsmark nennen, habe er im September 1937 während der Aufsichtsratssitzung feststellen müssen, dass dessen Rechtfertigung nicht stichhaltig war. Eine Erklärung dafür, dass er nicht bereits zu diesem Zeitpunkt, sondern erst zwei Monate später Göring über Miedls „eigenartiges Verhalten"[123] – wie er recht milde formulierte – informierte, blieb Pleiger allerdings schuldig. Zwar beurteilte er Miedls Vorgehen als „absolut eigenmächtig" – im nach dem Führerprinzip organisierten NS-System sicherlich keine Empfehlung –, zog jedoch mit keinem Wort weitere Konsequenzen in Betracht. Vordringlich beschäftigte ihn am Ende seines Berichts die Frage, „ob es Miedl, wenn er nunmehr größere Bewegungsfreiheit erhält, möglich sein wird, für Redjang Lebong noch eine Dividende zu zahlen", was „wenigstens unter normalen Gepflogenheiten" aussichtslos sei und von Miedls „Geschicklichkeit in finanziellen Manipulationen" abhänge. Bemerkenswert an diesen Aussagen ist weniger, dass für Pleiger offensichtlich der Zweck die Mittel heiligte, als vielmehr die für Miedl in Aussicht gestellte „größere Bewegungsfreiheit". Pleiger spielte damit auf eine Entwicklung an, die im Lauf des Jahres 1937 mit Miedls neuem Projekt im Rohstoffsektor ihren Anfang nahm, ihm

122 NL-HaNA, 2.25.68 Nr. 14322, Informatie-Biljet i. S. A. Miedl, Dezember 1936, unfoliiert; folgendes Zitat ebd.

123 BArch Berlin-Lichterfelde, R 3112/188, Paul Pleiger an Hermann Göring, 26.11.1937, unfoliiert; folgende Zitate ebd.

sodann Görings Protektion sicherte und ihn dadurch schließlich von den Einschränkungen befreite, die das seit 1932 gegen ihn laufende Ermittlungsverfahren nach sich zog.

6.3 Miedl und Göring – Gerüchte und Legenden

Primärquellen wie Sekundärliteratur liefern auf die Frage, wie Miedls Beziehung zu Göring zustande kam, eine Vielzahl von Antworten, von denen die meisten allerdings einer Überprüfung nicht standhalten. Insbesondere sahen sich die Alliierten bei ihren Befragungen ehemaliger NS-Funktionäre und anderer Zeitgenossen mit offensichtlich unzutreffenden Versionen konfrontiert, die auf Hörensagen basierten und wohl eher Kooperationsbereitschaft signalisieren sollten. Trotz seiner Herkunft aus dem Münchner Kleinbürgertum und eines Altersunterschieds von zehn Jahren wurde Miedl etwa als Görings Schulfreund bezeichnet.[124] Ein spanischer Informant datierte die Bekanntschaft etwas später und gab nach dem Krieg an, die beiden seien seit spätestens 1933 befreundet gewesen, als Miedl für Göring Geld außerhalb Deutschlands angelegt habe;[125] wäre diese Geschichte wahr, hätte Miedl ihn in der Hand gehabt und sich nicht jahrelang der deutschen Justiz im holländischen Exil entziehen müssen. Das Exil hätte sicherlich auch früher geendet, wenn es tatsächlich eine seit vielen Jahren bestehende, von Görings Schwager Rigele beziehungsweise von dessen Frau und Görings Schwester Olga vermittelte Beziehung gegeben hätte, wie einige Quellen behaupteten.[126] Wieder andere vermuteten sogar einen familiären Hintergrund und hielten Miedl für Görings Schwager[127] oder Neffen[128], identifizierten ihn also fälschlich mit Rigele

124 NARA, M1944, RG 239, The Roberts Commission, 1943–1946, Card File on Art-Looting Suspects, 1943–1946, unfoliiert; TNA, FO 371/36364/6, Inter-Allied Declaration against Axis plundering of occupied territory. Code 64 file 8, January 1943 – February 1943, Report compiled by the Inter Allied Information Committee sent from Mr Lias at the Ministry of Information to Mr J G Ward at the Foreign Office providing details of Axis looting in occupied territories, 8.1.1943, unfoliiert.

125 NARA, M1944, RG 239, Miedl, Alois, SAINT BB/052 an SAINT Germany i. S. Alois Miedl, 22.10.1945, unfoliiert; BAR, J1.269–01#1999/82/31*, Akten BAR E7160–07#1968/54, Bd. 24; E7160–08#1968/28, Bd. 371, Einvernahmeprotokoll Walter Büchi, Zürich, 7.3.1946, unfoliiert.

126 NARA, M1946, RG 260, Records Concerning the Central Collecting Points: Munich Central Collecting Point, 1945–1951, Restitution Research Records, 1945–1950, ERR: Consolidated Interrogation Report No. 2, The Göring Collection, 15.9.1945, unfoliiert.

127 SAA, 5225 Nr. 4327, Einwanderungsabteilung Amsterdam an den Visadienst, undatiert, unfoliiert; NARA, M1926, RG 260, Records of the Reparations and Restitutions Branch of the US Allied Commission for Austria Section, 1945–1950, Claims, 1937–1950, French Art Treasure Correspondence, Vernon R. Kennedy an die USACA Section Austria i. S. Looted French Art, 23.9.1946, unfoliiert.

128 BAR, E9500.239A#2003/48#108*, Bundesgericht Lausanne, Klagebeurteilungen u. a. Goudstikker-Miedl, 1947–1951, Protokoll der Hauptversammlung vom 15.6.1949 i. S. Goudstikker/Duits gegen Miedl, 11.6.1949, unfoliiert; SHD, Ministère des Armées, P 310973, Dokumente aus der ehemaligen Kulturabteilung der D. G. E. R., die mit der Versandanzeige 21.1./4971 vom 8.10.52 übermittelt

beziehungsweise dessen Sohn. An dieser Verwechslung und auch an der Tatsache, dass selbst in der jüngeren Sekundärliteratur Miedl und Göring noch als „alte Bergkameraden“[129] dargestellt werden, hatte Miedl mit seinen Nachkriegserzählungen erheblichen Anteil, da seine Bergkameradschaft mit Rigele darin eine zentrale Rolle spielt.

Rigele verunglückte bei einer Wehrmachtsübung in den Berchtesgadener Alpen am 9. Oktober 1937 und erlag am Tag darauf seinen Verletzungen. Seine Beisetzung auf dem Parkfriedhof in Berlin-Lichterfelde am 14. Oktober, an der neben Göring mehrere NS-Minister sowie weitere hohe NS-Funktionäre und eine Ehrenkompanie des Wachregiments teilnahmen, kam einem Staatsbegräbnis gleich.[130] In einer ersten Version behauptete Miedl 1947, er habe zusammen mit Witzig „einen vielen Tonnen schweren Grabstein von der Absturzstelle nach Berlin“[131] zur Beerdigung transportieren lassen. Göring habe sich daraufhin bei seiner Schwester Olga nach den Freunden ihres Ehemanns erkundigt und ihn noch im selben Monat zu einem persönlichen Treffen nach Berlin eingeladen.[132] Dass Miedl Rigeles Unfall in dieser Version unzutreffend auf September 1937 vordatiert, könnte auf einer Erinnerungstäuschung beruhen; andererseits würde seine aus logistischen Gründen bei nur vier Tagen Abstand zwischen Tod und Beisetzung nicht nachvollziehbare Grabstein-Aktion mit dieser Datierung an Glaubhaftigkeit gewinnen. 1950 gab er in einer zweiten Version sogar an, er habe an der Beerdigung teilgenommen und sei dabei Göring vorgestellt worden.[133] Auch diese Schilderung ist angesichts des offenen Haftbefehls gegen ihn unglaubwürdig.

Während Miedl den Beginn der Beziehung als Ergebnis eines mehr oder weniger zufälligen privaten Treffens auf Initiative Görings darstellte, kommt dessen Version dem Kern der Angelegenheit wesentlich näher. Bei seinen Verhören durch die Alliierten gab er an, Miedl habe sich hilfesuchend an ihn gewandt, als er „ohne guten Grund verhaftet werden sollte.“[134] Solange er deutschen Boden nicht betrat, lief Miedl zwar zu keinem Zeitpunkt Gefahr, ver-

---

wurden und sich auf Fälle beziehen, die in Frankreich vom ERR begangen wurden, A. H. G. an D. G. E. R. i. S. Fall Alois Miedl, 23. 5. 1945, unfoliiert.

129 Buomberger 1998, S. 88. – Sich den korpulenten Göring als Bergsteiger vorzustellen, fällt schwer. Ab Ende 1931 war er zwar Ehrenmitglied der radikal antisemitischen Alpenverein-Sektion Mark Brandenburg, die ihre Berghütte in den Ötztaler Alpen nach ihm benannte; deren Besuch gelang ihm allerdings nur auf dem Rücken eines Maultiers, s. https://www.br.de/berge/sonstiges/berg-heil-sonderausstellung-alpenverein100.html [zuletzt aufgerufen 2. 5. 2022].

130 Linzer Tages-Post, Jg. 1937, Nr. 240, Notar Fritz Rigeles letzte Fahrt, 16. 10. 1937, Bl. 6, s. https://anno.onb.ac.at/cgi-content/anno?aid=tpt&datum=19371016&seite=6&zoom=33 [zuletzt aufgerufen 2. 5. 2022].

131 NL-HaNA, NBI 2.09.16 Nr. 854, Alois Miedl an Prof. Antonio de Luna, Madrid, 10. 4. 1947, Bl. 4.

132 Ebd.

133 Miedl datiert Rigeles Beerdigung jetzt unzutreffend auf November 1937, s. BAR, E9500.239A#2003/48#108*, Verhandlung vom 19. 12. 1950 im Obergerichtsgebäude Bern, unfoliiert.

134 NARA, M1922, RG 260, Interrogations of Hermann Göring, Mrs. Göring and Friends of the Family: Göring, H. – Sonnemann, E., Befragung Hermann Göring, 22. 12. 1945, unfoliiert.

haftet zu werden; Görings vage Formulierung beinhaltete aber durchaus zutreffend, dass die Initiative von Miedl ausging mit der konkreten Zielsetzung, das Ermittlungsverfahren zu beenden. Tatsächlich war Miedl, frustriert von den jahrelangen erfolglosen Bemühungen in dieser Sache, Anfang 1937 zu dem Schluss gekommen, dass nur „eine direkte Fürsprache bei Göring zu einer schnellen und endgültigen Beilegung führen kann, da sich anscheinend das Büro Keppler derartig gegen mich festgelegt hat, dass ich fürchten muss, dass ein geringerer Einfluss wiederum negiert wird."[135] Den entscheidenden Schritt in diese Richtung machte er im August 1937, indem er dem Abteilungsleiter im Amt für Deutsche Roh- und Werkstoffe Kurt Lange ein Kaufangebot für die kanadische Insel Anticosti unterbreitete.[136]

6.4 Anticosti-Projekt

Die im Sankt-Lorenz-Golf gelegene, fast 8.000 Quadratkilometer große Insel Anticosti befand sich seit 1926 wegen ihres reichen Holzvorkommens im Besitz eines kanadischen Zellstoff- und Papierkonsortiums. Infolge der Weltwirtschaftskrise ist der bis dahin florierende Handel, der auch zu einem Anstieg der Einwohnerzahl von ein paar Hundert auf 4.000 geführt hatte, jedoch eingebrochen, woraufhin die Anticosti Corporation mitsamt der Insel 1931 von der Consolidated Paper Corporation Limited übernommen wurde. Da der Holzschlag angesichts der geringen Nachfrage aufgrund der anhaltenden Depression auch unter dem neuen Eigentümer nicht wirtschaftlich betrieben werden konnte, entschloss sich das Unternehmen letztlich zur Veräußerung der Insel.[137] Offensichtlich jedoch nicht um jeden Preis: Eine Gruppe von Vertretern der deutschen Zellstoffindustrie, die nach einem Erkundungsflug im Frühjahr 1937 Interesse anmeldete, wurde unter dem Vorwand, die Insel sei unverkäuflich, abgewiesen; und auch Miedl, der entsprechende Nachforschungen bei der Royal Bank of Canada anstellte, speiste man mit der gleichen Auskunft ab.[138] Nachdem bereits im Februar des Jahres Verhandlungen mit einer Großbank über ein mit sechs Millionen Raummeter bewaldetes Areal im Mingan-Archipelago-Nationalpark gescheitert waren,[139] begriff Miedl, dass seine deutsche Staatsangehörigkeit und die daraus resultierenden Vorbehalte der Kanadier ein bedeutendes Manko bei seinen geschäftlichen Vorhaben

135 NL-HaNA, NBI 2.09.16.10 Nr. 203497, Alois Miedl an Senator P. Puricelli, 5. 2. 1937, Bl. 5.

136 StAM, Staatsanwaltschaften 46336/13, Miedl u. a., Beweisband V, Kurt Lange i. S. Darlehen Miedl, 14. 2. 1971, unfoliiert. – Laut Miedls eigener Aussage hatte er bereits vor Anticosti erfolglos versucht, einen Küstenabschnitt der kanadischen Labrador-Halbinsel zum Holzabbau zu erwerben, s. NARA, M1946, RG 260, Interrogations: Miedl Case, No. 3, 13. 12. 1945, Bl. 2.

137 Montreal Gazette, Vol. CLXVI, Nr. 288, Germans negotiating purchase of Anticosti, 2. 12. 1937, Bl. 9.

138 NL-HaNA, NBI 2.09.16.10 Nr. 203497, Alois Miedl an Paul Pleiger, 6. 8. 1937, Bl. 1.

139 Ebd., Alois Miedl an Senator P. Puricelli, 5. 2. 1937, Bl. 3.

darstellten. Da er sich vom Zugriff auf das mit sechzig Millionen Raummeter wesentlich größere Holzvorkommen im Fall Anticosti nicht abhalten lassen wollte,[140] bediente er sich folglich eines einheimischen Strohmanns. Das Bietergefecht, an dem sich eine Reihe internationaler Interessenten beteiligte, gewann am 29. Juli 1937 schließlich dieser namentlich nicht genannte Finanzier aus Montreal,[141] der die Kaufoption unverzüglich an Miedl übertrug.[142] Dass namhafte Konkurrenten wie der damals größte europäische Hersteller für Zeitungspapier, das britische Unternehmen W. V. Bowater and Sons, von Miedls Strohmann ausgestochen werden konnten, verdankte er nach eigener Aussage der Hilfe mehrerer Großbanken,[143] über deren Identität und Motive er sich allerdings ausschwieg.

Gustav Schlotterer[144] zufolge repräsentierte der besagte Kanadier dagegen eine anonyme Investorengruppe, mit der Miedl seit Längerem in Kontakt gestanden hatte und für die er ursprünglich einen langfristigen Holzliefervertrag mit der ‚Vierjahresplan'-Behörde abschließen wollte.[145] Dass Miedls Plan von Anfang an eine staatlich geförderte Nutzbarmachung des Holzbestandes für die deutsche Wirtschaft gewesen sei, sagten später übereinstimmend auch drei weitere hochrangige Wirtschafts- und Kolonialfunktionäre aus.[146] Offensichtlich erkannte er im Verlauf der Verhandlungen jedoch das Potenzial dieses Geschäfts, woraufhin er die Option selbst übernahm, und zwar laut eigener Aussage „außerordentlich günstig."[147] In den Quellen ist sowohl von 100.000[148] als auch 50.000 Dollar die Rede;[149] wobei Miedl den fraglichen Betrag höchstwahrscheinlich mithilfe der 200.000 Gulden finanzierte, die er

140 Im August 1937 behauptete Miedl, er sei vom Kauf des Waldgebiets im Mingan-Archipelago-Nationalpark freiwillig zurückgetreten, da eine von ihm entsandte Kommission die Menge an Holz für zu gering befunden hatte, s. ebd., Alois Miedl an Paul Pleiger, 6.8.1937, Bl. 1.

141 Über den kanadischen Verkäufer konnten keine Informationen in Erfahrung gebracht werden.

142 Thomas, Robert H.: The German attempt to purchase Anticosti Island, in: Canadian Military Journal, Spring 2001, S. 47.

143 NL-HaNA, NBI 2.09.16.10 Nr. 203497, Alois Miedl an Paul Pleiger, 6.8.1937, Bl. 1.

144 Der bereits 1923 in die NSDAP eingetretene Gustav Schlotterer promovierte 1930 in Wirtschaftswissenschaften und wurde 1933 mit gerade einmal 27 Jahren zum Regierungsdirektor in Hamburg ernannt. Ab 1935 Ministerialrat im Reichswirtschaftsministerium, avancierte er 1940 zum Ministerialdirektor und ein Jahr später zum Leiter der Chefgruppe Wirtschaftspolitik im Reichsministerium für die besetzten Ostgebiete, s. https://ns-reichsministerien.de/2018/03/15/gustav-schlotterer/ [zuletzt aufgerufen 7.5.2022].

145 BAR, E6100A-24#1000/1924#75*, Eidgenössische Finanzverwaltung, Dr. Sieben, Aktennotiz über die Besprechung vom 9.12.1952 mit Miedl, Erhardt, Schlotterer und Sieben, 9.12.1952, unfoliiert.

146 Ebd., Eidgenössische Finanzverwaltung, Dr. Sieben, Aktennotiz betreffend Alois Miedl, 30.12.1952, unfoliiert.

147 NL-HaNA, NBI 2.09.16.10 Nr. 203497, Alois Miedl an Lorenz Steimer, 10.9.1937, unfoliiert.

148 BAR, E6100A-24#1000/1924#75*, Aktennotiz der Eidgenössischen Finanzverwaltung zu einer Besprechung vom 9.12.1952 mit Miedl, Erhardt, Schlotterer und Sieben, Dezember 1952, unfoliiert.

149 Ebd., Eidgenössische Finanzverwaltung, Dr. Sieben, Aktennotiz betreffend Alois Miedl, 30.12.1952, unfoliiert.

laut Pleiger ohne vorherige Absprache Anfang Juli 1937 von Rexhäuser an die Veland hatte transferieren lassen.[150] Da Göring zum Zeitpunkt von Pleigers Bericht Ende November 1937 bereits mit Miedl im Anticosti-Projekt zusammenarbeitete, hatte er für dieses eigenmächtige Vorgehen allerdings nachträglich keine negativen Konsequenzen zu befürchten.

Dass Miedl, der bereits bei seinen Aktivitäten im Kolonial-, Export- und Bergbausektor stets seine patriotische Motivation betont hatte, sich ausgerechnet in der Zellstoff- und Holzindustrie engagierte, war kein Zufall. Vielmehr wählte er eine der Branchen aus, denen die Reichsregierung aufgrund der Autarkievorgaben des zweiten ‚Vierjahresplans' höchste Priorität einräumte.[151] So wurde nur wenige Monate vor Miedls Erwerb der Kaufoption am 14. Mai 1937 das Übersee-Holz-Syndikat gegründet, an dem sich neben Vertretern der Zellstoffindustrie und einem Bankenkonsortium unter der Leitung der Deutschen Bank auch das Amt für deutsche Roh- und Werkstoffe beteiligte.[152] Diese unpolitisch auftretende Arbeitsgruppe[153] sollte klären, ob die Ausbeutung des Kameruner Regenwalds wirtschaftlich möglich war. Dafür wurden in der ehemaligen deutschen Kolonie aufwendige Untersuchungen des Zellulosegehalts der tropischen Bau- und Nutzhölzer durchgeführt.[154] Bereits seit 1865 konnte Deutschland seinen Bedarf an Holz nicht mehr selbst decken; mit dem zweiten ‚Vierjahresplan' verschärfte sich diese Situation, da die Steigerung des Abbaus heimischer Kohle und die Herstellung synthetischer Ersatzstoffe allein 1937 zum Import von circa fünf bis sechs Millionen Kubikmeter Holz zwangen.[155] Aufgrund der schwindenden Devisenbestände konnte die Nachfrage für den Rohstoff allerdings schon auf kurze Sicht nicht mehr bedient werden, was letztlich nicht nur die Wirtschaft im Allgemeinen, sondern vor allem auch die Rüstungsvorbereitungen zurückgeworfen hätte.[156] Angesichts solch verheerender Aussichten ist Görings positive Einstellung gegenüber jedem nachvollziehbar, der Deutschland noch unerschlossene und vor allem sicher zugängliche Holzvorkommen in Aussicht stellte.

---

150 BArch Berlin-Lichterfelde, R 3112/188, Paul Pleiger an Hermann Göring, 26.11.1937, unfoliiert.

151 Laut Kurt Weigelt, einem der Vordenker der NS-Kolonialpolitik und Leiter der Reichsgruppe Deutscher Kolonialwirtschaftlicher Unternehmungen, spielte Holz „im Vierjahresplan eine ganz bedeutende Rolle" und war damals „eine der großen tragenden Säulen unserer industriellen Entwicklung", s. BArch Berlin-Lichterfelde, R 1001/3631, Reichskolonialamt, Übersee-Holz-Syndikat, Denkschrift zum Übersee-Holz-Syndikat von Kurt Weigelt, 11.5.1937, unfoliiert. – Zur Biografie von Weigelt s. Linne 2008, S. 32.

152 Linne 2008, S. 57.

153 BArch Berlin-Lichterfelde, R 1001/3631, Von Weizsäcker i. S. Übersee-Holz-Syndikat, 14.12.1937, unfoliiert.

154 Die Franzosen unterstützten die Deutschen bei diesem Vorhaben finanziell, s. ebd., Denkschrift zum Übersee-Holz-Syndikat von Kurt Weigelt, 11.5.1937, unfoliiert.

155 Ebd., Cape Times, Jg. 10, Nr. 72, Germans' Lack of Timber. Basis of Demand for African colonies, 28.2.1940, unfoliiert.

156 Pressler 2019, S. 15.

Wenig überraschend wurde Miedls erneute Kontaktaufnahme zur Reichsregierung jedoch nicht von allen Seiten wohlwollend aufgenommen, sondern rief auch Gegner aus seiner Vergangenheit auf den Plan, die seine Annäherung an Göring mit allen Mitteln verhindern wollten. Besonders taten sich dabei Wilhelm Keppler und dessen Neffe Fritz Kranefuß[157] hervor. Um Miedl zu diskreditieren, verbreiteten die beiden im Amt für deutsche Roh- und Werkstoffe Gerüchte: Anticosti existiere gar nicht, dort gebe es gar keinen Wald, das Holz könne nicht abtransportiert werden.[158] Von diesen offensichtlich unsinnigen Behauptungen ließ Göring sich jedoch nicht abschrecken, sondern beauftragte lediglich eine ressortübergreifende Untersuchung Miedls, die „in erster Linie dessen Persönlichkeit zu überprüfen"[159] hatte. Maßgeblich daran beteiligt war Kurt Lange; sein Fazit lautete, „dass die gegen ihn [Miedl] erhobenen Vorwürfe zum Teil auf subjektiv gefärbten Berichten, zum Teil auf fantasiereichen Unterstellungen der Gruppe Keppler-Kranefuß beruhten, die sich nicht aufrechterhalten ließen." Nachdem diese erste Hürde aus dem Weg geräumt worden war, veranlasste Göring die Erstellung eines Gutachtens über den Holzbestand der Insel und dessen Verwertungsmöglichkeit als Grundlage für eine Kaufentscheidung.

Kurt Lange stellte daraufhin eine Expeditionsgruppe zusammen, an der sich nicht nur forstwirtschaftliche, sondern auch juristische und kaufmännische Fachleute beteiligten,[160] von denen höchstwahrscheinlich zumindest einige dem Übersee-Holz-Syndikat angehörten.[161] Als Leiter wurde wider Erwarten der Dekan für Bauwesen an der Technischen Universität Berlin Prof. Arnold Agatz ernannt, der zwar keinerlei Bezug zur Zellstoff- und Holzindustrie hatte, aber als Bremer Hafenbaudirektor über die Expertise verfügte, sich vor Ort ein Bild über die vorhandenen Hafenanlagen zum Abtransport zu machen. Nachdem er dafür zusätzlich einige Techniker engagiert hatte, informierte er Göring noch im selben Monat über die Einsatzbereitschaft des insgesamt zwölfköpfigen Teams; dieser schob den Beginn

157 Fritz Kranefuß trat 1933 in die SS ein, gehörte ab 1934 als Himmlers Adjutant dem ‚Persönlichen Stab Reichsführer SS' an. In dieser Funktion strukturierte er den sog. Keppler-Kreis zum ‚Freundkreis Reichsführer SS' um. 1934 übernahm er einen Vorstandsposten der Braunkohle-Benzin AG. Ab 1936 war Kranefuß zudem für ein Jahr im Amt für deutsche Roh- und Werkstoffe tätig. Nachdem er 1941 zu den Gründungsmitgliedern des Aufsichtsrats der halbstaatlichen Kontinentalen Öl-Aktiengesellschaft gehört hatte, übernahm er ab 1942 für einige Monate die Leitung der Generalabteilung für Bewirtschaftung im Reichswirtschaftsministerium. 1944 wurde er schließlich zum SS-Brigadeführer befördert, s. Klee 2016, S. 335.

158 BAR, E6100A-24#1000/1924#75*, Aktennotiz der Eidgenössischen Finanzverwaltung zu einer Besprechung vom 9.12.1952 mit Miedl, Erhardt, Schlotterer und Sieben, Dezember 1952, unfoliiert.

159 Ebd., Eidgenössische Finanzverwaltung, Dr. Sieben, Aktennotiz betreffend Alois Miedl, 30.12.1952, unfoliiert; folgendes Zitat ebd.

160 Löbe, Karl: Prof. Dr. Arnold Agatz 85 Jahre. Ein erfülltes Ingenieurleben, in: Jahrbuch der Hafenbautechnischen Gesellschaft 1975/76, Bd. 35, Berlin/Heidelberg 1977, S. XXIX.

161 Ende 1937 berichtete das Übersee-Holz-Syndikat von Tätigkeiten in Nordamerika, s. BArch Berlin-Lichterfelde, R 1001/3631, Von Weizsäcker i. S. Übersee-Holz-Syndikat, 14.12.1937, unfoliiert.

der Expedition jedoch auf.[162] Auch wenn in den konsultierten Quellen keine Gründe für diese Entscheidung genannt werden, spricht einiges dafür, dass die devisenklamme Reichsregierung den Aufwand für die Vorfinanzierung des noch unsicheren Projekts möglichst minimieren wollte und Göring deshalb zunächst ein Quidproquo mit Miedl abwartete. Auf wessen Initiative das Tauschgeschäft stattfand, ist unklar. Einerseits ist denkbar, dass Göring Miedl das Ende seiner juristischen Schwierigkeiten gegen Übernahme zumindest eines Teils der Expeditionskosten in Aussicht stellte. Angesichts seiner starken Verhandlungsposition und der tiefen Frustration über das seit Jahren gegen ihn schwebende Verfahren ist aber wahrscheinlicher, dass Miedl die Chance ergriff und im Gegenzug für eine Mitfinanzierung die Einstellung des Untersuchungsverfahrens forderte. Jedenfalls schickte Göring Lange im August 1937 zu einem persönlichen Treffen mit Miedl nach Amsterdam, wahrscheinlich um sich über dessen Zuverlässigkeit beim anstehenden Projekt ein Bild zu machen und bereits die Konditionen für eine künftige Zusammenarbeit auszuhandeln. Lange, der von seinem Gegenüber „in jeder Beziehung einen günstigen Eindruck“[163] gewann, schilderte Göring bei der Rückkehr seine „allergrößten Zweifel bezüglich der gegen ihn vorgebrachten Beschuldigungen“ und empfahl für Miedl freies Geleit nach Berlin.[164] Nachdem sich auch Josef Wagner, ‚Reichskommissar für die Preisbildung‘ in der ‚Vierjahresplan‘-Behörde,[165] und Görings Vetter Herbert, Generalreferent im Reichswirtschaftsministerium,[166] für Miedls freies Geleit eingesetzt hatten, erhielt er am 3. September 1937 die Möglichkeit, seine Anticosti-Pläne im Reichswirtschaftsministerium vorzutragen.

Offenbar war Göring bei dieser Präsentation, in deren Verlauf „alle Herren des Ministeriums die außerordentliche Wichtigkeit und Tragweite“[167] von Miedls Vorschlag anerkannten, jedoch nicht persönlich anwesend.[168] Dieser Umstand verunsicherte Miedl und veranlasste ihn nur eine Woche später dazu, den ihm befreundeten Versicherungsbeamten und zur „Giesinger Parteiprominenz“[169] gehörenden SA-Standartenführer Lorenz Steimer nachdrücklich zu bitten, für ihn unbedingt in den folgenden drei Tagen ein Treffen in München mit

162 Löbe 1977, S. XXIX.

163 StAM, Staatsanwaltschaften 46336/13, Kurt Lange i. S. Darlehen Miedl, 14. 2. 1971, unfoliiert. – Laut Miedl entwickelte sich aus dem „günstigen Eindruck“ eine Freundschaft zu Lange, s. NL-HaNA, NBI 2.09.16.10 Nr. 203497, Befragung Alois Miedl durch die Entfeindungskommission, 24. 2. 1951, Bl. 2; folgendes Zitat ebd.

164 Ebd., Kurt Lange i. S. Darlehen Miedl, 14. 2. 1971, unfoliiert.

165 Josef Wagner war zeitweise auch Gauleiter von Westfalen-Süd und Schlesien, fiel nach parteiinternen Intrigen in Ungnade und wurde schließlich 1945 von der Gestapo hingerichtet, s. Klee 2016, S. 650.

166 Herbert Göring wurde 1944 unter dem Verdacht, den Widerstand des 20. Juli unterstützt zu haben, von der Gestapo verhaftet und starb vermutlich 1947 in sowjetischer Kriegsgefangenschaft, s. https://www.proveana.de/de/person/goering-herbert [zuletzt aufgerufen 28. 5. 2022].

167 NL-HaNA, NBI 2.09.16.10 Nr. 203497, Alois Miedl an Lorenz Steimer, 10. 9. 1937, unfoliiert.

168 Ebd.

169 Schmiechen-Ackermann, Detlef: Nationalsozialismus und Arbeitermilieus. Der nationalsozialistische

Göring oder auch Hitler zu arrangieren. Die Dringlichkeit begründete er mit den Schwierigkeiten zur Aufbringung des Kaufpreises der Insel, den er mit zwölf Millionen Dollar bezifferte. Demnach sollte die Hälfte des Betrags in zwölf Jahresraten à 500.000 Dollar gezahlt werden; 600.000 Dollar mussten allerdings schon zum 14. September und die restlichen 5,4 Millionen Dollar dann zum 14. Oktober 1937 in bar beglichen werden. Seiner Überzeugung nach könne er diese zweite Hälfte „leichter tragbar“[170] und das „devisenmäßig unmöglich Scheinende möglich“ machen. Die Möglichkeiten des in der Parteihierarchie subalternen Steimer überschätzte Miedl allerdings; der September verstrich, ohne dass es zu dem gewünschten Treffen kam.

Etwa einen Monat später im Oktober lud der Reichsmarschall Miedl überraschend doch noch zu einem Treffen in Berlin ein, an dem auch Beamte der Gestapo, der Staatsanwaltschaft sowie Angehörige der ‚Reichsführung SS‘ teilnahmen.[171] Im Beisein dieses elitären NS-Kreises stellte Göring das Verfahren offiziell ein,[172] indem er vier der fünf Anklagepunkte fallen ließ. Dass er Miedl ausgerechnet für den fünften,[173] der nicht als Verbrechen qualifiziert worden war – nämlich Waren aus dem deutschen Wirtschaftsgebiet ausgeführt und dafür keine Exportvalutaerklärung abgegeben zu haben –, mit einem Bußgeld von 50.000 Reichsmark[174] belegte, sollte vermutlich einerseits die Justiz und auch Miedls sonstige Gegner besänftigen sowie andererseits dem für einen NS-Funktionär bedrohlichen Vorwurf zu großer Milde durch seine eigenen Feinde in der Partei vorbeugen. Ein Widerspruch der Zollfahndung gegen diese willkürliche Entscheidung wie im August 1932 war nicht zu erwarten, da Göring bereits im August 1936 ein reichszentrales Devisenfahndungsamt gegründet hatte, dem alle Zollfahndungsstellen unterstellt waren.[175]

Auf Miedl, der den NS-Behörden im Fall einer Untersuchungseinstellung schon Jahre vorher vergeblich einen unverzinslichen Kredit in Höhe von 250.000 Reichsmark angeboten hatte,[176] muss diese „Buße“ geradezu befreiend gewirkt haben. Nach fünf Jahren, in denen er seiner Meinung nach substanziell zur Stärkung der deutschen Wirtschaft beigetragen hatte,

---

Angriff auf die proletarischen Wohnquartiere und die Reaktion in den sozialistischen Vereinen, Bonn 1998, S. 152.

170 NL-HaNA, NBI 2.09.16.10 Nr. 203497, Alois Miedl an Lorenz Steimer, 10. 9. 1937, unfoliiert; folgendes Zitat ebd.

171 StAM, Staatsanwaltschaften 46336/13, Kurt Lange i. S. Darlehen Miedl, 14. 2. 1971, unfoliiert.

172 BArch Berlin-Lichterfelde, R 9361-II/1218786, Gaugericht der Auslands-Organisation der NSDAP an den Reichsschatzmeister der NSDAP, 21. 10. 1938, Bl. 3.

173 StAM, Staatsanwaltschaften 46336/13, Kurt Lange i. S. Darlehen Miedl, 14. 2. 1971.

174 ADL, N 53–107, Äußerung des Rechtsanwalts Dr. Kurt Erhardt zu einer anonymen Denunziation, 31. 5. 1946, Bl. 16.

175 Banken, Ralf: Das nationalsozialistische Devisenrecht als Steuerungs- und Diskriminierungsinstrument 1933–1945, in: Bär, Johannes/Banken, Ralf (Hrsg.): Wirtschaftssteuerung durch Recht im Nationalsozialismus, Frankfurt a. M. 2006, S. 179, 199 f.

176 BayHStA, MHIG Nr. 8128, Schreiben des Oberstaatsanwalts beim Landgericht München I an den

ohne die maßgeblichen Stellen umstimmen zu können,[177] konnte er sich nun wieder frei in Deutschland bewegen und zudem eine womöglich über das Anticosti-Projekt hinausgehende Geschäftsbeziehung zu Göring aufnehmen.

Zunächst ermöglichte ihm eine finanzielle Beteiligung in Höhe von angeblich 40.000 Dollar,[178] im November 1937 als dreizehnter Teilnehmer des Explorationsteams nach Anticosti zu reisen.[179] Falls die Gruppe gehofft hatte, ihre Untersuchungen möglichst ohne großes Aufsehen in der kanadischen Öffentlichkeit durchzuführen zu können, wurde sie bereits einen Tag vor Beginn der Arbeiten enttäuscht. Anlass dafür war ein Artikel der Montreal Gazette, der auf der ersten Seite unter dem Aufmacher „Germans negotiating purchase of Anticosti" am 2. Dezember 1937 publiziert wurde. Die Zeitung informierte das Publikum über die Verhandlungen zum Kauf der Insel durch ein niederländisch-deutsches Konsortium mit Unterstützung eines anonymen Montrealer Finanziers. Beabsichtigt sei der Bau einer Holzverarbeitungsfabrik, in der mithilfe des Sulfitverfahrens jährlich um die 200.000 Tonnen Zellulose gewonnen werden könnten. Auch wenn der Verfasser positiv anmerkte, dass dieses Unternehmen bis zu 2.000 neue Arbeitsplätze auf Anticosti schaffen würde, überwog bei ihm dennoch die Skepsis. Weder die Vertreter der Consolidated Paper Corporation Ltd. noch die europäische Gruppe seien nämlich dazu bereit, die Kaufsumme für die Option oder den Preis der Insel offenzulegen. Da die Besitzer von Anticosti 1931 etwa 6,5 Millionen Dollar gezahlt hatten, vermutete er, dass sie angesichts der seitdem getätigten Investitionen einen wesentlich höheren Betrag fordern würden. Auch wenn die Parteien zu einer Einigung kommen sollten, sei die Transaktion nicht sicher, da sie es laut des Québecer Premierministers Maurice Duplessis bis dato unterlassen hatten, die obligatorische Erlaubnis des Ministers für Ländereien und Wälder einzuholen.[180]

Obwohl dieser Artikel sachlich gehalten war, löste allein der Umstand, dass es sich bei den potenziellen Käufern auch um Deutsche handelte, eine hitzige öffentliche Debatte aus. Nur einen Tag nach Erscheinen des Beitrags wandte sich ein angeblicher Zeitungskorrespon-

---

Generalstaatsanwalt beim Oberlandesgericht zu Miedl Alois, Witzig, Johannes, Adler Ott, Dr. Kurt Erhardt wegen Zuwiderhandlung gegen die Devisenvorschriften, 7.3.1934, Bl. 35.

177 NL-HaNA, NBI 2.09.16.10 Nr. 203496, Alois Miedl, 27.2.1937, Bl. 2.

178 BAR, E6100A-24#1000/1924#75*, Aktennotiz der Eidgenössischen Finanzverwaltung zu einer Besprechung vom 9.12.1952 mit Miedl, Erhardt, Schlotterer und Sieben, Dezember 1952, unfoliiert. – Ausgehend vom Geschäftsbericht der Schantung für 1937 finanzierte Miedl seine Beteiligung mithilfe dieser Gesellschaft. Eine genaue Summe wird dort jedoch nicht erwähnt, s. BArch Berlin-Lichterfelde, R 3102/2626, Berliner Börsen-Zeitung, Nr. 328, Schantung mit erweiterten Ausgaben, 16.7.1938, unfoliiert.

179 Löbe 1977, S. XXIX.

180 Montreal Gazette, Vol. CLXVI, Nr. 288, Germans negotiating purchase of Anticosti, 2.12.1937, Bl. 1 u. 9, www.news.google.com [zuletzt aufgerufen 19.8.2021].

dent namens William Glyn[181] mit brisanten Informationen an die Generalstaatsanwaltschaft in Montreal. Er habe Gespräche der Expeditionsgruppe im Mount Royal Hotel belauscht, die sie als Agenten Hitlers sowie Marine-, Militär- und Festungsexperten entlarvt hätten. Der Präsident der Consolidated Paper Corporation Ltd. L. J. Belnap sowie zwei seiner Angestellten seien über die wahre Identität der Deutschen informiert und müssten deshalb wegen Landesverrats angeklagt werden. Auch wenn Duplessis dieser Forderung nicht nachkam, schenkte er Glyns restlicher Darstellung offenbar Glauben und positionierte sich neu. Hatte er zuvor lediglich auf die fehlende ministerielle Verkaufserlaubnis verwiesen, sprach er nun von der Insel als einem zu verteidigenden strategischen Außenposten und erklärte, der Rohstoffexport müsse zukünftig verboten werden. Dieser Meinung schlossen sich nicht nur weitere kanadische Zeitungen, sondern auch der Chef des Marinestabs an, der eine umfassende Überwachung der Arbeiten des deutschen Teams verlangte, „da die Nutzung der Anticosti-Insel als Stützpunkt für die Versorgung mit Personal oder Material durch ein ausländisches Schlachtschiff [...] oder ein U-Boot äußerst gefährlich wäre."[182] Demgegenüber vertraten sowohl der Chef des Generalstabs als auch der Rechtsberater des Außenministeriums die Meinung, dass die Insel zwar nicht von einer „unerwünschten Anzahl" möglicherweise feindlicher Staatsangehöriger besiedelt werden sollte, die Ausbeutung des Rohstoffs die nationale Sicherheit jedoch nicht gefährden würde. Da der Verkauf laut der Beurteilung des Rechtsberaters völlig legal sei und man die Eigentümer der Insel wenn nötig im Kriegsfall immer noch enteignen könnte, sah sich der kanadische Kronrat Mitte Dezember 1937 vorerst nicht zum Handeln genötigt. Nachdem die öffentliche Debatte jedoch nicht abklang, sondern vielmehr an Dynamik gewann, forderte der Unterstaatssekretär für auswärtige Angelegenheiten schließlich Belnap dazu auf, ihm am 19. Januar 1938 ausführlich Bericht zu erstatten. Letzterer begründete seine Absicht, die Insel an die Deutschen zu verkaufen, mit den mangelhaften Angeboten der anderen Interessenten; seiner Kenntnis nach läge der Gruppe zudem ausschließlich daran, den Rohstoff für die Herstellung von Schreibpapier und Textilien zu verwenden sowie einen Zugang zu kanadischem Kapital zu erhalten. Dafür würde sie bis zu 2.500 Arbeitsplätze in einem „chronisch benachteiligten" Gebiet schaffen und in die Entwicklung circa zwölf bis fünfzehn Millionen Dollar investieren. Für ein solch „unkompliziertes Geschäft" sei er deshalb dazu bereit gewesen, die Kauffrist bis zum Sommer des Jahres zu verlängern.[183]

181 Laut Thomas könnte Glyn der Verfasser des Gazette-Artikels gewesen sein. Dagegen spricht jedoch, dass im Artikel das Vorhaben der Expeditionsteilnehmer neutral, wenn nicht sogar anerkennend dargestellt wird, ohne derartige Anschuldigungen zu erwähnen, s. Thomas 2001, S. 48.

182 Ebd., S. 48–49; folgende Zitate ebd.

183 Ebd., S. 48–49.

Nach der Rückkehr des Expeditionsteams am 11. Januar 1938,[184] erhielt Göring sowohl einen ausführlichen Sachbericht zu den Untersuchungen auf Anticosti[185] als auch eine abschließende Beurteilung des Chefs des Amtes für Deutsche Roh- und Werkstoffe Fritz Löb. Angesichts eines Jahresertrags von circa einer Million Raummeter Holz und der optimistisch bewerteten hafenbautechnischen Voraussetzungen folgerte Löb, dass der Erwerb sich auch dann lohnen würde, wenn die Selbstkostenpreise die derzeitigen Welthandelspreise übersteigen sollten, „da das volkswirtschaftliche Problem der Sicherung des Rohstoffes für die deutsche Zellstoffindustrie von übergeordneter Bedeutung [sei]."[186] Zur Realisierung des Projekts benötige man allerdings die Unterstützung „kanadischer interessierter Wirtschaftskreise", die sich in Verhandlungen mit der Landes- und der Provinzregierung um eine Exporterlaubnis bemühten. Als ebenso problematisch, wenn nicht sogar schwieriger erweise sich jedoch die Frage der Finanzierung, denn die Option könne erst wahrgenommen werden, wenn der Kaufpreis in Höhe von acht Millionen Dollar vollumfänglich in Devisen vorhanden sei. Um dies zu erreichen, müsse daher Wert darauf gelegt werden, dass „der Versuch zur Durchführung der von Herrn Miedl vorgeschlagenen Transaktion sofort gemacht wird."[187]

Tatsächlich hatte Miedl der Reichsdevisenstelle schon fünf Tage vor Löbs Schreiben einen bereits „Göring persönlich unterbreitet[en]"[188] Antrag zum Kauf der Redjang-Lebong-Aktienmajorität im Nennwert von fast 1.525.000 Gulden von der Photopapier-Gruppe und der Schmidt'schen Heißdampf Vermögensverwaltungsgesellschaft vorgelegt, die er „als Kreditunterlage für die Finanzierung des Anticosti-Projekts nach Maßgabe eines Vorschlags" benötigte. Jedenfalls erhielt er Ende Januar 1938 wohl dank des Hinweises auf „Göring persönlich" nicht nur prompt die Genehmigung des Oberfinanzpräsidenten Berlin, die Redjang-Lebong-Aktien zu einem Kurs von 205 Prozent zu erwerben,[189] woraus sich bei dem geltenden Wechselkurs ein Kaufpreis von knapp 4.330.000 Reichsmark ergab, zahlbar

184 BArch Berlin-Lichterfelde, R 3101/34204, Reichswirtschaftsministerium (Teil 2), Reichszuschüsse im Rahmen des ‚Vierjahresplanes' für Forschungsvorhaben, Erfindungen etc. – Einzelfälle. – Bewilligungsbescheide, Auszahlungsanordnungen u. a., Bd. 4: „Anticosti"-Expedition, 1937–1938, Fritz Löb an Hermann Göring i. S. „Anticosti-Expedition", 25. 1. 1938, Bl. 195.

185 Der Bericht behandelte den Kaufwert von Anticosti, den lokalen Holzbestand sowie die Transportmöglichkeiten auf der Insel und die Verschiffung nach Emden, s. Löbe 1977, S. XXIX.

186 BArch Berlin-Lichterfelde, R 3101/34204, Fritz Löb an Hermann Göring i. S. „Anticosti-Expedition", 25. 1. 1938, Bl. 195–197; folgendes Zitat ebd.

187 Zusätzlich zu den acht Mio. Dollar müssten für den Aufbau der Anlagen weitere zehn bis zwölf Mio. Dollar investiert werden. Die laufenden Betriebskosten würden anschließend jährlich etwa drei bis vier Mio. Dollar betragen, s. ebd., Fritz Löb an Hermann Göring i. S. „Anticosti-Expedition", 25. 1. 1938, Bl. 195–197.

188 BArch Berlin-Lichterfelde, R 3112/188, Alois Miedl an die Reichsstelle für Devisenbewirtschaftung i. S. Mijnbouw Mij. Redjang Lebong, 20. 1. 1938, unfoliiert; folgendes Zitat ebd.

189 Die Schmidt'sche Heißdampf-Vermögensverwaltungsgesellschaft verkaufte ihre nom. 7.800 Gulden Redjang-Lebong-Aktien vorher für etwas mehr als 22.000 RM an die Photopapier-Gruppe, s. ebd.

in freien Reichsmark. Darüber hinaus folgte die Behörde großzügig auch seinem Antrag, den Kaufpreis ohne weitere Besicherung bis zum 31. Dezember 1938 zu stunden und die von ihm vertretenen Aktionäre der Majoritätsgruppe bei der bevorstehenden Abwicklung der Photopapier-Gruppe mit der Übertragung der Kaufpreisforderung anstelle einer baren Liquidationsrate abzufinden.[190]

Nach dieser Transaktion verfügte Miedl ohne unmittelbare Liquiditätsbelastung aufgrund der ihm beziehungsweise der Sofico bereits vorher gehörenden Aktien über ein Aktienpaket der Redjang Lebong mit einem Nominalwert von insgesamt 2.272.100 Gulden. Gegen Verpfändung dieses Pakets, das mehr als neunzig Prozent des Stammkapitals repräsentierte, gewährte ihm ein niederländisches Konsortium daraufhin einen Barkredit von mehreren Hunderttausend Gulden,[191] den er ebenso wie ein Darlehen der Schantung in Höhe von 137.000 Reichsmark[192] für den Ankauf von Aktien der Consolidated Paper Corporation Ltd. verwenden wollte. Miedl spekulierte nämlich darauf, dass sich der Mehrheitserwerb der Gesellschaft, über die er den Holzabbau auf der Insel kontrollieren konnte, günstiger als der Kauf der Insel für acht Millionen Dollar erweisen würde.[193]

Da eine Übernahme der Gesellschaft ohne eine garantierte Exportgenehmigung der Regierung sinnlos gewesen wäre, wandte sich Göring im April 1938 mit einem „gänzlich inoffiziellen und vertraulichen“[194] Schreiben an den kanadischen Premierminister William Lyon Mackenzie King, um die Erfolgsaussichten für eine derartige Garantie zu sondieren. Görings Versicherung, dass der geplante Kauf „einen rein wirtschaftlichen Charakter hat und dass der einzige Zweck des Syndikats die Holzproduktion ist“, konnte Mackenzie King nicht zu einer verbindlichen Zusage bewegen; er antwortete ausweichend, es gebe zwar aktuell keine föderalen Exportbeschränkungen, zukünftige Verbote könnten allerdings nicht ausgeschlossen werden.[195] Abschließend empfahl er Göring, er möge mit Rücksicht auf die kanadische Mentalität von dem Projekt Abstand nehmen.[196] Dass er keine direkte Absage erteilte, hing möglicherweise damit zusammen, dass er im Juni 1937 anlässlich eines

---

190 Ebd., Oberfinanzpräsident Berlin an die Fotopapiergesellschaften, 26. 1. 1938, unfoliiert.

191 Dem Konsortium gehörten 17 Firmen an, mehrheitlich Rotterdamer beziehungsweise Amsterdamer Banken, s. NL-HaNA, NBI 2.05.286 Nr. 670, Ministerie van Buitenlandse Zaken, Spanje Gezantschap/Ambassade Madrid, 1939–1954, Stukken betreffende de van Nederlandse schilderijenroof verdachte Alois Miedl, en zijn verblijf in Spanje, 1943–1951, Vertrag Miedl und Wolf, 16. 12. 1938, Bl. 1.

192 BArch Berlin-Lichterfelde, R 3102/2626, Berliner Börsen-Zeitung, Nr. 329, Die Beteiligungstransaktionen bei Schantung, 16. 7. 1939, unfoliiert.

193 Thomas 2001, S. 51.

194 Ebd., S. 48–49; folgendes Zitat ebd.

195 Ebd., S. 48–49.

196 NL-HaNA, NBI 2.09.16.10 Nr. 203494, Kurt Lange an die Direktion der Eidg. Finanzverwaltung Bern, 15. 12. 1952, unfoliiert.

Treffens mit Hitler in Berlin Göring kennengelernt und offenbar so sympathisch gefunden hatte, dass er ihn sogar zur Großwildjagd auf Elche und Bären in Kanada eingeladen hatte.[197]

Abgesehen davon herrschte zwischen den beteiligten kanadischen Regierungsbehörden immer noch offener Dissens in der Angelegenheit Anticosti. Um die kontroversen Parlamentsdebatten und die Spekulationen der Presse ein für alle Mal zu beenden, setzte die Regierung im Juli 1938 einen ressortübergreifenden Untersuchungsausschuss ein und entsandte eine Inspektionsgruppe auf die Insel. Die Anfang August vorgestellten Erkenntnisse dieser Gruppe schienen die Befürchtung vor einer geheimen deutschen Militäroperation zu bestätigen. Laut Aussage eines Managers der Anticosti Corporation habe sich das deutsche Team keineswegs für den Holzbestand interessiert, sondern lediglich mit fünf gecharterten Flugzeugen eine Luftbildvermessung der Insel vorgenommen. Dass eben dieses Verfahren zur systematischen Erfassung von Ressourcen üblich war, wurde wahrscheinlich in der Absicht nicht erwähnt, die Verkaufspläne zu torpedieren. Trotzdem kam der nur wenig später vorgelegte Abschlussbericht des Untersuchungsausschusses zu dem Fazit, dass „es keine Anzeichen dafür gibt, dass das Projekt einen anderen als kommerziellen Zweck verfolgt."[198] Die für den Fall eines Verkaufs empfohlenen Überwachungsmaßnahmen zeugen gleichwohl davon, dass die Zweifel an den Absichten der Deutschen nicht vollständig ausgeräumt waren.

Robert Thomas zufolge löste sich die Kontroverse in Politik und Presse erst nach Ablauf der zweiten Kaufoption am 15. September 1938 auf.[199] Zu diesem Zeitpunkt hatte Miedl schon längst den Kauf der Insel aufgegeben und sich auf die Majoritätsübernahme der Anticosti Corporation konzentriert. Wann und vor allem warum er schließlich auch dieses Vorhaben aufgab, ist nicht ganz klar. Aus dem Geschäftsbericht der Schantung für 1938 geht diesbezüglich nur hervor, dass die Entscheidung noch 1938 „infolge besonderer Umstände, die jedoch nicht auf wirtschaftlichem Gebiet lagen"[200] getroffen wurde. Denkbar ist, dass politische Erwägungen den Ausschlag gaben,[201] etwa dass Göring angesichts der unsicheren

197 s. https://web.archive.org/web/20091031132442/http:/www.collectionscanada.gc.ca/king/023011-1070.05-e.html [zuletzt aufgerufen 6. 6. 2022].

198 Thomas 2001, S. 50–51.

199 Ebd.

200 BArch Berlin-Lichterfelde, R 3102/2626, Berliner Börsen-Zeitung, Nr. 354, Große Exportpläne bei Schantung, 31. 7. 1939, unfoliiert. – Laut Richard Wenig, dem Leiter des 1943 aufgelösten Kolonialpolitischen Amtes der NSDAP, wurde das Anticosti-Projekt um 1942 erneut von seiner sowie der Behörde des Reichsforstministers erfolglos bearbeitet. Demzufolge sollte ein „Verständigungsfrieden" mit Kanada ausgehandelt werden, um das Holz schließlich doch noch für Deutschland zu sichern, s. BAR, E6100A-24#1000/1924#75*, Eidgenössische Finanzverwaltung, Dr. Sieben, Aktennotiz betreffend Alois Miedl, 30. 12. 1952, unfoliiert.

201 Lange zufolge waren es sogar ausschließlich politische Gründe, nämlich die „freundschaftlich" vorgebrachte Empfehlung des kanadischen Ministerpräsidenten Mackenzie King, s. NL-HaNA, NBI 2.09.16.10 Nr. 203494, Kurt Lange an die Direktion der Eidg. Finanzverwaltung Bern, 15. 12. 1952, unfoliiert.

Exportmöglichkeiten das Interesse an dem Projekt und Miedl damit dessen Unterstützung verlor. Andererseits spielten entgegen Miedls Behauptung wirtschaftliche Gründe sehr wahrscheinlich doch eine entscheidende Rolle, da er sich mit seinen komplexen Transaktionen gravierende Liquiditätsprobleme eingehandelt hatte, deren Bewältigung ihn voll in Anspruch nahm.

6.5 Verkauf der N.V. Redjang Lebong

Tatsächlich konnte Miedl den auf kurzfristige Rückzahlung angelegten Barkredit des niederländischen Konsortiums schon bald nicht mehr bedienen. Spätestens als bekannt wurde, dass alle seine Versuche gescheitert waren, weitere Darlehen sogar zu überhöhten Zinssätzen für die Rückzahlung dieses Kredits aufzunehmen,[202] bestand in Finanzkreisen Konsens über die finanziellen Schwierigkeiten der mit Miedl assoziierten Unternehmen. Nachdem im Verlauf mehrmonatiger Verhandlungen keine Lösung für das Zahlungsproblem gefunden wurde, kündigten die Kreditgeber Anfang Dezember 1938 eine Zwangsversteigerung der belehnten Wertpapiere an, was durch Überschwemmung des Marktes zu einem Kurssturz ins Bodenlose geführt hätte. Paradoxerweise kam Miedl, der während des ganzen Jahres zur Kursstützung Redjang-Lebong-Aktien erworben hatte,[203] in dieser bedrohlichen Situation zugute, dass die Börsenaufsicht deren Notierung aus ebendiesem Grund seit Ende November mehrfach aussetzte. Lukrative Gebote für börsenunzulässige Aktien, deren „Kursbildung [...] angesichts der großen Einseitigkeit des Marktes keine ausreichende Gewähr für die Realität bietet“[204], waren demnach höchst unwahrscheinlich. Dieser Umstand hielt die Gläubiger zunächst von ihrem Vorhaben ab und verschaffte Miedl einige Tage Aufschub. Innerhalb dieser wenigen Tage, in denen die Presse nicht ohne einen Anflug von Schadenfreude berichtete, Miedls Kartenhaus stehe kurz vor dem Einsturz und werde ohne ein Wunder sehr bald von der Bildfläche verschwinden,[205] fand Miedl wider Erwarten einen Ausweg aus der misslichen Lage. Die Presse meldete indigniert, er habe eine Gruppe von etwa zwanzig

---

202 Miedl wandte sich zunächst erfolglos an die Inkasso-Bank und die Nederlandsch-Indische Handelsbank. Die Javasche Bank, der er für einen Kredit von 600.000 Gulden Redjang-Lebong-Aktien im Wert von 900.000 Gulden als Sicherheit geboten hatte, lehnte ebenfalls ab in der Überzeugung, dass im Umgang mit ihm Vorsicht geboten sei und sein Ruf zu wünschen übrig lasse. Auch bei der Nederlandsche Bank kam er nicht zum Ziel, s. NL-HaNA, 2.25.68 Nr. 14322, Stellvertretender Direktor der Nederlandsche Bank N.V. an den Firmenpräsidenten L. J. A. Trip, 19.11.1938, unfoliiert.

203 De Telegraaf, Jg. 46, Nr. 17356, Mijnbouw Redjang Lebong. Een nieuwe groep is geformeerd, 8.12.1938, Bl. 2 [www.delpher.nl, zuletzt aufgerufen 20.8.2021].

204 Algemeen Handelsblad, Jg. 111, Nr. 36585, Beursoverzicht Redjang Lebong, 2.12.1938, Bl. 15 [www.delpher.nl, zuletzt aufgerufen 24.8.2021].

205 NL-HaNA, 2.25.68 Nr. 14322, Financieel Weekblad voor den Fondsenhandel, Het Miedl-kaartenhuis op invallen?, 2.12.1938, unfoliiert.

niederländischen Privatpersonen, darunter die Brüder Daniel und Mozes Wolf aus Den Haag, vom Kauf der belehnten Aktien überzeugt,[206] und fiel damit auf eine bewusst gestreute Fehlinformation herein.

Tatsächlich übernahmen Mozes alias Marcel und Daniel Wolf, mit denen Miedl auch noch nach der Besetzung der Niederlande wiederholt Geschäfte machen sollte, das Aktienpaket ohne weitere Beteiligte unter der Bedingung, dass dies nicht publik würde. Wahrscheinlich aus Rücksicht auf Miedls Reputation wurde die Öffentlichkeit auch über das Volumen der Transaktion getäuscht. Anstelle der offiziell gemeldeten fünfzig Prozent des Stammkapitals[207] verkaufte Miedl dem am 6. Dezember unterzeichneten Vertrag zufolge[208] die gesamten von ihm kontrollierten gut neunzig Prozent der Aktien. Da deren Kaufpreis ebenfalls nicht mitgeteilt wurde, schwankten die Vermutungen der Journalisten zwischen dem aktuellen Börsenkurs von 150 Prozent und deutlich unter dem Nominalwert.[209] Letzteres entsprach der Realität, da ein Durchschnittspreis von 60,8 Prozent des Nennwertes vereinbart worden war, sodass sich der Gesamtkaufpreis auf 1.381.400 Gulden belief, mithin ein für die Begleichung der bei dem niederländischen Konsortium aufgelaufenen Schulden ausreichender Betrag. Dass Miedl diese niedrige Bewertung akzeptierte, obwohl er selbst mit Ablauf der Stundung Ende des Jahres für den Großteil der Aktien 205 Prozent an die Photopapier-Gruppe zu bezahlen hatte, könnte zwar auf seine finanzielle Notlage zurückzuführen sein. Allerdings deutet der Umstand, dass er sich ein bis 15. Februar 1939 befristetes Rückkaufsrecht bei Zahlung einer Provision von 150.000 Gulden an die Brüder Wolf vertraglich sicherte, darauf hin, dass er Redjang Lebong keinesfalls endgültig abgeschrieben hatte und auf eine baldige Besserung seiner Finanzen hoffte. Womöglich spekulierte er hierbei auf Unterstützung durch seine NS-Kontakte; zumindest im Fall der Photopapier-Gruppe muss er diese auch erhalten haben, denn ohne deren Protektion hätte er den ursprünglichen Vertrag nicht brechen können, indem er seine Schulden nicht wie vereinbart in freien Reichsmark, sondern mit minderwertigen Effektensperrmark beglich.[210]

Die Brüder Wolf gingen wohl zunächst davon aus, dass Miedl von seinem Rückkaufsrecht Gebrauch machen würde, es sich also für sie lediglich um eine Art kurzfristiges Darlehen gegen eine Provision von 150.000 Gulden handelte. Miedl ließ jedoch nicht nur die

---

206 De Telegraaf, Jg. 46, Nr. 17356, Mijnbouw Redjang Lebong. Een nieuwe groep is geformeerd, 8.12.1938, Bl. 2 [www.delpher.nl, zuletzt aufgerufen 20.8.2021].

207 De Locomotief, Jg. 87, Nr. 281, Geen Miedl-meerderheid meer in Redjang Lebong, 7.12.1938, Bl. 1 [www.delpher.nl, zuletzt aufgerufen 24.8.2021].

208 NL-HaNA, NBI 2.05.286 Nr. 670, Vertrag Miedl und Wolf, 6.12.1938, Bl. 1–3.

209 Soerabaijasch handelsblad, Jg. 86, Nr. 291, De veranderingen bij Redjang Lebong. Dreigende executies vermeden?, 19.12.1938, Bl. 4 [www.delpher.nl, zuletzt aufgerufen 24.8.2021].

210 Miedl gab nach dem Krieg an, er habe letztlich für die Aktien 16 Mio. Effektensperrmark im Gegenwert von 8,5 Cent pro Sperrmark, also insgesamt 1.360.000 Gulden gezahlt, s. NL-HaNA, 2.05.117 Nr. 5953, Niederländische Gesandtschaft Madrid an Den Haag, Alois Miedl, 18.6.1947, Bl. 3.

gesetzte Frist verstreichen, sondern machte auch danach keinerlei Anstalten zum Rückkauf. Die Wolfs begannen daraufhin, sich als Eigentümer für die wirtschaftliche Situation von Redjang Lebong zu interessieren.[211] Der Anfang 1938 noch von Miedl eingesetzte neue Verwaltungsdirektor Johann Vollgraff[212] hatte zwar zum Zeitpunkt des Verkaufs verkündet, das Unternehmen verarbeite monatlich nicht nur 6.000 Tonnen Erz, sondern es sei in der Mine auch eine neue Ader „mit einem sehr zufriedenstellenden Gold- und Silbergehalt“[213] gefunden worden, der Betrieb laufe „völlig reibungslos“. Jedoch entsprachen diese optimistischen Einschätzungen nicht der Realität. Da dementsprechend auch in den folgenden zwei Jahren keine Dividende ausgeschüttet werden konnte, wurde bei einer außerordentlichen Hauptversammlung im März 1940 entschieden, das Kapital um fünfzig Prozent auf 1.250.000 Gulden zu reduzieren und den frei werdenden Betrag für die Abschreibung des Verlustsaldos und des Anlagevermögens einzusetzen.[214]

Kurz darauf, am 10. Mai 1940, wurde die Redjang Lebong unter die Kontrolle der Niederländischen Kommission für die Rechtspflege in Kriegszeiten gestellt. Im September des Jahres beabsichtigte der von der Kommission eingesetzte Verwalter, Lebong Donok zu schließen, was einer Liquidation der Gesellschaft gleichgekommen wäre. Vollgraff kehrte daraufhin von einem Amerika-Aufenthalt zurück nach Batavia (heute: Jakarta), um zu intervenieren, wurde jedoch nach seiner Ankunft aus unbekannten Gründen prompt verhaftet.[215] Ob Insiderwissen über diese nach Kriegsbeginn abzusehende Entwicklung Miedls Desinteresse an Redjang Lebong ab 1939 erklärt, muss offenbleiben. Jedenfalls musste er

211 Bouwens, Bram/Langeveld, Herman: Whisky, Wapens en Weelde. Daniël Wolf, ondernemer in crisis- en oorlogstijd, Amsterdam 2018, S. 118.

212 Nachdem Miedl Vollgraff Ende 1937 mit der Umstrukturierung der Redjang Lebong beauftragt hatte, gründeten die beiden Männer 1938 mit Miedls Kapital die Mijnbouw en Exploratie Mij., die kurz darauf in N. V. Mijn-boubeheer Kali Besar West umbenannt wurde. Diese Gesellschaft niederländisch-indischen Rechts verwaltete seitdem die Redjang Lebong, s. De Indische Courant, Jg. 20, Nr. 215, De Affaire-Vollgraff, 31. 5. 1941, Bl. 2; De Loco-motief, Jg. 87, Nr. 232, Mijnbouw-Zaken. De N. I. M. E. M., 10. 10. 1938, Bl. 1 [www.delpher.nl, zuletzt aufgerufen 24. 8. 2021].

213 De Maasbode, Jg. 71, Nr. 28368, De Verdiensten van Miedl, 12. 12. 1938, Bl. 4 [www.delpher.nl, zuletzt aufgerufen 20. 8. 2021]; folgendes Zitat ebd.

214 Amsterdamsch Effectenblad, Jg. 146, Nr. 75, Redjang Lebong. Kapitaalsafstempeling met 50 %, 1. 4. 1940, Bl. 1 [www.delpher.nl, zuletzt aufgerufen 24. 8. 2021]. – Ob Redjang Lebong nach der japanischen Besetzung Sumatras im Februar 1942 weiterbetrieben wurde, ist unklar. Zumindest formal bestand die Gesellschaft noch bei Kriegsende, wie aus der Todesanzeige Vollgraffs hervorgeht, der im Mai 1945 in einem japanischen Internierungslager auf Java mit nur 40 Jahren verstarb, s. https://oorlogsgravenstichting.nl/persoon/162476/johann-christoph-vollgraff [zuletzt aufgerufen 8. 6. 2022]. – Mit der Unabhängigkeit Indonesiens nach 1945 verlor die Gesellschaft ihre Minenkonzessionen und Anlagen auf Sumatra.

215 De Indische Courant, Jg. 20, Nr. 215, De Affaire-Vollgraff, 31. 5. 1941, Bl. 2 [www.delpher.nl, zuletzt aufgerufen 24. 8. 2021].

sich nach fünf Jahren intensiven Engagements eingestehen, dass die Redjang Lebong „im wörtlichen und übertragenen Sinne keine Goldmine mehr“[216] war.

6.6 Feindliche Übernahme der Gebrüder Goedhart AG

Etwa gleichzeitig zur Übernahme der Anticosti-Kaufoption begann Miedl im Juli 1937 mit verdeckten Aktienankäufen der Düsseldorfer Aktiengesellschaft Gebrüder Goedhart.[217] Die Presse ließ ihre Frage, „warum sich die Schantung ausgerechnet an [...] einem Unternehmen beteiligt, dessen Branche für sie völlig wesensfremd ist“[218], zwar offen; für Miedl, der zu diesem Zeitpunkt noch optimistisch von einem Gelingen des Anticosti-Projekts ausging und sich in Vorausschau auf die dann notwendige Erschließung der Insel wahrscheinlich Chancen auf Profit ausrechnete, war aber die Beteiligung an einer Firma, deren Aufgaben in der Ausführung von Bauarbeiten aller Art, insbesondere in Baggerarbeiten auf See, in Flüssen und Häfen sowie im Betrieb von Fabrikationsanlagen und dem Exportgeschäft bestanden, nur folgerichtig.[219]

Im Jahr 1906 mit einem Grundkapital von 3,5 Millionen Goldmark gegründet,[220] betätigte sich das Bauunternehmen bis zum Ersten Weltkrieg überwiegend in Südamerika,[221] wo es mit deutscher sowie argentinischer Beteiligung eine selbstständige Gesellschaft gründete. Ende der 1920er Jahre expandierte die Gebrüder Goedhart AG durch die Gründung einer Tochtergesellschaft namens Gebroeder Goedhart's Anemingsbedrijf in die Niederlande.[222] Diese Unternehmensexpansion löste allerdings einen langjährigen Steuerstreit über eine

216 Amsterdamsch Effectenblad, Jg. 146, Nr. 75, Redjang Lebong. Kapitaalsafstempeling met 50 %, 1. 4. 1940, Bl. 1 [www.delpher.nl, zuletzt aufgerufen 24. 8. 2021].

217 De Maasbode, Jg. 70, Nr. 27921, Gebruder Goedhardt, 23. 3. 1938, Bl. 2 [www.delpher.nl, zuletzt aufgerufen 27. 8. 2021].

218 BArch Berlin-Lichterfelde, R 3102/2626, Berliner Börsen-Berichte, Jg. 28, Nr. 162, Schantung veräußert Goldminenbesitz, 16. 7. 1938, unfoliiert.

219 NARA, M1922, RG 260, Records of the External Assets Investigation Section of the Property Division, OMGUS, 1945–1949, Reports and Exhibits relating to Investigations, 1931–1948, Gebrüder Goedhart AG, Joint Special Financial Detachment Düsseldorf i. S. Spot Report on Gebrüder Goedhart AG Düsseldorf, undatiert, unfoliiert. – Günther Haase behauptet unzutreffend, bei Goedhart handele es sich um die größte deutsche Spielbankgesellschaft, s. Haase 2008, S. 261.

220 BArch Berlin-Lichterfelde, R 3102/5584, Gebrüder Goedhart Aktiengesellschaft, Düsseldorf, Humboldtstraße 45, 1943, unfoliiert.

221 In den konsultierten Quellen finden sich keine Hinweise, die die Behauptung stützen würden, Miedl habe in Südamerika „die kühnsten und verwegensten Geschäfte“ getätigt, s. ADL, N 53–107, Äußerung des Rechtsanwalts Dr. Kurt Erhardt zu einer anonymen Denunziation, 31. 5. 1946, Bl. 16.

222 NARA, M1922, RG 260, Gebrüder Goedhart AG, Joint Special Financial Detachment Düsseldorf i. S. Spot Report on Gebrüder Goedhart AG Düsseldorf, undatiert, unfoliiert.

Nachforderung in Höhe von zwei Millionen Reichsmark aus, in dessen Folge über mehrere Jahre hinweg Aktienpakete auf den Markt gelangten. Die Zersplitterung des Aktienbesitzes kam Miedl wiederum auf verschiedenen Ebenen zugute: Einerseits besaß die Verwaltungsgruppe, die aus der Familie Goedhart und der Deutschen Bank bestand, neben den nominell 250.000 Reichsmark Vorzugsaktien nur noch eine Sperrminorität der drei Millionen Reichsmark Stammaktien.[223] Andererseits konnte Miedl aufgrund des schwebenden und damit kursbelastenden Steuerverfahrens die Aktien zu einem Kurs von nur etwa 150 Prozent aufkaufen.[224] Innerhalb von lediglich neun Monaten erwarb er so an der Börse und „durch Paketübernahme aus befreundeten Kreisen“[225] mehr als die Hälfte des Aktienkapitals.[226] Um für die Finanzierung nicht auf das Bankguthaben der Schantung zurückgreifen zu müssen, nahm er 1937 bei der Photopapier-Gruppe einen Kredit von 1,6 Millionen Reichsmark auf, den er mit Aktien der Gebrüder Goedhart sowie der Moritz Ribbert AG in Höhe von je nominell eine Million Reichsmark besicherte.[227]

Dass es ihm erneut gelungen war, „hinter dem Rücken der Deutschen Bank eine Mehrheitsbeteiligung aufzukaufen“[228], sorgte in Finanzkreisen für Furore. Dieser Coup führte jedoch anscheinend nicht wie im Fall der Schantung-Übernahme zur Konfrontation mit der Großbank, da diese auch nach der Neuwahl im März 1938 weiterhin im Aufsichtsrat vertreten war. Vonseiten der Schantung übernahm neben Miedl und Erhardt, der ein weiteres Mal zum Vorsitzenden ernannt wurde, auch Olga Rigeles Sekretär Franz Ploner einen Posten.[229] Da dieser anschließend auch in die Aufsichtsräte der Kaoko und der Schantung berufen wurde,[230] erscheint angesichts seiner ansonsten untergeordneten Position die Vermutung

---

223 BArch Berlin-Lichterfelde, R 3102/2626, Deutsche Bergwerks-Zeitung, Nr. 69, Neuer Mehrheitsbesitzer bei Gebrüder Goedhart, 23.3.1938, unfoliiert.

224 Ebd., Berliner Börsen-Berichte, Jg. 28, Nr. 162, Schantung veräußert Goldminenbesitz, 16.7.1938, unfoliiert; De Maasbode, Jg. 70, Nr. 27921, Gebruder Goedhardt, 23.3.1938, Bl. 2 [www.delpher.nl, zuletzt aufgerufen 27.8.2021].

225 Ebd., Berliner Börsen-Zeitung, Nr. 329, Die Beteiligungstransaktionen bei Schantung. Außerordentliche Aufwendungen durch missglücktes Holzgeschäft, 16.7.1939, unfoliiert.

226 Ebd., Berliner Börsen-Berichte, Nr. 68, Erwerb der Goedhart-Majorität durch die Miedl-Gruppe, 22.3.1938, unfoliiert.

227 Ebd., Berliner Börsen-Zeitung, Nr. 328, Schantung mit erweiterten Ausgaben, 16.7.1938, unfoliiert. – Ihre gesamte Beteiligung an der Moritz Ribbert AG veräußerte die Schantung 1938 für circa 1,4 Millionen Reichsmark an die Hohenlimburger Stoffdruckerei Göcke & Sohn, wobei sie einen Buchgewinn von etwa 1,2 Mio. Reichsmark erzielte, s. ebd., Berliner Börsen-Berichte, Jg. 28, Nr. 162, Schantung veräußert Goldminenbesitz, 16.7.1938, unfoliiert.

228 De Maasbode, Jg. 70, Nr. 27921, Gebruder Goedhardt, 23.3.1938, Bl. 2 [www.delpher.nl, zuletzt aufgerufen 27.8.2021].

229 BArch Berlin-Lichterfelde, R 3102/5584, Gebrüder Goedhart Aktiengesellschaft, Düsseldorf, Humboldtstraße 45, 1943, unfoliiert.

230 BArch Berlin-Lichterfelde, R 3102/2626, Berliner Börsen-Zeitung, Nr. 354, Große Exportpläne bei Schantung, 31.7.1939, unfoliiert.

plausibel, dass er lediglich als Strohmann für Görings Schwester fungierte.[231] Tatsächlich finden sich in den Akten Hinweise darauf, dass zwischen Miedl und ihr eine Geschäftsbeziehung bestand; so ließ sie etwa in mindestens zwei Fällen mit Miedls Unterstützung einen sechsstelligen Sperrmarkbetrag von Amsterdam nach München zu Witzig & Co. auf ihr Konto transferieren.[232] Außerdem verband die beiden auch nach Fritz Rigeles Tod eine enge Freundschaft, für die Olga regelmäßig zu Besuchen nach Amsterdam reiste.[233] Ihre Wertschätzung und ihr Vertrauen waren für Miedl fraglos ein Trumpf in dessen Beziehung zu Göring. Konkrete Informationen über eine Beteiligung ihrerseits an Miedls Firmen liegen allerdings ebenso wenig vor wie ein Beweis für die Behauptung, ihr Bruder habe in den 1930er Jahren Aktien dieser Unternehmen besessen.[234] Nachzuweisen ist lediglich Miedls Versuch, Fritz Rigele im August 1937 – also nur zwei Monate vor seinem Tod – für den Schantung-Vorstand zu gewinnen. Für ein monatliches Salär von 2.000 Reichsmark sollte seine Aufgabe vor allem „in der Repräsentation der Gesellschaft nach außen und in der Pflege der bei unserem ausgedehnten Geschäftsbereich überaus wichtigen Beziehungen zu allen Kolonial- und überseeisch interessierten deutschen Stellen“[235] bestehen. Ob Rigele tatsächlich auf Miedls Angebot einging, geht aus den Quellen nicht hervor; offensichtlich aber übernahm nach dessen Tod im Oktober 1937 Ploner schließlich diesen Posten.

Zu den Geschäften, die die Gebrüder Goedhart AG nach dem Mehrheitswechsel tätigte, hielt sich die Schantung gegenüber der Öffentlichkeit bedeckt. Nachdem sie sich bei der Hauptversammlung im August 1938 auf die nichtssagende Floskel beschränkt hatte, „dass durch die Zusammenarbeit der beiden Gesellschaften erhebliche Früchte zu erzielen sein dürften“[236], wurden auch im entsprechenden Geschäftsbericht keine Details offengelegt. Erwähnt wurde nur, dass der voll ausgelastete Gerätepark befriedigende Ergebnisse erwirt-

231 ADL, N 53–107, Äußerung des Rechtsanwalts Dr. Kurt Erhardt zu einer anonymen Denunziation, 31.5.1946, Bl. 17.

232 NARA, M1946, RG 260, Records Concerning the Central Collecting Points: Munich Central Collecting Point, 1945–1951, Restitution Research Records, 1945–1950, Goudstikker Collection: Correspondence of Dutch Art, November 1944 – April 1945, Emil Linder an Josef Schneller, 30.11.1944, unfoliiert.

233 NARA, M1946, RG 260, Interrogations: Miedl Case, No. 3, 13.12.1945, Bl. 2. – Die Alliierten beschrieben die Beziehung der beiden als intim. Georg Eidenschink ging einen Schritt weiter, indem er erklärte, Olga Rigele sei Miedls langjährige Geliebte gewesen. Andere Belege für diese Behauptung existieren bislang nicht, s. TNA, T 209/7/1, U.S. Department of State an Ministry of Economic Warfare, 26.9.1944, unfoliiert; Cornell University Law Library, Eidenschink interrogation, Lager Moosburg, 6.11.1945, Bl. 10.

234 TNA, FO 837/1154/3, Black List Section „Memorandum Alois Miedl“, 19.9.1944, unfoliiert.

235 NL-HaNA, NBI 2.09.16.10 Nr. 203497, Alois Miedl an Fritz Rigele, 19.8.1937, Bl. 1.

236 BArch Berlin-Lichterfelde, R 3102/2626, Frankfurter Zeitung, Nr. 644/645, Schantung-Fragebogen, 18.12.1938, unfoliiert.

schafte, die Bilanz jedoch aufgrund des laufenden Steuerstreits ausgesetzt werden müsse.[237] Über das Zwischenurteil des Verfahrens, die Hälfte der bislang als Sicherheiten hinterlegten Wertpapiere in Höhe von zwei Millionen Reichsmark freizugeben, wurde hingegen kein Wort verloren. Dass Miedl infolgedessen Zugriff auf eine Million Reichsmark leicht zu veräußernder Schatzanweisungen erhalten hatte, erfuhren die Aktionäre dementsprechend erst aus der Presse.[238] Indem die Schantung die Gebrüder Goedhart AG und ihre niederländische Tochtergesellschaft in den folgenden zwei Jahren dazu veranlasste, ihre gegenseitigen Beteiligungen zu veräußern, erhielt der Mutterkonzern für die Vorzugsaktien in Höhe von 100.000 Florin nicht nur 240.000 Reichsmark von der Reichsbank, sondern pflegte fortan auch keine Beziehung mehr zur Gebroeder Goedhart's Anemingsbedrijf.[239] Daraufhin wurde der Geschäftssitz von Düsseldorf nach Berlin verlegt und das Kapital, das 1942 zu mehr als der Hälfte von der Schantung vertreten wurde, auf fünf Millionen Reichsmark erhöht.[240] Aufzeichnungen, die über die Geschäfte während des Krieges Aufschluss geben könnten, existieren nur in sehr geringem Umfang, da sämtliche Unterlagen der Gesellschaft 1944 bei Luftangriffen zerstört worden sein sollen.[241]

6.7 Weitere Export- und Kolonialgeschäfte in Asien und Afrika

Obgleich Miedl in den 1930er Jahren beträchtliche Summen sowie einen Großteil seiner Zeit und Energie in die letztlich dennoch missglückten Importgeschäfte im niederländisch-ostindischen Bergbausektor und in der kanadischen Rohstoffindustrie investierte, lag sein Hauptaugenmerk nach eigener Aussage auch weiterhin auf großen deutschen Exportgeschäften.[242] Erwähnenswert ist in diesem Kontext die erfolgreiche Vermittlung von Baumaschinen an zwei britisch-indische Unternehmen, an denen sich die Schantung ab 1936 beteiligte. Insgesamt erteilten die Papier und Zucker produzierende Rohtas Industries Ltd. und die Dalmia Cement Ltd. deutschen Unternehmen innerhalb von zwölf Monaten Exportauf-

237 Ebd., Berliner Börsen-Zeitung, Nr. 329, Die Beteiligungstransaktionen bei Schantung, 16.7.1939, unfoliiert.

238 Ebd., Frankfurter Zeitung, Nr. 644/645, Schantung-Fragebogen, 18.12.1938, unfoliiert.

239 NARA, M1922, RG 260, Gebrüder Goedhart AG, Joint Special Financial Detachment Düsseldorf i. S. Spot Report on Gebrüder Goedhart AG Düsseldorf, undatiert, unfoliiert.

240 BArch Berlin-Lichterfelde, R 3102/5584, Gebrüder Goedhart Aktiengesellschaft, Düsseldorf, Humboldtstraße 45, 1943, unfoliiert.

241 NARA, M1922, RG 260, Gebrüder Goedhart AG, Gebrüder Goedhart AG i. S. Stellungnahme, 9.9.1946, unfoliiert.

242 BArch Berlin-Lichterfelde, R 3102/2626, Berliner Börsen-Zeitung, Nr. 354, Große Exportpläne bei Schantung, 31.7.1939, unfoliiert.

träge in Höhe von rund einer halben Million Pfund.[243] Dieser Erfolg wirkte sich für die Schantung aller Voraussicht nach nicht nur positiv auf ihr Renommee, sondern – wenn man bedenkt, dass die Exima selbst Baumaschinen vertrieb – auch auf ihre Bankkonten aus. Zumindest im Fall der Dalmia Cement Ltd., in deren Aufsichtsrat Miedl bis 1939 saß, bestand diese lukrative geschäftliche Verbindung auch noch mehr als zehn Jahre nach Ende des Zweiten Weltkriegs.[244]

Miedls Engagement zur Steigerung des deutschen Exports wurde zumindest in Teilen der niederländischen Presse aufmerksam verfolgt und gab 1936 Anlass zu der kritischen Vermutung, neben der Ausfuhr deutscher Waren beabsichtige er auch die Verbreitung nationalsozialistischer Propaganda. Die These, „die Miedl-Gruppe [sei] mitverantwortlich für gewisse pro-deutsche beziehungsweise pro-nationalsozialistische Strömungen, die sich seit einiger Zeit in wichtigen indischen Presseorganen manifestieren"[245], stützte sich für die Journalisten auf Miedls Versuch, 1934 die zu diesem Zeitpunkt kurz vor der Insolvenz stehende Nachrichtenagentur Aneta in Niederländisch-Ostindien zu übernehmen. Abgesehen davon, dass die Übernahme gar nicht zustande kam, war Miedls Interesse an dem Unternehmen wohl kaum ideologisch motiviert; vielmehr hoffte er höchstwahrscheinlich angesichts der abzusehenden Auseinandersetzung mit der alten Verwaltung Erdmann & Sielcken bei der Übernahme von Redjang Lebong, die Berichterstattung der Presse in seinem Sinn beeinflussen zu können. Gleichwohl verdeutlicht der Vorgang, dass bereits 1936 Miedls zunehmende Annäherung an das NS-Regime von den Medien wahrgenommen wurde.

Neben seinen Geschäften im Exportsektor engagierte sich Miedl auch für den „Wiederaufbau deutscher Kolonialunternehmen"[246] in Afrika. Dass er trotz der äußerst geringen Chance auf eine Rückgabe oder finanzielle Entschädigung im Fall der Schantung sowie der Kaoko unermüdlich daran festhielt, „sämtliche Ansprüche mit eiserner Energie weiterverfolgen" zu wollen, war wohl weniger irrationalem Optimismus als dem Bestreben geschuldet,

---

243 Ebd., Berliner Börsen-Zeitung, Nr. 329, Die Beteiligungstransaktionen bei Schantung, 16. 7. 1939, unfoliiert. – 1937 erhielt die Dessauer Aktiengesellschaft G. Polysius von der Dalmia Cement Ltd. zudem den Auftrag zum Bau von vier Zementfabriken, s. NL-HaNA, NBI 2.09.16.10 Nr. 203496, Alois Miedl, 27. 2. 1937, Bl. 2.

244 Die Dalmia Cement Ltd. mit Sitz im indischen Bundesstaat Bihar wurde 1937 mit einem Kapital von 50 Mio. Rupien gegründet, wovon ein Fünftel eingezahlt wurde. Laut eigener Aussage war Miedl an der Gesellschaft mit 100.000 Pfund beteiligt, s. BArch Berlin-Lichterfelde, R 3102/5584, Schantung Handels-Aktiengesellschaft Berlin, Fasanenstraße 77, 1942, unfoliiert. – Laut Miedls Aussage wurden auf seine Anregung hin elf Zementfabriken gebaut, an denen er mit 100.000 Pfund beteiligt war, s. BAR, E2200.49–02#1970/55#203*, Miedl a. z. Zt. In Madrid/Biens spoliés, 1949–1951, Eidgenössische Finanzverwaltung an die Schweizerische Gesandtschaft Den Haag, 24. 11. 1949, unfoliiert.

245 De Tijd, Jg. 91, Nr. 28751, Herr Miedl en de Indische pers. Duistere invloeden?, 24. 4. 1936, Bl. 1 [www.delpher.nl, alle zuletzt aufgerufen 1. 9. 2021].

246 BArch Berlin-Lichterfelde, R 3102/2626, Berliner Börsen-Zeitung, Nr. 354, Große Exportpläne bei Schantung, 31. 7. 1939, unfoliiert; folgendes Zitat ebd.

sich die Sympathien kolonialaffiner NS-Kreise zu erhalten. Gewinne erwirtschaftete Miedl in Afrika jedoch einzig durch seine Beteiligungen an den Sisalplantagen, deren Rohstoff ab 1935 kontinuierlich teurer wurde, sodass im Geschäftsjahr 1936 Dividenden bis zu zehn Prozent ausgeschüttet werden konnten; der Aufwärtstrend brach im Laufe des folgenden Jahres allerdings bereits wieder ein.[247]

Parallel zu seinen Aktivitäten im kanadischen Holz- und Zellstoffsektor verfolgte Miedl in der ehemaligen Kolonie Kamerun ein weiteres Projekt, das nach den Autarkievorgaben des ‚Vierjahresplans' ebenfalls Priorität hatte, da es sich um den für die Deckung des deutschen Fett- beziehungsweise Ölbedarfs wichtigen Rohstoff Palmöl handelte.[248] Aus diesem Grund erhielt die privatwirtschaftliche Hamburger Kolonialgesellschaft Süd-Kamerun auch seit 1934 jährlich ein sogenanntes Kolonialdarlehen vom Auswärtigen Amt zur Fortführung des Betriebs, da sie zwar auf 4.000 Hektar Ölpalmenplantagen in Kamerun besaß, aber wegen mangelnder Ressourcen nur einen Bruchteil davon ausbeuten konnte.[249] Zur Abhilfe beschloss die Süd-Kamerun 1936 eine Kapitalaufstockung um 600.000 Reichsmark, woraufhin Miedl begann, die jungen Aktien über die Schantung zu erwerben. Nachdem die Schantung 1937 zugesagt hatte, alle noch nicht gezeichneten Wertpapiere zum Bezugspreis zu übernehmen,[250] konnte die staatliche Unterstützung wegfallen.[251] Angesichts der „erheblich gestiegenen“[252] Palmölerträge schien sich Miedls Investition 1939 schließlich zu rentieren.[253] Allerdings konnte das Unternehmen nur wenige Monate von dieser Entwicklung profitieren, da unmittelbar nach Kriegsbeginn der Betrieb der im britischen Mandatsgebiet liegenden Plantagen unter englische Kontrolle kam.[254]

247 Ebd., Berliner Börsen-Zeitung, Nr. 328, Schantung mit erweiterten Ausgaben, 16. 7. 1938, unfoliiert.

248 Da Deutschland auch hier auf Importe angewiesen war, sprachen Zeitgenossen von der „Fettlücke“, s. Ziegelmayer, Wilhelm: Rohstoff-Fragen der Deutschen Volksernährung. Eine Darstellung der ernährungswirtschaftlichen Aufgaben unserer Zeit, Dresden/Leipzig 1936, S. 19.

249 BArch Berlin-Lichterfelde, R 2/11632, Zusammenstellung der Kolonialdarlehen aus Haushaltsmitteln nach dem Stand vom 31. 12. 1937, unfoliiert.

250 BArch Berlin-Lichterfelde, R 3102/2626, Berliner Börsen-Zeitung, Nr. 281, Schantung – Erhebliche Interessenausdehnung, 19. 6. 1937, unfoliiert.

251 BArch Berlin-Lichterfelde, R 2/11632, Zusammenstellung der Kolonialdarlehen aus Haushaltsmitteln nach dem Stand vom 31. 12. 1937, unfoliiert.

252 BArch Berlin-Lichterfelde, R 3102/2626, Berliner Börsen-Zeitung, Nr. 329, Die Beteiligungstransaktionen bei Schantung, 16. 7. 1939, unfoliiert.

253 Ebd.

254 Zu diesem Zeitpunkt vertrat die Schantung bei einem Kapital von insgesamt 880.200 RM eine Mehrheit von 554.520 RM, s. NARA, M1922, RG 260, Records of the External Assets Investigation Section of the Property Division, OMGUS, 1945–1949, General Records pertaining to External Assets Investigations, 1939–1950, Schantung Handels-AG, Emil Linder i. S. Beteiligungen bzw. Forderungen der Schantung im Ausland, 1. 6. 1946, unfoliiert.

6.8 Verlust und Rückgewinnung der Schantung-Majorität

Im Frühjahr 1939 übernahm die Schmidt'sche Heißdampf-Gesellschaft mbH gemeinsam mit der Heißdampf-Vermögens-Verwaltung GmbH sowie der Atmos AG die Mehrheitsbeteiligung der Schantung. Der Ende Mai zuerst in der schweizerischen und niederländischen Presse gemeldete Verkauf von Miedls Aktienmajorität[255] überraschte die deutsche Finanzwelt, da er sich zuvor weder abgezeichnet hatte, noch angekündigt worden war und auch danach keine offizielle Stellungnahme abgegeben wurde. Dementsprechend rätselten die deutschen Zeitungen über Miedls Motiv. Während die Frankfurter Zeitung dahinter eine Aufrechnung älterer Forderungen der Familie Schmidt gegen Miedl vermutete,[256] mutmaßte die Berliner Börsen-Zeitung, die Aktienmajorität sei nach einer vermögensrechtlichen Auseinandersetzung von einer ehemaligen amerikanischen Tochtergesellschaft übernommen worden.[257] Tatsächlich verkaufte Miedl seine Anteile für 2.350.000 Gulden, um seinen seit spätestens Anfang 1938 bestehenden Liquiditätsengpass zu beseitigen.[258] Er beabsichtigte jedoch von Anfang an, die Aktienmajorität zu gegebener Zeit wieder zu übernehmen. Da die Atmos ihm bereits 1930 die Schantung-Übernahme ermöglicht hatte, schien einer späteren Rückabwicklung auch nichts im Wege zu stehen.

Dass sich die neue Majoritätsgruppe nicht auf das von Miedl ansonsten bevorzugte Verfahren der Verpfändung eingelassen hatte, sondern nur einen Verkauf akzeptierte, hätte ihn allerdings warnen sollen, denn von der früheren Kooperationsbereitschaft war nach der Transaktion keine Rede mehr. Die Absicht, seinen Einfluss auf die Schantung ein für alle Mal zu beenden, wurde ihm vielmehr unmissverständlich über die Presse mitgeteilt: „Um die zukünftige Entwicklung der Schantung ist es [...] insbesondere mit dem Vorstandsmitglied Alois Miedl, der durch den bisherigen Aufsichtsrat und eine Witzig & Co. nahestehende Aktionärsgruppe stets gedeckt worden ist, zu ernsten Meinungsverschiedenheiten gekommen."[259] Auslöser für dieses Zerwürfnis seien Miedls Fehlspekulationen der letzten Jahre, die sich in der anhaltenden Dividendenlosigkeit und dem sinkenden Aktienkurs der Schantung widerspiegelten. Anstelle der Gesellschaft weiterhin durch „Experimente"[260] wie

255 NL-HaNA, 2.25.68 Nr. 14322, Algemeen Handelsblad, Alois Miedl verkoopt aan de Schantung, 25.5.1939, Bl. 3.

256 BArch Berlin-Lichterfelde, R 3102/2626, Frankfurter Zeitung, Nr. 279/280, Schantung Handels-AG Berlin. Die jetzigen Mehrheitsbesitzer, 4.6.1939, unfoliiert.

257 Ebd., Berliner Börsen-Zeitung, Nr. 330, Die Zukunft der Schantung Handels-AG, 17.7.1939, unfoliiert.

258 NL-HaNA, NBI 2.09.16 Nr. 854, Wirtschaftsprüfer Steneker & Flipse i. S. Vermögen A. Miedl, 10.10.1947, Bl. 2.

259 BArch Berlin-Lichterfelde, R 3102/2626, Berliner Börsen-Zeitung, Nr. 125, Schantung Handels-AG Berlin. Wechsel der Majorität, 5.6.1939, unfoliiert.

260 Ebd., Berliner Börsen-Zeitung, Nr. 330, Die Zukunft der Schantung Handels-AG, 17.7.1939, unfoliiert; folgende Zitate ebd.

das Anticosti-Projekt zu schaden, sähen sich die neuen Majoritätsinhaber in der Pflicht, zukünftig nur noch in satzungsgemäßen Bereichen tätig zu werden. Ohne Miedls Einfluss, der sich „wiederholt nicht entschlossen genug für die zielstrebige Erarbeitung eines sorgfältig erwogenen Programms eingesetzt hatte", bestehe ihrer Ansicht nach die Chance, die „durchaus gesunde und entwicklungsfähige" Gesellschaft, die erstmals seit Jahren keinen Verlust auswies, grundlegend zu restrukturieren. Zur Ablösung des bisherigen Aufsichtsrats berief die neue Gruppe zum 31. Juli 1939, dem Tag der Hauptversammlung, eine außerordentliche Generalversammlung ein; die Tagesordnung ergänzte sie um die Punkte „Berichterstattung des Vorstandes über die Geschichte der letzten Monate der Gesellschaft"[261] und „Abberufung und Neuwahl des Aufsichtsrates beziehungsweise die Zuwahl von Aufsichtsratsmitgliedern."

Miedl bereitete allerdings dem scheinbaren Triumph seiner ehemaligen Geschäftspartner ein schnelles Ende. Bereits am 22. Juli 1939 befand er sich „im Einvernehmen mit dem Reichswirtschaftsministerium"[262] wieder im Besitz der Aktienmajorität. Dass dieser eigentlich aussichtslose Rückkauf zustande kam, verdankte er wahrscheinlich seinen Beziehungen zur NS-Führung, insbesondere zu Göring. Auch wenn er seit Januar des Jahres nicht mehr Reichswirtschaftsminister war, konnte Göring fraglos seine Anliegen beim Nachfolger Walther Funk durchsetzen. Da Miedl die Anteile zu einem ihrem Nominalwert entsprechenden Kurs übernommen hatte, schlussfolgerte die Presse, er müsse etwa vier Millionen Reichsmark aufgewandt haben;[263] in Wirklichkeit bezahlte er jedoch nur etwa 2,65 Millionen Reichsmark, zudem mit minderwertigen Sperrmark, sodass er sogar einen Gewinn von mehr als zwei Millionen Gulden erzielte.[264] Der düpierten Reformgruppe unter Führung der Schmidt'schen Heißdampf-Gesellschaft blieb in Kenntnis der brachialen Methoden von Miedls Verbündeten nichts anderes übrig, als diese eklatant unvorteilhafte Transaktion hinzunehmen, die außerordentliche Generalversammlung abzusagen und sich klaglos zurückzuziehen.

Dieser Erfolg auf der ganzen Linie veranlasste Erhardt, bei der ordentlichen Hauptversammlung eine Laudatio auf Miedl zu halten. In der Verwaltung sei er unverzichtbar, da nicht nur der gute Wille zur kolonialen Betätigung genüge, „sondern in erster Linie Männer mit kolonialen Kenntnissen und Erfahrungen gebraucht [werden]. Man kann ihm vielleicht vorwerfen, dass er sich mehr von nationalwirtschaftlichen Gesichtspunkten als von besonders hohen Gewinnmöglichkeiten habe leiten lassen, aber seine Tätigkeit ist geleitet worden von

261 BayHStA, MHIG Nr. 8128, Frankfurter Zeitung, Schantung Handels-AG. Neue Transaktionen, Verluste getilgt, 17. 7. 1939, unfoliiert; folgendes Zitat ebd.

262 BArch Berlin-Lichterfelde, R 3102/2626, Berliner Börsen-Zeitung, Nr. 343, Schantung Mehrheit bei Miedl, 25. 7. 1939, unfoliiert.

263 Ebd.

264 Den Gulden-Gewinn investierte Miedl in die Umstrukturierung der SOFICO, s. NL-HaNA, NBI 2.09.16 Nr. 854, Wirtschaftsprüfer Steneker & Flipse i. S. Vermögen A. Miedl, 10. 10. 1947, Bl. 2. – Miedl behauptete nach dem Krieg, er habe den Niederlanden zwischen 1932 und 1940 über die SOFICO etwa acht Mio. Gulden eingebracht, s. ebd., Alois Miedl an Prof. Antonio de Luna, Madrid, 10. 4. 1947, Bl. 3–4.

drei ausschlaggebenden Momenten, nämlich der Steigerung des Exports, der Sicherstellung der deutschen Rohstoffbasis und der Betätigung auf kolonialem Gebiet. Dabei sind ihm ungeheure Kombinationsgabe, Ideenreichtum und Entschlossenheit zustattengekommen."[265] Erhard benannte damit Miedls bevorzugte Geschäftsfelder, seine Kernkompetenzen und die für seine künftigen Geschäftserfolge wesentliche Fähigkeit, nämlich dem NS-Regime glaubhaft den Eindruck vermitteln zu können, sein Profitstreben sei gegenüber dem wirtschaftlichen Erfolg Deutschlands stets zweitrangig.

265 BArch Berlin-Lichterfelde, R 3102/2626, Berliner Börsen-Zeitung, Nr. 354, Große Exportpläne bei Schantung, 31. 7. 1939, unfoliiert.

7. Geschäfte während der deutschen Besatzung der Niederlande (1940 bis 1944)

7.1 Die deutsche Besetzung der Niederlande im Mai 1940

Im Jahr 1940 blickten die Niederlande auf eine bereits seit einem Jahrhundert bestehende Tradition der Neutralitätspolitik zurück. In dem Glauben, diese auch zukünftig wahren zu können, hatte das Land selbst nach Kriegsbeginn im September 1939 keine Verteidigungsstrategie entwickelt; tatsächlich verfügte das Militär infolge langjähriger Vernachlässigung auch nur über unzureichende Bestände vorwiegend veralteter Waffensysteme. Dem Angriff der weit überlegenen deutschen Wehrmacht am 10. Mai 1940 konnten die Niederlande dementsprechend nur wenig entgegensetzen. Während die Streitkräfte dennoch den aussichtslosen Kampf aufnahmen, führte die Polizei landesweit Massenverhaftungen von in den Niederlanden lebenden Deutschen sowie Parteimitgliedern und Sympathisanten der Nationaal-Socialistische Beweging (NSB)[1] durch,[2] um in diesem Personenkreis vermutete Verschwörer auszuschalten, die „[...] gleichzeitig mit der Aggression von außen auf breiter Front als Teil jener Aggression von innen her zum Angriff übergehen."[3] Bereits nach der deutschen Invasion in Dänemark und Norwegen Anfang April 1940 war international unter Verwendung eines aus dem Spanischen Bürgerkrieg stammenden Terminus über die Existenz einer solchen „fünften Kolonne" spekuliert worden; jedoch erst mit dem Angriff auf die Niederlande führte diese – retrospektiv unbegründete – Befürchtung[4] zu konkreten Maßnahmen.[5] Anhand von Listen, in denen die Polizei seit 1938 Namen und Adressen von als „unzuverlässig" geltenden Personen vermerkt hatte, wurden folglich am 10. Mai etwa 1.500 der insgesamt 52.000 in den Niederlanden ansässigen Reichsdeutschen sowie weitere 800 Niederländer inhaftiert. Bei diesen 2.300 Festnahmen blieb es allerdings nicht, da sich an der Aktion auch Zivilisten beteiligten, die ihrer Ansicht nach verdächtige Deutsche und

---

1 Die 1931 in den Niederlanden gegründete nationalsozialistische Partei NSB verfolgte wie die NSDAP u. a. die Gründung eines Großreichs unter deutscher Führung, s. Happe 2004, S. 40.

2 Hirschfeld, Gerhard: Fremdherrschaft und Kollaboration. Die Niederlande unter deutscher Besatzung 1940–1945 (Studien zur Zeitgeschichte Bd. 25), München 1984, S. 13–14.

3 De Jong, Louis: Die deutsche fünfte Kolonne im Zweiten Weltkrieg, Stuttgart 1959, S. 226–227.

4 Eine aus Deutschland gelenkte Verschwörung von Auslandsdeutschen konnte nicht nachgewiesen werden, s. ebd., S. 227; Happe 2004, S. 96.

5 De Jong 1959, S. 15–16, 80–81, 133.

Niederländer eigenmächtig den Behörden übergaben. So stieg die Zahl der Inhaftierungen allein im Bezirk Amsterdam von ursprünglich 800 auf letztlich über 6.000.[6]

Unter den Häftlingen, die im Gefängnis der Stadt Hoorn interniert wurden, befand sich auch Alois Miedl.[7] Unzweifelhaft gehörte er nicht zu den willkürlich Festgenommenen, sondern zu der als „unzuverlässig“ in den Listen erfassten Gruppe. Dafür sprechen sowohl ein polizeiliches Memorandum vom 10. Januar 1938, in dem die Amsterdamer Beamten über Miedls angebliche Erwähnung in einem internen Rundschreiben der ‚Geheimen Staatspolizei‘ (Gestapo) informiert wurden,[8] sowie ein Vermerk des niederländischen Informationsdienstes im November 1938, dass Miedl zwar für unauffällig und grundsätzlich anständig gehalten werde, er in Geschäftsangelegenheiten jedoch als schwierig gelte, weshalb man bei ihm „immer auf Nummer sicher gehen“[9] sollte. Endgültig bestätigte dies Miedl durch seine Nachkriegsschilderungen: Demnach sei er bereits am Vormittag von der niederländischen Polizei festgenommen und inhaftiert worden, „wobei die Behandlung unter den aufgeregten Umständen gut war.“[10] Im Zuge einer etwa zeitgleich durchgeführten Razzia der Buitenlandbank konfiszierte die Polizei zudem Barmittel in Höhe von einer Million Gulden aufgrund des Verdachts, das Geld sei für deutsche Spionagezwecke bestimmt.[11] Zeit, dem nachzugehen, blieb allerdings nicht mehr, da der niederländische Oberbefehlshaber der Streitkräfte bereits am 15. Mai 1940 die Kapitulationsurkunde unterzeichnen musste.[12] Nur einen Tag später ordnete die Besatzungsmacht die Freilassung aller Inhaftierten an und erwirkte wie in Miedls Fall auch die Rückgabe der sichergestellten Vermögenswerte.[13] Letztendlich hatte Miedl nicht nur keine finanziellen Nachteile, vielmehr profitierte er sogar davon, da die Inhaftierung als „Unzuverlässiger“ für die Nationalsozialisten einem Gütesiegel gleichkam.

6 Ebd., S. 77–78, 183.

7 Venema 1986, S. 134.

8 SAA, 5225 Nr. 4327, Einwanderungsabteilung Amsterdam, 30. 4. 1940, unfoliiert.

9 NL-HaNA, 2.25.68 Nr. 14322, Informationsblatt des niederländischen Informationsdiensts, 17. 11. 1938, unfoliiert.

10 NL-HaNA, NBI 2.09.16 Nr. 854, Alois Miedl an Prof. Antonio de Luna, Madrid, 10. 4. 1947, Bl. 4. – Den Alliierten gegenüber behauptete er, die Polizisten seien ziemlich hart zu ihm gewesen, er empfinde aber keinen Groll darüber, s. NARA, M1946, RG 260, Interrogations: Miedl Case, No. 3, 13. 12. 1945, Bl. 2.

11 NL-HaNA, 2.25.68 Nr. 14322, Verwalter der Buitenlandsche Bankvereeniging an das Nederlandse Beheersinstituut Amsterdam, undatiert, Bl. 6. – Es finden sich keine Belege für Georg Eidenschinks Behauptung, Miedl habe den Bankdirektor vor seiner Festnahme angewiesen, zwei Mio. Gulden abzuheben, s. Cornell University Law Library, Eidenschink interrogation, Lager Moosburg, 6. 11. 1945, Bl. 10.

12 Evans, Richard J.: Das Dritte Reich. Bd. 3: Krieg, München 2009, S. 162.

13 NL-HaNA, NBI 2.09.16 Nr. 854, Alois Miedl an Prof. Antonio de Luna, Madrid, 10. 4. 1947, Bl. 4.

7.2 NS-Besatzungspolitik in den Niederlanden

In den ersten Monaten der Besatzung verfolgten die Deutschen in den Niederlanden eine „Politik der ausgestreckten Hand“[14], die eine widerstandslose Akzeptanz sowie langfristig die ‚Selbstnazifizierung‘ des – nach der nationalsozialistischen ‚Rassentheorie‘ – ‚germanischen Brudervolks‘ zum Ziel hatte.[15] Die völkische Verklärung gemeinsamer germanischer Ursprünge hatte zwar in Deutschland eine lange Tradition, in den Niederlanden allerdings nicht. 1925 stellte etwa der niederländische Kulturhistoriker Johan Huizinga fest, dass die Niederlande sich zwar einer Verwandtschaft mit den Deutschen und den „Völkern des Nordens“[16] im Sinne eines internationalen Zusammenhangs bewusst seien, sie im Gegensatz zu Deutschland jedoch keine mythische Gemeinschaft empfänden, da der Begriff Germane die Herzen im niederländischen Volk nicht höher schlagen lasse.[17] Um diese wenig enthusiastische Einstellung zu ändern, stellten die Nationalsozialisten den Niederländern ebenso wie den Dänen und Norwegern eine Beteiligung am zukünftigen ‚Neuaufbau Europas‘ in Aussicht und planten deren Eingliederung in einen ‚Großwirtschaftsraum‘ unter deutscher Führung.[18] Als Zeichen dieses vermeintlichen Entgegenkommens erteilte Adolf Hitler dem Oberkommando des Heeres im Gegensatz zu Frankreich oder Belgien nicht die zuvor zugesicherte militärische Befehlsgewalt im Land und ernannte bereits am 18. Mai 1940 den bisherigen stellvertretenden Generalgouverneur für die besetzten polnischen Gebiete Arthur Seyß-Inquart zum Reichskommissar für die besetzten niederländischen Gebiete.[19] Als oberste Instanz dieser Zivilverwaltung, die von vier von ihm eingesetzten Generalkommissaren gelenkt wurde,[20] unterstand Seyß-Inquart nicht nur Hitler, sondern auch Hermann Göring, der in seiner Funktion als Beauftragter des ‚Vierjahresplans‘ mittels eines geheimen Führererlasses vom 19. Mai des Jahres ebenfalls Weisungsbefugnis erhielt. Seine wirtschaftlichen Pläne für die Niederlande legte Göring einen Monat später fest: „Bezüglich Holland soll eine vorsichtige Politik getrieben [sic!] werden. Es ist beabsichtigt,

14 Koll, Johannes: Arthur Seyß-Inquart und die deutsche Besatzungspolitik in den Niederlanden 1940–1945, Köln/Weimar/Wien 2015, S. 69, 71.

15 Ebd.

16 Huizinga, Johan: Der Einfluss Deutschlands in der Geschichte der niederländischen Kultur, in: Archiv für Kulturgeschichte, Vol. 16, 1.5.1926, S. 216–217.

17 Ebd.

18 Anton, Michael: Rechtshandbuch Kulturgüterschutz und Kunstrestitutionsrecht. Bd. 1: Illegaler Kulturgütertransfer, Berlin/New York 2010, S. 320.

19 Koll 2015, S. 114–117.

20 Zuständig waren für Verwaltung und Justiz Dr. Friedrich Wimmer, für Finanzen und Wirtschaft Dr. Hans Fischböck, für das Sicherheitswesen Hanns Albin Rauter und zur besonderen Verwendung Fritz Schmidt, s. Aalders, Gerard: Geraubt! Die Enteignung jüdischen Besitzes im Zweiten Weltkrieg, Köln 2000, S. 38.

Holland selbstständig zu lassen, es jedoch eng an das Reich anzuschließen. Die Holländer sollen selbstständig wirtschaften, jedoch soll der deutsche Einfluss auf wirtschaftlichem Gebiet mit allen Mitteln gestärkt werden."[21]

Diese in Aussicht gestellte Erhaltung der wirtschaftlichen Autonomie der Niederlande war jedoch im Grunde ein Scheinversprechen, wie bereits der dafür von der ‚Vierjahresplan'-Behörde eingeführte Begriff ‚Kapitalverflechtung' deutlich machte. Verstanden wurde darunter eine langfristige Unterwanderung und vollumfängliche Kontrolle der gesamten Wirtschaft mittels deutscher Beteiligungskäufe an niederländischen Unternehmen, die letztlich durch das ‚Deutsche Reich' gelenkt und von ihm abhängig gemacht werden sollten. Zu diesem Zweck wurde unter Hans Fischböcks Zuständigkeit die Dienststelle ‚Sonderbeauftragter für besondere wirtschaftliche Verflechtung'[22] aufgebaut, deren Leitung Paul Mojert von der Deutschen Bank übernahm. Dass die Wahl auf ihn fiel, hing höchstwahrscheinlich mit der aktiven Beteiligung deutscher Großbanken am Erwerb niederländischer Unternehmensanteile zusammen;[23] ihr Erfolg hielt sich jedoch in Grenzen: So stellte die „Reichsgruppe Industrie" bereits im Juli 1940 fest, dass die Niederländer nicht für freiwillige Vereinbarungen hinsichtlich deutscher Beteiligungen oder gar Übernahmen zu gewinnen seien, solange für sie nicht klar erkennbar sei, dass eine enge Verflechtung mit der Industrie notwendig sei und wesentlich ihren Vorteilen diene.[24] Diese Haltung galt im Besonderen auch für den niederländischen Banksektor, der laut Helmuth Wohlthat, dem von der ‚Vierjahresplan'-Behörde eingesetzten Bankenkommissar in Den Haag, „wenig Neigung [habe], derartige Beziehungen zu entwickeln".[25] Folglich mussten die deutschen Großbanken notgedrungen mit der Gründung sowie der Expansion sogenannter Stützpunktbanken vorliebnehmen, die als niederländische und belgische Unternehmen getarnt Reichsinteressen finanzierten.[26]

Neben der Deutschen Bank und der Commerzbank, die ab 1936 beziehungsweise 1942 über eine derartige Tochtergesellschaft verfügten,[27] hatte auch die Dresdner Bank „zur Pflege

21 Hirschfeld 1984, S. 23.

22 Ab 1941 firmierte die Dienststelle unter dem Namen ‚Abteilung für besondere wirtschaftliche Angelegenheiten', s. Koll 2015, S. 420.

23 Ebd., S. 419–420.

24 Hirschfeld 1984, S. 146. – Insgesamt investierten die Deutschen im Rahmen der Kapitalverflechtung etwa 50 Mio. Gulden in circa 4.000 mittelgroße und kleine Unternehmen, s. Aalders 2000, S. 58, 63.

25 Bähr, Johannes: Der Wettlauf um Belgien und das Scheitern der anfänglichen Expansionspläne für das besetzte Westeuropa, in: Wixforth, Harald: Die Expansion der Dresdner Bank in Europa, München 2006, S. 666, 679.

26 Ebd., S. 80.

27 Die Niederlassung der Deutschen Bank firmierte unter dem Namen „Handel-Maatschappij H. Albert de Bary & Co. Amsterdam", die der Commerzbank unter „Rijnsche Handelsbank", s. Kreutzmüller 2005, S. 185, 199.

der wirtschaftlichen Beziehungen zwischen Holland und Deutschland"[28] im Herbst 1939 das Amsterdamer Unternehmen „Handelstrust West" gegründet. Noch im April 1940 offiziell als niederländische Bank anerkannt, sollte sie zu einem der Hauptfinanziers von Miedls Geschäften werden. Über die Buitenlandbank beteiligte sich dieser ebenfalls proaktiv an der propagierten Kapitalverflechtung, indem er nicht nur regelmäßig potenzielle deutsche Käufer über niederländische Firmen informierte,[29] sondern auch selbst eine Beteiligung in Höhe von 50.000 Gulden an der Rotterdamer Nederlandsche Agrarische Industrie N. V. erwarb.[30] Ebendieses Engagement für die wirtschaftlichen Ziele der ‚Vierjahresplan'-Behörde könnte für das nach Kriegsende kursierende, aber unzutreffende Gerücht verantwortlich sein, Miedl habe in der Anfangsphase der Besatzung als deutscher Verwaltungsbeamter gearbeitet.[31]

7.3 Transformation der N.V. Buitenlandsche Bankvereeniging

Auch ohne staatliche Anstellung hatte Miedl die Buitenlandbank bis 1940 faktisch in eine Art Stützpunktbank transformiert. Dies zeigte sich besonders an der Fokussierung auf eine überwiegend deutsche Klientel, zu der in erster Linie sowohl Privatkunden als auch Unternehmen aus Miedls weitläufigem Bekanntenkreis gehörten. Spätestens seit dem 1. Januar 1940 telegrafierte die Buitenlandbank täglich nach Deutschland,[32] wobei sie wahrscheinlich vor allem in engem Kontakt mit der Schantung stand, die ihr allein im ersten Besatzungsjahr fast 2,2 Millionen Gulden als Kredite für die Bankgeschäfte gewährte.[33]

---

28 Sattler, Friederike: Der Handelstrust West in den Niederlanden, in: Wixforth, Harald: Die Expansion der Dresdner Bank in Europa, München 2006, S. 684–686. – Als Firmenmantel wurde die Liquidationsmasse der Amsterdamer Tochterbank Proehl & Gutmann verwendet, s. Bähr 2006, S. 666.

29 NL-HaNA, NBI 2.09.16 Nr. 883, A. A. J. de Neef, Notities inzake ontvijandingsverzoek Alois Miedl, 30. 1. 1951, Bl. 4.

30 NL-HaNA, 2.25.68 Nr. 14322, Buitenlandsche Bank an De Nederlandsche Bank i. S. Prüfung der Monatsbilanz zum 31. 8. 1942, Oktober 1942, Bl. 13.

31 NARA, M1944, RG 239, Menten, H. W., Bericht zu Raubkunst in Spanien – Fall Miedl, 13. 2. 1945, unfoliiert.

32 Sporadisch telegrafierte die Buitenlandbank mit der Schweiz und dem besetzten Polen, s. NL-HaNA, NBI 2.09.16.10 Nr. 203498, Inventaris van het archief van het Nederlands Beheersinstituut, beheersdossiers beginnend met de letter M, Miedl A. (III), Amsterdam, Kamer van Koophandel en Fabrieken voor Amsterdam, Zulassung zum Telegrafenverkehr, 19. 9. 1940, unfoliiert. – Welche Kontakte im besetzten Polen bestanden, konnte im Rahmen der Recherchen nicht ermittelt werden.

33 NL-HaNA, 2.25.68 Nr. 14322, Verwalter der Buitenlandsche Bankvereeniging an das Nederlandse Beheersinstituut Amsterdam, undatiert, Bl. 15.

Einen Großteil dieses Kapitals verwendete Miedl für den Wertpapierhandel, dessen bis dahin niedriger Umsatz ab der Besatzung deutlich anstieg.[34] Nachdem an der Amsterdamer Börse nach ihrer Wiedereröffnung Mitte Juli 1940 vorerst nur niederländische Staatsanleihen gehandelt werden durften,[35] wurden in den kommenden Monaten auch deutsche Wertpapiere freigegeben, die auf eigene Rechnung erworben mit Gewinn nach Deutschland veräußert wurden. Dabei betrieb die Bank in geringem Umfang auch Metageschäfte mit der Dresdner Bank beziehungsweise dem Handelstrust West sowie der in Amsterdam sitzenden Bank Rhodius Koenigs Handel Mij.,[36] deren Teilhaber Franz Koenigs in Miedls Biografie später noch eine wichtige Rolle spielen wird. Hauptsächlich arbeitete sie in diesem Bereich jedoch mit dem 1938 ‚arisierten' Berliner Bankhaus E. J. Meyer[37] zusammen.[38] Diese Partnerschaft knüpfte wahrscheinlich an Miedls frühe Berufsjahre in München an, da der ‚Ariseur' dieser Bank, Kurt Richter-Erdmann, damals ebenfalls in einer Niederlassung der Berliner Privatbank Hardy & Co. tätig war.[39] Unabhängig vom Zustandekommen der Kooperation erwarb die Buitenlandbank unter Mitwirkung von E. J. Meyer im Jahr 1940 für insgesamt fast 5,5 Millionen Gulden Wertpapiere in den Niederlanden und verkaufte Aktien nach Deutschland für etwa 5,3 Millionen Gulden.[40]

Im zweiten Hauptgeschäftsfeld befasste sich die Bank mit Devisenarbitrage, vor allem dem Handel mit Reichs- und Sperrmark. Zwischen November 1939 und Mai 1940 erwarb das Unternehmen unter anderem von Rhodius Koenigs und der Hugo Kaufmann & Co's Bank N. V. Amsterdam drei Millionen Sperrmark zu Kursen von nur drei bis sechs Cent

34 Ebd., Bl. 10.

35 Kreutzmüller 2005, S. 162.

36 NL-HaNA, 2.25.68 Nr. 14322, Verwalter der Buitenlandsche Bankvereeniging an das Nederlandse Beheersinstituut Amsterdam, undatiert, Bl. 10–11. – Von 1940 bis 1944 beliefen sich die Metakäufe mit der Dresdner Bank und Rhodius Koenigs auf 72.117.000 Gulden; verkauft wurden in diesem Zeitraum Aktien für 72.487.000 Gulden, s. NL-HaNA, NBI 2.09.16.10 Nr. 203494, Stichting Beheer, Bestuur en Toezicht Rechtspersonen, Exposé Nr. 22 i. S. Buitenlandsche Bankvereeniging, 28.12.1954, Bl. 11.

37 Die Bank wurde 1816 von dem jüdischen Kaufmann Elias Joachim Meyer gegründet. Dessen Nachfahre und Besitzer der Bank Dr. Adolf Meyer emigrierte nach der ‚Arisierung' 1938 nach Amsterdam; 1941 floh die Familie dann über Portugal nach New York, s. Elsner von der Malsburg 2015, S. 11, 64, 69.

38 NL-HaNA, 2.25.68 Nr. 14322, Verwalter der Buitenlandsche Bankvereeniging an das Nederlandse Beheersinstituut Amsterdam, undatiert, Bl. 10.

39 Elsner von der Malsburg 2015, S. 361–362. – Das Bankhaus Hardy & Co. erwarb 1943 folgende Inventarnummern von v/h J. Goudstikker: 5912–6241–6302–6371, s. NL-HaNA, NBI 2.09.16 Nr. 874, Inventaris van het dossierarchief van het Nederlandse Beheersinstituut, en van de in beslag genomen administraties, 1945–1967, Voorraadboek schilderijen, 1943, unfoliiert.

40 NL-HaNA, 2.25.68 Nr. 14322, Verwalter der Buitenlandsche Bankvereeniging an das Nederlandse Beheers-instituut Amsterdam, undatiert, Bl. 10.

sowie im Jahresverlauf nochmals 1,7 Millionen Reichsmark.[41] Insgesamt wurden 1940 für jeweils annähernd 2,3 Millionen Gulden Devisen erworben sowie verkauft.[42] Angeblich verwendete Miedl zumindest die Sperrmarkbeträge vorwiegend für private Zwecke wie etwa den Kauf von Aktien und Reichsschatzanweisungen;[43] Handelssperrmark, von denen die Bank einen Posten von bis zu 3,5 Millionen Reichsmark besaß, benötigte er dagegen für Im- und Exportgeschäfte der Veland sowie für – später zu behandelnde – „Sondergeschäfte" (s. Kap. 7.20).[44]

Auch wenn die (Kurs-)Gewinne aus dem Effekten- und Devisenhandel im Geschäftsbericht für das Jahr 1940 lediglich als „befriedigend"[45] eingestuft wurden, kam der Gesamtgewinn der Bank in Höhe von 559.000 Gulden angesichts des für 1939 verzeichneten Verlusts von 327.000 Gulden einem ansehnlichen Erfolg gleich.[46] Die Nachkriegsbehauptung, Miedl habe sich aufgrund der Insolvenz seiner Bank für den Einstieg in den niederländischen Kunsthandel entschieden,[47] kann somit als widerlegt gelten.

7.4 Erste Schritte im Kunsthandel

Dass die Nationalsozialisten den Kunstmarkt als ein stabilisierendes und Devisen einbringendes Subsystem des gesamten Wirtschaftssystems ansahen, illustriert ein Brief Görings an Goebbels aus dem Jahr 1937: „Abgesehen davon, dass ich an allen Kunstangelegenheiten ein besonderes persönliches Interesse nehme, halte ich im Rahmen des Vierjahresplanes die Frage für klärungsbedürftig, wie der Bestand und die Fortführung des deutschen Kunsthandels

41 NL-HaNA, NBI 2.09.16.10 Nr. 203496, Politieke Recherche Afdeling Colaboratie, Amsterdam i. S. Rapport inzake N. V. Buitenlandsche Bankvereeniging, Bankierskantoor Alois Miedl, Amsterdam, 13. 11. 1946, Bl. 8.

42 NL-HaNA, 2.25.68 Nr. 14322, Verwalter der Buitenlandsche Bankvereeniging an das Nederlandse Beheers-instituut Amsterdam, undatiert, Bl. 12.

43 NL-HaNA, NBI 2.09.16.10 Nr. 203496, Politieke Recherche Afdeling Colaboratie, Amsterdam i. S. Rapport inzake N. V. Buitenlandsche Bankvereeniging, Bankierskantoor Alois Miedl, Amsterdam, 13. 11. 1946, Bl. 8.

44 NL-HaNA, 2.25.68 Nr. 14322, Verwalter der Buitenlandsche Bankvereeniging an das Nederlandse Beheersinstituut Amsterdam, undatiert, Bl. 12.

45 NIOD, 39 Nr. 2627, Generalkommissariat für Finanzen und Wirtschaft, Jaarverslag van de Buitenlandsche Bankvereeniging over het jaar 1940, Mai 1941, unfoliiert.

46 NL-HaNA, 2.25.68 Nr. 14322, Buitenlandsche Bank an De Nederlandsche Bank i. S. Prüfung der Monatsbilanz zum 31. 8. 1942, Oktober 1942, Bl. 19–20. – Alternativ wird 1940 ein Gewinn von 592.192 Gulden verzeichnet, s. ebd., Verwalter der Buitenlandsche Bankvereeniging an das Nederlandse Beheersinstituut Amsterdam, undatiert, Bl. 2.

47 BAR, E2200.49–02#1970/55#203*, Schweizerisches Konsulat Amsterdam an Schweizerische Gesandtschaft Den Haag, 29. 11. 1949, unfoliiert.

gesichert werden können. Denn der deutsche Kunsthandel trägt durch seine internationalen Beziehungen zur Stärkung des Devisenaufkommens unmittelbar bei."[48] Angesichts Miedls Bereitschaft, seine Geschäftsaktivitäten auf von den Nationalsozialisten priorisierte Wirtschaftsfelder zu konzentrieren, und seiner wiederholten Beteuerung, das „devisenmäßig unmöglich Scheinende möglich"[49] machen zu können, verwundert es nicht, dass er schon vor der Okkupation erste Schritte im Kunsthandel unternahm. Gemeinsam mit Hitlers „Hoffotografen" und Kunstberater Heinrich Hoffmann,[50] der seit etwa 1937 – dem Jahr der Verfahrenseinstellung durch Göring – zu Miedls Freundeskreis zählte,[51] organisierte er 1939 eine vom Reichswirtschaftsministerium genehmigte „große Kunsthandelsaktion"[52] zugunsten deutscher Künstler. Wie aus einem amtlichen Schreiben an Witzig & Co. hervorgeht, erhielt es die Erlaubnis, Handelssperrmark in Höhe von zwei Millionen Reichsmark aus dem Besitz der Buitenlandbank entgegenzunehmen. Mit diesem Betrag wurden wiederum nach vorheriger Absprache mit Hoffmann Gemälde und Plastiken „lebender deutscher Künstler"[53] erworben, die anschließend durch die Buitenlandbank im Ausland ausgestellt und verkauft werden sollten. Von dem Verkaufserlös in Devisen erhielt die Bank den für den Erwerb des Sperrguthabens aufgewendeten Betrag sowie eine Provision in Höhe von zehn Prozent; mit dem verbliebenen Gewinn wurden daraufhin erneut Handelssperrmark erworben, sodass der Prozess von Neuem beginnen konnte.[54]

Da mit Ausnahme der zwei zitierten Primärquellen keine darüber hinausgehenden Unterlagen im Rahmen der Recherche ermittelt werden konnten, ist eine definitive Bewertung dieser „Kunsthandelsaktion" vorläufig nicht möglich. Einige Punkte erregen jedoch Aufmerksamkeit, etwa wenn explizit die Rede von „lebenden", also zeitgenössischen deutschen Künstlern ist: Angesichts der geringen Nachfrage des Auslands nach NS-ideologischen Sujets handelt es sich bei diesen Künstlern kaum um bei der ‚Großen Deutschen Kunstausstellung' präsentierte; eher könnte die spezifische Eingrenzung der Künstler eine Chiffre für die 1937

48 Hollmann, Andrea/März, Roland: Hermann Göring und sein Agent Josef Angerer. Annexion und Verkauf „Entarteter Kunst" aus deutschem Museumsbesitz 1938 (Schriften der Berliner Forschungsstelle „Entartete Kunst"), Paderborn 2014, S. 52.

49 NL-HaNA, NBI 2.09.16.10 Nr. 203497, Alois Miedl an Lorenz Steimer, 10.9.1937, unfoliiert.

50 Zur Biografie von Heinrich Hoffmann, s. Peters, Sebastian: Heinrich Hoffmann (1885–1957). Hitlers Fotograf und seine Netzwerke zwischen Politik, Propaganda und Profit, bisher unveröffentlichte Diss., München 2021.

51 StAM, Spruchkammerakten K 741, Heinrich Hoffmann, Eidesstattliche Erklärung von Alois Miedl an die Spruchkammer, 8.8.1950, unfoliiert.

52 BWA, K1/XXI 5, Akt 49, Fall 39, Bankhaus Joh. Witzig & Co. München an IHK München i. S. Antrag zur Genehmigung von Telefongesprächen mit dem Ausland, 30.12.1939, unfoliiert.

53 Ebd., Reichswirtschaftsminister an Bankhaus Joh. Witzig & Co. München i. S. Ankauf von Kunstwerken lebender deutscher Künstler im Inland mithilfe von Sperrguthaben und Verkauf im Ausland gegen Devisen, 5.12.1939, unfoliiert.

54 Ebd.

durchgeführte Beschlagnahmeaktion ‚Entarteter Kunst' sein, bei der etwa 800 moderne Kunstwerke aus zweiunddreißig öffentlichen Sammlungen konfisziert wurden.[55] Dafür spricht einerseits, dass Hoffmann Mitglied der im August 1938 gebildeten ‚Kommission zur Verwertung der Produkte Entarteter Kunst' war.[56] Außerdem erhielten auch diese mit dem Verkauf beauftragten Kommissionäre Provisionen in Höhe von zehn bis fünfundzwanzig Prozent.[57] Dagegen spricht wiederum, dass Miedl zumindest offiziell nicht als Kommissionär eingesetzt wurde und keine Zahlungsaufforderung der Erlöse auf das ‚Sonderkonto Entartete Kunst' in den Archivalien genannt wird. Gleichwohl finden sich noch zwei weitere potenzielle Hinweise: Erstens beriet die Kommission im Mai 1940 über das Angebot einer holländischen Firma, eine Auktion mit den bisher unverkauften Restbeständen zu veranstalten.[58] Zweitens erkundigte sich Witzig & Co. bei Miedl im Frühjahr 1941, dem Jahr, in dem die Kommission alle unverkauften Gemälde zurückforderte und unter Verschluss nahm, was für die bei Hoffmann deponierten „modernen"[59] Ölgemälde vorgesehen sei. Auch wenn der aktuelle Forschungsstand keine abschließende Verifizierung dieser These zulässt, kann nicht ausgeschlossen werden, dass Miedl an Görings Vorhaben, ‚entartete' Kunst für „viele Devisen"[60] im Ausland zu verkaufen, auf diese Weise mitwirkte. Als erwiesen kann immerhin gelten, dass Miedl Handelssperrmarkbeträge neben klassischen Im- und Exportgeschäften auch im Kunsthandel einsetzte.[61]

---

55 Hollmann/März 2014, S. 19.

56 BArch Berlin-Lichterfelde, R 55/21020, Reichsministerium für Volksaufklärung und Propaganda, Aktion Entartete Kunst, Kommission zur Verwertung der Produkte Entarteter Kunst, 1938–1941, Erlass des Führers und Reichskanzlers i. S. Kommission zur Verwertung der Produkte Entarteter Kunst, August 1938, Bl. 80. – Dieser Erlass gründete auf Artikel 2 des am 31. 5. 1938 eingeführten ‚Gesetzes über Einziehung von Erzeugnissen entarteter Kunst', s. BArch Berlin-Lichterfelde, R 55/21012, Reichsministerium für Volksaufklärung und Propaganda, Aktion Entartete Kunst, Gesetz über Einziehung von Erzeugnissen Entarteter Kunst vom 31. 5. 1938, Bl. 27.

57 Hollmann/März 2014, S. 55.

58 BArch Berlin-Lichterfelde, R 55/21020, Bericht über die Sitzung der Kommission zur Verwertung der Produkte Entarteter Kunst, 7. 5. 1940, Bl. 6–8.

59 NL-HaNA, NBI 2.09.16 Nr. 856, Inventaris van het dossierarchief van het Nederlandse Beheersinstituut, en van de in beslag genomen administraties, 1945–1967, Schantung Handels-AG, Berlin, 1943–1945, Johannes Witzig an Alois Miedl, 2. 5. 1941, unfoliiert.

60 Goebbels notierte am 18. 5. 1938 in seinem Tagebuch: „Göring will Werke der entarteten Kunst an das Ausland verkaufen. Für viele Devisen. Ich bin sehr damit einverstanden.", s. Hollmann/März 2014, S. 53.

61 Mindestens in zwei Fällen soll sich Miedl darüber hinaus mit der Bitte um Sperrmark für Gemäldekäufe an den Staatssekretär der ‚Vierjahresplanbehörde' Erich Neumann sowie den Reichswirtschaftsminister und Reichsbankpräsidenten Walther Funk gewandt haben. Nachdem beide ihm angeblich eine Absage erteilten und letzterer ihn sogar aus seinem Büro verwies, soll er durch die Fürsprache von Olga Rigele letztlich eine Genehmigung über drei bis vier Mio. RM erhalten haben, s. NARA, M1922, RG 260, Göring, Hermann: External Assets-Report, External Assets Branch US, Report

Das Ziel, Deviseneinnahmen durch Gemäldeverkäufe im Ausland zu generieren, verfolgte Miedl Ende der 1930er Jahre allerdings nicht nur mit der staatlich genehmigten „Kunsthandelsaktion", sondern auch auf eigene Rechnung. Nachweislich zwischen 1938 und 1939 begann er über die Schantung und deren Tochtergesellschaft Veland mit dem Erwerb von Kunstwerken auf deutschen Auktionen und aus Privatbesitz, die anschließend zum kommissionsweisen Verkauf an die Buitenlandbank geschickt wurden. Die namentlich bekannten Einkäufer Emil Linder, Direktor der Schantung, sowie Franz Rieder, Geschäftsführer der Veland, bestätigten beide in der Nachkriegszeit, bis zum Frühjahr 1940 für etwa 300.000 bis 400.000 Reichsmark Kunstgegenstände erworben zu haben. Für 1939 konnte bisher lediglich nachgewiesen werden, dass Rieder an der am 7. und 8. Februar von Hans W. Lange veranstalteten Berliner Auktion „Sammlung Dr. Bousset, Berlin; Sammlung R., Wien; verschiedener Besitz"[62] teilnahm; ob und wenn ja, welche Werke er dort ersteigerte, muss dagegen vorerst offenbleiben.[63] Im Hinblick auf Erwerbungen des Frühjahrs 1940 finden sich in den Archivalien wiederum mehrere Korrespondenzen, die detaillierte Informationen enthalten: Zwischen dem 25. und 27. Januar des Jahres kaufte die Schantung etwa bei der Hans-W.-Lange-Auktion „Sammlung List, Magdeburg, II. Teil; Chinasammlung Prof. Wegener †, Berlin; verschiedener Kunstbesitz"[64] sechsundzwanzig Gemälde alter und neuerer Meister für 40.050 Reichsmark sowie für weitere fast 15.000 Reichsmark dreizehn Lose, die Grafiken, Plastiken und chinesisches Kunsthandwerk umfassten.[65] Am 1. und 2. Februar 1940 erwarb vermutlich Rieder bei dem von ihm häufig frequentierten Kölner Kunsthaus Mathias Lempertz[66] zudem neun Gemälde alter Meister für 66.000 Reichsmark[67] aus dem „Nachlass

on External Assets of Hermann Göring, unfoliiert; Cornell University Law Library, Eidenschink interrogation, Lager Moosburg, 6.11.1945, Bl. 10.

62 Aukt.-Kat. Hans W. Lange, Berlin, „Sammlung Dr. Bousset, Berlin, chinesische Keramik; Sammlung R., Wien, antike Gläser & vorgeschichtliche Altertümer; verschiedener Besitz, Gemälde, Kunstgewerbe, Tapisserien", 7.–8.2.1939, https://digi.ub.uni-heidelberg.de/diglit/lange1939_02_07ax [zuletzt aufgerufen 9.1.2023].

63 NL-HaNA, NBI 2.09.16.10 Nr. 203494, Eidesstattliche Erklärung von Emil Linder, 13.1.1953; Eidesstattliche Erklärung von Franz Rieder, 26.2.1953, unfoliiert.

64 Aukt.-Kat. Hans W. Lange, Berlin, „Sammlung List, Magdeburg, II. Teil; Chinasammlung Prof. Wegener †, Berlin; verschiedener Kunstbesitz", 25.–27.1.1940, https://digi.ub.uni-heidelberg.de/diglit/lange1940_01_25 [zuletzt aufgerufen 9.1.2023].

65 Folgende Lose wurden erworben: Gemälde alter Meister 1–4–5–10–11–12–13–14–17a–21–26–27–28–29–32–33–35a–38–41; Gemälde neuerer Meister 52–60–74–89–90–91–97; Grafik 118–119–121–123–124; Plastik 125–126–128a–131–133c; Chinesisches Kunsthandwerk 964–965–967, s. NL-HaNA, NBI 2.09.16 Nr. 854, Schantung Handels-AG an Alois Miedl i. S. Aufstellung über Gemälde und Plastiken, Lange, 20.2.1940, unfoliiert.

66 NL-HaNA, NBI 2.09.16.10 Nr. 203494, Eidesstattliche Erklärung von Franz Rieder, 26.2.1953, unfoliiert.

67 Folgende Lose wurden erworben: Gemälde alter Meister 13–29–54–73–76–91–95–99–107, s. NL-HaNA, NBI 2.09.16 Nr. 854, Schantung Handels-AG an Alois Miedl i. S. Aufstellung über Versand

Frau Helene Tepelmann, geborene Vieweg auf Schloss Wendhausen bei Braunschweig"[68]. Hinzu kamen am folgenden Tag während der ebenfalls bei Mathias Lempertz veranstalteten Auktion „Gemälde des 16. bis 19. Jahrhunderts; Antiquitäten; alte Möbel"[69] weitere fünf Gemälde alter Meister, von denen jedoch nur die Lose 616 und 621 mit einem Preis von insgesamt 55.440 Reichsmark in der Korrespondenz vermerkt sind;[70] die restlichen drei Werke konnten durch einen Abgleich des Auktionskatalogs mit anderen konsultierten Archivalien identifiziert werden.[71] Am 29. und 30. März nahm die Schantung in Miedls Auftrag wiederum an einer Auktion des Düsseldorfer Kunstversteigerers Carl Eugen Pongs teil: Von den 196 angebotenen „Gemälden des 16. bis 19. Jahrhunderts"[72] konnte dem Unternehmen bislang lediglich das Los 124 *Stille Mittagssonne* von Rudolf Huthsteiner zugeordnet werden. Für 575 Reichsmark erworben,[73] verkaufte Miedl das Gemälde im April des folgenden Jahres für nur 500 Reichsmark an das Berliner Versteigerungshaus Gerhard Harms.[74] Die letzte belegbare Versteigerung, für die sich im Frühjahr 1940 Käufe nachweisen lassen, fand am 5. und 6. April erneut bei Hans W. Lange statt. Erworben wurden aus der „Sammlung Wolfang Zorer †, Berlin; verschiedener Kunstbesitz"[75] neben einem in der Zeitschrift Weltkunst

von Gemälden an die N. V. Buitenlandsche Bankvereeniging, Amsterdam, Rokin 84, durch Spediteur Knauer, Berlin, am 13. 2. 1940, 20. 2. 1940, unfoliiert.

68 Aukt.-Kat. Math. Lempertz, Köln, „Nachlass Frau Helene Tepelmann, geborene Vieweg auf Schloss Wendhausen bei Braunschweig", 1.–2. 2. 1940, https://digi.ub.uni-heidelberg.de/diglit/lempertz1940_02_01 [zuletzt aufgerufen 9. 1. 2023].

69 Aukt.-Kat. Math. Lempertz, Köln, „Gemälde des 16. bis 19. Jahrhunderts; Antiquitäten; alte Möbel", 3. 2. 1940, https://digi.ub.uni-heidelberg.de/diglit/lempertz1940_02_03 [zuletzt aufgerufen 9. 1. 2023].

70 NL-HaNA, NBI 2.09.16 Nr. 854, Schantung Handels-AG an Alois Miedl i. S. Aufstellung über Versand von Gemälden an die N. V. Buitenlandsche Bankvereeniging, Amsterdam, Rokin 84, durch Spediteur Knauer, Berlin, am 13. 2. 1940, 20. 2. 1940, unfoliiert.

71 Folgende Lose wurden erworben: Gemälde alter Meister 587–616–621–632–633, s. NL-HaNA, NBI 2.09.16 Nr. 882, Inventaris van het dossierarchief van het Nederlandse Beheersinstituut, en van de in beslag genomen administraties, 1945–1967, Inventarislijsten, 1940, II. Liste für die Auktion Wüst, 27. 2. 1941, unfoliiert; NL-HaNA, NBI 2.09.16 Nr. 883, III. Versteigerung Lange, Bilder am. 2. resp. 6. 12. 1940 ausgeliefert, unfoliiert.

72 Aukt.-Kat. Carl Eugen Pongs, Düsseldorf, „Gemälde des 16. bis 19. Jahrhunderts; Skulpturen; Möbel; Orientteppiche; Kunstgewerbe, Silber", 29.–30. 3. 1940, https://digi.ub.uni-heidelberg.de/diglit/pongs1940_03_29 [zuletzt aufgerufen 9. 1. 2023].

73 Flick 2022, S. 12.

74 NL-HaNA, NBI 2.09.16 Nr. 852, Inventaris van het dossierarchief van het Nederlandse Beheersinstituut, en van de in beslag genomen administraties, 1945–1967, Kunsthandel J. Goudstikker in oprichting, 1940, Schantung, Konto A 2 für Gemälde und Kunstgegenstände 1941, 10. 4. 1941, unfoliiert.

75 Aukt.-Kat. Hans W. Lange, Berlin, „Sammlung Wolfgang Zorer †, Berlin; verschiedener Kunstbesitz", 5.–6. 4. 1940, https://digi.ub.uni-heidelberg.de/diglit/lange1940_04_05 [zuletzt aufgerufen 9. 1. 2023].

angekündigten „liebenswerten“[76] Bildnis einer *Madonna mit Kind* (6078) des Meisters der Verherrlichung Mariae,[77] das angeblich für über 30.000 Reichsmark zugeschlagen wurde,[78] drei weitere Gemälde von Nicolaes Molenaer, Adriaen Brouwer und Pietro Rotari.[79]

Die Mehrzahl der bei den Auktionshäusern Hans W. Lange und Mathias Lempertz ersteigerten Gemälde wurden von der Schantung mit der Kennzeichnung „III/“ sowie einer fortlaufenden Zahl inventarisiert, wobei letztere offensichtlich keiner Chronologie folgte. So lief etwa das bei Hans W. Lange gekaufte Los 11 nun unter der Inventarnummer „III/14“, während das kurz danach zugeschlagene Lempertz-Los 616 unter „III/12“ firmierte.[80] Diese Inkonsequenz lässt vermuten, dass die Schantung zum Zeitpunkt der Inventarisierung bereits den Überblick über ihre Erwerbungen verloren hatte,m beziehungsweise die Provenienz der jeweiligen Gemälde für sie wegen ihrer Unkenntnis des Kunsthandels keine Rolle spielte. Da grundsätzlich wenige Unterlagen zu den Kunstkäufen im Frühjahr 1940 erhalten sind, kann deren Umfang nur unzureichend abgebildet werden. Bis dato konnten lediglich achtundzwanzig Gemälde der Bestandsbezeichnung „III/“ mit der niedrigsten laufenden Nummer zwei und der höchsten sechsundvierzig nachgewiesen werden; der Bestand war also deutlich umfangreicher. Mit Ausnahme einer Darstellung der *Heiligen Familie mit einer weiblichen Figur* (III/2) des italienischen Renaissancemalers Francesco da Cotignola, zwei *Mädchenbildnissen* von Pietro Rotari (III/30 & III/32) sowie dem Gemälde *Salvator Mundi* (III/17) von Bartholomäus Bruyn dem Älteren, dem *Fischer am Strand* (III/45) von Henri Harpignies und der bislang nicht zuzuordnenden „III/7“ handelt es sich bei allen Werken der Bestandsgruppe „III/“ um Arbeiten alter holländischer und flämischer Meister, bei denen Miedl höchstwahrscheinlich die größte Nachfrage in den Niederlanden erwartete.

Wie bereits erwähnt, wurden zwar die meisten, jedoch nicht alle bei deutschen Auktionen getätigten Erwerbungen unter dem Bestand „III/“ zusammengefasst. Sowohl das bei Pongs gekaufte Ölbild von Huthsteiner als auch zwei Gemälde von Friedrich Carl Mayer aus der Hans-W.-Lange-Auktion gehörten vielmehr zu der ebenfalls fortlaufend nummerierten Bestandsbezeichnung „S“, die für Schantung stehen könnte. Von bislang insgesamt zweiundsechzig nachgewiesenen „S“-Werken konnte der jeweilige Künstler in siebenund-

76 Weltkunst, Jg. XIV, Nr. 13/14, Versteigerung in Berlin, 31.3.1940, S. 2–3.

77 Ebd.

78 Das Gemälde wurde unter der Inventarnummer 6078 im Kunsthandel v/h J. Goudstikker geführt, s. NL-HaNA, NBI 2.09.16 Nr. 867, Inventaris van het dossierarchief van het Nederlandse Beheersinstituut, en van de in beslag genomen administraties, 1945–1967, Voorraadboek schilderijen, 1940–1941, Bl. 47.

79 Folgende Lose wurden erworben: Gemälde alter Meister 12–42–45–59, s. Aukt.-Kat. Hans W. Lange, Berlin, „Sammlung Wolfgang Zorer †, Berlin; verschiedener Kunstbesitz“, 5.–6.4.1940, https://digi.ub.uni-heidelberg.de/diglit/lange1940_04_05 [zuletzt aufgerufen 9.1.2023].

80 NL-HaNA, NBI 2.09.16 Nr. 854, Schantung Handels-AG an Alois Miedl i.S. Aufstellung über Versand von Gemälden an die N.V. Buitenlandsche Bankvereeniging, Amsterdam, Rokin 84, durch Spediteur Knauer, Berlin, am 13.2.1940, 20.2.1940, unfoliiert.

fünfzig Fällen eindeutig zugeordnet werden. Da die Mehrzahl dieser Werke im 19. und 20. Jahrhundert in Deutschland entstand, sich jedoch auch eine Reihe von vorwiegend niederländischen Gemälden des 16. bis 18. Jahrhunderts darunter befindet,[81] lassen sich erneut keine werkspezifischen Kriterien für die Zuordnung ausmachen. Vielmehr wurden die Gemälde aller Wahrscheinlichkeit nach zusammengefasst, da sie größtenteils direkt von deutschen Kunsthandlungen erworben worden waren. Ausnahmen sind bis dato lediglich die drei bereits genannten Werke sowie das unter „S 52" laufende Gemälde *Neptuns Triumph* von Adrien Bloemaert, das offensichtlich erst im Sommer 1940 für 5.500 Gulden von dem Tilburger Sammler H. F. J. Weijers gekauft wurde.[82] Dies gilt auch für das unter „S 29" geführte Gemälde *Durchquerung des Roten Meeres* von Hans Jordaens III., das Miedl am 30. April 1940 von dem Den Haager Auktionshaus Van Marle & Bignell ersteigerte.[83] In den Goudstikker-Unterlagen wird das Bild dagegen fälschlicherweise dem jüdischen Kunsthändler Martin Schönemann zugeordnet, der Miedl zwischen März und Juni 1940 insgesamt sechzehn Werke für circa 36.000 Gulden verkauft haben soll.[84] Schönemann, von dem Miedl angeblich bereits vor Kriegsbeginn Gemälde deutscher Künstler des 19. und 20. Jahrhunderts erwarb,[85] hatte 1918 gemeinsam mit dem ebenfalls jüdischen Kaufmann Otto Lampl die „Neue Galerie Schönemann & Lampl" in München gegründet, die 1924 ihren Sitz nach Berlin verlegte. Nachdem er das Geschäft acht Jahre später aus unbekannten Gründen verlassen hatte,[86] zog er nach Wien, wo ihn der ‚Anschluss' Österreichs im März

81 Das bei Pongs ersteigerte Gemälde erhielt die Kennung S 54, die beiden bei Hans W. Lange erworbenen Lose 89/90 die Kennung S 68/69, s. NL-HaNA, NBI 2.09.16 Nr. 882, S-Bilderliste, unfoliiert. – Bei den Bestandsnummern S 91 bis S 101 handelt es sich um Skizzen und Zeichnungen vor allem deutscher Provenienz, die nicht im Rahmen der Frühkäufe erworben wurden, sondern nach der ‚Arisierung' des Kunsthandels J. Goudstikker eine neue Kennung erhielten. Spätestens bis Ende 1942 befanden sie sich in einem Lager der Schantung in Deutschland, s. NL-HaNA, NBI 2.09.16 Nr. 856, Schantung Handels-AG an Kunsthandel Goudstikker, 2. 2. 1943, unfoliiert.

82 NL-HaNA, NBI 2.09.16 Nr. 881, Inventaris van het dossierarchief van het Nederlandse Beheersinstituut, en van de in beslag genomen administraties, 1945–1967, Inkoop facturen, 1940–1942, Rechnung H. F. J. Weijers, Tilburg, undatiert, unfoliiert. – Das Gemälde erhielt im August 1940 die Inventarnummer 5700, s. NL-HaNA, NBI 2.09.16 Nr. 867, Voorraadboek schilderijen, 1940–1941, Bl. 31.

83 Herkomst Gezocht, Deelrapportage IV, NK2262, H. Jordaens III., De doortocht door de Rode Zee, November 2002, S. 100–101.

84 NL-HaNA, NBI 2.09.16 Nr. 856, Rapport inzake de Kunsthandel v/h J. Goudstikker N. V. in opr. te Amsterdam, per 13. 9. 1940, Bl. 20.

85 NL-HaNA, NBI 2.09.16 Nr. 854, Alois Miedl an Prof. Antonio de Luna, Madrid, 10. 4. 1947, Bl. 4–5.

86 Bahrmann, Nadine: „… out of the private possessions of New Yorkers". Die Werke Max Liebermanns 1940 in den New Yorker Schoenemann Galleries, in: Fleckner, Uwe/Gaehtgens, Thomas W./Huemer, Christian (Hrsg.): Markt und Macht. Der Kunsthandel im „Dritten Reich", Bd. XII, Schriften der Forschungsstelle „Entartete Kunst", Berlin/Boston 2017, S. 185.

1938 jedoch noch im selben Monat zur Flucht nach Amsterdam zwang.[87] Seitdem war er in der Firma Herman Rotschild & Co. tätig, die er Ende August 1940 auflöste, bevor er im Oktober in die Schweiz auswanderte.[88] Es kann somit nicht ausgeschlossen werden, dass er die Kunstwerke im Rahmen der Liquidation unter Wert an Miedl verkaufte, um seine Emigration zu finanzieren.

Vermutlich Anfang 1940 erwarb Miedl weitere Gemälde des „S"-Bestands bei der Frankfurter Galerie Schumann, deren Geschäftsführer Wilhelm Schumann als Sachverständiger für jüdische Kunstsammlungen im ‚NSDAP-Gau' Hessen-Nassau tätig war.[89] Ausgehend von den Karteikarten des „Central Collecting Point München" umfasste der Verkauf acht Bilder; wie sich allerdings am Beispiel der Bestandsnummer „S 23" – der Darstellung einer *Herbergsszene* von Jan Miense Molenaer – zeigt, können diese in der Nachkriegszeit zusammengetragenen Informationen nicht unhinterfragt übernommen werden. Während die Alliierten das Gemälde der Provenienz Schumann zuschrieben,[90] nennt der Eröffnungsbericht des Kunsthandels voorheen J. Goudstikker als Vorbesitzer Schönemann.[91] Auch wenn für eine eindeutige Klärung der Herkunft keine weiteren Hinweise gefunden werden konnten, scheint letzterer plausibler, da er im Gegensatz zu Schumann nicht nur deutsche, sondern auch andere niederländische Werke an Miedl verkaufte.

Namentlich als Verkäufer von „S"-Bildern genannt werden weiterhin Görings Kunstberater und -einkäufer Walter Andreas Hofer, dem Mitte Juni 1940 rund 30.000 Gulden überwiesen wurden, sowie Miedl, der sich selbst etwa 16.000 Gulden auszahlte.[92] Allerdings können den beiden keine Werke zugeordnet werden. Ebenfalls unklar bleibt, wie hoch die Gesamtsumme für den Erwerb sämtlicher Gemälde des Bestands war. Zwar vermerkt der Eröffnungsbericht von voorheen J. Goudstikker für den entsprechenden Posten circa 81.000 Gulden,[93] doch da in dieser Summe lediglich die Zahlungen an Schönemann, Hofer und Miedl enthalten sind, muss davon ausgegangen werden, dass der Betrag um einiges höher

---

87 SAA, 30238 Nr. 724, Archief van het Bevolkingsregister Amsterdam, Registratiekaart Martin Schönemann, unfoliiert.

88 Bahrmann 2017, S. 173, 185.

89 Flick 2022, S. 14; Iselt, Kathrin: „Sonderbeauftragter des Führers". Der Kunsthistoriker und Museumsmann Hermann Voss (1884–1969), Köln/Weimar/Wien 2010, S. 89.

90 DHM, Datenbank zum „Central Collecting Point München", Property Card Art, 2281/2 Aussee 1625, J. Molenaer, Peasants in an inn with violinist, https://www.dhm.de/datenbank/ccp/dhm_ccp.php?seite=6&fld_1=2281%2F2&fld_3=&auswahl=6&fld_4=&fld_4a=&fld_5=&fld_6=&fld_7=&fld_8=&fld_9=&fld_10=&suchen=Suchen [zuletzt aufgerufen 9.1.2023].

91 NL-HaNA, NBI 2.09.16 Nr. 856, Rapport inzake de Kunsthandel v/h J. Goudstikker N.V. in opr. te Amsterdam, per 13.9.1940, Bl. 20.

92 Ebd., Bl. 41.

93 Ebd., Bl. 20.

ausfiel. Dementsprechend kann auch der verzeichnete Gesamterlös von fast 94.000 Gulden[94] nur als grobe Annäherung gelten. Die vorerst letzte bekannte Bestandsgruppe „H/"[95] aus dem Frühjahr 1940 umfasste vierundzwanzig Gemälde und sechs Aquarelle des Berliner Malers Theodor Hosemann, die Miedl am 9. April über die Buitenlandbank beim Amsterdamer Auktionshaus Frederik Muller & Co. erworben hatte.[96] Bei einem durchschnittlichen Schätzwert von 400 bis 450 Gulden[97] zahlte Miedl offensichtlich aufgrund der geringen Nachfrage nur 6.622 Gulden für alle in der Auktion angebotenen Werke des Künstlers.[98]

Vorbesitzer dieser Arbeiten war der 1933 von den Nationalsozialisten aus dem Vorstand der Dresdner Bank verdrängte Hosemann-Sammler Wilhelm Kleemann, der daraufhin Deutschland mit seinem gesamten Kunstbesitz verließ und ab Mai 1938 in Amsterdam ansässig war.[99] In der Nachkriegszeit stellte er einen Restitutionsantrag mit der Begründung, die Hosemann-Werke seien aus ihrem letzten Aufenthaltsort in Goudstikkers Schloss Nijenrode vermutlich von deutschen Besatzungstruppen entwendet worden.[100] Miedl habe bereits vor der Besatzung erfolglos über einen Mittelsmann mit ihm Kontakt aufgenommen, um die Sammlung zu erwerben. Bei seiner Emigration nach Amerika im Februar 1940 habe er die Werke dann wegen zu hoher Transportkosten zurücklassen müssen und seinem Freund Jacques Goudstikker übergeben, der sie eigens in Nijenrode ausgestellt und zugesichert habe, Kleemann könne sie jederzeit gegen eine Aufwandsentschädigung von 1.000 Gulden zurückerhalten.[101] Tatsächlich findet sich jedoch zu den Hosemann-Arbeiten in den Unterlagen des Kunsthandels J. Goudstikker eine handschriftliche Notiz von Januar 1940, laut

---

94 NL-HaNA, NBI 2.09.16 Nr. 851, Inventaris van het dossierarchief van het Nederlandse Beheersinstituut, en van de in beslag genomen administraties, 1945–1967, Goudstikker-Miedl, Rapport inzake Kunsthandel v/h J. Goudstikker N.V. te Amsterdam per 31.12.1941, Bl. 34.

95 Die obige Bestandsgruppe „H/" ist nicht identisch mit der 1944 im Kunsthandel v/h J. Goudstikker eingeführten Kennung „H".

96 Aukt.-Kat. Frederik Muller & Co., Amsterdam, „Collection de 30 tableaux et aquarelles par Theodor Hosemann", 9.4.1940, https://digi.ub.uni-heidelberg.de/diglit/mensing_fils1940_04_09b [zuletzt aufgerufen 10.1.2023].

97 Weltkunst, Jg. XIV, Nr. 19/20, Preisberichte, Mensing & Sohn, Amsterdam, 9.–11.4.1940, 12.5.1940, S. 6.

98 NL-HaNA, NBI 2.09.16 Nr. 856, Rapport inzake de Kunsthandel v/h J. Goudstikker N.V. in opr. te Amsterdam, per 13.9.1940, Bl. 20. – Flicks Schätzung beläuft sich dagegen auf etwa 15.000 Gulden, s. Flick 2022, S. 16.

99 SAA, 30238 Nr. 428, Archief van het Bevolkingsregister Amsterdam, Registratiekaart Wilhelm Kleemann, unfoliiert.

100 NARA, M1949, RG 260, Records of the Monuments, Fine Arts, and Archives Section of the Preparations and Restitution Branch, OMGUS, 1945–1951, Cultural Property Claim Applications, 1946–1948, Netherlands Claim No: N21 Kleemann Wilh. (USA), Wilhelm Kleemann an US-Department for Art and Pictures Frankfurt a.M., 15.1.1948, unfoliiert.

101 Ebd., Wilhelm Kleemann an US-Department for Art and Pictures Frankfurt a.M., 24.3.1948.

der Kleemanns Kunstbesitz für 1.000 Gulden erworben wurde.[102] Ein derart niedriger Preis unter angeblichen Freunden und die Übereinstimmung der Beträge deuten eigentlich auf einen Scheinverkauf, der lediglich den Verbleib der Werke bei Goudstikker legalisieren sollte. Dagegen spricht allerdings, dass der Kunsthandel J. Goudstikker die Werke unmittelbar nach dem Erwerb bei Frederik Muller & Co. einlieferte und Goudstikker zudem mit dem Auktionshaus ein Metageschäft einging, in dem er den hälftigen Auktionserlös gegen Zahlung von 500 Gulden abtrat,[103] womöglich um schnellen Absatz zu generieren.

Ob diese offensichtlichen Widersprüche auf Informationsdefizite, Erinnerungstäuschungen oder andere, den Zeitumständen geschuldete Ursachen zurückzuführen sind, ist im Nachhinein nicht zu entscheiden. Dagegen kann festgehalten werden, dass Miedl zu äußerst vorteilhaften Konditionen in den Besitz der Werke gelangte, insbesondere wenn der Auktionserlös tatsächlich nicht transferiert wurde und somit im ‚arisierten' Kunsthandel voorheen J. Goudstikker verblieben wäre. Wie sich später zeigen wird, erzielte er darüber hinaus mit dem explizit für den deutschen Kunstmarkt erworbenen „H/"-Bestand einen Gesamterlös von etwa 100.000 Gulden. Indessen gestaltete sich der Verkauf der für die Niederlande bestimmten „III/"- und „S"-Gemälde wesentlich schwieriger, weshalb die Buitenlandbank bereits nach kurzer Zeit einen Teil davon an die Schantung zurückschicken musste.[104] Mit Blick auf den allgemeinen Zustand des niederländischen Kunstmarkts vor der Besatzung ist dies jedoch nicht überraschend.

7.5 Der niederländische Kunstmarkt vor 1940

Der mit dem Ersten Weltkrieg einsetzende Boom auf dem niederländischen Kunstmarkt führte in den 1920er Jahren zu einer Gründungswelle von Kunsthandlungen im Land, die aufgrund ihres Erfolgs vor allem Amsterdam zu einem der international angesehensten Zentren des Kunstmarktes aufwerteten.[105] Jacques Goudstikker, der ebenfalls Anfang des Jahrzehnts die Geschäftsführung im familieneigenen Kunsthandel übernommen hatte,[106] stellte noch 1931 fest, die Zahl neuer Händler in Amsterdam nehme auch weiterhin regelmäßig zu. Dieses beständige Wachstum führte er nicht nur auf die günstige geografische Lage,

102 NL-HaNA, NBI 2.09.16 Nr. 881, handschriftliche Notiz des Kunsthandels J. Goudstikker N.V. zum Kauf der Gemälde und Aquarelle aus dem Besitz von Wilhelm Kleemann, Januar 1940, unfoliiert.

103 Ebd., Kunsthandel J. Goudstikker an Frederik Muller & Cie., 17.1.1940, unfoliiert.

104 NL-HaNA, NBI 2.09.16 Nr. 857, Schantung Handels-AG i.S. Entwicklung der Beziehungen der Schantung Handels-AG, Berlin und Alois Miedl, Amsterdam, 27.9.1945, unfoliiert.

105 Euwe 2007, S. 28–29.

106 NIOD, 249–0278A Nr. a1, Dossier – Goudstikker, N.V. Kunsthandel J., Korte geschiedenis van de Kunsthandel J. Goudstikker N.V. van december 1939 tot april 1942, geschreven door A. E. D. von Saher, April 1952, Bl. 2.

sondern vor allem auf die qualitativ wie quantitativ außergewöhnlichen Handelsbestände zurück, die ausländische Sammler immer wieder in Erstaunen versetzten.[107] Mit Beginn der Weltwirtschaftskrise ließen sich viele Kunsthändler angesichts des niedrigen Preisniveaus in trügerischem Optimismus dazu verleiten, ihre Handelsbestände in großem Maßstab und häufig auf Kredit noch weiter auszubauen. Dies erwies sich jedoch in Anbetracht der anhaltenden Rezession als ein schwerer Fehler, da sich die Gemäldeverkäufe allein nach Deutschland, dem bislang wichtigsten Exportland, zwischen 1930 und 1933 um annähernd fünfundsiebzig Prozent reduzierten.[108] Infolgedessen gerieten Kunsthändler, die ihre Kredite nicht mehr bedienen konnten, in eine Schuldenfalle und gingen häufig insolvent. Der ab 1934 in Deutschland einsetzende wirtschaftliche Aufschwung belebte zwar die Nachfrage, doch die Unkonvertierbarkeit der Reichsmark sowie das eingeführte Clearing[109] verhinderten vorerst die Rückkehr zu profitablen Handelsbedingungen. Erst 1936 normalisierte sich der niederländische Kunsthandel vorübergehend durch die Abwertung des Guldens, brach allerdings bereits zwei Jahre später erneut aufgrund der zunehmenden Kriegsgefahr ein.[110] Der Amsterdamer Kunsthändler Evert J. M. Douwes zog nach Kriegsende folgendes Fazit dieser desolaten Lage: „Große Vorräte im niederländischen Kunsthandel, fast kein Umsatz, die Niederlande eine teure Insel für Ausländer. [...] So verhielt es sich mit dem Kunsthandel, als die Deutschen in unser Land einfielen."[111]

7.6 Revierkampf der NS-Spitze auf dem niederländischen Kunstmarkt

Dass die Preise auf dem niederländischen Kunstmarkt im Mai 1940 ihren bisherigen Tiefpunkt erreicht hatten,[112] war für die deutschen Besatzer geradezu ideal, schätzten sie doch

---

107 NL-HaNA, NBI 2.09.16 Nr. 882, Levensbeschrijving Goudstikker 1931, J. Goudstikker door H. G. Cannegieter, Overdruk uit Morks-Magazijn, Dezember 1931, S. 627–628.

108 David, Géraldine u. a.: Preise spielen gar keine Rolle. The Booming Art Market in Occupied Western Europe 1940–1945, in: Fleckner, Uwe/Gaehtgens, Thomas W./Huemer, Christian (Hrsg.): Markt und Macht. Der Kunsthandel im „Dritten Reich" (Schriften der Forschungsstelle „Entartete Kunst" Bd. XII), Berlin/Boston 2017, S. 33, 35.

109 Unter Clearing versteht man „eine bilaterale Regelung, bei der beim Handel Ware gegen Ware verrechnet wird, ohne dass Zahlungen über die Ländergrenzen erfolgen. In beiden Ländern wird die Bezahlung durch ein Clearinginstitut geregelt. Dieses Institut nimmt alle Zahlungen, die gegenüber dem Handelspartner geleistet werden müssen, ein und führt aus den so eingenommenen Geldern alle Zahlungen durch, die vom Handels-partner gegenüber dem Land geleistet werden müssen. Es bietet also die Möglichkeit, den Handel zu verrechnen, ohne dass dabei harte Valuta eingesetzt werden müssen", s. Klemann 2009, S. 39.

110 Euwe 2007, S. 30–31.

111 Den Hollander 2007, S. 129.

112 Aalders 2000, S. 118.

besonders die holländischen Meister des 17. und 18. Jahrhunderts,[113] die sich in großem Umfang in den niederländischen Kunsthandlungen finden ließen. Da mit einem Ansturm deutscher Käufer zu rechnen war, galt es, schnell zu handeln, bevor die Preise wieder anstiegen. Dementsprechend berief der Reichskommissar Seyß-Inquart bereits drei Tage vor seiner offiziellen Amtseinführung den österreichischen Kunsthistoriker Kajetan Mühlmann zum ‚Sonderbeauftragen für die Sicherung der Kunst- und Kulturschätze in den besetzten niederländischen Gebieten'.[114] Mühlmann, der schon im ‚Generalgouvernement' die Funktion eines solchen ‚Sonderbeauftragten' innegehabt hatte, etablierte daraufhin in Den Haag eine nach ihm benannte Dienststelle, die zwar offiziell Generalkommissar Wimmer unterstand, jedoch unmittelbar an Seyß-Inquart Bericht erstattete. Zu den Aufgaben der ‚Dienststelle Mühlmann' sollten langfristig neben dem Erwerb von Kunstwerken auf dem niederländischen Kunstmarkt die listenmäßige Erfassung kulturell als relevant eingestufter Kunstgegenstände, die Gutachtenerstellung beschlagnahmter Kunstwerke sowie deren Lagerung und schließlich Verkauf gehören.[115] Dabei kooperierte sie sowohl mit dem für die Sondierung zuständigen ‚Devisenschutzkommando'[116] als auch mit der ‚Abteilung Feindvermögen', die auf Grundlage der Ende Juni 1940 erlassenen Verordnung „über die Behandlung feindlichen Vermögens" (26/1940) mit der Koordinierung der Enteignungen beauftragt wurde.[117]

Neben Hitler, dessen Wünsche die ‚Dienststelle Mühlmann' stets priorisierte,[118] wollte selbstredend auch Göring bei der „großen Bilderjagd"[119] in den Niederlanden nicht das Nachsehen haben. Bereits „von früher Kindheit an […] ein entschiedener Liebhaber der

113 Anton 2010, S. 321.

114 Alford, Kenneth D.: Hermann Göring and the Nazi Art Collection. The Looting of Europe's Art Treasures and their Dispersal after World War II, Jefferson (North Carolina) 2012, S. 31.

115 Koll 2015, S. 67, 453.

116 Kurz 1989, S. 255.

117 Koll 2015, S. 440. – Durch die Verordnung 33/1940 vom 4.7.1940 wurde die deutsche Sicherheitspolizei ermächtigt, Vermögen von Vereinigungen und Personen, „die deutsch- oder reichsfeindliche Bestrebungen gefördert haben, fördern oder von denen anzunehmen ist, dass sie solche Bestrebungen in Zukunft fördern werden, ganz oder teilweise" zu beschlagnahmen, s. Aalders 2000, S. 49. – Der ‚Einsatzstab Reichsleiter Rosenberg' (ERR), der ab Juli 1940 vor allem in Frankreich systematisch Kunstraub betrieb, konnte sich angesichts der Vormachtstellung der ‚Dienststelle Mühlmann' nicht gegen diese in den Niederlanden behaupten, weshalb er seine Tätigkeit dort auf Konfiszierungen von Hausrat, Bibliotheks- und Archivbeständen sowie „freimaurerischem Schriftgut" beschränkte, s. Koll 2015, S. 457.

118 Ebd., S. 67, 453–455.

119 Fuhrmeister, Christian/Kienlechner, Susanne: Erhard Göpel im Nationalsozialismus – eine Skizze, Januar 2018, S. 12, http://digital.bib-bvb.de/view/bvb_single/single.jsp?dvs=1737048700672~610&locale=de_DE&VIEWER_URL=/view/bvb_single/single.jsp?&DELIVERY_RULE_ID=39&bfe=view/action/singleViewer.do?dvs=&frameId=1&usePid1=true&usePid2=true [zuletzt aufgerufen 11.1.2023].

Kunst"[120], hat er nach dem Ersten Weltkrieg begonnen, in geringem Umfang Kunstwerke zu erwerben. Mit zunehmender Macht und somit finanziellen Mitteln baute er seine Sammlertätigkeit ab 1933 immer weiter aus, wobei sein Schwerpunkt auf altdeutschen Meistern, vor allem Albrecht Dürer und Lucas Cranach, lag. Etwa ab 1938 fanden auch Skulpturen, Tapisserien, Teppiche sowie Schmuckstücke Eingang in seine Sammlung,[121] die bereits ein Jahr später circa 200 Objekte umfasste.[122] Der selbst ernannte „Renaissance Typ"[123] Göring rühmte sich schließlich schon 1940, Besitzer „der bedeutendsten Privatsammlung zumindest in Deutschland, wenn nicht in Europa"[124] zu sein. Seine Sammelleidenschaft expandierte im Übrigen parallel zu den jeweiligen Territorialeroberungen der Nationalsozialisten.[125] Mit der Besatzung Dänemarks, Norwegens, Belgiens und der Niederlande verlagerte sich sein Interesse dementsprechend auf skandinavische Kunstwerke sowie Gemälde holländischer und flämischer alter Meister. Göring begründete diese neuen Vorlieben ganz im Sinn der ‚Rassentheorie' mit seinen norddeutschen Vorfahren.[126]

Um bei dem auf dem niederländischen Kunstmarkt einsetzenden Wettrennen der NS-Machtelite an die Spitze zu gelangen, setzte Göring einerseits auf seinen Kontaktmann Miedl. Mühlmann hatte Miedl schon Anfang 1940 im Berliner Kreis des Reichsmarschalls flüchtig kennengelernt und gab nach dem Krieg an, Göring habe ihm Miedl im Mai 1940 „als Kenner des holländischen Kunsthandels wärmstens empfohlen."[127] Seiner Ansicht nach habe Miedl zwar fast kein Wissen und keine Kenntnisse von Kunst gehabt, sei aber „damals weitaus der rührigste im holländischen Kunsthandel"[128] gewesen.

Allerdings verließ sich Göring nicht nur auf Miedl, sondern auch auf Walter Andreas Hofer, der ab 1937 als freischaffender Kunstberater für ihn tätig war.[129] Seit 1920 in der

120 Goldensohn, Leon: Die Nürnberger Interviews. Gespräche mit Angeklagten und Zeugen, Düsseldorf/Zürich 2005, S. 165.

121 Von zur Mühlen, Ilse: Hermann Göring als Kunstsammler, in: Bertz, Inka/Dorrmann, Michael (Hrsg.): Raub und Restitution. Kulturgut aus jüdischem Besitz von 1933 bis heute, Berlin/Frankfurt a. M. 2008, S. 141–142.

122 Yeide 2009, S. 12.

123 BArch Koblenz, B 323/70, Treuhandverwaltung von Kulturgut bei der Oberfinanzdirektion München, Consolidated Interrogation Report Nr. 2, The Goering Collection (Bericht von Th. Rousseau), 15.9.1945, Bl. 137.

124 Von zur Mühlen 2004, S. 25.

125 Ebd., S. 28.

126 Goldensohn 2005, S. 165.

127 BArch Koblenz, B 323/516, Kajetan Mühlmann i. S. Alois Miedls Kunstgeschäfte in Holland, 14.9.1947, Bl. 308–309.

128 NARA, M1946, RG 260, Records Concerning the Central Collecting Points: Munich Central Collecting Point, 1945–1951, Restitution Research Records, 1945–1950, Mühlmann, Kajetan: Investigation – Personal Statements, 1945, Kajetan Mühlmann i. S. Miedls Tätigkeit am Kunstmarkt, 1945, unfoliiert.

129 Von zur Mühlen 2004, S. 32.

Münchner Kunsthandlung seines Schwagers Kurt Walter Bachstitz aktiv, hatte Hofer 1929 eine Anstellung bei dem Kunstsammler Gottlieb Friedrich Reber in Lausanne angenommen, bevor er sich 1935 als Kunsthändler in Berlin selbstständig machte.[130] 1936 lernte Hofer dann entweder durch seine als Restauratorin arbeitende Ehefrau[131] oder Görings vormaligen Berater Moritz Binder den Reichsmarschall kennen. Nur fünf Tage nach der Kapitulation begab er sich in Görings Auftrag in die Niederlande, um sich im Kunsthandel einen Überblick zu verschaffen und erste Werke für ihn zu sichern.[132]

Miedl zufolge war er über Hofer und dessen Vorhaben nicht vorab informiert; von Martin Schönemann habe er erfahren, dass ein „gewisser Walter Andreas Hofer“[133] in der Stadt sei und beabsichtige, für Göring Kunstwerke zu kaufen. Schönemann habe Hofer daraufhin zu Miedl gebracht, der von ihm erfuhr, dass auch Göring bald nach Amsterdam kommen werde. Während er das Treffen mithin als eine zufällige Begegnung mit einem ihm bis dahin Unbekannten darstellte, womöglich um sich gegenüber den Alliierten vom eng mit Göring verbundenen Hofer zu distanzieren, lässt dessen Schilderung einen anderen Schluss zu: „Mein erster Besuch in Amsterdam. Ich hatte einige Bilder [...] zur Ansicht geholt, die ich Göring bei Miedl zeigen wollte.“[134] Diese Aussage deutet vielmehr zumindest auf eine vorherige Absprache, wenn nicht sogar persönliche Bekanntschaft. Göring hatte den „Kunsthandelskenner“ Miedl sicherlich nicht nur Mühlmann, sondern vor allem auch seinem eigenen Berater empfohlen. Auch wenn unklar ist, wie sie zustande kam, bot die zukünftige Zusammenarbeit angesichts von Miedls Kontakten und seinem Verhandlungsgeschick sowie Hofers Kunstkenntnissen theoretisch ideale Voraussetzungen, um im Auftrag Görings gemeinsam erfolgreich auf dem niederländischen Kunstmarkt zu agieren. In der Praxis galt dies jedoch nur eingeschränkt, da zwischen den beiden offensichtlich Antipathien bestanden. Während Miedl Hofer als skrupellosen, überambitionierten und habgierigen Mann diffamierte,[135] ihm unterstellte, unerlaubt Gemälde aus Görings Besitz verkauft zu haben,[136] und ihn verdächtigte, ihn bei der Gestapo denunziert zu haben,[137] berichtete Görings Sekretärin Gisela Limberger, dass Hofer keine Gelegenheit ausließ, um jeglichen

---

130 Hollmann/März 2014, S. 68.

131 Buomberger 1998, S. 68.

132 Alford 2012, S. 19–20, 72.

133 NL-HaNA, NBI 2.09.16 Nr. 854, Alois Miedl an Prof. Antonio de Luna, Madrid, 10. 4. 1947, Bl. 4–5; BAR, E9500.239A#2003/48#108*, Abschrift der Verhandlung vom 19. 12. 1950 im Obergerichtsgebäude Bern, 13. 1. 1951, unfoliiert.

134 NARA, M1947, RG 260, Records Concerning the Central Collecting Points: Wiesbaden Central Collecting Point, 1945–1952, Restitution, Research and Reference Records, Hofer, Walter A.: Hofer Göring Documents, Göring Lists, Aufzeichnungen von Walter Andreas Hofer, undatiert, unfoliiert.

135 NARA, M1946, RG 260, Interrogations: Miedl Case, No. 4, 13. 12. 1945, Bl. 7.

136 Ebd., Miedl Case, No. 3, 13. 12. 1945, Bl. 8.

137 Alford 2012, S. 25.

persönlichen Kontakt zwischen Miedl und Göring zu unterbinden.[138] Als Spitzenfunktionär des polykratischen NS-Systems hatte Göring gegen Konkurrenz nichts einzuwenden, solange sie als Triebfeder zur Leistungssteigerung diente; dementsprechend hatten Miedl und Hofer trotz ihrer gegenseitigen Antipathie keine andere Wahl, als sich zu arrangieren und in den folgenden fünf Jahren immer wieder eng zusammenzuarbeiten, um sich die Gunst des Reichsmarschalls zu erhalten.

7.7 Erste Kunstkäufe für Göring

In den ersten Wochen der Besatzung fasste Miedl primär seinen privaten und beruflichen Bekanntenkreis als potenzielle Verkäufer von Kunstwerken ins Auge. Gemeinsam mit Hofer erwarb er so nachweislich sechsundzwanzig Gemälde, die er am 10. Juni 1940 wiederum an Göring veräußerte; ob er dabei einen Gewinn erzielte, konnte bislang zwar nicht sicher ausgeschlossen werden, doch es scheint plausibel, dass er bei diesen Geschäften lediglich als Görings Mittels- beziehungsweise Strohmann fungierte.

Die ersten dieser Gemälde akquirierte Miedl bei seinem aus Deutschland stammenden Freund Walter Peach,[139] der angeblich auch ein Bekannter Hofers war und als dessen Mittelsmann bereits vor dem Krieg Kunstwerke für Göring erworben haben soll.[140] Annoncen in niederländischen Zeitungen zufolge betätigte er sich ab etwa Mitte der 1930er Jahre als Kunsthändler: Erstmals 1934 tauchte sein Name als Leihgeber einer Tilburger Ausstellung holländischer Meister des 17. Jahrhunderts auf[141] und im Herbst 1935 schaltete er ein Inserat für seinen auf alte Meister spezialisierten Kunsthandel W. Peach in Amsterdam.[142] Aufgrund seiner vorwiegend deutschen Klientel und des darauf basierenden Gerüchts, er sei ein Sympathisant des Nationalsozialismus, blieb er im niederländischen Kunsthandel jedoch ein Außenseiter, dessen Beitritt von der Vereinigung niederländischer Kunsthändler abgelehnt wurde.[143] Infolgedessen war er hauptsächlich in Belgien aktiv und unterhielt geschäftliche Beziehungen in den Niederlanden lediglich zum Amsterdamer Kunsthändler H. van der

138 NARA, M1946, RG 260, Card File on Art-Looting Suspects, 1943–1946, Limberger, Gisela, unfoliiert.

139 NL-HaNA, NBI 2.09.16 Nr. 856, Alois Miedl an Emile Renders, 26. 2. 1941, unfoliiert.

140 Alford 2012, S. 83, 95.

141 Nieuwe Tilburgsche Courant, Jg. 56, Nr. 12098, Schilderijen-Tentoonstelling van Hollandsche meesters, 23. 11. 1934 [www.delpher.nl, zuletzt aufgerufen 12. 1. 2023].

142 Algemeen Handelsblad, Jg. 108, Nr. 35406, Tentoonstellingen, 1. 9. 1935, Bl. 4 [www.delpher.nl, zuletzt aufgerufen 12. 1. 2023].

143 NARA, M1946, RG 260, Records Concerning the Central Collecting Points: Munich Central Collecting Point, 1945–1951, Restitution Research Records, 1945–1950, Art Dealers and Auction Houses in Germany and Austria, A list of German and Austrian art dealers 1940–1941, 16. 7. 1945, unfoliiert.

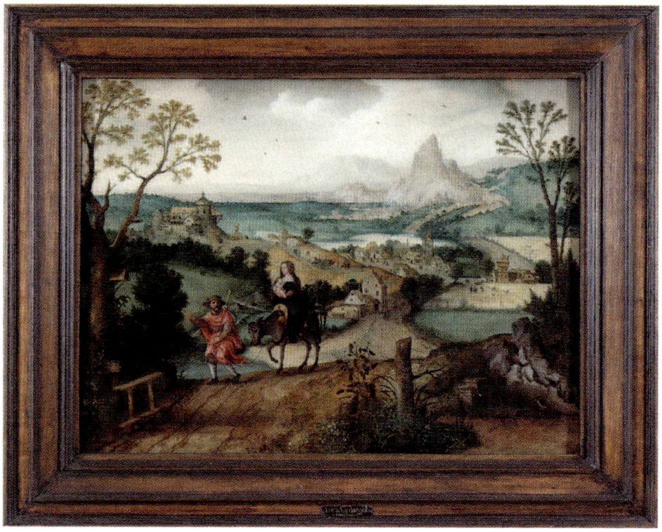

Abb. 1 Lucas Gassel, Flucht nach Ägypten, 1542, Öl auf Holz, 67,5 × 88,5 cm.

Ploeg sowie zu Miedl.[144] Am 10. Juni 1940 erwarb Miedl nun von Peach für 15.400 Gulden vier Gemälde – das teuerste eine *Flucht nach Ägypten* von Lucas Gassel[145] (Abb. 1) –, die Hofer zuvor für Göring ausgewählt hatte.[146]

Ein weiterer Verkäufer, diesmal aus Miedls engstem Freundeskreis, war der seit 1921 in Amsterdam lebende Hans Wilhelm Christian Tietje, der sowohl privat als auch beruflich viele Gemeinsamkeiten mit ihm hatte. So war er zum einen ebenfalls mit einer Jüdin verheiratet,[147] der er 1940 in seiner Funktion als Konsul die schützende Staatsangehörigkeit der Dominikanischen Republik verlieh.[148] Zum anderen arbeitete er als Direktor der Amsterdamer N.V. Nedeximpo, die sich im Besitz der Vereinigten Stahlwerke AG befand, vor

144 Venema 1986, S. 290.

145 Das Gemälde wurde nach Kriegsende an die Niederlande restituiert und befindet sich seit 1953 als Dauerleihgabe der Nederlands Kunstbezit Collectie im Bonnefantenmuseum Maastricht, s. https://www.bonnefanten.nl/en/collection/1000620-vlucht-naar-egypte [zuletzt aufgerufen 2.9.2024].

146 Miedl kaufte folgende Gemälde: Salomon Rombouts *Bauermarkt* für 2.800 Gulden, Gillis Rombouts *Landschaft mit Figuren* für 2.300 Gulden, Pieter Brueghel d. J. *Bauernkirmes* für 3.800 Gulden, Lucas van Gassel *Flucht nach Ägypten* für 6.500 Gulden, s. BArch Koblenz, B 323/70, The Goering Collection (Bericht von Th. Rousseau), 15.9.1945, Bl. 84–86.

147 NARA, M1946, RG 260, Goudstikker Collection: Lists and Reports, Bericht der MFAA, undatiert, unfoliiert; NARA, M1944, RG 239, Card File on Art-Looting Suspects, 1943–1946, Tietje, Hans Wilhelm Christian, unfoliiert.

148 SAA, 5225 Nr. 4343, Archief van de Gemeentepolitie, Stukken betreffende de visumaanvraag door Hans Wilhelm Christian Tietje en zijn vrouw Marga, tijdens de bezetting behulpzaam geweest voor het verzet., 1953, Einwanderungsabteilung Amsterdam i. S. Visumsantrag für einen niedergelassenen Ausländer, 30.4.1940, unfoliiert.

allem zugunsten des Deutschen Reichs im Im- und Exportsektor und hatte zudem eine Reihe von Aufsichtsratsmandaten inne.[149] Trotz all dieser sicher nicht geringfügigen Einnahmequellen war Tietje 1940 allerdings hoch verschuldet, da er sich innerhalb von drei Jahren für Spekulationsgeschäfte[150] an der amerikanischen Börse etwa 1,4 Millionen Gulden von dem jüdischen Industriellen Daniel Wolf geliehen hatte; als Sicherheiten hinterlegte er Wertpapiere und Gemälde. Um den noch ausstehenden Kredit in Höhe von 700.000 Gulden weiter zurückzahlen zu können,[151] verkaufte er Miedl im Juni 1940 für 35.000 Gulden das Gemälde *Madonna mit Kind und Trauben, zwei Engel halten einen Vorhang* von Lucas Cranach dem Älteren.[152] Während dieses Gemälde am 10. Juni in den Besitz von Göring überging, wurde *Der Alchemist* (5014) von Jan Stehen,[153] den Wolfs Sekretärin ebenfalls zur Reduzierung des Kredits für 23.000 Gulden an Miedl verkauft hatte, einige Monate später vom ‚Sonderauftrag Linz' erworben.[154] Wie Daniel Wolfs Bruder Mozes[155] nach dem Krieg berichtete, machte ihm Miedl zu dieser Zeit den Vorschlag, Kunstwerke von ihm und seinen jüdischen Bekannten zu erwerben. Angeblich argumentierte er damit, dass „diese Leute"[156] ihre Werke sowieso nicht behalten könnten und ihm deshalb besser vorher verkaufen sollten. Mit dieser Taktik, durch Ankündigung einer unausweichlichen Beschlagnahme bereits bestehende Zukunftsängste zu schüren und Druck aufzubauen, hatte Miedl bei Wolf zumindest vorerst zwar keinen Erfolg.

Beim jüdischen Bankier Martin Aufhäuser erzielte sein Vorgehen dagegen die gewünschte Wirkung. Aufhäuser hatte seit 1917 die familieneigene, deutschlandweit führende Privatbank H. Aufhäuser in München geleitet, sich in den 1920er und 1930er Jahren in diversen Vor-

---

149 Spätestens ab der Besatzung soll Tietje als Sonderbeauftragter von Richard Fiebig, dem Beauftragten für die Niederlande des Reichsministeriums für Bewaffnung und Munition, tätig gewesen sein. Die N.V. Nedeximpo belieferte zudem angeblich die deutsche Kriegsmarine, s. ebd., Polizei Amsterdam i. S. Untersuchung der möglichen Kollaboration der Nedeximpo, 12.12.1945, unfoliiert.

150 Bereits 1933 war Tietjes Name mehrmals in Verbindung mit Manipulationen im Zusammenhang mit der Abwertung des Guldens gebracht worden, s. ebd., Einwanderungsabteilung Amsterdam i. S. Visumsantrag für einen niedergelassenen Ausländer, 30.4.1940, unfoliiert.

151 Bouwens/Langeveld 2018, S. 219.

152 Advisory Committee on the assessment of restitution applications for items of cultural value and the Second World War, RC 1.101, Recommendation regarding the restitution of one painting from the collection Daniel Wolf, 9.11.2009, https://www.restitutiecommissie.nl/en/recommendation/wolf/ [zuletzt aufgerufen 12.1.2023].

153 NL-HaNA, NBI 2.09.16 Nr. 867, Voorraadboek schilderijen, 1940–1941, Bl. 1.

154 Bouwens/Langeveld 2018, S. 219. – Im Lagerbuch des Kunsthandels v/h J. Goudstikker wurde offenbar nachträglich neben den Preis eine „Provision Wolf" in Höhe von 5.000 Gulden eingetragen. Da Wolf zu diesem Zeitpunkt bereits nicht mehr in den Niederlanden lebte, scheint es plausibel, dass seine Sekretärin diesen Betrag erhielt, s. NL-HaNA, NBI 2.09.16 Nr. 867, Voorraadboek schilderijen, 1940–1941, Bl. 1.

155 Während der Besatzung nannte er sich Marcel, s. Bouwens/Langeveld 2018, S. 201.

156 Venema 1986, S. 188.

ständen betätigt und sich darüber hinaus durch sein karitatives Engagement ausgezeichnet.[157] Wenige Tage nach den ‚Novemberpogromen' wurde er in Dachau in ‚Schutzhaft' genommen, sein Bankhaus wurde ‚arisiert' und etwa vierzig Gemälde sowie zahlreiche andere Kunstgegenstände wurden im Rahmen der sogenannten ‚Judenaktion' in seiner Villa beschlagnahmt.[158] Insgesamt sollen bei weiteren Beschlagnahmeaktionen 176 Kunstobjekte aus seinem Besitz entwendet worden sein.[159] Mitte März 1939 gelang es Aufhäuser und seiner Ehefrau schließlich durch die Zahlung von mehreren Tausend Pfund, eine Ausreisegenehmigung für die Niederlande zu erhalten. Mit sich führten sie einige Kunstwerke, darunter auch das Rembrandt zugeschriebene, wahrscheinlich jedoch von Isaac van Jouderville gemalte *Porträt der Schwester des Künstlers, Lisbeth van Rijn*, welches Göring laut Auguste Aufhäuser „unter allen Umständen erwerben wollte".[160] Nachweislich unter Zwang[161] verkaufte Aufhäuser Miedl schließlich das Gemälde weit unter Wert für 2.500 Gulden. Am 10. Juni 1940 ging es dann als eines der sechsundzwanzig Werke in Görings Besitz über.[162] Am 15. Oktober 1949 wurde die Rembrandt-Kopie von dem niederländischen Staat an die Erben nach Aufhäuser restituiert.[163]

157 Thiede, Heidi: Martin Aufhäuser und seine Kunstsammlung, in: Münchner Beiträge zur jüdischen Geschichte und Kultur. Kunststadt München? Unterbrochene Lebenswege?, Jg. 6 Heft 2, München 2012, S. 97. – Zum Bankhaus H. Aufhäuser, s. Balbaschewski, Marc: Das Bankhaus H. Aufhäuser 1870–1938. Netzwerkbildung und ihre Auswirkung auf die Verdrängungsbestrebungen und ‚Arisierung' im Nationalsozialismus, Diss., Darmstadt 2015.

158 Von der ‚Judenaktion' waren 65 Münchner Kunstsammler betroffen, s. Thiede 2012, S. 95, 98; Schleusener, Jan: Raub von Kulturgut. Der Zugriff des NS-Staats auf jüdischen Kunstbesitz in München und seine Nachgeschichte, Bayerische Studien zur Museumsgeschichte, Bd. 3, Berlin/München 2016.

159 Ebd., S. 101, 104.

160 Advisory Committee on the assessment of restitution applications for items of cultural value and the Second World War, RC 1.29, Recommendation regarding the application for the restitution of three men in a boat on turbulent water by A. H. Lier and mountain landscape with castle by T. le Feubure, 12. 7. 2006, https://www.restitutiecommissie.nl/en/recommendation/three-men-in-a-boat-by-a-h-lier-and-mountain-landscape-with-castle-by-t-le-feubure/ [zuletzt aufgerufen 12. 1. 2023].

161 NL-HaNA, NBI 2.09.16 Nr. 858, Inventaris van het dossierarchief van het Nederlandse Beheersinstituut, en van de in beslag genomen administraties, 1945–1967, Correspondatie, 1946–1948, Stichting Nederlandsch Kunstbezit an E. J. Korthals Altes, 22. 4. 1949, unfoliiert.

162 NARA, M1946, RG 260, Records Concerning the Central Collecting Points: Munich Central Collecting Point, 1945–1951, Restitution Claim Records, 1945–1951, Jewish Claims: Numbered: 0001–0003, Walter Aufhauser [sic!] an Col. Allen, Restitution Branch for Germany US, 26. 8. 1947, unfoliiert.

163 Advisory Committee on the assessment of restitution applications for items of cultural value and the Second World War, RC 1.29, Recommendation regarding the application for the restitution of three men in a boat on turbulent water by A. H. Lier and mountain landscape with castle by T. le

Ebenfalls zum Verkauf an Göring drängte Miedl den in den Niederlanden eingebürgerten Hamburger Bankier Ernst Proehl. Als ‚Arier' musste Proehl nach der Okkupation zwar für sich selbst keine Verfolgung aufgrund der ‚Rassengesetze' befürchten, dies galt jedoch nicht für seine jüdische Ehefrau und seine beiden Kinder. Sehr wahrscheinlich spielte diese Drohkulisse beim Verkauf des Gemäldes *Venus* von Lucas Cranach dem Älteren[164] (Abb. 2) eine gewichtige Rolle.[165] Gegen ein Geschäft auf freiwilliger Basis spricht zudem, dass Hofer in den Monaten vor der Besatzung wohl mehrfach vergeblich versucht hatte, Proehl zu einem Verkauf zu bewegen. Dass nun eine Übereinkunft zustande kam, hing darüber hinaus sicherlich weniger damit zusammen, dass Miedl sich Proehl als kollegialer Geschäftsmann präsentierte, als dass er angeblich dazu bereit war, den Preis von 75.000 Gulden anstelle von Bargeld in anlagesicheren Wertpapieren zu bezahlen.[166] Ab Mai 1945 im Central Collecting Point München gelagert, wurde das Gemälde im Herbst des Jahres an die Stichting Nederlands Kunstbezit übergeben, die es am 5. Februar 1952 an Proehl restituierte. Dieser verkaufte das Bild im März 1953 an den Amsterdamer Kunsthandel E. J. van Wisselingh & Co., der es noch im selben Monat an die National Gallery of Canada in Ottawa veräußerte, wo es sich noch heute befindet.[167]

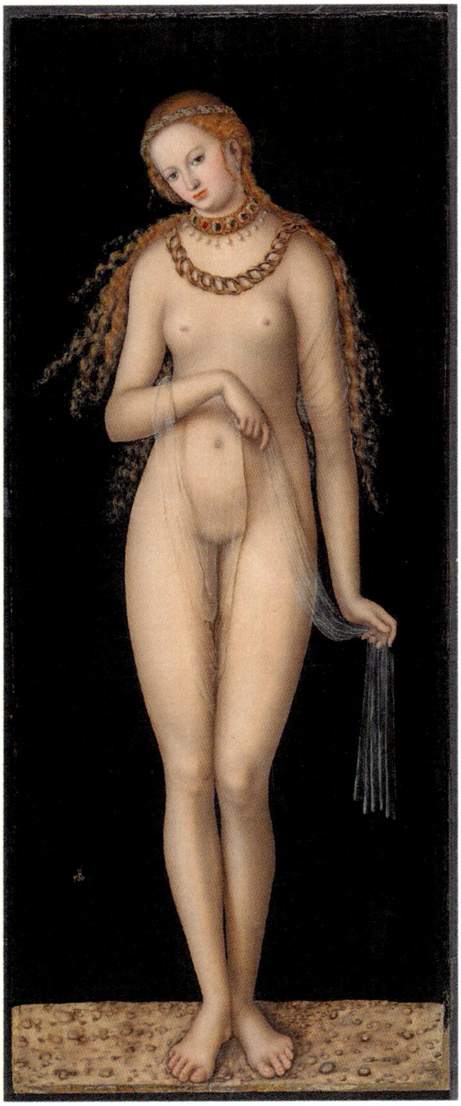

Abb. 2 Lucas Cranach der Ältere, Venus, ca. 1518, Öl auf Lindenholz, 178 × 71 cm.

Feubure, 12. 7. 2006, https://www.restitutiecommissie.nl/en/recommendation/three-men-in-a-boat-by-a-h-lier-and-mountain-landscape-with-castle-by-t-le-feubure/ [zuletzt aufgerufen 12. 1. 2023].

164 Proehl hatte das Gemälde im Jahr 1924 von Jacques Goudstikker erworben, s. Yeide 2009, S. 293.

165 Goodman, Simon: De wolven namen alles mee, Amsterdam 2015, S. 80–81.

166 Laut dem CIR Nr. 2 wurde das Gemälde erst im Herbst 1940 erworben, s. BArch Koblenz, B 323/70, The Goering Collection (Bericht von Th. Rousseau), 15. 9. 1945, Bl. 69.

167 https://lucascranach.org/de/CA_MBAC_6087/ [zuletzt aufgerufen 2. 9. 2024].

Proehls ehemaliger Geschäftspartner und Freund Friedrich „Fritz" Gutmann[168] hatte dagegen aufgrund seiner jüdischen Abstammung keinerlei Verhandlungsspielraum, als er im Juni 1940 von Hofer und Miedl in seinem Landgut bei Heemstede aufgesucht wurde. Aus seiner umfangreichen Privatsammlung deutscher Silber- und Goldschmiedearbeiten des 16. und 17. Jahrhunderts musste er für 24.000 Gulden zwei vergoldete Hochzeitspokale des Nürnberger Goldschmiedes Hans Petzold sowie für weitere 12.000 Gulden einen als Triton geformten Silberkrug von Johannes Lencker und einen Silberbecher *Pferd und Reiter* von Hans Ludwig Kienle verkaufen. Die von Miedl gezahlte Summe lag dabei nicht nur weit unter dem tatsächlichen Wert der Stücke, sondern wurde darüber hinaus kurz darauf auf einem Sperrkonto eingefroren.[169] Miedls spätere Behauptung, er habe Gutmanns Sammlung lediglich besichtigt, jedoch nichts erworben,[170] beruht auf der vorgeschobenen Formalie, dass er die Objekte nicht auf eigene, sondern auf Görings Rechnung kaufte. Gutmanns Emigrationsversuche endeten schließlich 1943, als er mit seiner Ehefrau von den Nationalsozialisten, obwohl ihm freies Geleit nach Italien zugesichert worden war, in das ‚Konzentrationslager' Theresienstadt deportiert wurde, wo er 1944 verstarb.[171]

7.7.1 Erwerb der Gemäldesammlung Franz Koenigs

Die restlichen neunzehn Gemälde, die Göring am 10. Juni 1940 von Miedl übernahm, stammten aus der Sammlung des mit Proehl und Gutmann befreundeten Bankiers Franz Koenigs.[172] In den 1910er Jahren Gesellschafter sowie Teilhaber in den Berliner und Kölner Bankhäusern Delbrück, Schickler & Co. beziehungsweise Delbrück, von der Heydt & Co., gründete Koenigs 1920 gemeinsam mit zwei Cousins die Bank Rhodius Koenigs Handel Maatschappij in Amsterdam.[173] Als diese infolge der deutschen Bankenkrise 1931 in finanzielle Schwierigkeiten geriet,[174] nahm Koenigs einen Kredit in Höhe von 1,5 Millionen

168 Als Sohn des Dresdner-Bank-Gründers Eugen Gutmann leitete Fritz Gutmann ab 1919 zusammen mit Ernst Proehl das der Dresdner Bank angeschlossene Amsterdamer Bankhaus Proehl & Gutmann. Infolge der ‚Arisierung' der Dresdner Bank wurde auch die Amsterdamer Firma liquidiert, s. Goodman 2015, S. 81, 117.

169 Ebd., S. 132. – Zu den Preisen, s. Haase 2008, S. 284.

170 NARA, M1944, RG 239, Card File on Art-Looting Suspects, 1943–1946, Miedl, Alois, unfoliiert.

171 Louise Gutmann starb 1944 im ‚Konzentrationslager' Auschwitz-Birkenau, s. Goodman 2015, S. 152, 172.

172 Ebd., S. 94.

173 Elen, Albert J.: German Master Drawings from the Koenigs Collection. Return of a Lost Treasure, Rotterdam 2004, S. 11. – Erst 1939 nahm Koenigs die niederländische Staatsangehörigkeit an, s. Hollmann/März 2014, S. 91–92.

174 Kurz 1989, S. 54.

Gulden bei dem Amsterdamer Bankhaus Lisser & Rosenkranz auf,[175] dessen Eigentümer Siegfried Kramarsky und Salomon Flörsheim er 1923 bei der Gründung unterstützt hatte.[176] Als Sicherheiten übereignete er seine international renommierte Sammlung von über 2.000 Altmeisterzeichnungen,[177] die er im Einvernehmen mit der Bank im April 1935 als Dauerleihgabe dem im selben Jahr fertiggestellten Rotterdamer Museum Boijmans van Beuningen überließ.[178] Anfang Juni des Jahres schlossen Koenigs und die Bank erneut einen Kreditvertrag über 1.375.000 Gulden mit einer Laufzeit von fünf Jahren, den er nun zusätzlich mit seiner ebenfalls an das Museum verliehenen Sammlung von sechsundvierzig Altmeistergemälden besicherte.[179] Darunter befanden sich italienische Maler wie etwa Leonardo da Vinci, Raffael, Paolo Veronese und Tizian, aber auch deutsche, französische und niederländische Künstler wie Albrecht Dürer, Édouard Manet, Paul Cézanne, Isaac van Ostade, Anthonis van Dyck und Rembrandt;[180] berühmt war die Sammlung allerdings vor allem durch „ihren großen und vorzüglichen Besitz an eigenhändigen Ölstudien von Rubens".[181] 1939, also ein Jahr vor Ende der vertraglich vereinbarten Laufzeit, musste Koenigs sich eingestehen, dass er den Kredit nicht rechtzeitig würde zurückzahlen können. Daraufhin beauftragte er Jacques Goudstikker als Mediator für den Verkauf seiner Sammlung von Altmeisterzeichnungen an das Museum, das einen Erwerb jedoch trotz Koenigs Entgegenkommen in den Verhandlungen ablehnte.[182] Infolge der am 2. April 1940 vollzogenen Liquidation von Lisser & Rosenkranz[183] blieb Koenigs zur Reduzierung seines Kreditsaldos keine andere

175 Advisory Committee on the assessment of restitution applications for items of cultural value and the Second World War, RC 1.6, Advice concerning the application for restitution of the Koenigs collection, 3.11.2003, S. 4.

176 Saltzman, Cynthia: Das Bildnis des Dr. Gachet. Geschichte eines Meisterwerks, Frankfurt a.M./ Leipzig 2003, S. 231.

177 Advisory Committee on the assessment of restitution applications for items of cultural value and the Second World War, RC 1.6, Advice concerning the application for restitution of the Koenigs collection, 3.11.2003, S. 4.

178 Aalders 2000, S. 128.

179 Anton 2010, S. 609. – 1938 umfasste die Gemäldesammlung 47 Werke, s. Advisory Committee on the assessment of restitution applications for items of cultural value and the Second World War, RC 1.6, Advice concerning the application for restitution of the Koenigs collection, 3.11.2003, S. 16.

180 Elen 2004, S. 11–12.

181 Weltkunst, Jg. XIV, Nr. 28/29, Sammlung Königs [sic!] verkauft, 7.7.1940, S. 6.

182 Advisory Committee on the assessment of restitution applications for items of cultural value and the Second World War, RC 1.6, Advice concerning the application for restitution of the Koenigs collection, 3.11.2003, S. 6–7.

183 NL-HaNA, 2.25.68 Nr. 13900, Inventaris van het Sectretariearchief, archieven van afdelingen van de hoofdbank en archieven van de bankkantoren van de Nederlandsche Bank N.V., 1814–1995, Dossier inzake Bankierskantoor A. Miedl, 1943–1951, Bankierskantoor A. Miedl an Raad van het Rechtsherstel, September 1945, Bl. 5–6.

Möglichkeit, als seine beiden Sammlungen an die Bank zu verkaufen.[184] Diese veräußerte die gesamte Sammlung der Altmeisterzeichnungen sowie zwölf Gemälde wiederum nur eine Woche später für eine Million Gulden an den Rotterdamer Industriellen Daniël George van Beuningen, der neunzig Prozent der Kaufsumme mit einer Versicherungsentschädigung für eines seiner durch Kriegseinwirkungen versenkten Schiffe beglich. Als namensgebender Mäzen überließ er dem Museum Boijmans etwa 2.000 der erworbenen Zeichnungen sowie acht Gemälde;[185] für die verbliebenen etwa 500 Blätter erhielt er schließlich im Dezember 1940 1,4 Millionen Gulden von dem ab 1939 als ‚Sonderbeauftragter für den Aufbau der Sammlung des Sonderauftrags Linz' tätigen Kunsthistoriker Hans Posse.[186] Dieser hatte Martin Bormann etwa einen Monat vor dem Kauf darüber informiert, früher „als gewisse andere Leute"[187] persönlich mit Van Beuningen in Den Haag sprechen zu wollen, um das Geschäft zu finalisieren. Mit „gewissen anderen Leuten" bezog er sich höchstwahrscheinlich auf Miedl, dem er offenbar ebenfalls ein Interesse an den Zeichnungen unterstellte. Diese – tatsächlich unzutreffende – Annahme stützte sich maßgeblich darauf, dass Miedl im Juni 1940 bereits die einunddreißig nicht im Verkauf an Van Beuningen enthaltenen Gemälde[188] erworben hatte.

Es existieren zwei Nachkriegsversionen Miedls darüber, wie er auf die Sammlung aufmerksam wurde: Zunächst behauptete er, der Schwiegersohn des Bankiers Andriessen,[189] Fritz Marcus, habe ihm davon erzählt, dass sowohl Koenigs als auch die Bank beabsichtigten, die verpfändeten Gemälde zu verkaufen.[190] Drei Jahre später gab er wiederum an, Hofer habe ihm von Görings Interesse an dem Gemälde *Das Bad der Diana* von Peter Paul Rubens berichtet, woraufhin er sich direkt an Koenigs wandte, der ihn über den beabsichtigten Verkauf der

184 Koenigs Kreditsaldo reduzierte sich durch den Verkauf um 1,25 Mio. Gulden, s. Advisory Committee on the assessment of restitution applications for items of cultural value and the Second World War, RC 1.6, Advice concerning the application for restitution of the Koenigs collection, 3.11.2003, S. 7.

185 Ebd., S. 9–10.

186 Saltzman 2003, S. 241. – Ein Großteil dieser von Posse erworbenen Zeichnungen gelangte nach 1945 als Beutekunst nach Russland, s. Haase 2008, S. 285.

187 NARA, M1946, RG 260, Records Concerning the Central Collecting Points: Munich Central Collecting Point, 1945–1951, Restitution Research Records, 1945–1950, Linz Museum: Correspondence of Martin Bormann and Hans Posse, July 1940 – December 1940, Hans Posse an Martin Bormann, 22.11.1940, unfoliiert.

188 Die ursprünglich 35 Gemälde wurden im Auftrag von Lisser & Rosenkranz als Kommissionsware von Goudstikker übernommen, der bis zu seiner Emigration vier Werke verkaufte, s. Advisory Committee on the assessment of restitution applications for items of cultural value and the Second World War, RC 1.6, Advice concerning the application for restitution of the Koenigs collection, 3.11.2003, S. 10.

189 Den Hollander 2007, S. 111.

190 NL-HaNA, NBI 2.09.16 Nr. 854, Alois Miedl an Prof. Antonio de Luna, Madrid, 10.4.1947, Bl. 5.

gesamten Sammlung in Kenntnis setzte.[191] Ob überhaupt eine und – falls ja – welche dieser beiden Darstellungen der Realität entspricht, kann heute nicht mehr entschieden werden; Zweifel an Miedls Angaben in dieser Angelegenheit sind jedenfalls angebracht: So widersprach Salomon Flörsheim bei einer alliierten Befragung im Jahr 1949 Miedls Aussage, der Verkauf sei im Garten von Lisser & Rosenkranz in Anwesenheit Flörsheims erfolgt.[192] Vielmehr habe einer der Liquidatoren der Bank ohne sein Wissen Gemälde von Koenigs – darunter auch das Rubens-Werk *Das Bad der Diana* – an Miedl verkauft.[193] Höchstwahrscheinlich handelte es sich bei diesem Liquidator um den stellvertretenden Vorsitzenden der Hollandsche Koopmansbank Abraham Elias Rahusen,[194] der dafür als Provision von Miedl im Sommer 1940 das ebenfalls aus der Sammlung stammende Gemälde *Flusslandschaft* (5095) von Jan van Goyen im Wert von 8.000 Gulden erhielt.[195]

Angesichts des weit unter Wert liegenden vereinbarten Preises von 650.000 Gulden trat Flörsheim mit Miedl in Neuverhandlungen,[196] die kaum noch nachzuvollziehen sind. So widersprechen sich bereits die Angaben dazu, wer zum Zeitpunkt des Verkaufs Eigentümer der Gemälde war: Obwohl die Bank dem Museum Boijmans van Beuningen mitteilte, dass die Bilder „am 2. April 1940 in unseren vollen und freien Besitz übergegangen sind“[197], erklärte Flörsheim in der Nachkriegszeit, er habe Miedl im Rahmen der Verhandlungen Koenigs Forderung in Höhe von 800.000 Gulden übermittelt. Und auch zu dem tatsächlichen Kaufpreis liegen unterschiedliche Informationen vor: Während Miedl in einem Fall behauptete, Koenigs habe den „sehr günstigen“[198] Preis von 700.000 Gulden letztlich akzeptiert,[199] berichtete er an anderer Stelle, 800.000 Gulden in bar bezahlt zu haben.[200] In einer dritten Version soll Flörsheim Miedl mit 100.000 Gulden unterstützt haben, damit dieser den Kauf für insgesamt 800.000 Gulden abschließen und das Rubens-Gemälde *Das Bad*

---

191 BAR, E9500.239A#2003/48#108*, Abschrift der Verhandlung vom 19.12.1950 im Obergerichtsgebäude Bern, 13.1.1951, unfoliiert.

192 NARA, M1946, RG 260, Interrogations: Miedl Case, No. 3, 13.12.1945, Bl. 5.

193 BAR, E9500.239A#2003/48#79*, USA 3, National Archives and Records Administration Washington, Erklärung von Salomon Flörsheim, 5.10.1949, unfoliiert.

194 Amsterdamsch Effectenblad, Jg. 146, Nr. 79, Lisser en Rosenkranz liquidatie, 5.4.1940, Bl. 2 [www.delpher.nl, zuletzt aufgerufen 16.1.2023].

195 NL-HaNA, NBI 2.09.16 Nr. 856, Rapport inzake de Kunsthandel v/h J. Goudstikker N.V. in opr. te Amsterdam, per 13.9.1940, Bl. 28.

196 NL-HaNA, NBI 2.09.16.10 Nr. 203496, Befragung von Salomon Jacob Flörsheim, 10.10.1950, unfoliiert.

197 Advisory Committee on the assessment of restitution applications for items of cultural value and the Second World War, RC 1.6, Advice concerning the application for restitution of the Koenigs collection, 3.11.2003, S. 8.

198 NARA, M1946, RG 260, Interrogations: Miedl Case, No. 3, 13.12.1945, Bl. 5.

199 Ebd.

200 NL-HaNA, NBI 2.09.16 Nr. 854, Alois Miedl an Prof. Antonio de Luna, Madrid, 10.4.1947, Bl. 5.

der Diana Göring schenken konnte.[201] Miedl ging sogar noch weiter mit der Behauptung, nicht nur Flörsheim, sondern auch Koenigs habe sich an diesen 100.000 Gulden beteiligt, da sie angesichts der beabsichtigten Schenkung „sagten, dass man dieses Opfer nicht allein von Miedl verlangen könne."[202] Flörsheim gab dagegen an, Miedl habe ihm zwar unter vier Augen erzählt, dass er seine jüdische Ehefrau mithilfe des Gemäldes von Rubens schützen wolle, er selbst habe aber „keinen einzigen Cent zur Schenkung des Bildes an Göring beigetragen."[203] Dies bestätigt sich auch im Eröffnungsbericht des ‚arisierten' Kunsthandels voorheen J. Goudstikker, laut dem Miedl 800.000 Gulden an Koenigs zahlte.[204] Ob der Verfasser des Berichts den Verkäufer verwechselte oder Lisser & Rosenkranz dem Museum im April 1940 aus unersichtlichen Gründen falsche Besitzverhältnisse vortäuschte, konnte zwar anhand der bislang konsultierten Quellen nicht entschieden werden. Sie liefern aber detaillierte Informationen darüber, wie Miedl mit den erworbenen einunddreißig Gemälden weiter verfuhr.

Neben dem bereits erwähnten Rubens-Gemälde[205], das Miedl Göring tatsächlich am 10. Juni 1940 schenkte, verkaufte er ihm weitere achtzehn Gemälde für 300.000 Gulden.[206] Dazu gehörten nicht nur neun Gemälde, die Rubens zugeschrieben wurden,[207] sondern auch drei Werke deutschen und französischen Ursprungs aus dem späten 15. beziehungsweise frühen 16. Jahrhundert,[208] fünf belgische und holländische Meister sowie ein Kopie von

---

201 NL-HaNA, NBI 2.09.16.10 Nr. 203496, M. Meiboom i. S. Miedls Verhör, 1. 7. 1950, unfoliiert.

202 BAR, J1.269–01#1999/82#33*, Alois Miedl an das Schweizerische Bundesgericht Lausanne, 5. 5. 1949, unfoliiert; NL-HaNA, NBI 2.09.16.10 Nr. 203501, Afdeling Ontvijanding van het Nederlandse Beheersinstituut i. S. Befragung Alois Miedl, 18. 9. 1950, Bl. 6.

203 NL-HaNA, NBI 2.09.16.10 Nr. 203496, Befragung von Salomon Jacob Flörsheim, 10. 10. 1950, unfoliiert.

204 NL-HaNA, NBI 2.09.16 Nr. 852, Rapport inzake de N. V. v/h Goudstikker i./opr. te Amsterdam, Juni 1942, Bl. 12, 43.

205 Das *Bad der Diana* von Rubens befindet sich seit 1948 als Dauerleihgabe der Nederlands Kunstbezit Collectie im Museum Boijmans van Beuningen in Rotterdam, s. https://www.boijmans.nl/collectie/kunstwerken/3579/het-bad-van-diana [zuletzt aufgerufen 2. 9. 2024].

206 Löhr, Hanns C.: Der eiserne Sammler. Die Kollektion Hermann Göring. Kunst und Korruption im Dritten Reich, Berlin 2009, S. 36.

207 An Göring gingen folgende Gemälde von Rubens: *Das Bad der Diana*, RM-Nr. 431; *Kreuzigung Christi*, RM-Nr. 432; *Landschaft mit Ausblick auf Brüssel*, RM-Nr. 434; *Nächtlicher Brand in einer Stadt*, RM-Nr. 435; *Kallistos Fehltritt*, RM-Nr. 436; *Porträt der Helene Fourment*, RM-Nr. 437; *Nymphen auf der Hirschjagd*, RM-Nr. 438; *Studie von zwei römischen Feldherren*, RM-Nr. 439; *Achilles bei den Töchtern des Lykomedes*, RM-Nr. 440; *Gewitterlandschaft*, RM-Nr. 433, s. NL-HaNA, NBI 2.09.16 Nr. 852, Rapport inzake de N. V. v/h Goudstikker i./opr. te Amsterdam, Juni 1942, Bl. 43–44.

208 Meister H. B. mit dem Greifenkopf, *Männerporträt*, RM-Nr. 447; Norddeutscher Meister, *Bildnis des Hans Hochstätter*, RM-Nr. 448; Burgundischer Meister, *Bildnis eines jungen Mannes*, RM-Nr. 449, s. ebd.

Tizian.[209] Ob Göring an den restlichen zwölf Gemälden – darunter weitere fünf Arbeiten von Rubens[210] – kein Interesse hatte oder Miedl diese Werke für sich selbst zurückhielt, muss vorerst offenbleiben. Fest steht dagegen, dass Miedl aus finanzieller Sicht mit dieser ersten großen Transaktion im Kunsthandel ein Verlustgeschäft machte;[211] abgesehen davon, dass er Göring das Spitzenstück der Sammlung kostenlos überließ, verlangte er auch für die anderen Gemälde lediglich etwa die Hälfte des Schätzwerts.[212] Als gewiefter Geschäftsmann sah Miedl dieses Verlustgeschäft aber zweifellos als eine in vieler Hinsicht lohnende Investition. Später bestätigte er, den Entschluss gefasst zu haben, „Göring wertvolle Bilder zu schenken und ohne Nutzen zu verkaufen, um ihn zu Dank zu verpflichten“[213], da er „davon überzeugt war, dass seine Hilfe in der dunklen Zukunft lebenswichtig werden konnte.“ Auch wenn dieses Motiv angesichts seiner jüdischen Ehefrau und Kinder sicherlich eine Rolle gespielt hat, war es doch vermutlich nicht das einzige. Mühlmanns bereits zitierte Einschätzung Miedls als „weitaus rührigsten im Kunsthandel“ verdeutlicht, dass er auf dem Markt nicht nur Fuß fassen, sondern so schnell wie möglich eine dominierende Kraft werden wollte. Göring hochwertige Gemälde zu niedrigen Preisen anbieten zu können, war dabei ein entscheidender Schritt, um auch zukünftig auf dem umkämpften Markt seine erste Anlaufstelle zu bleiben. Dafür schreckte er auch nicht davor zurück, vom NS-Regime verfolgte Personen wie Martin Aufhäuser, Fritz Gutmann oder Ilse Proehl noch vor dem offiziellen Erlass der Verordnungen 26/1940 und 33/1940 unter Druck zum Verkauf zu bewegen. Seine Nachkriegsbeteuerung, sämtliche von ihm erworbenen Gemälde seien ihm

209 David Teniers, *Bad der Diana*, RM-Nr. 441; Tizian (Kopie), *Diana und Aktäon*, RM-Nr. 442; Hendrick Avercamp, *Eislandvergnügen*, RM-Nr. 443; Joachim Patinir, *Das brennende Sodom*, RM-Nr. 444; Roelant Savery, *Berglandschaft mit Jäger*, RM-Nr. 445; Herri met de Bles, *Felsenlandschaft mit brennender Stadt*, RM-Nr. 446, s. ebd.

210 Der Kauf der zwölf Gemälde wurde im Lagerbuch des Kunsthandels v/h J. Goudstikker auf den 2.8.1940 datiert. Mit einem Schätzwert von 98.500 Gulden liefen sie fortan unter den Inventarnummern 5085 bis 5096, s. NL-HaNA, NBI 2.09.16 Nr. 867, Voorraadboek schilderijen, 1940–1941, Bl. 4. – Im Bericht des Advisory Committee on the assessment of restitution applications for items of cultural value and the Second World War wird irrtümlicherweise behauptet, der Erlös der zwölf Gemälde habe 197.000 Gulden betragen, s. RC 1.6, Advice concerning the application for restitution of the Koenigs collection, 3.11.2003, S. 14. – Tatsächlich handelt es sich bei dieser Summe um einen Schätzwert, der bei der Bewertung des Bestands in der Bilanz verdoppelt wurde, s. NL-HaNA, NBI 2.09.16 Nr. 883, Rapport betr. der N.V. v/h Goudstikker i/opr. Amsterdam, 7.1.1941, Bl. 36–37.

211 Die Angaben schwanken je nach Quelle zwischen 343.000 Gulden und 531.000 Gulden, s. NL-HaNA, NBI 2.09.16 Nr. 852, Rapport inzake de N.V. v/h Goudstikker i./opr. te Amsterdam, Juni 1942, Bl. 43; NL-HaNA, NBI 2.09.16 Nr. 883, Rapport betr. der N.V. v/h Goudstikker i/opr. Amsterdam, 7.1.1941, Bl. 38.

212 Ebd., Bl. 37.

213 NL-HaNA, NBI 2.09.16 Nr. 854, Alois Miedl an Prof. Antonio de Luna, Madrid, 10.4.1947, Bl. 5; folgendes Zitat ebd.

„ausnahmslos freiwillig angeboten“[214] worden, kann somit bereits für die ersten Wochen der Besatzung als widerlegt gelten.

7.8 ‚Arisierung' des Unternehmens Kunsthandel J. Goudstikker N.V.

Anstelle sich weiterhin mit dem Erwerb einzelner Gemälde oder Sammlungen zu begnügen, visierte Miedl in seinem Expansionsdrang nun den Kauf einer ganzen Kunsthandlung an. Die Vorteile gegenüber einer Neugründung lagen auf der Hand: Etablierte Organisationsstrukturen, die einen raschen und vor allem komfortablen Einstieg in die Branche versprachen, sowie ein bereits existierender Handelsbestand. Da dieser den hohen Ansprüchen potenzieller Käufer wie Göring und seinesgleichen gerecht werden musste, kamen für Miedl nur die renommiertesten Kunsthandlungen Amsterdams infrage; dementsprechend nahm er wohl zu Beginn des Frühsommers 1940 Kontakt mit den beiden Kunsthändlern Pieter de Boer und Dirk Albert Hoogendijk auf, die jedoch nicht auf sein Angebot eingingen. Letzterer, den Miedl angeblich schon vor 1939 mit der Begutachtung einer von ihm erworbenen Gemäldesammlung beauftragt hatte, schilderte sein erneutes Zusammentreffen mit Miedl in der Nachkriegszeit folgend: „Nach der Kapitulation 1940 kam Miedl bei mir mit dem Vorschlag vorbei, meinen Kunsthandel zu übernehmen. Ich habe mich daraufhin zurückgezogen, indem ich auf meine Kommanditisten verwies, die dies nicht gutheißen würden. Als er mein Geschäft kaufen wollte, war er bereit, jeden von mir geforderten Preis zu zahlen. Als er bei mir nicht weiterkam, kaufte er den Kunsthandel Goudstikker.“[215]

Jacques Goudstikker war nach einem Kunstgeschichtsstudium mit Anfang Zwanzig in den in dritter Generation familieneigenen Kunsthandel J. Goudstikker eingetreten,[216] mit dem er sich schon bald zu einem der angesehensten Händler holländischer und flämischer Gemälde des 16. und 17. Jahrhunderts, aber auch italienischer, deutscher und französischer alter Meister etablierte.[217] Dies zeigte sich besonders an seiner internationalen Klientel aus Kunstsammlern und Museumsdirektoren, die ihn ab 1927 in seinem für den Kunsthandel

214 NL-HaNA, NBI 2.09.16 Nr. 854, Alois Miedl an Prof. Antonio de Luna, Madrid, 10.4.1947, Bl. 6.

215 Den Hollander 2007, S. 145.

216 Der Kunsthandel wurde 1845 von Goudstikkers Großvater Jacob und dessen Bruder Simon Goudstikker gegründet. Um 1890 trat Goudstikkers Vater Eduard in die Firma ein, s. NIOD, 249–0278A Nr. a1, Korte geschiedenis van de Kunsthandel J. Goudstikker N.V. van december 1939 tot april 1942, geschreven door A. E. D. von Saher, April 1952, Bl. 1–2.

217 Den Hollander/Müller 2014, S. 216–217. – Während sich Goudstikker beruflich auf den Handel mit Gemälden alter Meister beschränkte, trat er privat auch als Sammler moderner Kunst auf, s. NL-HaNA, NBI 2.09.16 Nr. 882, J. Goudstikker door H.G. Cannegieter, Overdruk uit Morks-Magazijn, Dezember 1931, S. 624.

genutzten Patrizierhaus an der Amsterdamer Herengracht 458 aufsuchte.[218] 1930 erwarb Goudstikker zudem das aus dem 12. Jahrhundert stammende Schloss Nijenrode in Breukelen an der Vecht,[219] in dem er etwa 1.300 Gemälde aufbewahrte.[220] Darüber hinaus bezog er im selben Jahr das in Ouderkerk aan de Amstel gelegene Landgut Oostermeer, das er zusammen mit den beiden anderen Immobilien, 5.000 Gulden in bar sowie Gemälden im Wert von 300.000 Gulden am 1. Oktober 1931 zur Gründung der Aktiengesellschaft Kunsthandel J. Goudstikker einbrachte. Dafür besaß er fortan bei einem Kapital von drei Millionen Gulden 550 der gezeichneten und eingezahlten 600 Aktien zu je 1.000 Gulden; die restlichen fünfzig Aktien befanden sich im Besitz seiner Mutter Emily Goudstikker-Selisberger.[221] Diese ernannte er im Januar 1937 in einem vorläufigen Testament zur Alleinerbin seines Unternehmens, sämtlicher Immobilien sowie der Kunstwerke, die der Öffentlichkeit zugänglich gemacht werden sollten. Im Fall des frühzeitigen Ablebens seiner Mutter sollte sein Testamentsvollstrecker, der jüdische Notar Alexander Sternheim, die eigens dafür gegründete Stiftung „Goudstikkerfonds" als Alleinerbin einsetzen.[222] Zwar überarbeitete Goudstikker das Testament zwei Tage nach der Geburt seines Sohnes Eduard, den er mit seiner seit Dezember 1937 verheirateten Ehefrau, der österreichischen Opernsängerin Désirée (Dési) von Halban, am 25. Januar 1939 bekommen hatte;[223] davon unberührt blieb allerdings sein Vorhaben, die Immobilien und Kunstwerke dem niederländischen Staat zu überlassen.[224]

Vermutlich angesichts der zunehmenden Kriegsgefahr deponierte Goudstikker im Frühjahr 1939 mehrere kleinformatige Gemälde in London und überwies 50.000 Dollar auf ein Konto in den USA.[225] Darüber hinaus buchte er für den 17. November 1939 auf dem Dampfschiff Simón Bolívar eine Passage zu der zu den Niederlanden gehörenden Karibikinsel

218 Goudstikker erwarb das 1656 erbaute Gebäude für 200.000 Gulden, NIOD, 249–0278A Nr. a1, Korte geschiedenis van de Kunsthandel J. Goudstikker N.V. van december 1939 tot april 1942, geschreven door A. E. D. von Saher, April 1952, Bl. 2.

219 Den Hollander 2007, S. 41.

220 TNA, T 209/26/2, Miscellaneous reports on looted art, 1945, Report sent by TH Clark of the Foreign Office, written for the Economic Warfare Department in August 1945, on the subject of looted art in occupied territories, neutral countries and Latin America, sent to the Macmillan Committee, 5. October 1945, Foreign Economic Administration, Enemy Branch, External Economic Security Staff i. S. Looted art in occupied territories, neutral countries and Latin America, August 1945, unfoliiert.

221 NIOD, 248 Nr. 1154, Miedle [sic!], Alois, Handelsregister van de Kamer van Koophandel en Fabrieken voor Noordholland te Amsterdam, 25.10.1945, unfoliiert.

222 SAA, 1341 Nr. 10, Archief van Jacques Goudstikker en Desi Goudstikker-Halban, 1898–1990, Testament van Jacques Goudstikker, 23.1.1937, unfoliiert.

223 Sutton, Peter C. (Hrsg.): Reclaimed. Paintings from the Collection of Jacques Goudstikker, London/New Haven 2008, S. 261.

224 NARA, M1944, RG 239, Göring, Interim report on Hermann Görings Collection of looted art, 6.6.1945, unfoliiert.

225 NIOD, 249–0278A Nr. a1, Korte geschiedenis van de Kunsthandel J. Goudstikker N.V. van december 1939 tot april 1942, geschreven door A. E. D. von Saher, April 1952, Bl. 11.

Curaçao. Zum Zeitpunkt der Abreise konnte sich die Familie jedoch nicht dazu entschließen, die Niederlande zu verlassen;[226] als der Dampfer nach einem Tag auf eine Seemine lief und unterging, verlor Goudstikker lediglich zwanzig Gemälde.[227] Durch sein Zögern überlebt zu haben, deutete er zwar als Zeichen, in den Niederlanden bleiben zu müssen,[228] seine Haltung blieb aber zwiespältig. Etwa einen Monat später schrieb er an seine nach Portugal emigrierten Freunde: „Als die Lage bedrohlich wurde, konnte ich dieses Land nicht verlassen, das immer so gut zu mir war. Ich konnte nicht alles, was wir aufzubauen versucht haben, so plötzlich zurücklassen. Vielleicht war das feige [...]. Ihr lebt nun in Lissabon und ich in Amsterdam, alle mit Zweifel im Herzen, und es ist, als ob ich euch sagen höre: Wie man es macht, macht man es falsch."[229] Diese Zweifel, wohl aber vor allem das Drängen seiner Ehefrau, hatten ihn tatsächlich bereits am 28. November 1939 dazu bewogen, ein Visum für die USA zu beantragen, das am 9. Januar 1940 genehmigt wurde.[230] Drei Tage vor Ablauf des Visums[231] äußerte er am 6. Mai zwar seine Befürchtung, dass es „nicht unwahrscheinlich [sei], dass ich dieses Land, das ich so unbeschreiblich liebe, verlassen muss"[232], ließ jedoch auch diese Frist ungenutzt verstreichen. Nach dem deutschen Angriff auf die Niederlande am 10. Mai blieb der Familie somit als letzte Chance zur Flucht das im Hafen von IJmuiden liegende und am 14. Mai 1940 auslaufende Handels- und Passagierschiff SS Bodegraven.[233] Nach nur zwei Tagen auf See starb Goudstikker an einem Schädelbruch, nachdem er nachts auf dem abgedunkelten Deck in eine geöffnete Luke gefallen war.[234] Während sein Leichnam auf Bitten seiner Ehefrau in der englischen Grafschaft Falmouth an Land übergeben und

226 Nicholas, Lynn H.: Der Raub der Europa. Das Schicksal europäischer Kunstwerke im Dritten Reich, München 1995, S. 113–114. – 1939 soll Goudstikker auch das Angebot von Van Beuningen abgelehnt haben, Plätze auf dessen Schiff zu reservieren, s. Van Velten, A. A.: Juridische verwikkelingen rond de voormalige collectie Goudstikker (I), in: Weekblad voor Privaatrecht, Notariaat en Registrie, Jg. 137, Nr. 6659, 25. 3. 2006, S. 234.

227 Den Hollander/Müller 2014, S. 220.

228 Nicholas 1995, S. 113–114.

229 SAA, 1341 Nr. 7, Archief van Jacques Goudstikker en Desi Goudstikker-Halban, 1898–1990, Brief van Jacques Goudstikker aan zijn vrienden, 15. 12. 1939, unfoliiert.

230 Den Hollander 2007, S. 66.

231 Sutton 2008, S. 261.

232 SAA, 1341 Nr. 7, Brief van Jacques Goudstikker aan zijn vrienden, 6. 5. 1940, unfoliiert.

233 NIOD, 249–0278A Nr. a1, Korte geschiedenis van de Kunsthandel J. Goudstikker N. V. van december 1939 tot april 1942, geschreven door A. E. D. von Saher, April 1952, Bl. 12.

234 SAA, 1341 Nr. 76, Archief van Jacques Goudstikker en Desi Goudstikker-Halban, 1898–1990, Stukken betreffende het beheer van het vermogen en de afwikkeling van de nalatenschap van Jacques Goudstikker, 1946–1961, Koninklijke Nederlandsche Stoomboot-Maatschappij N. V., Holland-Afrika Lijn Amsterdam, 10. 6. 1940, unfoliiert. – Sämtliche Luken der SS Bodegraven waren im Hafen geöffnet worden, da ursprünglich geplant war, das Schiff zu versenken, um die Hafenzufahrt zu sperren, s. Den Hollander 2007, S. 77.

dort beerdigt wurde,[235] gelangten Dési Goudstikker-von Halban und ihr Sohn über Kanada schließlich nach New York.[236]

In Amsterdam zurückgeblieben waren Goudstikkers Mutter sowie sein Kunsthandel, für den er in dem kurzen Zeitraum zwischen dem Tod seines bisherigen Bevollmächtigten Sternheim am 10. Mai 1940[237] und seiner überstürzten Abreise keinen neuen Treuhänder ernannt hatte. Laut späteren Aussagen seiner Frau war dies kein Versäumnis, sondern eine bewusst getroffene Entscheidung, um keinem seiner als ‚arisch' geltenden Mitarbeiter die Schwierigkeiten aufzubürden, die ein Treuhänder jüdischen Vermögens von den Nationalsozialisten zu erwarten hatte.[238] Offenbar hatte Goudstikker diese Entscheidung nur seiner Frau, jedoch weder seinen Angestellten noch seiner Mutter mitgeteilt. Dementsprechend gab es keinerlei Widerspruch, als der bei ihm beschäftigte Restaurator Jan Dik Senior sich um diese Funktion mit dem Argument bewarb, Goudstikker habe ihn mündlich darum gebeten, seine Interessen zu vertreten.[239] Dik, der seit etwa zwanzig Jahren für den Kunsthandel J. Goudstikker tätig war,[240] galt zwar als Experte auf seinem Gebiet, gleichzeitig aber als unzuverlässig, da er aufgrund seiner Alkoholabhängigkeit häufig für mehrere Tage der Arbeit fernblieb,[241] was ihn wohl dazu veranlasste, sich beschönigend als „Gelegenheitsarbeiter"[242] zu bezeichnen. Möglicherweise in Unkenntnis dieser nicht gerade überzeugenden Qualifikation oder auch mangels anderer Bewerber beantragte Emily Goudstikker-Sellisberger Ende Mai 1940, Dik zum Treuhänder des Vermögens ihres Sohnes zu ernennen, was am 7. Juni genehmigt wurde.[243]

Neben Dik Senior waren im Kunsthandel J. Goudstikker weitere sieben Personen angestellt; Dienstältester war der seit 1919 als Prokurist vorrangig für die Buchhaltung zuständige Arie Albertus ten Broek, der krankheitsbedingt ab etwa 1935 nur noch als Verwalter von

235 Den Hollander 2007, S. 76.

236 Den Hollander/Müller 2014, S. 223.

237 NL-HaNA, NBI 2.09.16.10 Nr. 203498, Beheerders van de Kunsthandel v/h J. Goudstikker N.V. Amsterdam, 4.6.1946, Bl. 1.

238 Den Hollander 2007, S. 41–42.

239 NL-HaNA, NBI 2.09.16.10 Nr. 203496, Verhör von Jan Dik Sr., 22.9.1950, unfoliiert.

240 SAA, 1341 Nr. 100, Archief van Jacques Goudstikker en Desi Goudstikker-Halban, 1898–1990, Stukken betreffende de bezittingen van Jacques Goudstikker en de liquidatie daarvan, 1940–1952, Lijst van pensioengerechtigden van de Kunsthandel J. Goudstikker N.V., 1.5.1940, unfoliiert.

241 NIOD, 249–0278A Nr. a1, Korte geschiedenis van de Kunsthandel J. Goudstikker N.V. van december 1939 tot april 1942, geschreven door A. E. D. von Saher, April 1952, Bl. 3.

242 NL-HaNA, NBI 2.09.16.10 Nr. 203496, Verhör von Jan Dik Sr., 22.9.1950, unfoliiert.

243 Am 13.6.1940 wurde Dik Sr. auch zum Treuhänder des Vermögens von Dési Goudstikker-von Halban ernannt; am 14.11.1940 wurde ihm dann die Treuhandschaft für Goudstikkers Sohn übertragen, s. Venema 1986, S. 129.

Schloss Nijenrode tätig war.[244] Diese Herabstufung könnte aber auch damit zusammengehangen haben, dass die Beziehung der beiden Männer unter Ten Broeks häufiger Kritik an Goudstikkers Geschäftsentscheidungen litt und als „weniger gut“[245] beschrieben wurde. Nach Goudstikkers Abreise kehrte Ten Broek zum Kunsthandel J. Goudstikker zurück und überzeugte dessen Mutter Ende Mai 1940, eine außerordentliche Generalversammlung für den 3. Juni 1940 einzuberufen, auf deren Tagesordnung die Wahl eines stellvertretenden Geschäftsführers stand.[246] Als Stimmberechtigte traten dabei lediglich Goudstikker-Sellisberger mit fünfzig Aktien sowie der durch Ten Broek repräsentierte Kunsthandel auf, dem Goudstikker im Dezember 1937 216 seiner 550 Aktien verkauft hatte.[247] Erwartungsgemäß wurde Ten Broek zum Stellvertreter in Goudstikkers Abwesenheit ernannt. Diese Berufung war jedoch aus drei Gründen unzulässig: So legte die Satzung zum einen fest, dass das Unternehmen kein Stimmrecht hatte; zum anderen war die Durchführung einer Generalversammlung in Abwesenheit des Mehrheitsaktionärs nicht gestattet. Da die Mitarbeiter des Kunsthandels J. Goudstikker darüber hinaus zu dieser Zeit bereits von Goudstikkers Freund Ernst Lemberger über dessen Tod informiert worden waren,[248] hätte dessen Rechtsnachfolgerin Dési Goudstikker-von Halban zur Versammlung eingeladen und daran teilnehmen müssen.[249] Trotz alledem galt Ten Broek mangels vorgebrachter Einwände gegen die Abstimmung als legitimer Geschäftsführer des Kunsthandels J. Goudstikker.

Nach Dik Seniors Darstellung wurde den Mitarbeitern schon kurz nach Beginn der Besatzung unmissverständlich klargemacht, dass sie den Kunsthandel J. Goudstikker zu ihrer aller Wohl an einen ‚Arier‘ verkaufen mussten. Erstmals damit konfrontiert wurden sie angeblich durch den ‚Betriebsführer‘ von Henkel & Co. Werner Lüps,[250] der von dem Direktor der Tochtergesellschaft Nederlandsche Persil Maatschappij N.V. Ernst Johannes Ostermann begleitet wurde. Bei seinem Besuch soll Lüps nicht nur für etwa 15.000 Gulden zwölf Monatsdarstellungen von Jan Brueghel dem Jüngeren erworben, sondern auch ange-

---

244 NIOD, 249–0278A Nr. a1, Korte geschiedenis van de Kunsthandel J. Goudstikker N.V. van december 1939 tot april 1942, geschreven door A. E. D. von Saher, April 1952, Bl. 3.

245 BAR, E9500.239A#2003/48#108*, Befragung von Jan Dik Senior durch das Kantonsgericht Hilversum, 11.3.1950, unfoliiert.

246 SAA, 1341 Nr. 100, Kunsthandel J. Goudstikker i. L. an Hans Fischböck, 25.3.1941, unfoliiert.

247 NIOD, 249–0278A Nr. a1, Korte geschiedenis van de Kunsthandel J. Goudstikker N.V. van december 1939 tot april 1942, geschreven door A. E. D. von Saher, April 1952, Bl. 2d.

248 Erst am 22. Juli 1940 wurde Goudstikkers Unfalltod publik gemacht, s. Delftsche Courant, Jg. 9, Nr. 171, De kunsthandelaar Jacques Goudstikker overleden, 22.7.1940, Bl. 1 [www.delpher.nl, zuletzt aufgerufen 19.1.2023].

249 Den Hollander 2007, S. 91–92.

250 Werner Lüps war seit den 1920er Jahren Mitglied der NSDAP. Den Posten als ‚Führer des Betriebs‘ bei Henkel & Co. soll er durch seine entfernten verwandtschaftlichen Beziehungen zu Göring erhalten haben, s. Wubs, Ben: International business and national war interests. Unilever between Reich and Empire 1939–1945, London 2008, S. 90.

deutet haben, den Kunsthandel J. Goudstikker kaufen zu wollen, da sonst die Gefahr einer Beschlagnahme bestehen könnte.[251] Mit der gleichen Androhung folgte laut Dik Senior wenig später das Angebot des Amsterdamer Antiquars Johan Peter Joseph Kalb, den Kunsthandel J. Goudstikker zu übernehmen.[252]

Überdies soll im Juni 1940 der jüdische Geschäftsmann Max Model Kontakt aufgenommen haben; dazu existieren von Dik Senior zwei Darstellungen: Zunächst behauptete er, Model habe direkt angeboten, einen Interessenten für den Kunsthandel J. Goudstikker zu kennen, der über genügend Kapital verfüge;[253] später gab er an, Model habe vorgeschlagen, mehrere Gemälde zur Ansicht an einen gewissen Alois Miedl zu schicken, und sich bei dieser Gelegenheit lediglich erkundigt, ob der Kunsthandel J. Goudstikker zum Verkauf stehe.[254] Ungeachtet dieser unterschiedlichen Versionen ist festzustellen, dass Model tatsächlich im Auftrag von Miedl an den Kunsthandel J. Goudstikker herantrat. Kennengelernt hatten sich die beiden Männer höchstwahrscheinlich über Wertpapiergeschäfte, die Miedls luxemburgische Gesellschaft Sofico von 1932 bis 1939 mit Models Arbeitgeber, der amerikanischen Firma H. Hentz & Co., getätigt hatte.[255] Model berichtete in der Nachkriegszeit, Miedl habe ihm eine Provision in Höhe von 50.000 Gulden in Aussicht gestellt, wenn er ihn mit den Verantwortlichen beim Kunsthandel J. Goudstikker bekannt machte.[256] Da Model für eine geplante Emigration in die USA Geld benötigte und Miedl ihm angeblich überdies versprach, seine in den Niederlanden zurückbleibenden Familienmitglieder vor der Verfolgung durch die Nationalsozialisten zu beschützen,[257] kam er Miedls Wunsch nach. Dass Ten Broek einen Verkauf nun in Betracht zog und schließlich Verhandlungen zustimmte, war laut Dik Senior nicht nur darauf zurückzuführen, dass auch Model vor einer Beschlag-

251 BAR, E9500.239A#2003/48#108*, Schweizerisches Bundesgericht Lausanne i. S. Goudstikker/Duits gegen Miedl, 3. 2. 1950, unfoliiert. – Die zwölf Gemälde hatten die Inventarnummer 2631. Während Jacques Goudstikker die Serie Jan Brueghel zuschrieb, nennen die Datenbanken zum „Central Collecting Point München" und zu der „Kunstsammlung Hermann Göring" als Künstler Pieter Brueghel d. J., s. SAA, 1341 Nr. 38, Archief van Jacques Goudstikker en Desi Goudstikker-Halban, 1898–1990, Zakboekje met aantekening van gekochte en verkochte schilderijen, unfoliiert.

252 Venema 1986, S. 130.

253 BAR, E9500.239A#2003/48#79*, Arie Albertus ten Broek und Jan Dik Sr. i. S. Zusammenfassung der Umstände, die 1940 zum Verkauf und zur Liquidation von J. Goudstikker geführt haben, 25. 4. 1944, unfoliiert.

254 BAR, E9500.239A#2003/48#108*, Schweizerisches Bundesgericht Lausanne i. S. Goudstikker/Duits gegen Miedl, 3. 2. 1950, unfoliiert.

255 NL-HaNA, NBI 2.09.16.10 Nr. 203494, Stellungnahme von H. Hentz & Co. New York, 14. 9. 1950, unfoliiert. – Zu Model, s. Den Hollander 2007, S. 84.

256 BAR, E9500.239A#2003/48#108*, Schweizerisches Bundesgericht Lausanne i. S. Goudstikker/Duits gegen Miedl, 3. 2. 1950, unfoliiert.

257 NARA, M1944, RG 239, The Roberts Commission, 1943–1946, Geographical Card Files on possible Art-Looting Subjects, 1943–1946, United States, Max Model, unfoliiert.

nahme gewarnt habe,[258] vielmehr sei Model einer „der engsten Freunde des verstorbenen Herrn Goudstikker“[259] gewesen. Tatsächlich handelte es sich bei dieser Behauptung um die erste von mehreren Unwahrheiten, die vonseiten Dik Seniors, Ten Broeks und Miedls während und nach der ‚Arisierung‘ verbreitet wurden. Wie Dési Goudstikker-von Halban später richtigstellte, hatte ihr Ehemann bereits 1936 die Beziehung zu Model abgebrochen, nachdem dieser ihm nicht nur eine risikobehaftete Kapitalanlage in Frankreich empfohlen, sondern auch diverse Gemälde nicht bezahlt hatte.[260]

Unglaubwürdig ist auch Diks spätere Andeutung, vor Models Angebot noch nie von Miedl gehört zu haben, da dieser bereits seit den 1930er Jahren bei verschiedenen Anlässen mit Goudstikker in Kontakt stand. Miedl selbst sagte dazu: „Herr Goudstikker war mir persönlich seit dem Jahr 1935 bekannt und hat mich im Zusammenhang mit einem ebenfalls von mir betriebenen Export von Gemälden alter Meister nach Deutschland mehrere Male beraten. 1936 hatte ich mit ihm eine Unterhaltung über einen eventuellen Kauf seines Geschäfts, der aber an seiner Unentschlossenheit scheiterte.“[261] Überdies berichtete Ten Broek, Miedl sei bereits vor dem Krieg „häufig zu den Festen [erschienen], die damals auf Nijenrode veranstaltet wurden“[262], und habe „großes Interesse an den Gemälden“ gezeigt. Sollte Dik Senior Miedl in diesen Jahren tatsächlich nicht getroffen haben, so hatte er ihn sicherlich spätestens einige Wochen nach Goudstikkers Tod kennengelernt, als Miedl gemeinsam mit Hofer die bereits Ende Mai von ihm ausgewählten Gemälde im Kunsthandel J. Goudstikker besichtigte.[263] Zudem sollen die beiden „in den ersten Tagen nach der Kapitulation“[264] von Ten Broek auf Schloss Nijenrode eingeladen worden sein. Dass sie ihn bereits damals unter Androhung einer Beschlagnahme zum Verkauf zwingen wollten,[265] klingt allerdings

258 BAR, E9500.239A#2003/48#108*, Protokoll der Hauptverhandlung vom 15. 6. 1949 im Bundesgerichtsgebäude Lausanne i. S. Goudstikker/Duits gegen Miedl betr. Jan Steens Hochzeit zu Kana, 11. 6. 1949, unfoliiert.

259 NL-HaNA, NBI 2.09.16 Nr. 854, Erklärung von Herrn Dik und Herrn Ten Broek, 25. 3. 1944, unfoliiert.

260 Den Hollander 2007, S. 86.

261 NL-HaNA, NBI 2.09.16 Nr. 854, Alois Miedl an Prof. Antonio de Luna, Madrid, 10. 4. 1947, Bl. 5. – Um seine Rolle als ‚Ariseur‘ abzuschwächen, behauptete er später sogar wahrheitswidrig, Goudstikker habe ihm den Kunsthandel für 2,2 Millionen Gulden angeboten, er habe aber nur 1,5 Millionen zahlen wollen, s. NL-HaNA, NBI 2.09.16.10 Nr. 203501, Afdeling Ontvijanding van het Nederlandse Beheersinstituut i. S. Befragung Alois Miedl, 18. 9. 1950, Bl. 6.

262 NL-HaNA, NBI 2.09.16.10 Nr. 203496, Befragung von Albertus ten Broek, 10. 10. 1950, unfoliiert; folgendes Zitat ebd.

263 NARA, M1922, RG 260, Interrogations of Hermann Göring, Mrs. Göring and Friends of the Family: Göring, H. – Sonnemann, E., Befragung von Walter Andreas Hofer, 12. 12. 1945, unfoliiert.

264 BAR, E9500.239A#2003/48#108*, Protokoll der Hauptverhandlung vom 15. 6. 1949 im Bundesgerichtsgebäude Lausanne i. S. Goudstikker/Duits gegen Miedl betr. Jan Steens Hochzeit zu Kana, 11. 6. 1949, unfoliiert.

265 Ebd.

angesichts von Miedls Provisionszahlung an Model wenig plausibel. Höchstwahrscheinlich stellte Ten Broek diese Behauptung in der Nachkriegszeit auf, um seine Mitwirkung an der ‚Arisierung' im Prozess zu rechtfertigen.

Seine Beteiligung bestand unter anderem darin, gemeinsam mit Dik Senior den Verkauf an Miedl als einzige Chance für den Erhalt des Unternehmens und die Absicherung der Goudstikker-Erben zu präsentieren. Dafür lancierten sie eine Reihe von Lügen, die sowohl Jacques Goudstikkers Fähigkeiten als Geschäftsmann und seine Glaubwürdigkeit im Allgemeinen diskreditieren als auch seinen Kunsthandel als Sanierungsfall darstellen sollten. Ten Broek unterstellte ihm, während der 1930er Jahre Fälschungen an den Stahlmagnaten Heinrich Thyssen verkauft zu haben; als dieser Betrug aufflog, habe Goudstikker wegen Kapitalmangels viele hochwertige Gemälde als Entschädigung abgeben müssen.[266] Dik Senior beharrte noch 1948 darauf, Goudstikker habe ihm „ein jüdisches Geschäft, das außer Kontrolle geraten war und kein Bargeld besaß"[267], anvertraut. Der Kunsthandel J. Goudstikker habe schon 1939 kurz vor dem Bankrott gestanden,[268] Goudstikker habe einen Großteil des Handelsbestands als Sicherheiten für Kredite eingesetzt[269] und dessen Qualität sei durch Goudstikkers Verschulden stark gesunken.[270] Dik Seniors Vorwürfe gipfelten in der Behauptung, das Unternehmen habe bereits in den 1930er Jahren bei der Incasso-Bank ein Hypothekendarlehen aufnehmen müssen, dessen Verlängerung neue Ankäufe verhindere; da der Umsatz durch Verkäufe des vorhandenen Bestands zur Tilgung aber nicht ausreiche, sei für den Erhalt des Kunsthandels J. Goudstikker dringend frisches Kapital von einem solventen Käufer notwendig.[271] Dass die Mehrheit der Kunsthändler aufgrund der zeitweise verheerenden Lage auf dem niederländischen Kunstmarkt Kredite aufgenommen hatte und die aktuellen Schulden des Unternehmens tatsächlich nicht einmal 300.000 Gulden betrugen, unterschlug er wohlweislich.[272] Die Amsterdamer Wirtschaftsprüfungsgesellschaft Wolfrat, Entrop & van Namen kam dementsprechend 1954 zu dem Fazit, dass es „keinen Grund zur Beunruhigung gab und dass auf der Grundlage dieser Situation kein Grund bestand, Geschäfte zu tätigen, wie es die Gesellschaft im Juli 1940 getan hat."[273] In den vierzehn

---

266 Ebd., Schweizerisches Bundesgericht Lausanne i. S. Goudstikker/Duits gegen Miedl, 3. 2. 1950, unfoliiert.

267 Den Hollander 2007, S. 84.

268 Alford 2012, S. 88.

269 NARA, M1944, RG 239, Miedl, Alois, Bericht von Maj. E. K. Waterhouse über das Unternehmen Goudstikker, unfoliiert.

270 NL-HaNA, NBI 2.09.16 Nr. 854, Erklärung von Herrn Dik und Herrn Ten Broek, 25. 3. 1944, unfoliiert.

271 NL-HaNA, NBI 2.09.16.10 Nr. 203496, Verhör von Jan Dik Sr., 22. 9. 1950, unfoliiert.

272 Venema 1986, S. 135; Den Hollander 2007, S. 41.

273 SAA, 1341 Nr. 79, Archief van Jacques Goudstikker en Desi Goudstikker-Halban, 1898–1990, Accountantsrapporten over de administratie van de Kunsthandel J. Goudstikker N. V., later de Kunsthandel J. Goudstikker in liquidatie, Over de periode 30. 6. 1940 tot 31. 12. 1945, 1953, Wolfrat, Entrop &

Jahren zuvor erfüllte die Verleumdungskampagne allerdings ihren Zweck. So kolportierte etwa der Direktor des Amsterdamer Museums Mauritshuis Ary Robert de Vries noch in der Nachkriegszeit, 1940 den Eindruck gewonnen zu haben, der Verkauf des Kunsthandels J. Goudstikker sei aufgrund einer Kreditrückforderung der Incasso-Bank in Höhe von zwei Millionen Gulden durchgeführt worden.[274]

Das komplizenhafte Entgegenkommen von Dik Senior und Ten Broek endete damit jedoch nicht, sondern erstreckte sich auch auf die Aushandlung des Kaufpreises. Während Ten Broek behauptete, anfänglich fünf Millionen Gulden gefordert zu haben,[275] informierte Miedl Hofer darüber, dass sechs bis acht Millionen Gulden taxiert worden seien, „man den Preis jedoch noch senken könne."[276] Wie von ihm prognostiziert, überbrachte er schon nach wenigen Tagen die Nachricht, für den Kauf nun nur noch zwei Millionen Gulden aufbringen zu müssen.[277] Tatsächlich hatten sich die beiden Verhandlungsparteien auf 2.550.000 Gulden geeinigt.[278] Diese massive Preisreduzierung rechtfertigte Dik Senior später damit, die beauftragten Wirtschaftsprüfer und der jüdische Notar Arnold van den Bergh hätten den Wert der unbeweglichen sowie beweglichen Aktiva des Unternehmens auf etwa 1,5 bis 1,6 Millionen Gulden geschätzt.[279] Zwar betrug der Buchwert der Immobilien und Gemälde in der Bilanz von Dezember 1939 in der Tat lediglich etwa 900.000 Gulden;[280] dieser Betrag entsprach jedoch nicht dem Realwert, da sowohl die Immobilien[281] als auch über 1.100 Gemälde von Goudstikker in den 1930er Jahren weitgehend abgeschrieben worden waren. Der Buchwert belief sich dementsprechend bei mehreren Hundert Kunstwerken auf lediglich einen Gulden. Eine dem Realwert angenäherte Schätzung kam dagegen in der Nachkriegszeit auf fast drei Millionen Gulden, wobei angemerkt wurde, dass diese Summe auch um ein Vielfaches höher

---

van Namen, Rapport inzake controle der administratie over het tijdvak 30. 6. 1940–31. 12. 1945 der Kunsthandel J. Goudstikker N. V. Amsterdam, 9. 3. 1953, Bl. 6.

274 Venema 1986, S. 135.

275 SAA, 1341 Nr. 108, Archief van Jacques Goudstikker en Desi Goudstikker-Halban, 1898–1990, Stukken betreffende het rechtsherstel van de Kunsthandel J. Goudstikker N. V. inzake het achttiende-eeuwse poppenhuis uit de collectie Goudstikker, 1947–1951, Auszug aus dem Protokoll der Gerichtsverhandlung i. S. Kunsthandlung J. Goudstikker N. V. gegen Rienstra van Stuyvesande, Befragung des Zeugen Ten Broek, undatiert, Bl. 12.

276 NARA, M1922, RG 260, Interrogations of Hermann Göring, Mrs. Göring and Friends of the Family: Göring, H. – Sonnemann, E., Befragung von Walter Andreas Hofer, 12. 12. 1945, unfoliiert.

277 Ebd.

278 NL-HaNA, NBI 2.09.16.10 Nr. 203496, Verhör von Jan Dik Sr., 22. 9. 1950, unfoliiert.

279 BAR, E9500.239A#2003/48#108*, Schweizerisches Bundesgericht Lausanne i. S. Goudstikker/Duits gegen Miedl, 3. 2. 1950, unfoliiert.

280 SAA, 1341 Nr. 76, Memorandum concerning the balancesheet as of December 1939 of the Kunsthandel J. Goudstikker Amsterdam, 9. 2. 1961, unfoliiert.

281 Venema 1986, S. 135.

ausfallen könnte.[282] Dass Ten Broek dem Kaufpreis dennoch zustimmte, lässt sich in Anbetracht seiner jahrelangen Tätigkeit als Buchhalter des Kunsthandels J. Goudstikker sicherlich nicht durch Unkenntnis oder Naivität erklären; vielmehr hatte Miedl in bewährter Manier ihm und Dik Senior einen finanziellen Anreiz von je 180.000 Gulden in Aussicht gestellt und zumindest letzterem zudem eine Verdopplung des Gehalts versprochen.[283] Dass es sich dabei um eine Provision handelte, leugneten die beiden später vehement; Miedl habe sich damit lediglich ihre weitere Mitarbeit sichern wollen.[284] Ten Broek verriet sich jedoch mit der Aussage: „Später hörte ich den Mitarbeiter Croes meckern, dass der Rest des Personals so schlecht bedacht war, aber weil dieses Geld aus dem Verkauf des Unternehmens durch mich und Dik Senior stammte, konnten sie keinen Anspruch auf diese Provision geltend machen und mussten sich mit dem gespendeten Betrag begnügen."[285] Tatsächlich hatte Miedl, der – wie er gegenüber Désirée Goudstikker-von Halbans zweitem Ehemann August Eduard von Saher in der Nachkriegszeit zugab – kein Risiko eingehen wollte,[286] auch die anderen Mitarbeiter mit insgesamt 40.000 Gulden bedacht.[287]

Mit diesem erkauften Rückhalt unterzeichnete Miedl am 1. Juli 1940 den Kaufvertrag, laut dem er den gesamten Geschäftsbetrieb mit Ausnahme der Schulden erwarb. Dazu gehörten alle in den Niederlanden befindlichen Kunstgegenstände, sämtlicher Metabesitz im In- und Ausland, das unbewegliche Vermögen, das Geschäftsinventar und schließlich das Recht auf den Handelsnamen J. Goudstikker. Nicht im Kauf enthalten waren lediglich der Besitz von Dritten sowie die von Goudstikker in Großbritannien deponierten Gemälde, für die Miedl jedoch eine Kaufoption zu Einkaufspreisen innerhalb von zwei Wochen erhielt. Zur Bezahlung stellte Miedl einen Scheck in Höhe von 2.250.000 Millionen Gulden aus, der zur Aufrechterhaltung des Vertrags in den folgenden drei Tagen ausgezahlt werden musste; der Restbetrag von 300.000 Gulden sollte dagegen erst bei der notariellen Übertragung des Immobilienbesitzes gezahlt werden. Darüber hinaus verpflichtete sich Miedl schriftlich, „bei den zuständigen Behörden die notwendigen Schritte zu unternehmen, um sicherzustellen, dass weder die betreffenden Kaufgelder noch die Gelder, die den Aktionären und Anleihe-

282 Den Hollander 2007, S. 83.

283 SAA, 30061 Nr. 24, Inventaris van de Collectie Unifoto, Brief van directeur van de Kunsthandel v/h J. Goudstikker N.V., Herengracht 458, de in Nederland woonachtige Abwehrspion en bankier Alois Miedl, betreffende de vergoeding (totaal 400.000) die hij in september 1940 aan het personeel van de Kunsthandel J. Goudstikker heeft uitbetaald, wegens hun bereidheid de dienstbetrekking te continueren, 30.7.1942, unfoliiert.

284 NL-HaNA, NBI 2.09.16.10 Nr. 203496, Befragung von Salomon Jacob Flörsheim, 10.10.1950, unfoliiert; BAR, E9500.239A#2003/48#108*, Schweizerisches Bundesgericht Lausanne i.S. Goudstikker/Duits gegen Miedl, 3.2.1950, unfoliiert.

285 Venema 1986, S. 138.

286 NIOD, 249–0278A Nr. a1, Korte geschiedenis van de Kunsthandel J. Goudstikker N.V. van december 1939 tot april 1942, geschreven door A. E. D. von Saher, April 1952, Bl. 22.

287 Venema 1986, S. 137.

gläubigern im Fall einer Liquidation der Gesellschaft zufließen werden, [...] beschlagnahmt oder gepfändet werden, sodass sie den Aktionären und Anleihegläubigern, wo immer sie sich befinden, zur freien Verfügung stehen und bleiben."[288]

Während die Darstellung der Vorgänge bei der ‚Arisierung' des Kunsthandels J. Goudstikker bis zur Unterzeichnung des Kaufvertrages noch recht übersichtlich ausfällt, führt die Rekonstruktion der folgenden Abläufe aus den Nachkriegsaussagen der Beteiligten geradezu in ein Gewirr von Widersprüchen und Verschleierungsversuchen. Aus unterschiedlichen Beweggründen, aber meist, um sich zu exkulpieren, widersprachen sich die Akteure dabei nicht nur untereinander, sondern auch häufig sich selbst. Manche Frage zu den realen Geschehnissen muss daher zwangsläufig offenbleiben, wenn nicht Plausibilitätserwägungen eine Antwort nahelegen.

Bereits Miedls Darstellung von Görings Rolle beim Zustandekommen des Kaufvertrags illustriert dies: Nach der Vertragsunterzeichnung habe er im Restaurant Lido zufällig Hofer, Lüps und Ostermann getroffen. Nachdem er ihnen von dem Kauf erzählte hätte, sei ihm jedoch bewusst geworden, dass er zu viel gesagt hätte.[289] Was darauf angeblich folgte, beschrieb er in der Nachkriegszeit in zwei Versionen: Demnach habe der von Hofer informierte Reichsmarschall ihm im ersten Fall zu verstehen gegeben, dass er mit dem Kauf zu weit gegangen sei und diesen wieder auflösen müsse.[290] Laut der zweiten Version habe ihm kurz nach dem Kauf Görings Stabschef Erich Gritzbach in Berlin mitgeteilt, dass er den Kunsthandel J. Goudstikker nicht behalten könne, sondern Hofer die Leitung übernehmen werde. Dies habe er letztlich nur durch die Fürsprache von Olga Rigele verhindern können. Gritzbach habe ihm dafür eine „an den Haaren herbeigezogene Begründung"[291] genannt, die Miedl in der entsprechenden Quelle jedoch nicht weiter ausführt. In einem späteren Bericht erwähnt er allerdings, Gritzbach habe ihn zwei Tage nach dem Kauf vom Kunsthandel J. Goudstikker nach Berlin vorgeladen, um ihm mitzuteilen, dass ein Haftbefehl gegen ihn bestehe, der jedoch vorerst auf Anweisung des Reichsmarschalls nicht weiter verfolgt werde.[292] Da bislang lediglich Nachweise für den 1937 von Göring aufgehobenen Haftbefehl gefunden wurden, kann mit großer Wahrscheinlichkeit davon ausgegangen werden, dass Miedl dieses Ereignis vorsätzlich auf das falsche Jahr datierte, um sein Narrativ zu unter-

288 SAA, 1341 Nr. 98, Archief van Jacques Goudstikker en Desi Goudstikker-Halban, 1898–1990, Stukken betreffende de verkoop van de bezittingen van Jacques Goudstikker, 1940, 1952, Kaufvertrag zwischen Alois Miedl und Kunsthandel J. Goudstikker N.V. Amsterdam vertreten durch Arie Albertus ten Broek, 1.7.1940, Bl. 9.

289 NIOD, 249–0278A Nr. a1, Korte geschiedenis van de Kunsthandel J. Goudstikker N.V. van december 1939 tot april 1942, geschreven door A. E. D. von Saher, April 1952, Bl. 22.

290 NL-HaNA, NBI 2.09.16 Nr. 854, Erklärung von Jan Dik und Arie Albertus ten Broek, 25.3.1944, unfoliiert.

291 Ebd., Alois Miedl an Prof. Antonio de Luna, Madrid, 10.4.1947, Bl. 5.

292 NL-HaNA, NBI 2.09.16.10 Nr. 203501, Afdeling Ontvijanding van het Nederlandse Beheersinstituut i.S. Befragung Alois Miedl, 18.9.1950, Bl. 6.

stützen, den Kunsthandel J. Goudstikker ohne Görings Wissen oder Beteiligung gekauft zu haben. Tatsächlich weisen etliche Belege darauf hin, dass Miedl und Göring von Anfang an beim Kunsthandel J. Goudstikker ein gemeinsames Ziel verfolgten.

Gritzbach behauptete etwa, Miedl habe Göring zum Kauf des gesamten Kunsthandels J. Goudstikker geraten, da Seyß-Inquart angeblich mit dem Gedanken spielte, Schloss Nijenrode für repräsentative Anlässe zu nutzen. Obwohl ein Verkauf des Schlosses an Seyß-Inquart sicherlich gewinnbringend gewesen wäre, habe Gritzbach den Reichsmarschall aufgrund möglicher rufschädigender Folgen aber von dieser Idee abgebracht, woraufhin letzterer nur noch am Kauf der Kunstsammlung interessiert gewesen sei.[293] Hofer zufolge habe allerdings auch Miedl lediglich den Kunstbestand im Auge gehabt; im Rahmen ihres ersten gemeinsamen Besuchs beim Kunsthandel J. Goudstikker Ende Mai 1940 habe er gefragt, ob Hofer ihm zum Kauf der gesamten Sammlung raten würde, und erklärt, er wolle sämtliche von Göring ausgewählten Gemälde in einer einzigen kostengünstigeren Transaktion an ihn verkaufen.[294] Ob Miedl oder – wie Hofer weiter aussagte – doch Gritzbach[295] letztendlich den Entschluss fassten, das gesamte Unternehmen von Goudstikker zu erwerben, muss dahingestellt bleiben. Laut Josef Angerer traf die Entscheidung darüber, wer den Kunsthandel J. Goudstikker leiten sollte, jedoch in jedem Fall Görings Stab. So habe er von Hofer ein entsprechendes Angebot erhalten, das er bei einem anschließenden Termin mit Gritzbach abgelehnt habe, da er dafür seine bisherige Position hätte aufgeben müssen. Als er das Büro verließ, seien Hofer und Miedl hereingerufen worden. Einige Wochen später habe er dann erfahren, dass Miedl die Leitung übernommen hätte.[296] Unter Berücksichtigung aller Informationen bestand der ursprüngliche Plan somit höchstwahrscheinlich darin, dass Miedl den Kunsthandel J. Goudstikker unter seinem Namen in Absprache mit Göring erwarb, um den Handelsbestand anschließend an ihn zu verkaufen. Dafür spricht nicht nur, dass Miedl Hofer und damit Göring über den Preisnachlass informierte, sondern auch, dass es ihm ohne Görings Unterstützung nicht möglich gewesen wäre, die freie Verfügbarkeit des Kaufpreises und zukünftiger Liquidationsausschüttungen vertraglich zuzusichern.

---

293 NARA, M1946, RG 260, Records Concerning the Central Collecting Points: Munich Central Collecting Point, 1945–1951, Restitution Research Records, 1945–1950, Investigations: Göring – Gurlitt, Erich Gritzbach über Göring und seine Kunstkäufe, undatiert, unfoliiert. – Nach der ‚Arisierung' des Kunsthandels soll Miedl das Schloss sowohl Seyß-Inquart als auch Baldur von Schirach für 1.250.000 beziehungsweise zwei Mio. Gulden zum Kauf angeboten haben, s. Den Hollander 2007, S. 151.

294 NARA, M1922, RG 260, Interrogations of Hermann Göring, Mrs. Göring and Friends of the Family: Göring, H. – Sonnemann, E., Befragung von Walter Andreas Hofer, 12.12.1945, unfoliiert.

295 Hofer behauptete angeblich, Gritzbach habe für den Kauf des Unternehmens plädiert, um die von Göring aussortierten Gegenstände auf einer Berliner Auktion zu verkaufen, s. BArch Koblenz, B 323/70, The Goering Collection (Bericht von Th. Rousseau), 15.9.1945, Bl. 71.

296 NARA, M1922, RG 260, Interrogations of All Close Friends of Nazi Big Wings: Angerer – Haberstock, Befragung von Josef Angerer, 14.11.1945, Bl. 9.

Darüber hinaus behauptete Ten Broek, schon bei der Vertragsunterzeichnung gewusst zu haben, dass neben Miedl auch Göring an dem Kauf beteiligt war.[297] Letzterer hatte zudem während seines ersten Besuchs in Amsterdam beim Kunsthandel J. Goudstikker nachweislich 131 Gemälde[298] ausgewählt, die bereits zwischen dem 26. Juni und dem 1. Juli nach Berlin transportiert wurden.[299] Als stichhaltigster Beweis kann jedoch ein auf März 1941 datiertes Schreiben des ‚arisierten' Kunsthandels voorheen J. Goudstikker an den Generalkommissar Fischböck gelten, das besagt: „Am 1. Juli 1940 wurde die ganze Firma an Miedl verkauft, teilweise für ihn und teilweise als Bevollmächtigter zum Preis von 2,55 Millionen Gulden."[300]

Welche Absprachen Miedl und Göring vor der Vertragsunterzeichnung über die Zahlungsmodalitäten getroffen haben, geht aus den Archivalien nicht hervor. Es muss somit offenbleiben, ob der Kauf von Miedl allein oder gemeinsam mit Göring finanziert werden sollte. Anscheinend konnte Miedl die Kaufsumme am vertraglich vereinbarten Stichtag nicht aufbringen; zumindest versuchte er vergeblich am selben Tag, bei einer Reihe Amsterdamer Banken einen Kredit in Höhe von zwei Millionen Gulden zu erhalten, den er mit einem Scheck der Buitenlandbank besichern wollte. Da ihm jedoch nur 80.000 Gulden von der Hugo Kaufmanns & Co's Bank gewährt wurden,[301] blieb der an Goudstikker ausgestellte Scheck ungedeckt. Anstatt von dem Recht auf Vertragsauflösung Gebrauch zu machen, verlängerte der Kunsthandel J. Goudstikker die Zahlungsfrist bis zum 12. Juli 1940. Offiziell wurde dieses Entgegenkommen damit gerechtfertigt, dass Miedl am Stichtag 50.000 Gulden in bar als Vorschuss gezahlt und die von ihm beim Kunsthandel J. Goudstikker „im eigenen Namen"[302] erworbenen Kunstwerke als Sicherheiten übereignet hatte;[303] ob der Kunsthandel J. Goudstikker in dieser Situation faktisch überhaupt eine Wahl hatte, ist allerdings zu

297 SAA, 1341 Nr. 108, Auszug aus dem Protokoll der Gerichtsverhandlung i. S. Kunsthandlung J. Goudstikker N. V. gegen Rienstra van Stuyvesande, Befragung des Zeugen Ten Broek, undatiert, Bl. 12.

298 NL-HaNA, NBI 2.09.16 Nr. 863, Inventaris van het dossierarchief van het Nederlandse Beheersinstituut, en van de in beslag genomen administraties, 1945–1967, Best. dossier 1942–1950, Erste Sendung nach Berlin, 29. 6. 1940, unfoliiert.

299 SAA, 1341 Nr. 112, Rapport van de Centrale Accountants Dienst van het Ministerie van Financien aan het NBI van het onderzoek naar de voorwaarden waaronder door de beheerders van het vermogen van Alois Miedl en van den Kunsthandel v/h J. Goudstikker N. V. restitutie van vermogenswaarden heeft plaatsgevonden aan de Kunsthandel J. Goudstikker N. V., 7. 11. 1951, Bl. 9.

300 SAA, 1341 Nr. 100, Kunsthandel v/h J. Goudstikker N. V. an Hans Fischböck, 25. 3. 1941, unfoliiert.

301 NL-HaNA, CABR 2.09.09 Nr. 86942-I, Inventaris van het archief van het Ministerie van Justitie: Centraal Archief van de Bijzondere Rechtspleging, 1945–1952, Veland Import- en Export Handel Mij. Amsterdam, Parket-Dossier Nr. 22 i. S. Miedl und Kaufmann, undatiert, unfoliiert.

302 SAA, 1341 Nr. 112, Rapport van de Centrale Accountants Dienst van het Ministerie van Financien aan het NBI van het onderzoek naar de voorwaarden waaronder door de beheerders van het vermogen van Alois Miedl en van den Kunsthandel v/h J. Goudstikker N. V. restitutie van vermogenswaarden heeft plaatsgevonden aan de Kunsthandel J. Goudstikker N. V., 7. 11. 1951, Bl. 3.

303 Ebd.

bezweifeln. Vor allem, da Miedl auf dessen Nachfragen geantwortet haben soll, sie wüssten doch, wer hinter ihm stehe.[304]

Nach dem Krieg behauptete Kajetan Mühlmann, auf der Suche nach einem Kreditgeber habe Miedl auch ihn um Unterstützung gebeten, da am folgenden Tag eine Zahlung von fünf Millionen Gulden an den Kunsthandel J. Goudstikker fällig sei. Seyß-Inquart habe es abgelehnt, diese Summe für Göring bereitzustellen, der Wehrmachtsbefehlshaber Christiansen sei dagegen bereit dazu gewesen, sofern Gritzbach zustimmen würde. Gritzbach habe jedoch trotz Miedls und seiner Einwände darauf bestanden, dass die von Göring erworbenen Gemälde nicht so viel wert seien, und sei lediglich zur Bereitstellung von 1.500.000 Gulden bereit gewesen. Diesen Betrag habe Miedl schließlich von Christiansen ausgehändigt bekommen.[305] Aus dieser Darstellung geht nicht hervor, ob das Treffen vor oder nach dem vertraglich festgelegten Stichtag der Zahlung stattfand, und auch die genannten Summen stimmen mit den im Vertrag vereinbarten nicht überein. Abgesehen davon ist Mühlmanns Aussage insgesamt nicht plausibel. Dass sich Seyß-Inquart einem im Interesse seines Weisungsbefugten Göring liegenden Vorhaben verweigerte, der von Göring unabhängige General Christiansen dies dagegen unterstützte, ist mehr als unwahrscheinlich.

Für Miedls Finanzierungsproblem ergab sich vor Ablauf der Verlängerungsfrist auch eine andere Lösung. Tatsächlich wurde der Vertrag nämlich am 12. Juli 1940 ein weiteres Mal durch einen Zusatz wesentlich modifiziert: Nun übernahm Miedl für 550.000 Gulden in Banknoten nur noch sämtliche unbeweglichen und beweglichen Wertgegenstände mit Ausnahme des Handelsbestands. Nach Abzug der bereits in bar beglichenen 50.000 Gulden sollte er den Restbetrag bei der notariellen Übertragung der Immobilien bezahlen.[306] Hinsichtlich des Kunstbestands schloss der Kunsthandel J. Goudstikker am selben Tag einen weiteren Vertrag mit Göring, der durch Hofer vertreten wurde. Unter der Zusicherung, eine zukünftige Beschlagnahme des Kaufpreises oder der Liquidationsausschüttungen zu verhindern, erwarb der Reichsmarschall für zwei Millionen Gulden alle zum 26. Juni 1940 in den Niederlanden befindlichen Kunstgegenstände aus Firmenbesitz sowie drei im Kunsthandel J. Goudstikker angebrachte Deckengemälde von Gerard de Lairesse. Darüber hinaus erhielt er das Vorkaufsrecht für Gemälde aus Metabesitz. Die Bezahlung erfolgte in zwei Raten, wobei am Tag des Vertragsabschlusses bereits 1.500.000 Gulden, der Restbetrag

304 NL-HaNA, NBI 2.09.16.10 Nr. 203497, E. J. Korthals Altes an das Nederlandse Beheersinstituut, 29.11.1950, unfoliiert.

305 BArch Koblenz, B 323/516, Kajetan Mühlmann i.S. Alois Miedls Kunstgeschäfte in Holland, 14.9.1947, Bl. 308–309.

306 NL-HaNA, NBI 2.09.16.10 Nr. 203498, Kaufvertrag zwischen Alois Miedl und Kunsthandel J. Goudstikker N.V. Amsterdam vertreten durch Arie Albertus ten Broek, 13.7.1940, unfoliiert. – Obwohl der Vertrag das Eigentum von Dritten ausschloss, erwarb Miedl von Dik Senior für nur 2.392 Gulden das Privateigentum von Jacques und Dési Goudstikker, s. NIOD, 249–0278A Nr. a1, Korte geschiedenis van de Kunsthandel J. Goudstikker N.V. van december 1939 tot april 1942, geschreven door A. E. D. von Saher, April 1952, Bl. 24c.

dann innerhalb der folgenden zwei Wochen beglichen wurde.[307] Die 2.000 Banknoten à 1.000 Gulden erhielt Göring von der Nederlandsche Bank im Tausch gegen Reichsmark,[308] die zu diesem Zeitpunkt wenigstens zehn Prozent überbewertet war. Dafür verantwortlich war ein nur zwei Tage zuvor beschlossenes geheimes Transferabkommen, mit dem die Reichsbank ihr niederländisches Pendant dazu zwang, einem manipulierten Wechselkurs von 132,70 Reichsmark zu hundert Gulden zuzustimmen[309] und fortan unbegrenzt Reichsmarkbeträge anzunehmen.[310]

Fünf Tage nach der Unterzeichnung der beiden Verträge wurde eine weitere Hauptversammlung für den 25. Juli 1940 einberufen, auf deren Tagesordnung die Verkäufe standen. Wie schon einen Monat zuvor stimmten entgegen der Satzung ausschließlich Goudstikkers Mutter und Ten Broek als Bevollmächtigter des Kunsthandels J. Goudstikker zugunsten von Miedl und Göring ab.[311] Dass es sich dabei um eine reine Formalität handelte, zeigt sich vor allem daran, dass die etwa 1.300[312] an Göring verkauften Gemälde bereits seit dem 18. Juli 1940 inventarisiert wurden, um anschließend verschickt zu werden. Wie die vom Kunsthandel J. Goudstikker damit beauftragte Wirtschaftsprüfungsgesellschaft Wolfrat, Entrop & van

---

307 Nicht im Kauf enthalten waren die Kunstgegenstände, die Göring bereits Ende Juni 1940 im Kunsthandel J. Goudstikker erworben hatte, s. SAA, 1341 Nr. 98, Kaufvertrag zwischen Hermann Göring vertreten durch Walter Andreas Hofer und Kunsthandel J. Goudstikker N. V. Amsterdam vertreten durch Arie Albertus ten Broek, 13.7.1940, Bl. 8.

308 Den Hollander 2007, S. 141.

309 Eine Reichsmark entsprach demnach 0,75 Gulden, s. Koll 2015, S. 419. – Auch in Frankreich und Belgien wurden die Kurse zugunsten einer Überbewertung der Reichsmark manipuliert, s. Oosterlinck, Kim: Sovereign Debts and War Finance in Belgium, France and the Netherlands, in: Boldorf, Marcel/Buchheim, Christoph (Hrsg.): Europäische Volkswirtschaften unter deutscher Hegemonie 1938–1945, München 2012, S. 96.

310 Im Gegenzug unterband die Reichsbank die Zahlung mit Reichskreditkassenscheinen, s. Kreutzmüller 2005, S. 122. – Bei Reichskreditkassenscheinen handelte es sich um auf Reichsmark ausgestelltes Scheingeld, das erstmals beim Angriff auf Polen an die Wehrmacht ausgegeben wurde. In Deutschland emittiert, durften die Scheine als Zahlungsmittel nur im besetzten Ausland verwendet werden; Reichsbank-Vizepräsident Emil Puhl sprach dementsprechend von „in Geldform gekleideten Requisitionsscheinen", s. Aly, Götz: Hitlers Volksstaat. Raub, Rassenkrieg und nationaler Sozialismus, Frankfurt a. M. 2011, S. 103.

311 BAR, E9500.239A#2003/48#108*, Alois Miedl an das Schweizerische Bundesgericht Lausanne i. S. Klage Goudstikker/Duits gegen Miedl, 25.2.1948, unfoliiert.

312 SAA, 1341 Nr. 103, Archief van Jacques Goudstikker en Desi Goudstikker-Halban, 1898–1990, Rapport inzake de Kunsthandel v. h. J. Goudstikker N. V. in oprichting per 13 september 1940, unfoliiert. – Je nach Quelle befanden sich im Kunsthandel J. Goudstikker zwischen 1.100 und 1.400 Gemälde, s. z. B. Den Hollander 2007, S. 11; Den Hollander/Müller 2014, S. 228; Alford 2012, S. 88; Senger, Nina: Ein Gemälde aus der Galerie Goudstikker. „Winterlandschaft mit Schlittschuhläufern bei einem Wirtshaus", in: Bertz, Inka/Dorrmann, Michael (Hrsg.): Raub und Restitution. Kulturgut aus jüdischem Besitz von 1933 bis heute, Berlin/Frankfurt a. M. 2008, S. 232.

Namen später berichtete, wurde diese Arbeit erheblich dadurch erschwert, „dass die Räume und Schränke, in denen sich die Gemälde befanden, während der Gegenüberstellung der Gemälde mit den Unterlagen nicht unter Kontrolle gehalten werden konnten, und dass während der Inventarisierung wichtige Sendungen verschickt wurden.“[313] Verantwortlich dafür waren vor allem Hofer und Limberger, die von Göring mit der gleichen Aufgabe betraut worden waren[314] und insgesamt fast 780 Kunstwerke auswählten, die nach Berlin transportiert werden sollten.[315] Die übrigen circa 530 Gemälde, die nicht dem Geschmack des Reichsmarschalls entsprachen, wurden wiederum an Miedl verkauft, der offenbar ein Vielfaches von Görings Einkaufspreisen zahlen musste. So wurde für 290 der Werke, die kurz zuvor für 313.482 Gulden erworben worden waren, nun ein Preis von 614.534 Gulden veranschlagt.[316] Von diesem Teilbetrag ausgehend scheint anstelle der von Miedls später genannten und wahrscheinlich absichtsvoll überhöhten Summe von 1,7 Millionen Gulden[317] für alle Bilder die im Wirtschaftsprüferbericht aufgeführte von 1.206.000 Gulden[318] plausibler. Dass Miedl keine Einwände gegen diese enorme Preissteigerung erhob, hing wohl zum einen damit zusammen, dass er dringend einen Handelsbestand benötigte, um schnell weitere Käufer anzuziehen. Zum anderen wollte er sicherlich nicht das Risiko eingehen, Göring zu verärgern, der noch während der Nürnberger Prozesse erklärte, „sehr zufrieden“[319] mit dem Kauf der Gemälde vom Kunsthandel J. Goudstikker gewesen zu sein, „da er nach eigenen Berechnungen nur ein Drittel des tatsächlichen Werts bezahlt hatte.“

Keineswegs zufrieden war dagegen Dési Goudstikker-von Halban, die erst am 26. Juli 1940 von Arnold van den Bergh über den Verkauf informiert wurde. Der Notar teilte ihr mit, Umstände, die erst zu einem späteren Zeitpunkt vollumfänglich besprochen werden könnten, hätten es dringend notwendig gemacht, das Unternehmen zu verkaufen, um große Unannehmlichkeiten zu vermeiden. Nachdem der Verkauf zuerst an einen in Amsterdam lebenden Deutschen erfolgt sei, hätte sich die Situation insofern geändert, dass eine „hohe Autorität

313 SAA, 1341 Nr. 79, Rapport inzake controle der administratie over het tijdvak 30. 6. 1940–31. 12. 1945 der Kunsthandel J. Goudstikker N.V. Amsterdam, 9. 3. 1953, Bl. 7.

314 BArch Koblenz, B 323/70, The Goering Collection (Bericht von Th. Rousseau), 15. 9. 1945, Bl. 73.

315 Den Hollander 2007, S. 11.

316 SAA, 1341 Nr. 99, Archief van Jacques Goudstikker en Desi Goudstikker-Halban, 1898–1990, Stukken betreffende de liquidatie van de Kunsthandel J. Goudstikker N.V., 1940–1941, 1952, Vergelijking van prijzen betaald door Göring aan de Kunsthandel voor alle schilderijen die nummers beneden No. 1922 dragen en prijzen waartegen de Miedl N.V. dezelfde schilderiijen heeft teruggekocht van Göring, undatiert, unfoliiert.

317 NL-HaNA, NBI 2.09.16.10 Nr. 203501, Afdeling Ontvijanding van het Nederlandse Beheersinstituut i. S. Befragung Alois Miedl, 18. 9. 1950, Bl. 7.

318 NL-HaNA, NBI 2.09.16 Nr. 856, Rapport inzake de Kunsthandel v/h J. Goudstikker N.V. in opr. te Amsterdam, per 13. 9. 1940, Bl. 5.

319 Den Hollander 2007, S. 94; folgendes Zitat ebd.

in Deutschland“[320] sämtliche Gemälde übernommen habe. Angesichts eines derartigen Fait accompli verwundert es nicht, dass ihre postwendend per Telegramm geschickte Weigerung, dem Verkauf zuzustimmen,[321] keinerlei Auswirkung auf den Fortgang der Ereignisse hatte.

7.9 Kunsthandelsgeschäfte im Sommer 1940

Unmittelbar nach der Unterzeichnung des finalen Kaufvertrags begann Miedl damit, seinen Handelsbestand weiter auszubauen. Allein im Juli 1940 erwarb er achtzig Gemälde,[322] deren Inventarnummern sich nicht an die höchste von Goudstikker vergebene Zahl 3195 anschlossen, sondern mit 5000 begannen. Bei siebzehn der insgesamt dreiundzwanzig Verkäufer[323] handelte es sich um niederländische Kunsthändler wie etwa Pieter de Boer, der ihm am 15. Juli 1940 für 5.000 Gulden drei Werke aus renommierten Privatsammlungen verkaufte. Während das Gemälde *Ahasver und Haman* (5049) von Aert de Gelder vormals Teil der Londoner Sammlung Rothschild gewesen war, stammte das *Damenbildnis* (5050) von Paulus Moreelse aus dem ehemaligen Besitz von Marcell Nemes; die *Familienszene* (5048) von Jan Miense Molenaer gehörte wiederum ursprünglich zur Wiener Sammlung Lustig.[324] Miedl machte jedoch auch Geschäfte mit weniger angesehenen Händlern wie seinem Freund Walter Peach (5069–5072) oder der Amsterdamer Kunsthandlung Jannetje Denijs, die ihm eine *Heiligendarstellung* von Guido Reni (5045), zwei zusammengehörende Porträts von Nicolaes Maes (5046–5047) sowie ein *Damenbildnis* (5064) von Cornelis Ketel für nur 1.035 Gulden verkaufte. Günstiger war lediglich eine *Marine* (5099) von Ludolf Backhuisen für 71,50 Gulden von Frederik Muller & Co. Unter den Kunsthändlern befanden sich zudem Jacob Stodel, Albert Heppner und Henri Simon de Haan, die Miedl insgesamt elf Gemälde verkauften. Die Vermutung, er könnte sie aufgrund ihrer jüdischen Abstammung im Vergleich zu ihren als ‚arisch‘ geltenden Kollegen finanziell benachteiligt haben, lässt sich angesichts der gezahlten marktgerechten Preise nicht bestätigen.

Für die fünf nicht hauptberuflich auf dem niederländischen Kunstmarkt aktiven Verkäufer jüdischer Abstammung trifft diese Feststellung allerdings nicht immer zu. Die Ungleichbehandlung beruhte wahrscheinlich darauf, dass Miedl im recht überschaubaren Kreis der

320 NARA, M1944, RG 239, Menten, H. W., Arnold van den Bergh an Désirée Goudstikker-von Halban, 26.7.1940, unfoliiert.

321 Den Hollander 2007, S. 92.

322 NL-HaNA, NBI 2.09.16 Nr. 867, Voorraadboek schilderijen, 1940–1941.

323 Von den 23 genannten Verkäufern konnte in 22 Fällen die Identität ermittelt werden. Nicht eindeutig identifiziert werden konnte ein gewisser Hoesch, der am 26.7.1940 ein *Interieur mit fünf Personen* von Jacob Lucasz. Ochterveld (5061) für 5.800 Gulden an Miedl verkaufte, s. ebd., Bl. 3.

324 NL-HaNA, NBI 2.09.16 Nr. 851, Pieter de Boer an Kunsthandel J. Goudstikker N.V., 18.7.1940, unfoliiert.

niederländischen Kunsthändler nicht als unkollegial und profitsüchtig gelten wollte, sich aber gegenüber privaten Verkäufern nicht unter allen Umständen zu Fairness verpflichtet fühlte. Während er etwa dem im Rijksmuseum beschäftigten jüdischen Kunsthistoriker Friedrich Wilhelm Hollstein[325] für das Gemälde *Christus am Kreuz* (5063) von Cornelis Engelbrechtsen 6.600 Gulden zahlte, erhielt der Notar Arnold van den Bergh[326] von ihm für ein *Fischstillleben* (5038) von Pieter Claesz – einem der bedeutendsten Genrevertreter des Barocks – nur 800 Gulden; drei Monate später verkaufte Miedl das Gemälde für über 6.000 Gulden an den ‚Sonderauftrag Linz'.[327] Ebenfalls nur einen „schändlich kleinen Preis"[328] erhielt der ehemals in Berlin tätige Kunsthändler Philipp Brünell, der 1938 mit mehreren Gemälden seiner seit 1914 aufgebauten Sammlung nach Amsterdam emigriert war.[329] Bereits drei Tage vor dem finalen Kauf des Kunsthandels J. Goudstikker soll Miedl ihm vier Gemälde niederländischer Meister des 17. Jahrhunderts (5017–5020) – darunter das Bild *Geflügelhof mit Kaninchen* (5017) von Jacomo Victors (Abb. 3) – sowie ein Aquarell von Mari ten Kate (5021) für 950 Gulden abgekauft haben. Großzügiger war Miedl lediglich bei einem *Brustbild eines vornehmen Herren* (5055) des französischen Rokoko-Malers Nicolas de Largillière (s. Abb. 6), für das er am 20. Juli 1940 1.575 Gulden zahlte.[330] Brünell

---

325 Hollstein gründete 1913 gemeinsam mit Reinhold Puppel die Berliner Kunsthandlung Hollstein & Puppel. Ein Jahr nachdem er das Geschäft aufgrund der antisemitischen Gesetzgebung im Jahr 1936 hatte verlassen müssen, emigrierte er durch Vermittlung von Max J. Friedländer nach Amsterdam, wo er in der Abteilung Druckgrafik des Rijksmuseums eine Anstellung erhielt, s. https://arthistorians.info/hollsteinf [zuletzt aufgerufen 7. 2. 2023].

326 Van den Bergh, der im Gegensatz zu Goudstikker keinen Platz auf der SS Bodengraven erhalten hatte, soll Anfang 1943 Unterschlupf bei Dik Seniors Sohn Henk gefunden haben, bevor er im März mit seiner Familie untertauchte. Nach Kriegsende betätigte er sich bis zu seinem Tod 1950 wieder als Notar, s. Den Hollander 2007, S. 90; Venema 1986, S. 139; Schütz, Raymund: Kille mist. Het Nederlandse notariaat en de erfenis van de oorlog, Amsterdam 2016, S. 303.

327 Miedl erwarb von Van den Bergh am 19. 7. 1940 außerdem eine Nicolaes Berchem zugeschriebene *Südliche Landschaft mit Ruine und Staffage* (5037) für 1.200 Gulden, die er dem ‚Sonderauftrag Linz' für den fast dreifachen Preis verkaufte, s. NL-HaNA, NBI 2.09.16 Nr. 867, Voorraadboek schilderijen, 1940–1941, Bl. 2.

328 Advisory Committee on the assessment of restitution applications for items of cultural value and the Second World War, RC 1.36, Recommendation regarding the application for the restitution of the painting Portrait of a Man by N. de Largillière, 31. 7. 2006, https://www.restitutiecommissie.nl/en/recommendation/portrait-of-a-man-by-n-de-largilliere/ [zuletzt aufgerufen 24. 1. 2023].

329 Schrage, Eltjo: Die Regeln der Kunst. Juristische Abenteuer um Kunst und Kultur (Schriften zum Kunst- und Kulturrecht Bd. 5), Baden-Baden 2009, S. 65–66.

330 Am 20. 8. 1940 verkaufte Brünell Miedl fünf Vorleger, ein Schreibpult und einen runden Tisch. Am 29. 7. 1941 erwarb Miedl von ihm für 1.200 Gulden das Gemälde *Heiliger Hieronymus*, bei dem es sich um eine Kopie von Anthonis van Dyck handeln soll, s. NL-HaNA, NBI 2.09.16 Nr. 867, Voorraadboek schilderijen, 1940–1941, Bl. 1, 3, 45.

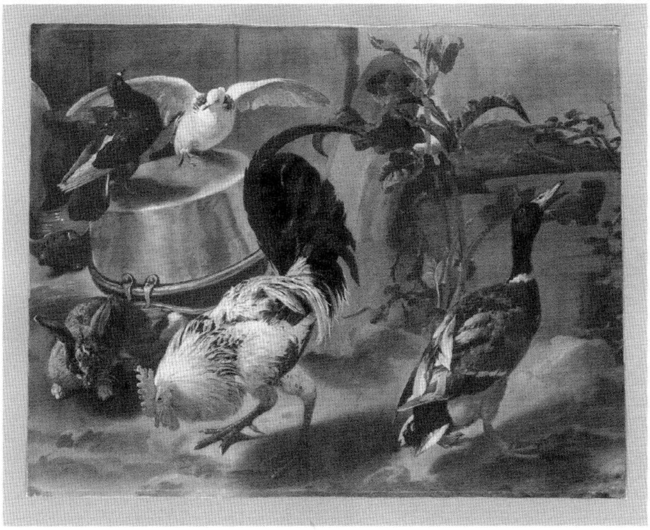

Abb. 3 Jacomo Victors, Geflügelhof mit Kaninchen, 1670, Öl auf Leinwand, 101 × 128 cm.

musste diese Preise akzeptieren, da er seinen Lebensunterhalt in Amsterdam ausschließlich durch den Verkauf seines restlichen Besitzes bestreiten konnte und Miedl zudem „den Markt dominierte."[331]

Da Miedl erst seit kurzer Zeit als Kunsthändler tätig war, überrascht diese Behauptung im ersten Moment. Die Lage auf dem niederländischen Kunstmarkt zu dieser Zeit liefert allerdings eine Erklärung, warum Miedl derart reüssieren konnte. So hatten die meisten niederländischen Kunsthändler im ersten Jahr der Besatzung wenig Interesse daran, Kunst zu erwerben, da sie aufgrund der ausbleibenden Verkäufe in den 1930er Jahren zwar über umfangreiche Handelsbestände, aber nicht über genügend Kapital verfügten. In diese Marktlücke drängte Miedl konsequent und ohne Skrupel. So scheute er nicht vor unmoralischen Taktiken zurück, um sein Gegenüber unter Druck zu setzen und zum Verkauf zu drängen. Seit der ‚Arisierung' des Kunsthandels J. Goudstikker übertrug er diese Aufgabe offensichtlich Dik Senior und dessen ebenfalls bei Goudstikker tätigem Sohn Jan Dik Junior. So auch im Fall des jüdischen Importeurs Alexander Leopold Hertz aus Den Haag[332] und dessen Gemälde *Blücher und Wellington auf dem Schlachtfeld von Belle-Alliance* von Adolph von Menzel (Abb. 4). 1932 für 20.000 Gulden beim Kunsthandel J. Goudstikker erworben, hatte Hertz das Werk 1939 im Gemeentelijk Museum in Den Haag deponiert. Um die geplante

331 Advisory Committee on the assessment of restitution applications for items of cultural value and the Second World War, RC 1.36, Recommendation regarding the application for the restitution of the painting Portrait of a Man by N. de Largillière, 31. 7. 2006, https://www.restitutiecommissie.nl/en/recommendation/portrait-of-a-man-by-n-de-largilliere/ [zuletzt aufgerufen 24. 1. 2023].

332 United States Holocaust Memorial Museum, Beschreibung zu einer Fotografie der Familie Hertz, https://collections.ushmm.org/search/catalog/pa1151167 [zuletzt aufgerufen 24. 1. 2023].

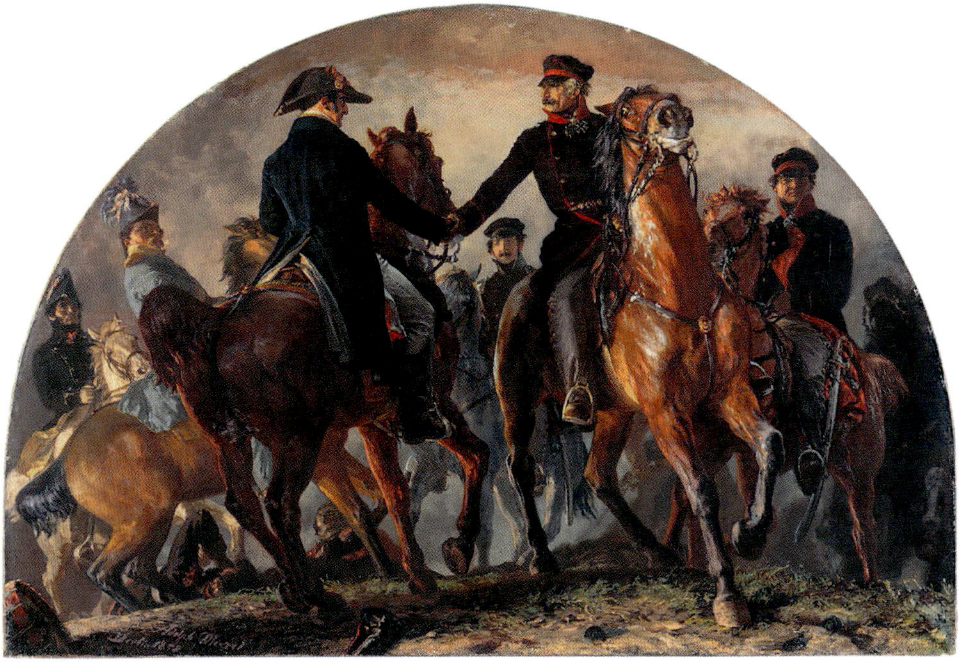

Abb. 4 Adolph von Menzel, Blücher und Wellington auf dem Schlachtfeld von Belle-Alliance, 1858, Öl auf Leinwand, 173,5 × 252,8 cm.

Emigration nach Amerika zu finanzieren, bat er seinen Bekannten Marcel Wolf ein Jahr später, das Gemälde für nun 40.000 Gulden zu verkaufen. Wolf, der bislang Miedls Angebot, Kunstwerke aus seinem Freundeskreis zu erwerben, ausgeschlagen hatte, einigte sich mit ihm auf den geforderten Preis. Wie Hertz nach Kriegsende berichtete, wurde er wenige Tage darauf von den ihm bekannten Diks aufgesucht, die in einem Wagen mit deutschem Kennzeichen vorfuhren. Dik Senior soll ihm mitgeteilt haben, dass er über den geplanten Verkauf informiert sei und von ihm fordere, ihm das Gemälde für den ursprünglichen Preis von 20.000 Gulden auszuhändigen. Im Fall einer Weigerung drohte er ihm angeblich mit einer Beschlagnahme durch die Gestapo. Darüber in Kenntnis gesetzt, wandte sich Wolf an Miedl, der jedoch beteuerte, nichts über das vermeintlich eigenmächtige Vorgehen der beiden Diks gewusst zu haben. 1948 gab Dik Senior in einem Verhör dagegen zu, von Miedl in dessen Wagen zu Hertz geschickt worden zu sein. Miedl habe erklärt, „dass der Preis zu hoch für ihn sei und er das Gemälde deshalb nicht verkaufen könne. Dik solle dem Juden erklären, dass er dieses gefährliche Eigentum loswerden und sich mit einem annehmbaren Gewinn abfinden müsse.“[333] Auch wenn es Miedl in diesem Fall nicht gelang, den Preis nachträglich unter 40.000 Gulden drücken zu lassen, bestätigte sich seine angebliche Sorge,

333 Venema 1986, S. 186–190.

keinen zahlungskräftigen Interessenten dafür zu finden, nicht. Tatsächlich verkaufte er das Gemälde schon am 24. Juli 1940 für 88.000 Gulden an Heinrich Hoffmann,[334] der es wiederum mit einem Aufschlag von 12.000 Gulden dem ‚Sonderauftrag Linz' übergab.[335] Infolge der Restitution an Hertz in der Nachkriegszeit[336] gelangte das Gemälde über den Kunsthandel 1956 in den Besitz der Bayerischen Staatsgemäldesammlungen.[337]

Der Fall Hertz ist nicht nur ein gutes Beispiel dafür, „dass die Drohungen von anderer Seite kamen und Miedl erst in den Vordergrund trat, wenn die Leute [...] zu große Angst hatten, um das Geschäft abzulehnen"[338], sondern auch für seine Verschleierungstaktiken in den Geschäftsbüchern. So hatte es der Kunsthandel J. Goudstikker wohl nicht zufällig beim Eintrag der entsprechenden Inventarnummer 5098 unterlassen, den Verkäufer zu vermerken. Nachträglich wurde mit Bleistift der Name Simon de Haan eingetragen. Da allein im Juli 1940 weitere fünf Einträge dieser Art zu finden sind,[339] liegt die Vermutung nahe, dass De Haan auch in diesen Fällen nicht der tatsächliche Verkäufer war. Dafür spricht auch, dass er nachweislich für Miedl als Einkäufer arbeitete.[340]

Miedl achtete jedoch nicht nur bei diesen unter normalen Verhältnissen kriminellen und daher anfechtbaren Geschäftspraktiken darauf, im Hintergrund zu bleiben, sondern ging auch bei der Kapitalbeschaffung für seine Expansionsbestrebungen möglichst verdeckt vor. Gegenüber der Konkurrenz hatte er hier den entscheidenden Vorteil, sich in dem von ihm direkt oder indirekt gelenkten Firmengeflecht quasi in Personalunion als Kreditgeber und -nehmer jederzeit selbst Kredite gewähren zu können und zudem die Kreditbedingungen in der Folgezeit kaum oder gar nicht beachten zu müssen. Am 29. Juli 1940 genehmigte er sich gleich zwei solcher „Finanzspritzen".

Den ersten Vertrag über 200.000 Gulden schloss er mit dem Kunsthandel J. Goudstikker. Wohl um den Anschein formaler Korrektheit gegenüber den Aktionären zu wahren, wurde Miedl vertraglich nicht als Eigentümer aufgeführt, sondern nur erwähnt, dass er „bereits in das besagte Unternehmen eingetreten"[341] sei, während auf Firmenseite Ten Broek „in Abwesenheit des einzigen Mitgeschäftsführers der Gesellschaft, Herrn Jacques Goudstikker", unterzeichnete. Dass Miedl sich tatsächlich selbst den Kredit bewilligt hatte, zeigt sich auch

334 NL-HaNA, NBI 2.09.16 Nr. 867, Voorraadboek schilderijen, 1940–1941, Bl. 5.

335 Den Hollander 2007, S. 142.

336 Venema 1986, S. 188.

337 http://www.sammlung.pinakothek.de/de/artwork/Dj4mOklL5A [zuletzt aufgerufen 24.1.2023].

338 BAR, E6100A-24#1000/1924#75*, Schweizerische Gesandtschaft Den Haag an Eidgenössische Finanzverwaltung Bern, 10.2.1950, unfoliiert.

339 De Haan wurde nachträglich als Verkäufer folgender Inventarnummern vermerkt: 5097–5098–5101–5103–5104–5105, s. NL-HaNA, NBI 2.09.16 Nr. 867, Voorraadboek schilderijen, 1940–1941, Bl. 5.

340 Venema 1986, S. 192.

341 SAA, 1341 Nr. 98, Kreditvertrag zwischen Kunsthandel J. Goudstikker N.V. vertreten durch Arie Albertus ten Broek und Alois Miedl vertreten durch Arie Albertus Ten Broek und Jan Dik Senior, 29.7.1940, Bl. 10; folgendes Zitat ebd.

daran, dass er die Vertragsbedingungen größtenteils missachtete. Die Rückzahlungsfrist Anfang September 1940 ließ er verstreichen und auch nachdem er im November auf diesen „interessanten Punkt“[342] von der Aktionärsversammlung hingewiesen worden war, dauerte es noch bis Mitte April 1941, bis er dem nachkam; ebenso zahlte er die fünfprozentigen Zinsen ab 1941 nicht mehr. Lediglich bei den von ihm aufzubringenden Sicherheiten hielt er sich zumindest teilweise an die Vereinbarung, indem er dem Kunsthandel J. Goudstikker „die gesamte Antiquitätensammlung, die sich in der Wohnung im Obergeschoss der Eerste Helmerstraat 183 in Amsterdam befindet“[343] übereignete. Diese umfasste „unter anderem Zinnarbeiten, Uhren, geschnitzte Statuen, Delftsche- und andere Steingutwaren, Porzellan, geschnitzte Wappen, gebrannte Gläser und Fenster, alte Bücher und Teppiche, sowie ferner alles, was auf dem Dachboden und in den Truhen und Schränken an antikem Wert vorhanden ist.“ Dem Vertrag nach hatte Dik Senior diese Sammlung in Miedls Auftrag von einer gewissen Anna Cornelia Haages erworben.[344] Abgesehen von den Geburtsdaten konnten bislang keine weiteren Informationen zu ihrer Person gefunden werden, die Aufschluss über das Zustandekommen dieses Geschäfts geben könnten. Aufgrund ihrer evangelischen Religionszugehörigkeit[345] und dem Umstand, dass die Gegenstände weiterhin in ihren Räumlichkeiten verblieben, kann ein unter Druck erfolgter Verkauf sehr wahrscheinlich ausgeschlossen werden. Vermutlich veranlasste sie eher ihr fortgeschrittenes Alter zur Veräußerung eines Großteils ihres Besitzes. Laut einer vom Kunsthandel J. Goudstikker erstellten Liste handelte es sich dabei um insgesamt 259 Objekte, die im Inventar mit einem „H“[346] und einer laufenden Nummer gekennzeichnet wurden. Darunter befanden sich auch zweiundzwanzig Gemälde, die aufgrund ihrer spärlichen Beschreibung jedoch nicht eindeutig im Bestand ausgemacht werden können. Lediglich im Fall von „H 186“, das später die Inventarnummer 6115 erhielt, ist sowohl der Künstler Godfried Maes als auch der Titel *Die Ehebrecherin* bekannt. Obwohl die interne Schätzung den Wert sämtlicher dieser Objekte

342 SAA, 1341 Nr. 100, Bespreking tusschen de heeren A. A. ten Broek en notaris A. van den Bergh en den heer J. H. Wolfrat, 28.10.1940, Bl. 3–4.

343 SAA, 1341 Nr. 98, Kreditvertrag zwischen Kunsthandel J. Goudstikker N.V. vertreten durch Arie Albertus ten Broek und Alois Miedl vertreten durch Arie Albertus Ten Broek und Jan Dik Senior, 29.7.1940, Bl. 10; folgendes Zitat ebd.

344 Ebd.

345 Anna Cornelia Haages wurde am 30.1.1867 in Amsterdam geboren, s. SAA, 5000 Nr. Nr. 1682, Archief van het Bevolkingsregister, Deel 83, Inhoud Egelantiersgracht Nr. 112–200, Bl. 99.

346 Der Haages-Bestand „H“ stimmt weder mit dem Hosemann-Bestand „H/“ noch den 1944 unter „H“ aufgeführten Gemälden aus dem Tausch zwischen Miedl und Göring überein. Darüber hinaus gibt es einen weiteren Bestand „H“, der Werke aus dem Besitz von J. Hamburger kennzeichnet, s. NL-HaNA, NBI 2.09.16 Nr. 861, Inventaris van het dossierarchief van het Nederlandse Beheersinstituut, en van de in beslag genomen administraties, 1945–1967, Boek van ingekomen- en uitgegane stukken, 1940–1942, Bl. 15.

mit über 59.000 Gulden veranschlagte,[347] zahlte Miedl Haages lediglich 35.360 Gulden.[348] Damit reichte die Sammlung de facto nicht als Sicherheit für den Kredit aus, da der Vertrag vorschrieb, dass der Kaufwert der Güter den in Anspruch genommenen Betrag „stets um 100 Prozent übersteigen“[349] sollte. Auch wenn derartige Formalitäten für Miedl ansonsten keine Rolle spielten, „verwertete“ er die Sammlung wie vereinbart erst nach der Rückzahlung des Kredits im Frühjahr 1941. Mit Ausnahme einiger Zierkissen und Teppiche, die er seiner Frau schenkte, sowie eines Tisches aus der Frührenaissance, fünf Messingleuchtern, einer gotischen Kupferkrone und zwei Stühlen, die Göring erwarb,[350] lieferte er die gesamte Sammlung sowie zweiundzwanzig Gemälde[351] aus dem Handelsbestand bei Frederik Muller & Co. ein.[352] Im Rahmen der vom 2. bis 5. Dezember 1941 durchgeführten Auktion „Oude en Moderne Schilderijen en Antiquiteiten afkomstig van de nalatenschappen van den Heer S. P. D. May en Mevrouw R. May-Fuld en diverse verzamelingen en nalatenschappen“[353] sollen die Werke insgesamt 44.334 Gulden eingebracht haben.[354]

Die zweite Kreditvereinbarung über 5,6 Millionen Reichsmark traf Miedl im Namen des Kunsthandels J. Goudstikker am 29. Juli 1940 mit der Schantung. Im erst einen Monat später aufgesetzten Vertrag wurde wiederum in verschleiernder Absicht dieser Kredit als Kauf deklariert, wonach die Schantung für 1,6 sowie vier Millionen Reichsmark Gemälde und

347 NL-HaNA, NBI 2.09.16 Nr. 883, Inventaris Collectie Haages, Bl. 5.

348 NL-HaNA, NBI 2.09.16 Nr. 851, Rapport inzake Kunsthandel v/h J. Goudstikker N. V. te Amsterdam per 31. 12. 1941, Bl. 35.

349 SAA, 1341 Nr. 98, Kreditvertrag zwischen Kunsthandel J. Goudstikker N. V. vertreten durch Arie Albertus ten Broek und Alois Miedl vertreten durch Arie Albertus Ten Broek und Jan Dik Senior, 29. 7. 1940, Bl. 10.

350 NL-HaNA, NBI 2.09.16 Nr. 883, Inventaris Collectie Haages, Bl. 1–6.

351 NL-HaNA, NBI 2.09.16 Nr. 863, Lijst van schilderijen gezonden aan de Firma Fred. Muller & Cie., 29. 9. 1941, unfoliiert.

352 Die Sammlung wurde als „U13“ verschickt, s. NL-HaNA, NBI 2.09.16 Nr. 861, Boek van ingekomen- en uitgegane stukken, 1940–1942, Bl. 17, 32.

353 Aukt.-Kat. Frederik Muller & Co., Amsterdam, „Oude en Moderne Schilderijen en Antiquiteiten afkomstig van de nalatenschappen van den Heer S. P. D. May en Mevrouw R. May-Fuld en diverse verzamelingen en nalatenschappen“, 2.–5. 12. 1941, https://digi.ub.uni-heidelberg.de/diglit/mensing_fils1941_12_02 [zuletzt aufgerufen 25. 1. 2023]. – Siegfried Paul Daniel May war Mitinhaber des Amsterdamer Bankhauses Lippmann, Rosenthal & Co. in der Spiegelstraat. Am 15. 5. 1940 beging er gemeinsam mit seiner ebenfalls jüdischen Ehefrau Mariane May-Fuld Suizid, s. Advisory Committee on the assessment of restitution applications for items of cultural value and the Second World War, RC 1.39, Recommendation regarding the application for the restitution of five paintings from the NK Collection, previously belonging to the Von Marx-May family, 25. 6. 2007, https://www.restitutiecommissie.nl/en/recommendation/von-marx-may/ [zuletzt aufgerufen 25. 1. 2023].

354 NL-HaNA, NBI 2.09.16 Nr. 851, Rapport inzake Kunsthandel v/h J. Goudstikker N. V. te Amsterdam per 31. 12. 1941, Bl. 35.

Kunstgegenstände von dem Kunsthandel J. Goudstikker „käuflich erworben“[355] hatte. Die erste Sendung von 563 Kunstwerken – wohl hauptsächlich aus dem Kauf von Göring – war bereits am 27. Juni 1940 in Berlin eingetroffen[356] und wurde zwei Tage später von Witzig in einem dafür angemieteten Lager in der Lennéstraße listenmäßig erfasst;[357] am 17. August 1940 folgten dann weitere 361 Gemälde.[358] Im Vertrag übernahm der Kunsthandel J. Goudstikker die selbstschuldnerische Bürgschaft dafür, dass der Schantung durch den Verkauf dieser Werke bis zum 31. Dezember 1940 beziehungsweise bis zum 31. August 1941 Nettoerlöse von 1,8 sowie 4,4 Millionen Reichsmark zuflossen. Drei mögliche Varianten wurden berücksichtigt: Sollten sämtliche Kunstwerke vor Ablauf der Fristen bereits zu niedrigeren Gesamterlösen verkauft worden sein, verpflichtete sich der Kunsthandel J. Goudstikker, weitere Gemälde zu liefern; sollten die Erlöse noch vor der Veräußerung aller Bilder erzielt werden, wurde die Rückgabe der verbliebenen Werke an den Kunsthandel J. Goudstikker vereinbart; falls die gewünschten Erlöse zum Stichtag nicht erreicht werden sollten, musste der Kunsthandel J. Goudstikker die restlichen Gemälde von Schantung zu dem jeweiligen Differenzbetrag zurückkaufen. Noch am selben Tag, an dem sich das Unternehmen und Miedl über die obigen Bedingungen einig geworden waren, ließ letzterer den Vertrag um einen weiteren Zusatz ergänzen: Demnach erklärte sich die Schantung „damit einverstanden, dass Sie [Kunsthandel J. Goudstikker] Gemälde, welche nachweislich über Herrn Professor Hoffmann, München, für bestimmte Verwendung verkauft werden sollen, aus unserem Eigentum zurückerwerben, sofern und insoweit Sie uns Zug um Zug vollwertigen Ersatz liefern.“[359]

---

355 NL-HaNA, NBI 2.09.16 Nr. 854, Schantung Handels-AG Berlin an Kunsthandel J. Goudstikker N.V. Amsterdam, 27.8.1940, unfoliiert.

356 NL-HaNA, NBI 2.09.16 Nr. 883, Schantung Handels-AG Berlin an Kunsthandel J. Goudstikker N.V. Amsterdam, 7.5.1942, unfoliiert.

357 NL-HaNA, NBI 2.09.16 Nr. 857, Bankhaus Witzig an Alois Miedl, 30.7.1940, unfoliiert. – Für seine Dienste erhielt Witzig & Co. am 13. September 1940 von Miedl eine Schenkung in Höhe von 317.000 Gulden, s. NL-HaNA, NBI 2.09.16 Nr. 851, Bilanz des Kunsthandels v/h J. Goudstikker N.V. zum 15.6.1942, unfoliiert. – Anfang 1941 verlegte Miedl die Lagerräume in die Bellevuestraße 6a, s. NL-HaNA, NBI 2.09.16 Nr. 852, Schantung, Konto A 1 für Gemälde und Kunstgegenstände 1941, 5.2.1941, unfoliiert.

358 NL-HaNA, NBI 2.09.16 Nr. 861, Boek van ingekomen- en uitgegane stukken, 1940–1942, Bl. 3. – Laut einer vom Kunsthandel J. Goudstikker angefertigten Liste wurde 363 Gemälde am 15.8.1940 nach Berlin geschickt, s. NL-HaNA, NBI 2.09.16 Nr. 851, Liste II „Gemälde, die am 15.8.1940 nach Berlin geschickt wurden“, undatiert, unfoliiert.

359 NL-HaNA, NBI 2.09.16 Nr. 854, Schantung Handels-AG Berlin an Kunsthandel J. Goudstikker N.V. Amsterdam, 27.8.1940, unfoliiert.

7.9.1 Verkäufe „für bestimmte Verwendung"

Angesichts der Rolle, die Hoffmann als enger Vertrauter Hitlers und maßgeblicher Einkäufer für das geplante ‚Führermuseum' spielte, steht außer Frage, dass mit der Formulierung „für bestimmte Verwendung"[360] Verkäufe an Hitler beziehungsweise den ‚Sonderauftrag Linz' gemeint waren. Hoffmann zufolge habe Miedl ihn gebeten, „Hitler zu fragen, ob er nicht Interesse an einer Anzahl von Bildern habe." Dass dies offensichtlich der Fall war, belegt eine erste Sendung an Hoffmann am 24. Juli 1940, die je nach Quelle neunundvierzig[361] oder dreiundfünfzig Gemälde beinhaltete.[362] Dabei handelte es sich bei fast allen dieser Werke um Erwerbungen, die Miedl erst im selben Monat getätigt hatte. So etwa die drei für 5.000 Gulden von De Boer erworbenen Gemälde (5048–5050), die für fast 17.000 Gulden von der Reichskanzlei übernommen wurden,[363] oder auch zwei niederländische Meister des 17. Jahrhunderts (5018–5019) aus dem ehemaligen Besitz von Brünell; während dieser lediglich 625 Gulden erhalten hatte, stieg der Preis nun auf über 4.000 Gulden an.[364] Eine besonders beeindruckende Marge von 45.000 Gulden erzielte Miedl zudem mit zwei Landschaftsgemälden (5073–5074) von Jacob van Ruisdael, die er für insgesamt 25.000 Gulden von dem Utrechter Kunsthändler J. H. Borghouts erworben hatte. Dieser Fall ist nicht nur wegen der exorbitanten Preissteigerung erwähnenswert; er zeigt auch exemplarisch, dass Miedl Verkäufer nicht selten erst bezahlte, wenn er deren Werke schon weiterverkauft hatte. Borghouts etwa erhielt sein Geld am 30. Juli 1940[365] und für dreizehn weitere Gemälde der ersten Lieferung zahlte Miedl erst am 12. August 1940 75.850 Gulden an De Haan; die Reichskanzlei erwarb neun davon für etwa 136.000 Gulden.[366] Neben den Erwerbungen vom Juli 1940 befand sich in der Sendung auch *Der Alchemist* (5014) von Jan Steen, den Miedl einen Monat zuvor für 23.000 Gulden von Wolfs Sekretärin erhalten hatte; für 60.000 Gulden gelangte es schließlich Mitte September über die Münchner Kunsthändlerin Maria Almas-Dietrich in den Bestand des ‚Sonderauftrag Linz'.[367] Ebenfalls schon im Juni hatte Miedl die sieben Werke aus der Sammlung Franz Koenigs für 128.000 Gulden gekauft, die mit einem Aufschlag von 28.600 Gulden Ende August an die Reichskanzlei gingen.[368] Insgesamt soll Miedl

360 NARA, M1947, RG 260, Hoffmann, Heinrich: Documents and T. R., Notes, Heinrich Hoffmann über den Verkauf von Goudstikker, undatiert, unfoliiert; folgendes Zitat ebd.

361 NL-HaNA, NBI 2.09.16 Nr. 867, Voorraadboek schilderijen, 1940–1941.

362 NL-HaNA, NBI 2.09.16 Nr. 861, Boek van ingekomen- en uitgegane stukken, 1940–1942, Bl. 2.

363 NL-HaNA, NBI 2.09.16 Nr. 867, Voorraadboek schilderijen, 1940–1941, Bl. 3.

364 Ebd., Bl. 1.

365 Ebd., Bl. 4.

366 Folgende Gemälde wurden verkauft: 5132–5133–5134–5135–5136–5137–5139–5141–5142, s. ebd., Bl. 6.

367 Ebd., Bl. 1.

368 Die Reichskanzlei kaufte folgende Werke aus der Sammlung Koenigs: 5085–5087–5089–5090–5093–5094–5096, s. ebd., Bl. 4.

durch die Verkäufe aus der ersten Sendung über 632.000 Gulden eingenommen haben.[369] Um seinen bislang zahlungskräftigsten Kunden Hitler zu weiteren Käufen zu motivieren, schickte Miedl Hoffmann nur wenige Wochen später am 15. August 1940 weitere achtundzwanzig[370] bis dreißig Gemälde.[371] Mit Ausnahme eines *Interieur* (5101) von Hendrik Sorgh und einem *Pferdemarkt* (5121) von Wouterus Verschuur, die Miedl von beziehungsweise über De Haan erworben haben soll,[372] stammten alle Kunstwerke dieser zweiten Sendung aus dem Kunsthandel D. Katz in Dieren.[373]

Anfang des 20. Jahrhunderts von dem jüdischen Kaufmann David Katz als Antiquitätengeschäft gegründet, übernahmen dessen beiden Söhne Nathan und Benjamin im Jahr 1930 die Leitung und bauten das Unternehmen zu einer der erfolgreichsten Kunsthandlungen in den Niederlanden aus.[374] Nach Miedls Darstellung erfuhr er erstmals von den beiden Brüdern über Max Fleischmann, einen Deutschen jüdischer Abstammung, der als Leiter der Amsterdamer Filiale der N. V. Agentuur- en Commissiehandel Union[375] umfangreiche Geschäfte mit der Veland machte (s. Kap. 7.20). Er habe den Kontakt zu dem für Katz tätigen Buchhalter J. Elte vermittelt, der ihm mitgeteilt habe, „dass er wisse, dass die Gebrüder Katz gerne Gemälde verkaufen würden, und er selbst eine Provision erhalten wolle."[376] Vermutlich im Juli 1940 besuchte Miedl den Kunsthandel D. Katz gemeinsam mit Elte und wohl auch De Haan,[377] der anderen Quellen nach der tatsäch-

---

369 Ebd. – Laut Flick erhielt Hoffmann für die erste Sendung eine Provision in Höhe von etwa 25.000 Reichsmark, s. Flick 2022, S. 42.

370 NL-HaNA, NBI 2.09.16 Nr. 861, Boek van ingekomen- en uitgegane stukken, 1940–1942, Bl. 3.

371 NL-HaNA, NBI 2.09.16 Nr. 867, Voorraadboek schilderijen, 1940–1941.

372 Für 5101 zahlte Miedl 3.300 Gulden, für 5121 1.375 Gulden, s. ebd., Bl. 5–6. – Für 5101 erhielt De Haan als Vermittler eine Provision von 300 Gulden, s. NL-HaNA, NBI 2.09.16 Nr. 856, Rapport inzake de Kunsthandel v/h J. Goudstikker N. V. in opr. te Amsterdam, per 13. 9. 1940, Bl. 9.

373 Folgende von Katz gekaufte Gemälde wurden am 15. 8. 1940 an Hoffmann geschickt: *5109–5118–5122–5152–5156–5157–5166–5170–5172–5174–5178*–5210–5212–*5214*–5217–*5218–5224–5225*–5227–5228–*5331*–5512–*5598–5633*–5638–5662–*5663–5677*. Die kursiven Nummern wurde am 27. 1. 1941 von Hoffmann an die Schantung geschickt, die sie wiederum am 15. 7. 1941 an v/h J. Goudstikker retournierte, s. ebd., Bl. 10 ff.

374 Advisory Committee on the assessment of restitution applications for items of cultural value and the Second World War, RC 1.90B, Art Dealership Katz (B), 17. 12. 2012, https://www.restitutiecommissie.nl/en/recommendation/art-dealership-katz-b/ [zuletzt aufgerufen 26. 1. 2023].

375 De Jong, Louis: Het koninkrijk der Nederlanden in de Tweede Wereldoorlog, Den Haag 1976, S. 229–230.

376 Den Hollander 2007, S. 147.

377 Ebd. – Laut des Amsterdamer Kunsthändlers Victor Modrczejewski wurde De Haan Anfang August 1940 von der Gestapo verhaftet. Modrczejewski und Miedl sollen sich daraufhin um seine Freilassung bemüht haben. Nachweislich von Dezember 1940 bis Februar 1941 wurde er unter dem Vorwurf der „Beschimpfung der deutschen Wehrmacht und dem Verbrechen unwahrer Behauptungen" in Den Haag inhaftiert, dann nach Wuppertal überstellt. Nach Ende seiner Haft im Januar 1943 soll er über

liche Vermittler gewesen sein soll.[378] In den anschließenden Verhandlungen in Utrecht[379] einigte sich Miedl mit Nathan Katz am 2. August 1940 auf den Kauf von 551 Gemälden für 1.822.500 Gulden[380] bei einer angeblich anfangs deutlich höheren Preisvorstellung von 2,5 Millionen Gulden.[381] Die Angaben in alliierten Dokumenten, Miedl habe für nur 150 Werke über zwei Millionen Gulden gezahlt,[382] werden durch Aussagen von Benjamin Katz in der Nachkriegszeit[383] und das Lagerbuch vom Kunsthandel J. Goudstikker, in dem die Kaufpreissumme der dort unter den Inventarnummern 5151 bis 5698 sowie 5719 bis 5722 geführten Gemälde dem tatsächlichen Kaufbetrag entspricht, widerlegt. Die Preise reichten von einem Gulden für ein als dekorativ bezeichnetes Gemälde (5199) eines unbekannten Meisters bis zu 70.000 Gulden für *Lot und seine Töchter* (5177) von Rembrandt,[384] das mit weiteren sieben von Katz bezogenen Werken am 15. August 1940 für 385.000 Gulden an Werner Lüps verkauft wurde.[385]

Einige Tage nach der Rückkehr von einer Dienstreise in den Niederlanden[386] besichtigte Posse die vom Kunsthandel J. Goudstikker nach München geschickten Gemälde

---

Westerbork nach Auschwitz deportiert worden sein, wo er kurz darauf verstarb, s. Advisory Committee on the assessment of restitution applications for items of cultural value and the Second World War, RC 1.106, Recommendation regarding De Haan, 13.10.2011, https://www.restitutiecommissie.nl/en/recommendation/de-haan/ [zuletzt aufgerufen 26.1.2023].

378 Ebd.; Venema 1986, S. 192.

379 Advisory Committee on the assessment of restitution applications for items of cultural value and the Second World War, RC 1.90B, Art Dealership Katz (B), 17.12.2012, https://www.restitutiecommissie.nl/en/recommendation/art-dealership-katz-b/ [zuletzt aufgerufen 26.1.2023].

380 NL-HaNA, NBI 2.09.16 Nr. 856, Rapport inzake de Kunsthandel v/h J. Goudstikker N.V. in opr. te Amsterdam, per 13.9.1940, Bl. 7.

381 Den Hollander 2007, S. 148.

382 NARA, M1946, RG 260, Interrogations: Miedl Case, No. 3, 13.12.1945, Bl. 6.

383 Benjamin Katz sagte über den Verkauf: „Der Kaufpreis der großen Gruppe von Gemälden, die wir am 2.8.1940 an Miedl verkauften, wurde […] an uns gezahlt. Mit anderen Worten, auf unseren Konten […] wurden uns mehr als 1,8 Millionen Gulden gutgeschrieben.“, s. Advisory Committee on the assessment of restitution applications for items of cultural value and the Second World War, RC 1.90B, Art Dealership Katz (B), 17.12.2012, https://www.restitutiecommissie.nl/en/recommendation/art-dealership-katz-b/ [zuletzt aufgerufen 26.1.2023].

384 NL-HaNA, NBI 2.09.16 Nr. 867, Voorraadboek schilderijen, 1940–1941, Bl. 8–9.

385 NL-HaNA, NBI 2.09.16 Nr. 861, Boek van ingekomen- en uitgegane stukken, 1940–1942, Bl. 3; NARA, M1947, RG 260, Records Concerning the Central Collecting Points: Wiesbaden Central Collecting Point, 1945–1952, Activity Reports, Monthly Report: Office of Military Government for Bavaria, April 1947 – June 1947, 22. Transport nach Holland, 3.6.1947, unfoliiert. – Für die Verkäufe an Lüps bis August 1940 erhielt Ostermann als Provision 20.000 Gulden (5%), s. NL-HaNA, NBI 2.09.16 Nr. 851, Rapport inzake Kunsthandel v/h J. Goudstikker N.V. te Amsterdam per 14.9.1940, 10.12.1943, unfoliiert.

386 BArch Koblenz, B 323/163, Treuhandverwaltung von Kulturgut bei der Oberfinanzdirektion München, Schriftwechsel mit dem Beauftragten für den ‚Sonderauftrag Linz‘, Hans Posse, und dem

auf Anordnung Hitlers in einer Gemäldeschau im ‚Führerbau', bei der ihm nicht nur die etwa dreißig an Hoffmann gelieferten Werke, sondern insgesamt fünfundsiebzig Arbeiten präsentiert wurden.[387] Dabei handelte es sich sehr wahrscheinlich um eine zweite ebenfalls auf den 15. August 1940 datierte Sendung von dreiundvierzig Gemälden, die aus Miedls Erwerbungen im Juli sowie seiner Transaktion mit D. Katz stammten.[388] Im Ein- und Ausgangsbuch wird als Ziel zwar lediglich München vermerkt, sodass als Adressaten der Sendung sowohl Hoffmann als auch Witzig & Co. infrage kommen. Wahrscheinlicher als Empfänger ist allerdings Hoffmanns gute Freundin Maria Almas-Dietrich, die nicht nur mit der Rechnungsstellung betraut worden war, sondern auch einige Wochen später eine beträchtliche Provision vom Kunsthandel J. Goudstikker erhielt.[389] Dass Miedl sie in das Geschäft einbezog, hing vermutlich damit zusammen, dass sie zu den wenigen Kunsthändlern zählte, die Hitler Gemälde anbieten und verkaufen konnten, ohne die vorherige Erlaubnis von Zwischeninstanzen wie Posse einholen zu müssen.[390]

Posse war von der Auswahl im ‚Führerbau' nur mäßig beeindruckt, da ihm die Werke „zu einem großen Teil bereits von Holland her bekannt waren."[391] Tatsächlich hatte er Miedl schon am 22. Juli 1940 in Den Haag empfangen und von ihm ein *Abendmahl* (5085) von Jerg Ratgeb aus der Sammlung Koenigs erworben, das zwei Tage später im ersten Gemäldekonvolut nach München zu Hoffmann geschickt wurde.[392] Nun erneut eine Vielzahl an Werken besichtigen zu müssen, die ihm höchstwahrscheinlich bereits einen Monat zuvor erfolglos von Miedl angeboten worden waren, steigerte seine Kaufbereitschaft sicherlich nicht; dementsprechend hart fiel sein Urteil aus: Es handele sich „bei der vorgelegten Kollektion fast durchgehend um Restbestände aus dem holländischen Kunsthandel, (vor allem der Firma Goudstikker, Amsterdam), um sehr mäßige Bilder bekannterer Meister, die bisher unverkauft geblieben sind, oder um Stücke, mit denen auch kleinen Provinzmuseen nicht aufgeholfen

Reichsführer-SS Heinrich Himmler, Bd. 1, 1938–1940, Hans Posse an Martin Bormann, 24. 8. 1940, Bl. 5.

387 Ebd., Hans Posse an Ministerialrat Dr. Kurt Walter Hanssen, 22. 8. 1940, Bl. 6–7.

388 NL-HaNA, NBI 2.09.16 Nr. 861, Boek van ingekomen- en uitgegane stukken, 1940–1942, Bl. 3.

389 BArch Koblenz, B 323/132, Treuhandverwaltung von Kulturgut bei der Oberfinanzdirektion München, Ankäufe für den ‚Sonderauftrag Linz' aus dem deutschen und österreichischen Kunsthandel und Privatbesitz, Bd. 4, 1939–1945, Maria Almas-Dietrich an Hans Posse, 12. 9. 1940, Bl. 63a. – Am 23. 9. 1940 erhielt Almas-Dietrich eine Provision in Höhe von 19.045 Reichsmark, s. NBI 2.09.16 Nr. 852, Schantung, Konto I für Gemälde und Kunstgegenstände 1940, 23. 9. 1940, unfoliiert.

390 Barth, Sophia: Maria Almas-Dietrich, B. A., München 2014, S. 17.

391 BArch Koblenz, B 323/163, Hans Posse an Ministerialrat Dr. Kurt Walter Hanssen, 22. 8. 1940, Bl. 6–7.

392 BArch Koblenz, B 323/145, Treuhandverwaltung von Kulturgut bei der Oberfinanzdirektion München, Ankäufe für den ‚Sonderauftrag Linz' aus dem niederländischen Kunsthandel und Privatbesitz, Bd. 2, 1940–1944, Hans Posse an Alois Miedl, 25. 7. 1940, Bl. 21.

werden kann.“[393] Die Jacob Jordaens zugeschriebene Darstellung eines *Bacchus* (5172), für die Miedl 30.000 Gulden an Katz gezahlt haben soll, bezeichnete er etwa als eine „derbe dekorative Arbeit der späten Rubens-Schule.“ Noch härter traf es ein wohl von De Haan erworbenes *Bildnis eines Admirals* (5109) von Jacopo Tintoretto: Eine „völlige Ruine und sehr übermalt.“ Auch im Fall berühmterer Namen befürwortete er eine Erwerbung nicht, „weil es sich entweder um schwer restaurierte oder sehr schwache und zweifelhafte Stücke handelt.“ Für einen Kauf infrage kamen demzufolge nur siebzehn Werke, wobei lediglich ein „sehr schöner Momper“ und ein „ausgezeichneter Teniers“ (5142)[394] den qualitativen Ansprüchen des ‚Sonderauftrag Linz‘ gerecht wurden. Während die *Reiter in einer Felsenlandschaft* (5660) von Jan de Momper mit weiteren neun Gemälden aus dem Bestand Katz stammten, hatte Miedl das *Interieur mit fünf Personen* von David Teniers Anfang August 1940 für 5.500 Gulden von De Boer erworben. Die restlichen sechs vorgeschlagenen Gemälde stammten aus Erwerbungen im Juli und August von Peach (5069, 5072) und De Haan (5111, 5121) sowie dem Haarlemer Kunsthändler J. R. Bier (5030) und der Brüsseler Galerie Arthur de Heuvel (5778). Diese ursprüngliche Auswahl ergänzte Posse anschließend noch um drei weitere Gemälde von Rembrandt; dass er diese Entscheidung offensichtlich nicht aus freien Stücken und gegen seine Überzeugung traf, geht aus seiner kurz zuvor getroffenen Einschätzung der Werke hervor: „Die drei Bilder von Rembrandt sind im besten Fall sämtlich unerfreuliche Frühwerke, deren Ankauf ich in Holland aus diesem Grunde abgelehnt habe, da hier nur der mehr oder weniger berechtigte Name Rembrandts bezahlt wird.“[395] Während offenbleiben muss, ob die Gemälde ihm in den Niederlanden noch von Katz oder doch bereits von Miedl angeboten worden waren, ist davon auszugehen, dass nur Hitler persönlich ihn dazu bringen konnte, sie entgegen seiner fachlichen Bewertung in die Liste aufzunehmen. In dem in den Unterlagen des Kunsthandels J. Goudstikker verzeichneten Verkauf am 29. August 1940 waren sie allerdings noch nicht enthalten. Demnach erwarb die Reichskanzlei achtzehn nicht näher bezeichnete Gemälde für 157.700 Gulden.[396] Die *Musizierende Gesellschaft* (5210), das von Posse in seiner Echtheit angezweifelte *Selbstporträt* (5228) und *Die Silberlinge* (5227) von Rembrandt, für die Miedl Katz 30.000, 45.000 und 50.000 Gulden gezahlt hatte, erwarb die Reichskanzlei wohl nur wenig später für insgesamt

393 BArch Koblenz, B 323/163, Hans Posse an Ministerialrat Dr. Kurt Walter Hanssen, 22.8.1940, Bl. 6–7; folgende Zitate ebd.

394 In Posses Auflistung wird für das Gemälde *Wachstube* von David Teniers keine Inventarnummer genannt. Ausgehend von dem Erwerbszeitraum, Künstler und Sujet handelt es sich höchstwahrscheinlich um die Inventarnummer 5142, die am 24. Juli 1940 nach München geschickt worden war, s. NL-HaNA, NBI 2.09.16 Nr. 867, Voorraadboek schilderijen, 1940–1941, Bl. 7.

395 BArch Koblenz, B 323/163, Hans Posse an Ministerialrat Dr. Kurt Walter Hanssen, 22.8.1940, Bl. 6–7.

396 NL-HaNA, NBI 2.09.16 Nr. 878, Inventaris van het dossierarchief van het Nederlandse Beheersinstituut, en van de in beslag genomen administraties, 1945–1967, Verkoopboek (vervallen), 1940–1943, unfoliiert.

335.000 Gulden. In der Buchhaltung wurden die tatsächlich erzielten Einzelpreise um jeweils 10.000 Gulden auf 75.000, 100.000 und 130.000 Gulden verringert,[397] ob zur Steuermanipulation oder aus anderen Gründen, muss offenbleiben.

Mit „Restbeständen aus dem holländischen Kunsthandel" sah Posse sich nicht nur in München, sondern auch in Berlin konfrontiert. Schon am 4. September 1940 besichtigte er in der Reichskanzlei mit Hoffmann und Almas-Dietrich erneut Werke aus Miedls Handelsbestand. Danach besuchte er mit letzterer das Lager in der Lennéstraße, „wo noch einige Hundert Bilder derselben Provenienz lagern."[398] Abends wurde er dann ein weiteres Mal von Hitler in die Reichskanzlei beordert, um gemeinsam die Gemälde auf mögliche Erwerbungen zu sichten. Voraussichtlich bereits während der ersten Begutachtung hatte Posse zu jedem Kunstwerk den Künstler und Titel sowie seine Bewertung notiert. Mit Ausnahme von dreißig „guten" Arbeiten, empfand er die Mehrzahl als „(sehr) mäßig", „nicht gut", „(sehr) schlecht" oder auch als „langweilig", „miserabel", „trocken" und „nichts". Im Nachgang unterteilte er das Angebot darüber hinaus in drei Kategorien: In die Kategorie I, die geeignete Ankäufe für den ‚Sonderauftrag Linz' umfasste, fielen lediglich sechs Werke, darunter zwei Porträts (5480–5481) von Nicolaes Maes, ein *Stillleben* (5449) von Cornelis de Heem und eine *Anbetung Christi* (5412) von Domenico Ghirlandaio,[399] die Miedl dann zum dreifachen Einkaufspreis an die Reichskanzlei verkaufte.[400] Mit zweiunddreißig Gemälden war Kategorie II, die mögliche Erwerbungen für die Gemäldegalerien des Deutschen Reichs beinhaltete, die umfangreichste. Weitere sieben Bilder, die nach Posses Einschätzung lediglich für dekorative Zwecke geeignet waren, gehörten schließlich zu Kategorie III.[401] Die überwiegend negative Bewertung hielt Hitler allerdings nicht davon ab, letztlich einundzwanzig Gemälde auszuwählen, von denen Posse etliche als „mäßig" oder „schlecht" eingestuft hatte.[402] In den folgenden Tagen wurde die Auswahl zudem um weitere Werke ergänzt, sodass der Kunsthandel J. Goudstikker Mitte September 1940 einen Erlös von fast 815.000 Gulden von der Reichskanzlei verzeichnen konnte.[403]

397 NL-HaNA, NBI 2.09.16 Nr. 867, Voorraadboek schilderijen, 1940–1941, Bl. 10.

398 BArch Koblenz, B 323/134, Treuhandverwaltung von Kulturgut bei der Oberfinanzdirektion München, Ankäufe für den ‚Sonderauftrag Linz' aus dem deutschen und österreichischen Kunsthandel und Privatbesitz, Bd. 6, 1940–1945, Interne handschriftliche Aufzeichnung von Hans Posse i. S. Durchsicht in Berlin der Restbestände Goudstikker, 4. 9. 1940, Bl. 3–5; folgende Zitate ebd.

399 Deutsches Kunstarchiv am Germanischen Nationalmuseum (DKA), Kommentierte Online-Edition der fünf Reisetagebücher Hans Posses (1939–1942), NL Posse, Hans, I, B-4, Berlin, 4. 9. 1940.

400 NL-HaNA, NBI 2.09.16 Nr. 867, Voorraadboek schilderijen, 1940–1941, Bl. 18, 20, 21.

401 DKA, NL Posse, Hans, I, B-4, Berlin, 4. 9. 1940.

402 BArch Koblenz, B 323/134, Interne handschriftliche Aufzeichnung von Hans Posse i. S. Durchsicht in Berlin der Restbestände Goudstikker, 4. 9. 1940, Bl. 3–5.

403 NL-HaNA, NBI 2.09.16 Nr. 856, Rapport inzake de Kunsthandel v/h J. Goudstikker N. V. in opr. te Amsterdam, per 13. 9. 1940, Bl. 8.

Abgesehen von objektivierbaren Qualitätskriterien spielten für Posses abschätzige Beurteilung des Goudstikker-Handelsbestands sehr wahrscheinlich seine Frustration angesichts der holländischen Marktbedingungen sowie seine parallel dazu zunehmend von Antipathie und Konkurrenzdenken geprägte Einstellung zu Miedl eine bedeutsame Rolle. Anfang Juni 1940 hatte er Bormann noch optimistisch berichtet, es bestehe die besonders günstige Gelegenheit, aus dem holländischen Kunsthandel und Privatbesitz wertvolle Kunstwerke zu erwerben. Auch wenn seiner Meinung nach ein Großteil der Hauptwerke vermutlich schon nach Amerika gebracht worden sei, enthielte der Handel noch genügend Bedeutendes, um Hitlers Wünschen zu entsprechen.[404] Schon zwei Monate später war diese zuversichtliche Haltung jedoch Resignation gewichen. Zwar bemühe er sich mithilfe seiner Mittelsmänner, „an die großen holländischen Kunstsammler heranzukommen;“[405] der Kunsthandel sei nach den großen Aufkäufen der letzten Zeit allerdings erschöpft und größere Objekte schon sehr selten. Sein Fazit lautete dementsprechend, dass der Massenankauf der letzten Zeit die Preise sehr in die Höhe getrieben habe. Um seinen Standpunkt zu bekräftigten, fügte er dem Schreiben an Bormann einen angeblichen „Geheimbericht eines deutschfreundlichen Holländers“ mit kaum verhüllter Zielrichtung bei: „Es muss eine oder mehrere Gruppen von Spekulanten geben. Diese kaufen zu jedem Preis, in der Hoffnung, durch ihre guten Beziehungen in Berlin große Gewinne machen zu können. Einen besseren Kunden als Deutschland glauben sie nie finden zu können. [...] Endlich wird eine große Kollektion Gemälde in deutsche Hände geraten. Dann wird Deutschland aber den zehnfachen Preis zahlen müssen, den es bezahlt hätte, wenn der Einkauf im verlangsamten Tempo hätte geschehen können. Die großen jüdischen Kunsthändler werden den Gewinn einstecken.“ Gemeint war damit zweifellos Miedl, der als bekannter Spekulant nun Eigentümer eines ehemals jüdisch geführten Kunsthandels war, mit dem er augenscheinlich den niederländischen Kunstmarkt dominierte. Gemeinsam mit Seyß-Inquart, der ihm bei Gemäldekäufen für Hitler „jede Unterstützung angedeihen“[406] lassen sollte, sah Posse fortan seine Aufgabe darin, Miedls Vormachtstellung zu brechen. Oberste Priorität hatte dabei das Vorhaben, ihn vom Kauf einer weiteren bedeutenden Gemäldesammlung – diesmal aus dem ehemaligen Besitz von Fritz Mannheimer – abzuhalten.

Der 1890 in Stuttgart geborene jüdische Bankier Fritz Mannheimer[407] übersiedelte 1917 als Vertreter der Reichsbank in die Niederlande, wo er ein Bankgeschäft unter eigenem Namen gründete. Nach dessen Umwandlung in eine Beteiligungsgesellschaft des renommierten Bankhauses Mendelssohn & Co. Berlin war er seit 1920 Direktor der Amsterdamer Nieder-

404 NARA, M1946, RG 260, Records Concerning the Central Collecting Points: Munich Central Collecting Point, 1945–1951, Restitution Research Records, 1945–1950, Linz Museum: Consolidated Interrogation Report No. 4, Hans Posse an Martin Bormann, 10. 6. 1940, unfoliiert.

405 BArch Koblenz, B 323/163, Hans Posse an Martin Bormann, 24. 8. 1940, Bl. 5; folgendes Zitat ebd.

406 Ebd., Bl. 10.

407 Kurz 1989, S. 282.

lassung. In den folgenden Jahren baute er eine bedeutende Sammlung auf, die unter anderem Werke von Rembrandt, Peter Paul Rubens, Jan Vermeer und Canaletto umfasste.[408] Als 1934 entdeckt wurde, dass er diese Käufe durch Veruntreuung von Bankvermögen finanziert hatte, wurde er gezwungen, die Sammlung für 6.350.000 Gulden an die zu diesem Zweck von seinen Mitgesellschaftern gegründete Firma Artistic and General Securities Company Ltd. zu veräußern, die ihm die Gemälde anschließend als Leihgabe überließ.[409] Bei seinem Tod im August 1939 war Mendelssohn & Co. Amsterdam infolge hochspekulativer Anleihegeschäfte mit fast fünfzig Millionen Gulden verschuldet[410] und musste sofort Insolvenz anmelden.[411] Die Sammlung wurde mit Ausnahme einiger Gemälde, die im Namen von Mannheimers Witwe im Ausland deponiert wurden, Teil der Konkursmasse und für einen geplanten Verkauf in Amsterdam inventarisiert.[412]

Laut des eingesetzten Konkursverwalters E. J. Korthals Altes äußerte Miedl erstmals im August 1940 sein Kaufinteresse, woraufhin er ihn zu Verhandlungen im Gebäude von Mendelssohn & Co. einlud, an denen auch die anderen Liquidatoren teilnahmen. Einleitend habe Miedl festgestellt, dass er es für klug halte, die Sammlung an ihn zu verkaufen, da man mit ihm „eine freiwillige Vereinbarung treffen“[413] könnte. Sollten die Verwalter dagegen eine „abwartende Haltung“ einnehmen, könnten sie seiner Meinung nach mit „Verfall, Beschlagnahme, Pfändung oder zumindest einer erzwungenen Abgabe“ rechnen. Auf die Frage, ob er die Transaktion finanzieren könne, antwortete er angeblich – wie schon im Fall vom Kunsthandel J. Goudstikker –, „dass sie doch wissen würden, wer hinter ihm stehe.“ Ob nun aus Sorge vor einer drohenden Beschlagnahme oder aufgrund Miedls Andeutung von Görings Rückhalt, jedenfalls räumten die Verwalter ihm unter Vorbehalt einer behördlichen Genehmigung ein Vorkaufsrecht in Höhe von 7,5 Millionen Gulden ein.[414] Mühlmann, der anscheinend von dem jüdischen Kunsthistoriker Max J. Friedländer über diese Vereinbarung

408 Schoeps, Julius H.: Das Erbe der Mendelssohns, Frankfurt a. M. 2016, S. 318.

409 Den Hollander 2007, S. 149.

410 Kreutzmüller 2005, S. 45.

411 Schoeps 2016, S. 320. – Die Todesursache von Mannheimer wurde nicht eindeutig geklärt. Mühlmann etwa behauptete, er habe sich das Leben genommen, s. BArch Koblenz, B 323/199, Treuhandverwaltung von Kulturgut bei der Oberfinanzdirektion München, Geschäftsbuch der „Dienststelle Mühlmann“ beim Reichskommissar für die besetzten niederländischen Gebiete, Den Haag, 1940–1941, Bericht von Kai Mühlmann, 29. 10. 1952, Bl. 3–5.

412 Nederlandsch Dagblad. Orgaan van het Nationaal Front, Jg. 1, Nr. 66, Faillissement-Mannheimer. Inboedel bevat voor millioenen aan kunstschatten, 21. 9. 1940, Bl. 3 [www.delpher.nl, zuletzt aufgerufen 30. 1. 2023].

413 NL-HaNA, NBI 2.09.16.10 Nr. 203494, E. J. Korthals Altes an D. J. Veegens, 19. 2. 1953, Bl. 1–3; folgende Zitate ebd.

414 NARA, M1946, RG 260, Interrogations: Miedl Case, No. 3, 13. 12. 1945, Bl. 6. – Laut Korthals Altes einigten sich die beiden Parteien auf einen Preis von sieben Mio. Gulden, s. NL-HaNA, NBI 2.09.16.10 Nr. 203494, E. J. Korthals Altes an D. J. Veegens, 19. 2. 1953, Bl. 2.

informiert wurde, wandte sich daraufhin an Seyß-Inquart, der ihn beauftragte, mit Miedl in Verhandlungen zu treten.[415] Dass dieser letztendlich auf sein Vorkaufsrecht verzichtete, war wenig überraschend; musste ihm doch bewusst gewesen sein, dass Widerstand gegen Hitlers Erwerbswunsch nicht nur aussichtslos wäre, sondern auch seine bisher höchst lukrative Geschäftsbeziehung mit der Reichskanzlei und dem ‚Sonderauftrag Linz' gefährden würde. Zudem erhielt er von Seyß-Inquart, der die Sammlung für 5,5 Millionen Gulden erwarb,[416] im Januar 1942 eine Abfindung in Höhe von 800.000 Gulden.[417]

7.10 Gründung des Unternehmens Kunsthandel voorheen J. Goudstikker N.V.

Die Aktiengesellschaft „Kunsthandel voorheen J. Goudstikker N. V." wurde am 14. September 1940 mit einem Kapital von einer Millionen Gulden durch Alois Miedl, dessen Sekretär Rolf Franz Sachtleben, den Direktor der Buitenlandbank Hans Ferdinand Wilhelm Meyer sowie Franz Koenigs Bevollmächtigten Harry Paetz und Hellmut Hans Fritz Herrndorf[418]

415 NARA, M1946, RG 260, Records Concerning the Central Collecting Points: Munich Central Collecting Point, 1945–1951, Restitution Research Records, 1945–1950, Investigations by foreign representatives: Netherlands, Kajetan Mühlmann i. S. Bericht über die Sammlung Mannheimer, 18. 11. 1947, unfoliiert.

416 NL-HaNA, NBI 2.09.16.10 Nr. 203494, E. J. Korthals Altes an Kajetan Mühlmann, 17. 12. 1941, unfoliiert.

417 Da die Buitenlandbank dem Fonds des Reichskommissariats einen Tag zuvor 50.000 Gulden überwiesen hatte, verbuchte Miedl am 14. 1. 1942 in seinen Geschäftsunterlagen lediglich 750.000 Gulden als „erhaltene Provision für den Kauf einer Gemäldesammlung durch Dritte", s. ebd., E. J. Korthals Altes an D. J. Veegens, 19. 2. 1953, Bl. 3–4; SAA, 1341 Nr. 112, Rapport van de Centrale Accountants Dienst van het Ministerie van Financien aan het NBI van het onderzoek naar de voorwaarden waaronder door de beheerders van het vermogen van Alois Miedl en van den Kunsthandel v/h J. Goudstikker N. V. restitutie van vermogenswaarden heeft plaatsgevonden aan de Kunsthandel J. Goudstikker N. V., 7. 11. 1951, Bl. 12. – Mühlmann behauptete unzutreffend, Miedl habe lediglich 400.000 Gulden erhalten, s. NARA, M1946, RG 260, Records Concerning the Central Collecting Points: Munich Central Collecting Point, 1945–1951, Restitution Research Records, 1945–1950, Mühlmann, Kajetan: Detailed Interrogation Report No. 1, 25. 12. 1945, unfoliiert.

418 Der seit Mai 1939 staatenlose Herrndorf war bis zur Okkupation der Niederlande Prokurist des Bankhauses Lisser & Rosenkranz gewesen und plante danach langfristig unterzutauchen. Angesichts der Schwangerschaft seiner Ehefrau musste er diesen Plan schon nach wenigen Wochen aufgeben und wandte sich hilfesuchend an seinen ehemaligen Arbeitgeber Flörsheim, der ihn an Miedl vermittelte. Am 15. August 1940 stellte Miedl ihn als Leiter des Effektengeschäfts der Buitenlandbank ein und beförderte ihn bereits einen Monat später zu deren Generalbevollmächtigtem und stellvertretendem Direktor, s. NL-HaNA, CABR 2.09.09 Nr. 86942-I, Befragung Hellmut Hans Fritz

gegründet.[419] Mit einem beziehungsweise zwei Anteilsscheinen gehörten Sachtleben und Herrndorf zu den Minoritätseignern des neuen Unternehmens. Weitere fünf Aktien vertrat Koenigs, der als einziges Gründungsmitglied in keinem Angestelltenverhältnis zu Miedl stand.[420] Laut seines ehemaligen Angestellten Hermann Josef Abs traf Koenigs Investitionsentscheidungen generell mehr auf Basis freundschaftlicher denn finanzieller Erwägungen.[421] Im aktuellen Fall spielten sicherlich beide Aspekte eine Rolle. Einerseits unterstützte er Miedl, indem er dem Kunsthandel J. Goudstikker schon im Vorfeld der Gründung im August 1940 einen kurzfristigen Kredit, der mit neun Gemälden aus dem Kauf von Katz besichert wurde, sowie ein zweites Darlehen dieser Art nur zwei Tage nach der Gründung gewährte.[422] Im Gegenzug erhielt seine Bank im Herbst 1940 einen Kredit in Höhe von 128.000 Gulden von der Buitenlandbank,[423] die zweiundzwanzig Aktien von voorheen J. Goudstikker besaß. Majoritätsinhaber mit 570 der insgesamt 600 eingezahlten Aktien je 1.000 Gulden war erwartungsgemäß Miedl,[424] der als Geschäftsführer 5.000 Gulden in bar sowie die beweglichen und unbeweglichen Vermögenswerte des Kunsthandels J. Goudstikker einbrachte;[425] davon ausgenommen war lediglich das Landgut Oostermeer, das er aus steuerlichen Gründen seinen beiden Kindern am 14. September 1940 überschrieb und ab Juli 1941 mit seiner Familie bewohnte.[426]

Herrndorf, 24. 7. 1946, unfoliiert; NL-HaNA, NBI 2.09.16.10 Nr. 203496, Befragung von Salomon Jacob Flörsheim, 10. 10. 1950, unfoliiert.

419 NL-HaNA, NBI 2.09.16 Nr. 857, Gründungsurkunde des Kunsthandel v/h J. Goudstikker N.V. Amsterdam, 14. 9. 1940, unfoliiert. – Die Aktiengesellschaft wurde am 11. 3. 1941 in das Handelsregister eingetragen und am 24. 3. 1941 im Nederlandsche Staatscourant bekannt gegeben, s. SAA, 1341 Nr. 104, Archief van Jacques Goudstikker en Desi Goudstikker-Halban, 1898–1990, Stukken betreffende de Kunsthandel v. h. J. Goudstikker N. V., gedeponeerd bij het Handelsregister van de Kramer van Koophandel te Amsterdam, 1940–1945, Handelsregister van der Kamer van Koophandel en Fabrieken te Amsterdam, 27. 9. 1940, unfoliiert.

420 NL-HaNA, NBI 2.09.16 Nr. 857, Gründungsurkunde des Kunsthandel v/h J. Goudstikker N.V. Amsterdam, 14. 9. 1940, unfoliiert.

421 Hermann Josef Abs war in den 1920er Jahren bei Rhodius Koenigs in Amsterdam beschäftigt. Ab 1938 war er als Vorstandsmitglied der Deutschen Bank maßgeblich an der ‚Arisierung' jüdischer Banken beteiligt, s. Saltzman 2003, S. 228.

422 NL-HaNA, NBI 2.09.16 Nr. 861, Boek van ingekomen- en uitgegane stukken, 1940–1942, Bl. 5, 8.

423 NL-HaNA, 2.25.68 Nr. 14322, Verwalter der Buitenlandsche Bankvereeniging an das Nederlandse Beheersinstituut Amsterdam, undatiert, Bl. 19.

424 NL-HaNA, NBI 2.09.16 Nr. 857, Gründungsurkunde des Kunsthandel v/h J. Goudstikker N.V. Amsterdam, 14. 9. 1940, unfoliiert.

425 SAA, 1341 Nr. 100, Interner Vermerk des Kunsthandel v/h J. Goudstikker N.V. Amsterdam, 29. 10. 1940, unfoliiert.

426 NL-HaNA, NBI 2.09.16.10 Nr. 203496, Verslag van beheerders over de stand des boedels op 31. December 1950, 30. 8. 1951, unfoliiert.

Drei Tage später berief der Kunsthandel J. Goudstikker für den 24. September eine Allgemeine Aktionärsversammlung ein, die lediglich dazu diente, einige bereits durchgeführte Maßnahmen durch nachträgliche Genehmigung zu legitimieren. Auf der Tagesordnung standen das an Miedl vergebene Darlehen von 200.000 Gulden, die Einrichtung eines Pensionsfonds sowie Investitionen in Wertpapiere und Immobilien.[427] Die Grundlage eines solchen Fonds hatte bereits Jacques Goudstikker geschaffen, indem er für etwa 120.000 Gulden dreiundachtzig moderne Gemälde zur Absicherung der Altersvorsorge seiner Mitarbeiter erworben hatte. Diese mit „B. P." (vermutlich Buiten Pensioenen) gekennzeichneten Werke[428] wurden nicht im regulären Handelsinventar, sondern dem sogenannten Buiten Inventaris (B. I.) verzeichnet, das auch eine Anzahl alter Meister, Skulpturen und Antiquitäten aus Goudstikkers Privatbesitz enthielt.[429] Die schon am 8. August 1940 von Van den Bergh gegründete Stiftung „Pensioenfonds voor het personeel van de Kunsthandel Goudstikker N. V." verfügte über 120.000 Gulden, wobei das Kapital aus dem Verkauf der „B. P."-Gemälde an die neu gegründete Kunsthandlung stammte. Die Stiftung nutzte diesen Betrag wiederum für den Kauf von niederländischen Versicherungspolicen, deren Barwert fast alle Mitarbeiter unverzüglich abhoben, sodass der Pensionsfonds schon kurz nach der Aktionärsversammlung bedeutungslos wurde.[430] Genehmigt wurde zudem die bereits erfolgte Investition des den Goudstikker-Erben zustehenden Kaufpreises in Immobilien und Wertpapiere. Schon am 13. September 1940 waren elf Gebäude in Haarlem erworben worden[431] und Van den Bergh, Koenigs und Lemberger hatten niederländische und amerikanische Aktien im Wert von etwa 600.000 Gulden in der Kas Vereeniging, Amsterdam, deponiert.[432]

Ebenfalls am 24. September 1940 wurde eine zweite Versammlung abgehalten, die die Liquidation des Unternehmens zum Thema hatte. Da im Protokoll nicht genannte Teilnehmer das Stimmrecht des Kunsthandels J. Goudstikker infrage stellten und dieser sich daraufhin

427 SAA, 1341 Nr. 100, Bespreking tusschen de heeren A. A. ten Broek en notaris A. van den Bergh en den heer J. H. Wolfrat, 28. 10. 1940, Bl. 5.

428 NL-HaNA, NBI 2.09.16 Nr. 867, Voorraadboek schilderijen, 1940–1941, Bl. 49–52.

429 NIOD, 249–0278A Nr. a1, Korte geschiedenis van de Kunsthandel J. Goudstikker N. V. van december 1939 tot april 1942, geschreven door A. E. D. von Saher, April 1952, Bl. 60.

430 Ebd., Bl. 34.

431 NL-HaNA, NBI 2.09.16.10 Nr. 203498, Beheerders van de Kunsthandel v/h J. Goudstikker N. V. Amsterdam, 4. 6. 1946, Bl. 3.

432 NIOD, 249–0278A Nr. a1, Korte geschiedenis van de Kunsthandel J. Goudstikker N. V. van december 1939 tot april 1942, geschreven door A. E. D. von Saher, April 1952, Bl. 39; NARA, M1944, RG 239, Miedl, Alois, Alois Miedl an Désirée Goudstikker-von Halban, 23. 4. 1945, unfoliiert. – Laut Van den Bergh hatte man ursprünglich nur 250.000 Gulden für den Kauf von Wertpapieren vorgesehen. Angeblich führte ein Missverständnis dazu, dass man davon ausging, nun doch 600.000 Gulden zu investieren. Als der Fehler bekannt wurde, habe man bereits für 400.000 Gulden Aktien erworben, weshalb man sich schließlich auf 600.000 Gulden einigte, s. SAA, 1341 Nr. 100, Bespreking tusschen de heeren A. A. ten Broek en notaris A. van den Bergh en den heer J. H. Wolfrat, 28. 10. 1940, Bl. 3–4.

enthielt, wurde das erforderliche Quorum von zwei Dritteln nicht erreicht. Kurzerhand einigte man sich noch am selben Tag darauf, die Statuten zu ändern. In einer weiteren Sitzung am 2. Oktober 1940 wurde die Quorumregelung außer Kraft gesetzt und Goudstikker-Sellisberger beschloss als einzige Teilnehmerin[433] die Auflösung des Unternehmens ihres Sohnes mit Ten Broek sowie Van den Bergh als Liquidatoren.[434]

7.11 ‚Freundschaftliche Arisierungen' der Buitenlandbank?

Nach der Neugestaltung des Kunsthandels voorheen J. Goudstikker wandte sich Miedl wieder seinen Bankgeschäften zu. Am 15. Oktober 1940 wurde auf einer Aktionärsversammlung der Buitenlandbank ein neuer Aufsichtsrat gewählt. Ernannt wurden neben Miedl und den beiden Rechtsanwälten Arthur Paul Bauer, einem in Amsterdam lebenden Deutschen, und dem Niederländer Clemens Alphonsus Stephanus Maria Martens auch der Generaldirektor der Königlich Niederländischen Edelmetallbetriebe Van Kempen, Begeer & Vos, Carel J. A. Begeer, sowie der Direktor der Wollstofffabrik F. Mutsaerts & Zoon, Joannes Franciscus Gerardus Maria Mutsaerts.[435] Dass mit Begeer und Mutsaerts Leiter rüstungsrelevanter Unternehmen in den Aufsichtsrat einzogen, war sicher kein Zufall. Als Besitzer der Veland, die – wie in Kapitel 7.20. ausführlich behandelt werden wird – unter anderem umfangreiche Geschäfte mit der Wehrmacht tätigte, war Miedl an guten Beziehungen zu Rohstoffproduzenten gelegen. Neben dem Aufsichtsrat wählten die Aktionäre außerdem als Ko-Direktor den Niederländer Petrus Jan Rienstra van Stuyvesande (Rienstra), der bereits seit einiger Zeit in der Bank gearbeitet hatte.[436]

Rienstra wirkte in zumindest einem Fall bei den von Miedl in der Folgezeit angestrebten ‚freundschaftlichen Arisierungen' mit. Dabei handelte es sich um den jüdischen Bankier Hugo Kaufmann, der im Oktober 1942 in Ausschwitz ermordet wurde,[437] weswegen in der Nachkriegszeit ein niederländischer Sondergerichtshof diesen Fall eingehend untersuchte und ein Dossier anlegte.[438] Von 1935 bis März 1938 war Rienstra Prokurist der Hugo Kauf-

433 NL-HaNA, NBI 2.09.16.10 Nr. 203498, Beheerders van de Kunsthandel v/h J. Goudstikker N. V. Amsterdam, 4. 6. 1946, Bl. 3.

434 SAA, 1341 Nr. 100, Kunsthandel J. Goudstikker i. L. an Hans Fischböck, 25. 3. 1941, Bl. 2.

435 NIOD, 94f Nr. 510, Collectie dossiers afkomstig uit de archieven van de Omnia-Treuhandgesellschaft m. b. H., de Deutsche Revisions- und Treuhand A. G. en de Wirtschaftsprüfstelle, Buitenlandsche Bankvereeniging N. V. te Amsterdam, Anmeldung von Unternehmen, Buitenlandsche Bankvereeniging N. V., Anmeldung von Unternehmen, 2. 9. 1942, unfoliiert.

436 NIOD, 248 Nr. 1154, J. Kinsbergen inzake Alois Miedl, Bankierskantoor A. Miedl, 30. 11. 1946, Bl. 1.

437 Kaufmann, Hugo Felix, s. https://base.auschwitz.org/wiezien.php?lang=en&ok=osoba&id_osoba=113731 [zuletzt aufgerufen 26. 1. 2023].

438 NL-HaNA, CABR 2.09.09 Nr. 86942-I, Parket-Dossier Nr. 22 i. S. Miedl und Kaufmann, undatiert, unfoliiert.

mann & Co's Bank gewesen, bevor er zu deren stellvertretenden Direktor ernannt wurde.[439] Laut dem Dossier soll er schon am Tag der holländischen Kapitulation Hugo Kaufmann dazu gedrängt haben, das Land sofort zu verlassen und ihm den Posten des Direktors zu übergeben. Als Kaufmann sich weigerte, habe Rienstra sich von ihm distanziert und sei am 30. Mai aus dem Unternehmen ausgeschieden. Zu diesem Zeitpunkt habe er Kaufmann von einem Interessenten berichtet, der nicht nur bereit wäre, den Kaufpreis in Dollar nach New York zu überweisen, sondern auch der Familie eine Ausreiseerlaubnis zu vermitteln; das Angebot gelte allerdings nur diesen Tag. Am selben Abend habe Kaufmann Miedl getroffen, der angeblich wiederholte, dass er sich schnell entschließen müsse, da sonst „andere Maßnahmen gegen die Bank getroffen würden."[440] Er habe Kaufmann geraten, anstelle weiterhin „zu bürokratisch" zu denken, ihm „einfach zu vertrauen." So stelle etwa die Bezahlung in Devisen kein Problem dar, denn „er habe sich nicht umsonst für den Bilderhandel interessiert, da man dort Dollarbeträge freimachen" könne. Kaufmann ließ sich jedoch auch nach mehreren Gesprächen nicht zu einem Verkauf überreden, möglicherweise weil er an Miedls Liquidität zweifelte. Einen letzten erfolglosen Versuch unternahm Miedl wohl am 17. oder 18. Juni 1940, als er Kaufmann mitteilte, „dass jetzt genug Worte geflossen seien und dass das Geschäft nun zustande kommen müsse, da er Informationen habe, denen zufolge es keine Woche mehr dauern würde, bis die Bank einen Verwalter erhalte." Tatsächlich wurde das Unternehmen erst Ende November 1940 unter die Verwaltung eines Abteilungsleiters des ERR gestellt.[441] Dass Miedl in diesem Punkt lediglich desinformiert war, ist nicht anzunehmen; vielmehr baute er wie schon bei einigen jüdischen Kunstsammler eine Drohkulisse auf, um Kaufmanns Widerstand zu brechen.

Auch wenn der Realitätsgehalt dieser Darstellung aufgrund der fehlenden Quellenangaben vor allem in Hinblick auf Miedls Aussagen nicht abschließend beurteilt werden kann, entspricht der geschilderte Ablauf seiner bekannten Vorgehensweise. Zudem belegt eine Korrespondenz von August 1940, dass die Buitenlandbank Kaufmann in diesem Monat ein konkretes Angebot zum Kauf von Firmenanteilen machte. Erworben werden sollten Aktien im Wert von 1.425.000 Gulden zu einem Kurs von hundert Prozent; im Gegenzug sollte der Kaufpreis in Dollar nach New York überwiesen und Ausreisegenehmigungen für Kaufmann und dessen Familie sowie für das Vorstandsmitglied Ludwig Berliner und dessen Tochter erwirkt werden.[442] Warum auch dieses Geschäft nicht zustande kam, ist nicht bekannt.

---

439 NL-HaNA, 2.25.68 Nr. 14322, Informationsblatt des niederländischen Informationsdiensts, 11.1.1944, unfoliiert.

440 NL-HaNA, CABR 2.09.09 Nr. 86942-I, Parket-Dossier Nr. 22 i. S. Miedl und Kaufmann, undatiert, unfoliiert; folgende Zitate ebd.

441 Kreutzmüller 2005, S. 218.

442 NL-HaNA, CABR 2.09.09 Nr. 86942-I, Buitenlandsche Bankvereeniging N. V. Amsterdam an Hugo Kaufmann & Co's Bank N. V. Amsterdam, 12. 8. 1940, unfoliiert.

Miedl bestätigte nach dem Krieg, nicht nur mit Kaufmann, sondern auch mit dem angeblich mit ihm befreundeten Berliner über Möglichkeiten einer Emigration nach Amerika gesprochen zu haben. Übernahmeangebote bestritt er jedoch und behauptete stattdessen, im Juni 1940 mit Kaufmann lediglich Verhandlungen über den Erwerb von Sperrmark geführt zu haben, die scheiterten, da ersterer einen zu hohen Kurs gefordert habe. Rienstra habe das Unternehmen von Kaufmann auch nur zum Schein übernehmen wollen und ihm einen Monat später von den Zukunftssorgen der beiden jüdischen Banker berichtet, woraufhin er den ungünstigen Kurs aus Konzilianz akzeptiert habe. Zudem habe er an Rienstra die von Kaufmann für die Vermittlung zugesagte, aber nicht bezahlte Provision von 5.000 Gulden überwiesen.[443] Offensichtlich versuchte Miedl mit dieser Darstellung, sein Nachkriegsnarrativ eines hilfsbereiten und großzügigen Unternehmers zu untermauern. Tatsächlich sprechen jedoch die belegbaren Fakten gegen seine Version, zumal die letztlich NS-stereotype Diffamierung Kaufmanns als geldgierigen und wortbrüchigen ‚Finanzjuden' ihn keineswegs glaubwürdiger macht.

Von Rienstras Ernennung zum Ko-Direktor erhoffte sich die Buitenlandbank vor allem neue Kunden, die durch dessen angeblich weitreichende Geschäftsbeziehungen gewonnen werden sollten. Bei dieser vertraglich festgelegten Kundenakquise gegen Provision[444] war er zumindest einmal erfolgreich und zwar 1940 mit der Gevato's Exportslachterij en Vleeschwarenfabrick der drei Gebrüder Van Toorn. Laut Rienstras Darstellung waren zwei der Brüder vom ‚Sicherheitsdienst des Reichsführers SS' inhaftiert, deren Konten eingefroren und das Unternehmen beschlagnahmt worden. Da die deutschen Behörden angeblich planten, die Firma nach Russland zu verlegen, habe sich der dritte Bruder hilfesuchend an ihn gewandt. Nachdem die Buitenlandbank zwei Drittel des Aktienkapitals übernommen und an die Berliner Bank E. J. Meyer verkauft hatte, seien die beiden Inhaftierten freigelassen und der Geschäftsbetrieb wieder aufgenommen worden.[445] Der von Rienstra behauptete Anstoß für die Kontaktaufnahme des nicht inhaftierten Bruders – die Verlegung einer voll funktionalen Fleischwarenfabrik aus den Niederlanden nach Russland – ist offensichtlich widersinnig. Wahrscheinlicher ist, dass Rienstra selbst den Kontakt initiierte und zwar auf

---

443 NL-HaNA, 2.05.286 Nr. 670, Alois Miedl i. S. Hugo Kaufmann & Co's Bank N. V. Amsterdam, 23. 4. 1948, Bl. 1. – Im Herbst 1940 erwarb die Buitenlandbank mit finanzieller Unterstützung von Rhodius Koenigs drei Stillhalteforderungen von Hugo Kaufmann & Co's für 313.604 Gulden; nach Abzug von Zinsen und Provision wurde damit ein Nettogewinn von 202.905 Gulden erzielt, s. NL-HaNA, 2.25.68 Nr. 14322, Verwalter der Buitenlandsche Bankvereeniging an das Nederlandse Beheersinstituut Amsterdam, undatiert, Bl. 12–13.

444 NL-HaNA, 2.25.68 Nr. 14322, Verwalter der Buitenlandsche Bankvereeniging an das Nederlandse Beheersinstituut Amsterdam, undatiert, Bl. 8.

445 NL-HaNA, CABR 2.09.09 Nr. 86942-I, Politieke Recherche Afdeling Amsterdam, Proces-Verbaal i. S. Vermoedelijke collaboratie van Petrus Jan Rienstra, 25. 7. 1946, unfoliiert; NL-HaNA, 2.25.68 Nr. 14322, Verwalter der Buitenlandsche Bankvereeniging an das Nederlandse Beheersinstituut Amsterdam, undatiert, Bl. 11.

Weisung oder zumindest nach einem Hinweis deutscher Stellen, somit der Bank eine von der ‚Vierjahresplanbehörde' erwünschte, von den Firmeninhabern aber erpresste Kapitalverflechtung ermöglichte. Seine Provision dafür belief sich auf 26.000 Gulden.[446]

Die Buitenlandbank beziehungsweise Miedl beschränkten sich 1940 allerdings nicht nur auf Kapitalverflechtungen, sondern übernahmen auch drei Unternehmen aus jüdischem Besitz, mit deren Eigentümern bereits zuvor im Wirtschaftsbereich und im Kunsthandel Geschäfte getätigt worden waren. Zwei der Firmen erwarb Miedl im Sommer des Jahres von Marcel Wolf, der gemeinsam mit seinem Bruder Daniel im Jahr 1938 Miedls Aktienpaket der Redjang Lebong übernommen hatte. 1898 in Arnheim geboren,[447] hatte Daniel Wolf Anfang der 1920er Jahre zusammen mit seinem Schwiegervater einen Spirituosenhandel gegründet; große Gewinne erzielte er jedoch erst nach seinem Einstieg in den Holzhandel. Seinem vier Jahre älteren, bis dahin weniger erfolgreichen Bruder Marcel übertrug er Ende der 1920er Jahre die Leitung seiner in Deutschland ansässigen Tochtergesellschaft.[448] Gemeinsam erfolgreich wurden die Brüder Wolf ab November 1936 mit aus Polen stammenden Waffenlieferungen an die Republikaner im Spanischen Bürgerkrieg.[449] Von den zwanzig Millionen Gulden, die Daniel Wolf allein bis Mai 1937 durch diese Geschäfte verdient hatte,[450] blieben ihm aufgrund einer Reihe von Fehlinvestitionen – unter anderem im Fall der Redjang Lebong – zu Kriegsbeginn lediglich circa vier Millionen Gulden.[451] Von einem Aufenthalt in Paris, wo er sich zum Zeitpunkt der Okkupation aufhielt, kehrte er nicht mehr in die Niederlande zurück, sondern emigrierte nach Amerika.[452] Sein Anwesen Groot Haesebroek in Wassenaar, in dem sich seine Kunstsammlung befand, wurde im Juni 1940 von General Christiansen beschlagnahmt und in „Fliegerhorst" umbenannt. Zeugenaussagen zufolge wurde Miedl dort dabei beobachtet, wie er einige Bilder abhängte und mitnahm.[453] Der in den Niederlanden verbliebene Marcel Wolf beschuldigte allerdings Miedl nach dem Krieg nicht des Diebstahls, sodass davon ausgegangen werden kann, dass es sich um die bereits erwähnten Gemälde *Madonna mit Kind und Trauben, zwei Engel halten einen Vorhang* von Lucas Cranach dem Älteren sowie *Der Alchemist* (5014) von Jan Steen handelte, die Miedl am 10. Juni von Tietje und Wolfs Sekretärin erworben hatte.

Da Marcel Wolf angesichts der Beschlagnahme des Anwesens seines Bruders zu Recht fürchtete, dass auch seine Unternehmen konfisziert werden könnten, bat er Miedl noch im

446 NL-HaNA, 2.25.68 Nr. 14322, Verwalter der Buitenlandsche Bankvereeniging an das Nederlandse Beheersinstituut Amsterdam, undatiert, Bl. 11.

447 Bouwens/Langeveld 2018, S. 17.

448 Ebd., S. 27–28.

449 Ebd., S. 64.

450 Ebd., S. 102.

451 Ebd., S. 246.

452 Venema 1986, S. 295.

453 Bouwens/Langeveld 2018, S. 216–218.

selben Monat, die N. V. Filmmaatschappij Cinetone als Strohmann zu übernehmen. Das in Duivendrecht bei Amsterdam gelegene Filmstudio mit zwei Hallen, mehreren Lagerhäusern und einem Bürogebäude hatte er erst im Oktober 1938 für 160.000 Gulden erworben.[454] Dass es sich entgegen Miedls Nachkriegsbehauptung, keine Vereinbarung über eine Rückgabe mit Wolf getroffen zu haben,[455] tatsächlich um ein Scheingeschäft handelte, indiziert der im Juni 1940 vereinbarte, lediglich dem Stammkapital entsprechende Preis von 10.000 Gulden. Wolf trat einen Monat später aus dem Aufsichtsrat aus und unterzeichnete am 19. August 1940 den Kaufvertrag.[456] Während Miedl später behauptete, etwa 200.000 Gulden gezahlt zu haben,[457] erklärte Wolf, dass er ihm sogar die 10.000 Gulden im Grunde geschenkt habe, indem er ihm am 27. Juni 1940 eine *Eislandschaft mit Schlittschuhläufern und kahlen Bäumen* von Aert van der Neer, ein *Porträt des Tyrannen von Pyrrhus* von Ferdinand Bol und eine *Landschaft mit Figuren* von Salomon van Ruysdael für 30.000 Gulden überließ, nachdem er selbst dafür 52.000 Gulden gezahlt hatte.[458] Tatsächlich wurde ihm in den Büchern der Buitenlandbank ein Betrag von 35.000 Gulden gutgeschrieben, auf den er allerdings nie Zugriff gehabt habe.[459]

Dass es sich beim Verkauf seines zweiten Unternehmens, der Polski Bank Komercyjny Warschau, an die Buitenlandbank am 29. August 1940[460] ebenfalls, wie von ihm behauptet, um ein Scheingeschäft gehandelt hat,[461] ist jedoch fraglich. Der Ablauf spricht eher dafür, dass sich Wolf durch unvorteilhafte Vertragsgestaltung in der Vorgeschichte selbst in eine aussichtslose Verhandlungsposition manövriert hatte, die von Miedl skrupellos ausgenutzt wurde. Wolf hatte nämlich bereits am 10. September 1939 das gesamte Aktienkapital zu siebzig Prozent an die N. V. Nieuwe Rotterdamsche Trust- en Handel Mij. sowie den Rest an die Buitenlandbank veräußert. Laut Vertrag erwarben die Käufer erst nach vollständiger Bezahlung, die in sechs über drei Jahre verteilten Raten erfolgen sollte, das volle Eigentum an

454 Schiweck, Ingo: „… weil wir lieber im Kino sitzen als in Sack und Asche“. Der deutsche Spielfilm in den besetzten Niederlanden 1940–1945 (Niederlande-Studien Bd. 28), Münster 2002, S. 151–152.

455 NL-HaNA, 2.05.286 Nr. 670, Alois Miedl an Minister van Buitenlandse Zaken, 17. 1. 1947, unfoliiert.

456 Schiweck 2002, S. 152–153.

457 NL-HaNA, 2.05.286 Nr. 670, Alois Miedl an Minister van Buitenlandse Zaken, 17. 1. 1947, unfoliiert.

458 NL-HaNA, NBI 2.09.16.10 Nr. 203496, Beratungsbüro für Steuerfragen Den Haag an R. V. Bakker, 29. 3. 1947, unfoliiert.

459 NL-HaNA, NBI 2.09.16.10 Nr. 203491, Inventaris van het archief van het Nederlands Beheersinstituut, beheersdossiers beginnend met de letter M, Miedl, (Bankierskantoor) (I), Amsterdam, Marcel Wolf an Nederlandse Beheersinstituut, 27. 9. 1955, Bl. 1. – Im CIR zur Sammlung Göring wird unzutreffend behauptet, Hofer habe Wolf für drei Gemälde 70.000 Gulden gezahlt, s. BArch Koblenz, B 323/70, The Goering Collection (Bericht von Th. Rousseau), 15. 9. 1945, Bl. 70.

460 NL-HaNA, 2.25.68 Nr. 13900, Bankierskantoor A. Miedl an Raad van het Rechtsherstel, September 1945, Bl. 7.

461 NL-HaNA, 2.25.68 Nr. 14322, Verwalter der Buitenlandsche Bankvereeniging an Nederlandse Beheersinstituut Amsterdam, undatiert, Bl. 5.

den Anteilen. Ferner war der Verkaufspreis neu festzulegen, falls die Bilanz für 1940 erheblich von Zahlen des Vorjahresberichts abwich. Da eben dieser Fall tatsächlich eintrat, wurde der Vertrag Ende August 1940 aufgehoben; gleichzeitig trat die Nieuwe Rotterdamsche Trust- en Handel Mij. von dem Geschäft zurück. Die Buitenlandbank bot daraufhin an, sämtliche Anteile zum Stückpreis von drei Gulden zu übernehmen, was Wolf notgedrungen akzeptierte, sodass die Bank für nur 102.450 Gulden den Besitzer wechselte. Der Betrag wurde zwar dem Treuhandkonto „M. Wolf" – auf dem sich bereits die 10.000 Gulden des ersten Verkaufs befanden – gutgeschrieben, Wolf hatte aber keinen Zugriff darauf, da er sich im neuen Vertrag verpflichtet hatte, den aktuellen Überschuss der Bank in Höhe von etwa 624.000 Zloty bis zum 1. Dezember 1940 auf 2,5 Millionen Zloty zu erhöhen.[462] Dass die Buitenlandbank die Auszahlung des Kaufpreises an eine für Wolf nur schwer bis – wie sich zeigte – nicht erfüllbare Bedingung knüpfte, macht deutlich, dass Miedl von Anfang an nicht beabsichtigte, Wolf zu bezahlen. Von „Hilfe für einen jüdischen Kaufmannskollegen"[463] kann in diesem Fall somit keine Rede sein. Die Bank wurde im Zuge ihrer Umstellung auf die deutsche Rechtsform in Polnische Kommerzbank Warschau umbenannt und ihre Aktien wurden nach Ablauf der Frist im Dezember 1940 für 116.110 Gulden von Miedl übernommen.[464] Den bei der Schantung beschäftigten Nationalökonomen und Bankfachmann Prof. Richard Kerschagl beauftragte er mit der Leitung der Bank, die sich laut Miedl „ausgezeichnet"[465] entwickelte. Nichtsdestoweniger beabsichtigte er, die Bank unter Einschaltung der niederländischen Zentralbank zu verkaufen. Im Oktober 1942 pries er das Unternehmen der Nederlandsche Bank an: Der Gesamtwert des Unternehmens betrage nun über eine Million Gulden; zudem sei sie die einzige Bank in Polen, bei der der polnische Vorstand und die Aufsichtsräte im Amt geblieben seien, was zu einer Vergrößerung des Kundenstamms geführt habe; demzufolge fänden sich unter den deutschen Banken sicher genügend Bewerber für das Aktienpaket, da der Erwerb eine Niederlassung in Polen trotz der staatlichen Restriktionen ermögliche.[466] Offensichtlich lag er mit dieser Einschätzung jedoch falsch, da er auch in den folgenden Jahren keinen Interessenten vom Kauf überzeugen konnte.[467]

Bei dem dritten von Miedl übernommenen Unternehmen handelte es sich um das im April 1940 in Liquidation gegangene Bankhaus Lisser & Rosenkranz. Während Salomon Flörsheim sich dazu entschieden hatte, vorerst in Amsterdam zu bleiben, hatte sein Geschäfts-

462 NL-HaNA, 2.25.68 Nr. 13900, Bankierskantoor A. Miedl an Raad van het Rechtsherstel, September 1945, Bl. 7–8.

463 Den Hollander 2007, S. 109.

464 NL-HaNA, 2.25.68 Nr. 13900, Bankierskantoor A. Miedl an Raad van het Rechtsherstel, September 1945, Bl. 9.

465 NL-HaNA, NBI 2.09.16 Nr. 854, Alois Miedl an C. H. van Brink, 17.1.1947, unfoliiert.

466 NL-HaNA, 2.25.68 Nr. 14322, Buitenlandsche Bankvereeniging N.V. Amsterdam an Nederlandsche Bank i.S. Prüfung der Monatsbilanz zum 31.8.1942, Oktober 1942, Bl. 10.

467 Ebd., Verwalter der Buitenlandsche Bankvereeniging an Nederlandse Beheersinstituut Amsterdam, undatiert, Bl. 3.

partner Siegfried Kramarsky die Niederlande bereits Ende 1939 mit dem Ziel Amerika verlassen, am 31. Januar 1940 offiziell seinen Posten als Direktor aufgegeben und Franz Koenigs zu seinem Bevollmächtigten ernannt. Er blieb allerdings weiterhin gemeinsam mit Flörsheim Majoritätsinhaber von über sechzig Prozent des Kapitals in Höhe von zwei Millionen Gulden.[468] Zum Schutz des Unternehmens unter der deutschen Besatzung verkaufte Flörsheim seine Anteile am 9. September 1940 an Franz Koenigs. Der Plan, auch Kramarskys Aktien auf Koenigs zu übertragen, scheiterte allerdings aufgrund nicht näher beschriebener „Reibereien zwischen Koenigs und einigen der führenden Personen seiner Firma."[469] Flörsheim, der am 18. September von Herrndorf als Liquidator abgelöst wurde,[470] vereinbarte daraufhin mit Koenigs, den gesamten Aktienbesitz im Rahmen einer ‚freundschaftlichen Arisierung' an Miedl zu verkaufen. Lisser & Rosenkranz gewährte der Buitenlandbank dafür ein Darlehen in Höhe von etwa einer Million Gulden, mit dem die Anteile im Oktober 1940 erworben wurden.[471] Die Buitenlandbank verlegte ihren Sitz anschließend in die im Kauf enthaltene Immobilie an der Herengracht 268 und übernahm das gesamte Personal, wodurch die Mitarbeiterzahl von zehn auf dreißig anstieg.[472] Während Miedl seine Zusage, das Eigentum von Lisser & Rosenkranz zu schützen, hinsichtlich des Aktienpakets und des Bürogebäudes bis Kriegsende einhielt,[473] veräußerte er das ebenfalls übernommene Wohnhaus von Kramarsky an eine Amsterdamer Baufirma. Dass ein Missverständnis zwischen ihm und der Buitenlandbank zu diesem Verkauf geführt habe, wie er später behauptete, ist zwar nicht auszuschließen,[474] angesichts von Kramarskys Abwesenheit sah er aber wahrscheinlich eher eine Chance, von der ‚freundschaftlichen Arisierung' zumindest teilweise zu profitieren.

468 NL-HaNA, 2.25.68 Nr. 13900, Bankierskantoor A. Miedl an Raad van het Rechtsherstel, September 1945, Bl. 5–6. – Laut Saltzman reiste Kramarsky am 11. 11. 1939 nach Portugal, von wo er im Frühjahr 1941 nach Amerika emigrierte, s. Saltzman 2003, S. 238.

469 BAR, E9500.239A#2003/48#79*, Erklärung von Salomon Flörsheim, 5. 10. 1949, unfoliiert.

470 NL-HaNA, 2.05.117 Nr. 5953, Konsul der Niederlande F. M. J. Schortinghuis an Generalkonsul der Niederlande A. Sevenster, Montreal, 30. 12. 1949, unfoliiert.

471 NL-HaNA, NBI 2.09.16 Nr. 854, Alois Miedl i. S. Lisser & Rosenkranz, 7. 5. 1947, unfoliiert. – Der Kaufpreis schwankt je nach Quelle zwischen etwa 989.000 Gulden und über einer Million Gulden, s. NL-HaNA, NBI 2.09.16.10 Nr. 203496, Politieke Recherche Afdeling Colaboratie, Amsterdam i. S. Rapport inzake N. V. Buitenlandsche Bankvereeniging, Bankierskantoor Alois Miedl, Amsterdam, 13. 11. 1946, Bl. 4; NL-HaNA, NBI 2.09.16.10 Nr. 203492, Inventaris van het archief van het Nederlands Beheersinstituut, beheersdossiers beginnend met de letter M, Miedl, (Bankiers-kantoor) (II), Amsterdam, Eröffnungsbericht i. S. Bankierskantoor A. Miedl Amsterdam, September 1945, Bl. 7.

472 NL-HaNA, 2.25.68 Nr. 14322, Buitenlandsche Bank an De Nederlandsche Bank i. S. Prüfung der Monatsbilanz zum 31. 8. 1942, Oktober 1942, Bl. 3.

473 Ebd., Verwalter der Buitenlandsche Bankvereeniging an Nederlandse Beheersinstituut Amsterdam, undatiert, Bl. 5.

474 NL-HaNA, NBI 2.09.16 Nr. 854, Alois Miedl i. S. Lisser & Rosenkranz, 7. 5. 1947, unfoliiert.

Neben diesen drei großen Transaktionen im Jahr 1940 konzentrierte sich die Buitenlandbank seit der Gründung von voorheen J. Goudstikker vorrangig auf den Vertrieb deutscher Clearingforderungen, die bei Gemäldeverkäufen anfielen.[475] Allein im September 1940 soll sie vier Forderungen im Wert von acht Millionen Reichsmark von voorheen J. Goudstikker erworben haben, die sie mit einem Gewinn von circa 21.000 Gulden an Rhodius Koenigs sowie den Handelstrust West weiterverkaufte.[476] Wie profitabel voorheen J. Goudstikker als weiteres Geschäftsfeld der Bank war, zeigt sich beim Vergleich der Prüfberichte für 1939 und 1940: Während die Buitenlandbank zum 31. Dezember 1939 einen Verlust von etwa 327.000 Gulden in der Bilanz verzeichnete,[477] wies sie bereits ein Jahr später einen Reingewinn von fast 232.000 Gulden aus.[478]

7.12 Kunsthandelsgeschäfte im Herbst 1940

Eine stringente Darstellung der Eröffnungsbilanz von voorheen J. Goudstikker wird dadurch erschwert, dass drei auf den 14. September 1940 datierte Prüfberichte existieren, die aber zu verschiedenen Zeitpunkten gefertigt wurden und sich an entscheidenden Stellen widersprechen. So wurden die ersten beiden Berichte zwar von demselben Buchhalter J. Elte erstellt, jedoch im Abstand von eineinhalb Jahren herausgegeben. Während er in der Version vom 7. Januar 1940 etwa noch davon ausging, dass Miedl Käufer der Gemälde vom Kunsthandel J. Goudstikker gewesen sei, korrigierte er diesen Fehler in der zweiten Fassung von Juni 1942.[479] Nachdem Elte aufgrund seiner jüdischen Abstammung in das ‚Durchgangslager' Westerbork deportiert worden war, wurde ab 1943 Th. van Alebeek mit der Aufgabe betraut.[480] Nach

475 NL-HaNA, 2.25.68 Nr. 14322, Verwalter der Buitenlandsche Bankvereeniging an Nederlandse Beheersinstituut Amsterdam, undatiert, Bl. 10.

476 NL-HaNA, NBI 2.09.16.10 Nr. 203496, Politieke Recherche Afdeling Colaboratie, Amsterdam i. S. Rapport inzake N. V. Buitenlandsche Bankvereeniging, Bankierskantoor Alois Miedl, Amsterdam, 13.11.1946, Bl. 7.

477 NL-HaNA, CABR 2.09.09 Nr. 86942-III, Inventaris van het archief van het Ministerie van Justitie: Centraal Archief van de Bijzondere Rechtspleging, 1945–1952, Veland Import- en Export Handel Mij. Amsterdam, Buitenlandsche Bankvereeniging N. V. Amsterdam, Verslag over het jaar 1939, September 1940, unfoliiert.

478 Ebd., Buitenlandsche Bankvereeniging N. V. Amsterdam, Verslag over het jaar 1940, Mai 1941, unfoliiert.

479 SAA, 1341 Nr. 112, Rapport van de Centrale Accountants Dienst van het Ministerie van Financien aan het NBI van het onderzoek naar de voorwaarden waaronder door de beheerders van het vermogen van Alois Miedl en van den Kunsthandel v/h J. Goudstikker N. V. restitutie van vermogenswaarden heeft plaatsgevonden aan de Kunsthandel J. Goudstikker N. V., 7.11.1951, Bl. 3.

480 NL-HaNA, NBI 2.09.16.10 Nr. 203464, Inventaris van het archief van het Nederlands Beheersinstituut, beheersdossiers beginnend met de letter M, Miedl, (Kunsthandel) NV (II), Amsterdam,

Kriegsende unternahm er den Versuch, die falschen Einträge so weit wie möglich in einem dritten Bericht zu korrigieren. Nach Einschätzung des zentralen Rechnungshofs gelang ihm dies allerdings „angesichts der Komplexität der Manipulationen von Miedl zweifellos nicht in vollem Umfang."[481] Da auch die von der Behörde „durchgeführte Untersuchung falsche Aufstellungen von großen Beträgen ergab", musste sie einräumen, dass „nicht davon ausgegangen werden kann, dass alle betrügerischen Einträge aufgedeckt wurden" und es höchst fraglich ist, „dass jemand anderes als Miedl jemals in der Lage sein wird, einen völlig korrekten Einblick in den tatsächlichen Stand der Dinge zu gewinnen."

Während die Angaben zum Umsatz, dem Handelsbestand und den Schuldnern in den Prüfberichten dementsprechend mit besonderer Vorsicht behandelt werden müssen, ergibt sich aus den internen Geschäftsbüchern ein klareres, wenn auch stets kritisch zu hinterfragendes Bild der Kunsthandelsaktivitäten von voorheen J. Goudstikker. Demzufolge tätigte Miedl noch vor der Gründung von voorheen J. Goudstikker im August die meisten Käufe des Jahres 1940: So erwarb er neben dem umfangreichen Bestand von Katz nachweislich weitere circa 136 Gemälde von fünfundzwanzig Personen.[482] Wie schon im Juli handelte es sich bei der Mehrzahl der Verkäufer um niederländische Kunsthändler, von denen etwas mehr als die Hälfte im August 1940 erstmals mit Miedl Geschäfte machte. Zu diesen gehörte Dirk Albert Hoogendijk, der die ihm angeblich angebotene Leitung von voorheen J. Goudstikker abgelehnt hatte.[483] Mitte des Monats verkaufte er eine *Mondscheinlandschaft* (5143) von Aert van der Neer sowie eine *Landschaft mit Wagen* (5788) von Jan Siberechts. Während Miedl ihm für diese zwei Gemälde 28.000 Gulden zahlte,[484] erhielt der Den Haager Kunsthändler J. Bruinse für zweiundzwanzig Gemälde (5744–5765) ebenfalls überwiegend niederländischer alter Meister nur etwa 31.000 Gulden. Neben den neuen boten auch bereits bekannte Verkäufer wie Paul Zwaal, von dem Miedl bereits einen Monat zuvor sieben Gemälde erworben hatte, Werke an.[485] Letzterer etwa verkaufte vom 1. bis 26. August sechzehn Werke

---

Beginverslag van Bestuurders met bevoegdheid van Beheerders van de Kunsthandel voorheen J. Goudstikker te Amsterdam 15. 7. 1946, Bl. 1.

481 SAA, 1341 Nr. 112, Rapport van de Centrale Accountants Dienst van het Ministerie van Financien aan het NBI van het onderzoek naar de voorwaarden waaronder door de beheerders van het vermogen van Alois Miedl en van den Kunsthandel v/h J. Goudstikker N.V. restitutie van vermogenswaarden heeft plaatsgevonden aan de Kunsthandel J. Goudstikker N.V., 7. 11. 1951, Bl. 13; folgende Zitate ebd.

482 Von den 26 genannten Verkäufern konnte in 25 Fällen die Identität ermittelt werden. Nicht identifiziert werden konnte ein gewisser v. d. Boom, der am 30. 8. 1940 für 352 Gulden das Gemälde *Die klugen und die törichten Jungfrauen* (5786) eines unbekannten Künstlers verkaufte, s. NL-HaNA, NBI 2.09.16 Nr. 867, Voorraadboek schilderijen, 1940–1941.

483 Den Hollander 2007, S. 145.

484 NL-HaNA, NBI 2.09.16 Nr. 867, Voorraadboek schilderijen, 1940–1941, Bl. 7, 35.

485 Die von Zwaal im Juli 1940 erworbenen Gemälde laufen unter den folgenden Inventarnummern: 5024–5052–5053–5054–5065–5066–5067, s. ebd., Bl. 1, 3.

für insgesamt weniger als 3.000 Gulden, wobei fünf dieser Bilder – darunter eine *Landschaft* (5106) von Jan Wijnants – explizit auf Rechnung der Schantung akquiriert wurden. Die *Landschaft*, die im Einkauf 300 Gulden gekostet hatte, war Teil der zweiten Berliner Lieferung vom 17. August 1940 und wurde Ende November des Jahres von der Schantung für 1.000 Reichsmark an die Hamburger Kunsthandlung Arcana verkauft.[486] Nachweislich erwarb Miedl neben den Gemälden von Zwaal im Juli und August 1940 vierundzwanzig weitere Kunstwerke auf Kosten der Schantung; nur elf davon wurden jedoch vor der Vergabe einer Goudstikker-Inventarnummer mit einem „X" und einer anschließenden Zahl gekennzeichnet.[487] Die spätere Vermutung der Alliierten, es handele sich dabei um geheime Nummern, die Miedl für spezielle persönliche Transaktionen nutzte,[488] lässt sich angesichts der Preise sowie der Käufer – in acht Fällen der ‚Sonderauftrag Linz' – nicht bestätigen. Allem Anschein nach wurden sie im Bestand „X" zusammengeführt, da acht der Gemälde von deutschen Künstlern des 19. Jahrhunderts stammten. So etwa die unter „X3" und „X4" laufenden *Mädchenbildnisse* (5078/5079) von Georg Buchner oder das mit „X5" gekennzeichnete *Seestück* (5077) von Andreas Achenbach sowie ein *Damenbildnis* (5080) von Franz von Lenbach, dem die Nummer „X7" zugewiesen wurde. Alle diese Werke hatte Miedl am 1. August 1940 für insgesamt 1.450 Gulden vom Amsterdamer Kunsthändler Jacob Stodel erworben.[489] „X"-Bilder verkauften außerdem Simon de Haan, Herbert Wieth und W. H. Jansen, der zu den vier nicht hauptberuflich auf dem Kunstmarkt tätigen Verkäufern zählte. Zu den Privatverkäufern gehörte erneut auch Friedrich W. Hollstein, für dessen *Porträt von Heinrich IV., Herzog zu Mecklenburg* (5115) von Jacopo de' Barbari[490] (Abb. 5) Miedl mit 37.500 Gulden einen der Spitzenpreise im August 1940 zahlte; die Reichskanzlei übernahm das Gemälde wiederum am 17. Oktober des Jahres laut des Lagerbuchs für 180.407 Gulden.

Für ein ovales *Herrenporträt* (5781) von Frans Hals wandte der Kunsthandel J. Goudstikker am 29. August 1940 sogar 175.000 Gulden auf.[491] Im Ein- und Ausgangsbuch ist als Verkäufer dieses Gemäldes sowie eines *Jungenkopfes* (5780) von Judith Leyster, eines *Interieur mit Äpfel schälender Frau* (5782) von Gerard Dou (s. Abb. 23) und einer *Gesellschaft* (5783) von Pieter Codde nachträglich mit Bleistift Miedl eingetragen.[492] Offensichtlich sollte der

---

486 Ebd., Bl. 5; NL-HaNA, NBI 2.09.16 Nr. 852, Schantung, Konto II für Gemälde und Kunstgegenstände 1940, 22. 11. 1940, unfoliiert.

487 NL-HaNA, NBI 2.09.16 Nr. 861, Boek van ingekomen- en uitgegane stukken, 1940–1942, Bl. 1.

488 NARA, M1946, RG 260, Investigations: Göring – Gurlitt, H. Dienske an Herbert S. Leonard, 2. 8. 1948, unfoliiert.

489 NL-HaNA, NBI 2.09.16 Nr. 867, Voorraadboek schilderijen, 1940–1941, Bl. 4.

490 Seit 1951 befindet sich das *Porträt von Heinrich IV.* von Jacopo de' Barbari als Dauerleihgabe der Nederlands Kunstbezit Collectie im Mauritshuis in Amsterdam, s. https://www.mauritshuis.nl/de/sammlung-entdecken/kollektion/898-portrait-of-heinrich-v-1479-1552-duke-of-mecklenburg/#kcollection-artwork [zuletzt aufgerufen 2. 9. 2024].

491 NL-HaNA, NBI 2.09.16 Nr. 867, Voorraadboek schilderijen, 1940–1941, Bl. 34.

492 NL-HaNA, NBI 2.09.16 Nr. 861, Boek van ingekomen- en uitgegane stukken, 1940–1942, Bl. 5.

tatsächliche Verkäufer nicht genannt werden, bei dem es sich nachweislich zumindest im Fall von Dou und Leyster um die ‚Dienststelle Mühlmann ' handelte. Auch wenn die beiden anderen Werke in deren Geschäftsbuch nicht erwähnt werden,[493] ist auch ihr Verkauf durch die ‚Dienstelle Mühlmann' nicht ausgeschlossen, da das Buch mit nur etwas mehr als 1.000 aufgeführten Gemälden nachweislich unvollständig ist.[494] Für die Provenienz Mühlmann spricht auch, dass Miedl das *Herrenporträt* von Hals laut der Unterlagen von voorheen J. Goudstikker am 17. Oktober an die Dienststelle retournierte.[495]

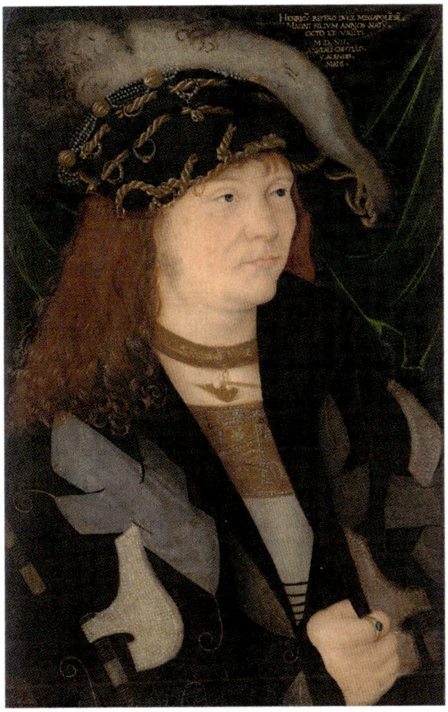

Abb. 5 Jacopo de' Barbari, Porträt von Heinrich IV., Herzog zu Mecklenburg, 1507, Öl auf Holz, 59,3 × 37,5 cm.

Interessanterweise wurde Miedls Name im August noch ein weiteres Mal zur Verschleierung verwendet und auch in diesem Fall bestand eine Verbindung zur ‚Dienststelle Mühlmann': So wurde sowohl im Ein- und Ausgangsbuch als auch dem Lagerbuch angegeben, Miedl sei der Verkäufer der Nummern 5774 bis 5778;[496] tatsächlich belegt jedoch eine Faktur, dass sie von der Brüsseler Galerie Arthur de Heuvel erworben wurden.[497] De Heuvel, der sich auf Gemälde des 17. Jahrhunderts spezialisiert hatte, arbeitete in Belgien eng mit dem bei der ‚Dienststelle Mühlmann ' als Sachverständiger und Aufkäufer beschäftigten Berliner Kunsthistoriker Eduard Plietzsch zusammen und wurde von dem Vertreter des ‚Sonderauftrag Linz' Erhard Göpel als „einer der zuverlässigsten Händler"[498] beschrieben. Miedl beharrte jedoch noch in der Nachkriegszeit darauf, mit einer Ausnahme – der Sammlung Ren-

493 BArch Koblenz, B 323/199, Geschäftsbuch der „Dienststelle Dr. Mühlmann" beim Reichskommissar für die besetzten niederländischen Gebiete, Den Haag, 1940–1941, Bl. 7–36.

494 Aalders 2000, S. 116–117.

495 NL-HaNA, NBI 2.09.16 Nr. 867, Voorraadboek schilderijen, 1940–1941, Bl. 34.

496 Ebd.; NL-HaNA, NBI 2.09.16 Nr. 861, Boek van ingekomen- en uitgegane stukken, 1940–1942, Bl. 5.

497 NL-HaNA, NBI 2.09.16 Nr. 881, Rechnung der Galerie Arthur de Heuvel, 27. 8. 1940, unfoliiert.

498 NARA, M1944, RG 239, Card File on Art-Looting Suspects, 1943–1946, De Heuvel, Brüssel, unfoliiert; Sels, Geert: Kunst voor Das Reich. Op zoek naar Nazi roof kunst uit België, Tielt 2022, S. 202, 261.

ders – keine Geschäfte in Belgien getätigt zu haben,[499] was allerdings nicht zutrifft. Dass De Heuvel an der ‚Dienstelle Mühlmann' vorbei direkt an Miedl verkaufte, erscheint weniger wahrscheinlich als ein Kauf durch Plietzsch, der an Miedl weitergereicht wurde. Warum in manchen Fällen die Provenienz Mühlmann verschleiert wurde, ist nicht mehr zweifelsfrei zu klären. Möglicherweise diente die Zwischenschaltung Miedls dazu, das von Mühlmann nach dem Krieg behauptete Profitverbot bei Verkäufen an Hitler und Göring[500] zu unterlaufen.

Wie sich an den Transaktionen im September 1940 zeigt, unternahm Miedl dagegen keinen Versuch, Mühlmann als Käufer in den Unterlagen zu verschleiern. Erstmals erwarb dieser am 12. September 1940 vier Gemälde, die der Kunsthandel J. Goudstikker in drei Fällen erst wenige Tage zuvor übernommen hatte: Die *Flusslandschaft* (5829) von Jan Pieter van Bredael, für die Mühlmann 500 Gulden zahlte, stammte etwa von W. H. Jansen, der neben Hollstein als einziger der achtzehn Verkäufer im September nicht hauptberuflich auf dem Kunstmarkt aktiv war.[501] Die *Landschaft mit Figuren* (5828) von Bernhard Gael hatte Miedl wiederum von dem ihm bislang noch nicht geschäftlich verbundenen Kunsthandel S. Zijlstra in Wageningen für 440 Gulden gekauft;[502] Mühlmann erwarb es für 500 Gulden als Geschenk für Hitlers Chefadjutanten Julius Schaub.[503] Die beiden anderen Gemälde stammten von Miedls „gutem Geschäftsfreund"[504] Katz, wobei das *Damenbildnis* (5239) von Jan Cornelisz. Verspronck bereits im Zuge des umfangreichen Geschäfts Anfang August an Miedl gelangt war. Während Mühlmann dafür 16.000 Gulden ausgab, zahlte er für die *Winterlandschaft* (5796) von Nicolaes Molenaer dem Jüngeren, das Miedl mit zwanzig weiteren Kunstwerken am 9. September 1940 von Nathan Katz erworben hatte,[505] nur 500 Gulden.[506] Die

499 BAR, E9500.239A#2003/48#108*, Alois Miedl an das Schweizerische Bundesgericht, 23.11.1949, unfoliiert.

500 NARA, M1946, RG 260, Mühlmann, Kajetan: Detailed Interrogation Report No. 1, Kajetan Mühlmann and the Dienststelle Mühlmann, 25.12.1945, Bl. 9.

501 Von den 18 genannten Verkäufern konnte in 15 Fällen die Identität ermittelt werden. Nicht eindeutig identifiziert werden konnte ein Dr. Gruber, der am 6. und 23. September 1940 die Inventarnummern 5789–5790–5868–5879 verkaufte. Ebenfalls unbekannt bleiben La Croie, mit dem Gemälde Nummer 5827 am 11. September 1940 und Dr. Klopfer, von dem Miedl am 17. September 1940 die Nummern 5852 und 5853 erwarb, s. NL-HaNA, NBI 2.09.16 Nr. 867, Voorraadboek schilderijen, 1940–1941.

502 NL-HaNA, NBI 2.09.16 Nr. 867, Voorraadboek schilderijen, 1940–1941, Bl. 36.

503 BArch Koblenz, B 323/199, Geschäftsbuch der „Dienststelle Dr. Mühlmann" beim Reichskommissar für die besetzten niederländischen Gebiete, Den Haag, 1940–1941, Bl. 7.

504 Advisory Committee on the assessment of restitution applications for items of cultural value and the Second World War, RC 1.90B, Art Dealership Katz (B), 17.12.2012, https://www.restitutiecommissie.nl/en/recommendation/art-dealership-katz-b/ [zuletzt aufgerufen 26.1.2023].

505 Am 12.9.40 verkauft Katz die Nummern 5831–5832; am 19. des Monats folgen dann noch 5862–5863, s. NL-HaNA, NBI 2.09.16 Nr. 861, Boek van ingekomen- en uitgegane stukken, 1940–1942, Bl. 8–9.

506 Ebd., Bl. 8. – Die Inventarnummer 5239 verkaufte die ‚Dienststelle Mühlmann'an A. Neuerburg, Hamburg, s. BArch Koblenz, B 323/199, Geschäftsbuch der „Dienststelle Dr. Mühlmann" beim Reichskommissar für die besetzten niederländischen Gebiete, Den Haag, 1940–1941, Bl. 9.

Zeichnung eines *Reitergefechts* (Sch. 5793) von Jan van Huchtenburgh, die ebenfalls Teil dieser Transaktion gewesen war, kaufte Mühlmann nur zwei Tage nach dem ersten Geschäftsabschluss für 3.000 Gulden. Darüber hinaus erwarb er für 12.000 Gulden die bereits im Juli übernommene Darstellung von *Christus am Kreuz* (5063) von Cornelis Engelbrechtsen sowie für 18.000 Gulden eine *Wirtshausszene* (5817) von Adriaen van Ostade, die Miedl mit weiteren neun Werken am 11. September von dem Den Haager Kunsthandel Esher-Surrey erhalten hatte.[507]

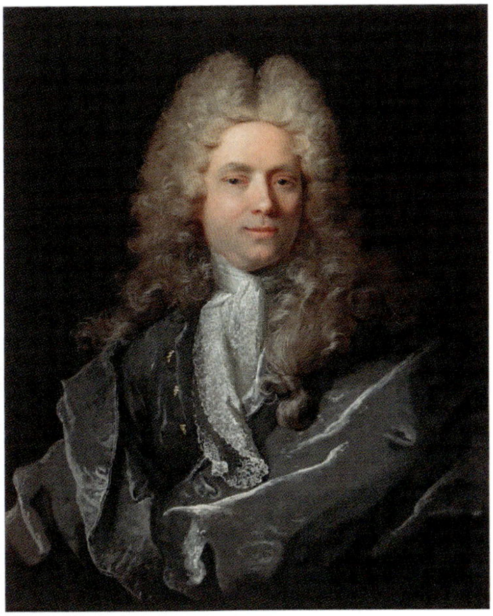

Abb. 6 Nicolas de Largillière, Brustbild eines vornehmen Herrn, ca. 1675–1699, Öl auf Leinwand, 80 × 62,5 cm.

Eine *Winterlandschaft* (5818) von Nicolaes Molenaer, die ebenfalls von diesem Kunsthandel stammte, kaufte dagegen Gritzbach in Görings Auftrag am 20. September für 2.000 Gulden. Bereits kurz zuvor hatte er erstmals seit der ‚Arisierung' zwanzig weitere Werke bei voorheen J. Goudstikker erworben, darunter das *Brustbild eines vornehmen Herrn* (5055) von de Largillière (Abb. 6) aus Brünells Besitz sowie Ferdinand Bols *Selbstbildnis mit Ehefrau* (5774) und eine *Waffenkammer mit Soldaten* (5777) von David Teniers dem Jüngeren, deren Provenienz „De Heuvel" Miedl erneut zu verschleiern versuchte.[508] Das über Gritzbach an Göring gelangte *Brustbild eines vornehmen Herrn* wurde nach Kriegsende an die Niederlande restituiert und befand sich bis 2006 als Leihgabe der Nederlands Kunstbezit Collectie im Bonnefantenmuseum in Maastricht. Am 29. September dieses Jahres wurde das Gemälde auf Empfehlung der niederländischen Restitutionskommission an die Erben nach Brünell zurückgegeben.[509]

507 NL-HaNA, NBI 2.09.16 Nr. 867, Voorraadboek schilderijen, 1940–1941, Bl. 36. – Während die Inventarnummer 5817 am 22.2.1941 für 45.000 RM von v/h J. Goudstikker an A. Neuerburg, Hamburg, verkauft wurde, gelangte die Nummer 5063 über die ‚Dienststelle Mühlmann' an den ‚Sonderauftrag Linz', s. BArch Koblenz, B 323/199, Geschäftsbuch der „Dienststelle Dr. Mühlmann" beim Reichskommissar für die besetzten niederländischen Gebiete, Den Haag, 1940–1941, Bl. 7.

508 Folgende Inventarnummern erwarb Gritzbach im September 1940: 5025–5055–5110–5119–5153–5163–5240–5249–5607–5650–5674–5774–5777–5818–5824–5825–5831–5832–5843–5860–5862, s. NL-HaNA, NBI 2.09.16 Nr. 867, Voorraadboek schilderijen, 1940–1941.

509 Advisory Committee on the assessment of restitution applications for items of cultural value and the Second World War, RC 1.36, Recommendation regarding the application for the restitution of

Obwohl Miedl im Vergleich zum Vormonat im September „nur" neunundneunzig Gemälde kaufte, beklagte sich Posse bei Bormann, dass die Arbeit in den Niederlanden leider dadurch erschwert werde, „dass durch die Firma Goudstikker in Amsterdam in verstärktem Maße alle ihr erreichbaren Bilder zu außerordentlich hohen Preisen aufgekauft werden. Bei dem Rubens, den ich als Erster an der Hand hatte, haben dieselben Ankäufer mich durch ein Mehrgebot von 20.000 Gulden zu verdrängen versucht, obwohl sie wissen mussten, für wen ich Bilder kaufe."[510] Offensichtlich ging Posse davon aus, dass Miedl sich nach dem Rückschlag bei der Sammlung Mannheimer zurückhalten und ihm zukünftig den Vortritt bei Erwerbungen lassen würde. Tatsächlich hatte sich Miedl schon am 5. September 1940 in Begleitung von Hoffmann mit dem Mitarbeiter der Dresdner Bank Hans Pilder getroffen, um einen dritten Kredit aufzunehmen. Laut Pilder war Miedl „wie immer sehr eilig und kurz vor der Abreise nach Amsterdam"[511] und gab an, für 830.000 Reichsmark Gemälde an Hitler verkauft zu haben. Er beabsichtige, ihm noch viele weitere Werke von voorheen J. Goudstikker sowie „unzählige andere Bilder aus holländischem und belgischem Privatbesitz" anzubieten. Seine Einschätzung, durch diese Verkäufe bis zu zwei Millionen Reichsmark verdienen zu können, habe Hoffmann zwar „mit achtzigprozentiger Wahrscheinlichkeit" bestätigt; Miedls Vorhaben, mit dem geforderten Kredit von 1,5 Millionen Gulden neue Bilder zu kaufen, habe er ihm allerdings auszureden versucht, da seiner Meinung nach „weitere Bilder in Deutschland kaum gekauft werden würden." Aufgrund von Hoffmanns Einwand blieb Pilder zurückhaltend und verwies Miedl an Max Bardroff, einen SA-Mann, der bei der Dresdner Bank aktiv Mitglieder für die ‚Sturmabteilung' anwarb und im Beraterausschuss des Handelstrust West saß.[512] Als Bekannter von Miedl gewährte Bardroff voorheen J. Goudstikker schließlich Ende September einen Kredit in Höhe von immerhin 600.000 Gulden, der mit 814.000 Reichsmark aus den Verkäufen an die Reichskanzlei besichert wurde.[513]

Trotz dieses neuen Kapitals erwarb Miedl im Oktober 1940 nur sechsunddreißig Gemälde.[514] Seine Zurückhaltung gründete wohl weder auf Hoffmanns Einwand noch auf der

---

the painting Portrait of a Man by N. de Largillière, 31. 7. 2006, https://www.restitutiecommissie.nl/en/recommendation/portrait-of-a-man-by-n-de-largilliere/ [zuletzt aufgerufen 24. 1. 2023].

510 NARA, M1946, RG 260, Linz Museum: Correspondence of Martin Bormann and Hans Posse, July 1940 – December 1940, Hans Posse an Martin Bormann, 23. 9. 1940, unfoliiert.

511 HAC-500/5228–2000, Auslandssekretariat, Handelstrust West, Hans Pilder an Karl Rasche, 6. 9. 1940, Bl. 1–2; folgende Zitate ebd.

512 Angeblich brüstete sich Bardroff, beim Nürnberger Reichsparteitag für Hitler dessen Schirmmütze gehalten zu haben, s. NL-HaNA, 2.05.117 Nr. 6605, Inventaris van het code-archief van het Ministerie van Buitenlandse Zaken, 1945–1954, Bardroff, M., Miedl, A., 1946, Vize-Admiral L. Doorman an Willem Huender, 26. 3. 1946, unfoliiert.

513 HAC-500/5228–2000, Aktennotiz des Direktors der Dresdner Bank Max Schobert, 9. 10. 1940, unfoliiert.

514 NL-HaNA, NBI 2.09.16 Nr. 867, Voorraadboek schilderijen, 1940–1941.

durch den manipulierten Wechselkurs ausgelösten Preissteigerung von rund dreißig Prozent,[515] sondern darauf, dass sich die Bestände vieler niederländischer Kunsthändler nach den großen Transaktionen der ersten Monate erheblich reduziert hatten. Darüber hinaus registrierte die ‚Dienststelle Mühlmann' im Herbst 1940, „dass nicht nur bei holländischen Sammlern, sondern auch bei einzelnen Händlern die Tendenz zur Flucht in die Sachwerte besteht", wertvolle Kunstwerke also eher zurückgehalten wurden. Während Miedl im August und September von professionellen Verkäufern durchschnittlich je fünf Kunstwerke pro Monat bezogen hatte, waren es im Oktober nur noch zwei; mit vier Bildern lag Katz an der Spitze der insgesamt achtzehn Verkäufer.[516] Die *Spinnerin* (5882) von den Brüdern Le Nain, der *Mann beim Kartenspiel* (5883) und das *Damenporträt* (5884) von Judith Leyster sowie die Rubens-Kopie *Susanna im Bade* (5885) erwarb Miedl allerdings nicht für voorheen J. Goudstikker, sondern als Privatbesitz. Nichtsdestoweniger machte er mit Gemälden von Katz im Oktober erheblichen Umsatz, da er der Reichskanzlei am 17. des Monats unter anderem elf Werke für 442.851 Gulden verkaufte, die er selbst Anfang August für den ursprünglich notierten Preis von 137.750 Gulden erhalten hatte.[517]

Eine verhältnismäßig hohe Marge von etwas über 23.000 Gulden erzielte Miedl außerdem Ende Oktober mit dem Verkauf von fünf Werken, die Mühlmann im Auftrag des Wiener ‚Gauleiters' und ‚Reichsstatthalters' Baldur von Schirach erwarb.[518] So verzehnfachte er etwa den Preis des Gemäldes *Nach dem Sturm* (5724) von Willem van de Velde dem Jüngeren, das der Den Haager Kunsthandel J. Reyerse im August für 1.200 Gulden veräußert hatte.[519] Und auch bei einer der niederländischen Schule zugeschriebenen *Landschaft mit Reitern* (5980) aus dem Besitz von Herbert Wieth wurde der Einkaufspreis verdreifacht.[520] Wesentlich günstiger setzte Miedl die Preise offensichtlich bei Gritzbach an, der am 16. Oktober zweiundzwanzig Gemälde gekauft hatte,[521] die vorwiegend im September und Oktober erstanden worden waren. Für fünfzehn Werke, die im Einkauf fast 89.000 Gulden gekostet hatten, zahlte er einen Aufschlag von nur etwa 55.000 Gulden.[522] Das Gemälde *Meleager und Atalante*

515 Euwe 2007, S. 62; folgendes Zitat ebd.

516 Von den 18 genannten Verkäufern konnte in 17 Fällen die Identität ermittelt werden, allerdings erneut nicht bei Dr. Gruber, der am 16. 10. 1940 die Inventarnummer 5975 für 8.000 Gulden verkaufte, s. NL-HaNA, NBI 2.09.16 Nr. 867, Voorraadboek schilderijen, 1940–1941, Bl. 43.

517 Folgende Inventarnummern wurden am 17. 10. 1940 an die Reichskanzlei verkauft: 5038–5115–5169–5231–5237–5238–5248–5611–5642–5673–5682–5695–5741–5758, s. ebd.

518 Die folgenden Inventarnummern erwarb Mühlmann für von Schirach am 23. 10. 1940: 5724–5819–5820–5841–5980, s. NL-HaNA, NBI 2.09.16 Nr. 861, Boek van ingekomen- en uitgegane stukken, 1940–1942, Bl. 15.

519 NL-HaNA, NBI 2.09.16 Nr. 867, Voorraadboek schilderijen, 1940–1941, Bl. 32.

520 Ebd., Bl. 43.

521 NL-HaNA, NBI 2.09.16 Nr. 861, Boek van ingekomen- en uitgegane stukken, 1940–1942, Bl. 14.

522 Folgende Inventarnummern erwarb Gritzbach: 5713–5714–5715–5738–5822–5823–5844–5869–58

(5976) von Peter Paul Rubens erwarb Gritzbach wiederum über Miedls Vermittlung von der Lübecker Sammlerin Anna von Buchenau für 25.000 Gulden sowie 175.000 Pesetas.[523]

7.12.1 Auktionen

Neben den regulären Verkäufen von voorheen J. Goudstikker nutzte Miedl im Oktober 1940 erstmals Auktionen als weiteren Vertriebsweg. Für die am 8. und 9. Oktober stattfindende Versteigerung „Moderne Schilderijen, Aquarellen, Teekeningen, etc. afkomstig van de Collectie van wijlen J. Goudstikker, Amsterdam en diverse Verzamelingen en Nalatenschappen" bei Frederik Muller & Co. wählte er 131 Gemälde sowie siebenundsiebzig Arbeiten auf Papier aus,[524] die zum „B. P." Bestand und zum Altbestand des Kunsthandels J. Goudstikker gehörten. Vorwiegend präsentierte er als ‚entartet' verfemte Werke moderner Künstler wie Edgar Degas, Vincent van Gogh und Max Liebermann sowie Gemälde der Haager Schule. Offensichtlich rechnete er sich mit diesem Angebot beim niederländischen Publikum die besten Verkaufschancen aus, womit er sich allerdings täuschen sollte. Wie die Weltkunst am 24. November 1940 feststellte, hatten sich die Maler der Haager Schule jedoch „von ihrem seit Jahren eingetretenen Preisrückgang noch nicht wieder erholt."[525] So erhielten viele der angebotenen Werke bereits bei dreistelligen Beträgen einen Zuschlag; die unter der Inventarnummer 3157 laufende *Landschaft bei Abendstimmung* von Jacob Maris etwa – einem der Hauptvertreter der Haager Schule – wurde für 650 Gulden ersteigert und auch das Gemälde *Drei Kühe* (2380) seines Bruders Willem Maris, das früher einen Erlös von 100.000 Gulden erzielt hatte, erreichte nun lediglich 1.450 Gulden. 200 Gulden weniger kostete ein *Bauer am Feuer* (3074) von Van Gogh, während für die von Degas mit Holzkohle gezeichnete *Aktstudie von vier Tänzerinnen* (B. P. 057) nur 410 Gulden gezahlt wurden.[526] Anscheinend unternahm Miedl angesichts der geringen Nachfrage mindestens in drei Fällen den Versuch, die Preise zu stützen: Rienstra und Rahusen, der bereits bei dem Kauf der Sammlung Koenigs eine Provision von ihm erhalten hatte, erwarben laut eines annotierten Auktionskatalogs drei Lose unter dem jeweiligen Schätzpreis, die anschließend wieder in den

70–5879–5969–5970–5972–5973–5974–5976, s. NL-HaNA, NBI 2.09.16 Nr. 867, Voorraadboek schilderijen, 1940–1941.

523 NARA, M1944, RG 239, Miedl, Alois, Rekapitulation des Verkaufs am 15.10.1940, 17.12.1940, unfoliiert.

524 Aukt.-Kat. Frederik Muller & Co., Amsterdam, „Moderne Schilderijen, Aquarellen, Teekeningen, etc. afkomstig van de Collectie van wijlen J. Goudstikker, Amsterdam", 8.10.1940, https://digi.ub.uni-heidelberg.de/diglit/mensing_fils1940_10_08 [zuletzt aufgerufen 8.2.2023].

525 Weltkunst, Jg. XIV, Nr. 48/49, Versteigerung moderner holländischer Kunst, 24.11.1940, S. 7.

526 Ebd.

Goudstikker-Bestand gelangten.[527] Alles in allem nahm Miedl durch den Verkauf von nur fünfundvierzig Werken 9.445 Gulden ein.[528] Per saldo blieb der Kunsthandlung davon fast nichts, da er am nächsten Tag bei der Versteigerung anderer Sammlungen und Nachlässe ein *Selbstporträt* (5983) von George Hendrik Breitner ersteigerte, das mit 9.202 Gulden[529] das teuerste Los der Auktion war.[530]

Nur zehn Tage nach diesem Misserfolg bot Miedl insgesamt einunddreißig Werke bei zwei aufeinanderfolgenden Versteigerungen des Berliner Auktionators Hans W. Lange an, der 1937 das Unternehmen des jüdischen Antiquars und Kunsthändlers Paul Graupe ‚arisiert' hatte.[531] Einlieferer war in beiden Fällen die von der Schantung beauftragte Deutsche Landvolkbank, Berlin, die je nach Katalog unter dem Kürzel „L. B., Berlin" und „D. L. B., Berlin" geführt wurde. In der zweitägigen Versteigerung der „Sammlung Schloss Tutzing, Starnberger See – verschiedener deutscher Kunstbesitz"[532] war voorheen J. Goudstikker lediglich mit zwei Grafiken von James Ward (3050) und Jean-François Janinet (3168) vertreten. Zur Auswahl für die Auktion „Gemälde des 19. Jahrhunderts aus verschiedenem Besitz, darunter die Sammlung Dr. F. Elbing"[533] am 18. Oktober 1940 gehörten drei niederländische Werke des Altbestands, sechs Gemälde des „S"- und zwei des „X"-Bestands sowie sechzehn der Arbeiten von Theodor Hosemann, die Miedl Anfang des Jahres bei Frederik Muller & Co. ersteigert hatte; darüber hinaus standen eine *Sizilianische Küstenlandschaft* von Oswald Achenbach und die Kreidezeichnung *Bildnis eines Sächsischen Offiziers* von Adolph von Menzel zur Versteigerung, denen Miedl offenbar zuvor keine Inventarnummer zugewiesen hatte.[534]

527 Aukt.-Kat. Frederik Muller & Co., Amsterdam, „Moderne Schilderijen, Aquarellen, Teekeningen, etc. afkomstig van de Collectie van wijlen J. Goudstikker, Amsterdam", 8. 10. 1940, S. 7–8, https://digi.ub.uni-heidelberg.de/diglit/mensing_fils1940_10_08 [zuletzt aufgerufen 8. 2. 2023].

528 NIOD, 249–0278A Nr. a1, Korte geschiedenis van de Kunsthandel J. Goudstikker N. V. van december 1939 tot april 1942, geschreven door A. E. D. von Saher, April 1952, Bl. 34.

529 NL-HaNA, NBI 2.09.16 Nr. 861, Boek van ingekomen- en uitgegane stukken, 1940–1942, Bl. 14.

530 Weltkunst, Jg. XIV, Nr. 48/49, Versteigerung moderner holländischer Kunst, 24. 11. 1940, S. 7.

531 Flick, Caroline: Hans W. Lange. Antiquitäten als Lebensinhalt, in: Fischer-Defoy, Christine/Nürnberg, Kaspar (Hrsg.): Gute Geschäfte. Kunsthandel in Berlin 1933–1945, Berlin 2011, S. 60.

532 Aukt.-Kat. Hans W. Lange, Berlin, „Sammlung Schloss Tutzing, Starnberger See – verschiedener deutscher Kunstbesitz: Gemälde alter Meister, Plastik vom 15. bis 18. Jahrhundert, Kunstgewerbe, Tapisserien, Teppiche", 18.–19. 10. 1940, https://digi.ub.uni-heidelberg.de/diglit/lange1940_10_18a [zuletzt aufgerufen 9. 2. 2023].

533 Aukt.-Kat. Hans W. Lange, Berlin, „Gemälde des 19. Jahrhunderts aus verschiedenem Besitz, darunter die Sammlung Dr. F. Elbing", 18. 10. 1940, https://digi.ub.uni-heidelberg.de/diglit/lange1940_10_18 [zuletzt aufgerufen 9. 2. 2023].

534 Folgende Inventarnummern wurde bei der Auktion am 18. 10. 1940 eingeliefert: 1817–2250–2473-S7-S21-S30-S31-S32-S33-X5-X511; den bei Hans W. Lange angebotenen Werken von Hosemann kann keine eindeutige „H/"-Nummer zugeordnet werden.

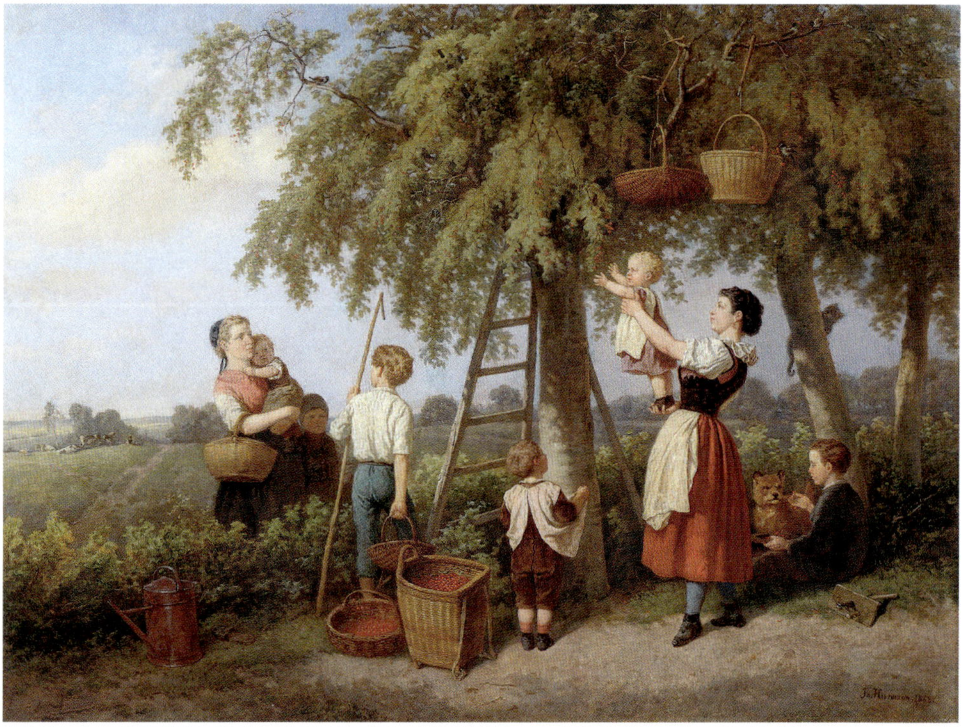

Abb. 7 Theodor Hosemann, Die Kirschenernte, 1868, Öl auf Leinwand, 84 × 110 cm.

Besonders die Werke von Hosemann wurden in einer Vorbesprechung der Weltkunst lobend hervorgehoben und – wie im Fall der *Kegelbahn*[535] – romantisierend als Abbilder einer Zeit dargestellt, in der „sich Berlin noch behäbig gab und keine Nerven zu kennen schien."[536] Die Ankündigung, dass „schöne Malerei" sich in der Auktion zu einem „Zeitenspiegel [verbinde], der einheitlich und geschmackvoll und mit sehr großer Liebe zusammengestellt" sei, animierte offensichtlich die Bieter, denen laut des Preisberichts beispielsweise die mit „S 31" und „S 33" gekennzeichneten Gemälde *Grasende Schafe* und *Schafherde vor dem Stall* von Heinrich von Zügel für insgesamt 8.700 Reichsmark zugeschlagen wurden. Die *Zwei Schwestern* (XII) von Fritz von Uhde, Anfang August 1940 für 1.000 Gulden von Wieth erworben, erlösten 3.000 Reichsmark.

535 Das Los 489 *Die Kegelbahn* wurde für 5.200 RM von dem Stadtmuseum Stettin erworben, s. Flick 2022, S. 77.

536 Weltkunst, Jg. XIV, Nr. 42/43, Zur Versteigerung der Sammlung Dr. F. Elbing, 13. 10. 1940, S. 2–3; folgende Zitate ebd.

„Nie geahnte Preise“[537] erzielten schließlich die Werke von Hosemann mit einem Gesamtzuschlag in Höhe von 47.410 Reichsmark.[538] Den Zuschlag für das unter Los 488 angebotene Gemälde *Die Kirschenernte* von Hosemann (Abb. 7) erhielt aller Voraussicht nach Joachim von Ribbentrop; dafür spricht zumindest die Provenienzangabe des Belvedere Museum Wien, das das Gemälde 1987 aus dem Kunsthistorischen Museum Wien übernahm.[539]

Mit Ausnahme des Stützkaufs[540] einer *Moorlandschaft* (2250) von Anton Mauve, die Miedl 1941 erneut bei einer deutschen Auktion anbot,[541] wurden alle Werke für fast 78.500 Reichsmark versteigert, sodass Miedl nach Abzug der Kosten einen Reingewinn von 69.709 Reichsmark verbuchen konnte.[542] Weitere zwölf Arbeiten von Hosemann übergab er der Dom-Galerie Köln anschließend als Kommissionsware, die nach Abzug einer Provision von etwa dreiunddreißig Prozent rund 30.000 Reichsmark an voorheen J. Goudstikker überwies.[543] Letztlich konnte Miedl den Einkaufpreis der Sammlung Hosemann über diese beiden Vertriebswege fast verzehnfachen.

7.13 Kunsthandelsgeschäfte im Winter 1940

Der bereits im September 1940 erkennbare Abwärtstrend des Ankaufsvolumens setzte sich auch im November fort. Miedl erwarb lediglich dreißig Gemälde von zwölf Verkäufern,[544]

537 Weltkunst, Jg. XV, Nr. 1/2, Rückblick und Ausblick 1940–41, 5. 1. 1941, S. 1.

538 Weltkunst, Jg. XIV, Nr. 46/47, Preisberichte, Hans W. Lange, Berlin, Sammlung Schloß Tutzing/Gemälde des 19. Jahrhunderts, 10. 11. 1940, S. 5.

539 https://sammlung.belvedere.at/objects/1058/die-kirschenernte?#imgorgTab [zuletzt aufgerufen 2. 9. 2024].

540 Ein Stützkauf wird gegebenenfalls vom Einlieferer oder dessen Agenten getätigt, wenn sich für das Los kein Bieter findet, um ein Absinken des Marktwertes zu verhindern.

541 s. Los 51, Aukt.-Kat. Heinrich Hahn, Frankfurt a. M., „Gemälde alter Meister, Plastik“, 6.–7. 3. 1941, https://digi.ub.uni-heidelberg.de/diglit/hahn1941_03_06a [zuletzt aufgerufen 9. 2. 2023].

542 NL-HaNA, NBI 2.09.16 Nr. 883, Abrechnung der Auktion bei Hans W. Lange, Berlin, vom 17.–19. 10. 1940, 22. 10. 1940, unfoliiert.

543 Über die Dom-Galerie Köln wurden folgenden „H/“-Nummern vertrieben: H/3-H/4-H/6-H/7-H/8-H/10-H/11-H/12-H/14-H/16-H/18-H/19, s. NL-HaNA NBI 2.09.16 Nr. 852, Schantung, Konto II für Gemälde und Kunstgegenstände, 25. 11. 1940 & 30. 12. 1940, unfoliiert; Konto A 1 für Gemälde und Kunstgegenstände 1940, 28. 1. 1941 & 2. 2. 1941 & 12. 2. 1941, unfoliiert. – Die Zeichnung *Die kleinen Musikanten* von Theodor Hosemann befand sich laut Mitteilung der Schantung vom 21. 5. 1943 in Miedls Safe in der Preußischen Staatsbank, Berlin, s. NARA, M1947, RG 260, Records Concerning the Central Collecting Points: Wiesbaden Central Collecting Point, 1945–1952, General Records, Lange, Hans W., Schantung Handels-AG Berlin i. S. Aufstellung der Schantung Handels-AG über Depots für Gemälde, 21. 5. 1943, unfoliiert.

544 Von den zwölf genannten Verkäufern konnte in zehn Fällen die Identität ermittelt werden. Nicht eindeutig identifiziert werden konnten ein gewisser Koster, der am 9. 11. 1940 die Inventarnum-

darunter zumindest zwei Privatpersonen, die auch vorher schon an ihn verkauft hatten. Eduard Hollander, ein Den Haager Rechtsanwalt jüdischer Abstammung,[545] hatte einen Monat zuvor ein *Stillleben mit Früchten* (5971) von Balthasar van der Ast für etwas unter 2.000 Gulden abgegeben,[546] das Anfang November für 3.800 Gulden von dem Ministerialdirigenten des ‚Reichsministeriums für Volksaufklärung und Propaganda' Karl Ott erworben wurde.[547] Jetzt erhielt Hollander nur 450 Gulden für das Aquarell *Pferde im Stall* (5992) von Wouterus Verschuur, das im August 1943 für den zehnfachen Preis an das Hotel „Breidenbacher Hof" in Düsseldorf ging.[548] Von W. H. Jansen erwarb Miedl diesmal eine großformatige *Gesellschaft im Freien* (5899) von Antoine Watteau für 16.500 Gulden.[549]

Unter den restlichen acht identifizierbaren Verkäufern befand sich neben Katz, Hoogendijk und De Boer erneut auch Frederik Muller & Co., bei dessen Auktion Miedl am 5. November 1940 eine Darstellung des *Markusplatz* (5886) von Giovanni Pannini, einen *Italienischen Hafen* (5887) von Johann Lingelbach sowie ein ovales *Knabenporträt* (5888) von Pieter Pourbus ersteigerte.[550] Drei Wochen später kamen dann noch aus einer weiteren Versteigerung von Frederik Muller & Co. zwei *Winterlandschaften mit Figuren* (5900–5901) von Théobald Michau sowie *Die Toilette* (5902) von Gerrit Lundens und eine *Flussansicht* (5903) von Salomon van Ruysdael hinzu.[551] Der anonymisierende Titel der Auktion „Verzameling K...-H... Den Haag" erweckt den Verdacht, dass es sich bei diesen vier Werken womöglich um jüdischen Besitz handelte; da die Unterlagen des Firmenarchivs von Frederik Muller & Co. nach Kriegsende gezielt vernichtet wurden,[552] keinerlei Angaben zu den Einlieferern

mer 5995 verkaufte, sowie ein Van Gelderen, von dem Miedl am selben Tag die Nummer 6001 übernahm, NL-HaNA, NBI 2.09.16 Nr. 867, Voorraadboek schilderijen, 1940–1941, Bl. 44.

545 Advisory Committee on the assessment of restitution applications for items of cultural value and the Second World War, RC 1.97, Recommendation regarding Hollander, 12.10.2009, https://www.restitutiecommissie.nl/en/recommendation/hollander/ [zuletzt aufgerufen 9.2.2023].

546 NL-HaNA, NBI 2.09.16 Nr. 861, Boek van ingekomen- en uitgegane stukken, 1940–1942, Bl. 13.

547 NL-HaNA, NBI 2.09.16 Nr. 867, Voorraadboek schilderijen, 1940–1941, Bl. 43.

548 NL-HaNA, NBI 2.09.16 Nr. 861, Boek van ingekomen- en uitgegane stukken, 1940–1942, Bl. 16.

549 NL-HaNA, NBI 2.09.16 Nr. 867, Voorraadboek schilderijen, 1940–1941, Bl. 39.

550 NL-HaNA, NBI 2.09.16 Nr. 861, Boek van ingekomen- en uitgegane stukken, 1940–1942, Bl. 17. – vgl. die Lose 472, 481 und 484, s. Aukt.-Kat. Frederik Muller & Co., Amsterdam, „Oude en moderne Schilderijen, Teekeningen, Antiquiteiten afkomstig van diverse Verzamelingen en Nalatenschappen", 5.–8.11.1940, https://digi.ub.uni-heidelberg.de/diglit/mensing_fils1940_11_05 [zuletzt hinzugefügt 9.2.2023].

551 NL-HaNA, NBI 2.09.16 Nr. 867, Voorraadboek schilderijen, 1940–1941, Bl. 40. – vgl. die Lose 33, 36 und 53, s. Aukt.-Kat. Frederik Muller & Co., Amsterdam, „Verzameling K...-H....; Den Haag, Belangrijke oude Schilderijen", 26.11.1940, https://digi.ub.uni-heidelberg.de/diglit/mensing_fils1940_11_26 [zuletzt aufgerufen 9.2.2023].

552 Mörzer Bruyns, Willem F. J.: Frederik Muller & Co. and Anton Mensing. The first international art auction house in Amsterdam and its director, in: Quaerendo, 34.3.(2004), S. 212.

im entsprechenden Katalog gemacht werden und auch im Rahmen weiterer Recherchen keine Anhaltspunkte zu der Sammlung „K…-H…“ gefunden werden konnten, kann diese Vermutung jedoch vorerst nicht belegt werden.

Der Dezember stellte sich fast identisch zum Vormonat dar; Miedl übernahm nachweislich einunddreißig Gemälde von elf Verkäufern,[553] die alle bereits mit ihm Kunsthandelsgeschäfte gemacht hatten. Das Verkaufsvolumen lag allerdings im Gegensatz zum November, für den im Ein- und Ausgangsbuch nur drei Verkäufe an Gritzbach, Tietje und den Direktor der Berliner Bank für Brau-Industrie Carl W. Schneider verzeichnet sind,[554] deutlich höher. Zwar nennt das Lagerbuch für Dezember keine Käufer; entscheidend für die Umsatzsteigerung war jedoch, dass die Reichskanzlei am 5. und 17. Dezember 1940 für fast 129.000 Gulden acht Gemälde erwarb,[555] von denen sieben am 11. des Monats an Heinrich Hoffmann geschickt wurden.[556] Der Gesamtumfang dieser Lieferung lässt sich anhand der Geschäftsunterlagen bislang nicht eindeutig bestimmen, da die Angaben je nach Quelle variieren. Während Caroline Flick von einer „großen Anzahl [von Gemälden] von Jacques Goudstikker“[557] sowie weiteren Frühkäufen Miedls spricht,[558] führt das Ein- und Ausgangsbuch von voorheen J. Goudstikker eine Sendung von dreizehn Werken auf;[559] im Lagerbuch werden wiederum nur elf Arbeiten gelistet.[560]

Sicher belegen lässt sich dagegen, dass Miedl beziehungsweise die Schantung über 200 Kunstwerke sowie Skulpturen, Möbel, Tapisserien und Teppiche für eine zweite Auktion bei Hans W. Lange einlieferte. Laut der Weltkunst stand diese zunächst auf den 30. November 1940 terminierte Versteigerung unter guten Vorzeichen: zum einen, da „vor allem der Frühherbst bewiesen [hat], dass entsprechend den günstigen Wirtschaftsverhältnissen auch der Kunstmarkt mit einer Entwicklung rechnen kann, die konsequent bei den Vorkriegsmöglichkeiten anknüpft.“[561] So sei die aktuelle Lage durch eine „außerordentliche Kauflust bei einem nicht übermäßig großen Angebot“ gekennzeichnet, wodurch die Preise „auf ansehnlicher Höhe“ gehalten würden. Zum anderen kündigte die Zeitschrift den Lesern eine Auktion an,

553 Von den elf genannten Verkäufern konnte in zehn Fällen die Identität ermittelt werden. Nicht eindeutig identifiziert werden konnte eine Firma Caffé, die am 11.12.1940 die Inventarnummer 5907 verkaufte, s. NL-HaNA, NBI 2.09.16 Nr. 867, Voorraadboek schilderijen, 1940–1941.

554 In Görings Auftrag erwarb Gritzbach die Inventarnummern 5233–5984–5876; Tietje kaufte die Nummer 5845 und Schneider übernahm 5632–5799–5801, s. NL-HaNA, NBI 2.09.16 Nr. 861, Boek van ingekomen- en uitgegane stukken, 1940–1942, Bl. 17–18.

555 NL-HaNA, NBI 2.09.16 Nr. 870, Inventaris van het dossierarchief van het Nederlandse Beheersinstituut, en van de in beslag genomen administraties, 1945–1967, Verkoopboek, 1940–1943.

556 NL-HaNA, NBI 2.09.16 Nr. 867, Voorraadboek schilderijen, 1940–1941.

557 Flick 2022, S. 43.

558 Laut Flick lag das Volumen dieses letzten Abschlusses über 500.000 Gulden, s. ebd.

559 NL-HaNA, NBI 2.09.16 Nr. 861, Boek van ingekomen- en uitgegane stukken, 1940–1942, Bl. 19.

560 NL-HaNA, NBI 2.09.16 Nr. 867, Voorraadboek schilderijen, 1940–1941.

561 Weltkunst, Jg. XIV, Nr. 46/47, Deutsche Auktionssaison, 10.11.1940, S. 1; folgende Zitate ebd.

„wie sie in solchem Umfang und solcher qualitativen Höhe auch in den letzten Jahren zu den Seltenheiten gehörte.“ Abgesehen von der Bemerkung, „ein großer Teil dieser Gemälde hat ausgezeichnete Provenienzen oder stammt von bekannten Versteigerungen“, wurden zu dem Einlieferer dieses als außergewöhnlich deklarierten Angebots keine Angaben gemacht. Dass es sich dabei um den Kunsthandel voorheen J. Goudstikker handelte, war der Weltkunst offensichtlich nicht bekannt, annoncierte Hans W. Lange doch lediglich, die Auktion im Auftrag eines „Berliner Bankhauses“ – alias der Deutschen Landvolkbank Berlin – zu veranstalten. Diese hatte im Auftrag der Schantung 224 Kunstwerke eingeliefert, die am 3. und 4. Dezember unter dem Titel „220 Gemälde alter Meister, Möbel der Spätgotik und der Renaissance, Skulpturen, kleinasiatische Knüpfteppiche“[562] zur Versteigerung gelangten.

Viele dieser Gemälde waren bereits im September 1940 in Miedls Auftrag von dem Münchner Kunstberater Walther Bernt in Augenschein genommen und teils neu zugeschrieben worden.[563] Nun für den Auktionskatalog verantwortlich,[564] pries er die angebotene altniederländische Malerei im Duktus der nationalsozialistischen ‚Brudervölker‘-Ideologie als „Lehrer und Vorbild“[565] für die Kunst ‚germanischer Länder‘ an. Den Fokus legte er dabei auf die „Kleinmeister“, deren wissenschaftliche Beachtung seiner Meinung nach „bisher durch die Verstreuung in Privatbesitz und Belegung mit falschen großen Namen gehemmt wurde.“ Seiner Empfehlung folgend erwarb etwa der Industrielle Günther Quandt als größter Einzelkäufer der Auktion vierzehn kleinformatige Gemälde für einen Zuschlag von über 79.000 Gulden;[566] die Spitzenpreise erzielten laut Preisbericht jedoch eine großformatige *Landschaft mit Bauernhof* (1692) von Jan van Goyen, die für 42.000 Reichsmark Werner Lüps zugeschlagen wurde, sowie das ebenfalls über einen Meter hohe, Frans Hals zugeschriebene *Porträt des Adam van Hasevelt* (2405) mit 50.000 Reichsmark.[567]

Tatsächlich gelangten diese beiden Gemälde jedoch schon im Dezember wieder zu voorheen J. Goudstikker: Das erste Werk ließ Miedl für 37.800 Reichsmark durch Hans

562 Aukt.-Kat. Hans W. Lange, Berlin, „220 Gemälde alter Meister, Möbel der Spätgotik und der Renaissance, Skulpturen, kleinasiatische Knüpfteppiche“, 3.–4. 12. 1940, https://digi.ub.uni-heidelberg.de/diglit/lange1940_12_03 [zuletzt aufgerufen 13. 2. 2023].

563 NL-HaNA, NBI 2.09.16 Nr. 852, Schantung, Konto I für Gemälde und Kunstgegenstände 1940, 3. & 10. 10. 1940, unfoliiert.

564 Zu Walther Bernt, s. Flick 2002, S. 33–36.

565 Aukt.-Kat. Hans W. Lange, Berlin, „220 Gemälde alter Meister, Möbel der Spätgotik und der Renaissance, Skulpturen, kleinasiatische Knüpfteppiche“, 3.–4. 12. 1940, https://digi.ub.uni-heidelberg.de/diglit/lange1940_12_03 [zuletzt aufgerufen 13. 2. 2023]; folgende Zitate ebd.

566 Flick 2022, S. 85.

567 Der Preisbericht nannte anfänglich für das Werk von Van Goyen 47.000 RM, s. Weltkunst, Jg. XIV, Nr. 50/51, Preisberichte, Hans W. Lange, Berlin, 3.–4. 12. 1940, 8. 12. 1940, S. 2. – In der Abrechnung des Auktionshauses wird der richtige Betrag genannt, s. NL-HaNA, NBI 2.09.16 Nr. 883, Hans W. Lange, Berlin, i. S. 3. und 4. 12. 1940 Abrechnung über ihren Auktionsbeitrag, unfoliiert.

W. Lange von Lüps zurückkaufen,[568] dem als Kompensation sehr wahrscheinlich günstige Einkaufskonditionen in Aussicht gestellt wurden. Bereits Mitte Dezember 1940 erwarb Lüps daraufhin drei Gemälde für 55.000 Gulden, für die voorheen J. Goudstikker allerdings annähernd den dreifachen Einkaufspreis berechnete.[569] Das *Porträt des Adam van Hasevelt* – als Spitzenlos auf 100.000 Reichsmark geschätzt – wurde laut eines Schreibens der Schantung Mitte Dezember 1940 von Almas-Dietrich an das Unternehmen retourniert.[570] Wie sich durch einen Abgleich des Preisberichts mit der Abrechnung des Auktionshauses zeigt, handelte es sich dabei nicht um den einzigen, sondern um einen von mehreren Stützkäufen, den sowohl die Kunsthändlerin als auch weitere Agenten für Miedl getätigt hatten.[571] Die auf 2.500 Reichsmark taxierten *Fischhändler* (940) von Arent Arentsz[572] etwa wurden Almas-Dietrich bei 6.100 Reichsmark zugeschlagen,[573] während *Christus, im Tempel lehrend* (2307) von Aert de Gelder für 10.500 Reichsmark von einem unbekannten Kommissionär der Schantung zurückgekauft wurde.[574] Ebenfalls als Stützkäufe erworben wurden unter anderem eine *Landschaft* (1170) und *Die Furt* (2066) von Jan Siberechts, die bei 4.000 beziehungsweise 12.000 Reichsmark zugeschlagen wurden; ersteres Gemälde sollte im März 1941 erneut auf einer deutschen Auktion als Scheinzuschlag[575] an die Schantung zurückgehen.[576]

Während einige dieser Stützkäufe in der Abrechnung als unverkauft ausgewiesen wurden, verzeichnete das Auktionshaus die beiden von Almas-Dietrich erworbenen Werke mit Preisen, die im Bruttoerlös in Höhe von 1.046.160 Reichsmark eingerechnet waren. Neben den Auk-

568 NL-HaNA, NBI 2.09.16 Nr. 852, Schantung, Konto A 1 für Gemälde und Kunstgegenstände 1941, 8.2.1941, unfoliiert; Flick 2022, S. 85.

569 Lüps erwarb die Inventarnummern 5209–5866–5903, s. NL-HaNA, NBI 2.09.16 Nr. 867, Voorraadboek schilderijen, 1940–1941, Bl. 9, 38, 40.

570 NL-HaNA, NBI 2.09.16 Nr. 854, Schantung Handels-AG Berlin an Kunsthandel v/h J. Goudstikker N.V. Amsterdam, 12.12.1940, unfoliiert; Flick 2022, S. 91.

571 NL-HaNA, NBI 2.09.16 Nr. 883, Hans W. Lange, Berlin, i.S. 3. und 4.12.1940 Abrechnung über ihren Auktionsbeitrag, unfoliiert.

572 Aukt.-Kat. Hans W. Lange, Berlin, „220 Gemälde alter Meister, Möbel der Spätgotik und der Renaissance, Skulpturen, kleinasiatische Knüpfteppiche", 3.–4.12.1940, https://digi.ub.uni-heidelberg.de/diglit/lange1940_12_03 [zuletzt aufgerufen 13.2.2023].

573 Flick 2022, S. 91.

574 NL-HaNA, NBI 2.09.16 Nr. 855, Inventaris van het dossierarchief van het Nederlandse Beheersinstituut, en van de in beslag genomen administraties, 1945–1967, Schantung Handels-AG, Berlin, 1941–1942, Schantung Handels-AG Berlin an Kunsthandel v/h J. Goudstikker N.V. Amsterdam, 7.2.1941, unfoliiert.

575 Im deutschsprachigen Raum war es lange Zeit gebräuchlich, dass der Auktionator bis zum Limit für den Einlieferer aus dem Buch heraus bot, um andere Interessenten zum Mitbieten zu motivieren. Falls dies nicht gelang, erfolgte ein Scheinzuschlag, der nach der Auktion aufgelöst und nicht im Nachverkaufskatalog aufgeführt wurde.

576 NL-HaNA, NBI 2.09.16 Nr. 856, Schantung Handels-AG Berlin an Kunsthandel v/h J. Goudstikker N.V. Amsterdam, 1.2.1943, unfoliiert.

tionskosten mussten drei Rechnungen von dem Vorsitzenden der Schantung Kurt Erhardt, Dirk Albert Hoogendijk sowie dem jüdischen Berliner Bankier Carl Alfred Schönlicht,[577] der sich Mitte der 1920er Jahre in Den Haag niedergelassen hatte, von diesem Betrag abgezogen werden.[578] In Erhardts Fall handelte es sich um das in der Auktion angebotene Gemälde *Ahasver und Haman* (5049) von Aert de Gelder aus der Sammlung Rothschild, das Miedl bei seinen ersten Käufen im Juli für 1.600 Gulden von De Boer erworben hatte. Als Teil der ersten Sendung nach München war es bereits am 26. November 1940 für 10.350 Reichsmark an Erhardt verkauft worden.[579] Offenbar in der spekulativen Absicht, einen höheren Preis zu erzielen, überzeugte ihn Miedl kurz darauf, das Werk in der Auktion anbieten zu lassen. Aus der Abrechnung des Auktionshauses wird allerdings ersichtlich, dass Miedl Erhardt den vorherigen Preis erstattete, woraus sich schließen lässt, dass die Spekulation nicht aufging und letzterer das Gemälde zurückersteigerte. Im Fall von Hoogendijk und Schönlicht, die fast 30.000 beziehungsweise über 46.000 Reichsmark in Rechnung stellten, ist dagegen wahrscheinlicher, dass Miedl als deren Kommissionär auftrat. Nach Abzug dieser Kosten betrug der Nettoerlös von voorheen J. Goudstikker 824.326 Reichsmark.[580]

7.14 Resümee des Jahres 1940

Allein im ersten Besatzungsjahr gaben deutsche Käufer auf dem niederländischen Kunstmarkt circa 10.500.000 Gulden aus,[581] von denen laut Miedls Aussage rund drei Millionen Gulden an voorheen J. Goudstikker geflossen sein sollen.[582] Laut firmeninterner Aufzeichnungen nahm Miedl diesen Betrag durch Verkäufe an zweiundzwanzig Personen ein, bei denen es sich jedoch in mehreren Fällen lediglich um Agenten beziehungsweise Vermittler oder Scheinabnehmer handelte. Dass Miedl etwa seine Ehefrau für acht ursprünglich vom Amsterdamer

577 NL-HaNA, NBI 2.09.16 Nr. 883, Hans W. Lange, Berlin, i. S. 3. und 4. 12. 1940 Abrechnung über ihren Auktionsbeitrag, unfoliiert.

578 Haags Gemeentearchief, 0354–01 Nr. 1550, Bevolkingsregister gemeente Den Haag, Carl Alfred Schönlicht, unfoliiert.

579 NBI 2.09.16 Nr. 852, Schantung, Konto I für Gemälde und Kunstgegenstände 1940, 26. 11. 1940, unfoliiert.

580 NL-HaNA, NBI 2.09.16 Nr. 883, Hans W. Lange, Berlin, i. S. 3. und 4. 12. 1940 Abrechnung über ihren Auktionsbeitrag, unfoliiert.

581 NIOD, 249–0278A Nr. a1, Korte geschiedenis van de Kunsthandel J. Goudstikker N. V. van december 1939 tot april 1942, geschreven door A. E. D. von Saher, April 1952, Bl. 13. – Der in Den Haag tätige Gesandtschaftsrat Felix William Wickel sprach Anfang 1941 von etwa 15 Mio. Gulden, s. NARA, M1946, RG 260, Linz Museum: Consolidated Interrogation Report No. 4, Felix W. Wickel an Hans Posse, 1. 2. 1941, unfoliiert.

582 NIOD, 249–0278A Nr. a1, Korte geschiedenis van de Kunsthandel J. Goudstikker N. V. van december 1939 tot april 1942, geschreven door A. E. D. von Saher, April 1952, Bl. 30–31.

Kunsthandel Querido bezogene Zeichnungen (5889–5896) am 30. September 1940 bezahlen ließ, ist unwahrscheinlich;[583] ebenso sollten auch die Schantung sowie Witzig & Co., das die nach München geschickten Gemälde zum Teil in Verwahrung nahm, nicht zu den regulären Käufern gezählt werden. Dies gilt außerdem für Miedls Kommissionäre Hoffmann und die in den Kunsthandelsbüchern 1940 namentlich noch nicht genannte Almas-Dietrich.[584] Hofer und Gritzbach stehen wiederum für Göring, Posse für Hitler. Somit erwarben in diesem Jahr tatsächlich nur fünfzehn Personen beziehungsweise Institutionen direkt Gemälde beim Kunsthandel (voorheen) J. Goudstikker,[585] wobei die Reichskanzlei mit rund 2,3 Millionen Gulden[586] den größten Umsatz generierte; neben Göring und Mühlmann waren als nationalsozialistische Spitzenfunktionäre von Schirach und Karl Ott vertreten. Im Gegensatz zu den letzteren dreien und auch der Reichskanzlei setzte Miedl die Verkaufspreise bei Göring durchschnittlich deutlich niedriger an. Diese finanzielle Vergünstigung gewährte er wohl nicht nur, weil Göring ihm die ‚Arisierung' des Kunsthandels J. Goudstikker erst ermöglicht hatte, sondern vor allem, weil er sich dessen Wohlwollen und Unterstützung in schwierigen Situationen sichern wollte.

Mit weiteren sechs Käufern bestand die quantitativ größte Gruppe aus Direktoren sowie Aufsichtsrats- und Vorstandsvorsitzenden meist deutscher Unternehmen im Finanz- und Industriesektor. Dazu zählten unter anderem Werner Lüps von Henkel & Co., der Direktor der Berliner Bank für Brau-Industrie Carl W. Schneider sowie Miedls Freund Hans Tietje, der elf Gemälde für 182.000 Gulden erwarb.[587] Darüber hinaus kaufte er im Auftrag des Vorstandsvorsitzenden der Deutschen Röhrenwerke AG Julius Lamarche für insgesamt 22.500 Gulden eine *Landschaft* (5104) von Salomon van Ruysdael und ein *Dorffest* (5669) von Isaac van Ostade.[588] Erwerbungen tätigten zudem der Generaldirektor der Europahaus AG Berlin Konsul Albert Heilmann sowie der bei der Dresdner Bank im Vorstand sitzende Karl Rasche.[589] Bei den restlichen vier Käufern handelte es sich um die auf dem Kunstmarkt

583 NL-HaNA, NBI 2.09.16 Nr. 867, Voorraadboek schilderijen, 1940–1941, Bl. 39.

584 Am 24.7.1940 wird eine unnummerierte *Große Landschaft* von Anthonie Jansz. van der Croos an das Kürzel „M.A." verkauft. Ob es sich dabei um Maria Almas, Alois Miedl oder eine andere Person handelt, lässt sich nicht ermitteln, s. NL-HaNA, NBI 2.09.16 Nr. 861, Boek van ingekomen- en uitgegane stukken, 1940–1942, Bl. 1. – Dass Almas-Dietrich 1940 für den Kunsthandel (v/h) J. Goudstikker Verkäufe abwickelte, zeigt sich unter anderem an den Provisionszahlungen im September und Dezember, s. NBI 2.09.16 Nr. 852, Schantung, Konto I für Gemälde und Kunstgegenstände 1940, 23.9.1940, unfoliiert; ebd., Konto II für Gemälde und Kunstgegenstände 1940, 31.12.1940, unfoliiert.

585 Eine detaillierte Auflistung der Verkäufe durch die Schantung konnte mangels entsprechender Quellen in dieser Arbeit nicht durchgeführt werden.

586 NL-HaNA, NBI 2.09.16 Nr. 867, Voorraadboek schilderijen, 1940–1941.

587 Venema 1986, S. 271–272.

588 NL-HaNA, NBI 2.09.16 Nr. 867, Voorraadboek schilderijen, 1940–1941, Bl. 5, 29.

589 Heilmann erwarb die Inventarnummer 5854; Rasche dagegen die Nummer 5594, ebd., Bl. 26, 38.

tätigen Niederländer Nathan Katz, Dik Senior, Albertus Cornelis Jacob Anton Stöcker und Frederik Muller & Co.[590]

Die Gruppe der Verkäufer setzte sich zusammen aus sechsunddreißig niederländischen sowie einem belgischen Kunsthändler, vierzehn nicht hauptberuflich in dem Bereich aktiven und sieben nicht eindeutig zu identifizierenden Personen, die Miedl beziehungsweise dem Kunsthandel (voorheen) J. Goudstikker von Juli bis Ende Dezember 1940 nachweislich zu rund 1.000 Kunstwerken verhalfen.[591] Miedls jeweilige Zahlungsbereitschaft hing dabei nicht ausschließlich davon ab, ob sein Gegenüber einen NS-verfolgungsbedingt gefährdeten Hintergrund hatte; vielmehr lag ihm offensichtlich auch daran, sich in Fachkreisen nicht zu kompromittieren. Während jüdische Händler in der Regel ähnliche Beträge wie ihre nichtjüdischen Kollegen erhielten, hatte er dagegen bei Juden, die in anderen Bereichen tätig waren oder über wenige Kontakte im niederländischen Kunsthandel verfügten, keine Hemmungen, „schändlich kleine Preise" zu zahlen.

Wie am Verhältnis von achtundfünfzig Verkäufern zu siebzehn Abnehmern ersichtlich wird, priorisierte er in den ersten sechs Monaten seiner Geschäftstätigkeit den Ausbau des Handelsbestands durch breitgefächerte Erwerbungen, vor allem von seinen erfahrenen niederländischen Kollegen. Dadurch konnte er seiner noch kleinen, aber äußerst anspruchsvollen und zahlungskräftigen Klientel nicht nur kontinuierlich neue „Ware" anbieten, sondern auch seine fehlende fachliche Expertise kaschieren. Um die von Fachmännern wie Hofer und Posse aus dieser Fülle 1940 nicht ausgewählten Werke zu „verwerten" und den Kreditvertrag mit der Schantung einzuhalten, bediente sich Miedl im ersten Halbjahr 1941 mehrerer deutscher Auktionen.

7.15 Auktionskampagne 1941

Anfang Januar 1941 publizierte die Weltkunst einen Rück- sowie Ausblick auf die Tendenzen des deutschen Kunstmarkts, der ganz in Miedls Sinn gewesen sein muss. So hob die Zeitschrift unter anderem hervor, dass „die mittleren Meister der holländischen Schulen des 17. Jahrhunderts [...] in der Gunst des kunstsammelnden Publikums ungewöhnlich gestiegen sind."[592] Dass die aufgrund ihres fünfstelligen Zuschlags exemplarisch genannte

590 Stöcker, der in Amsterdam als Antiquar und Kunstsammler bekannt war, erwarb die Inventarnummer 5861; Dik Sr. kaufte die Nummern 5736–5737–5765, s. NL-HaNA, NBI 2.09.16 Nr. 867, Voorraadboek schilderijen, 1940–1941, Bl. 32, 34, 38.

591 Vgl. NL-HaNA, NBI 2.09.16 Nr. 861, Boek van ingekomen- en uitgegane stukken, 1940–1942; NL-HaNA, NBI 2.09.16 Nr. 867, Voorraadboek schilderijen, 1940–1941; NL-HaNA, NBI 2.09.16 Nr. 881, Inkoop facturen, 1940–1942.

592 Weltkunst, Jg. XV, Nr. 1/2, Rückblick und Ausblick 1940–41, 5.1.1941, S. 1–2; folgendes Zitat ebd.

Landschaft mit Bauernhof (1692) von Jan van Goyen aus dem Handelsbestand von voorheen J. Goudstikker stammte, war dem Autor wohl ebenso wenig bewusst wie Miedls maßgebliche Beteiligung an der angekündigten „Reihe gewichtiger Auktionen."

7.15.1 Adolf Weinmüller München, 30. Januar 1941

Die erste dieser Versteigerungen fand am 30. Januar 1941 unter dem Titel „Gemälde alter Meister im Auftrage eines Bankhauses"[593] im Münchner Kunstversteigerungshaus Adolf Weinmüller statt. Wie schon die Weltkunst prognostiziert hatte, rühmte sich das Vorwort des Katalogs damit, „dass die Kunststadt München [...] mit einer bedeutsamen Versteigerung alter Gemälde vor die Öffentlichkeit tritt." Dies sei „umso erfreulicher, als der Münchner Kunstmarkt in den letzten Jahren zwar wertvolle Plastik, aber keine geschlossene Gemäldesammlung alter Meister von Rang und Umfang anzubieten hatte." Konkret lieferte die Deutsche Landvolkbank Berlin unter den beiden Kürzeln „B.15" und „B.26" 114 Gemälde sowie zwei Schränke ein. Abgesehen von fünfundzwanzig Werken vorwiegend italienischer, aber auch französischer Künstler handelte es sich um holländische und flämische Meister des 16. bis 18. Jahrhunderts. Die Tatsache, dass lediglich zwei Losen ein fünfstelliger Schätzwert beigemessen wurde, beschönigte das Auktionshaus mit der Aussage, dass „ja nicht allein die Werke der wenigen großen und bekannten Meister, [...] sondern erst die Fülle der fast unübersehbaren kleineren Meister zweiten und dritten Ranges dem Zeitalter das Gepräge"[594] gebe.

Posse, der das Angebot der Auktion „auftragsgemäß"[595] besichtigen musste, teilte diese Ansicht offensichtlich nicht; vor allem weil ihm viele Stücke bereits aus dem letzten Jahr bekannt waren. Dementsprechend informierte er Bormann einen Tag später, „es waren zum größten Teil alte holländische Bekannte der Kunsthandlung Goudstikker, der Rest der Bilder, die Lange nicht versteigert hatte, viele sagen: Der Abfall der Niederlande." Mit „viele" war tatsächlich nur Walther Bernt gemeint, der ihm diese verächtliche Bemerkung im Anschluss an die Bearbeitung des Goudstikker-Bestands im Herbst 1940 geschrieben

593 Aukt.-Kat. Adolf Weinmüller München, „Gemälde alter Meister im Auftrage eines Bankhauses; Chinesische Kunstwerke aus der Sammlung H. Schloß E.; Alte Möbel aus verschiedenem Besitz", 30. 1. 1941, https://digi.ub.uni-heidelberg.de/diglit/weinmueller1941_01_30 [zuletzt aufgerufen 17. 2. 2023]; folgende Zitate ebd.

594 An der Bestimmung der Gemälde und ihrer Provenienzen war erneut Walther Bernt beteiligt, s. ebd.

595 NARA, M1946, RG 260, Linz Museum: Consolidated Interrogation Report No. 4, Hans Posse an Martin Bormann, 1. 2. 1941, unfoliiert; folgendes Zitat ebd.

hatte;[596] von Posse über Bormann an Hitler gelangt, bereitete das Zitat dem ‚Führer' im Februar 1941 angeblich „viel Spaß"[597].

Trotz Posses abschätziger Meinung, das Angebot bei Adolf Weinmüller enthalte „nur sehr wenige annehmbare Stücke"[598], erteilte er für acht Gemälde Ersteigerungsaufträge, die auch in sieben Fällen erfolgreich waren. Allerdings hielt sich der Auktionator nur rudimentär an die von Posse festgesetzten Limits. Obwohl dieser etwa für das Spitzenlos *Männliches Porträt* (1933) von Veronese[599] ein dem Schätzpreis entsprechendes Limit von 20.000 Reichsmark festgelegt hatte, schlug Adolf Weinmüller ihm das Gemälde bei 34.000 Reichsmark zu; mit 10.000 Reichsmark wurde auch bei *Johannes der Täufer als Kind* (2512) von Parmigianino das vorgegebene Limit von 4.000 Reichsmark deutlich überschritten.[600] Zusammen mit den fünf weiteren Werken – allesamt aus dem Altbestand des Kunsthandels J. Goudstikker – zahlte er schließlich inklusive eines Aufgelds von fünfzehn Prozent über 62.000 Reichsmark.[601]

Die unter Los 61 aufgeführten *Bergziegen* (723) von Jacob Sibrandsz. Mancadan – von Posse mit 2.000 Reichsmark limitiert – gingen dagegen für 2.700 Reichsmark an den in Miedls Auftrag handelnden Emil Linder.[602] Nach der Versteigerung verschwand dieses Bild und tauchte erst Ende 1943 im Rahmen von Nachforschungen Adolf Weinmüllers im Sammlungsbestand des ‚Führerbaus' in München wieder auf.[603] Infolgedessen entbrannte

596 BArch Koblenz, B 323/120, Treuhandverwaltung von Kulturgut bei der Oberfinanzdirektion München, Der Sonderbeauftragte und der Referent für den „Sonderauftrag Linz" zur Verwertung von Kunstwerken aus Sicherstellungen und Beschlagnahmen, 1939–1945, Walther Bernt an Hans Posse, 29.10.1940, Bl. 87.

597 NARA, M1946, RG 260, Linz Museum: Correspondence of Martin Bormann and Hans Posse, January 1941 – March 1941, Martin Bormann an Hans Posse, 11.2.1941, unfoliiert.

598 NARA, M1946, RG 260, Linz Museum: Consolidated Interrogation Report No. 4, Hans Posse an Martin Bormann, 1.2.1941, unfoliiert.

599 Aukt.-Kat. Adolf Weinmüller München, „Gemälde alter Meister im Auftrage eines Bankhauses; Chinesische Kunstwerke aus der Sammlung H. Schloß E.; Alte Möbel aus verschiedenem Besitz", 30.1.1941, https://digi.ub.uni-heidelberg.de/diglit/weinmueller1941_01_30 [zuletzt aufgerufen 17.2.2023].

600 BArch Koblenz, B 323/143, Treuhandverwaltung von Kulturgut bei der Oberfinanzdirektion München, Ankäufe für den „Sonderauftrag Linz" aus dem deutschen und österreichischen Kunsthandel und Privatbesitz, Bd. 15, 1940–1945, Münchner Kunstversteigerungshaus Adolf Weinmüller an Hans Posse i. S. Auftragsbestätigung, 30.1.1941, Bl. 31.

601 NARA, M1947, RG 260, Records Concerning the Central Collecting Points: Wiesbaden Central Collecting Point, 1945–1952, Restitution, Research and Reference Records, Weinmüller, Adolf, Münchner Kunstversteigerungshaus Adolf Weinmüller i. S. Posse Erwerbungen für Linz auf der Auktion am 30.1.1941, 20.11.1945, unfoliiert.

602 NARA, M1946, RG 260, Records Concerning the Central Collecting Points: Munich Central Collecting Point, 1945–1951, Restitution Research Records, 1945–1950, Reger, Hans: Correspondence (E-H), Karl Hardt an Hans Reger, 28.1.1944, unfoliiert.

603 Ebd., Reger, Hans: Correspondence (I-Z), Karl Hardt an Hans Reger, 3.12.1943, unfoliiert.

zwischen voorheen J. Goudstikker und dem Referenten des ‚Sonderauftrag Linz' Gottfried Reimer ein Streit über die rechtmäßigen Besitzverhältnisse, der sich noch intensivierte, als der für die Münchner Sammlung verantwortliche Hans Reger das Gemälde an Witzig & Co. übergab. Über Adolf Weinmüller ließ Miedl mitteilen, dass ein zukünftiger Ankauf durch Reimer nicht infrage komme, womit er Reger brüskierte. Dessen Resümee, „die grundsätzliche Ablehnung [...] durch die Firma Goudstikker [...] in dieser Sache lasse in Zukunft eine entsprechende Behandlung wünschenswert erscheinen"[604], kam Miedl jedoch offenbar zu Ohren und hatte genügend Drohpotenzial, um seine Haltung zu ändern: Laut des Ein- und Ausgangsbuchs verkaufte er das Werk am 25. Januar 1944 an Göpel für 15.000 Gulden.[605]

Ein weiterer nachweisbarer Käufer auf der Auktion war neben dem Museum Gotha, dem das *Porträt des Dogen Cornaro* (2558) von Peter Paul Rubens für 10.000 Reichsmark zugeschlagen wurde,[606] auch der Frankfurter ‚Ariseur' der Kunsthandlung „Mario Uzielli" Wilhelm Henrich.[607] Nachdem er bereits im November 1940 über die Schantung neun Gemälde für 7.450 Reichsmark erworben hatte,[608] erhielt er nun für drei Lose den Zuschlag, wobei er bei der Arbeit *Elias und der Rabe* (5381) von Cornelis van Poelenburgh mit 500 Reichsmark unter dem Schätzpreis blieb.[609] Auch die Kemptener Kunsthandlung Biechteler zahlte in drei von sieben Fällen teils stark vom Schätzwert abweichende Preise. Ein *Porträt des Daniel Radermacher II* (5396) von Nicolaes Maes wurde etwa mit 600 Reichsmark bereits bei halber Taxe zugeschlagen und auch die *Bauernfreiung* (122) von Gerrit Lundens erreichte von

604 Maria Almas-Dietrich bestärkte Reger irrtümlich darin, er habe den Zuschlag für das Gemälde erhalten, s. NARA, M1946, RG 260, Records Concerning the Central Collecting Points: Munich Central Collecting Point, 1945–1951, Restitution Research Records, 1945–1950, Reger, Hans: Transport Correspondence and Lists, July 1943 – March 1944, Hans Reger an Hermann Voss, 29. 12. 1943, unfoliiert.

605 NL-HaNA, NBI 2.09.16 Nr. 859, Inventaris van het dossierarchief van het Nederlandse Beheersinstituut, en van de in beslag genomen administraties, 1945–1967, Boek van ingekomen- en uitgegane stukken, 1944, unfoliiert.

606 NARA, M1946, RG 260, Records Concerning the Central Collecting Points: Munich Central Collecting Point, 1945–1951, Restitution Claim Records, 1945–1951, Netherlands Claims, Alphabetical, Dutch Declaration Form No. 10701, unfoliiert; Weltkunst, Jg. XV, Nr. 7/8, Preisberichte, Münchner Kunstversteigerungshaus Adolf Weinmüller, 30. 1. 1941, S. 6.

607 Flick 2022, S. 38.

608 Henrich kauft im November 1940 folgende Inventarnummern: 1003–1228–1934–2304–2606a–2606b–3073–3193–5469, s. NBI 2.09.16 Nr. 852, Schantung, Konto I für Gemälde und Kunstgegenstände 1940, 26. 11. 1940, unfoliiert.

609 Bei der Auktion erwarb Henrich die Lose 31, 51 und 81, s. Aukt.-Kat. Adolf Weinmüller München, „Gemälde alter Meister im Auftrage eines Bankhauses; Chinesische Kunstwerke aus der Sammlung H. Schloß E.; Alte Möbel aus verschiedenem Besitz", 30. 1. 1941, https://digi.ub.uni-heidelberg.de/diglit/weinmueller1941_01_30 [zuletzt aufgerufen 17. 2. 2023]; Weltkunst, Jg. XV, Nr. 7/8, Preisberichte, Münchner Kunstversteigerungshaus Adolf Weinmüller, 30. 1. 1941, S. 6.

1.800 lediglich 1.000 Reichsmark. Mit Ausnahme eines Agnolo Bronzino zugeschriebenen *Knabenkopfes* (3079) überschritten die restlichen vier Gemälde ihre jeweiligen Schätzungen nur um 100 Reichsmark. Die insgesamt für 10.120 Reichsmark erworbenen Werke verkaufte die Kunsthandlung anschließend an einen Kommerzienrat Hermann Naegele aus Aalen. Nach dessen Tod im Jahr 1943 erbte sie sein Neffe Georg Deffner, der sie bei der Münchner Kunsthandlung Faßnacht einlagerte.[610]

Neben den regulären Zuschlägen waren auch bei dieser Auktion mehrere Beobachter anwesend, die nötigenfalls mit Stützkäufen in das Geschehen eingriffen. So zum Beispiel Maria Almas-Dietrich, die einen *Bergsee* (1834) von Lucas Eugenio dem Älteren bei einem Schätzpreis von 1.500 Reichsmark für 5.500 Reichsmark zurückersteigerte.[611] Ebenfalls mit dieser Aufgabe betraut wurde Kurt Erhardt, der am 6. Februar 1941 eine Provision von über 4.000 Reichsmark erhielt;[612] bei den von ihm getätigten Erwerbungen eines Porträts *Adriaen Brouwer als jugendlicher Raucher* (700) von Jacob Backer und einem *Streit beim Kartenspiel* (263) von Adriaen Brouwer handelte es sich dagegen zumindest laut seiner eigenen Aussage um einen echten Auftrag von Witzig & Co.[613] Ausgehend von der Abrechnung des Auktionshauses waren auch Linder mit zwölf Werken sowie Miedl an Rückkäufen in Höhe von 33.385 Reichsmark beteiligt. Dass letzterer trotz der Anwesenheit seiner mindestens drei Agenten selbst zugegen war, sollte allerdings bezweifelt werden.

Abweichend von der Abrechnung, die lediglich dreizehn der 114 eingelieferten Gemälde als unverkauft ausweist,[614] beziffert Flick die Verkaufsrate mit nur sechsundsechzig Prozent.[615] Unabhängig davon erzielte voorheen J. Goudstikker einen Nettoerlös in Höhe von fast

610 Im Rahmen der Auktion erwarb Biechteler folgende Inventarnummern: 122–849–3079–5396–5440–5487–5560, s. NARA, M1946, RG 260, Records Concerning the Central Collecting Points: Munich Central Collecting Point, 1945–1951, Records relating to the Status of Monuments, Museums and Archives, 1945–1949, Repositories, Correspondence: South Bavaria, München A–G, Fieldtrip Augsburg i. S. Investigation Georg Deffner, 20. 2. 1947, unfoliiert.

611 NL-HaNA, NBI 2.09.16 Nr. 854, Schantung Handels-AG Berlin an Kunsthandel v/h J. Goudstikker N. V. Amsterdam, 5. 12. 1941, unfoliiert. – Am 5. 12. 1941 wurde das Gemälde offenbar von Almas-Dietrich erworben, s. NL-HaNA, NBI 2.09.16 Nr. 880, Inventaris van het dossierarchief van het Nederlandse Beheersinstituut, en van de in beslag genomen administraties, 1945–1967, Goederen in commissie,1940–1946, Bl. 55.

612 NL-HaNA, NBI 2.09.16 Nr. 852, Schantung, Konto A 1 für Gemälde und Kunstgegenstände 1941, 6. 2. 1941, unfoliiert.

613 NARA, M1946, RG 260, Records Concerning the Central Collecting Points: Munich Central Collecting Point, 1945–1951, Restitution Claim Records, 1945–1951, Restitution Cases: Adolph Wüster, Kurt Erhardt an Military Government i. S. Seizure of fine art objects of the Firm Joh. Witzig & Co., 22. 12. 1945, unfoliiert.

614 NL-HaNA, NBI 2.09.16 Nr. 883, Münchner Kunstversteigerungshaus Adolf Weinmüller, Abrechnung aus Auktion, 13. 2. 1941, unfoliiert.

615 Flick 2022, S. 101.

167.000 Reichsmark.[616] Darin enthalten waren auch die Einnahmen von drei Gemälden, die Adolf Weinmüller nach dem Rückerwerb durch die Schantung im Freiverkauf veräußerte.[617] Weitere neun Werke, für die das Auktionshaus auf diesem Weg keine Abnehmer fand, wurden wohl im Winter des Jahres an voorheen J. Goudstikker zurückgeschickt.[618] In den folgenden Jahren reiste Adolf Weinmüller mehrmals mit seiner Tochter in die Niederlande, um Gemälde bei voorheen J. Goudstikker zu erwerben.[619]

7.15.2 Mathias Lempertz Köln, 5. Februar 1941

Vermutlich schon 1939 war Miedl regelmäßig Kunde des Kölner Kunstauktionshauses Mathias Lempertz gewesen,[620] bei dem er am 5. Februar 1941 176 Gemälde in der Auktion „Gemälde alter Meister im Auftrag eines Berliner Bankhauses“[621] anbot. Die Kollektion, die neben einem Dutzend Werken des 19. Jahrhunderts vorwiegend mit Niederländern des 17. Jahrhunderts bestückt war, enthielt zwölf Arbeiten der „S“- und „X“-Bestände und des Pensionsfonds sowie je zweiundachtzig Bildern des Altbestands und der Neuerwerbungen. Nur fünf dieser Werke erreichten laut der finalen Schätzliste einen fünfstelligen Betrag: Im Unterschied zu einem *Flusshafen bei einer alten Stadt* (5703) von Aelbert Cuyp und einem *Männlichen Bildnis* (1446) von Anthonis Mor, bei denen sich das Auktionshaus und voorheen J. Goudstikker offenbar problemlos auf 12.000 und 15.000 Reichsmark einigten, bestand bei drei Gemälden im Vorfeld Dissens.[622] Zwei korrespondierende Bildnisse (5616–5617) von Frans Pourbus, bei denen man sich schließlich laut des Katalogs auf einen Schätzwert

616 NL-HaNA, NBI 2.09.16 Nr. 883, Münchner Kunstversteigerungshaus Adolf Weinmüller, Abrechnung aus Auktion, 13. 2. 1941, unfoliiert. – Namentlich bekannte Käufer waren zudem eine Frau von Haniel, die für Los 93 10.000 RM zahlte, ein in Pöcking wohnender Herr Hasan, der Los 32 für 1.600 RM erwarb sowie ein Herr Vollert aus München, der Los 55 für 2.000 RM kaufte, s. NARA, M1947, RG 260, Activity Reports, Monthly Report: Office of Military Government for Bavaria, July 1947 – September 1947, Juli 1947, unfoliiert.

617 NL-HaNA, NBI 2.09.16 Nr. 883, Münchner Kunstversteigerungshaus Adolf Weinmüller, Abrechnung aus Auktion, 13. 2. 1941, unfoliiert; NL-HaNA, NBI 2.09.16 Nr. 854, Münchner Kunstversteigerungshaus Adolf Weinmüller an Schantung Handels-AG Berlin, 7. 2. 1941, unfoliiert.

618 Ebd., Kunsthandel v/h J. Goudstikker N. V. Amsterdam an Münchner Kunstversteigerungshaus Adolf Weinmüller, 27. 10. 1941, unfoliiert.

619 NARA, M1946, RG 260, Linz Museum: Consolidated Interrogation Report No. 4, 15. 2. 1945, unfoliiert.

620 NL-HaNA, NBI 2.09.16.10 Nr. 203494, Eidesstattliche Erklärung von Emil Linder, 13. 1. 1953, unfoliiert; Eidesstattliche Erklärung von Franz Rieder, 26. 2. 1953, unfoliiert.

621 Aukt.-Kat. Math. Lempertz Köln, „Gemälde alter Meister im Auftrag eines Berliner Bankhauses“, 5. 2. 1941, https://digi.ub.uni-heidelberg.de/diglit/lempertz1941_02_05 [zuletzt aufgerufen 20. 2. 2023].

622 NL-HaNA, NBI 2.09.16 Nr. 882, Unverbindliche Schätzungsliste, unfoliiert.

von zusammen 35.000 Reichsmark einigte, hatte voorheen J. Goudstikker ursprünglich mit je 70.000 Gulden bewertet, während Mathias Lempertz von nur je 3.000 Reichsmark ausging. Und auch der *Ahasver* (5686) von Rembrandt, dessen Limit der Versteigerer mit 40.000 Reichsmark festlegte, war von voorheen J. Goudstikker zuvor auf 140.000 Gulden taxiert worden.[623] Dieses angeblich für „30.000 Mk. nach Mitteldeutschland"[624] verkaufte Gemälde wurde im Preisbericht nicht mehr aufgeführt, da es tatsächlich als Scheinzuschlag an voorheen J. Goudstikker zurückgegangen war und dort als Eigentum von Miedl bis nach Kriegsende verblieb.[625]

Den wirklichen Spitzenpreis der Auktion erzielten dagegen die beiden Bildnisse von Pourbus mit 24.000 Reichsmark. Ebenfalls fünfstellige Beträge erreichten anschließend nur noch das *Männliche Bildnis* (1446) von Anthonis Mor, das für 12.000 Reichsmark an den Hamburger Industriellen Erich Lübbert gegangen sein soll,[626] sowie ein *Damenbildnis* (1659) von Francisco de Goya, für das Hans W. Lange 14.000 Reichsmark zahlte.[627] Weitere nachweisbare Käufer waren die Wiesbadener Kunsthandlung Wilhelmine Heinemann,[628] der Direktor des Guß- und Armaturenwerks Kaiserslautern Karl Billand[629] sowie der ‚Generalbaurat für die Neugestaltung' Münchens Hermann Giesler, der einen Zuschlag für neun Gemälde erhielt.[630] Von den insgesamt 176 Werken blieben laut der Abrechnung des Auktionshauses nur neunundzwanzig Arbeiten unverkauft. Darin eingerechnet sind neben dem Gemälde von Rembrandt ein Scheinzuschlag sowie ein Stützkauf: So gelangte sowohl das *Bildnis eines jungen Mannes* (5236) von Ferdinand Bol, angeblich für 4.400 Reichsmark versteigert, als

623 NL-HaNA, NBI 2.09.16 Nr. 854, Schantung Handels-AG Berlin an Kunsthandel v/h J. Goudstikker N. V. Amsterdam, 9. 1. 1941, unfoliiert.

624 Flick 2022, S. 105.

625 NL-HaNA, NBI 2.09.16 Nr. 854, Fa. Steneker & Flipse Amsterdam an E. J. Korthals Altes und W. C. Roest van Limburg i. S. Bericht zum Vermögen A. Miedl, 10. 10. 1947, Bl. 11.

626 DHM, Datenbank „Kunstsammlung Hermann Göring", RMG01761, Mor, Antonis, Porträt eines Mannes, https://www.dhm.de/datenbank/goering/dhm_goering.php?seite=5&fld_0=RMG01761 [zuletzt aufgerufen 20. 2. 2023].

627 Flick 2022, S. 107.

628 Die Galerie Heinemann, Wiesbaden, erwarb die Inventarnummer 1669 für 3.600 RM, s. BArch Koblenz, B 323/461, Treuhandverwaltung von Kulturgut bei der Oberfinanzdirektion München, Restitutionsanträge der Kgl. Niederländischen Regierung, Bearbeitung von Einzelfällen, Bd. 2, 1947–1965, WIE 5092, Bl. 71. – Laut der Kunstverwaltung des Bundes sind die Wiesbadener und Münchner Galerien Heinemann lediglich namensgleich, s. https://kunstverwaltung.bund.de/SharedDocs/Provenienzen/DE/9000_9999/9107.html [zuletzt aufgerufen 20. 2. 2023].

629 Billand erwarb die Inventarnummern 1843 und 2180 für 10.400 RM, s. NARA, M1946, RG 260, Records Concerning the Central Collecting Points: Munich Central Collecting Point, 1945–1951, Restitution Claim Records, 1945–1951, Numerical Claims: 50031–50035, Inventarnummern 1843 & 2180, unfoliiert.

630 Flick 2022, S. 107.

auch ein *Großes Stillleben* (523) von Pieter Claesz für einen Zuschlag von 3.500 Reichsmark an voorheen J. Goudstikker zurück.[631] Zudem musste das Unternehmen eine unter Los 72 geführte, von dem Wiener Rechtsanwalt Bruno Grimme für 3.300 Reichsmark ersteigerte *Allegorie* (5507) von Jacob Jordaens zurücknehmen, die sich als eine Arbeit des italienischen Barock-Malers Luca Giordano herausstellte.[632] Abzüglich dieses Betrags erzielte Miedl mit der Auktion einen Nettoerlös von 267.679 Reichsmark.[633]

7.15.3 Heinrich Hahn Frankfurt, 6. März 1941

Etwa einen Monat nach der Veranstaltung in Köln fand am 6. März 1941 die dritte Auktion „Gemälde alter Meister im Auftrag eines Bankinstituts"[634] im Frankfurter Kunsthaus Heinrich Hahn statt. Vermittelt worden war der Kontakt durch Wilhelm Henrich, der dafür im Mai 1941 fast 3.000 Reichsmark als „3% f. Versteig. Hahn"[635] erhielt. Die unter dem Kürzel „570 D. B. I." angebotenen achtundsiebzig Gemälde[636] wurden von voorheen J. Goudstikker auf insgesamt etwa 241.000 Reichsmark geschätzt, wobei das Spitzenlos mit 75.000 Reichsmark ein von Katz für 32.000 Gulden erworbenes[637] großformatiges *Bildnis* (5687) von Rembrandt war.[638] Wie schon bei Mathias Lempertz waren einige Schätzwerte strittig: So bewertete voorheen J. Goudstikker ein *Bildnis des Dichters Joost van den Vondel* (1553) von Ferdinand Bol mit 35.000 Gulden, Heinrich Hahns Sachverständiger dagegen lediglich mit 3.500 Reichsmark. Da Miedl überzeugt war, das Gemälde für 12.000 Gulden in den Niederlanden verkaufen zu können, wies er die Schantung an, das Bild nicht unter

631 NL-HaNA, NBI 2.09.16 Nr. 883, Math. Lempertz Köln, Abrechnung über die Versteigerung vom 5.2.1941, 24.2.1941, unfoliiert.

632 NL-HaNA, NBI 2.09.16 Nr. 854, Schantung Handels-AG Berlin an Kunsthandel v/h J. Goudstikker N.V. Amsterdam, 9.12.1941, unfoliiert.

633 NL-HaNA, NBI 2.09.16 Nr. 883, Math. Lempertz Köln, Abrechnung über die Versteigerung vom 5.2.1941, 24.2.1941, unfoliiert.

634 Aukt.-Kat. Heinrich Hahn Frankfurt a.M., „Gemälde alter Meister, vorwiegend Niederländer, im Auftrag eines Bankinstituts; Gemälde neuerer Meister, Plastik, Metallarbeiten aus verschiedenem Besitz", 6.3.1941, https://digi.ub.uni-heidelberg.de/diglit/hahn1941_03_06a [zuletzt aufgerufen 20.2.2023].

635 NL-HaNA, NBI 2.09.16 Nr. 852, Schantung, Konto A 1 für Gemälde und Kunstgegenstände 1940, 15.5.1941, unfoliiert.

636 Zudem wurden elf Plastiken eingeliefert, s. Aukt.-Kat. Heinrich Hahn Frankfurt a.M., „Gemälde alter Meister, vorwiegend Niederländer, im Auftrag eines Bankinstituts; Gemälde neuerer Meister, Plastik, Metallarbeiten aus verschiedenem Besitz", 6.3.1941, https://digi.ub.uni-heidelberg.de/diglit/hahn1941_03_06a [zuletzt aufgerufen 20.2.2023].

637 NL-HaNA, NBI 2.09.16 Nr. 867, Voorraadboek schilderijen, 1940–1941, Bl. 30.

638 NL-HaNA, NBI 2.09.16 Nr. 883, Versteigerung Hanh [sic!], Frankfurt a.M., unfoliiert.

16.000 Reichsmark limitieren zu lassen.[639] Als Kompromiss wurde es schließlich in der unverbindlichen Schätzliste des Katalogs mit 15.000 Reichsmark aufgeführt.[640] Drastischer fiel die Reduzierung im Fall zweier *Bäuerlicher Bildnisse* (5130–5131) von David Teniers dem Jüngeren aus, und zwar von insgesamt 10.000 Reichsmark auf 1.000 Reichsmark.[641] Die vier letztgenannten sowie weitere sechsundzwanzig Gemälde erhielten bei der Auktion keinen Zuschlag. Darunter befand sich nachweislich zumindest auch ein Stützkauf: Die Schantung erwarb für 1.600 Reichsmark erneut die *Landschaft* (1170) von Jan Siberechts zurück, die bereits in der Dezember-Auktion bei Hans W. Lange zurückgekauft worden war.[642]

Der sehr mäßige Erfolg der Auktion zeigt sich nicht nur an der hohen Rücklaufquote, auch die Verkaufspreise lagen durchschnittlich nur im dreistelligen beziehungsweise niedrigen vierstelligen Bereich. Den Spitzenpreis erzielte mit 8.500 Reichsmark ein *Seehafen an der Adria* (III/16) von Jan Abrahamsz. Beerstraten,[643] der Hermann Giesler zugeschlagen wurde.[644] Dieser Betrag floss jedoch nicht voorheen J. Goudstikker, sondern direkt der Schantung zu, die Eigentümerin von fünf Losen war. Nach Abzug ihrer Einnahmen in Höhe von 25.500 Reichsmark verblieb voorheen J. Goudstikker der im Vergleich zur Lempertz-Auktion niedrige Nettoerlös von rund 62.000 Reichsmark.[645]

7.15.4 Hans W. Lange Berlin, 12. März 1941

Die Weltkunst hatte bereits im Vorfeld an der Hahn-Auktion keinerlei publizistisches Interesse gezeigt, sodass sie nach deren Misserfolg konsequent weder eine Nachbesprechung

639 NL-HaNA, NBI 2.09.16 Nr. 854, Kunsthandel v/h J. Goudstikker N.V. Amsterdam an Schantung Handels-AG Berlin, 23.1.1941, unfoliiert.

640 Aukt.-Kat. Heinrich Hahn Frankfurt a.M., „Gemälde alter Meister, vorwiegend Niederländer, im Auftrag eines Bankinstituts; Gemälde neuerer Meister, Plastik, Metallarbeiten aus verschiedenem Besitz", 6.3.1941, https://digi.ub.uni-heidelberg.de/diglit/hahn1941_03_06a [zuletzt aufgerufen 20.2.2023].

641 Ebd.; NL-HaNA, NBI 2.09.16 Nr. 883, Versteigerung Hanh [sic!], Frankfurt a.M., unfoliiert.

642 Laut der Schantung wurde das Gemälde für 15.000 RM am 28.1.1943 bei Hans W. Lange versteigert, s. NL-HaNA, NBI 2.09.16 Nr. 856, Schantung Handels-AG Berlin an Kunsthandel v/h J. Goudstikker N.V. Amsterdam, 28.1.1943, unfoliiert.

643 NL-HaNA, NBI 2.09.16 Nr. 883, Kunsthaus Heinrich Hahn, Frankfurt a.M., Abrechnung über am 6.3.41 versteigerte Gemälde u. Plastiken, 11.3.1941, unfoliiert.

644 DHM, Datenbank zum „Central Collecting Point München", Property Card Art, 7836 Schupfing 53, Jan Beerstraten, Küstenbild mit Festungshafen, https://www.dhm.de/datenbank/ccp/dhm_ccp.php?seite=6&fld_1=7836&fld_3=&auswahl=6&fld_4=&fld_4a=&fld_5=&fld_6=&fld_7=&fld_8=&fld_9=&fld_10=&suchen=Suchen [zuletzt aufgerufen 20.2.2023].

645 NL-HaNA, NBI 2.09.16 Nr. 883, Kunsthaus Heinrich Hahn, Frankfurt a.M., Abrechnung über am 6.3.41 versteigerte Gemälde u. Plastiken, 11.3.1941, unfoliiert.

noch einen Preisbericht veröffentlichte. Im Gegensatz dazu widmete sie der im selben Monat stattfindenden Versteigerung bei Hans W. Lange bereits Mitte Februar einen werbewirksamen Artikel: Nach dem „starken Erfolg“[646], den Hans W. Lange im Dezember 1940 erzielt habe, könne man mit „besonderem Interesse [...] der Auktion von etwas über hundert Bildern entgegensehen, umso mehr, als die Qualität dieses Materials im Ganzen wie im Einzelnen noch beträchtlich die des früheren Angebots übertrifft.“ Vermittelt werden sollte dieser Eindruck wohl auch durch den Auktionstitel „Wertvolle Gemälde alter Meister“[647]. Im Unterschied zu den vorhergehenden Versteigerungen existiert zu den insgesamt sechsundsiebzig angebotenen, größtenteils von der Deutschen Landvolkbank (L. V. B., Berlin) eingelieferten Gemälden abgesehen von einer vorläufigen[648] keine vollständige finale Einlieferungsliste; erhalten ist lediglich die erste von wahrscheinlich zwei Seiten, die für siebenundvierzig Werke die Einkaufspreise, Schätzpreise von voorheen J. Goudstikker in Gulden sowie die des Auktionshauses in Reichsmark aufführt. Daraus geht zum einen hervor, dass es sich mit Ausnahme einer *Liebesszene* (3203) von Jan Steen um Erwerbungen von Miedl handelt; zum anderen fallen die Taxierungen von voorheen J. Goudstikker außergewöhnlich hoch aus: Einundvierzig Gemälde wurden bei einem Einkaufspreis von 337.400 Gulden auf fast 1.488.000 Gulden geschätzt.

Diese Bewertung deckte sich jedoch keineswegs mit den Vorstellungen des Auktionshauses, das umgerechnet nur 630.000 Gulden veranschlagte:[649] Die Taxierung des von der Weltkunst zum Spitzenlos erklärten *Einzug des Quintus Fabius Maximus* (5722) von Rembrandt[650] reduzierte sich demnach von 220.000 auf 37.500 Gulden und auch den *Quacksalber* (5236) von Jan Steen setzte Hans W. Lange nicht bei 160.000, sondern nur bei 48.750 Gulden an. Am größten war die Abweichung bei einem *Männlichen Bildnis* (5677) von Anthonis Mor, dessen Schätzpreis anstelle von 120.000 nur noch 15.000 Gulden betrug. Die fälschlicherweise Pieter de Hooch zugeschriebene *Abfahrt vom Landhaus* (5225) von Hendrik van der Burch[651] (Abb. 8) – von voorheen J. Goudstikker mit 130.000 Gulden bewertet – erreichte mit immerhin 67.500 Gulden die höchste Taxe.[652]

Wie sich während der Auktion allerdings zeigte, hatten sowohl Miedl als auch Hans W. Lange die Schätzwerte zu hoch angesetzt. So wurde von den oben genannten lediglich das

646 Weltkunst, Jg. XV, Nr. 7/8, Eine Berliner Versteigerung, 16. 2. 1941, S. 3; folgendes Zitat ebd.

647 Aukt.-Kat. Hans W. Lange Berlin, „Wertvolle Gemälde alter Meister; Flandrische Tapisserien“, 12. 3. 1941, https://digi.ub.uni-heidelberg.de/diglit/lange1941_03_12 [22. 2. 2023].

648 Vgl. NL-HaNA, NBI 2.09.16 Nr. 883, III. Versteigerung Lange, Bilder am. 2. resp. 6. 12. 1940 ausgeliefert, unfoliiert.

649 NL-HaNA, NBI 2.09.16 Nr. 882, Auf der Versteigerung bei Lange, 21. 2. 1941, unfoliiert.

650 Weltkunst, Jg. XV, Nr. 7/8, Eine Berliner Versteigerung, 16. 2. 1941, S. 3.

651 Valentiner, Wilhelm R.: Pieter de Hooch. Des Meisters Gemälde in 180 Abbildungen, Stuttgart 1929, S. 253.

652 NL-HaNA, NBI 2.09.16 Nr. 882, Auf der Versteigerung bei Lange, 21. 2. 1941, unfoliiert.

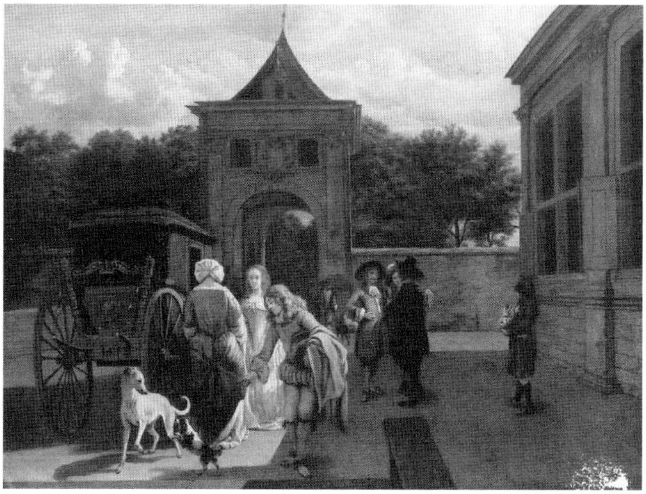

Abb. 8 Hendrik van der Burch, Abfahrt vom Landhaus, ca. 1660, Öl auf Leinwand, 64 × 80 cm.

Gemälde von Mor zu seinem Schätzpreis von dem Utrechter Kunsthändler J. H. Borghouts erworben;[653] dass die drei anderen Werke unverkauft blieben, blieb dem Auktionspublikum jedoch verborgen. Während eine unbekannte Person für den *Quacksalber* einen später annullierten Scheinzuschlag in Höhe von 51.000 Reichsmark erhielt,[654] sprang Almas-Dietrich im Fall des Spitzenloses von Van der Burch sowie einer von Jan van Goyen gemalten Ansicht von *Rhenen aus dem Osten* (5234) mit Stützkäufen und im Fall einer *Mondscheinlandschaft* (5118) von Aert van der Neer mit einem Scheinzuschlag ein.[655] Die *Dame mit Papagei* (5215) von Frans van Mieris erwarb sie dagegen regulär für 20.000 Reichsmark.[656]

Für das Rembrandt-Gemälde, das von der Weltkunst als „geniale Studie von unerhörter Frische und Brillanz“[657] gelobt worden war, hatten voorheen J. Goudstikker und das Auktionshaus nachweislich schon Ende Februar ein „Mitbieten“[658] vereinbart. Allerdings wurde die Arbeit wahrscheinlich überhaupt nicht angeboten, da vor der Auktion zwei Personen bei voorheen J. Goudstikker Anspruch auf das Bild erhoben mit der Behauptung, es sei ihnen 1934 in Lausanne entwendet worden.[659] Linder führte in dieser Angelegenheit die Verhandlungen mit der Gegenpartei; anscheinend letztlich mit Erfolg, da das Bild im Juni an

653 Flick 2022, S. 128.

654 Ebd., S. 126.

655 NL-HaNA, NBI 2.09.16 Nr. 867, Voorraadboek schilderijen, 1940–1941, Bl. 10–11.

656 Flick 2022, S. 132.

657 Weltkunst, Jg. XV, Nr. 7/8, Eine Berliner Versteigerung, 16. 2. 1941, S. 3.

658 NL-HaNA, NBI 2.09.16 Nr. 854, Schantung Handels-AG Berlin an Kunsthandel voorheen J. Goudstikker N. V. Amsterdam, 28. 2. 1941, unfoliiert.

659 Ebd., Interne Aktennotiz über die Besprechung von Herrn Geheimrat Dr. Ponfick mit Herrn Direktor Linder am 26. 2. 1941 i. S. Rembrandt-Bild Der Einzug des Quintus Fabius Maximus, 26. 2. 1941, unfoliiert.

voorheen J. Goudstikker retourniert wurde.[660] Bei der Auktion trat er als Stützkäufer einer *Anbetung* (5175) von Johann von Aachen auf.[661] Unter Mitwirkung weiterer namentlich nicht genannter Agenten sowie von Hans W. Lange selbst, der wohl im Fall eines *Mädchenbildnisses* (III/30) von Pietro Rotari eingriff, sollen Scheinzuschläge in Höhe von insgesamt etwa 50.000 Reichsmark erfolgt sein.[662] Zu den echten Käufern zählten dagegen unter anderem erneut Giesler und Lübbert, die jeweils ein Gemälde ersteigerten,[663] sowie der Besitzer der Brandenburgischen Kammgarnspinnerei Emil Kummerlé und der Hamburger Zigarettenfabrikant Hermann Reemtsma.[664] Ebenfalls vertreten waren Reichsinnenminister Wilhelm Frick, dem für 15.000 Reichsmark eine *Eislandschaft* (5220) von Jan van Goyen zugeschlagen wurde,[665] und Posse, dessen Kommissionär eine *Landschaft mit Wagen* (5788) von Jan Siberechts,[666] die *Jagdbeute* (5696) von Elias Vonck und eine *Geburt Christi* (5675) von Benjamin Cuyp für einen Gesamtzuschlag von 43.200 Reichsmark erwarb; auf weitere von Posse in Aussicht genommene Stücke wurde seiner Darstellung nach verzichtet, „da ihr Erhaltungszustand nicht gut war."[667] Den Spitzenpreis der Auktion erzielten mit 76.000 Reichsmark die vom ihm bereits im August 1940 als „sehr restauriert"[668] bezeichneten und auch von voorheen J. Goudstikker mit nur 44.000 Gulden bewerteten[669] *Streitenden Bauern* (5663) von Jan Steen, da sich Bertha Krupp von diesen Einschätzungen nicht beeindrucken ließ.[670]

---

660 NL-HaNA, NBI 2.09.16 Nr. 867, Voorraadboek schilderijen, 1940–1941, Bl. 32.

661 Ebd., Bl. 8.

662 Flick 2022, S. 134.

663 Giesler erwarb für 6.200 RM die Inventarnummer 5174; Lübbert für 37.000 RM die Nr. 5158, s. ebd., S. 123, 126.

664 Kummerlé erwarb für 2.600 RM die Inventarnummer 5454; Reemtsma erhielt einen Zuschlag für die Nummern 5635 sowie 5749, s. ebd., S. 128.

665 DHM, Datenbank zum „Central Collecting Point München", Property Card Art, 37658 St. Wolfgang 1, Jan van Goyen, winterlandscape skating, https://www.dhm.de/datenbank/ccp/dhm_ccp.php?seite=6&fld_1=37658&fld_3=&auswahl=6&fld_4=&fld_4a=&fld_5=&fld_6=&fld_7=&fld_8=&fld_9=&fld_10=&suchen=Suchen [zuletzt aufgerufen 22.2.2023].

666 Seit 1953 befindet sich *Die Landschaft mit Wagen* von Siberechts als Dauerleihgabe der Nederlands Kunstbezit Collectie im Museum Boijmans van Beuningen in Rotterdam, s. https://www.boijmans.nl/collectie/kunstwerken/3640/de-namiddag [zuletzt aufgerufen 2.9.2024].

667 BArch Koblenz, B 323/103, Treuhandverwaltung von Kulturgut bei der Oberfinanzdirektion München, Schriftverkehr mit dem Reichsleiter Martin Bormann, Beschlagnahme und Erwerb von Kunstwerken für das Linzer Museum, 1939–1941, Hans Posse an Martin Bormann, 23.3.1941, Bl. 15.

668 BArch Koblenz, B 323/163, Hans Posse an Ministerialrat Dr. Kurt Walter Hanssen, 22.8.1940, Bl. 6–7.

669 NL-HaNA, NBI 2.09.16 Nr. 882, Auf der Versteigerung bei Lange, 21.2.1941, unfoliiert.

670 Weltkunst, Jg. XV, Nr. 13/14, Preisberichte, Hans W. Lange, Berlin, Wertvolle alte Meister, 12.3.1941, S. 3; Flick 2022, S. 125.

Voorheen J. Goudstikker realisierte so trotz der beträchtlichen Anzahl von Stützkäufen und fingierten Zuschlägen einen Gesamterlös von über 477.000 Reichsmark.[671]

7.15.5 Dr. Walther Achenbach Berlin, 2. April 1941

Mit der Beteiligung an der am 2. April 1941 stattfindenden Versteigerung „Gemälde/Tapisserien/Seidenteppiche/Silbergeräte“[672] wich Miedl klar von seinem bisherigen Vorgehen ab, da das Berliner Auktionshaus Dr. Walther Achenbach nicht als renommierter Kunstauktionator, sondern als Hausratversteigerer bekannt war, der vorwiegend Wohnungsauflösungen und sogenannte ‚Judenauktionen' durchführte.[673] Offenbar rechnete er damit, auf diesem Weg Gemälde, die den qualitativen Ansprüchen der Klientel von Hans W. Lange, Adolf Weinmüller oder Mathias Lempertz nicht gerecht wurden, doch noch gewinnbringend absetzen zu können. Falls ihm bekannt war, dass Gemälde, die bei Walther Achenbach versteigert wurden, in der Regel nur sehr niedrige Preise erzielten, ließ er sich davon nicht abschrecken.[674] Da sämtliche vorgesehenen Werke bereits Mitte August 1940 in zwei Lieferungen an die Schantung nach Berlin geschickt worden waren,[675] wählte voorheen J. Goudstikker das Einliefererkürzel „W. München“[676] alias Witzig & Co. wahrscheinlich zur Verschleierung der Provenienz. Zur Versteigerung kamen zwei Tapisserien sowie achtundsiebzig Kunstwerke: sechsunddreißig Arbeiten des Altbestands, sechsundzwanzig Käufe nach der ‚Arisierung' sowie elf Werke des Pensionsfonds und fünf Gemälde des „III/“-Bestands.

Wie schon in den vorhergehenden Auktionen verhandelte voorheen J. Goudstikker mit Walther Achenbach beziehungsweise dessen Geschäftspartner Philo Wuest über die vorwiegend dreistelligen Schätzwerte. An den handschriftlichen Anmerkungen der ersten Lieferliste zeigt sich zudem, dass diese gemessen an ihren Einkaufspreisen von voorheen J. Goudstikker überaus hoch angesetzt wurden. Während etwa ein für 450 Gulden erworbenes *Männerporträt* (5312) von Cornelis Ketel um mehr als das Sechseinhalbfache auf 3.000 Gulden taxiert wurde, bewertete der Versteigerer es zunächst mit 600 Gulden, bevor man sich auf 1.875 Gulden einigte. Neben einer Vielzahl weiterer Beispiele dieser Art kam

671 NL-HaNA, NBI 2.09.16 Nr. 852, Schantung, Konto A 2 für Gemälde und Kunstgegenstände 1941, 19.–31.3.1941, 7.4.1941 & 12.6.1941, unfoliiert.

672 Aukt.-Kat. Dr. Walther Achenbach Berlin, „Gemälde/Tapisserien/Seidenteppiche/Silbergeräte“, 2.4.1941, https://digi.ub.uni-heidelberg.de/diglit/achenbach1941_04_02 [23.2.2023].

673 Enderlein, Angelika: Der Berliner Kunsthandel in der Weimarer Republik und im NS-Staat. Zum Schicksal der Sammlung Graetz, Berlin 2006, S. 123–124.

674 Ebd., S. 115.

675 NL-HaNA, NBI 2.09.16 Nr. 854, Gemälde-Sendung nach Berlin am 17.8.1940; 2. Gemälde-Sendung nach Berlin am 26.7.1940, unfoliiert.

676 Aukt.-Kat. Dr. Walther Achenbach Berlin, „Gemälde/Tapisserien/Seidenteppiche/Silbergeräte“, 2.4.1941, https://digi.ub.uni-heidelberg.de/diglit/achenbach1941_04_02 [23.2.2023].

es jedoch auch vor, dass voorheen J. Goudstikker niedrigere Bewertungen akzeptierte oder sogar die vom Auktionshaus angegebenen Schätzwerte nach unten korrigierte; so etwa im Fall von drei Arbeiten (B.P. 118, B.P. 104, B.P. 124) des Pensionsfonds, deren Gesamttaxe in Höhe von 2.400 Reichsmark annähernd halbiert wurde. Dass voorheen J. Goudstikker Überbewertungen von Walther Achenbach reduzierte, spricht nicht nur für die mangelnde Expertise seines Auktionshauses für Gemälde, sondern auch dafür, dass Miedl keineswegs willkürlich, sondern nur bei ausgewählten erfolgversprechenden Werken höchst spekulativ vorging. Im Endeffekt führten diese Verhandlungen für siebzig der Gemälde zu einer Steigerung des Achenbach-Schätzpreises von 48.500 auf 59.100 Reichsmark.[677] Nochmals erhöht wurde dieser Betrag um einen Limitpreis von 61.000 Reichsmark für die in der zweiten Lieferung geschickten sechs Werke sowie zwei Tapisserien. Unter diesen offensichtlichen Spitzenwerken der Auktion stachen preislich vor allem die beiden Gobelins und eine im Februar 1940 bei Mathias Lempertz erworbene Darstellung *Rastender Reiter* (III/23) von Philips Wouwerman mit einem Limit von je 12.000 Reichsmark hervor.[678]

Laut der Annotationen des Katalogs wurde jedoch keines der drei Lose verkauft, ebenso wie weitere sechsundfünfzig Werke, die entweder kein Gebot erhielten oder unter Taxe fielen. Darüber hinaus befanden sich der unter Los 100 geführte und mit „290?“ annotierte *Winter an der Seine* (2411) von Paul Vogler sowie eine Kopie von Aert de Gelder *Abraham und seine Söhne* (251) trotz eines durchgestrichenen „zurück“ nach der Auktion wieder im Bestand von voorheen J. Goudstikker.[679] Zuschläge erzielten angeblich fünfzehn Lose, wobei eine *Biblische Darstellung* (2111) von Jacob de Wet mit 1.250 Reichsmark das höchste Gebot erhielt. Ob es sich dabei um einen echten Käufer oder doch Agenten von Miedl handelte, lässt sich bislang nicht entscheiden. Belegbar ist dagegen, dass auch in dieser Auktion eine Reihe von Stützkäufen vorgenommen wurde, etwa bei einem *Südlichen Hafen* (III/41) von Jacobus Storck, einer *Berglandschaft* (5337) von Dirck Verhaert oder einem *Brustbild eines Mannes* (968) in der Art des Jan Cornelisz. Verspronck. Angesichts der geringen Nachfrage erzielte Miedl laut der Kontoauszüge letztlich nur einen marginalen Erlös in Höhe von 5.343 Reichsmark.[680]

7.15.6 Mathias Lempertz Köln, 14. Juni 1941

Mit zehnmonatiger Verspätung informierte die Weltkunst das Publikum auf dem deutschen Kunstmarkt am 8. Juni 1941 über die Gründung des Kunsthandels voorheen J. Goudstik-

677 NL-HaNA, NBI 2.09.16 Nr. 882, Bilder für Auktionshaus Achenbach & Co., unfoliiert.
678 Ebd., II. Liste für die Auktion Wüst [sic!], 27.2.1941, unfoliiert.
679 NL-HaNA, NBI 2.09.16 Nr. 874, Voorraadboek schilderijen, 1943, unfoliiert.
680 NL-HaNA, NBI 2.09.16 Nr. 852, Schantung, Konto A 1 für Gemälde und Kunstgegenstände 1941, 18.4.1941, unfoliiert.

ker. Gründungskapital und Gründungsmitglieder wurden zwar genannt, aber nicht das Gründungsdatum.[681] Diese Auslassung und auch der Zeitpunkt der Veröffentlichung waren sehr wahrscheinlich kein Zufall, hatte doch die Zeitschrift etwa zwei Wochen vorher Miedl vorgeschlagen, Annoncen zu schalten.[682] Dass Miedl eine solche Gelegenheit ausließ, die Redaktion mit der Aussicht auf ein lukratives Geschäft in seinem Interesse zu beeinflussen, widerspricht seinem sonstigen Geschäftsgebaren. Für derartige Absprachen gibt es zwar naturgemäß keine Belege, ganz in Miedls Sinn vermittelte indes der Artikel den Eindruck, dass er das Unternehmen erst nach der legitimen Nachlassauflösung von Goudstikker übernommen hatte.

In derselben Ausgabe kündigte die Zeitschrift für den 14. des Monats eine Versteigerung von „Gemälden alter Meister“[683] im Kölner Kunsthaus Mathias Lempertz an,[684] bei der Miedl als bei Weitem größter der einundzwanzig Einlieferer auftrat. Da voorheen J. Goudstikker im Katalog jedoch lediglich das Kürzel „1“ erhielt,[685] blieb dieser Umstand dem Auktionspublikum erneut verborgen. Von dem angebotenen „Ensemble von alten meist niederländischen, sowie einigen italienischen Gemälden des 16. bis 18. Jahrhunderts [...]“[686], die laut der Weltkunst „fast durchgängig von qualitativer Ansehnlichkeit und vielfach von hoher künstlerischer Bedeutung“ waren, lieferte voorheen J. Goudstikker sechsundneunzig Kunstwerke sowie zusätzlich über zwanzig Orientteppiche ein.[687] Vierundsiebzig der Gemälde waren ursprünglich nicht für diese, sondern eine Auktion bei dem Berliner Versteigerungshaus Harms bestimmt gewesen,[688] das wie Walther Achenbach vorrangig am Verkauf von Wohnungseinrichtungen – häufig aus jüdischem Besitz – beteiligt war.[689] Auch in diesem Fall waren voorheen J. Goudstikker und Harms bei den Schätzwerten zunächst uneins gewesen,

681 Weltkunst, Jg. XV, Nr. 23/24, Kunsthandelsumgründung in Holland, 8. 6. 1941, S. 8.

682 Miedl annoncierte letztlich nicht in der Weltkunst. Er soll in der von Heinrich Hoffmann herausgegebenen Monatsschrift Kunst dem Volk für v/h J. Goudstikker geworben haben, s. NL-HaNA, NBI 2.09.16 Nr. 855, Ludwig Fuchs an Kunsthandel v/h J. Goudstikker N. V. Amsterdam, 21. 4. 1941, unfoliiert.

683 Aukt.-Kat. Math. Lempertz Köln, „Gemälde alter Meister“, 14. 6. 1941, https://digi.ub.uni-heidelberg.de/diglit/lempertz1941_06_14 [zuletzt aufgerufen 24. 2. 2023].

684 Weltkunst, Jg. XV, Nr. 23/24, Kunsthandelsumgründung in Holland, 8. 6. 1941, S. 3.

685 Aukt.-Kat. Math. Lempertz Köln, „Gemälde alter Meister“, 14. 6. 1941, https://digi.ub.uni-heidelberg.de/diglit/lempertz1941_06_14 [zuletzt aufgerufen 24. 2. 2023].

686 Weltkunst, Jg. XV, Nr. 23/24, Kunsthandelsumgründung in Holland, 8. 6. 1941, S. 3; folgendes Zitat ebd.

687 Aukt.-Kat. Math. Lempertz Köln, „Gemälde alter Meister“, 14. 6. 1941, https://digi.ub.uni-heidelberg.de/diglit/lempertz1941_06_14 [zuletzt aufgerufen 24. 2. 2023].

688 NL-HaNA, NBI 2.09.16 Nr. 883, An Auktionshaus Harms am 13. Dezember 1940 ausgelieferte Bilder, unfoliiert.

689 Enderlein 2006, S. 132.

hatten sich jedoch letztlich auf 154.350 Reichsmark verständigt.[690] Nachdem Gerhard Harms aufgrund eines Bestechungsverdachts im März 1941 inhaftiert worden war,[691] wurden die bereits am 13. Dezember 1940 gelieferten einundzwanzig Arbeiten aus den „III/"-, „S"- und „X"-Beständen sowie vierundzwanzig Gemälde aus dem Altbestand und siebenundzwanzig Käufe von Miedl[692] an Mathias Lempertz übergeben.

Anschließend stockte voorheen J. Goudstikker das Angebot um zwanzig Werke auf, unter denen sich zwei der insgesamt vier auf 10.000 Reichsmark taxierten Gemälde sowie das mit 25.000 Reichsmark bewertete Spitzenlos *Die Dorfschule* (5981) von Jan Steen befanden. Mit 15.000 Reichsmark erzielte es den höchsten Zuschlag der Auktion.[693] Obwohl dieser Betrag weit unter dem Schätzwert lag, verbuchte Miedl dennoch einen kleinen Gewinn, da er es am 18. Oktober 1940 von dem Den Haager Kunsthandel J. Vermeulen für 9.500 Gulden erworben hatte.[694] Von den vier ebenfalls verhältnismäßig hoch bewerteten Werken wurde bei der Versteigerung nur eine *Landschaft mit Herde und Hirtenpaar* (5567) von Jan Lievens zur halben Taxe verkauft.[695] Während ein *Bildnis der Prinzessin L. als Flora* (2580) von Heinrich Füger mit weiteren einundvierzig Gemälden am 20. Oktober 1941 an voorheen J. Goudstikker zurückgeschickt wurde,[696] fanden sich für die *Flämische Bauernhochzeit* (6001) von Pieter Brueghel dem Jüngeren, ein *Interieur* (5101) und eine *Bauernküche* (5324) von Hendrik Sorgh, eine *Flussdurchzogene Landschaft* (5334) von Jan Hackaert sowie einen *Weintrinker und eine junge Frau* (2488) von Piero di Cosimo im Nachverkauf Abnehmer. Insgesamt erzielten diese freihändigen Verkäufe 21.250 Reichsmark;[697] zusammen mit dem

690 NL-HaNA, NBI 2.09.16 Nr. 883, An Auktionshaus Harms am 13. Dezember 1940 ausgelieferte Bilder, unfoliiert.

691 Nürnberg, Kaspar: Leo Spik und sein Kunstversteigerungshaus „Union", in: in: Fischer-Defoy, Christine/Nürnberg, Kaspar (Hrsg.): Gute Geschäfte. Kunsthandel in Berlin 1933–1945, Berlin 2011, S. 107.

692 NL-HaNA, NBI 2.09.16 Nr. 883, An Auktionshaus Harms am 13. Dezember 1940 ausgelieferte Bilder, unfoliiert.

693 Weltkunst, Jg. XV, Nr. 27/28, Preisberichte, Mathias Lempertz, Köln, 14. 6. 1941, S. 5.

694 NL-HaNA, NBI 2.09.16 Nr. 867, Voorraadboek schilderijen, 1940–1941, Bl. 43.

695 Weltkunst, Jg. XV, Nr. 27/28, Preisberichte, Mathias Lempertz, Köln, 14. 6. 1941, S. 5.

696 NL-HaNA, NBI 2.09.16 Nr. 861, Boek van ingekomen- en uitgegane stukken, 1940–1942, Bl. 33. – Ende September musste v/h J. Goudstikker die Inventarnummer 1121 (anschließend 6059) für 1.062 Reichsmark von einem Kölner Rechtsanwalt zurückerwerben, da die im Katalog übernommenen Angaben zur Ausstellungsprovenienz nicht zutrafen, s. NL-HaNA, NBI 2.09.16 Nr. 854, Schantung Handels-AG Berlin an Kunsthandel v/h J. Goudstikker N.V. Amsterdam, 9. 12. 1941, unfoliiert.

697 NL-HaNA, NBI 2.09.16 Nr. 852, Kunsthaus Mathias Lempertz Köln an Schantung Handels-AG Berlin, 10. 9. 1941, unfoliiert; Schantung, Konto A 1 für Gemälde und Kunstgegenstände 1941, 23. 8. 1941, unfoliiert.

Nettoerlös der Auktion überwies Mathias Lempertz voorheen J. Goudstikker etwas mehr als 100.000 Reichsmark.[698]

7.15.7 Bilanz der Auktionen

Nach dem Kreditvertrag vom August 1940 stand der Schantung aus den Verkäufen der nach Berlin geschickten Gemälde ein Nettoerlös von insgesamt 6,2 Millionen Reichsmark zu.[699] Mehr als die Hälfte davon – etwa 3.512.500 Reichsmark – erzielte bis Jahresende der Direktvertrieb aus dem Lager in der Lennéstraße, bei dem die Reichskanzlei als größter Käufer auftrat. Demgegenüber erlösten die Auktionen laut des Saldos zum 4. Mai 1941 nur 1.673.552 Reichsmark. Zuzüglich einer sechsstelligen Provision für die Kontoführung verbuchte die Schantung folglich als vorläufigen Betrag 5.486.033 Reichsmark, der sich noch durch die Einnahmen aus der Juli-Auktion bei Mathias Lempertz sowie durch eine rückwirkende Zinsanspassung ab Anfang 1941 erhöhen sollte.[700]

Die Chancen, den vereinbarten Nettoerlös bis zum Fristende im August zu erreichen, waren allerdings angesichts einer Differenz von immer noch mehreren Hunderttausend Reichsmark verschwindend gering. Dementsprechend schickte die Schantung bereits am 15. Juli 1941 insgesamt 213 bis dahin unverkaufte Gemälde sowie zehn Gobelins nach Amsterdam zurück.[701] Ob voorheen J. Goudstikker diese gemäß des Kreditvertrags tatsächlich zum Differenzbetrag zurückerwarb, ist sehr fraglich; zumindest findet sich dafür in der Fülle der konsultierten Dokumente kein Beleg.

7.15.8 Weitere Auktionen 1941

Obwohl sich Direktverkäufe im Vergleich zu Auktionen für voorheen J. Goudstikker als wesentlich profitabler erwiesen hatten, bot er auch im Herbst und Winter des Jahres 1941 – wenn auch in bedeutend kleinerem Maßstab – noch zweimal Kunstwerke auf diesem Absatzweg an. Die fragmentarische Quellenlage lässt jedoch nur eine ebensolche Rekonstruktion dieser Versteigerungen zu. So befindet sich im Stadtarchiv Amsterdam eine Liste von fünfzehn Werken, die unter dem Kürzel „706 W. Sch." in die am 28. Oktober 1941 stattfindende

698 Ebd., Schantung, Konto A 2 für Gemälde und Kunstgegenstände 1941, 14. 7. 1941, unfoliiert.

699 NL-HaNA, NBI 2.09.16 Nr. 854, Schantung Handels-AG Berlin an Kunsthandel J. Goudstikker N. V. Amsterdam, 27. 8. 1940, unfoliiert.

700 Ebd.

701 Ebd., Gutachter A. Kiewit Amsterdam an Fa. Jauch, Hübener & Co. Berlin, 4. 8. 1941, unfoliiert.

Auktion „Gemälde alter und neuerer Meister“[702] des Frankfurter Kunsthauses Heinrich Hahn eingeliefert worden sein sollen.[703] Von den neunzehn im Auktionskatalog aufgeführten Gemälden konnten in den Geschäftsunterlagen von voorheen J. Goudstikker bislang jedoch nur drei potenzielle Übereinstimmungen gefunden werden. Bei dem Los 121 *Brustbild einer jungen Tirolerin* von Franz von Defregger etwa könnte es sich um die im August 1940 von Stodel erworbene Inventarnummer 5076[704] handeln und auch die unter Los 11 geführte *Landschaft* von Jan Brueghel dem Älteren ähnelt zumindest den Werkangaben nach dem Gemälde mit der Inventarnummer 5810, das Miedl im September 1940 von Katz gekauft hatte.[705] Während die acht Arbeiten neuerer Meister frühe Erwerbungen von Miedl in Deutschland sein könnten, die nicht offiziell in den Handelsbestand von voorheen J. Goudstikker aufgenommen wurden, wirft das Fehlen der Gemälde alter Meister in den regulären Inventaren Zweifel an der Korrektheit der Quelle auf. Sollte die Liste jedoch einen direkten Bezug zu voorheen J. Goudstikker haben, betrug die Gesamttaxe der angebotenen Werke fast 124.000 Reichsmark; am höchsten bewertet wurden dabei *Die Niederländischen Sprichwörter* von Pieter Brueghel dem Jüngeren (Los 12) sowie *Die Einsamkeit* von Carl Spitzweg (Los 167) mit je 20.000 Reichsmark.[706] Laut des Preisberichts der Weltkunst wurde keines dieser beiden Spitzenlose letztlich zugeschlagen. Für sechs andere Gemälde zahlten Bieter jedoch angeblich insgesamt 26.380 Reichsmark, wobei die mit 15.000 Reichsmark taxierten *Falschspieler* von Ludwig Knaus (Los 144) mit nur 12.000 Reichsmark das teuerste Los des Auftraggebers Nr. 706 darstellten.[707]

Im Gegensatz zu der Auktion bei Heinrich Hahn lässt sich sicher belegen, dass voorheen J. Goudstikker mit dreißig Gemälden an der Versteigerung „Oude en Moderne Schilderijen en Antiquiteiten afkomstig van de nalatenschappen van den Heer S. P. D. May en Mevrouw

702 Aukt.-Kat. Heinrich Hahn Frankfurt a. M., „Gemälde alter und neuerer Meister“, 28. 10. 1941, https://digi.ub.uni-heidelberg.de/diglit/hahn1941_10_28 [zuletzt aufgerufen 27. 2. 2023].

703 SAA, 1341 Nr. 101, Archief van Jacques Goudstikker en Desi Goudstikker-Halban, 1898–1990, Lijst van op 28 en 29 october 1941 te Frankfurt a/d Main geveilde schilderijen onder nr. 706, Auktions Kunsthaus Han [sic!] Frankfurt am Main vom 28./29. Oktober 1941, Auftraggeber No. 706, unfoliiert. – In der im Katalog aufgeführten Liste der Auftraggeber findet sich die Abkürzung „W. Sch.“ bzw. „Dr. W. Sch.“ ebenfalls unter den Nummern 708, 709 und 801. Da diese Auftraggeber weder in den Primärquellen genannt werden, noch deren angebotene Werke in den Geschäftsunterlagen zu eruieren sind, kann davon ausgegangen werden, dass keine Verbindung zu v/h J. Goudstikker besteht.

704 NL-HaNA, NBI 2.09.16 Nr. 867, Voorraadboek schilderijen, 1940–1941, Bl. 4.

705 Ebd., Bl. 36.

706 Aukt.-Kat. Heinrich Hahn Frankfurt a. M., „Gemälde alter und neuerer Meister“, 28. 10. 1941, https://digi.ub.uni-heidelberg.de/diglit/hahn1941_10_28 [zuletzt aufgerufen 27. 2. 2023].

707 SAA, 1341 Nr. 101, Auktions Kunsthaus Han [sic!] Frankfurt am Main vom 28./29. Oktober 1941, Auftraggeber No. 706, unfoliiert.

R. May-Fuld en diverse verzamelingen en nalatenschappen"[708] beteiligt war, die vom 2. bis 5. Dezember 1941 im Amsterdamer Auktionshaus Frederik Muller & Co. veranstaltet wurde. Wie bereits im Kapitel 7.9. beschrieben, lieferte voorheen J. Goudstikker sowohl die Sammlung Haages als auch fünf Werke des Altbestands sowie siebzehn Käufe von Miedl ein.[709] Da weder eine Schätzliste noch ein Preisbericht oder eine Abrechnung vorliegen, lassen sich der Ablauf und das Ergebnis der Auktion nicht weiter konkretisieren. Nachweisbar ist lediglich zum einen, dass die Sammlung Haages, die abgesehen von acht angebotenen Gemälden aus Einrichtungsgegenständen bestand, über 44.000 Gulden einbrachte. Zum anderen schickte das Auktionshaus am 18. Dezember 1941 neun Gemälde mit 5000er-Inventarnummern an voorheen J. Goudstikker zurück,[710] sodass davon ausgegangen werden kann, dass die restlichen dreizehn Werke einen Zuschlag erhielten.

7.16 Kunsthandelsgeschäfte im Frühjahr und Sommer 1941

Parallel zu den Verkäufen auf dem deutschen Auktionsmarkt tätigte Miedl Erwerbungen im niederländischen Kunsthandel, die laut der Geschäftsbücher bis Juni 1941 jedoch nur einundfünfzig Kunstwerke umfassten. Mehr als die Hälfte dieser Gemälde akquirierte er bereits in den ersten beiden Monaten des Jahres von zehn mehrheitlich professionellen Verkäufern.[711] So etwa von dem Amsterdamer Kunsthandel W. Rosenthal, dessen aus Berlin emigrierter jüdischer Besitzer[712] seit September 1940 mit voorheen J. Goudstikker in Geschäftsbeziehung stand. Im Januar und Februar verkaufte er Miedl acht Gemälde, darunter am 17. Januar 1941 eine *Dorfansicht* (5944) von Jan Brueghel dem Älteren für 2.750 Gulden, die am 31. des

708 Aukt.-Kat. Frederik Muller & Co., Amsterdam, „Oude en Moderne Schilderijen en Antiquiteiten afkomstig van de nalatenschappen van den Heer S. P. D. May en Mevrouw R. May-Fuld en diverse verzamelingen en nalatenschappen", 2.–5. 12. 1941, https://digi.ub.uni-heidelberg.de/diglit/mensing_fils1941_12_02 [zuletzt aufgerufen 25. 1. 2023].

709 Folgende Inventarnummern wurden bei Frederik Muller & Co. angeboten: 930–1938–2848–2496–3101–5064–5116–5162–*5179*–5182–*5187*–*5356*–*5414*–*5637*–*5746*–5968–5985–*5908*–*6006*–6007–*6009*–6025–H31–H51–H76–H79–H112–H164–H167–H183, s. NL-HaNA, NBI 2.09.16 Nr. 863, Lijst van schilderijen gezonden aan de Firma Fred. Muller & Cie., 29. 9. 1941, unfoliiert. – Die kursiven Nummern wurden an v/h J. Goudstikker zurückgeschickt.

710 NL-HaNA, NBI 2.09.16 Nr. 861, Boek van ingekomen- en uitgegane stukken, 1940–1942, Bl. 38.

711 Von den zehn genannten Verkäufern konnte in neun Fällen die Identität ermittelt werden. Nicht eindeutig identifiziert werden konnte ein gewisser J. Walter, der am 12. 2. 1941 die Inventarnummer 6010 für 200 Gulden verkaufte, s. NL-HaNA, NBI 2.09.16 Nr. 867, Voorraadboek schilderijen, 1940–1941.

712 BArch Koblenz, B 323/70, The Goering Collection (Bericht von Th. Rousseau), 15. 9. 1945, Bl. 150. – Wahrscheinlich bestand keine Verbindung zwischen dem Amsterdamer Kunsthandel W. Rosenthal und dem Münchner Antiquariat Jacques Rosenthal.

Monats für mehr als den doppelten Preis an Göring ging[713] zusammen mit weiteren sieben Gemälde für 20.000 Gulden, die voorheen J. Goudstikker 11.700 Gulden gekostet hatten.[714]

Drei dieser bereits 1940 gekauften Werke stammten aus dem Kunsthandel D. Katz in Dieren, der am 17. Februar 1941 in Liquidation ging.[715] Gleichwohl endete Miedls bis dahin durchaus rege Geschäftsbeziehung zu Katz damit keineswegs, sogar noch 1948 wurde er in einem niederländischen Zeitungsartikel in eine – diesmal allerdings kausale – Beziehung zu Katz und dessen Insolvenz gebracht: Kurz vorher habe voorheen J. Goudstikker von der Firma für 700.000 Gulden 125 Gemälde erworben, diese jedoch allesamt retourniert, da Miedl aufgrund der Einschätzung eines Gutachters überzeugt gewesen sei, einen zu hohen Preis gezahlt zu haben.[716] Zudem wurde Miedls Mitarbeiter Alfred Brack mit der Behauptung zitiert, Katz habe Werke absichtlich falsch zugeschrieben. Während Bracks Aussage wahrscheinlich darauf abzielte, die Glaubwürdigkeit von Katz zu diskreditieren, der zu dieser Zeit in einem gegen ihn geführten Prozess Miedl beschuldigte, von diesem 1940 bei Verkäufen unter Druck gesetzt worden zu sein, finden sich in den Geschäftsunterlagen keinerlei Belege für derart umfangreiche Käufe oder Retouren.

Tatsächlich lässt sich für den Zeitraum von Januar bis Februar 1941 lediglich eine Transaktion mit Katz nachweisen: Am 12. Februar erwarb Miedl für 590.000 Gulden das Gemälde *Lesender Mann* (5966) von Jan Vermeer, das sich zuvor in der Kunstsammlung des Almeloer Industriellen Hendrikus Egbertus ten Cate befunden hatte. Göring sicherte sich zwar sofort eine Option darauf, musste jedoch verzichten, da Baldur von Schirach sich mit seiner Forderung, das Werk für das Kunsthistorische Museum in Wien zu erhalten, bei Hitler durchsetzen konnte. Seyß-Inquart erwarb es für 760.000 Gulden und schenkte es dem ‚Reichsgau Wien' in der ersten Jahreshälfte 1941.[717] Offenbar war dieses Geschenk eine Kompensation dafür, dass 1940 der ‚Sonderauftrag Linz' mit dem Erwerb der *Malkunst* von Vermeer aus der Wiener Sammlung Czernin[718] Wien zuvorgekommen war. Mehrere Jahre später stellte sich indes heraus, dass das Bild *Lesender Mann* nicht von Vermeer stammte.[719]

---

713 NL-HaNA, NBI 2.09.16 Nr. 867, Voorraadboek schilderijen, 1940–1941, Bl. 4.

714 Ebd.

715 Im Verlauf der Liquidation wurde am 1. 6. 1943 eine neue Firma unter dem Namen N. V. Schilderijen- en Antiquiteitenhandel v/h D. Katz gegründet, s. Advisory Committee on the assessment of restitution applications for items of cultural value and the Second World War, RC 1.90B, Art Dealership Katz (B), 17. 12. 2012, https://www.restitutiecommissie.nl/en/recommendation/art-dealership-katz-b/ [zuletzt aufgerufen 26. 1. 2023].

716 Het vrije Volk. Democratisch-socialistisch dagblad, Jg. 4, Nr. 959, Schilderijenverkoop aan Duitsers geschiedde niet onder dwang, 14. 7. 1948, Bl. 3, [www.delpher.nl, zuletzt aufgerufen 28. 2. 2023].

717 NL-HaNA, NBI 2.09.16 Nr. 867, Voorraadboek schilderijen, 1940–1941, Bl. 42.

718 NARA, M1946, RG 260, Interrogations: Miedl Case, No. 4, 13. 12. 1945, Bl. 4–5.

719 Plietzsch, Eduard: Rezension A. B. de Vries, Jan Vermeer de Delft, in: Zeitschrift für Kunst, Jg. 4, Heft 3, 1950, S. 234–236.

Für März 1941 wird in den Geschäftsbüchern als Kauf lediglich das großformatige Gemälde *Der Greis* (5967) von Tintoretto aufgeführt, das am 20. des Monats für 8.000 Gulden vom Grafen W. F. Ch. H. van Aldenburg Bentinck übernommen wurde, nachdem es sich bereits seit dem 10. Mai 1940 als Kommissionsware im Kunsthandel J. Goudstikker befunden hatte. Nicht verzeichnet wurden dagegen das ebenfalls von Tintoretto gemalte *Bildnis des Bildhauers Ottavio Strada* (Abb. 9) sowie drei weitere Werke, die Miedl am 18. und 19. März 1941 von Marcel Wolf[720] beziehungsweise dessen ab Anfang November 1940 eingesetzten ‚arischen' Vermögensverwalter Ludwig Kattenstroth[721] für angeblich 120.000 Gulden kaufte. Die Gemälde wurden nicht in die Inventare aufgenommen, da Miedl sie nicht für voorheen J. Goudstikker, sondern als Agent von Göring erwarb. Ob Wolf bei dieser Transaktion tatsächlich bezahlt wurde, ist unklar; falls ja, erhielt er sehr wahrscheinlich – wie schon im Fall des Verkaufs am 27. Juni 1940 – letztlich keinen Zugriff auf das Geld. Dafür spricht auch, dass Wolf voorheen J. Goudstikker zwar am 17. April 1941 als Kreditsicherheit ein *Bildnis der Schauspielerin Mary Robinson* (C 2009) von Joshua Reynolds[722] übergab, das von der Buitenlandbank dafür zugesagte Darlehen in Höhe von 10.000 Gulden ihm anschließend aber vorenthalten wurde.[723] Das *Bildnis des Bildhauers Ottavio Strada* wurde 1946 an die Erben nach Wolf restituiert und im selben Jahr über die Vermittlung des Kunsthändlers Saam Nijstad für 50.000 Gulden an das Rijksmuseum in Amsterdam verkauft.[724]

---

720 Bei den fünf Gemälden handelt es sich um ein *Herrenbildnis* von Joos van Cleve (Mü-Nr. 5846), ein *Blumenstillleben* von Vincent van Gogh (Mü-Nr. 7168), *Die Neckerei* von Gabriël Metsu (Mü-Nr. 5292), das *Bildnis des Bildhauers Strada* von Tintoretto (Mü-Nr. 5310) sowie eine *Gebirgslandschaft* von David Teniers d.J. (Mü-Nr. 5257), s. BArch Koblenz, B 323/575, Treuhandverwaltung von Kulturgut bei der Oberfinanzdirektion München, Verzeichnis der der Treuhandverwaltung bekannt gewordenen Restitutionen von 1945 bis 1962, Restitutionen in die Niederlande, Bd. 2, 1962, Gemälde und Zeichnungen von D. und Marcel Wolf Wassenaar, Bl. 310. – Laut der Property Card 7168 wurde das *Blumenstillleben* von Van Gogh in Görings Auftrag von Oberst Joseph Veltjens konfisziert, s. DHM, Datenbank zum „Central Collecting Point München", Property Card Art, Vincent van Gogh, flowers in vase, https://www.dhm.de/datenbank/ccp/dhm_ccp.php?seite=6&fld_1=7168&fld_3=&auswahl=6&fld_4=&fld_4a=&fld_5=&fld_6=&fld_7=&fld_8=&fld_9=&fld_10=&suchen=Suchen [zuletzt aufgerufen 28. 2. 2023].

721 NL-HaNA, NBI 2.09.16.10 Nr. 203464, Arthur Seyß-Inquart an die Deutsche Revisions- und Treuhand AG Arnehim, 19. 7. 1944, unfoliiert.

722 Das Gemälde von Reynolds wurde in den Geschäftsbüchern als Kommissionsware geführt, s. NL-HaNA, NBI 2.09.16 Nr. 864, Inventaris van het dossierarchief van het Nederlandse Beheersinstituut, en van de in beslag genomen administraties, 1945–1967, Depotboek, 1944, Bl. 1.

723 NL-HaNA, NBI 2.09.16.10 Nr. 203493, Inventaris van het archief van het Nederlands Beheersinstituut, beheersdossiers beginnend met de letter M, Miedl, (Bankierskantoor) (III), Amsterdam, Kunsthandel Miedl N.V./Alois Miedl Privé contra M. Wolf inzake een geldlening ad f. 10.000 over het onderpand schilderij Reynolds, 10. 1. 1956, unfoliiert.

724 http://hdl.handle.net/10934/RM0001.COLLECT.5578 [zuletzt aufgerufen 3. 9. 2024].

Abb. 9 Jacopo Tintoretto, Bildnis des Bildhauers Ottavio Strada, 1567, Öl auf Leinwand, 128 × 101 cm.

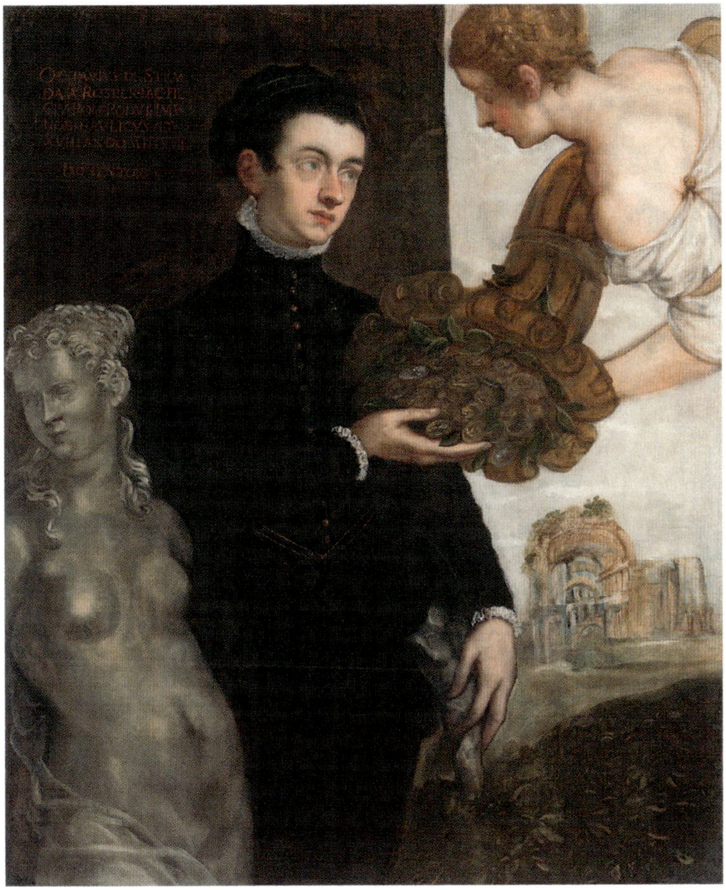

Abgesehen von den Transaktionen mit Göring[725] verkaufte voorheen J. Goudstikker im Zeitraum Januar bis März 1941 angeblich nur fünfzehn Werke. Unter den sechs Käufern[726] befanden sich Dirk Albert Hoogendijk und der jüdische Bankier Carl Alfred Schönlicht, die im Rahmen der Dezember-Auktion bei Hans W. Lange Rechnungen an Miedl gestellt hatten. Interessanterweise waren die nun von ihnen erworbenen jeweils drei Gemälde des Altbestands aus genau dieser Versteigerung als Stützkäufe an voorheen J. Goudstikker zurückgegangen. Nun übernahm Hoogendijk neben einer *Taufe Christi* (1115) von Joachim

725 Am 19.3.1941 erwarb Göring die Inventarnummern 5226 und 5247, s. NL-HaNA, NBI 2.09.16 Nr. 867, Voorraadboek schilderijen, 1940–1941, Bl. 10–11.

726 Am 29.1.1941 erwarb der Frankfurter Bankier August Michel die Inventarnummern 5997 und 5840; im März kaufte Dik Junior die Nummern 1816 sowie 2913 und ein gewisser Rienecker übernahm die Nummer 5946, s. NL-HaNA, NBI 2.09.16 Nr. 861, Boek van ingekomen- en uitgegane stukken, 1940–1942, Bl. 22, 24–25.

Patinir, die bei Hans W. Lange angeblich für 8.500 Reichsmark zugeschlagen worden war,[727] *Die Furt* (2066) von Jan Siberechts sowie die von Almas-Dietrich zurückersteigerten *Fischhändler* (940) von Arent Arentsz. Schönlicht wiederum kaufte eine *Winterlandschaft* (283) von Isaac van Ostade, die *Schneiderwerkstatt* (817) von Quiringh van Brekelenkam und eine *Wirtshausszene* (1974) von Jan Steen,[728] die laut Hans W. Langes Preisbericht 25.000 Reichsmark eingebracht hatte.[729] Ob es einen Zusammenhang zwischen den Rechnungen aus dem Vorjahr und den Käufen 1941 gibt, ist aus den konsultierten Quellen nicht zu ermitteln.

Das erste und offenbar einzige Mal verkaufte Miedl im März außerdem vier Gemälde italienischer Primitiver aus dem Bestand des Pensionsfonds (B. P. 02–05) an den Amsterdamer Kunsthandel Paul Cassirer. Geliefert wurden die Werke an das Depot des Kunsthändlers Charles Albert de Burlet,[730] einem jüdischen Niederländer, der sein Berliner Unternehmen 1934 aufgegeben hatte und nach Basel emigriert war.[731]

Nach der Flaute im März erwarb voorheen J. Goudstikker im April 1941 siebzehn Gemälde von sieben Personen. Neben den bereits bekannten Kunsthändlern Katz und Rosenthal, die jeweils ein Bild verkauften, kam Miedl mit Johan Peter Joseph Kalb, dem späteren ‚Ariseur' des Kunsthandels Jacob Stodel, sowie dem Amsterdamer Händler Th. Roozendaal und dem in Den Haag tätigen Jacob Herman Jan Mellaart ins Geschäft. Privatverkäufer waren W. H. Jansen und der jüdische Bankier Martin Aufhäuser,[732] der bereits im Frühjahr 1940 offenbar unter Zwang über Miedl ein Gemälde an Göring veräußern musste.

Wie Aufhäusers Ehefrau in der Nachkriegszeit berichtete, bestritt das Paar seinen Lebensunterhalt von 1940 bis 1941 hauptsächlich aus Verkäufen ihres Umzugsgutes.[733] Demzufolge hatte Aufhäuser voorheen J. Goudstikker bereits am 23. September 1940 verschiedene Möbelstücke und Einrichtungsgegenstände sowie neun Kunstwerke vorwiegend deutscher Maler des 19. Jahrhunderts in Kommission gegeben.[734] Wohl in der Hoffnung auf eine baldige Ausreisegenehmigung nach Amerika entschied sich das Ehepaar am 23. April 1941 zum Verkauf ihrer Wertgegenstände an Miedl, der für den Großteil des Mobiliars und eine

727 Weltkunst, Jg. XIV, Nr. 50/51, Preisberichte, Hans W. Lange, Berlin, 3.–4. 12. 1940, 8. 12. 1940, S. 2.

728 NL-HaNA, NBI 2.09.16 Nr. 861, Boek van ingekomen- en uitgegane stukken, 1940–1942, Bl. 21–22. – Hoogendijk retournierte die drei Gemälde am 3. 3. 1941 an v/h J. Goudstikker, s. ebd., Bl. 24.

729 Weltkunst, Jg. XIV, Nr. 50/51, Preisberichte, Hans W. Lange, Berlin, 3.–4. 12. 1940, 8. 12. 1940, S. 2.

730 NL-HaNA, NBI 2.09.16 Nr. 861, Boek van ingekomen- en uitgegane stukken, 1940–1942, Bl. 25.

731 Nebenhay, Christian M.: Die goldenen Sessel meines Vaters. Gustav Nebenhay (1881–1935) Antiquar und Kunsthändler in Leipzig, Wien 1983, S. 236–237.

732 NL-HaNA, NBI 2.09.16 Nr. 867, Voorraadboek schilderijen, 1940–1941.

733 Advisory Committee on the assessment of restitution applications for items of cultural value and the Second World War, RC 1.29, Recommendation regarding the application for the restitution of three men in a boat on turbulent water by A. H. Lier and mountain landscape with castle by T. le Feubure, 12. 7. 2006, https://www.restitutiecommissie.nl/en/recommendation/three-men-in-a-boat-by-a-h-lier-and-mountain-landscape-with-castle-by-t-le-feubure/ [zuletzt aufgerufen 12. 1. 2023].

734 NL-HaNA, NBI 2.09.16 Nr. 861, Boek van ingekomen- en uitgegane stukken, 1940–1942, Bl. 10.

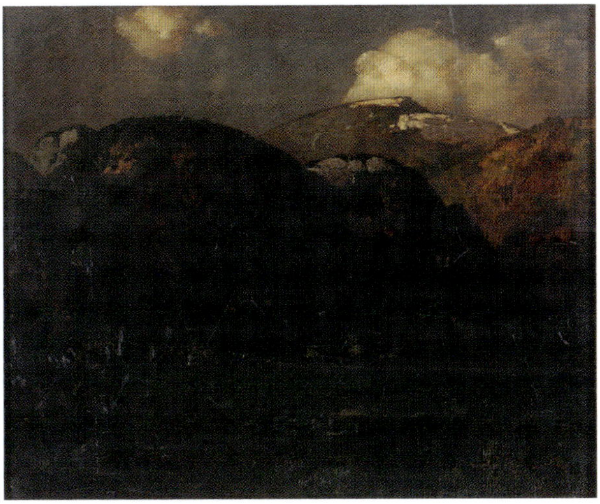

Abb. 10 Anton Hermann Stadler, Gebirgslandschaft, 1904, Öl auf Holz, 47,2 × 56 cm.

anschließend nach Berlin geschickte Sammlung von Grafiken (PR 2526) rund 3.500 Gulden zahlte. Für die fortan im Inventar unter den Nummern 6013 bis 6021 geführten neun Bilder belief sich der Gesamtbetrag auf lediglich 180 Gulden: Für eine *Dorfansicht* (6013) und eine *Ernte*-Darstellung (6014) von Peter von Cornelius bekam Aufhäuser demnach nicht mehr als fünfzehn Gulden; preislich noch schlechter bestellt war es um ein Aquarell einer *Schafherde* (6015) des bayerischen Tier- und Landschaftsmalers Anton Braith sowie um eine kleinformatige, fälschlicherweise Charles Rauch zugeschriebene *Küstenlandschaft* (6017) des sogenannten Chiemsee-Malers Karl Raupp, die jeweils nur sechs und drei Gulden einbrachten. Ein *Ungewitter* (6019) von Anton Hermann Stadler erzielte mit siebzig Gulden den höchsten in dieser Reihe von Spottpreisen.[735] Zweifellos entsprach eine derartige Bewertung nicht den handelsüblichen Preisen auf dem deutschen Kunstmarkt, der gerade zu dieser Zeit ein „wieder erwachsendes Interesse an der Malerei des 19. Jahrhunderts“[736] registrierte. Offensichtlich nutzte Miedl die Zwangslage Aufhäusers aus, der den Transport seines Umzugsgutes nicht finanzieren konnte und notgedrungen zustimmte. Nur einen Monat später erhielt das Ehepaar schließlich die Erlaubnis zur Emigration nach Amerika,[737] wo Aufhäuser 1944 in Los Angeles verstarb.[738]

735 NL-HaNA, NBI 2.09.16 Nr. 881, Rechnung M. Aufhäuser, 23.4.1941, unfoliiert.

736 Weltkunst, Jg. XV, Nr. 9/10, Kurze Nachrichten, 2.3.1941, S. 8.

737 Advisory Committee on the assessment of restitution applications for items of cultural value and the Second World War, RC 1.29, Recommendation regarding the application for the restitution of three men in a boat on turbulent water by A. H. Lier and mountain landscape with castle by T. le Feubure, 12.7.2006, https://www.restitutiecommissie.nl/en/recommendation/three-men-in-a-boat-by-a-h-lier-and-mountain-landscape-with-castle-by-t-le-feubure/ [zuletzt aufgerufen 12.1.2023].

738 Thiede 2012, S. 100.

Laut den Geschäftsunterlagen tätigte voorheen J. Goudstikker im April 1941 keine Verkäufe, was insofern überrascht, als Göring Anfang März einen Erlass unterzeichnet hatte, der für den 1. April die Aufhebung der Devisengrenze zwischen den Niederlanden und dem Deutschen Reich anordnete.[739] Als Folge dieser Währungskonvertibilität, die einer wirtschaftlichen Annexion gleichkam, konnten Deutsche in den Niederlanden unbegrenzt mit Reichsmark zahlen, die die niederländische Zentralbank wiederum in Gulden wechseln musste.[740] Fischböck hatte diese Maßnahme bereits am 11. Oktober 1940 angekündigt, war jedoch zunächst am Widerstand des Präsidenten sowie des Beauftragten der Nederlandsche Bank L. J. A. Trip und Helmuth Wohlthat gescheitert.[741] Im selben Monat einigten sich die Vertreter des Reichswirtschaftsministeriums schließlich darauf, vorerst eine „durchlöcherte Devisengrenze"[742] zu schaffen, sodass Investitionen bis zu 5.000 Reichsmark ab dem 1. November 1940 nicht mehr genehmigungspflichtig waren.[743] Ab diesem Zeitpunkt stieg der Geldumlauf in den Niederlanden kontinuierlich an und erfuhr nach Aufhebung der Devisengrenze einen enormen Wachstumsschub, der auch in den nächsten Jahren nicht nachließ. Während die daraus resultierende Inflation für die Niederländer zu einer Entwertung ihrer Währung führte,[744] war die Aufhebung der Devisengrenze für deutsche Privatkäufer und Kunsthändler geradezu eine Einladung, da ihnen der Zugang zum niederländischen Kunstmarkt im Gegensatz zu anderen besetzten Ländern erheblich erleichtert wurde. So zahlten sie etwa aufgrund entfallender Zusatzkosten im Durchschnitt sieben Prozent weniger für Kunstwerke als in Frankreich.[745]

Das schwindende Vertrauen in den Gulden veranlasste aber auch vermehrt Niederländer zur Flucht in Sachwerte; dabei fiel ihre Wahl häufig ebenfalls auf Gemälde, da der Kunstmarkt nicht durch Rationierung kontrolliert wurde.[746] Daraufhin resümierte die überregionale Tageszeitung De Telegraaf schon im Mai 1941 unter der Schlagzeile „Der Kunstmarkt unter dem Einfluss stark gestiegener Nachfrage und einer Abnahme des Angebots. Kunst als Investition", dass das Preisniveau gegenüber der Vorkriegszeit um das Zwei- bis Dreifache gestiegen sei.[747] Die für diese höheren Preise von den deutschen Käufern aufzubringenden

739 Kreutzmüller 2005, S. 125.

740 Koll 2015, S. 423.

741 Kreutzmüller 2005, S. 123.

742 Euwe 2007, S. 110–111.

743 Ebd.

744 Aalders 2000, S. 126. – Die Devisengrenze wurde 1944 wieder geschlossen, um die völlige Entwertung des Guldens zu verzögern, s. Aly 2011, S. 167.

745 Euwe 2007, S. 111.

746 Euwe, Jeroen/Oosterlinck, Kim: Art Price Economics in the Netherlands during World War II, in: Journal for Art Market Studies, Vol. 1, No. 1 (2017), S. 63.

747 De Telegraaf, Jg. 49, Nr. 18243, De kunstmarkt onder den invloed van sterk gestegen vraag en vermindering van aanbod. Kunst als belegging, 22. 5. 1941, Bl. 3 [www.delpher.nl, zuletzt aufgerufen 12. 1. 2023].

Reichsmarkbeträge kumulierten bei der niederländischen Zentralbank ohne eine Nutzungsalternative. Bei Kriegsende summierten sich deren Forderungen dementsprechend auf etwa sechs Milliarden Reichsmark.[748] Folgerichtig qualifiziert der Wirtschaftshistoriker Jeroen Euwe sämtliche Transaktionen, die Deutsche ab dem 1. April 1941 in den Niederlanden mit Reichsmark tätigten, als „technischen Raub"[749].

Von einem Nachfrageboom konnte bei voorheen J. Goudstikker, der von Mai bis August 1941 nur fünf Verkäufe verzeichnete, zunächst auch weiterhin keine Rede sein. Im Mai wurden neun nicht näher bezeichnete Gemälde verschickt, wobei als Empfänger lediglich München genannt wird. Erst am 4. Juli folgte der nächste Kauf durch Tietje, der im Auftrag von Fritz Winterhoff, dem Betriebsführer des Mülheimer Röhrenwerks Thyssen, für 9.000 Gulden eine *Mondscheinlandschaft* (5914) von Aert van der Neer erwarb. Wenige Tage später übernahm Gritzbach für Göring drei Gemälde von Steen (5955), Van Goyen (5791) und Rachel Ruysch (5748) für etwas über 8.000 Gulden, die Miedl im Einkauf 12.700 Gulden gekostet hatten. Offenbar kam voorheen J. Goudstikker, der von Göring zwar in der Regel geringere Preise als von dessen prominenten ‚Parteigenossen' verlangte, diese jedoch selten unter Einkaufswert ansetzte, ihm in diesem Fall besonders entgegen, da er die Firma seinem langjährigen Freund und Parteiförderer Staatsrat Kurt Herrmann empfohlen hatte. Hermann, der als Verleger, Architekt und Industrieller an der ‚Arisierung' verschiedener Unternehmen beteiligt gewesen war, betätigte sich seit Ende der 1930er Jahre auch als Görings ‚Sonderbeauftragter für den Diamanteinkauf in den besetzten Gebieten'.[750] Wohl bei einer dieser Reisen nach Amsterdam erwarb er sieben Gemälde, für die er jeweils etwa das Doppelte des Einkaufspreises zahlte.[751] Der letzte Kauf in diesem Zeitraum erfolgte schließlich Mitte Juli mit zwei kleinformatigen *Interieurs* (5149–5150) von Jan Baptist Lambrechts, die für 120 Gulden an den Hagener Rechtsanwalt und ‚Gauführer' Wilhelm Römer gingen. Ob das Kommissionsgemälde *Landschaft* (C 2024) von August Fink Ende August an Olga Rigele zum Kauf oder zur Verwahrung geschickt wurde, lässt sich nicht mehr feststellen.[752]

Während der Sommermonate 1941 schloss voorheen J. Goudstikker jedoch nicht nur wenige Verkäufe ab, sondern verbuchte auch im Vergleich zum Vorjahr nur eine kleine Anzahl von Erwerbungen. Für insgesamt elf Gemälde von acht Verkäufern zahlte er etwas mehr als 9.000 Gulden. Darin eingerechnet ist ein innerfamiliäres Geschäft: Am 12. Juli erwarb Miedl eine *Landschaft mit Schafherde* (6035) von Désiré Thomassin für 150 Gulden

748 Aalders 2000, S. 36.

749 Euwe 2007, S. 57.

750 Broder, Henryk M.: Diamanten für den Reichsmarschall, in: Der Spiegel, Nr. 8, 16.2.1997, https://www.spiegel.de/politik/diamanten-fuer-den-reichsmarschall-a-e7eeeb16-0002-0001-0000-000008670045?context=issue [zuletzt aufgerufen 1.3.2023].

751 Herrmann erwarb die Inventarnummern 5626–5902–5904–5905–5906–5995–6022, s. NL-HaNA, NBI 2.09.16 Nr. 867, Voorraadboek schilderijen, 1940–1941.

752 NL-HaNA, NBI 2.09.16 Nr. 861, Boek van ingekomen- en uitgegane stukken, 1940–1942, Bl. 28–29.

angeblich von H. Fleischer;[753] dabei handelte es sich um Miedls Schwiegermutter Hedwig Fleischer, die 1939 zu der Familie nach Amsterdam gezogen war[754] und sich ab 1942 in einer dortigen Pflegeeinrichtung befand.[755] Von den verbliebenen zehn Gemälden waren die teuersten mit je 1.800 Gulden ein *Interieur* (6022) von Cornelis Bega aus dem Utrechter Kunsthandel Borghouts, das für den doppelten Preis vom bereits erwähnten Hermann gekauft wurde, sowie ein vom Scheepvaartmuseum Amsterdam erworbenes *Porträt des Witte de With* (6033) von Hendrik Sorgh. Die größte Marge sollte Miedl allerdings mit einer Van Dyck nachempfundenen Kopie des *Heiligen Hieronymus* (6036) erzielen, die für 1.200 Gulden von Brünell erworben im November des darauffolgenden Jahres für 45.000 Gulden an die Reichskanzlei verkauft wurde.[756]

Nach der mehrmonatigen Flaute befand sich voorheen J. Goudstikker im September mit seinen Erwerbungen scheinbar wieder im Aufwind. Wenn man allerdings die Verkäufer der insgesamt zwanzig Werke betrachtet, wird ersichtlich, dass voorheen J. Goudstikker keineswegs mehr Anbieter anzog. In zwei Fällen mussten Arbeiten aus dem eigenen Handelsbestand von Mathias Lempertz und der Schantung zurückgekauft werden; darüber hinaus waren sechzehn der restlichen achtzehn Gemälde von nur einer Person, nämlich Émile Renders, erworben worden und zwar bereits Ende März 1941 und nicht am 16. September 1941, wie in den Geschäftsbüchern fälschlicherweise angegeben.[757] Die Verhandlungen zu seiner Sammlung jedoch hatten tatsächlich auf den Tag genau ein Jahr zuvor begonnen.

7.16.1 Erwerb der Sammlung Émile Renders

Gemeinsam mit dem Brüsseler Auktionator Jacques de Mul[758] besuchte Walter Peach, der als Hofers Agent häufig auf dem belgischen Kunstmarkt aktiv war,[759] in dessen Auftrag am 16. September 1940 den Brüsseler Bankier, Kunstkritiker und -sammler Émile Renders. Zur

753 NL-HaNA, NBI 2.09.16 Nr. 867, Voorraadboek schilderijen, 1940–1941, Bl. 45.

754 SAA, 5225 Nr. 4327, Einwanderungsabteilung Amsterdam an Visadienst, 6.3.1952, unfoliiert. – Im Spruchkammerverfahren von Heinrich Hoffmann gab Miedl 1950 die nachweislich falsche eidesstattliche Erklärung ab, ersterer habe seiner Schwiegermutter 1937 zur Emigration in die Niederlande verholfen, s. StAM, Spruchkammerakten K 741, Eidesstattliche Erklärung von Alois Miedl an die Spruchkammer, 8.8.1950, unfoliiert.

755 BAR, E9500.239A#2003/48#79*, Eidesstattliche Erklärung von E.M.C. de Goeij, 3.11.1949, unfoliiert.

756 NL-HaNA, NBI 2.09.16 Nr. 867, Voorraadboek schilderijen, 1940–1941, Bl. 45.

757 Ebd.

758 De Mul erhielt von v/h J. Goudstikker nach dem Kauf der Sammlung Renders eine Provision von etwa 16.600 Gulden, s. NL-HaNA, NBI 2.09.16 Nr. 851, Rapport inzake Kunsthandel v/h J. Goudstikker N.V. te Amsterdam per 31.12.1941, Bl. 27.

759 Venema 1986, S. 72.

Verhandlung stand dessen seit 1920 aufgebaute Sammlung von einundzwanzig Gemälden flämischer Primitiver,[760] darunter auch zwei die Verkündigung darstellende Altarflügel, die er nur wenige Tage später öffentlichkeitswirksam Hans Memling zuschreiben ließ.[761] Renders Schilderungen dieses ersten Treffens sind, obgleich beide im Juni 1945 erfolgten, in den wesentlichen Punkten inkongruent: Während er einmal behauptete, auf Nachfrage zu seinen Preisvorstellungen nur ausweichend geantwortet zu haben, dass er kein Händler, sondern Sammler sei,[762] die Werke in Friedenszeiten jedoch nicht unter 450.000 Golddollar verkaufen würde, erklärte er in einer anderen Befragung, dass er die Sammlung von Anfang an verkaufen wollte aus Sorge, sie könne von seinen Erben auseinandergerissen werden; dafür forderte er 465.000 Papierdollar im Gegenwert von vierzehn Millionen belgischen Francs. Nach Durchsicht des Sammlungskatalogs, den Peach von Renders erhalten hatte, beauftragte Göring Peach, Hofer und Gritzbach am 20. September 1940 mit dem Erwerb der Gemälde. Ein erstes Angebot von zehn Millionen belgischen Francs lehnte Renders zwar am folgenden Tag ab, doch er sicherte zu, die Sammlung innerhalb des nächsten Monats zu verkaufen, falls er den gleichen Betrag in Gold oder Papierdollar erhalte, und in diesem Zeitraum keine anderweitigen Verhandlungen zu führen.[763] Damit war sehr wahrscheinlich Posse gemeint, der laut Hofer ebenfalls Interesse bekundet hatte und zu diesem Zeitpunkt in Brüssel Verhandlungen über die Sammlung Michel van Gelder führte.[764]

Möglicherweise aus Sorge, Hitler könne ihm doch noch zuvorkommen, aber sicher mit der Absicht, Renders unter Druck zu setzen, beauftragte Göring das ‚Devisenschutzkommando' Belgien am 25. September 1940 mit der ‚Sicherstellung' der Sammlung.[765] Danach hielt er es nicht mehr für notwendig, die vereinbarte Zahlungsfrist einzuhalten.[766] Laut Peachs Aufzeichnungen teilte Hofer zeitgleich Renders mit, Göring habe von der Idee eines Erwerbs der gesamten Sammlung Abstand genommen und beabsichtige, lediglich die beiden Altarflügel

760 NL-HaNA, NBI 2.09.16 Nr. 856, Kunsthandel v/h J. Goudstikker N.V. Amsterdam an Accountantskantoor C. Steneker i.S. Collectie Renders, 25.7.1947, unfoliiert.

761 Weltkunst, Jg. XIV, Nr. 42/43, Der neuentdeckte Memling, S. 8.

762 NARA, M1949, RG 260, Records of the Monuments, Fine Arts, and Archives Section of the Preparations and Restitution Branch, OMGUS, 1945–1951, Cultural Property Claim Applications, 1946–1948, B6 Belgium, Renders, Émile, Émile Renders an SHAEF Mission to Belgium, 28.6.1945, Bl. 1.

763 NL-HaNA, NBI 2.09.16 Nr. 863, Émile Renders contre l'État Belge, 14.7.1949, Bl. 2–3.

764 NARA, M1946, RG 260, Investigations: Göring – Gurlitt, Walter Andreas Hofer i.S. Ergänzungen zu meinem Bericht zur Kollektion Renders, undatiert, unfoliiert. – Neben Posse nahm angeblich auch das Wallraf-Richartz-Museum Köln im Februar 1941 Kontakt zu Renders auf, s. NL-HaNA, NBI 2.09.16 Nr. 863, Émile Renders contre l'État Belge, 14.7.1949, Bl. 5.

765 TNA, T 209/29/13, Interrogation Reports of collectors of looted works of art, 1945, Attachment 18–42, Devisenschutzkommando Belgien i.S. Sicherstellung der Sammlung Émile Renders, 25.9.1940, unfoliiert.

766 NL-HaNA, NBI 2.09.16 Nr. 863, Émile Renders contre l'État Belge, 14.7.1949, Bl. 3.

von Memling zu übernehmen; der Rest könne von Miedl erworben werden.[767] Höchstwahrscheinlich war dies jedoch eine Zwecklüge, um Renders, für den der Zusammenhalt seiner Sammlung eine entscheidende Rolle spielte, zum Einlenken bei den Zahlungsmodalitäten zu bewegen. Peach gibt weiter an, Hofer habe am 16. November für die ganze Sammlung ein neues Angebot unterbreitet, demzufolge 250.000 Papierdollar nach New York überwiesen und der Rest in belgischen Francs bezahlt werden sollte. Dieser Darstellung widersprach Renders nach dem Krieg: Er habe vorgeschlagen, Dollar im Gegenwert von vier Millionen belgischen Francs nach New York zu überweisen sowie drei Millionen belgische Francs in Reichsmark und weitere drei Millionen unkonvertiert zu zahlen. Beim damaligen Wechselkurs Papierdollar zu belgischem Franc von eins zu dreißig wäre Hofers Angebot für Renders beträchtlich vorteilhafter als sein eigener Vorschlag gewesen, zumindest eine der beiden Versionen kann also nicht stimmen. Wer aus welchen Gründen nicht korrekte Angaben machte, ist im Nachhinein nicht zu klären. Nachdem die deutsche Seite auch nach Ablauf einer neuen Frist im Dezember keine Entscheidung getroffen hatte, zog Renders jedenfalls sein Angebot zurück und blieb bei seiner ursprünglichen Forderung. Offenbar sah er sich in einer gestärkten Verhandlungsposition, da der rexistische Abgeordnete Gustave Wyns im Auftrag des Reichsministers des Auswärtigen Joachim von Ribbentrop Interesse am Kauf der Sammlung geäußert hatte.[768]

Um die Gespräche trotz Renders Frustration und neuer Konkurrenz in Gang zu halten, setzte Göring schließlich auf Miedls Verhandlungsgeschick. Als offizieller Bevollmächtigter des Reichsmarschalls sollte er sich dem Bankier in erster Linie als vertrauenswürdiger Kollege präsentieren, der aufgrund seiner ökonomischen Kompetenz eine für alle Seiten akzeptable Lösung herbeiführen konnte. Zunächst schien diese Strategie aufzugehen: Miedl und Renders einigten sich bereits bei ihrem ersten Treffen am 9. Januar 1941 vorläufig auf 320.000 Sperrdollar, nachdem Miedl zugesichert hatte, er könne die ‚Sicherstellung' mit einem Schreiben Görings aufheben lassen. Nur wenige Tage später trat Renders jedoch von der Abmachung zurück und forderte eine Bezahlung in Goldbarren.[769] Hofer erklärte sich sofort bereit, entsprechende Verhandlungen zu führen, und fiel damit Miedl in den Rücken, der zu Recht diese Forderung für unerfüllbar und weitere Verhandlungen folglich

767 NARA, M1946, RG 260, Belgium Claims, Alphabetical: Delacroix-Luxembourg, Walter Peach i. S. Auflistung der Ereignisse des Renders Verkaufs, undatiert, unfoliiert.

768 Für den Reichsmarkbetrag forderte Renders die behördliche Genehmigung, das Geld steuerfrei in Deutschland und Belgien verwahren zu dürfen, s. NL-HaNA, NBI 2.09.16 Nr. 863, Émile Renders contre l'État Belge, 14. 7. 1949, Bl. 3–4. – Laut Geert Sels erkundigte sich auch die Kunsthalle Karlsruhe bei Wyns über einen Ankauf der Sammlung, s. Sels 2022, S. 44. – Die rexistische Partei war eine autoritäre rechtsextreme Bewegung, die während der Besatzung Belgiens mit den Nationalsozialisten kollaborierte, https://www.belgiumwwii.be/de/belgien-im-krieg/artikel/rex.html [zuletzt aufgerufen 1. 3. 2023].

769 NL-HaNA, NBI 2.09.16 Nr. 863, Émile Renders contre l'État Belge, 14. 7. 1949, Bl. 3–4.

für nicht erfolgversprechend hielt.[770] Um den Kontakt nicht ganz abreißen zu lassen, teilte er Renders am 26. Februar 1941 in einem Brief mit, dass er zwar vom unerwarteten Ausgang ihres Gesprächs sehr überrascht sei, vor allem, da er seiner Meinung nach die günstigste Lösung gefunden habe, um dessen Wünsche so weit wie möglich zu erfüllen, er aber nicht daran zweifele, „dass Sie, nachdem Sie in Ruhe überlegt haben und wenn Sie immer noch den Wunsch haben, das Geschäft abzuschließen, sich wieder mit mir in Verbindung setzen werden."[771] Renders antwortete ihm am 2. März und kritisierte die deutsche Seite scharf für ihre Verhandlungsführung. Der erste gravierende Fehler sei die von Göring veranlasste ‚Sicherstellung' seiner Sammlung gewesen. Ferner habe ihm Hofer am 12. Februar mit „Schwierigkeiten"[772] gedroht, falls er sich nicht mit Peach einig werde. Peach wiederum habe sich zehn Tage später ohne vorherige Absprache mit Renders an dessen Bankier gewandt in der Annahme, dass dieser über einen Verkauf mitentscheide. Insbesondere diese Vermutung, nicht der alleinige Eigentümer der Sammlung zu sein, empörte Renders und er beendete sein Schreiben mit der Feststellung, dass der belgische Franc zwar spätestens 1942 auf null fallen werde, seine Kunstwerke jedoch ihren Vorkriegswert behalten würden, daher akzeptiere er den vereinbarten Betrag ausschließlich in Dollar oder Gold.[773]

Da diese Zahlungsmodalität für die deutsche Seite nicht infrage kam, entschloss sich Göring zu einem laut Mühlmann für ihn unüblichen Schritt,[774] indem er Renders, wenn auch nur verhohlen, am 17. März 1941 schriftlich mit einer Beschlagnahme drohte: „Herr Miedl berichtete mir über seine bisherigen Verhandlungen, die er mit Ihnen über Ihre Bildersammlung geführt hat, und teilt mir mit, dass Sie Ihre Zusage wieder zurückgenommen haben und dass Sie noch immer nicht zu einer endgültigen Übereinstimmung gekommen sind. Ich habe nun Herrn Miedl neuerdings beauftragt, mit Ihnen über die endgültige finanzielle Abwicklung in Verbindung zu treten und hoffe, dass nunmehr Ihre Verhandlungen endlich zu einem beiderseitigen befriedigenden Abschluss führen werden. Sollten Sie sich auch jetzt wiederum nicht entschließen können, so müsste ich leider meinerseits mein Angebot zurückziehen und die Dinge würden dann ihren normalen Ablauf nehmen, ohne dass ich dies dann noch irgendwie hindern könnte."[775] Miedl überbrachte das Schreiben noch am selben Tag[776] und behauptete in der Nachkriegszeit, während dieses Treffens nicht über den Verkauf gesprochen zu haben. Erst bei der Verabschiedung habe ihm Renders unvermittelt angeboten, die Sammlung für zwölf Millionen belgische Francs zu erwerben, was er ange-

770 NARA, M1946, RG 260, Belgium Claims, Alphabetical: Delacroix-Luxembourg, Walter Peach i. S. Auflistung der Ereignisse des Renders Verkaufs, undatiert, unfoliiert.
771 NL-HaNA, NBI 2.09.16 Nr. 856, Alois Miedl an Émile Renders, 26. 2. 1941, unfoliiert.
772 Ebd., Émile Renders an Alois Miedl, 2. 3. 1941, unfoliiert.
773 Ebd.
774 BArch Koblenz, B 323/70, The Goering Collection (Bericht von Th. Rousseau), 15. 9. 1945, Bl. 93.
775 TNA, T 209/29/13, Hermann Göring an Émile Renders, 17. 3. 1941, unfoliiert.
776 NL-HaNA, NBI 2.09.16 Nr. 863, Émile Renders contre l'État Belge, 14. 7. 1949, Bl. 5.

nommen habe.[777] Diese verharmlosende Darstellung eines ohne seine Mitwirkung spontan von Renders angebotenen Geschäftsabschlusses ist unglaubwürdig; der ultimative Tenor von Görings Schreiben hatte mit Sicherheit sowohl Renders als auch den mit der „endgültigen finanziellen Abwicklung" betrauten Miedl zu mehr als einem Abschluss zwischen Tür und Angel veranlasst. Der genannte Kaufpreis ist laut Renders ebenfalls nicht korrekt; voorheen J. Goudstikker habe mit ihm elf Millionen belgische Francs – der Hälfte des tatsächlichen Werts entsprechend[778] – ausgehandelt, davon zwei Millionen unkonvertiert sowie 542.577 Gulden für den Rest.[779] Für den Guldenbetrag habe er zudem die Genehmigung zum Kauf von Wertpapieren in den Niederlanden erhalten, sich aber dagegen entschieden. Nach einigen erfolgreichen Börsenspekulationen habe er schließlich Obligationen der 1937 ausgegebenen belgischen Auslandsanleihe im Wert von fast 900.000 Gulden erwerben können.[780]

Mit Ausnahme der zwei direkt nach Berlin geschickten Altarflügel von Memling gelangten sämtliche Werk Anfang Mai 1941 nach Amsterdam, wo sie nach Zwischenlagerung in einem Safe der Buitenlandbank an voorheen J. Goudstikker übergeben wurden.[781] Von dort holte Hofer auf dem Rückweg von Brüssel Mitte Mai fünf Gemälde von Rogier van der Weyden, Hans Memling, Quentin Massys, Meister Wilhelm von Köln und dem Meister der Baroncelli-Bildnisse ab, die von Göring nicht bezahlt, sondern erst später im Rahmen eines Tauschgeschäfts kompensiert wurden. Wohl ebenfalls ohne Bezahlung übernahm Miedl für sich privat am 8. Oktober 1941 eine *Heilige Maria Magdalena in der Landschaft* (6051) sowie eine *Madonna mit Kind* (6053) (s. Abb. 33), die fälschlicherweise beide Rogier van der Weyden zugeschrieben wurden. Die restlichen vierzehn Gemälde erhielten von voorheen J. Goudstikker zwar die Inventarnummern 6043 bis 6058, wurden aber nicht in das Angebot aufgenommen, sondern in den Depots von Witzig & Co. in München sowie der Schantung in Berlin untergebracht. Abgesehen von einer *Madonna mit Kind* (6055) von Quentin Massys, die Hofer für Göring am 6. Dezember 1941 aus dem Berliner Lager „mitgegeben"[782] wurde, verblieben die Werke dort bis zum Jahr 1944.

---

777 NL-HaNA, NBI 2.09.16.10 Nr. 203498, S. G. M. van Voorst tot Voorst an niederländischen Außenminister, 10. 11. 1947, Bl. 2.

778 NARA, M1949, RG 260, B6 Belgium, Renders, Émile, Émile Renders an SHAEF Mission to Belgium, 28. 6. 1945, Bl. 3.

779 NL-HaNA, NBI 2.09.16 Nr. 863, Émile Renders contre l'État Belge, 14. 7. 1949, Bl. 5.

780 Ebd., Bl. 5–6.

781 NL-HaNA, 2.05.117 Nr. 5953, Konsul der Niederlande F. M. J. Schortinghuis an Generalkonsul der Niederlande A. Sevenster, Montreal, 30. 12. 1949, unfoliiert. – Laut Tietje lud ihn Miedl einmal dazu ein, „etwas Schönes zu sehen". Gemeint war damit die Sammlung in der Buitenlandbank, die Tietje auf drei Mio. Gulden schätzte; Miedl behauptete ihm gegenüber, 15 Mio. belgische Francs dafür gezahlt zu haben, s. NL-HaNA, NBI 2.09.16.10 Nr. 203496, Befragung von Hans Wilhelm Christian Tietje, 26. 6. 1945, unfoliiert.

782 NL-HaNA, NBI 2.09.16 Nr. 867, Voorraadboek schilderijen, 1940–1941, Bl. 46.

7.17 Kunsthandelsgeschäfte im Herbst und Winter 1941

Im Herbst und Winter des Jahres 1941 erwarb voorheen J. Goudstikker neununddreißig Kunstwerke von neun Verkäufern, wobei die seit mehreren Monaten in Liquidation befindliche Kunsthandlung D. Katz am 6. Dezember 1941 mit 156.200 Gulden den höchsten Betrag erhielt.[783] Dafür lieferte sie vier Gemälde, die bereits vier Tage später an die Reichskanzlei weiterverkauft wurden. Mit 98.000 Gulden erzielte die *Vertreibung aus dem Tempel* (6097) von Jan Steen den höchsten Preis, gefolgt vom *Bildnis der Königin Henrietta Maria* (6099) im Stil von Anthonis van Dyck für 40.000 Gulden, dem Bild *Der Engel auf dem Berg Horeb* (6098) von Ferdinand Bol für 34.000 Gulden sowie einem *Hühnerhof* (6096) von Melchior de Hondecoeter für 18.000 Gulden.[784] Den Unterlagen nach handelt es sich bei dieser sowohl für voorheen J. Goudstikker als auch Katz lukrativen Transaktion um das letzte gemeinsame Geschäft. Auch nach Dezember 1941 riss der Kontakt jedoch nicht gänzlich ab, da Miedl die Firma regelmäßig mit Expertisen beauftragte, etwa im September 1942 für eine von Dik Senior für 10.000 Gulden erworbene *Wiederauferstehung des Lazarus* (6208) aus der Rembrandt-Schule.[785] Mit fast 600 verkauften Gemälden – Retouren nicht eingerechnet – nehmen die Brüder Katz den Spitzenplatz unter Miedls Gemäldelieferanten ein.

Die restlichen acht Verkäufer in den Herbst- und Wintermonaten 1941 erhielten von voorheen J. Goudstikker mehrheitlich nur drei- bis niedrige vierstellige Beträge. Miedls Mitarbeiter Dik Senior bekam im Oktober 1941 für eine ovale Miniatur eines *Damenporträts* (6063) 120 Gulden, ein gewisser J. Walter aus Amsterdam für eine *Berglandschaft* (6064) von Fritz Halberg-Krauss lediglich hundert Gulden. Etwas mehr zahlte man der Amsterdamer Firma Böcklin & Korndorffer für drei Gemälde von George Hendrik Breitner (6100–6102) mit jeweils rund 400 Gulden; ein Verkäufer namens Weinberg übergab wiederum am 13. November zwei *Landschaften* (6073–6074) von Anton Hermann Stadler (Abb. 10 & Abb. 11) für knapp 1.000 Gulden.[786] In diesem Fall handelt es sich zweifelsfrei um einen NS-verfolgungsbedingten Verkauf aus dem Besitz von Alfred Isay, dem Schwiegersohn des jüdischen Spielzeugfabrikanten und Kunstsammlers Abraham Adelsberger aus Nürnberg.

Dieser hatte die beiden Gemälde bei der Versteigerung seiner Sammlung am 8. Oktober 1930 im Münchner Auktionshaus Hugo Helbing unter den Losnummern 154 und 155 zum Kauf angeboten, offenbar jedoch keinen Zuschlag dafür erhalten. Als Kreditsicherheit gelangten die beiden Werke dann Anfang der 1930er Jahre in den Besitz seines Schwiegersohns, der

783 NL-HaNA, NBI 2.09.16 Nr. 851, Rapport inzake Kunsthandel v/h J. Goudstikker N.V. te Amsterdam per 31.12.1941, Bl. 3.

784 NL-HaNA, NBI 2.09.16 Nr. 867, Voorraadboek schilderijen, 1940–1941, Bl. 48.

785 NL-HaNA, NBI 2.09.16 Nr. 866, Inventaris van het dossierarchief van het Nederlandse Beheersinstituut, en van de in beslag genomen administraties, 1945–1967, Ingekomen- en uitgegane stukken, 1942–1943, Bl. 7.

786 NL-HaNA, NBI 2.09.16 Nr. 867, Voorraadboek schilderijen, 1940–1941, Bl. 47.

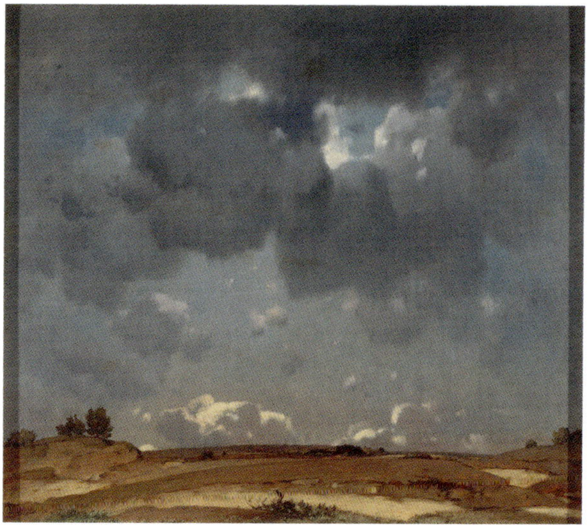

Abb. 11 Anton Hermann Stadler, Landschaft, 1908, Öl auf Holz, 54,5 × 48,2 cm.

sie bei seiner Emigration nach Amsterdam 1934 mitnahm. Nur eine Woche nachdem Isay infolge der ‚Arisierung' seiner Kölner Textilfabrik seine Einnahmequelle verloren hatte,[787] trat am 8. August 1941 in den Niederlanden die sogenannte erste LIRO-Verordnung 148/1941 in Kraft; diese zwang Juden dazu, Bankguthaben, Devisen- und sonstige Barbeträge sowie Schecks und Wertpapiere, die eine Freigrenze von 1.000 Gulden überschritten, an die kurz zuvor gegründete vermeintliche Filiale des Amsterdamer Bankhauses Lippmann, Rosenthal & Co. in der Sarphatistraat 47–55 zu überweisen. Schon im Mai 1941 hatte Fischböck mit Seyß-Inquarts Unterstützung vorgeschlagen, das gesamte jüdische Vermögen in einer einzigen Bank zu konzentrieren. Als „Mantel für die Verwaltung jüdischen Geldvermögens"[788] wurde die Traditionsbank Lippmann, Rosenthal & Co. in der Nieuwe Spiegelstraat 6–8 ausgewählt, deren Miteigentümer Siegfried Paul Daniel May gemeinsam mit seiner Ehefrau Rosine Mariane May-Fuld[789] in den ersten Wochen der Besatzung Suizid begangen hatte wie schätzungsweise weitere 200 Juden.[790]

787 Advisory Committee on the assessment of restitution applications for items of cultural value and the Second World War, RC 4.171, Recommendation regarding Adelsberger (II), 10. 12. 2021, https://www.restitutiecommissie.nl/en/recommendation/adelsberger-ii/ [zuletzt aufgerufen 6. 3. 2023].

788 Kreutzmüller 2005, S. 150–152.

789 Advisory Committee on the assessment of restitution applications for items of cultural value and the Second World War, RC 1.39, Recommendation regarding the application for the restitution of five paintings from the NK Collection, previously belonging to the Von Marx-May family, 25. 6. 2007, https://www.restitutiecommissie.nl/en/recommendation/von-marx-may/ [zuletzt aufgerufen 25. 1. 2023].

790 Friedländer, Saul: Das Dritte Reich und die Juden, München 2008, S. 502.

Die seit Juli 1940 unter der Verwaltung von Alfred Flesche[791] stehende Bank wurde auch nach der Gründung der gleichnamigen Scheinfiliale weiterbetrieben, um die jüdische Bevölkerung und ausländische Beobachter von einer regulären Geschäftserweiterung zu überzeugen.[792] Isay, der nach der obligatorischen Überweisung des Kaufpreises für seine Firmenanteile an die Sarphatistraat im August 1941 mittellos war, musste demnach fortan zur Finanzierung des Lebensunterhalts seinen beweglichen Besitz veräußern. Nach Erkenntnissen der niederländischen Restitutionskommission wandte er sich im Fall der beiden Gemälde von Stadler (s. Abb. 10 & Abb. 11) als Vermittler an einen gewissen Leopold Weinberg, der zum engeren Umfeld der Familie gehörte.[793] Ausgehend von Miedls Firmenunterlagen wäre es dem Namen nach jedoch auch möglich, dass es sich um den Amsterdamer W. A. Weinberg handelte, der ab 1942 häufig Verkäufe an voorheen J. Goudstikker tätigte;[794] ein Abgleich der von ihm angebotenen Gemälde mit dem Auktionskatalog der Sammlung Adelsberger von 1930 ergibt allerdings keine Übereinstimmungen. Fest steht dagegen, dass die beiden Gemälde von Stadler nach einem zuvor abgelehnten Antrag auf Rückgabe 2017 vom niederländischen Staat an die Erben nach Isay restituiert wurden.[795]

Bereits einen Monat vor der Transaktion mit Isay hatte Miedl am 17. Oktober 1941 weitere acht Gemälde aus ehemals jüdischem Besitz auf einer Auktion bei Frederik Muller & Co. erworben. Versteigert wurde ein Teil des als ‚Feindgut' deklarierten Nachlasses des oben erwähnten Ehepaars May-Fuld sowie weitere Sammlungen alter Meister. Neben vier Arbeiten unbekannter Provenienz kaufte voorheen J. Goudstikker zwei Supraporte spielender Putti von Jacob de Wit sowie zwei Stillleben (6067–6068) von Jean Siméon Chardin aus dem Eigentum von Siegfried May für rund 7.500 Gulden. Während der *Seifenblasende Putti* (6065) im Januar 1942 für etwas mehr als den doppelten Preis an Miedls Angestellten Rienstra van Stuyvesande verkauft wurde, gelangte der *Spielende Putti mit Früchten* (6066) im März 1944 für 10.000 Gulden, also fast den vierfachen Einkaufspreis, an den Direktor der Berliner Humboldt Universitätsbibliothek Johannes Franke.[796] Für die beiden Stillleben, die Miedl für je 1.760 Gulden ersteigert hatte, zahlte die Frankfurter Kunsthandlung Joseph

791 Aalders 2000, S. 222, 230.

792 Koll 2015, S. 331.

793 Advisory Committee on the assessment of restitution applications for items of cultural value and the Second World War, RC 4.171, Recommendation regarding Adelsberger (II), 10. 12. 2021, https://www.restitutiecommissie.nl/en/recommendation/adelsberger-ii/ [zuletzt aufgerufen 6. 3. 2023].

794 Vgl. NL-HaNA, NBI 2.09.16 Nr. 861, Boek van ingekomen- en uitgegane stukken, 1940–1942.

795 Advisory Committee on the assessment of restitution applications for items of cultural value and the Second World War, RC 4.171, Recommendation regarding Adelsberger (II), 10. 12. 2021, https://www.restitutiecommissie.nl/en/recommendation/adelsberger-ii/ [zuletzt aufgerufen 6. 3. 2023].

796 NL-HaNA, NBI 2.09.16 Nr. 872, Inventaris van het dossierarchief van het Nederlandse Beheersinstituut, en van de in beslag genomen administraties, 1945–1967, Voorraadboek schilderijen, 1944, unfoliiert.

Fach im Januar 1943 indes nur je 850 Gulden; weshalb Miedl einen derart hohen Preisnachlass gewährte, wird anhand der Quellen nicht ersichtlich.

Ebenso unklar bleibt die Identität eines gewissen Kohlmann aus Hilversum, der voorheen J. Goudstikker am 4. Dezember 1941 siebzehn Gemälde vorwiegend deutscher Maler des 19. Jahrhunderts für nur 4.800 Gulden verkaufte. Im Juni 1942 wurden diese Werke, die wohl für den deutschen Kunstmarkt vorgesehen waren, an Witzig & Co. geschickt, blieben aber mit Ausnahme einer *Soldaten*-Darstellung (6090) des Münchner Künstlers Otto Seitz, die dem Schantung-Aufsichtsratsmitglied Franz Ploner Anfang März 1943 geschenkt wurde, bis 1945 unverkauft.[797]

Im Kunsthandel voorheen J. Goudstikker stieg die Nachfrage während der drei letzten Monate des Jahres 1941 kontinuierlich an. Im Oktober verzeichnete voorheen J. Goudstikker als Käufer lediglich den Kaufhausmagnaten Helmut Horten, der seine Karriere 1936 mit der ‚Arisierung' eines Duisburger Textilkaufhauses begonnen hatte.[798] Bei Miedl erwarb er Mitte des Monats ein *Männerporträt* (5490) von Peter Paul Rubens für 5.000 Gulden sowie den 30.000 Gulden teuren *Astronom* (5214) von Rembrandt, der im Januar 1942 allerdings retourniert wurde.[799] Im November registrierte voorheen J. Goudstikker drei Neukunden: Die zuvor erwähnte Kunsthandlung Joseph Fach erwarb eine *Landschaft mit Figuren* (5865) von Nicolaes Berchem mit einem Aufschlag von 5.300 Gulden;[800] bei dem Danziger ‚Reichsstatthalter und Gauleiter' Albert Forster begnügte man sich dagegen wohl aufgrund seiner Parteiprominenz für eine von Frederik de Moucheron und Adriaen van de Velde gemalte *Landschaft* (6005) bei einem Einkaufspreis von 1.000 Gulden mit einer Marge von lediglich 500 Gulden.[801]

Ebenfalls im November erscheint Maria Almas-Dietrich, die voorheen J. Goudstikker bis dahin lediglich zugearbeitet hatte und dafür 1941 mit insgesamt fast 83.000 Gulden die höchsten Provisionen erhielt,[802] erstmals auch als Käuferin in den Geschäftsbüchern. Für die drei von ihr gekauften Gemälde deutscher Meister des 15. Jahrhunderts wurde ein erheblicher Preisnachlass gewährt: Anstelle der rund 73.500 Gulden, die voorheen J. Goudstikker der Schantung für die Bilder im Februar des Jahres überwiesen hatte, zahlte sie nur etwas mehr als 45.000 Gulden.[803] Die Schantung hatte nachweislich zumindest zwei der drei

797 NL-HaNA, NBI 2.09.16 Nr. 874, Voorraadboek schilderijen, 1943, unfoliiert. – Bereits im Mai 1942 hatte ihm Miedl eine *Landschaft mit Wasserfall* (6040) im Stil von Salomon van Ruysdael geschenkt, s. NL-HaNA, NBI 2.09.16 Nr. 861, Boek van ingekomen- en uitgegane stukken, 1940–1942, Bl. 44.

798 Mueller, John F.: The Kaiser, Hitler and the Jewish Department Store. The Reich's Retailer, London 2022, S. 186.

799 NL-HaNA, NBI 2.09.16 Nr. 867, Voorraadboek schilderijen, 1940–1941, Bl. 10, 22.

800 Ebd., Bl. 38.

801 Ebd., Bl. 44.

802 NL-HaNA, NBI 2.09.16.10 Nr. 203464, Specificatie van de provisies van het boekjaar 1940/41 van de Kunsthandel v/h J. Goudstikker, undatiert, unfoliiert.

803 NL-HaNA, NBI 2.09.16 Nr. 867, Voorraadboek schilderijen, 1940–1941, Bl. 47.

Werke für 20.000 beziehungsweise 32.000 Reichsmark im Frühjahr 1940 auf deutschen Auktionen erworben:[804] So stammte das einem Süddeutschen Meister zugeschriebene *Bildnis eines jungen Mannes* (6076) aus der Versteigerung des Nachlasses Helene Tepelmann am 1. Februar 1940 bei Mathias Lempertz;[805] die *Madonna mit Kind* (6078) des Meisters der Verherrlichung Mariae (s. Abb 3) hatte die Firma hingegen im Rahmen der Hans-W.-Lange-Auktion „Sammlung Wolfgang Zorer †, Berlin" am 5. April 1940 erworben.[806] Neben den beträchtlichen Provisionen zeigt auch diese Vergünstigung, wie wertvoll Almas-Dietrichs Mithilfe bei den Transaktionen mit der Reichskanzlei und den Rückkäufen auf den Auktionen für voorheen J. Goudstikker war. Im Januar 1942 von Almas-Dietrich über Bruno Lohse an Göring verkauft, wurde letzteres Gemälde *Madonna mit Kind* von dem Münchner Central Collecting Point Anfang Juni 1949 irrtümlich nach Jugoslawien restituiert.[807] Laut der Datenbank „Kunstsammlung Hermann Göring" befindet sich das Gemälde bis heute im Serbischen Nationalmuseum in Belgrad.[808]

Für Dezember 1941 listete voorheen J. Goudstikker elf Käufer auf, die insgesamt fünfundzwanzig Gemälde erworben haben sollen. Tatsächlich wurden mehrere dieser Werke jedoch nicht regulär verkauft, sondern verschiedenen Personen als Provisionen vergütet. Tietje etwa erhielt eine *Landschaft* (5959) von Jan Vermeer van Haarlem sowie ein *Interieur mit Figuren* (5809) von Cornelis Beelt, nachdem er für sich eine *Hafenansicht* (5680) von Hendrik Dubbels und für den Frankfurter Direktor der Thyssen-Stahlbau AG August Wolf für 28.000 Gulden eine *Winterlandschaft* (5224) von Hendrick Avercamp gekauft hatte; diese war für 32.000 Reichsmark im März 1941 als Stützkauf bei der Hans-W.-Lange-Auktion

804 Vgl. Weltkunst, Jg. XIV, Nr. 7/8, Preisberichte, Math. Lempertz, Köln, Nachlass Frau Helene Tepelmann, 18. 2. 1940, S. 2; Weltkunst, Jg. XIV, Nr. 17/18, Preisberichte, Hans W. Lange, Berlin, Sammlung Wolfgang Zorer †, Berlin, 28. 4. 1940, S. 2.

805 Das Gemälde wurde im Auktionskatalog unter Los 99 angeboten, s. Aukt.-Kat. Math. Lempertz, Köln, „Nachlass Frau Helene Tepelmann, geborene Vieweg auf Schloss Wendhausen bei Braunschweig", 1.–2. 2. 1940, https://digi.ub.uni-heidelberg.de/diglit/lempertz1940_02_01 [zuletzt aufgerufen 9. 1. 2023].

806 Das Gemälde wurde im Auktionskatalog unter Los 42 angeboten, s. Aukt.-Kat. Hans W. Lange, Berlin, „Sammlung Wolfgang Zorer †, Berlin; verschiedener Kunstbesitz", 5.–6. 4. 1940, https://digi.ub.uni-heidelberg.de/diglit/lange1940_04_05 [zuletzt aufgerufen 7. 3. 2023].

807 DHM, Datenbank zum „Central Collecting Point München", Property Card Art, 6133 Berchtesgaden 1085, Meister der Verherrlichung Mariae, Madonna mit Kind, https://www.dhm.de/datenbank/ccp/dhm_ccp.php?seite=6&fld_1=6133&fld_3=&auswahl=6&fld_4=&fld_4a=&fld_5=&fld_6=&fld_7=&fld_8=&fld_9=&fld_10=&suchen=Suchen [zuletzt aufgerufen 2. 9. 2024]. – Zu den 1949 erfolgten irrtümlichen Restitutionen nach Jugoslawien, s. Lauterbach, Iris: Der Central Collecting Point in München. Kunstschutz, Restitution, Neubeginn, München 2015, S. 141–144.

808 DHM, Datenbank „Kunstsammlung Hermann Göring", RMG01026, Meister der Verherrlichung Mariae, Madonna mit Kind, https://www.dhm.de/datenbank/goering/dhm_goering.php?seite=5&fld_0=RMG01026 [zuletzt aufgerufen 2. 9. 2024].

zurückersteigert worden.[809] Auch Walter Peach, Kurt Erhardt und Heinrich Hoffmann, der privat eine Serie von acht Miniaturen (6062) sowie die vier im Dezember von Katz gekauften Gemälde für die Reichskanzlei erwarb, wurden auf diese Weise von Miedl entlohnt. Dem Leiter der Fokker Flugzeugwerke Friedrich Wilhelm Seekatz, der häufig bei Miedl zu Gast war, wurde eine Darstellung des *Daidalos und Ikarus* (5897) von Pieter Coecke van Aelst sogar geschenkt.[810]

Tatsächlich realisierte voorheen J. Goudstikker nur in fünf Fällen Verkäufe. Neben dem Amsterdamer Kunsthändler Albertus Stöcker und einem bislang nicht identifizierbaren Direktor Walter Weber aus Bad Ems[811] kaufte der bereits bekannte Carl W. Schneider Anfang des Monats eine *Landschaft* (5205) von Jacob van Ruisdael für 12.500 Gulden und das Auktionshaus Frederik Muller & Co. übernahm fünf unverkaufte Werke aus der Anfang Dezember erfolgten Versteigerung der Sammlung May-Fuld.[812] Darüber hinaus erwarb der Danziger ‚Reichsstatthalter und Gauleiter' Albert Forster einen *Wahrsager* (5162) von Pieter de Hooch, eine *Strandansicht* (6070) von Jacob Esselens sowie die bereits erwähnte *Landschaft mit Bauernhof* (1692) von Jan van Goyen. Dieses in der Dezember-Auktion 1940 bei Hans W. Lange für 42.000 Reichsmark zunächst von Werner Lüps ersteigerte und anschließend von ihm – sehr wahrscheinlich durch Täuschung – für nur 37.800 Reichsmark von voorheen J. Goudstikker zurückerworbene Werk, erzielte nun gut 50.000 Reichsmark.[813] 1944 aus dem Stadtmuseum in das nahe Gotha gelegene Schloss Reinhardsbrunn evakuiert, wurde das Gemälde zwei Jahre später von den sowjetischen Trophäenbrigaden konfisziert und in die Eremitage nach Sankt gebracht. 1956 kehrte es von dort nach Polen zurück, wo es sich seit 1972 im Nationalmuseum in Danzig befindet.[814]

---

809 Weltkunst, Jg. XV, Nr. 13/14, Preisberichte, Hans W. Lange, Berlin, Wertvolle alte Meister, 12. 3. 1941, S. 3.

810 Peach erhielt die Inventarnummer 6100, Erhardt 5768, Hoffmann 5964, s. NL-HaNA, NBI 2.09.16 Nr. 867, Voorraadboek schilderijen, 1940–1941, Bl. 34, 42, 48.

811 Weber erwarb für 2.788 Gulden die Inventarnummer 5760, s. ebd., Bl. 7, 33. – Offenbar handelte es sich beim besagten Weber nicht um den Journalisten Walter Weber, der Göpel nach seiner Rückkehr aus den USA im Jahr 1943 anbot, seine Kunstsammlung einem deutschen Museum zu vermachen, wenn er die Erlaubnis erhielt, sich frei in den besetzten Gebieten sowie Schweden und der Schweiz bewegen zu können und dort Erwerbungen für den ‚Sonderauftrag Linz' zu tätigen, s. Iselt 2010, S. 307–314.

812 Frederik Muller & Co. kaufte am 6. 12. 1941 folgende Inventarnummern: 5064–5182–5985–6007–6025, s. NL-HaNA, NBI 2.09.16 Nr. 867, Voorraadboek schilderijen, 1940–1941.

813 NL-HaNA, NBI 2.09.16 Nr. 878, Verkoopboek (vervallen), 1940–1943, unfoliiert.

814 Zur ausführlichen Rekonstruktion der Provenienz des Gemäldes, s. Grimsted, Patricia Kennedy: A Goudstikker van Goyen in Gdańsk: A Case Study of Nazi-Looted Art in Poland, in: International Journal of Cultural Property, Vol. 27, Issue 1, Februar 2020, S. 53–96, hier S. 56, 61, 81.

7.18 Resümee des Jahres 1941

Die Vermarktung in den ersten Monaten des Jahres 1941 auf den deutschen Auktionshandel zu konzentrieren, erwies sich für voorheen J. Goudstikker als Fehlschlag, da sowohl die Erlöse als auch die Anzahl der verkauften Bilder weit hinter den Erwartungen zurückblieben. Angesichts des dementsprechend kaum reduzierten Handelsbestands hielt sich voorheen J. Goudstikker 1941 bei den Erwerbungen auffallend zurück; anstelle von circa 1.000 Gemälden wie im Vorjahr wurde lediglich etwas mehr als ein Zehntel dieser Anzahl akquiriert. Bei insgesamt einunddreißig Verkäufern bestand die größte Anbietergruppe erneut aus niederländischen Kunsthändlern, die jedoch in den meisten Fällen im Jahresverlauf nur einmal vorstellig wurden. Katz, der ebenso wie Rosenthal zu den wenigen Ausnahmen gehörte, erzielte durch seine Verkäufe die höchsten Einnahmen; insbesondere die teuerste Transaktion des Jahres mit 590.000 Gulden für den Jan Vermeer zugeschriebenen *Lesenden Mann* (5966) wurde auf das Konto des Dierener Kunsthandels verbucht.

Die Zahl der Käufer verdoppelte sich im Vergleich zum Vorjahr auf dreißig Personen.[815] Während die größte Abnehmergruppe bislang aus deutschen Bankiers und Industriellen bestanden hatte, überwogen nun deutsche und niederländische Kunsthändler sowie Museumsfachleute, wobei vor allem Maria Almas-Dietrich und das Stadtmuseum Danzig die teuersten Werke kauften. Bei den in der Wirtschaft tätigen Käufern traf dies wiederum besonders auf Tietje und Görings Freund Kurt Herrmann zu. In der mit sechs Personen kleinsten Gruppe befanden sich Käufer, die hochrangige Posten im NS-System innehatten, allen voran Hitler, der durch Hoffmann beliefert wurde, und Göring sowie Seyß-Inquart, der ‚Gauführer' Wilhelm Römer und der ‚Gauleiter' von Danzig Albert Forster. Laut der Buchführung erwarben diese drei Abnehmergruppen insgesamt sechsundsechzig Gemälde. Der durchschnittliche Handelsaufschlag dieser Transaktionen entsprach mit 30,85 Prozent fast genau der durchschnittlichen Gewinnspanne des Unternehmens von 30,64 Prozent.[816] Den Unterlagen nach erzielte voorheen J. Goudstikker im Jahr 1941 Einnahmen in Höhe von 6.145.300 Gulden bei einem Anschaffungspreis von 4.703.800 Gulden. Der mit 1.441.500 Gulden bezifferte Bruttogewinn wurde zu fast fünfundneunzig Prozent durch Gemäldeverkäufe realisiert, der Handel mit Teppichen und Möbeln hatte daran nur einen marginalen Anteil.[817]

---

815 Nicht identifiziert werden konnten ein gewisser Rienecker und ein Direktor Walter Weber aus Bad Ems, s. NL-HaNA, NBI 2.09.16 Nr. 861, Boek van ingekomen- en uitgegane stukken, 1940–1942, Bl. 24, 38.

816 Die Marge für Grafiken fiel in der Regel wesentlich niedriger aus; bei Teppichen und Gobelins war sie wiederum überdurchschnittlich hoch, s. NL-HaNA, NBI 2.09.16 Nr. 856, Rapport inzake Kunsthandel v/h J. Goudstikker N.V. te Amsterdam per 31.12.1942, 27.6.1944, Bl. 6.

817 NL-HaNA, NBI 2.09.16 Nr. 851, Rapport inzake Kunsthandel v/h J. Goudstikker N.V. te Amsterdam per 31.12.1941, Bl. 5.

7.19 Kunstverleih und Filmgeschäft

Ab 1941 wurde der Handelsbestand von voorheen J. Goudstikker nicht mehr nur zum Kauf angeboten, sondern auch zunehmend an Privatpersonen, Institutionen und Firmen verliehen. Am 19. März erhielt etwa General Christiansen, dem bereits im August 1940 temporär sieben Gemälde überlassen worden waren, erneut sechs Werke,[818] die sich für höchstens zwei Jahre in seinem Besitz befanden. Im selben Monat übergab voorheen J. Goudstikker, der selbst keine Ausstellungen veranstaltete,[819] zudem einen *Halbbekleideten Akt mit Buch* (1633) sowie eine *Dunkelhäutige Frau in einem Interieur* (1634) von Jan Sluijters als Leihgaben für eine Einzelausstellung an das Stedelijk Museum Amsterdam.[820] Hauptsächlich wurden Objekte aus dem Bestand jedoch als Filmrequisiten an das im August 1940 von Miedl ‚arisierte' Duivendrechter Filmstudio N. V. Filmmaatschappij Cinetone verliehen.[821] Von Wolf für nur 10.000 Gulden übernommen, hatte Miedl mit Krediten von Koenigs und der Buitenlandbank insgesamt fast 150.000 Gulden in die Renovierung und den Ausbau des Unternehmens investiert.[822] Laut eigener Aussage verstand er von der Filmindustrie zwar nichts,[823] wie schon beim Kunsthandel war mangelnde Expertise für ihn aber nachrangig; vielmehr setzte er für den Erfolg der von ihm ‚arisierten' Firmen auf die finanzielle Rückendeckung durch seine bereits etablierten Unternehmen sowie auf seine weitreichende Vernetzung, die er seit Juli 1940 durch Kunden des Kunsthandels voorheen J. Goudstikker beständig ausbaute.

Zu letzteren gehörte etwa der von den Nationalsozialisten wegen seiner Propagandafilme hochgeschätzte Regisseur Hans Steinhoff,[824] der Miedl 1941 zur Vermietung des Studios an deutsche Filmproduktionsgesellschaften verholfen haben soll,[825] nachdem er Ende Januar 1941 zwei Augsburger Pokale für circa 3.000 Gulden erworben hatte.[826] An den mit Requisiten des Kunsthandels voorheen J. Goudstikker ab Februar einsetzenden Filmaufnahmen war er zwar offenbar noch nicht beteiligt, aber ab September produzierte die Terra Filmkunst GmbH Berlin unter seiner Regie in den Cinetone-Studios den Spielfilm „Rembrandt", für den ebenfalls wiederholt Gemälde, Möbelstücke und Teppiche als Requisiten zur Verfügung gestellt wurden. Deutschen Filmkonzernen nicht nur die Räumlichkeiten und Ausrüstung,

---

818 NL-HaNA, NBI 2.09.16 Nr. 861, Boek van ingekomen- en uitgegane stukken, 1940–1942, Bl. 5, 25.

819 Venema 1986, S. 542–566.

820 NL-HaNA, NBI 2.09.16 Nr. 861, Boek van ingekomen- en uitgegane stukken, 1940–1942, Bl. 25.

821 Ebd., Bl. 24–25.

822 Schiweck 2002, S. 153; NL-HaNA, 2.25.68 Nr. 14322, Verwalter der Buitenlandsche Bankvereeniging an das Nederlandse Beheersinstituut Amsterdam, undatiert, Bl. 19.

823 NL-HaNA, NBI 2.09.16 Nr. 854, Alois Miedl an C. H. van Brink, 17.1.1947, unfoliiert.

824 Niven, Bill: Hitler and Film. The Führer's hidden passion, New Haven 2018, S. 117.

825 NL-HaNA, NBI 2.09.16 Nr. 854, Alois Miedl an C. H. van Brink, 17.1.1947, unfoliiert.

826 NL-HaNA, NBI 2.09.16 Nr. 851, Rapport inzake Kunsthandel v/h J. Goudstikker N. V. te Amsterdam per 31.12.1941, Bl. 23.

sondern auch hochwertige Ausstattungsgegenstände wie zum Bespiel ein Originalgemälde von Rembrandt bieten zu können, war ein lukratives Alleinstellungsmerkmal der Cinetone in der Filmbranche. Demzufolge produzierte die Terra Filmkunst auch ihren nächsten Film „Fronttheater", der nach seiner Uraufführung im September 1942 rund sechs Millionen Reichsmark einspielte,[827] größtenteils auf dem Duivendrechter Gelände. Laut der Buitenlandbank, die das Firmenkonto verwaltete,[828] nahm die Cinetone durch die beiden Filmproduktionen einen Nettogewinn von 166.000 Gulden ein;[829] einschließlich weiterer Zahlungen betrug der Sollsaldo zum Zeitpunkt der Liquidation des Unternehmens am 31. Dezember 1941 allerdings 226.607 Gulden.[830]

Nach Miedls eigener Darstellung trennte er sich aber nicht deswegen von der Cinetone; der Anlass dafür, sich „mit Händen und Füßen so gut wie möglich aber à tout prix von diesem Engagement zu lösen"[831] sei vielmehr gewesen, dass er „bis an den Mund von den Leuten genug hatte, die in diesen Angelegenheiten bestimmenden Einfluss ausübten." Damit bezog er sich auf Funktionäre des ‚Reichsministeriums für Volksaufklärung und Propaganda', die nach der deutschen auch die niederländische Filmindustrie zentralisieren und verstaatlichen wollten.[832] Dass erst deren angebliche Drohungen Miedl zum Verkauf bewegt haben sollen, ist jedoch wenig glaubhaft; da er bereits im August 1940 an den Verkauf einer Minoritätsbeteiligung an die Tobis Filmkunst GmbH für 125.000 Gulden dachte,[833] hatte er das Unternehmen höchstwahrscheinlich bereits mit der Intention übernommen, zumindest Anteile gewinnbringend zu veräußern. Im Frühjahr 1942 führte Miedl tatsächlich Verhandlungen mit der Ufa-Film GmbH, die ihm den Studiokomplex am 1. April für 550.000 Gulden abkaufte.[834] Trotz der sechsstelligen Investitionen in die Um- und Ausbauarbeiten machte er angesichts des niedrigen Kaufpreises von 10.000 Gulden auch mit diesem Geschäft einen ansehnlichen Gewinn. In den folgenden Jahren blieb er dem nun unter N. V. Ufa Filmstad Amsterdam firmierenden Unternehmen geschäftlich verbunden, indem er den dortigen

---

827 Körner, Torsten: Der kleine Mann als Star. Heinz Rühmann und seine Filme der 50er Jahre, Frankfurt/New York 2001, S. 41.

828 NL-HaNA, 2.25.68 Nr. 14322, Verwalter der Buitenlandsche Bankvereeniging an Nederlandse Beheersinstituut Amsterdam, undatiert, Bl. 16.

829 NL-HaNA, NBI 2.09.16 Nr. 854, Fa. Steneker & Flipse Amsterdam an E. J. Korthals Altes und W. C. Roest van Limburg i. S. Bericht zum Vermögen A. Miedl, 10.10.1947, Bl. 10.

830 NL-HaNA, 2.25.68 Nr. 14322, Verwalter der Buitenlandsche Bankvereeniging an Nederlandse Beheersinstituut Amsterdam, undatiert, Bl. 16.

831 NL-HaNA, NBI 2.09.16 Nr. 854, Alois Miedl an C. H. van Brink, 17.1.1947, unfoliiert; folgendes Zitat ebd.

832 Ebd.

833 Schiweck 2002, S. 153.

834 NL-HaNA, 2.05.286 Nr. 670, Alois Miedl an Minister van Buitenlandse Zaken, 17.1.1947, unfoliiert.

Produktionen der Berlin-film GmbH Requisiten zur Verfügung stellte;[835] der letzte Verleih von fünf Gemälden wird in den Firmenunterlagen auf Mitte Juni 1944 datiert.[836]

7.20 Schwarzmarktgeschäfte

Neben dem Handel mit Gemälden, die nach Miedls kaufmännischem Verständnis lediglich ein Exportgut darstellten, führte er ab 1941 über die Veland in großem Maßstab ein breit gefächertes Sortiment nach Deutschland aus, das von alltäglichen Gebrauchsgegenständen bis zu rüstungsrelevanten Gütern reichte. Bis dahin war das Im- und Exportgeschäft vorrangig von der Buitenlandbank betrieben worden, die sich 1939 „in Anbetracht der Zeitumstände"[837] zu einer entsprechenden Erweiterung ihres Geschäftsbereichs entschlossen hatte. Mit dem Verweis auf „Zeitumstände" bezog sich die Bank auf die nach Kriegsbeginn zunehmende Einschränkung des internationalen Warenverkehrs und die sich daraus ergebende Notwendigkeit, die Im- und Exportbedürfnisse der deutschen Wirtschaft trotzdem sicherzustellen. Zu diesem Zweck vermittelte sie im Februar 1940 der Schantung ein Geschäft mit der Deutschen Reichsbahn über die Bestellung von 300 Güterwaggons aus belgischer Produktion für eine Million Gulden. Da die Reichsbahn die Schantung jedoch überging, um den Kauf ohne Zwischenhändler abzuschließen, platzte das Geschäft bereits im Mai.[838] In einem Schreiben vom 27. Dezember 1940 an die wahrscheinlich frustrierte Schantung beschönigte die Bank nachträglich diesen Misserfolg: „Die Verdienstfrage [war] bei unserem Eintritt in das Geschäft 1939 für uns nicht ausschlaggebend, sondern der Umstand, dass wir dadurch dem Reich die wertvolle Beschaffung von 300 Waggons sichern würden." Dass nicht die immensen Gewinnaussichten, sondern patriotische Gesinnung das Engagement im Im- und Exportsektor motivierte, ist unglaubwürdig. Die Bank folgte damit aber der von Miedl vorgegebenen Linie, der seit den 1930er Jahren bei jeder sich bietenden Gelegenheit betonte, sein Profitstreben diene ausschließlich dazu, den wirtschaftlichen Erfolg Deutschlands zu fördern.

Für die Buitenlandbank hieß das 1939 und 1940 vor allem, Importgeschäfte in die Niederlande zu tätigen. Dafür bediente sie sich einerseits der Schantung, die in diesem Zeitraum

835 Vgl. NL-HaNA, NBI 2.09.16 Nr. 863, Kunsthandel v/h J. Goudstikker N.V. Amsterdam an Berlin-film GmbH Berlin, 1.6.1942, unfoliiert.

836 NL-HaNA, NBI 2.09.16 Nr. 854, Ingekomen- en uitgegane stukken, 1944, unfoliiert.

837 NL-HaNA, 2.25.68 Nr. 14322, Financieel Weekblad voor den Fondsenhandel, Een Nederlandsche bankrelatie van den Duitschen spionnagedienst, 21.12.1945, unfoliiert.

838 Ebd., Verwalter der Buitenlandsche Bankvereeniging an Nederlandse Beheersinstituut Amsterdam, undatiert, Bl. 9. – Laut Miedl handelte es sich bei dem im Mai 1940 von den Niederländern zeitweilig konfiszierten Bargeldbetrag in Höhe von einer Mio. Gulden um den für den Kauf der Waggons vorgesehenen Betrag, s. NL-HaNA, NBI 2.09.16 Nr. 883, A.A.J. de Neef, Notities inzake ontvijandingsverzoek Alois Miedl, 30.1.1951, Bl. 3; folgendes Zitat ebd.

Waren im Wert von angeblich fast 900.000 Reichsmark lieferte.[839] Dem Protokoll einer Kommissionssitzung zufolge soll die Buitenlandbank aus Deutschland unter Einbeziehung weiterer Lieferanten allein 1940 Handelsgüter für rund sechs Millionen Gulden bezogen haben. Wenn sich eine günstige Gelegenheit ergab, erwarb sie für die niederländische Klientel jedoch auch wiederholt Produkte auf dem inländischen Markt, so etwa im Mai 1940 über 1.600 Ballen Tabak.[840] 30.000 ebenfalls in den Niederlanden gekaufte Zigarren der Marke De Huifkar gehörten dagegen 1940 zu den wenigen Exporten nach Deutschland. Empfänger war das Deutsche Rote Kreuz,[841] das zudem mindestens zweimal eine große Anzahl von Kleidungsstücken von der Bank kaufte. Belegt ist schließlich noch eine undurchsichtige Transaktion mit General Christiansen, der am 18. Juli 1940 für etwa 20.000 Gulden nicht näher bezeichnete Waren erwarb.[842] Die enge zeitliche Koinzidenz dieses Geschäfts mit der ‚Arisierung' des Kunsthandels J. Goudstikker lässt einen Zusammenhang vermuten, der sich jedoch mittels der konsultierten Quellen bislang nicht konkretisieren lässt.

In einem im Oktober 1940 veröffentlichten Bericht vermeldete die Buitenlandbank durch den Ausbau ihrer Geschäftsbeziehungen nach dem Verlust des Vorjahres nun bessere Ergebnisse, die zu einem „nicht unerheblichen Gewinn in Bezug auf das Grundkapital"[843] geführt hätten. Im Im- und Exportgeschäft verzeichnete die Bank zwar „nicht unbefriedigende Gewinne", allein die doppelte Verneinung deutete an, dass diese den Erwartungen nicht entsprachen. Die Entscheidung, „diesen Handel nicht weiter zu betreiben", sondern ihn an ihre im selben Jahr übernommene Tochtergesellschaft Veland abzutreten, war somit nur folgerichtig. Zur Unterstützung der Veland schaltete die Bank ab 1941 in deutschen Zeitungen Werbeanzeigen[844] und verlegte den Sitz des Unternehmens im Juni in die Büroräume der Herengracht 268.[845] Auch die Veland legte ihren Fokus zunächst auf Importe

839 NL-HaNA, NBI 2.09.16 Nr. 857, Schantung Handels-AG i. S. Entwicklung der Beziehungen der Schantung Handels-AG, Berlin und Alois Miedl, Amsterdam, 27.9.1945, unfoliiert; NL-HaNA, NBI 2.09.16.10 Nr. 203496, Politieke Recherche Afdeling Colaboratie, Amsterdam i. S. Rapport inzake N. V. Buitenlandsche Bankvereeniging, Bankierskantoor Alois Miedl, Amsterdam, 13.11.1946, Bl. 5.

840 NL-HaNA, 2.25.68 Nr. 14322, Verwalter der Buitenlandsche Bankvereeniging an das Nederlandse Beheersinstituut Amsterdam, undatiert, Bl. 9.

841 NL-HaNA, NBI 2.09.16.10 Nr. 203497, H. Bogaardt an Ministerie van Financiën, 30.1.1951, Bl. 2.

842 NL-HaNA, NBI 2.09.16.10 Nr. 203496, Politieke Recherche Afdeling Colaboratie, Amsterdam i. S. Rapport inzake N. V. Buitenlandsche Bankvereeniging, Bankierskantoor Alois Miedl, Amsterdam, 13.11.1946, Bl. 5.

843 NL-HaNA, 2.25.68 Nr. 14322, Financieel Weekblad voor den Fondsenhandel, Een Nederlandsche bankrelatie van den Duitschen spionnagedienst, 21.12.1945, unfoliiert; folgende Zitate ebd.

844 NL-HaNA, NBI 2.09.16 Nr. 883, A. A. J. de Neef, Notities inzake ontvijandingsverzoek Alois Miedl, 30.1.1951, Bl. 3.

845 NL-HaNA, NBI 2.09.16.10 Nr. 203497, J. Kinsbergen i. S. Veland, 12.12.1946, Bl. 1.

aus Deutschland in die Niederlande, die ab Januar 1941 zollfrei wurden.[846] Nachdem dies infolge der 1942 erlassenen Ausfuhrverbote aus Deutschland nicht mehr möglich war, die Veland aufgrund der faktischen Einstellung des Clearings aber auch mit anderen Ländern keine Geschäfte machen konnte, betätigte sie sich zeitweilig gemeinsam mit der Schantung im Transithandel.[847] Bei diesen Übereckgeschäften erwarb das als Transithändler zugelassene Berliner Unternehmen[848] für die Veland ausländische Produkte wie etwa Lederhandschuhe aus Italien, die nach Lieferung in die Niederlande von der Schantung in Rechnung gestellt wurden.[849]

Da das Deutsche Reich zur Abmilderung der Mangelwirtschaft, die aus der zunehmenden politischen und ökonomischen Isolierung resultierte, immer dringender auf Importe angewiesen war, verlagerte die Veland ihren Fokus jedoch schon bald auf die Belieferung des deutschen Absatzmarktes aus dem niederländischen Schwarzmarkt. Den Anstoß dazu gab in einer Aufsichtsratssitzung der Buitenlandbank am 26. September 1941 der Rechtsanwalt Arthur Paul Bauer; da die bisherigen Transitgeschäfte keine Aussicht auf Erfolg hätten, die deutsche Seite auch nicht die Absicht habe, diese in Zukunft zu fördern, regte Bauer an, die Veland solle sich zukünftig in Bereichen engagieren, in denen andere Unternehmen „unter den gegebenen Umständen“[850] bereits sehr gute Geschäfte machten. Laut einer Nachkriegsaussage des Direktors der Buitenlandbank Meyer bezog sich Bauer dabei auf ein für die Wehrmacht tätiges Unternehmen.[851] Seit dem Angriff auf die Sowjetunion im Juni 1941 stieg der Nachschubbedarf der Wehrmacht nicht nur bei Rüstungsgütern, sondern auch bei vielen im regulären Handel knappen Waren. Diese auf dem niederländischen Schwarzmarkt zu besorgen, war Aufgabe der zentralen Einkaufsagentur der Wehrmacht, der N.V. Agentuur- en Commissiehandel Union,[852] einer unter deutscher Verwaltung stehenden Firma aus ehemals jüdischem Besitz mit Hauptsitz in Den Haag. Neunzig Prozent der Transaktionen wurden über die Amsterdamer Filiale abgewickelt, die von Max Fleischmann, einem Deutschen jüdischer Abstammung, geleitet wurde.[853] Fleischmann war unmittelbar

846 Koll 2015, S. 419.

847 NL-HaNA, CABR 2.09.09 Nr. 86942-III, Veland an Zentralauftragsstelle Den Haag, 3.12.1942, unfoliiert.

848 NIOD, 94f Nr. 15, Collectie dossiers afkomstig uit de archieven van de Omnia-Treuhandgesellschaft m.b.H., de Deutsche Revisions- und Treuhand A.G. en de Wirtschaftsprüfstelle, Stukken betreffende het leveren van kantoormachines door Veland Import en Export Handel Mij. N.V. aan de heer M.A.J. Verlinden te Arnhem, 1941–1942, Veland an M.A.J. Verlinden, 11.8.1941, unfoliiert.

849 NL-HaNA, CABR 2.09.09 Nr. 86942-III, Veland an das Reichsbüro für Häute und Leder Amsterdam, 15.4.1941, unfoliiert.

850 Ebd., Sitzung des Aufsichtsrats der N.V. Buitenlandsche Bankvereeniging Amsterdam, 26.9.1941.

851 NL-HaNA, CABR 2.09.09 Nr. 86942-I, Politieke Recherche Afdeling Amsterdam i.S. Vermoedelijke collaboratie van Hans Ferdinand Wilhelm Meyer, 24.7.1946, unfoliiert.

852 NL-HaNA, NBI 2.09.16 Nr. 883, Aussage von L.C. Berlips, 4.4.1945, unfoliiert.

853 De Jong 1976, S. 222, 229–230.

Oberst Joseph Veltjens unterstellt, der als verantwortlicher ‚Bevollmächtigter für Sonderaufgaben der Vierjahresplanbehörde' beim Stab des Wehrmachtsbefehlshabers Christiansen die „Ankaufsaktionen"[854] auf dem niederländischen Schwarzmarkt genehmigte.[855] Göring billigte diese Aktionen 1942 ausdrücklich: Es sei ihm lieber, es kämen ungeheure Massen geschmuggelt herein, als dass verzollt nichts komme.[856] Ganz in seinem Sinn legte die mit der Ausführung betraute Union eine erhebliche Aktivität an den Tag:[857] Auch wenn später sämtliche Geschäftsunterlagen systematisch vernichtet wurden, werden ihre Umsätze auf mehrere Hundert Millionen Gulden geschätzt.[858]

Vor dem Abtransport wurden die Schwarzmarktgüter in zahlreichen über das Land verteilten Depots untergebracht; das Lagerhaus in der Diemenstraat in Amsterdam teilte sich die Union mit der Veland,[859] die kurz nach der Aufsichtsratssitzung ebenfalls auf dem Schwarzmarkt tätig wurde. Anfang Oktober erwarb sie in den Niederlanden, Belgien und Frankreich gebrauchte Schreibmaschinen, die Mitte des Monats an die Wehrmacht geliefert wurden.[860] Offenbar schätzte Miedl das Schwarzmarktgeschäft als überaus lukrativ ein. Zumindest stellte sein Buchhalter am 14. Oktober 1942 bei der niederländischen Steuerbehörde unter Bezugnahme auf die Exportgeschäfte den Antrag, Miedls Einkommenssteuerveranlagung von 5.000 auf 200.000 Gulden und die vorläufige Vermögenssteuerveranlagung auf drei Millionen Gulden zu erhöhen.[861] Zur Vorfinanzierung der Geschäfte nahm die Veland darüber hinaus allein 1942 Kredite in Höhe von 300.000 sowie einer Millionen Gulden bei der Union sowie dem Handelstrust West auf,[862] der als „Vertrauensbank anderer Dienststellen"[863] – vor allem der ‚Schutzstaffel' (SS) – maßgeblich an der ‚Arisierung' zahlreicher Unternehmen beteiligt

854 NIOD, 77 Nr. 583, Generalkommissariat für das Sicherheitswesen (Höhere SS- und Polizeiführer Nord-West), Stukken betreffende de Blau- en Schwarzaktionen inzake de bestrijding van de zwarte handel, 1941–1943, Walter von Unruh i. S. Bericht zum Sonderauftrag der Vierjahresplanbehörde, 15. 3. 1943, unfoliiert.

855 Ebd., Walter von Unruh i. S. Bericht zum Sonderauftrag der Vierjahresplanbehörde, 15. 3. 1943, unfoliiert.

856 Bross, Werner: Gespräche mit Göring. Nürnberg 1946, Kiel 2003, S. 89. – Die Waren vom niederländischen Schwarzmarkt wurden ohne Zollkontrollen in Wehrmachtsfahrzeugen nach Deutschland transportiert, s. NL-HaNA, NBI 2.09.16.10 Nr. 203497, D. J. Veegens inzake Nederlandse Beheersinstituut tegen Alois Miedl, 12. 9. 1952, Bl. 6.

857 Aalders 2000, S. 45.

858 NL-HaNA, NBI 2.09.16.10 Nr. 203494, Raad voor het Rechtsherstel, Afdeling Rechtspraak, Den Haag, Vonnis inzake Alois Miedl contra het Niederlandse Beheersinstituut, 5. 2. 1954, Bl. 12.

859 Ebd.

860 NIOD, 94f Nr. 15, Veland an M. A. J. Verlinden, 11. 10. 1941, unfoliiert.

861 NL-HaNA, NBI 2.09.16.10 Nr. 203497, H. Bogaardt an Ministerie van Financiën, 30. 1. 1951, Bl. 2.

862 NL-HaNA, 2.25.68 Nr. 14322, Direktion der Nederlandsche Bank i. S. Kredite Buitenlandsche Bankvereeniging N. V. Amsterdam, 18. 1. 1943, unfoliiert.

863 Kreutzmüller 2005, S. 186, 198. – Im Frühjahr 1942 schlug Göring offenbar die ‚Arisierung' des Amsterdamer Unternehmens Van Perlstein & Roeper Bosch durch die Schantung Handels-AG

war.[864] Die Buitenlandbank, die die Geschäfte bislang vornehmlich kreditiert hatte, entschied sich angesichts der neuen Geldgeber Ende 1942 dazu, „ihre [finanzielle] Einmischung in die Veland so weit wie möglich zu begrenzen.“[865]

Etwa zur gleichen Zeit engagierte die Veland einen gewissen P. J. F. Ligthart, der mit der Erstellung und Führung eines Buchhaltungssystems der Schwarzmarktgeschäfte betraut wurde. Seitdem wurde für jeden Einkauf ein kurzes Schreiben verfasst, das die Waren und Preise sowie die durch Nummern getarnten Lieferanten auflistete.[866] Diese Systematisierung war offensichtlich notwendig, da die Firma laut einer Mitteilung vom 3. Dezember 1942 beabsichtigte, das Exportgeschäft „mit der Zeit wesentlich auszubreiten.“[867] Während in diesem an die Zentralauftragsstelle Den Haag gerichteten Schreiben vom Handel mit Essenzen, kosmetischen Artikeln, Spielzeug sowie Luxus- und Gebrauchswaren aller Art die Rede ist,[868] geht aus einer nur vier Tage später verfassten firmeninternen Aktennotiz an Miedl hervor, dass dem deutschen Privatverbrauchermarkt offenbar eine nur nachrangige Bedeutung als Abnehmer zukam. Tatsächlich lag der Fokus auf „Lieferungen an die Union, die SS und das Ministerium für Waffen und Munition, die, da die Finanzierungsfrage gelöst ist und keine tägliche Sorge mehr bildet, sehr gesteigert werden [können].“[869] Darüber hinaus bestehe laut der Schantung auch die Möglichkeit einer Direktbelieferung deutscher Zentralbeschaffungsstellen und Rüstungsbetriebe sowie eines Ausbaus der Geschäftsbeziehungen in Belgien. All dies könne allerdings nur mit einer Erweiterung der Arbeitsräume und einer Personalaufstockung umgesetzt werden, „da die schon bestehende Arbeitslast keine weitere Beanspruchung zulässt.“

Inwieweit Miedl dieser Anregung nachkam, lässt sich anhand der konsultierten Quellen nur unzureichend eruieren. Lediglich der Fall eines gewissen Quirinus Gerardus van Trigt, der aufgrund seiner Anstellung als Einkäufer bei der Veland im Dezember 1942 vom ‚Arbeitsdienst‘ in Deutschland freigestellt wurde, bietet einen Hinweis, dass Miedl möglicherweise

---

vor. Eine andere Firma soll diesem Plan jedoch zuvorgekommen sein, s. NL-HaNA, NBI 2.09.16 Nr. 883, A. A. J. de Neef, Notities inzake ontvijandingsverzoek Alois Miedl, 30.1.1951, Bl. 6.

864 NL-HaNA, NBI 2.09.16 Nr. 883, A. A. J. de Neef, Notities inzake ontvijandingsverzoek Alois Miedl, 30.1.1951, Bl. 6.

865 NL-HaNA, 2.25.68 Nr. 14322, Direktion der Nederlandsche Bank i. S. Kredite Buitenlandsche Bankvereeniging N. V. Amsterdam, 18.1.1943, unfoliiert.

866 NL-HaNA, CABR 2.09.09 Nr. 86247, Inventaris van het archief van het Ministerie van Justitie: Centraal Archief van de Bijzondere Rechtspleging, 1945–1952, Alois Miedl, Rijksaccountantsdienst an Inspecteur der Belastingen i. S. Veland Import- en Export Handel Mij. Amsterdam, 6.12.1945, unfoliiert.

867 NL-HaNA, CABR 2.09.09 Nr. 86942-III, Veland Import- en Export Handel Mij. Amsterdam an Zentralauftragsstelle Den Haag, 3.12.1942, unfoliiert.

868 Ebd.

869 Ebd., Arthur Josef Einhorn, Aktennotiz für Herrn A. Miedl, 7.12.1942, unfoliiert; folgendes Zitat ebd.

weitere Mitarbeiter anwarb, die anstelle eines Festgehalts eine Provision in Höhe von nur einem Prozent erhielten.[870] Ob sich Investitionen zur Erweiterung des Geschäftsbetriebs überhaupt amortisieren könnten, wurde in der Folgezeit fraglich, da schon am 16. Februar 1943 das ab 1. April geltende Verbot sämtlicher Schwarzmarktkäufe – auch vonseiten der ‚Vierjahresplan'-Behörde – bekannt gegeben wurde. Als zusätzliche Restriktionsmaßnahme gegen Schwarzmarktgeschäfte folgte am 13. März die amtliche Entwertung sämtlicher Banknoten in Höhe von 500 sowie 1.000 Gulden.[871] Daraufhin wies Miedl noch im selben Monat Ligthart an, die Schwarzbuchhaltung in der bisherigen Form zu beenden; dieser Schritt war allerdings nicht gleichbedeutend mit der Einstellung derartiger Geschäfte. Vielmehr wurden diese fortan auf losen Blättern verzeichnet, die Miedl später vernichten ließ.[872]

Die Aktivitäten der Veland wurden innerhalb der Schantung zumindest von Kurt Erhardt im April 1943 infrage gestellt, jedoch keineswegs wegen ihrer Illegalität. Erhardt argumentierte vielmehr, der Firma sei „jegliche volkswirtschaftliche Berechtigung"[873] abhandengekommen: „Wenn ich jetzt die Geschäfte betrachte, Handel mit Kammgarnstoffen, Schreibmappen, Handcreme, Badesalz und dergleichen mehr, dann erscheint all dies doch höchst unbefriedigend. [...] Wenigstens für die Schantung, die sich auf Warengeschäfte zunächst eingelassen hat zur Förderung des Exports, dann, als Import wichtiger wurde als Export, zu dessen Förderung und die dann versucht hat, Transitgeschäfte zu machen, die volkswirtschaftlich von großer Bedeutung gewesen wären. Von allem ist so gut wie nichts übrig geblieben bis auf diese kleinen Handelsgeschäfte, die vielleicht irgendein Privatmann noch vertreten kann, eine Gesellschaft wie die Schantung aber nicht."[874]

Offensichtlich wusste Erhardt zumindest zu diesem Zeitpunkt nicht, wer die Käufer dieser Gebrauchsgegenstände waren, sonst hätte er den Geschäften der Veland die „volkswirtschaftliche Berechtigung" wahrscheinlich nicht abgesprochen. Beispielsweise waren fast 8.000 Dosen Handcreme, etwa 11.000 Schreibmappen sowie circa 16.000 Messer für die mit dem Bau von Militäranlagen befasste ‚Organisation Todt' bestimmt.[875] Diese nach Fritz Todt, dem 1942 verstorbenen Reichsminister für Bewaffnung und Munition, benannte

870 NL-HaNA, CABR 2.09.09 Nr. 86942-I, Befragung von Quirinus Gerardus van Trigt, 1946, unfoliiert.

871 NL-HaNA, NBI 2.09.16.10 Nr. 203497, D.J. Veegens inzake Nederlandse Beheersinstituut tegen Alois Miedl, 12.9.1952, Bl. 6.

872 NL-HaNA, CABR 2.09.09 Nr. 86247, Rijksaccountantsdienst an Inspecteur der Belastingen i.S. Veland Import- en Export Handel Mij. Amsterdam, 6.12.1945, unfoliiert.

873 NL-HaNA, NBI 2.09.16 Nr. 857, Kurt Erhardt an Schantung Handels-AG Berlin, 14.4.1943, unfoliiert.

874 Ebd.

875 NL-HaNA, CABR 2.09.09 Nr. 86942-II, Inventaris van het archief van het Ministerie van Justitie: Centraal Archief van de Bijzondere Rechtspleging, 1945–1952, Veland Import- en Export Handel Mij. Amsterdam, Veland Import en Export Handel Mij. Amsterdam an transportbedrijf H. Hoogewerff Jr. & Co. Amsterdam, 30.8.1943, unfoliiert.

Organisation unter Leitung von Albert Speer führte ihre Bauvorhaben in den besetzten Gebieten vorwiegend mit Zwangsarbeitern, Kriegsgefangenen und Häftlingen aus ‚Konzentrationslagern' durch. Erst Anfang Januar 1943 hatte Seyß-Inquart das niederländische Wirtschaftsministerium dazu aufgefordert, umgehend große Mengen an Küchenutensilien, Körperpflegeprodukten und Bettzeug für die Winterausrüstung der ‚Organisation Todt' sowie der ‚Osttruppen' von der Bevölkerung zu requirieren.[876] Im Gegensatz zu den Niederländern, die zur entschädigungslosen Abgabe ihres Besitzes gezwungen wurden, verdiente die Veland an entsprechenden Lieferungen sehr gut, allein von der ‚Organisation Todt' erhielt sie 1943 über 200.000 Gulden.[877] In diesen Betrag noch nicht eingerechnet waren höchstwahrscheinlich rund 12.000 Decken, die laut der Veland für Insassen der ‚Konzentrations'- und ‚Durchgangslager' Westerbork, Amersfoort und Herzogenbusch bestimmt waren,[878] tatsächlich jedoch an die Wehrmacht geliefert wurden.[879] Diese erwarb 1943 darüber hinaus Schnaps sowie große Posten Tabak, die die Veland auf dem Balkan gekauft haben soll.[880]

Regelmäßige Kunden waren zudem diverse Unterabteilungen der NSDAP: So erwarb etwa das ‚Gaustabsamt-Lazarettbetreuung' der ‚Gauleitung' Berlin im Frühjahr 1943 hundert Rucksäcke[881] und der ‚Arbeitsbereich Osten' der NSDAP-Landesleitung Ostland übernahm für die Verwundetenbetreuung im Bezirk Riga 1.500 Holzlöffel.[882] Neben diesen zwar harmlosen, dennoch kriegswichtigen Gebrauchsgegenständen, die Miedl anscheinend hauptsächlich von Schwarzmarkthändlern bezog, beschaffte die Veland auf legalem Weg bei entsprechender Nachfrage auch infrastrukturell- und rüstungsrelevante Güter. Von der Spoorhout N.V. Den Haag aus dem ehemaligen Besitz von Daniel Wolf erwarb sie etwa 20.000 Bahnschwellen, die für 300.000 Gulden an das Bautechnische Beschaffungsamt des ‚Luftgaukommandos' Holland verkauft wurden,[883] eine Lieferung von Baggerausrüs-

876 Hirschfeld 1984, S. 132.

877 NL-HaNA, 2.25.68 Nr. 14322, Verwalter der Buitenlandsche Bankvereeniging an das Nederlandse Beheersinstituut Amsterdam, undatiert, Bl. 16.

878 NL-HaNA, CABR 2.09.09 Nr. 86942-I, Befragung von Wilhelm Antonius Mutsaerts, 17.9.1947, unfoliiert.

879 NL-HaNA, CABR 2.09.09 Nr. 86942-III, Bijzonder Gerechtshof Amsterdam, Dienst van de Officieren Fiscaal District Amsterdam, Dossier Nr. 85488, Buitenlandsche Bankvereeniging N.V. Amsterdam, 15.11.1947, unfoliiert.

880 NL-HaNA, 2.25.68 Nr. 14322, Verwalter der Buitenlandsche Bankvereeniging an Nederlandse Beheersinstituut Amsterdam, undatiert, Bl. 9.

881 NL-HaNA, CABR 2.09.09 Nr. 86942-II, Veland Import en Export Handel Mij. Amsterdam an transportbedrijf H. Hoogewerff Jr. & Co. Amsterdam, 9.4.1943, unfoliiert.

882 Ebd., Veland Import en Export Handel Mij. Amsterdam an transportbedrijf H. Hoogewerff Jr. & Co. Amsterdam, 24.9.1943, unfoliiert.

883 NL-HaNA, CABR 2.09.09 Nr. 86942-I, Befragung von Willem van Wessel, 1947, unfoliiert.

tung im Wert von 850.000 Gulden ging an deutsche Behörden[884] und der Büssing-NAG wurden 6.000 Spiralbohrer für den Bau von Heeres-Lastkraftwägen zum Preis von rund 23.000 Reichsmark verkauft.[885]

Nach gut drei Jahren beendete Miedl das Handelsgeschäft der Veland und meldete am 31. Dezember 1943 die Liquidation des Unternehmens an. Als der seit 1941 einzige Gesellschafter[886] zahlte er sich im darauffolgenden März fast siebzig Prozent des Aktienkapitals in Höhe von 100.000 Gulden aus.[887] Welche Einnahmen er bis dahin durch die Veland erzielt hatte, lässt sich aufgrund der lückenhaften Quellenüberlieferung ebenso wenig vollumfänglich beantworten wie die Frage, welche Geschäfte legal oder auf dem Schwarzmarkt getätigt wurden. Festzustehen scheint zumindest, dass die Veland durch letztere „Sondergeschäfte" „exorbitante Gewinne"[888] erzielte. Der Union soll die Firma in den ersten beiden Jahren regelmäßig Rechnungen von über 100.000 Gulden gestellt haben[889] und Ligthart zufolge beliefen sich die Schwarzkäufe allein von November 1942 bis März 1943 insgesamt auf schätzungsweise vier Millionen Gulden. Von dem Gewinn in Höhe von etwa 500.000 Gulden seien achtzig Prozent an Miedl geflossen.[890]

Diesen geschäftlichen Erfolg verdankte Miedl vor allem seinen beiden jüdischen Angestellten Arthur Josef Einhorn und Bruno Danziger. Beide waren aufgrund der antisemitischen Ausgrenzungs- und Verfolgungspolitik in den 1930er Jahren von Deutschland in die Niederlande emigriert[891] und arbeiteten wie viele Juden während des Krieges als erfahrene Käufer auf dem Schwarzmarkt.[892] 1898 in Kattowitz geboren, hatte Danziger in den 1920er

884 NL-HaNA, NBI 2.09.16.10 Nr. 203496, Politieke Recherche Afdeling Colaboratie, Amsterdam i. S. Rapport inzake N. V. Buitenlandsche Bankvereeniging, Bankierskantoor Alois Miedl, Amsterdam, 13. 11. 1946, Bl. 5.

885 NL-HaNA, NBI 2.09.16.10 Nr. 203498, Büssing NAG Braunschweig an Veland Import en Export Handel Mij. Amsterdam, 5. 6. 1943, unfoliiert. – Für die Behauptung, die Veland habe auch die Volkswagenwerke beliefert, finden sich bislang keine Hinweise, s. NL-HaNA, CABR 2.09.09 Nr. 86942-I, Befragung von Wilhelm Antonius Mutsaerts, 17. 9. 1947, unfoliiert.

886 NL-HaNA, NBI 2.09.16.10 Nr. 203497, J. Kinsbergen i. S. Veland Import en Export Handel Mij. Amsterdam, 12. 12. 1946, Bl. 1.

887 NL-HaNA, NBI 2.09.16 Nr. 854, Fa. Steneker & Flipse Amsterdam an E. J. Korthals Altes und W. C. Roest van Limburg i. S. Bericht zum Vermögen A. Miedl, 10. 10. 1947, Bl. 2–3.

888 NL-HaNA, 2.25.68 Nr. 14322, Verwalter der Buitenlandsche Bankvereeniging an Nederlandse Beheersinstituut Amsterdam, undatiert, Bl. 12.

889 NL-HaNA, NBI 2.09.16 Nr. 883, Aussage von L. C. Berlips, 4. 4. 1945, unfoliiert.

890 NL-HaNA, NBI 2.09.16.10 Nr. 203497, D. J. Veegens inzake Nederlandse Beheersinstituut tegen Alois Miedl, 12. 9. 1952, Bl. 6.

891 SAA, 30238 Nr. 217, Archief van het Bevolkingsregister Amsterdam, Registratiekaart Arthur Josef Einhorn, unfoliiert; ebd., 30238 Nr. 173, Archief van het Bevolkingsregister Amsterdam, Registratiekaart Bruno Boas Danziger, unfoliiert.

892 Aalders 2000, S. 45.

Jahren in Freiburg einen Radio- und Elektrogroßhandel besessen, der im April 1937 ‚arisiert' wurde. Mit Ehefrau Lena und Sohn Heinz floh er noch im selben Jahr zunächst nach Prag und schließlich 1939 nach Amsterdam.[893] Der 1884 in München geborene Einhorn trat 1912 als Teilhaber in den familieneigenen Manufakturwaren-Großhandel J. Einhorn & Comp. ein, übernahm Ende der 1920er Jahre zeitweilig die Leitung eines anderen Münchner Textilgroßhandels und wechselte im September 1931 in die Deutsche Allgemeine Treuhand-Aktiengesellschaft in München. Nach nur sieben Monaten als deren Vorstandsmitglied wurde Einhorn im April 1933 aufgrund seiner jüdischen Abstammung entlassen und zudem vom Examen zum Wirtschaftsprüfer ausgeschlossen. Infolgedessen emigrierte er im August des Jahres nach Amsterdam, wo er seinen Lebensunterhalt von 1935 bis 1939 mit dem Verkauf von Patenten bestritt. Im Herbst 1939 wurde er schließlich von Miedl mit dem Aufbau einer Abteilung innerhalb der Veland betraut, die sich hauptsächlich mit dem Warenimport aus Deutschland befasste.[894]

Unter den insgesamt 140.000 im Jahr 1940 in den Niederlanden lebenden Juden, von denen wiederum fast 80.000 in Amsterdam ansässig waren,[895] befanden sich etwa 20.000 jüdische Emigranten wie Danziger und Einhorn.[896] Drei Monate nachdem sie alle durch den Erlass „über die Meldepflicht von Personen, die ganz oder teilweise jüdischen Blutes sind"[897] zur Zwangsregistrierung verpflichtet worden waren, wurde von den Nationalsozialisten im April 1941 in Amsterdam nach den Vorbildern in Wien, Berlin und Prag eine ‚Zentralstelle für jüdische Auswanderung' eingerichtet, die von Willy Lages und Ferdinand aus der Fünten geleitet wurde.[898] Gemeinsam koordinierten sie „die Erfassung sämtlicher Juden in den Niederlanden"[899], „die Überwachung des jüdischen Lebens" sowie „die zentrale Steuerung der Auswanderung", wobei dies ab 1942 eine Chiffre für Deportationen in das ‚Durchgangslager' Westerbork war.[900] Juden aus ländlichen Gebieten waren bereits Anfang 1942 in größere niederländische Städte zwangsumgesiedelt worden.[901] Die ersten Deportationen

893 Stolpersteine in Freiburg, Nr. 44, Bruno Danziger, 1. 9. 2006, https://www.stolpersteine-in-freiburg.de/stolpersteine/bruno-danziger/ [zuletzt aufgerufen 15. 3. 2023].

894 NL-HaNA, CABR 2.09.09 Nr. 86942-III, Arthur Josef Einhorn, Lebensbeschreibung, 1942, unfoliiert.

895 Bähr 2006, S. 723.

896 Friedländer 2008, S. 502.

897 Koll 2015, S. 339.

898 Friedländer 2008, S. 559, 788.

899 De Mildt, D. W./Rüter, C. F. (Hrsg.): Justiz und NS-Verbrechen. Sammlung deutscher Strafurteile wegen nationalsozialistischer Tötungsverbrechen 1945–1999, Bd. XXV, Verfahren Nr. 645, Amsterdam/München 2001, S. 406; folgende Zitate ebd.

900 Sandkühler, Thomas/Zeugin, Bettina: Die Schweiz und die deutschen Lösegelderpressungen in den besetzten Niederlanden. Vermögensentziehung, Freikauf, Austausch 1940–1945 (Unabhängige Expertenkommission Schweiz – Zweiter Weltkrieg Bd. 24), Zürich 2001, S. 54.

901 Friedländer 2008, S. 757.

von 4.700 Juden nach Westerbork erfolgten dann am 14. Juli 1942;[902] allein aus Amsterdam wurden an diesem Tag fast 1.000 Menschen deportiert.[903]

Um seine beiden jüdischen Angestellten zu schützen, beantragte Miedl Anfang September 1942 mit der Begründung, „ihre Dienste bei der Vorbereitung und Ausführung der Lieferungen an die Deutsche Wehrmacht, die Deutsche Reichsbahn und den Beauftragten des ‚Vierjahresplans' nicht entbehren zu können"[904], deren ‚Rückstellung'. Dieses System, das Juden vorläufig vom ‚Arbeitsdienst' und von Deportation ‚zurückstellte', war von den Nationalsozialisten eingeführt worden, um einen geordneten Ablauf der Deportationen zu gewährleisten. Juden, die als „noch nützlich"[905] galten oder deren Deportation aus „innen- oder außenpolitischen Gründen vorübergehend ungeeignet erschien", wurden ‚Rückstellungsgruppen' zugewiesen. Als Nachweis versah die ‚Zentralstelle für jüdische Auswanderung' Ausweise von ‚Zurückgestellten' mit sogenannten Sperrstempeln, die mit einer gruppenspezifischen Nummerierung von 10.000 bis 120.000 versehen waren.[906] Einhorn und Danziger wurden wahrscheinlich zur Gruppe der ‚Rüstungsjuden' gezählt und gehörten damit zu den rund 33.000 ‚zurückgestellten' Juden in den Niederlanden, von denen viele hofften, dadurch dauerhaft geschützt zu sein.[907] Zumindest Einhorn sah seine Lage offenbar realistischer und teilte Miedl im Dezember 1942 mit, dass angesichts seiner und Danzigers „unsicherer Lage"[908] auf kürzere Sicht wohl eher eine Umstellung als eine Vergrößerung der Veland in Betracht gezogen werden sollte.[909] Wie berechtigt seine Skepsis war, zeigte sich bereits Anfang 1943, als damit begonnen wurde, die ‚Rückstellungsgruppen' Schritt für Schritt aufzulösen.[910] Nachdem Seyß-Inquart schon im Juni informiert worden war, dass „die ‚Entjudung' der Niederlande annähernd zu drei Viertel gelöst"[911] sei, wurde am 29. September 1943 eine ‚Sonderaktion' gegen die bislang noch geltenden ‚Rückstellungsgruppen' in Amsterdam durchgeführt. Unter den 2.000 Juden, die im Zuge dessen nach Westerbork deportiert wurden,[912] befanden sich auch Bruno Danziger und Arthur Einhorn sowie deren Familien. Während ersterer 1944 über das ‚Konzentrationslager' Theresienstadt

902 Aalders 2000, S. 206.
903 Koll 2015, S. 321.
904 NL-HaNA, CABR 2.09.09 Nr. 86942-III, Alois Miedl an Arthur Josef Einhorn, 9. 9. 1942, unfoliiert.
905 Middelberg, Mathias: Judenrecht, Judenpolitik und der Jurist Hans Calmeyer in den besetzten Niederlanden 1940–1945 (Osnabrücker Schriften zur Rechtsgeschichte Bd. 5), Göttingen 2005, S. 178–179; folgendes Zitat ebd.
906 Aalders 2000, S. 373.
907 Sandkühler/Zeugin 2001, S. 55.
908 NL-HaNA, CABR 2.09.09 Nr. 86942-III, Arthur Josef Einhorn, Aktennotiz für Herrn A. Miedl, 7. 12. 1942, unfoliiert.
909 Ebd.
910 Sandkühler/Zeugin 2001, S. 60.
911 Koll 2015, S. 369–370.
912 Sandkühler/Zeugin 2001, S. 62.

nach Auschwitz deportiert wurde, wo er am 17. November 1944 verstarb,[913] kam Einhorn am 26. Dezember 1944 im ‚Konzentrationslager' Bergen-Belsen ums Leben.[914]

Von den 140.000 Juden in den Niederlanden wurden 107.000 deportiert, von denen wiederum nur etwa 5.200 den Krieg überlebten. „Unter den westeuropäischen Ländern bilden die Niederlande damit prozentual und in absoluten Zahlen bei den Deportationen die traurige Spitze."[915]

7.21 Zwischen Verfolgten und Verfolgern im NS-Regime

Unter Bezugnahme auf Nachkriegsberichte wird in der Sekundärliteratur vereinzelt behauptet, Miedl habe sich 1943 absichtlich nicht effektiv für den Schutz von Einhorn und Danziger eingesetzt, da sie ihm angesichts der bevorstehenden Liquidation der Veland nicht mehr „nützlich" gewesen seien.[916] Auf den ersten Blick erscheint diese These schlüssig, zumal wenn man davon ausgeht, dass Miedl in anderen Fällen – etwa bei seiner Ehefrau – in der Lage war, Personen jüdischer Abstammung wirkungsvoll gegen Verfolgung und Deportation abzuschirmen. Nicht beachtet wird dabei jedoch, dass nur Görings Machtwort dauerhaften Schutz bieten konnte, wobei allerdings auch dessen Einfluss im Kriegsverlauf stetig abnahm. Durch seine Dienste, Geschenke und sonstigen Vergünstigungen konnte Miedl den Reichsmarschall zwar dazu bewegen, als Gegenleistung seine engsten Familienangehörigen zu protegieren, dieses Arrangement galt aber nicht für andere Personen. Deportationen aus seinem Umfeld auf mangelndes Engagement seinerseits zurückzuführen, ist angesichts von Miedls Einflussmöglichkeiten, die sich größtenteils auf Bestechung oder Einforderung von Gefälligkeiten beschränkten, vorschnell. Da er NS-Funktionären eine Absicherung gegenüber Vorgesetzten nicht garantieren konnte, exponierten sich diese bei Druck „von oben" sicher nicht. Hinsichtlich seiner zwei Angestellten widerspricht überdies eine Nachkriegsaussage der einzigen Überlebenden der beiden Familien, Lena Danziger, der anfänglichen Behauptung. So habe Miedl sein Bestes getan, um ihre Deportationen zu verhindern, und jederzeit versucht, ihnen zu helfen. Als ihr Sohn Heinz etwa einen Deportationsbescheid erhielt, habe er ihn für acht Tage in seinem Haus versteckt und auch ihre Mutter sei infolge seiner Intervention aus der

913 Heinz Danziger starb am 28. 2. 1945 im Außenlager Gleiwitz; seine Mutter Lena Danziger überlebte das ‚Konzentrationslager' Theresienstadt, s. Arolsen-Archives, Inhaftierungsdokumente, Karteikarten aus der Kartothek des Judenrats in Amsterdam, Signatur 01020402 049, Bruno B. Danziger, unfoliiert; Stolpersteine in Freiburg, Nr. 44, Bruno Danziger, 1. 9. 2006, https://www.stolpersteine-in-freiburg.de/stolpersteine/bruno-danziger/ [zuletzt aufgerufen 15. 3. 2023].

914 Arolsen-Archives, Inhaftierungsdokumente, Karteikarten aus der Kartothek des Judenrats in Amsterdam, Signatur 01020402 078, Arthur J. Einhorn, unfoliiert.

915 Koll 2015, S. 321.

916 Lopez, Jonathan: The Man who made Vermeers. Unvarnishing the Legend of Master Forger Han van Meegeren, Boston/New York 2009, S. 159; Den Hollander 2007, S. 108.

Hollandsche Schouwburg, einem als Sammelplatz für den Weitertransport nach Westerbork genutzten Amsterdamer Theater, freigelassen worden.[917] Auch wenn im Fall des Ehepaars Einhorn keine derartigen Zeugenaussagen vorliegen, da niemand aus der Familie überlebt hat, kann angenommen werden, dass Miedl ihm die gleiche Unterstützung zukommen ließ.

Wenige Tage vor Lena Danzigers Miedl entlastender Aussage wurde dieser von der niederländischen Abteilung für „Entfeindung" (Ontvijanding) unter anderem zu Einhorn und Danziger vernommen. Dass die Beamten von Miedls Einfluss auf die deutschen Besatzer überzeugt waren, zeigt sich an ihrer Frage, inwiefern es möglich gewesen sei, dass die beiden Männer trotz ihrer Mitarbeit in der Veland deportiert wurden. Miedl konzedierte, dass sie mit ihrer Annahme grundsätzlich richtiglagen, seinen Einfluss jedoch überschätzten. Aus der Fünten habe ihm zwar das Versprechen gegeben, die beiden nicht deportieren zu lassen, es allerdings gebrochen, als er sich zeitweilig nicht in Amsterdam aufhielt.[918] Sowohl aus der Fünten als auch sein Vorgesetzter Willy Lages, der Leiter des ‚Sicherheitsdienstes' (SD) in Amsterdam,[919] gehörten zu Miedls engerem Bekanntenkreis.[920] Verschiedene Zeitzeugen, darunter auch zwei Hausangestellte Miedls, gaben an, beide seien ebenso wie einige weitere Mitarbeiter des SD „regelmäßige und treue Gäste"[921] bei dessen Feiern in Nijenrode gewesen. Miedl postulierte später: „Mein Verkehr mit dem SD begann erst, als Himmler deutscher Innenminister wurde und die Stellung Görings nicht mehr genügend Deckung bot, um einer so großen Zahl an Menschen Hilfe zu gewähren. [...] Ich kann es denjenigen Holländern, welche mich in dieser schweren Zeit mit dem SD verkehren sahen, nicht verübeln, wenn sie auf mich schimpfen, da sie von außen gesehen nicht wissen konnten und können, welche Gründe mich zu diesem Verkehr veranlasst haben."[922] Entgegen seiner Behauptung hatte Miedl den Kontakt zu Mitarbeitern des SD nicht erst ab Himmlers Ernennung zum Reichsinnenminister im August 1943 gesucht, sondern schon spätestens im Mai 1942 entsprechende Beziehungen aufgenommen. Eine Reihe von Entlastungszeugen bestätigten jedoch in der Nachkriegszeit, dass er diese von Anfang an zur Unterstützung jüdischer Personen aus seinem Arbeits- und Bekanntenkreis nutzte.

Salomon Flörsheim etwa berichtete 1949, dass Miedl ungefragt bei der ‚Zentralstelle für jüdische Auswanderung' für ihn und seine Familie ‚Sperrstempel der Kategorie 120.000' besorgte, die seiner Meinung nach dafür verantwortlich waren, „dass wir nach Theresienstadt

---

917 NL-HaNA, NBI 2.09.16.10 Nr. 203496, Aussage von Lena Engel-Danziger, 5.7.1950, unfoliiert.

918 Ebd., M. Meibomm i.S. Bijeenkomst Alois Miedl, 1.7.1950.

919 Aalders 2000, S. 362.

920 NL-HaNA, NBI 2.09.16.10 Nr. 203497, D.J. Veegens inzake Nederlandse Beheersinstituut tegen Alois Miedl, 12.9.1952, Bl. 7.

921 Venema 1986, S. 143; NIOD, 197f Nr. 2, Bureau Bestrijding Vermogensvlucht, Map bevattende enkele naoorlogse rapporten en verhoren, die betrekking hebben op de contacten van H.W.C. Tietje met Alois Miedl, in verband met vermogensvlucht naar Duitsland door de verkoop van schilderijen, Verhör von Theresia Zaplotnik, 30.5.1945, unfoliiert.

922 NL-HaNA, NBI 2.09.16 Nr. 854, Alois Miedl an Prof. Antonio de Luna, Madrid, 10.4.1947, Bl. 7.

statt nach Auschwitz kamen und dass wir alle 1945 nach Holland zurückkehren konnten."[923] Die ,120.000 Stempel' wurden an die ,Rückstellungsgruppe' sogenannter ,Angebotsjuden' vergeben, die sich ihre ,Freistellung' durch Devisen, Edelsteine und sonstige vom NS-Regime begehrte Wertgegenstände erkaufen konnten.[924] Laut Flörsheim leistete er selbst keine Zahlung, dafür scheint Miedl aufgekommen zu sein. Da der Preis für eine solche ,Freistellung' bis 1943 bei circa 46.000 bis 69.000 Gulden lag,[925] zahlte er wahrscheinlich – wenn überhaupt – nur einen Bruchteil und zeigte sich auf andere Weise erkenntlich. So vermietete er für symbolische 33,33 Gulden ein Nebengebäude auf dem Gelände von Schloss Nijenrode an Willy Lages Ehefrau[926] und belieferte den SD wöchentlich mit „großen Mengen Zigarren, Zigaretten, Wein, Likören und Konserven."[927] Die zur Bestechung genutzten Waren, unter anderem 200.000 Zigarren und 11.000 Kilogramm Dosenschinken, hatte er angeblich bereits vor Kriegsausbruch erworben.[928] Plausibler scheint allerdings, dass er sie über die Veland auf dem Schwarzmarkt gekauft hat, offenbar auch auf Kosten von voorheen J. Goudstikker. Laut dessen Bilanz für das Geschäftsjahr 1941 wurden Zigarren für 69.000 Gulden und Kondensmilch im Wert von fast 2.000 Gulden übernommen.[929] Vor allem Lebensmittel soll Miedl jedoch nicht nur für die Bestechung des SD, sondern auch zur Unterstützung von Regime-Verfolgten besorgt haben.[930]

Im Fall von Emily Goudstikker-Sellisberger reichte Bestechung allein wohl nicht aus, um ihr im Herbst 1942 den Status einer sogenannten ,Sternbefreiten' zu verschaffen. Diese auch als ,Entsternte' oder umgangssprachlich als ,Ehrenarier' bezeichneten Juden blieben aufgrund ihrer Fachkompetenzen oder der Protektion durch hochrangige Nationalsozialisten weitgehend unbehelligt.[931] Ein irrtümlich als „Zertifikat zur ,arischen' Abstammung"[932] im

923 BAR, E9500.239A#2003/48#79*, Erklärung von Salomon Flörsheim, 5.10.1949, unfoliiert. – Flörsheim tauchte nach eigener Aussage im Oktober 1941 zeitweilig in der Valeriuskliniek Amsterdam unter, bevor er im September 1943 deportiert wurde, s. NL-HaNA, NBI 2.09.16.10 Nr. 203496, Befragung von Salomon Jacob Flörsheim, 10.10.1950, unfoliiert.

924 Middelberg 2005, S. 179.

925 Sandkühler/Zeugin 2001, S. 55.

926 NL-HaNA, CABR 2.09.09 Nr. 86942-I, Politieke Recherche Afdeling Amsterdam, Befragung von Hellmut Hans Fritz Herrndorf, 24.7.1946, unfoliiert.

927 NL-HaNA, NBI 2.09.16 Nr. 854, Alois Miedl an Prof. Antonio de Luna, Madrid, 10.4.1947, Bl. 7.

928 NL-HaNA, NBI 2.09.16.10 Nr. 203501, Afdeling Ontvijanding van het Nederlandse Beheersinstituut i.S. Befragung Alois Miedl, 18.9.1950, Bl. 6.

929 NL-HaNA, NBI 2.09.16 Nr. 851, Rapport inzake Kunsthandel v/h J. Goudstikker N.V. te Amsterdam per 31.12.1941, Bl. 22–23.

930 NL-HaNA, NBI 2.09.16.10 Nr. 203496, Aussage von Lena Engel-Danziger, 5.7.1950, unfoliiert; NL-HaNA, NBI 2.09.16.10 Nr. 203501, Befragung von Johanna Bühler-Dobbek, 22.9.1950, unfoliiert.

931 Aalders 2000, S. 184.

932 NIOD, 249–0278A Nr. a1, Korte geschiedenis van de Kunsthandel J. Goudstikker N.V. van december 1939 tot april 1942, geschreven door A. E. D. von Saher, April 1952, Bl. 46.

Kunsthandel voorheen J. Goudstikker mit 286 Gulden verbuchtes,[933] von aus der Fünten gestempeltes Dokument[934] erlaubte der Siebzigjährigen, sich ohne einen ‚Judenstern'[935] frei zu bewegen. Darüber hinaus war sie vor Deportation geschützt und erhielt die Garantie, ihren Besitz behalten zu können.[936] Der 1940 zunächst an sie ausgezahlte Liquidationserlös in Barmitteln und Wertpapieren war erst einige Monate zuvor angeblich aufgrund eines Missverständnisses von einem Buchhalter des Kunsthandels voorheen J. Goudstikker auf ein Sperrkonto bei Lippmann, Rosenthal & Co. überwiesen worden.[937] Da Fischböck am 28. Februar 1941 erklärt hatte, die Vorschriften der ‚Verordnung über die Behandlung feindlichen Vermögens' nicht auf den Kunsthandel in Liquidation anzuwenden, die Liquidationserlöse den Aktionären somit zur freien Verfügung standen,[938] erhielt Goudstikker-Sellisberger ihr Vermögen unter der Bedingung, das Land nicht zu verlassen, Anfang April 1942 zwar vorerst wieder zurück.[939] Wie aus einem geheimen Aktenvermerk von Willy Lages über „die alte Jüdin Goudstikker"[940] vom 18. September 1942 hervorgeht, wurde sie allerdings schon wenig später aus Berlin aufgefordert, die Werte erneut abzuliefern. Miedl, der sich bereits zuvor bei Lages dafür eingesetzt hatte, sie aufgrund ihrer Kooperationsbereitschaft bei der ‚Arisierung' des Kunsthandels J. Goudstikker vom ‚Arbeitseinsatz' in Deutschland freizustellen, beabsichtigte daraufhin, in Berlin ihre legale Ausreise aus den Niederlanden zu erwirken. Offenbar gelang es ihm jedoch lediglich, die oben genannten Privilegien auszuhandeln.

Mehrere Zeugenaussagen aus der Nachkriegszeit bestätigen, dass Miedl nicht nur einmal bei Lages vorstellig wurde. So erreichte er durch seinen direkten Draht zum Leiter des SD unter anderem die Freilassung von Marcel Wolf, der angeblich aufgrund des Nichttragens eines ‚Judensterns' im Juli 1942 in das ‚Konzentrationslager' Mauthausen deportiert werden sollte.[941] Ebenfalls auf diesem Weg konnten die angeheirateten jüdischen Verwandten von Evert Smits, dem ‚Propagandaleiter' der Fokker Flugzeugwerke, geschützt werden. Ihren Aussagen nach erhielten sie 1944, als ihre Deportation nicht mehr umgangen werden konnte, dank seiner Fürsprache im ‚Konzentrationslager' Theresienstadt den ‚Prominenten A'-Sta-

933 Ebd.

934 Den Hollander 2007, S. 98.

935 Der ‚Judenstern' wurde in den Niederlanden Anfang Mai 1942 eingeführt, s. Friedländer 2008, S. 760.

936 Den Hollander 2007, S. 122–123.

937 SAA, 1341 Nr. 100, Kunsthandel J. Goudstikker i. L. Amsterdam an Hans Fischböck, 31. 3. 1942, unfoliiert.

938 Ebd., Erklärung von Hans Fischböck i. S. Kunsthandel J. Goudstikker i. L. Amsterdam, 28. 2. 1941, unfoliiert.

939 NIOD, 249–0278A Nr. a1, Korte geschiedenis van de Kunsthandel J. Goudstikker N. V. van december 1939 tot april 1942, geschreven door A. E. D. von Saher, April 1952, Bl. 39.

940 Den Holland 2007, S. 122.

941 NL-HaNA, NBI 2.09.16.10 Nr. 203496, Aussage von Willem Simons, 22. 9. 1950, unfoliiert.

tus,[942] der mit besseren Wohnbedingungen, höheren Lebensmittelrationen, der Befreiung vom ‚Arbeitsdienst' und vor allem dem Schutz vor Abtransporten in andere ‚Konzentrationslager' einherging.[943]

Mit dem Rückhalt zahlreicher derartiger „Persilscheine" präsentierte sich Miedl nach dem Krieg als Altruist, der für den Schutz seiner Bekannten „sehr kostspielige"[944] Beziehungen zum SD unterhielt, die seine „Nerven und Gesundheit an den Rand des Abgrunds brachten": „Jedes Zusammentreffen und jedes Trinkgelage [diente] ausschließlich dazu, um anderen in Not befindlichen Menschen zu helfen, ihren Abtransport zu verzögern, die Haft zu erleichtern und in vielen Fällen ihre Freilassung zu erwirken." Dass ihm dies in einer Reihe von Fällen tatsächlich gelang, steht außer Frage. Der regelmäßige Kontakt zu fanatischen Nationalsozialisten wie Lages und aus der Fünten, die aufgrund ihrer maßgeblichen Rolle bei der Verfolgung und Deportation der Juden in den Niederlanden – später in lebenslange Haft umgewandelte – Todesurteile erhielten, war allerdings insbesondere für Miedls Ehefrau Feodora eine gefährliche Gratwanderung. Anstatt sich im Hintergrund zu halten, suchte sie offenbar als Bewältigungsstrategie bewusst die Nähe zu den Besatzern und nahm angeblich sogar an den jährlich auf Schloss Nijenrode veranstalteten Feiern zu Ehren von Hitlers Geburtstag teil.[945] In der Nachkriegszeit schilderte sie ihre ausgelieferte Situation: „Es war nervenaufreibend, die Beziehungen zum SD aufrechtzuerhalten, um fünf oder sechs Uhr morgens mit einem gedeckten Tisch für ein ausgedehntes Frühstück nach Belieben bereit zu stehen, auch mit Damen aller Art. Ich muss zugeben, dass nur Menschen sich so etwas gefallen lassen müssen, von denen man annimmt, dass sie schwach sind, und von denen man weiß, dass sie fast jedes Mal ein dringendes Anliegen haben. Und als sich der SD eine Zeit lang nicht meldete, überkam mich wieder die nagende Angst, ob sich meine persönliche Situation vielleicht verschlechtert hatte. [...] Ich rannte wenn möglich trotz aller Hemmungen notfalls sogar in die Höhle des Löwen. [...] All das war sicherlich nicht nach meinem Geschmack und ich denke oft an die Worte eines unserer wahren Freunde, der einmal fragte: Wie fühlt es sich an, sich immer verleugnen zu müssen?"[946]

Miedls Nachkriegsnarrativ, die offenbar recht ausschweifenden Feste ausschließlich genutzt zu haben, um das Schicksal seiner Ehefrau und anderer positiv beeinflussen zu können, ist angesichts seiner notorischen Geschäftstüchtigkeit unglaubwürdig. Die Einladung führender deutscher Persönlichkeiten aus Industrie und Finanzbranche sollte den

942 BAR, E9500.239A#2003/48#79*, Erklärung von Samuel Biederman, 8.10.1949, unfoliiert.

943 Adler, Hans Günther: Theresienstadt. Das Antlitz einer Zwangsgemeinschaft, Göttingen 2005, S. 310–311.

944 NL-HaNA, NBI 2.09.16 Nr. 854, Alois Miedl an Prof. Antonio de Luna, Madrid, 10.4.1947, Bl. 7; folgende Zitate ebd.

945 Den Hollander 2007, S. 115.

946 NL-HaNA, 2.05.286 Nr. 670, Feodora Miedl, Beschreibung ihres Aufenthalts in den Niederlanden und Spanien, undatiert, unfoliiert.

Gesellschaften sicherlich nicht nur „den nötigen Glanz verleihen“[947], sondern diente in erster Linie der Vertiefung alter und der Anknüpfung neuer Geschäftsbeziehungen. Industrielle wie Miedls Freund Hans Tietje sowie der Leiter von Fokker Friedrich Wilhelm Seekatz und dessen holländischer Angestellter Evert Smits, der daneben für den ab 1942 aktiven US-Nachrichtendienst Office of Strategic Services (OSS) tätig war,[948] gehörten regelmäßig zu den Gästen.[949] Der Finanzsektor war vertreten mit einer Reihe von Bankiers, allen voran der Verwalter von Lippmann, Rosenthal & Co. Alfred Flesche, der seit den 1930er Jahren zu Miedls engstem Freundeskreis zählte.[950]

Flesche, der mit der Tochter von Koenigs Geschäftspartner Rhodius verheiratet war,[951] hatte von 1926 bis 1939 den Direktorenposten des Bankhauses innegehabt,[952] bevor er im Dezember 1940 die Bank voor Westeuropeeschen Handel eröffnete.[953] Darüber hinaus war er 1936 zum Präsidenten der Deutschen Handelskammer für die Niederlande ernannt worden.[954] Zu verdanken hatte er diese Position wohl nicht nur seinem guten Ruf, sondern auch seiner seit 1933 bestehenden Parteimitgliedschaft.[955] Bereits im Juli 1933 wurde er zum Leiter der ‚Deutschen Kolonie‘ in Amsterdam ernannt. Dieser Zusammenschluss deutscher Vereine gab sich zunächst unpolitisch, „entwickelte sich jedoch schnell zu einem Bekenntnis zum neuen Deutschland.“[956] Nach Schulungen in Köln betätigte er sich von September 1939 bis Mai 1940 als Agent für die Spionageabteilung der Wehrmacht. Bei seiner Festnahme am 10. Mai

947 Venema 1986, S. 143.

948 NL-HaNA, 2.05.117 Nr. 27273, Inventaris van het code-archief van het Ministerie van Buitenlandse Zaken, 1945–1954, Brief van A. Miedl, bankier-kunsthandelaar, aan H. M. Hirschfeld, regeringscommissaris in algemene dienst, betreffende zijn rol bij de verkoop van Nederlandse kunstschatten tijdens de oorlog, met geleidebrief en bijlagen, 1949, United States Forces European Theatre, OSS i. S. Evert Smits, 20. 12. 1945, unfoliiert.

949 NIOD, 197f Nr. 2, Verhör von Theresia Zaplotnik, 30. 5. 1945, unfoliiert.

950 NARA, M1944, RG 239, Card File on Art-Looting Suspects, 1943–1946, Flesche, Alfred, unfoliiert.

951 Den Hollander 2007, S. 104.

952 Koenigs, Christine F.: Unterstützung des deutschen Widerstands. Franz Koenigs und Hans Leibholz, in: Blesgen, Detlef J. (Hrsg.): Financiers, Finanzen und Finanzierungsformen des Widerstands (Schriftenreihe der Forschungsgemeinschaft 20. Juli 1944 Bd. 5), Berlin 2006, S. 156.

953 BAR, E9500.239A#2003/49#137*, Verschiedene Archive: Deutsche Vermögenswerte in der Schweiz, Dossiers: Steegmann, Wendland, Niederer, 1942–1949, Bundesanwaltschaft an EDP, 13. 2. 1946, unfoliiert.

954 Aalders 2000, S. 222. – Bereits im Dezember 1942 wurde Miedl als außerordentliches Mitglied der Deutschen Handelskammer für die Niederlande aufgenommen, s. NL-HaNA, NBI 2.09.16.10 Nr. 203498, Deutsche Handelskammer für die Niederlande an Buitenlandsche Bankvereeniging N. V. Amsterdam, 21. 12. 1942, unfoliiert.

955 Happe, Katja/Lambauer, Barbara/Maier-Wolthausen, Clemens: Die Verfolgung und Ermordung der europäischen Juden durch das nationalsozialistische Deutschland 1933–1945, Bd. 12: West- und Nordeuropa Juni 1942–1945, Berlin/Boston/München 2015, S. 388.

956 Happe 2004, S. 89.

1940 beschlagnahmten die Niederländer sowohl Waffen als auch Karten und Fotografien niederländischer Verteidigungsanlagen. Kurz darauf wurde er von den deutschen Besatzern wieder freigelassen.[957] Nachdem er im Juli 1940 zum Verwalter des Bankhauses Lippmann, Rosenthal & Co. ernannt worden war, wurde er ein Jahr später von Fischböck auch mit der Geschäftsführung der Scheinfiliale beauftragt, die er auf eigenen Wunsch jedoch nur pro forma übernahm.[958] 1943 trat er von beiden Posten zurück, erhielt 500.000 Gulden Abfindung[959] und setzte sich 1944 nach Deutschland ab. Nach Kriegsende wurde er mehrmals verhaftet und schließlich 1949 in den Niederlanden zu einer fünfjährigen Gefängnisstrafe verurteilt.[960] Nach Einschätzung eines Mitarbeiters des Rijksinstituut voor Oorlogsdocumentatie spürte man Schuldgefühle aufgrund einer Mittäterschaft selten so stark wie bei ihm.[961]

Flesches von Anfang an bestehende Bedenken gegen eine aktive Beteiligung an den Machenschaften der Scheinfiliale von Lippmann, Rosenthal & Co. wurden von Miedl möglicherweise nicht geteilt. Angeblich erwarb er dort wiederholt Schmuckstücke und Edelmetalle aus jüdischem Besitz,[962] die ebenso wie Sammlungen, Kunstgegenstände und Edel- und Halbedelsteine nach der ‚zweiten LIRO-Verordnung 58/1942' vom 21. Mai 1942 abgeliefert werden mussten.[963] Das von Miedl erworbene Raubgut soll den Quellen nach auf verschiedenen Wegen nach Deutschland gelangt sein: Zum einen seien Sendungen als Lebensmittellieferungen für die Wehrmacht getarnt an Göring geschickt worden;[964] zum anderen hätten Miedl und seine Mittelsmänner die Wertsachen auch selbst nach Berlin transportiert und im Tresor des Bankhauses E. J. Meyer zwischengelagert, wo sie auf Miedls Bitte hin buchmäßig nicht erfasst worden seien. Darunter befand sich ein circa zwölfkarätiger Smaragd, der für 93.000 Reichsmark an einen Unteroffizier der Wehrmacht verkauft wurde.[965] Zumindest für diesen Verkauf gibt es einen schriftlichen Beleg, wobei der angebliche Käufer bei einem Jahressold dieses Dienstgrades von kaum 2.500 Reichsmark wohl als Strohmann fungierte. Die Provenienz des Edelsteins ist allerdings unklar, sodass offenbleibt, ob Miedl sich tatsächlich bei der „Raubbank" bedient hat.

Er selbst postulierte nach Kriegsende: „Eine Aufforderung, bei der Firma Lippmann Rosenthal gesammelte Bilder zu kaufen, lehnte ich ab und weigerte mich, selbst diese

957 NIOD, KB I Nr. 2254, Knipselcollectie personen, Flesche, Alfred, Het Parool, Nazi-Spion Flesche leidde een vorstelijk leven, 30. 11. 1946, unfoliiert.

958 Kreutzmüller 2005, S. 150–151. – Die tatsächliche Leitung oblag von 1941 bis 1943 dem Juristen Dr. Walter von Karger, s. Aalders 2000, S. 230.

959 Kreutzmüller 2005, S. 198.

960 Happe/Lambauer/Maier-Wolthausen 2015, S. 388.

961 Aalders 2000, S. 231.

962 Venema 1986, S. 164.

963 Aalders 2000, S. 311–312.

964 Venema 1986, S. 164.

965 LA Berlin, C. Rep. 105 Nr. 3618, Magistrat von Berlin, Abteilung Finanzen, Bankhaus E. J. Meyer Berlin an Hauptmann Goedemans, 5. 10. 1945, Bl. 1–2.

auch nur zu besichtigen."[966] Hoffmanns Tochter Henriette von Schirach schildert in ihren Memoiren allerdings eine Begebenheit, die Miedls Behauptung infrage stellt. Nach einem Einkaufsbummel habe sie sich bei ihm über das dürftige Angebot in Amsterdam beschwert, woraufhin er gelacht und gesagt haben soll, „man muss die Quellen kennen"[967]. Anschließend habe er sie zu einer Turnhalle gebracht, in der man zu „spottbilligen" Preisen Gemälde, antike Möbel, Gobelins und Teppiche, Schmuck und alte Münzen aus – wie er ihr bestätigte – jüdischem Besitz erwerben konnte. Ob von Schirach dort etwas kaufte, bleibt in ihren Memoiren unerwähnt; dagegen lässt sich aus ihren Angaben der Zeitpunkt ihres Besuchs auf Ende Mai 1943 – also kurz vor dem Ende der Ablieferungsfrist der zweiten LIRO-Verordnung – datieren.[968] Bei den von ihr erwähnten Wertgegenständen handelte es sich also höchstwahrscheinlich um nach dieser Verordnung entzogenes jüdisches Eigentum. Neben den beiden bekannten Depots ist ein weiteres in einer Turnhalle zwar nicht aktenkundig, zur Unterbringung des immensen Güterzustroms – darunter allein bis zu 3.600 Gemälde – mussten aber möglicherweise zusätzliche Lager angemietet werden.[969] Nach von Schirachs Darstellung kannte Miedl diese Depots und scheute offenbar nicht davor zurück, zumindest andere zu animieren, sich dort an jüdischem Raubgut zu bereichern.

Die moralische Bedenkenlosigkeit in dieser Hinsicht kontrastiert scharf zu der in mehreren Fällen gezeigten Hilfsbereitschaft für verfolgte Juden. Dieser augenscheinliche Widerspruch verdeutlicht, dass Miedl der NS-Rassenideologie weder folgte noch aus Überzeugung dagegen opponierte, seine Einstellung zu Juden und sein Handeln vielmehr pragmatisch ausgerichtet waren. Auch bei der Zusammensetzung seines privaten Umfelds ließ sich Miedl von Nützlichkeitserwägungen leiten. So bestand sein Kreis aus hochrangigen lokalen NS-Funktionären wie Lages und aus der Fünten, Persönlichkeiten aus der Industrie wie Tietje und Seekatz sowie einflussreichen Finanzfachmännern wie Flesche oder auch Miedls „Duzfreund"[970] und Beauftragtem der Niederländischen Bank Albert Bühler,[971] der als Leiter der ‚Vermögensverwaltungs- und Rentenanstalt' in Den Haag die von LIRO konfiszierten Vermögenswerte aus jüdischem Besitz verwaltete.[972] Neben dieser Gruppe von in den Niederlanden tätigen Deutschen war Miedl zudem mit einer Reihe von nationalsozialistischen Parteiprominenten und deren Familienangehörigen befreundet. Angeblich erhielt er regel-

966 NL-HaNA, NBI 2.09.16 Nr. 854, Alois Miedl an Prof. Antonio de Luna, Madrid, 10.4.1947, Bl. 6.

967 Von Schirach, Henriette: Der Preis der Herrlichkeit. Erlebte Zeitgeschichte, München 2016, S. 18; folgendes Zitat ebd.

968 Ebd., S. 231. – Miedl schenkte ihr bei der Abreise am 29. Mai 1943 eine mit 2.500 Gulden bewertete, bei der Achenbach-Auktion im April 1941 nicht verkaufte Darstellung des *Tobias mit Engel* (2553) von Neri di Bicci, s. NL-HaNA, NBI 2.09.16 Nr. 874, Voorraadboek schilderijen, 1943, unfoliiert.

969 Aalders 2000, S. 225–226, 329.

970 NL-HaNA, NBI 2.09.16.10 Nr. 203497, Afdeling Ontvijanding van het Nederlandse Beheersinstituut i. S. Befragung Alois Miedl, 24.2.1951, Bl. 1.

971 Ebd.

972 Happe/Lambauer/Maier-Wolthausen 2015, S. 437.

mäßig Besuch von Görings Schwester Olga Rigele und ihrer Schwägerin Ilse Göring,[973] die spätestens ab 1942 auch Kundin von voorheen J. Goudstikker war;[974] ebenfalls häufig zu Gast waren Henriette von Schirach und ihr Vater Heinrich Hoffmann, für den Miedl bei der ‚Dienststelle Mühlmann' mindestens drei Gemälde erwarb.[975] Ausgehend von dem Geschäftsbuch der ‚Dienststelle Mühlmann' handelte es sich bei nachweislich zwei dieser Werke um beschlagnahmtes Kulturgut: Ein *Herrenporträt* von Jan Lievens aus der Amsterdamer Sammlung Siegfried Granaat und eine für 2.000 Reichsmark erworbene *Landschaft* von Willem van de Velde von dem 1939 emigrierten Berliner Kunstsammler Alfons Jaffé.[976] Da Hoffmann insgesamt rund dreißig Gemälde über die ‚Dienststelle Mühlmann' bezogen haben soll,[977] liegt es nahe, dass Miedl mehr als einmal für ihn als Mittelsmann bei diesen Käufen auftrat.

Offensichtlich nicht mehr zu Miedls Freundeskreis gehörte spätestens ab 1941 sein langjähriger Geschäftspartner Johannes Witzig, der durch sein Bankhaus sowie seine Posten bei der Schantung und Veland bis dato eng in Miedls Unternehmungen involviert gewesen war und sich wohl in der Rolle eines Mentors gesehen hatte. Ebendieser Umstand scheint letztlich jedoch zum Bruch der beiden Männer geführt zu haben, wie ein Schreiben Witzigs im Mai 1941 nahelegt: „Ich habe mich damit abgefunden, von dir auf hundert Briefe und Anfragen keine Antwort zu erhalten. Über das rein Geschäftliche hinaus schreibe ich dir nicht mehr, wie du weißt. Da ich auch auf solche Anfragen ohne Antwort geblieben bin, so werde ich in Zukunft nur noch an deinen Sekretär schreiben. Du sagtest, ich bin froh, wenn ich den Schmarrn nimmer lesen muss, als ich dir ankündigte, mein Briefschreiben einzustellen, nachdem all meine vielen Briefe mit gut gemeinten Anregungen, Ratschlägen und Mitteilungen aller Art nie einer Antwort gewürdigt wurden."[978] Offenbar sah Miedl in dem dreizehn Jahre älteren Geschäftspartner keinen Nutzen mehr und fühlte sich lediglich von dem „empfindlichen, kleinlichen und zänkischen Mann, der halt alt werde und mit dem nichts mehr los sei", belästigt. Tief gekränkt von Miedls „Gefühlsrohheit" schloss Witzig mit den Worten, dass er wisse, Freundschaft lasse sich so wenig wie Liebe erzwingen, und er

973 NL-HaNA, NBI 2.09.16.10 Nr. 203496, Befragung von Evert Smits, 21.9.1950, unfoliiert.

974 NL-HaNA, NBI 2.09.16 Nr. 866, Ingekomen- en uitgegane stukken, 1942–1943, Bl. 3.

975 NARA, M1947, RG 260, Hoffmann, Heinrich: Documents and T. R., Notes, Befragung von Heinrich Hoffmann, 26.6.1945, unfoliiert.

976 BArch Koblenz, B 323/199, Geschäftsbuch der „Dienststelle Dr. Mühlmann" beim Reichskommissar für die besetzten niederländischen Gebiete, Den Haag, 1940–1941, Bl. 21, 25. – Die Provenienz eines *Interieur* von Jan Miense Molenaer konnte im Geschäftsbuch der ‚Dienststelle Mühlmann' nicht eindeutig ermittelt werden.

977 NARA, M1946, RG 260, Linz Museum: Consolidated Interrogation Report No. 4, 15.2.1945, unfoliiert.

978 NL-HaNA, NBI 2.09.16 Nr. 856, Johannes Witzig an Alois Miedl, 27.5.1941, unfoliiert; folgende Zitate ebd.

deshalb zukünftig „keinen Besuch, keinen Gruß und keine Nachfrage“ mehr erwarte. Nur wenige Wochen später starb Witzig am 2. Juli 1941.[979]

7.22 Emigrationsversuche

In seinem letzten Brief warf Witzig Miedl nicht nur vor, ihn „seit Monaten möglichst bagatellmäßig“[980] behandelt zu haben, sondern auch alle anderen großzügiger als ihn zu beschenken. Tatsächlich war Miedl in dieser Hinsicht überaus spendabel, wobei der Wert der Präsente der Relevanz der Empfänger entsprach. Während er Münchner Weggefährten mit Fruchtsäften eine Freude machte und seiner Mutter auf Wunsch eine Küchenwaage, Butter und französischen Cognac zukommen ließ,[981] erhielten dem NS-Regime nahestehende Freunde und die Parteiprominenz bevorzugt Kunstwerke, die er entweder aus seinem eigenen Handelsbestand entnahm oder seltener aus anderen Quellen bezog. So etwa im Fall einer *Winterlandschaft bei Dordrecht* von Jan van Goyen, die er für Görings einundfünfzigsten Geburtstag bei dem häufig mit Raubkunst handelnden Hans Wendland in Paris für 80.000 Reichsmark kaufen ließ.[982] Neben den alljährlichen Geburtstagsgeschenken[983] bekamen auch Görings Tochter und seine Ehefrau wohl mehrmals Gemälde von Miedl. Dies änderte allerdings nichts daran, dass Emmy Göring ihn im Gegensatz zu ihren Schwägerinnen nicht sonderlich leiden konnte.[984] Gritzbach zufolge galt dies auch für Göring selbst: „Die betont liebenswürdige, fast devote, sonst aber geschäftlich aalglatte Art Miedls behagte Göring nicht. Miedl musste oft wochenlang antichambrieren, bis Göring ihn auf Bitten seiner Schwester Olga, bei der er viel verkehrte, vorließ. Göring misstraute ihm, ließ sich aber doch immer wieder durch Angebote, die seine Sammlerleidenschaft reizten, bewegen, mit Miedl Geschäfte im Kunstmarkt abzuschließen.“[985] Angesichts von Gritzbachs und Miedls angeblich angespanntem

979 NL-HaNA, NBI 2.09.16 Nr. 857, Bankhaus Joh. Witzig & Co. München an Kunsthandel v/h J. Goudstikker N.V. Amsterdam, 26.7.1941, unfoliiert.

980 NL-HaNA, NBI 2.09.16 Nr. 856, Johannes Witzig an Alois Miedl, 27.5.1941, unfoliiert.

981 Ebd., Johannes Witzig an Alois Miedl, 2.5.1941, unfoliiert.

982 NIOD, 211 Nr. 5, Göring, H.W., Walter Andreas Hofer i.S. Liste der Geburtstagsgeschenke für den Reichsmarschall, 12.1.1944, unfoliiert.

983 NARA, M1946, RG 260, Interrogations: Miedl Case, No. 4, 13.12.1945, Bl. 6–7. – Für Bruno Lohses Behauptung, Miedl sei zu jeder Geburtstagsfeier von Göring eingeladen gewesen, finden sich keine Belege, s. NARA, M1922, RG 260, Interrogations of All Close Friends of Nazi Big Wings: Lohse – Thyssen, Befragung von Bruno Lohse, 28.9.1945, unfoliiert.

984 NARA, M1922, RG 260, Interrogations of Hermann Göring, Mrs. Göring and Friends of the Family: Göring, H. – Sonnemann, E., Befragung von Emmy Sonnemann Göring, 18.9.1945 & 5.10.1945, unfoliiert.

985 NARA, M1946, RG 260, Investigations: Göring – Gurlitt, Erich Gritzbach i.S. Göring und seine Kunstkäufe, undatiert, unfoliiert.

Verhältnis[986] ist diese Einschätzung zwar möglicherweise zu abwertend, zweifellos setzte Miedl jedoch alles daran, jedweden Ansprüchen des Reichsmarschalls zu genügen, sogar durch den Einbau einer „modernen“[987] Toilette in den Geschäftsräumen von voorheen J. Goudstikker, „um Göring glücklich zu machen.“

Miedls Bemühungen um Görings Protektion dienten nicht nur der Absicherung seiner Familie und seines Umfeldes, vielmehr war auch er selbst darauf angewiesen, da er mehrmals während des Kriegs „von der SS und der Gestapo schikaniert“[988] worden sei. Tatsächlich wurde er 1940 zweimal in Amsterdam festgenommen, allerdings nicht – wie von ihm behauptet – wegen seiner Ehe mit einer Jüdin. Im ersten Fall wurde er auf Anweisung von Seyß-Inquart, der angesichts der undurchsichtigen ‚Arisierung‘ des Kunsthandels J. Goudstikker „hinter die Dinge kommen wollte“[989], von der Gestapo verhaftet, nach nur einem Tag jedoch wieder freigelassen, weil Göring „sehr energisch dazwischengefahren“ war und dem Reichskommissar weitere Untersuchungen verboten hatte. Im Dezember 1940 nahm der SD Miedl nochmals zur Befragung fest, nachdem er Hermann Görings Neffen Herbert in einem abgehörten Telefonat vor einer vermeintlichen Verschwörung von SS- und NSB-Angehörigen gewarnt hatte. Sein Informant Koenigs sowie dessen Informant wurden ebenfalls in Gewahrsam genommen.[990] Niederländische Zeitungen berichteten in den 1980er Jahren, Miedl sei während der Inhaftierung von alkoholisierten SD-Mitarbeitern körperlich misshandelt worden. Davon in Kenntnis gesetzt reiste Göring angeblich bereits am nächsten Tag nach Den Haag, ließ die Vorgesetzten strafversetzen und Miedl nach nur vierundzwanzig Stunden aus der Haft entlassen.[991] Auch wenn es mehr als zweifelhaft scheint, dass Göring ausschließlich aus diesem Anlass in die Niederlande gekommen sein soll, belegen die beiden Vorfälle, dass Miedl sich auf dessen Intervention verlassen konnte. Görings Rückhalt kannte allerdings auch Grenzen, vor allem im Hinblick auf Miedls jüdische Ehefrau Feodora.

Miedl zufolge verlangte Göring erstmals im Juni 1941 während eines Besuchs in Amsterdam von ihm, sich von seiner Frau scheiden zu lassen, „da er bereits mehrere Male unan-

986 NARA, M1946, RG 260, Goudstikker Collection: Lists and Reports, Bericht der MFAA, undatiert; NARA, M1944, RG 239, Card File on Art-Looting Suspects, 1943–1946, Limberger, Gisela, unfoliiert.

987 Den Hollander 2007, S. 94; folgendes Zitat ebd.

988 NARA, M1946, RG 260, Interrogations: Miedl Case, No. 3, 13.12.1945, Bl. 2.

989 NARA, M1947, RG 260, Records Concerning the Central Collecting Points: Wiesbaden Central Collecting Point, 1945–1952, Restitution, Research and Reference Records, Office of US Chief of Counsel: Interrogations of War Criminals, Befragung von Arthur Seyß-Inquart, 31.8.1946, unfoliiert; folgendes Zitat ebd.

990 Koenigs wurde am 24.12.1940 infolge von Miedls Intervention freigelassen, s. Advisory Committee on the assessment of restitution applications for items of cultural value and the Second World War, RC 1.6, Advice concerning the application for restitution of the Koenigs collection, 3.11.2003, S. 16.

991 De Waarheid, Jg. 44, Nr. 21, Göring, 19.12.1983, Bl. 4; Nieuw Isrealietisch Weekblad, Jg. 121, Nr. 40, Nederlandse kunsthandelaren persten joodse collega's werk af, 13.6.1986, Bl. 23 [www.delpher.nl, zuletzt aufgerufen 22.3.2023].

genehm darauf aufmerksam gemacht wurde, dass er in einem Geschäft verkehrte, dessen Inhaber mit einer Jüdin verheiratet war."[992] Dieser Forderung widersetzte sich Miedl, wobei die von ihm nach dem Krieg angeführten Begründungen, im Fall einer Scheidung seine moralische Integrität einzubüßen[993] beziehungsweise wegen seines katholischen Glaubens nicht dazu imstande zu sein,[994] Göring wohl kaum überzeugt haben dürften. Welches ideelle oder materielle Argument auch immer den Ausschlag gab, jedenfalls habe Göring ihm daraufhin empfohlen, seine Frau und seine beiden als ‚Mischlinge ersten Grades' geltenden Kinder in das neutrale Ausland zu bringen, „denn auf Dauer könne man die Verantwortung nicht tragen."[995] Spätestens im Winter 1941 erhöhte sich der Druck auf ihn und seine Ehefrau nochmals erheblich, da sie gemäß der ‚11. Verordnung des Reichsbürgergesetzes' nicht nur seit dem 25. November staatenlos war,[996] sondern sich auch wie alle ausländischen Juden in den Niederlanden im Dezember zur ‚freiwilligen Auswanderung' registrieren lassen musste.

Zur Vorbereitung der Übersiedlung bat Miedl Göring – allerdings vergeblich – um Unterstützung bei einem Geldtransfer in die Schweiz. Stattdessen vereinbarte man schließlich, Miedl solle von Göring international „verwertbare"[997] Gemälde kaufen und diese in der Schweiz deponieren. Da sich das Schweizer Publikum vor allem für moderne Gemälde, etwa von französischen Impressionisten, interessierte,[998] war Miedls Handelsbestand für diese Wertanlage weniger geeignet. Demzufolge vermerkte Hofer nach einer Besprechung mit Göring am 30. März 1942: „Miedl soll Van Gogh, Cézanne etc. angeboten bekommen!"[999] Konkret handelte es sich um drei Aquarelle sowie das Gemälde *Landhaus am Wasser* von Paul Cézanne (s. Abb. 13), das *Selbstporträt mit verbundenem Ohr* von Vincent van Gogh (Abb. 12) und eine *Hochzeit zu Kana* (2643) von Jan Steen (s. Abb. 29). Das letztgenannte Werk stammte aus dem Altbestand von Jacques Goudstikker, der es als Metist mit der Londoner Galerie Duits erworben hatte; im Rahmen der ‚Arisierung' war es an Göring verkauft worden[1000] und bei ihm verblieben, nachdem es Anfang Mai 1941 erfolglos dem Kunsthändler Karl Haberstock angeboten worden war.[1001] Nach dem Krieg versuchte Miedl, die Provenienz

992 NL-HaNA, NBI 2.09.16 Nr. 854, Alois Miedl an Prof. Antonio de Luna, Madrid, 10.4.1947, Bl. 6.

993 Ebd.

994 TNA, T 209/7/1, Douglas Cooper an Commercial Counsellor Bern i.S. looted works of art in Switzerland, 2.3.1945, unfoliiert.

995 NL-HaNA, NBI 2.09.16 Nr. 854, Alois Miedl an Prof. Antonio de Luna, Madrid, 10.4.1947, Bl. 6.

996 SAA, 5225 Nr. 4327, Einwanderungsabteilung Amsterdam, 28.9.1950, unfoliiert.

997 BArch Koblenz, B 323/70, The Goering Collection (Bericht von Th. Rousseau), 15.9.1945, Bl. 150.

998 Francini, Esther Tisa/Heuss, Anja/Kreis, Georg: Fluchtgut – Raubgut. Der Transfer von Kulturgütern in und über die Schweiz 1933–1945 und die Frage der Restitution (Unabhängige Expertenkommission Schweiz – Zweiter Weltkrieg Bd. 1), Zürich 2001, S. 185.

999 NIOD, 211 Nr. 3, Göring, H.W., Walter Andreas Hofer i.S. Termin Carinhall, 30.3.1942, Bl. 213.

1000 BArch Koblenz, B 323/70, The Goering Collection (Bericht von Th. Rousseau), 15.9.1945, Bl. 150.

1001 NIOD, 211 Nr. 2, Göring, H.W., Gisela Limberger i.S. Ausgänge Kunst, 8.5.1941, Bl. 178.

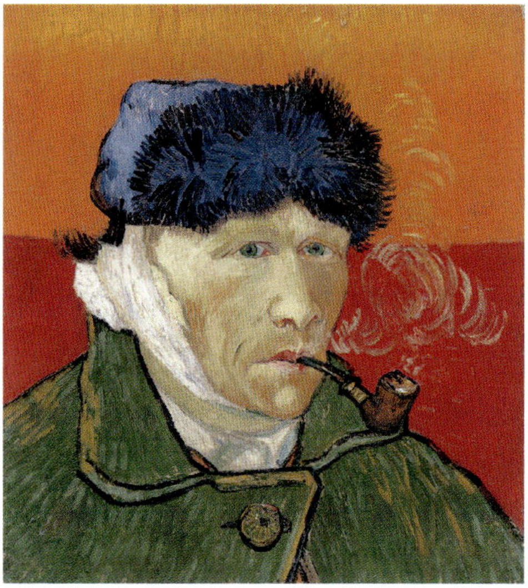

Abb. 12 Vincent van Gogh, Selbstporträt mit verbundenem Ohr, 1889, Öl auf Leinwand, 50,8 × 45,1 cm.

der fünf anderen Bilder vor den Schweizer Untersuchungsbehörden mit Verweis auf Hofer zu verschleiern. Zunächst behauptete er, Hofer zufolge seien sämtliche Arbeiten aus der Lausanner Sammlung von Gottlieb Friedrich Reber erworben worden,[1002] um etwas später einzuräumen, nur eines der Gemälde stamme von Reber, die anderen seien dagegen auf einer Pariser Auktion von Hofer ersteigert worden.[1003] Dass es sich bei allen Bildern um Raubkunst handeln könnte, stritt Miedl konsequent ab.[1004]

Tatsächlich hatte Göring vier der Gemälde mit weiteren circa 600 bis 700 beschlagnahmten Kulturgütern unentgeltlich vom ‚Einsatzstab Reichsleiter Rosenberg' (ERR) bezogen.[1005] Das *Selbstbildnis mit verbundenem Ohr* von Vincent van Gogh sowie die drei Aquarelle *Junger Mann mit roter Weste* (s. Abb. 24), *Stillleben mit Flaschen* (s. Abb. 25) und *Harlekin* (s. Abb. 26) von Paul Cézanne waren Eigentum des Pariser Galeristen Paul Rosenberg, einem der weltweit führenden Sammler und Händler impressionistischer Kunst.[1006] Zum Zeitpunkt des Waffenstillstands von Compiègne am 22. Juni 1940 floh Rosenberg nach Portugal[1007] und musste mehrere Hundert Gemälde in Paris zurücklassen; weitere 262 Arbeiten, unter denen sich auch die vier besagten Werke befanden, ließ er in das Département Gironde evakuieren, wo sie

1002 BAR, E9500.239A#2003/48#108*, Alois Miedl an das Schweizerische Bundesgericht Lausanne i. S. Klage Goudstikker/Duits gegen Miedl, 25. 2. 1948, unfoliiert.

1003 BAR, E6100A-24#1000/1924#75*, Niederländisches Finanzministerium, Chef der Rechtsabteilung A. Rinnooy Kann an Schweizer Gesandtschaft Den Haag i. S. Informationen über Alois Miedl, 25. 4. 1950, unfoliiert.

1004 BAR, E9500.239A#2003/48#108*, Alois Miedl an das Schweizerische Bundesgericht, 23. 11. 1949, unfoliiert.

1005 Von zur Mühlen 2004, S. 28; Buomberger 1998, S. 43.

1006 Cleary, Mary Kate: Paul Rosenberg and his Collection. Reconstructing the Fate of Nazi-spoliated Art, in: Fleckner, Uwe/Gaehtgens, Thomas W./Huemer, Christian (Hrsg.): Markt und Macht. Der Kunsthandel im „Dritten Reich" (Schriften der Forschungsstelle „Entartete Kunst" Bd. XII), Berlin/Boston 2017, S. 219–220.

1007 Anton 2010, S. 813. – Im Herbst 1940 emigrierte Rosenberg mit seiner Familie nach New York, s. Cleary 2017, S. 223.

Abb. 13 Paul Cézanne, Landhaus am Wasser, ca. 1890, Öl auf Leinwand, 81 × 65 cm.

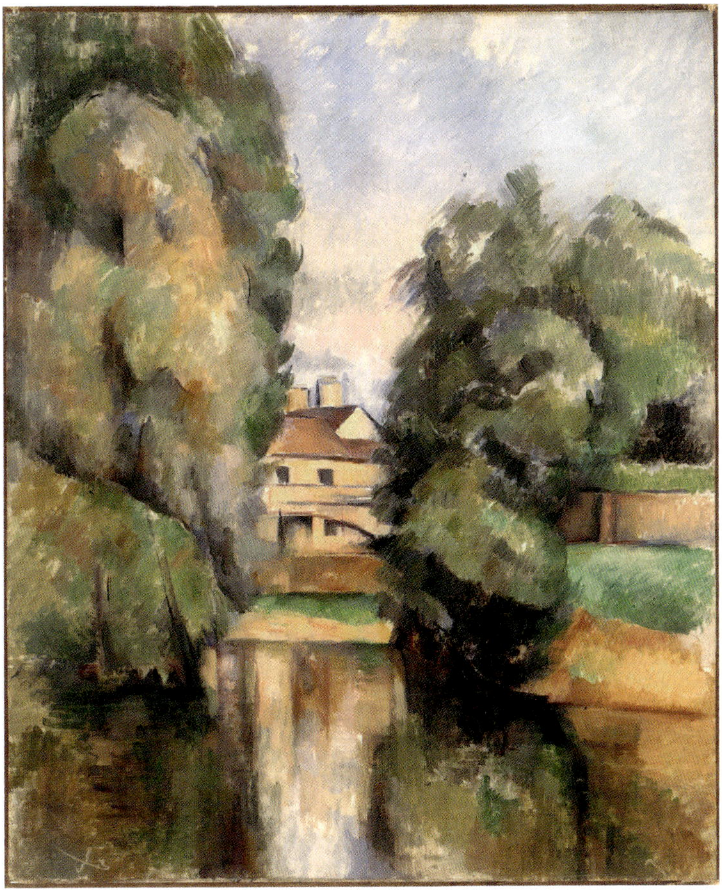

im September 1940 und im März 1941 vom ERR aufgespürt und beschlagnahmt wurden.[1008] Wenige Tage nachdem die Gemälde in das Pariser Hauptdepot des ERR im Jeu de Paume transportiert worden waren,[1009] eignete sich Göring am 14. September 1941 das Selbstbildnis von Van Gogh (s. Abb. 12) an; Anfang Dezember folgten die drei Aquarelle.[1010]

Das fünfte Gemälde *Landhaus am Wasser* von Paul Cézanne (Abb. 13) stammte aus der Sammlung der Baronin Alexandrine de Rothschild, die das Werk 1937 in Paris von dem

1008 Buomberger 1998, S. 42.

1009 Cleary 2017, S. 226.

1010 BAR, E9500.239A#2003/47#525*, Unterlagen und Quellenkopien zum Kulturgüterraub, Looted pictures und Kunsthandel mit Paris und Berlin aus RG 84, Box 8 (1945) und andere (1941), 1941–1945, Looted works of art in Switzerland, 21.1.1945, unfoliiert.

Kunsthandel Paul Graupe & Cie. erworben hatte.[1011] 1939 mit weiteren Gemälden in der Société Générale deponiert, wurde es am 4. April 1941 mittels einer ‚Sicherungsanordnung des Devisenschutzkommandos Frankreich' beschlagnahmt.[1012] Nach Besichtigung der Sammlung im September berichtete Hofer begeistert Göring, es handele sich dabei „wirklich um eine Sensation."[1013] So seien neben fünfundzwanzig Bildern „von allerhöchster Qualität und größter Wichtigkeit" weitere Spitzenbilder von Van Gogh und Cézanne vorhanden, „die als Tauschbilder hoch willkommen sind." Die Chance, seine Privatsammlung zu erweitern und zugleich seiner präferierten Praxis nachgehen zu können, als ‚entartet' diffamierte Kunstwerke im Ausland gegen stilistisch systemkonforme Gemälde zu tauschen, ließ sich Göring selbstredend nicht entgehen. Am 4. Dezember 1941 wurde die Sammlung folglich aus dem Pariser Depot nach Deutschland transportiert.[1014]

Miedl, der alle sechs Gemälde am 30. März 1942 in Berlin besichtigte, berichtete später, dass sie ihm zwar gar nicht gefallen hätten, da er aber nur an ihrer Verkäuflichkeit interessiert gewesen sei, sie auch dann genommen hätte, wenn sie in der Schweiz nur zum halben Einkaufspreis absetzbar gewesen wären.[1015] Bereits am nächsten Tag einigte er sich mit Göring auf einen Betrag von 750.000 Reichsmark,[1016] der ihm vom Bankhaus E. J. Meyer gegen Verpfändung von Schantung-Aktien im Nennwert von 800.000 Reichsmark prompt kreditiert wurde.[1017] Auch bei dieser Gelegenheit profitierte Miedl von den Ressourcen seines Firmengeflechts, das ihm bei Bedarf eine schnelle Kapitalbeschaffung ermöglichte.

Als Diplomatengepäck wurden die Kunstwerke schließlich im Sommer 1942 unter Umgehung des Schweizer Zolls und des deutsch-schweizerischen Clearings in die deutsche Gesandtschaft in Bern gebracht, wo sie Hofer dem Züricher Rechtsanwalt Wilhelm Frick aushändigte.[1018]

1011 BAR, E6100A-24#1000/1924#75*, Rechtsanwalt P. Gmür-Henngeler an Eidgenössische Finanzverwaltung, 19.4.1950, unfoliiert.

1012 BAR, E9500.239A#2003/48#108*, J. Henggeler an Schweizerisches Bundesgericht Lausanne, 13.11.1947, unfoliiert.

1013 NARA, M1946, RG 260, Records Concerning the Central Collecting Points: Munich Central Collecting Point, 1945–1951, Restitution Research Records, 1945–1950, Göring, Hermann: Papers, Chronological (1941–1942), Walter Andreas Hofer an Hermann Göring, 26.9.1941, unfoliiert; folgende Zitate ebd.

1014 BAR, E9500.239A#2003/48#108*, J. Henggeler an Schweizerisches Bundesgericht Lausanne, 13.11.1947, unfoliiert.

1015 Ebd., Abschrift der Verhandlung vom 19.12.1950 im Obergerichtsgebäude Bern, 13.1.1951, unfoliiert.

1016 BAR, E2200.49-02#1970/55#203*, Eidgenössische Finanzverwaltung Bern an die Schweizerische Gesandtschaft Den Haag, 6.12.1949, unfoliiert.

1017 Am 12.6.1942 gewährte E. J. Meyer für weitere nom. 400.000 RM Schantung-Aktien einen zweiten Kredit in Höhe von 350.000 RM, LA Berlin, C. Rep. 105 Nr. 3618, Bankhaus E. J. Meyer Berlin i. S. Depot Alois Miedl, unfoliiert.

1018 TNA, T 209/7/1, Douglas Cooper an Commercial Counsellor Bern i. S. looted works of art in Switzerland, 2.3.1945, unfoliiert.

Miedl kannte Frick spätestens seit 1930, als dieser ihm in seiner Funktion als Verwaltungsratspräsident der Atmos einen siebenstelligen Kredit für den Majoritätserwerb der Schantung gewährte (s. Kap. 5). Als Vertrauensmann des deutschen Generalkonsulates[1019] war Frick ein prominenter Vertreter einer Gruppe Schweizer Rechtsanwälte, die hauptsächlich deutsche Interessen vertrat. Neben der Herausgabe mehrerer rechtsgerichteter Zeitschriften hatte er unter anderem die Endredaktion der sogenannten „Eingabe der 200" vorgenommen, die vom Bundesrat 1940 den sofortigen Austritt der Schweiz aus dem Völkerbund sowie eine Pressezensur zugunsten Deutschlands forderte. 1945 wurde ihm vom Schweizer Armeekommando eine „eindeutig nationalsozialistische und prodeutsche Einstellung"[1020] attestiert.

Offenbar zeitgleich zum Transfer der Gemälde vermerkte Hofer nach einem Termin in Carinhall Mitte Juli 1942, dass Miedl zwar beabsichtige, in die Schweiz überzusiedeln, seinen Wohnsitz und somit seine Geschäfte in den Niederlanden jedoch beibehalten wolle.[1021] Auf Görings Veranlassung genehmigte der ‚Höhere SS- und Polizeiführer' Hanns Albin Rauter Miedl und seiner Familie am 27. August 1942 die Ausreise aus den Niederlanden.[1022] Dazu kam es letztlich allerdings nicht, da die Eidgenössische Fremdenpolizei Bern den für die Einreise in die Schweiz erforderlichen Visumantrag Ende des Jahres ablehnte.[1023] Für die Behörde war Miedl „in persönlicher, wirtschaftlicher und politischer Hinsicht ein zweifelhafter Ausländer"[1024] und damit disqualifiziert. Anscheinend wurde Miedl durch den Leiter des Referats „Allgemeine Wirtschaftsangelegenheiten" des ‚Reichssicherheitshauptamts' frühzeitig vorgewarnt[1025] und wandte sich daraufhin auf der Suche nach Alternativen schon vor Erhalt des Ablehnungsbescheids an den wie Frick als rechtsorientiert geltenden Schweizer Juristen Arthur Oskar Wiederkehr.[1026] Wiederkehr hielt sich spätestens ab Ende 1941 regelmäßig in Deutschland und den besetzten Gebieten Westeuropas auf, um für jüdische Auftraggeber Ausreisegenehmigungen zu bewerkstelligen.[1027] Die Annahme der Alliierten, der Kontakt zu ihm sei im Sommer oder Herbst 1942 über den Schweizer Konsul und Anwalt Walter

---

1019 BAR, E9500.239A#2003/50#174*, Quellenkopien aus dem Deutschen Bundesarchiv Berlin, Willy Müller an Reichswirtschaftsministerium i. S. Erfindung „Telephonograph", 16. 6. 1942, unfoliiert.

1020 Barthelmess u. a. 2001, S. 241, 243.

1021 NIOD, 211 Nr. 3, Walter Andreas Hofer i. S. Termin Carinhall, 19. 7. 1942, Bl. 220.

1022 NL-HaNA, 2.05.286 Nr. 670, Der Höhere SS und Polizeiführer beim Reichskommissar für die besetzten niederländischen Gebiete an Alois Miedl, 27. 8. 1942, unfoliiert.

1023 NL-HaNA, NBI 2.09.16 Nr. 854, Alois Miedl an Prof. Antonio de Luna, Madrid, 10. 4. 1947, Bl. 6.

1024 BAR, E2200.38–03#1968/142#126*, Miedl Alois, Deutscher, Bundesgericht, Visa, 1948–1953, Eidgenössische Fremdenpolizei Bern an Schweizerische Gesandtschaft Madrid, 5. 9. 1949, unfoliiert.

1025 BAR, J1.269–01#1999/82#33*, Alois Miedl an das Schweizerische Bundesgericht Lausanne, 5. 5. 1949, unfoliiert.

1026 BAR, E2001E#1000/1571#1473*, Wiederkehr, Arthur, Zürich, Eidgenössische Finanzverwaltung Bern i. S. Arthur Oskar Wiederkehr, undatiert, unfoliiert.

1027 Ebd., Eidgenössisches Politisches Departement, Zentralstelle für die Überwachung der Ein- und Ausfuhr, 1. 3. 1945, unfoliiert.

Siegfried Lanz zustande gekommen,[1028] ist unzutreffend, da Lanz bereits Ende April 1942 bei einem Unfall in Davos ums Leben gekommen war. Eher lernte Miedl Wiederkehr über die Vermittlung von Nathan Katz kennen, der dessen Dienste bei seiner Emigration in die Schweiz bereits in Anspruch genommen hatte.[1029] Als Mittelsmann infrage käme aber auch der in den Niederlanden lebende Schweizer Walter Büchi, ein Schmuggler und Agent des ‚Devisenschutzkommandos', der überdies an staatlich organisierten Lösegelderpressungen beteiligt war.[1030]

Auf diese perfide Methode der Devisenbeschaffung des NS-Regimes wurden die Alliierten erstmals Anfang 1942 aufmerksam, als die amerikanische Zensurbehörde vermehrt Telegramme von Intermediären aus dem neutralen Ausland abfing, die für offizielle Ausreisegenehmigungen jüdischer Personen aus besetzten Gebieten hohe Beträge in Schweizer Franken forderten. Sollte der Empfänger zu keiner unverzüglichen Überweisung auf das Konto des ihm unbekannten Vermittlers bereit sein, drohte man ihm mit der Deportation der Familienmitglieder oder Freunde in ein ‚Konzentrationslager'. Angewandt wurde diese Praxis vom NS-Regime vorwiegend in Polen, aber auch den Niederlanden, wo sich von 1940 bis 1944 allein rund 400 Fälle mit einem Volumen von mindestens fünfunddreißig Millionen geforderten Schweizer Franken nachweisen lassen.[1031] Als in den Niederlanden bekanntester Schweizer Intermediär galt mit über vierzig Fällen[1032] laut eines Berichts der amerikanischen Gesandtschaft Bern von 1942 Wiederkehr,[1033] der offenbar eng mit der Reichsbank, dem ‚Reichssicherheitshauptamt' sowie Rauter zusammenarbeitete[1034] und für eine Ausreiseerlaubnis mindestens 125.000 Schweizer Franken forderte.[1035]

1028 TNA, T 209/7/1, Douglas Cooper an Commercial Counsellor Bern i. S. looted works of art in Switzerland, 2. 3. 1945, unfoliiert; NARA, M1933, RG 153, Safehaven Reports of the War Crimes Branch, 1944–1945, Folder 31, Foreign Economic Administration, Enemy Branch i. S. Looted art in occupied territories, neutral countries and Latin America, 5. 5. 1945, Bl. 37.

1029 Sandkühler/Zeugin 2001, S. 70, 88.

1030 Buomberger 1998, S. 305. – Laut Büchi lernte er Miedl über einen Mitarbeiter des Devisenschutzkommandos Amsterdam kennen, s. BAR, J1.269–01#1999/82/31*, Einvernahmeprotokoll von Walter Büchi, 7. 3. 1946, unfoliiert.

1031 Sandkühler/Zeugin 2001, S. 11–15.

1032 BAR, E2001E#1000/1571#1473*, Notiz für das Dossier Dr. A. Wiederkehr, Zürich, 19. 11. 1943, unfoliiert.

1033 Sandkühler/Zeugin 2001, S. 79.

1034 BAR, E2001E#1000/1571#1473*, Eidgenössisches Politisches Departement, Zentralstelle für die Überwachung der Ein- und Ausfuhr, 1. 3. 1945, unfoliiert. – Laut Geheimdienstinformationen verwaltete Wiederkehr für Rauter in Zürich einen großen Betrag Schweizer Franken, s. BAR, E7160–07#1968/54#1566*, Nr. 398, Wiederkehr, Arthur, Zürich, Britischer Geheimdienst i. S. Wiederkehr und Rauter, 22. 12. 1945, unfoliiert.

1035 Sandkühler/Zeugin 2001, S. 79.

Als absehbar keine Aussichten auf Schweizer Visa bestanden, beauftragte Miedl Wiederkehr, alternativ eine Einbürgerung in Liechtenstein in die Wege zu leiten. Zur Besicherung des dafür benötigten Vermögensausweises übernahm Wiederkehr im Herbst 1942 die bislang bei Frick gelagerten sechs Gemälde[1036] und bestätigte im Einbürgerungsgesuch vom 5. November, für Miedl in der Schweiz Vermögenswerte von mindestens einer halben Million Schweizer Franken zu verwalten. Hinsichtlich der „Einkaufssumme"[1037] ersuchte er den Hohen Landtag des Fürstentums Liechtenstein, insgesamt 75.000 Schweizer Franken für die Familie, die ihre deutsche Staatsbürgerschaft behalten wollte, zu veranschlagen. In einem ergänzenden Schreiben gab er den Vizepräsidenten der Deutschen Reichsbank Kurt Lange sowie Görings Adjutant Karl Bodenschatz als „jederzeit gerne zur Verfügung stehende" Referenzen von Miedl an. Trotz – oder möglicherweise wegen – dieser Referenzen wurde Miedls Antrag nicht stattgegeben. Der am 8. Dezember 1942 verfasste Ablehnungsbescheid führte aus, dass die Familie in keinerlei Beziehung zum Fürstentum stehe, bislang keine Zeit im Land verbracht habe und nicht dazu bereit sei, ihre deutsche Staatsbürgerschaft aufzugeben. Darüber hinaus sei abgesehen von Feodora Miedls jüdischer Abstammung kein Motiv erkennbar, das den Wunsch einer Einbürgerung rechtfertigen würde. Getroffen worden war die abschlägige Entscheidung tatsächlich nicht von der Regierung des Fürstentums Liechtenstein, sondern erneut von dem Eidgenössischen Justiz- und Polizeidepartement Bern,[1038] dessen Zustimmung seit 1941 immer dann erforderlich war, wenn der Antragsteller weniger als zwei Jahre in dem Land gelebt hatte.[1039] Ein zweites Mal an der Schweizer Bürokratie gescheitert, gab Miedl den Versuch, seine Familie im neutralen Ausland in Sicherheit zu bringen, für die nächsten zwei Jahre auf.

Auch wenn die Deportation jüdischer Partner in Mischehen mit Kindern seit dem 16. Oktober 1942 in den Niederlanden „bis auf Weiteres"[1040] aufgeschoben worden war, blieb für Feodora die berechtigte Sorge, „dass die nächsten Lastwägen, die vorne auf der Straße anrollten, auch mich mitnehmen könnten."[1041] Daran änderte selbstredend auch ihre Kon-

1036 BAR, E9500.239A#2003/48#108*, Bundesgericht Lausanne i. S. Zeugenverhandlung Dr. Arthur Wiederkehr, 22.12.1950, unfoliiert.

1037 LI LA Vaduz, RF 214/171, Dr. Arthur Wiederkehr an die Fürstliche Regierung und den Hohen Landtag des Fürstentums Liechtenstein i. S. Einbürgerungsgesuch im Namen von Alois Miedl, 5.11.1942, unfoliiert; folgendes Zitat ebd.

1038 Ebd., Eidgenössisches Justiz- und Polizeidepartement an Fürstentum Liechtenstein, 8.12.1942.

1039 Von 1940 bis 1945 beschränkte sich die Zahl der Einbürgerungen in Liechtenstein auf lediglich 13 Fälle, s. López, Rodrigo/Lussy, Hanspeter: Finanzbeziehungen Liechtensteins zur Zeit des Nationalsozialismus (Unabhängige Historikerkommission Liechtenstein – Zweiter Weltkrieg Bd. 3), Zürich 2005, S. 576.

1040 Koll 2015, S. 342.

1041 NL-HaNA, 2.05.286 Nr. 670, Feodora Miedl, Beschreibung ihres Aufenthalts in den Niederlanden und Spanien, undatiert, unfoliiert.

version zum Katholizismus nichts.[1042] Die einzige Absicherung, die Miedl letztlich für sie arrangieren konnte, war der Status einer ‚Sternbefreiten'.[1043] Da sie allerdings im Gegensatz zu anderen ‚entsternten' Juden wie etwa dem Kunsthistoriker Max J. Friedländer[1044] über keine von Nationalsozialisten als unverzichtbar bewerteten Qualifikationen verfügte, hing ihr Status einzig und allein von der „Nützlichkeit" ihres Mannes für die Spitzenfunktionäre des ‚Dritten Reichs' ab.

7.23 Kunsthandelsgeschäfte 1942

Um sich die Gunst – und Zahlungsbereitschaft – der NS-Spitzenfunktionäre zu sichern, musste Miedl auch unter sich verschlechternden Kriegsbedingungen kontinuierlich hochwertige Kunstgegenstände anbieten. Die 1942 im Vergleich zum Vorjahr stark angestiegenen Preise in den Niederlanden[1045] scheinbar ignorierend, warb voorheen J. Goudstikker daher damit, „laufend Käufer guter und erster Meister bis zum 17. Jahrhundert"[1046] zu sein. Dass auch ihm das enorm hohe Preisniveau bei Akquisen Schwierigkeiten bereitete, geht dagegen aus der Korrespondenz mit engen Geschäftspartnern hervor. So beklagte sich voorheen J. Goudstikker beispielsweise im Juni 1942 bei Witzig & Co., „in der heutigen Zeit bilden sich die Besitzer von Gemälden meist unsinnige Preise ein, es ist demnach hier nicht einfach, von privater Seite günstig zu kaufen."[1047]

Nichtsdestoweniger erwarb voorheen J. Goudstikker in diesem Jahr 154 Gemälde von fünfunddreißig Personen, unter denen sich sechzehn niederländische Privatverkäufer befanden. Neben W. H. Jansen, der seit 1940 eine Geschäftsbeziehung zu voorheen J. Goudstikker unterhielt, gehörte dazu beispielsweise ein gewisser Stroethof aus Amsterdam, der für 3.500 Gulden ein *Blumenstillleben* (6325) von Anthony Oberman sowie für je 5.000 Gulden zwei *Landschaften* (6323–6324) von Jan van Ravenswaay veräußerte;[1048] von J. Smits aus Rot-

1042 LI LA Vaduz, RF 214/171, Dr. Arthur Wiederkehr an die Fürstliche Regierung und den Hohen Landtag des Fürstentums Liechtenstein i. S. Einbürgerungsgesuch im Namen von Alois Miedl, 5. 11. 1942, unfoliiert.

1043 NL-HaNA, NBI 2.09.16.04 Nr. 6299, Inventaris van het archief van het Nederlands Beheersinstituut, beheersdossiers beginnend met de letters E en F, Ekenhorst T., Miedl R. M. T. Madrid (WE 5202), Ruth Miedl an Nederlandse Beheersinstituut Den Haag, 28. 9. 1950, unfoliiert.

1044 Rydell 2014, S. 132.

1045 Euwe 2007, S. 64.

1046 NL-HaNA, NBI 2.09.16 Nr. 857, Kunsthandel v/h J. Goudstikker N. V. Amsterdam an Joseph Fach Frankfurt a. M., 22. 5. 1942, unfoliiert.

1047 Ebd., Kunsthandel v/h J. Goudstikker N. V. Amsterdam an Bankhaus Joh. Witzig & Co. München, 19. 6. 1942, unfoliiert.

1048 Die beiden Gemälde von Van Ravenswaay erhielten 1943 die neuen Inventarnummern 6463 & 6464, s. NL-HaNA, NBI 2.09.16 Nr. 874, Voorraadboek schilderijen, 1943, unfoliiert.

terdam übernahm voorheen J. Goudstikker für 2.700 Gulden das Gemälde *Diogenes sucht mit der Laterne einen Menschen* (6204) von Jacob de Wet,[1049] während er für eine *Stadtansicht* (6320) von Charles Leickert einem P. J. van Haga lediglich 400 Gulden zahlte.[1050] Mit Ausnahme des *Blumenstilllebens* wurden diese Gemälde im folgenden Jahr zu fast dreifachen Einkaufspreisen an deutsche Kunden verkauft.

Die restlichen neunzehn Verkäufer waren – mit einer Ausnahme – in den Niederlanden ansässige Kunsthändler, die zum Großteil bereits mehrfach Geschäfte mit Miedl gemacht hatten, beispielsweise W. A. Weinberg, der voorheen J. Goudstikker im Rahmen von vier Transaktionen insgesamt zwölf Werke zu niedrigen dreistelligen Beträgen verkaufte.[1051] Quantitativ übertroffen wurde er noch von dem Utrechter Kunsthändler H. Becker, dessen sechzehn Gemälde abgesehen von einer *Waldlandschaft* (6254) von Jan Jacob Spohler, die etwas über 1.000 Gulden erzielte, ebenfalls nur im dreistelligen Bereich lagen.[1052] Die von ihnen verkauften Arbeiten des 19. Jahrhunderts entsprachen zwar nicht Miedls Händlerprofil, doch wahrscheinlich waren diese Angebote sehr günstig. Für das Gemälde *Disputierende Mönche* (6217) von Carl Spitzweg (Abb. 14), das am 1. April 1942 für 22.000 Reichsmark von Walter Andreas Hofer, dem einzigen in Deutschland tätigen Händler, übernommen wurde, galt dies nicht.[1053]

Ausgehend von der Karteikarte des „Central Collecting Point München“ nahm Miedl den spektakulären Preis angeblich in Kauf, um das Gemälde Heinrich Hoffmann schenken zu können.[1054] Laut der Geschäftsunterlagen befand es sich 1944 tatsächlich bei Hoffmann, jedoch nicht in dessen Besitz, sondern lediglich in dessen Depot.[1055] Zudem teilte voorheen J. Goudstikker im Oktober 1944 der Schantung mit, dass Miedl und Hoffmann hinsichtlich des Gemäldes „besondere Abmachungen“[1056] getroffen hätten. Da deren Inhalt bislang nicht ermittelt werden konnte, bleiben die Besitzverhältnisse des Gemäldes zum Zeitpunkt seines Verkaufs am 9. März 1954 durch Hoffmann an den Schweinfurter Industriellen und

1049 NL-HaNA, NBI 2.09.16 Nr. 881, Rechnung von J. Smits, Rotterdam, 9.4.1942, unfoliiert.

1050 Ebd., Rechnung von P. J. van Haga, 17.11.1942, unfoliiert.

1051 NL-HaNA, NBI 2.09.16 Nr. 861, Boek van ingekomen- en uitgegane stukken, 1940–1942, Bl. 42, 46; NL-HaNA, NBI 2.09.16 Nr. 866, Ingekomen- en uitgegane stukken, 1942–1943, Bl. 7, 9.

1052 Ebd., Bl. 2–5.

1053 1942 erwarb Miedl weitere fünf Gemälde für 31.000 Reichsmark von Hofer, s. NL-HaNA, NBI 2.09.16 Nr. 872, Voorraadboek schilderijen, 1944, unfoliiert.

1054 DHM, Datenbank zum „Central Collecting Point München“, Property Card Art, 27814/Dietramszell 6, Carl Spitzweg, Quarrelling monks in landscape, https://www.dhm.de/datenbank/ccp/dhm_ccp.php?seite=6&fld_1=27814&fld_3=&auswahl=6&fld_4=&fld_4a=&fld_5=&fld_6=&fld_7=&fld_8=&fld_9=&fld_10=&suchen=Suchen [zuletzt aufgerufen 27.3.2023].

1055 NL-HaNA, NBI 2.09.16 Nr. 864, Depotboek, 1944, Bl. 26.

1056 NL-HaNA, NBI 2.09.16 Nr. 856, Josef Schneller an Schantung Handels-AG Berlin, 7.10.1944, unfoliiert.

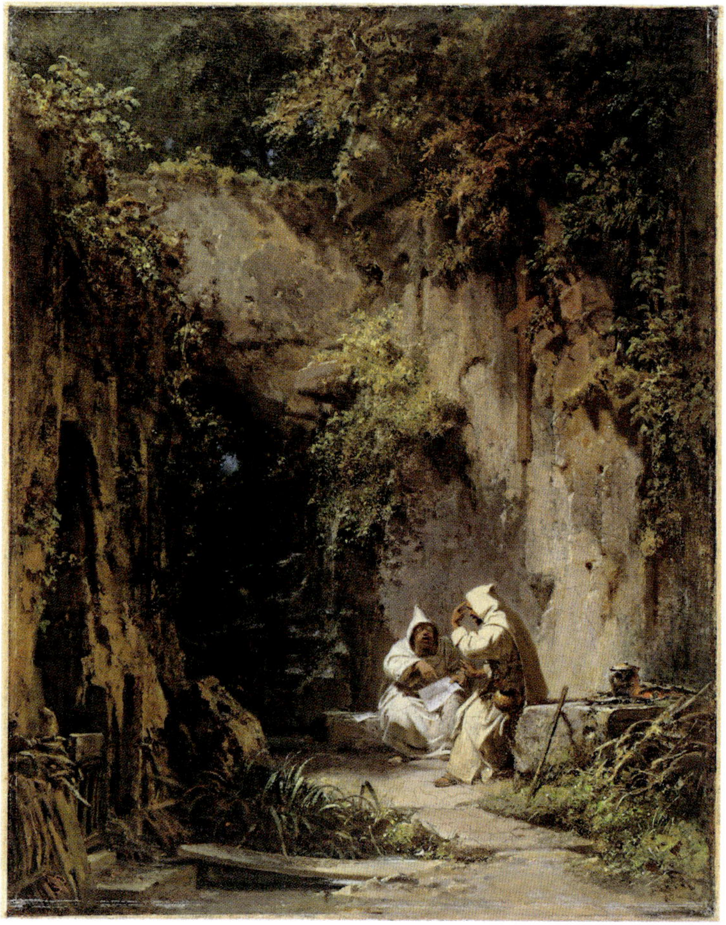

Abb. 14 Carl Spitzweg, Disputierende Mönche, ca. 1858–1860, Öl auf Leinwand, 44,5 × 34,2 cm.

weltweit größten Spitzweg-Sammler Georg Schäfer[1057] vorerst undurchsichtig. Auch die internen Aufzeichnungen sowie der 2014 erschienene Spitzweg-Katalog des Schweinfurter Museum Georg Schäfer, in dem sich das Gemälde bis heute befindet, liefern darauf keine eindeutige Antwort. Abgesehen von Hoffmanns Verkauf an das Museum ist lediglich dokumentiert, dass das Gemälde bis spätestens 1931 in Wiesbadener sowie anschließend bis 1945 in Münchner Privatbesitz war und bis 1948 zum Bestand des Central Collecting Point München gehörte.[1058] Ob Hoffmann das Gemälde tatsächlich als rechtmäßiger Eigentümer

1057 Freundliche Auskunft des Museum Georg Schäfer Schweinfurt.

1058 Jensen, Jens Christian: Carl Spitzweg. Gemälde und Zeichnungen im Museum Georg Schäfer, Schweinfurt, Schweinfurt 2014, S. 128, 256.

von dem seit 10. Februar 1953 zuständigen Zentralfinanzamt München[1059] übernahm, ist demnach vorläufig nicht zu klären.

Ebenfalls in Hoffmanns Depot eingelagert, aber eindeutig Eigentum von voorheen J. Goudstikker war eine Darstellung des *Heiligen Petrus* (6287) von Jusepe de Ribera, die am 14. September 1942 mit weiteren sechs Gemälden von dem Den Haager Restaurator Martin de Wild für 22.000 Gulden erworben worden war.[1060] Preislich übertroffen wurde dieses Gemälde lediglich von einem *Männerporträt* (6288) von Anthonis van Dyck, für das De Wild mit 35.000 Gulden den höchsten 1942 gezahlten Betrag erhielt.[1061]

Neben weiteren Käufen von Händlern wie Jacob Stodel, Böcklin & Korndorffer, Albertus Stöcker und Etienne Delaunoy, von dem erstmals im Dezember für 8.500 Gulden eine *Landschaft* (6330) von Philips de Koninck erworben wurde,[1062] nahm voorheen J. Goudstikker 1942 wiederholt als Bieter an niederländischen Auktionen teil. Allein bei Frederik Muller & Co. ersteigerte er im März, Oktober und vor allem Dezember achtundzwanzig Gemälde, die in den Geschäftsunterlagen mit etwas mehr als 70.000 Gulden abgerechnet werden.[1063] Den höchsten Zuschlag erzielte dabei mit 12.100 Gulden ein *Eisvergnügen* (6307) von Aert van der Neer, das im folgenden Jahr mit einer Marge von 6.400 Gulden an einen Stammkunden, den Berliner Bankdirektor Carl W. Schneider, verkauft wurde.[1064] Bei der von Van Marle & Bignell veranstalteten Auktion der belgischen Sammlung J. J. M. Chabot übernahm voorheen J. Goudstikker am 1. September 1942 mit fünfzehn Werken die Hälfte des Angebots. Inklusive der Auktionskosten belief sich die Rechnung auf 213.675 Gulden, wobei eine *Waldlandschaft an einem Bachlauf* (6276) von Meindert Hobbema mit 20.100 Gulden sowie ein *Dudelsackspieler vor einem Gasthaus* (6277) von Adriaen van Ostade mit 46.000 Gulden am kostspieligsten waren.[1065] Am 30. September von Miedl in das Berliner Depot versandt, wurden die beiden Gemälde für 86.000 Gulden von der Reichskanzlei übernommen.[1066]

1059 DHM, Datenbank zum „Central Collecting Point München", Property Card Art, 27814/Dietramszell 6, Carl Spitzweg, Quarrelling monks in landscape, https://www.dhm.de/datenbank/ccp/dhm_ccp.php?seite=6&fld_1=27814&fld_3=&auswahl=6&fld_4=&fld_4a=&fld_5=&fld_6=&fld_7=&fld_8=&fld_9=&fld_10=&suchen=Suchen [zuletzt aufgerufen 27.3.2023].

1060 NL-HaNA, NBI 2.09.16 Nr. 866, Ingekomen- en uitgegane stukken, 1942–1943, Bl. 5.

1061 NL-HaNA, NBI 2.09.16 Nr. 874, Voorraadboek schilderijen, 1943, unfoliiert.

1062 Ebd.

1063 NL-HaNA, NBI 2.09.16 Nr. 861, Boek van ingekomen- en uitgegane stukken, 1940–1942, Bl. 43; NL-HaNA, NBI 2.09.16 Nr. 866, Ingekomen- en uitgegane stukken, 1942–1943, Bl. 9, 14.

1064 NL-HaNA, NBI 2.09.16 Nr. 874, Voorraadboek schilderijen, 1943, unfoliiert.

1065 NL-HaNA, NBI 2.09.16 Nr. 881, Rechnung des Auktionshauses Van Marle & Bignell, Den Haag, 1.9.1942, unfoliiert. – Am 8.9.1942 erwarb v/h J. Goudstikker weitere vier Gemälde für fast 9.000 Gulden von dem Auktionshaus, s. ebd., Rechnung des Auktionshauses Van Marle & Bignell, Den Haag, 8.9.1942, unfoliiert.

1066 NL-HaNA, NBI 2.09.16 Nr. 866, Ingekomen- en uitgegane stukken, 1942–1943, Bl. 7.

Nach Aussage eines gewissen Alwin Fuchs aus Berlin beabsichtigte Miedl 1942 außerdem in mindestens zwei Fällen, Gemälde auf dem deutschen Auktionsmarkt zu erwerben. Er habe sich von Miedl aber nicht dazu anwerben lassen, sowohl bei Hans W. Lange als auch bei Mathias Lempertz Gemälde zu ersteigern; bei letzterer Versteigerung soll es sich um Werke im Wert von einer Million Reichsmark gehandelt haben.[1067] Weder in den Geschäftsbüchern noch in den Kontoauszügen und Rechnungen finden sich Hinweise, die derartige Käufe belegen. Dies schließt jedoch mögliche Erwerbungen nicht zwangsläufig aus, da sich entsprechende Dokumente auch bei der Schantung befunden haben könnten, deren Geschäftsräume ein Jahr später durch Kriegseinwirkungen zerstört wurden.[1068] Auch könnten Gemälde in den Ein- und Ausgangsbüchern von voorheen J. Goudstikker unter dem Namen eines Agenten beziehungsweise anderen Verkäufers laufen oder bewusst unterschlagen worden sein.

Diese für die Kunsthandelsanalyse grundlegende Problematik wurde bereits mehrfach für den Zeitraum 1940 bis 1941 aufgezeigt und lässt sich auch für 1942 nachweisen. Laut der Geschäftsbücher erwarb voorheen J. Goudstikker am 10. April 1942 von Walter Peach für 904,30 Gulden das Gemälde *Golf von Neapel* (6205) von Franz Richard Unterberger.[1069] Tatsächlich fungierte er jedoch nur als Vermittler des in Brüssel lebenden Schweizer Kunstsammlers Jean Krebs,[1070] der die Rechnung stellte.[1071] Weitere zwei Gemälde von Krebs, namentlich eine *Gebirgslandschaft* (6220) von Alexandre Calame und eine *Ansicht von Göschenen* (6221) von Joseph Nikolaus Bütler, für die Peach von voorheen J. Goudstikker am 27. März 1942 6.028,64 Gulden forderte,[1072] werden im Ein- und Ausgangsbuch gar nicht erst aufgeführt. Da bereits 1940 eine Transaktion mit der Brüsseler Galerie Arthur de Heuvel in den Geschäftsbüchern verschleiert worden war, deuten auch diese erneuten Manipulationen darauf hin, dass Miedl seine Aktivitäten auf dem belgischen Kunstmarkt verbergen wollte.

Ebenfalls nicht in den Geschäftsbüchern aufgeführt wurde eine Rubens-Kopie des Gemäldes *Meleager und Atalante* (6207), das am 14. März 1942 für 10.000 Gulden von dem jüdischen Kunstsammler Arnold van Buuren erworben worden war.[1073] Der in Haarlem lebende

---

1067 NARA, M1946, RG 260, Investigations by foreign representatives: Netherlands, Befragung von Alwin Fuchs, 31. 5. 1947, unfoliiert.

1068 NL-HaNA, NBI 2.09.16 Nr. 851, Kunsthandel v/h J. Goudstikker N.V. Amsterdam an Emil Kummerlé, 4. 12. 1943, unfoliiert.

1069 NL-HaNA, NBI 2.09.16 Nr. 861, Boek van ingekomen- en uitgegane stukken, 1940–1942, Bl. 43; NL-HaNA, NBI 2.09.16 Nr. 874, Voorraadboek schilderijen, 1943, unfoliiert.

1070 Sels 2022, S. 194.

1071 NL-HaNA, NBI 2.09.16 Nr. 881, Rechnung von Jean Krebs, 10. 4. 1942, unfoliiert.

1072 Ebd., Rechnung von Jean Krebs, 27. 3. 1942, unfoliiert. – Ebenfalls aus der Sammlung Krebs stammte eine *Landschaft mit Blick auf Haarlem* von Andreas Schelfhout, die am 3. 3. 1942 für 37.500 Belgische Francs von Peach erworben wurde, s. NARA, M1946, RG 260, Belgium Claims, Alphabetical: Monteau-Wassermann, Office de Récupération Économique, Service de Récupération Artistique i. S. Sammlung Jean Krebs, undatiert, unfoliiert.

1073 NL-HaNA, NBI 2.09.16 Nr. 881, Rechnung von Arnold van Buuren, 14. 3. 1942, unfoliiert.

Verkäufer hatte nach der Emigration des befreundeten Kunsthändlers Leonardus Salomon 1921 dessen Kunstwerke in Verwahrung genommen. 1928 zum Metabesitz erklärt,[1074] musste Van Buuren zur Erfassung des ‚Feindvermögens' 1940 eine Aufstellung der Sammlung für die ‚Dienststelle Mühlmann' vornehmen.[1075] Etwa zwei Monate nachdem Miedl die auf dieser Liste unter Nummer 3 aufgeführte Rubens-Kopie übernommen hatte, wurde Van Buuren durch die zweite LIRO-Verordnung Ende Mai zur Abgabe der Sammlung an die Scheinfiliale Lippmann, Rosenthal & Co. gezwungen.[1076] Daraufhin verfasste er am 9. Oktober 1942 den Entwurf eines Brandbriefs an Miedl: „Es ist nun dringend notwendig, dass Sie Ihren Freund in Berlin und in Den Haag davon unterrichten, dass ich sowohl für meine Bilder und meine Gesundheit [...] Bewegungsfreiheit erlangen muss. Sie und nur Sie allein haben die Macht, dies zu erreichen. Es ist nicht hinnehmbar, dass Sie nicht die Zeit finden, meine lebenswichtigen Interessen so schnell wie möglich in Ordnung zu bringen. Wir beide müssen unsere Pflicht als gute Menschen erfüllen und der Kunst aufrichtig dienen. Nochmals, lieber Herr Miedl, verschwenden Sie keinen Tag, wir brauchen Ihre Hilfe dringend, sowohl finanziell als auch moralisch."[1077] Ob Van Buuren, der Miedl offenbar schon zuvor vergebens um Hilfe gebeten hatte, dieses Schreiben letztlich an ihn verschickte, bleibt ebenso ungeklärt wie die Frage, ob und – wenn ja – welche Schritte Miedl unternommen hat. Sollte er sich für ihn eingesetzt haben, hatte er damit keinen Erfolg, da Van Buuren mit seiner Ehefrau im April 1943 über Westerbork in das ‚Vernichtungslager' Sobibor deportiert wurde, wo er nur drei Tage nach der Ankunft verstarb.[1078] Seine Rubens-Kopie befand sich zu diesem

1074 Leonardus Salomon nutzte bereits vor seiner Emigration nach Tunesien das Pseudonym Leo Nardus, s. Advisory Committee on the assessment of restitution applications for items of cultural value and the Second World War, RC 1.65, Recommendation regarding Nardus, 6. 4. 2009, https://www.restitutiecommissie.nl/en/recommendation/nardus/ [zuletzt aufgerufen 29. 3. 2023].

1075 NARA, M1944, RG 239, The Roberts Commission, 1943–1946, Reports, 1944–1946, Interrogations: Kajetan Mühlmann and the Dienststelle Mühlmann, Deutsche Revisions- und Treuhand-Aktiengesellschaft Den Haag i. S. Zwischenbericht Feindvermögen, Status 10. September 1940, Heft 11, Kunstgegenstände und Mobiliar aus Feindbesitz, Aufstellung III, Zusammenstellung der Gemälde usw. Kollektion Van Buuren/Nardus, eingesandt von Arnold van Buuren, Haarlem, unfoliiert.

1076 Advisory Committee on the assessment of restitution applications for items of cultural value and the Second World War, RC 1.65, Recommendation regarding Nardus, 6. 4. 2009, https://www.restitutiecommissie.nl/en/recommendation/nardus/ [zuletzt aufgerufen 29. 3. 2023].

1077 SAA, 31180 Nr. 45, Inventaris van het Archief van Arnold van Buuren en Juliëtte Van Buuren-Polak, Concept-brief van A. van Buuren aan Dhr. A. Miedl van de Buitenlandsche Bankvereeniging te Amsterdam betreffende het verzoek om enige ‚bewegingsvrijheid' te krijgen voor zijn schilderijenbezit als mede voor zijn gezondheid alsmede voor zijn vrouw en kinderen, Arnold van Buuren an Alois Miedl, 9. 10. 1942, unfoliiert.

1078 SAA, 30238 Nr. 144, Archief van het Bevolkingsregister Amsterdam, Registratiekaart Arnold van Buuren, unfoliiert; Arolsen-Archives, Inhaftierungsdokumente, Karteikarten aus der Kartothek des Judenrats in Amsterdam, Signatur 01020402 257, Arnold van Buuren, unfoliiert.

Zeitpunkt bereits mehrere Monate im Besitz von Göring, der sie zu Weihnachten 1942 von Miedl geschenkt bekommen hatte.[1079]

Wie am Beispiel der Sammlungen Krebs und Van Buuren ein weiteres Mal sichtbar wird, kann die Analyse der Geschäftsunterlagen immer nur als Annäherung an die tatsächlichen Aktivitäten von voorheen J. Goudstikker verstanden werden. Dies gilt nicht nur für die Aufschlüsselung der Erwerbungen und die Identifizierung der Verkäufer, sondern auch für die „Verwertung" des Handelsbestands. Auch wenn nicht nachvollzogen werden kann, ob über die verzeichneten Transaktionen hinaus noch weitere erfolgten, lassen sich zumindest im Hinblick auf die überlieferten Verkäufe für 1942 keine Widersprüche nachweisen.

Im Vergleich zu den beiden Vorjahren trat voorheen J. Goudstikker wesentlich häufiger als Einlieferer bei niederländischen Auktionen auf. Allein im Januar 1942 verschickte er siebenundvierzig Gemälde an die Amsterdamer Versteigerer S. J. Mak van Waay,[1080] Spanjer & Perridon[1081] sowie Frederik Muller & Co.[1082] Bei letzterer Auktion am 24. und 25. März 1942 wurden zwanzig Arbeiten angeboten, die etwa je zur Hälfte aus den Transaktionen mit Katz und dem Altbestand stammten. Da weder ein Preisbericht noch eine Abrechnung erhalten sind und auch keine Retoure im Ein- und Ausgangsbuch verzeichnet wurde, kann nicht abschließend bestimmt werden, welche Gemälde einen Zuschlag erhielten. Ausgehend vom Depotbuch scheinen jedoch nur drei Lose – eine *Madonna mit Kind* (5421) aus der Schule von Anthonis van Dyck, ein *Interieur mit drei Personen* (5570) von Gerbrand van den Eeckhout sowie ein *Familienporträt* (5709) von Gonzales Coques – unverkauft geblieben zu sein.[1083] Bei einem Einkaufspreis von angeblich 9.773 Gulden erzielten die zugeschlagenen achtzehn Gemälde laut des Verkaufsbuchs lediglich 8.270 Gulden.[1084] Noch unbefriedigender war offenbar der Erlös aus der am 28. April 1942 veranstalteten Auktion des Den Haager Versteigerungshauses Van Marle & Bignell, an das Mitte März etwa zeitgleich zu einer weiteren Lieferung an S. J. Mak van Waay zwölf Werke geschickt wurden.[1085] Zwar scheinen

1079 DHM, Datenbank „Kunstsammlung Hermann Göring", RMG01416, Rubens, Peter Paul (Kopie), Meleager und Atalante, https://www.dhm.de/datenbank/goering/dhm_goering.php?seite=5&fld_0=RMG01416 [zuletzt aufgerufen 29.3.2023].

1080 NL-HaNA, NBI 2.09.16 Nr. 861, Boek van ingekomen- en uitgegane stukken, 1940–1942, Bl. 39.

1081 NL-HaNA, NBI 2.09.16 Nr. 863, W.E. Heins an Spanjer & Perridon Amsterdam, 16.1.1942, unfoliiert.

1082 Ebd., Frederik Muller & Cie. Amsterdam an Kunsthandel v/h J. Goudstikker N.V. Amsterdam, 21.1.1942, unfoliiert.

1083 Die zugeschlagenen 18 Lose tauchen nach ihrem Versand an Frederik Muller & Co. nicht mehr in den Geschäftsunterlagen auf, s. NL-HaNA, NBI 2.09.16 Nr. 874, Voorraadboek schilderijen, 1943, unfoliiert.

1084 NL-HaNA, NBI 2.09.16 Nr. 878, Verkoopboek (vervallen), 1940–1943, unfoliiert.

1085 NL-HaNA, NBI 2.09.16 Nr. 861, Boek van ingekomen- en uitgegane stukken, 1940–1942, Bl. 41–42.

den Unterlagen nach sämtliche Lose verkauft worden zu sein; der Erlös lag allerdings mit 13.505 Gulden fast 7.500 Gulden unter den Einkaufspreisen.[1086]

Angesichts solch enttäuschender Ergebnisse ist nachvollziehbar, dass voorheen J. Goudstikker den Vertrieb in das Deutsche Reich weiterhin nicht vernachlässigte. Auf dem dortigen Auktionsmarkt lässt sich lediglich eine, jedoch sehr lukrative Einlieferung nachweisen: Anfang Oktober 1942 wurde eine großformatige *Sommerliche Landschaft* (2318) von Jan van Goyen an das Dorotheum Wien geschickt[1087] und mit einem Schätzwert von 70.000 Reichsmark als Spitzenlos in der 479. Kunstauktion am 17. November 1942 angeboten.[1088] Voorheen J. Goudstikker hatte Witzig & Co. im Vorfeld damit beauftragt, bis zu dem selbst gesetzten Limit von 45.000 Reichsmark auf eigene Rechnung zu bieten. Sollte der Prokurist Otto Höglmeier den Zuschlag unter diesem Preis erhalten, musste die Bank die Kosten selbst übernehmen; anderenfalls wurden ihr fünfundsiebzig Prozent des Mehrerlöses zugesagt.[1089] Im Endeffekt erhielt die Bank 15.000 Reichsmark, nachdem ein unbekannter Käufer für das Gemälde mit 65.000 Reichsmark das höchste Gebot der Auktion abgegeben hatte.[1090]

Auch wenn voorheen J. Goudstikker keine weiteren Gemälde für Versteigerungen im Deutschen Reich einlieferte, bedeutete dies keineswegs, dass er den deutschen Auktionsmarkt aus den Augen ließ, zumal anscheinend erhebliche Informationsdefizite hinsichtlich Publikumspräferenzen und Preisgestaltung auszugleichen waren: „Wir haben hier keine Ahnung, wie so etwas bewertet wird."[1091] Tatsächlich beauftragte Miedl die Schantung, an „allen einigermaßen belangreichen Berliner Kunstversteigerungen"[1092] teilzunehmen und die Preise zu notieren, um dann detailliert Bericht zu erstatten, welche Objektgruppen und Stilrichtungen besonders gefragt waren oder aber ohne Gebote blieben. Das Interesse konzentrierte sich dabei vor allem auf die Erwerbungen von Maria Almas-Dietrich,[1093] da

1086 NL-HaNA, NBI 2.09.16 Nr. 878, Verkoopboek (vervallen), 1940–1943, unfoliiert.

1087 NL-HaNA, NBI 2.09.16 Nr. 866, Ingekomen- en uitgegane stukken, 1942–1943, Bl. 7. – Am 15.10.1942 schickt v/h J. Goudstikker die Inventarnummer 5833 in das Depot des Dorotheum, s. ebd., Bl. 8.

1088 Aukt.-Kat. Dorotheum, Wien, „479. Kunstauktion. Ölgemälde, Aquarelle und Miniaturen", 17.11.1942, https://digi.ub.uni-heidelberg.de/diglit/dorotheum1942_11_17 [zuletzt aufgerufen 30.3.2023].

1089 NL-HaNA, NBI 2.09.16 Nr. 857, Kunsthandel v/h J. Goudstikker N.V. Amsterdam an Bankhaus Joh. Witzig & Co. München, 7.11.1942, unfoliiert.

1090 NL-HaNA, NBI 2.09.16 Nr. 878, Verkoopboek (vervallen), 1940–1943, unfoliiert; Weltkunst, Jg. XVII, Nr. 1/2, Preisberichte, Dorotheum, Wien, 17.–18.11.1942, 3.1.1943, S. 3.

1091 NL-HaNA, NBI 2.09.16 Nr. 857, Kunsthandel v/h J. Goudstikker N.V. Amsterdam an Bankhaus Joh. Witzig & Co. München, 19.6.1942, unfoliiert.

1092 NL-HaNA, NBI 2.09.16 Nr. 854, Kunsthandel v/h J. Goudstikker N.V. Amsterdam an Schantung Handels-AG Berlin, 28.5.1942, unfoliiert.

1093 NL-HaNA, NBI 2.09.16 Nr. 856, Schantung Handels-AG Berlin an Kunsthandel v/h J. Goudstikker N.V. Amsterdam, 1.2.1943, unfoliiert.

sie aufgrund ihrer langjährigen Geschäftsbeziehung zur Reichskanzlei und dem ‚Sonderauftrag Linz' als eine Art Fixstern für den deutschen Kunstmarkt im Allgemeinen sowie für Hitlers Kunstpräferenzen im Speziellen wahrgenommen wurde. Da Verkäufe vor Ort von Kommissionären wie Almas-Dietrich oder der Münchner Kunsthandlung Julius Böhler abgewickelt wurden, dienten diese Informationen Miedl wahrscheinlich auch zu deren Kontrolle. Während Böhler 1942 nachweislich nur drei Arbeiten übernahm,[1094] befanden sich bei Almas-Dietrich laut des Kommissionsbuchs dreiundfünfzig Gemälde im Wert von über 413.000 Gulden sowie eine größere Anzahl von Grafiken und Teppichen. Von den Kunstwerken verkaufte sie bis 1942 jedoch lediglich elf für insgesamt 25.300 Gulden. Die verbliebenen Gemälde, unter denen sich auch die fünf höchstbewerteten Arbeiten befanden, schickte sie bis Ende des Jahres an voorheen J. Goudstikker zurück.[1095]

Dass die Kommissionsverkäufe hinter den Erwartungen zurückgeblieben waren, stellte für Miedl letztlich kein Problem dar, denn offensichtlich bevorzugte die Mehrheit der deutschen Kunden den Einkauf in den Räumlichkeiten der Herengracht 458, sei es aufgrund der Reputation des Unternehmens, sei es in der Hoffnung auf günstigere Preise. So fand etwa die bei Almas-Dietrich vergeblich angebotene *Pediküre* (5173) von Jan Steen Anfang August 1942 doch noch einen Interessenten und wurde für 20.000 Gulden an den Besitzer der Brandenburgischen Kammgarnspinnerei Emil Kummerlé verkauft,[1096] der bereits 1941 bei der März-Auktion von Hans W. Lange ein Gemälde aus dem Miedl'schen Handelsbestand erworben hatte. Wie schon 1940 stellten in diesem Jahr deutsche Industrielle und Wirtschaftsfachmänner wieder die größte Käufergruppe. Neben Kummerlé gehörte dazu der Gründungsdirektor und Außenbeauftragte der Lufthansa Martin Wronsky, der zum über viereinhalbfachen Einkaufspreis eine ursprünglich für 1.500 Gulden erworbene *Madonna mit Kind* (5614) von Andrea Solari übernahm. Mit 6.000 Gulden kostete der Kauf des nur zwei Monate zuvor bezogenen Gemäldes *Diogenes sucht mit der Laterne einen Menschen* (6204) von Jacob de Wet den Fürther Gründer des Quelle-Konzerns Gustav Schickedanz etwas mehr als das Doppelte des Einkaufspreises. Moderater war der Preisaufschlag für Fritz Winterhoff, der bei seiner zweiten Transaktion mit voorheen J. Goudstikker im November für 5.000 Gulden eine *Marine* (6328) von Ludolf Bakhuizen erwarb, die einen Tag zuvor von dem Amsterdamer Kunsthandel Ween & Klepman für 3.250 Gulden verkauft worden war. Neben weiteren Käufern wie den Rheinischen Kalksteinwerken Düsseldorf oder der Allgemeinen Warenhaus Gesellschaft Berlin (AWAG), in die der Wertheim-Konzern 1937 im Rahmen seiner ‚Arisierung' umbenannt worden war,[1097] wurde auch der Aufsichtsrat der

1094 Bei Böhler befanden sich die Inventarnummern A 821, A 824 und A 827, s. NL-HaNA, NBI 2.09.16 Nr. 880, Goederen in commissie, 1940–1946, Bl. 89.

1095 Ebd., Bl. 60–61.

1096 NARA, M1944, RG 239, Miedl, Alois, An W. A. Hofer verkaufte Gemälde, undatiert, unfoliiert.

1097 NL-HaNA, NBI 2.09.16 Nr. 861, Boek van ingekomen- en uitgegane stukken, 1940–1942, Bl. 47; NL-HaNA, NBI 2.09.16 Nr. 866, Ingekomen- en uitgegane stukken, 1942–1943, Bl. 3, 12.

Dresdner Bank und Leiter des Handelstrust West Karl Rasche im März 1942 erneut vorstellig. Für eine beim Amsterdamer Kunsthändler Nicolaas Beets erworbene Zeichnung eines *Interieurs* (6042) von Adriaen van Ostade zahlte er auf den Einkaufspreis von 250 Gulden keinen Aufpreis.[1098] Sein Kollege Max Bardroff erhielt sogar zwei Gemälde kostenlos. Da er voorheen J. Goudstikker offenbar – wie bereits im September 1940 – ein Geschäft vermittelt hatte, bekam er als Provision eine *Dorfansicht* (6281) von Solomon Verveer.[1099] Überdies erhielt er als Geschenk eine *Ernte*-Darstellung (6014) von Peter von Cornelius,[1100] für die Miedl Martin Aufhäuser – dessen Zwangslage ausnutzend – im April 1941 lediglich 7,50 Gulden gezahlt hatte. Im Gegensatz zu Aufhäuser genossen die Kreditgeber des Handelstrust West bei voorheen J. Goudstikker eine bevorzugte Behandlung.

Das galt auch für einige ranghohe Funktionäre des NS-Regimes wie beispielsweise Görings Adjutant Karl Bodenschatz, dem Miedl im April 1942 eine *Landschaft mit Architektur* (5482) von Anthonie Jansz. van der Croos schenkte,[1101] die in der Juni-Auktion bei Mathias Lempertz angeboten worden war. Möglicherweise revanchierte sich Bodenschatz später dafür mit seiner Referenz bei Miedls Einbürgerungsgesuch in Liechtenstein. Miedl instrumentalisierte Geschenke jedoch nicht nur für private Anliegen, sondern vor allem zur Kundenbindung. Dem ‚Reichsjugendführer' Artur Axmann etwa, dessen Reichsbehörde Anfang November sieben Gemälde für 63.700 Gulden erworben hatte,[1102] schenkte er im Nachgang eine Ostade-Mappe. Der Hauptabteilungsleiter Heinrich Hartmann richtete ihm daraufhin aus, dass Axmann sich „die hervorragenden Drucke sehr ausführlich angesehen und sich außerordentlich über diese so volksnahe und kräftige Kunst gefreut"[1103] habe. „Er lässt Ihnen für dieses herrliche Geschenk recht herzlich danken und hofft, bei einem Besuch in den Niederlanden gelegentlich auch die wunderbaren Kunstwerke in Ihrem Haus besichtigen zu können." Tatsächlich trat die ‚Reichsjugendführung' bereits im Dezember erneut als Käufer eines *Stilllebens* (5154) von Jan van der Heyden auf und wählte im Januar des folgenden Jahres weitere sechs Werke für 73.000 Gulden aus.[1104]

1098 NL-HaNA, NBI 2.09.16 Nr. 861, Boek van ingekomen- en uitgegane stukken, 1940–1942, Bl. 42.

1099 NL-HaNA, NBI 2.09.16 Nr. 866, Ingekomen- en uitgegane stukken, 1942–1943, Bl. 11.

1100 NL-HaNA, NBI 2.09.16 Nr. 861, Boek van ingekomen- en uitgegane stukken, 1940–1942, Bl. 39.

1101 Ebd., Bl. 43.

1102 Die ‚Reichsjugendführung' der NSDAP Berlin erwarb im November 1942 folgende Inventarnummern: 212–1398–5921–5945–6071–6246–6282, s. NL-HaNA, NBI 2.09.16 Nr. 866, Ingekomen- en uitgegane stukken, 1942–1943, Bl. 11; NL-HaNA, NBI 2.09.16 Nr. 878, Verkoopboek (vervallen), 1940–1943, unfoliiert.

1103 NL-HaNA, NBI 2.09.16 Nr. 855, Heinrich Hartmann an Kunsthandel v/h J. Goudstikker N.V. Amsterdam, 7.12.1942, unfoliiert; folgendes Zitat ebd.

1104 Ebd., Kunsthandel v/h J. Goudstikker N.V. Amsterdam an Reichsjugendführung Berlin i.S. Aufstellung für die Nationalsozialistische deutsche Arbeiterpartei, Hitler Jugend/Reichsjugendführung Berlin, 30.10.1943, unfoliiert.

Drei weitere Neukunden im Winter 1942, die allerdings keinen Bonus erhielten, waren mit jeweils zwei gekauften Gemälden ein Major Wendt und ein Major Hoehne aus Berlin sowie Professor Karl Maria Hettlage, der Leiter des ‚Hauptamtes II Verwaltung und Wirtschaft bei dem Generalbauinspektor für die Reichshauptstadt'.[1105] Wendt musste zwar lediglich einen Aufpreis von 740 Gulden hinnehmen, aber Hoehne zahlte mit 25.500 Gulden den mehr als vierfachen und Hettlage mit 6.500 Gulden den mehr als dreifachen Einkaufspreis. Einem Nachkriegsbericht zufolge schloss die ‚Dienststelle Mühlmann' 1942 vier Transaktionen in Höhe von fast 25.500 Gulden ab,[1106] wobei im Verkaufsbuch jedoch nur zwei Zahlungen aufgeführt werden.[1107] In diesem Fall schlug die Preisgestaltung offenbar in beide Richtungen aus. So zahlte Eduard Plietzsch sowohl für eine *Begegnung zwischen Alba und Egmont* (5763) von Sebastian Vrancx als auch für den *Heiligen Ivo* (5086) von Jacob Jordaens dem Älteren jeweils 5.000 Gulden. Während ihm beim erstgenannten Werk fast 4.500 Gulden aufgeschlagen wurden, erhielt er beim zweiten aus der Sammlung Koenigs stammenden Gemälde einen Preisnachlass von 3.000 Gulden.[1108] Die teuerste Transaktion des Jahres 1942 schloss voorheen J. Goudstikker im November mit der Reichskanzlei ab. Da lediglich im Verkaufsbuch darauf eingegangen wird, lassen sich die verkauften Kunstwerke zwar nicht ermitteln, die Preisangaben zeigen jedoch, dass mit 156.000 Gulden fast der doppelte Einkaufspreis berechnet wurde.[1109]

Besonders hohe Margen erzielte Miedl auch durch Verkäufe an drei von fünf Akteuren aus dem deutschen Kunsthandels- und Museumsbereich. So erwarb beispielsweise Joseph Fach im Juli 1942 eine Hubert Robert zugeschriebene *Römische Landschaft mit Ruine* (6230) für 26.000 Gulden, die einen Monat zuvor für nur 7.000 Gulden von dem Den Haager Kunsthändler Kees Hermsen verkauft worden war.[1110] Und auch das Kunsthaus Malmedé in Köln zahlte für eine *Frau am Fenster* (5977) sowie eine *Fröhliche Gesellschaft* (5991) von Jan

1105 Major Wendt erwarb die Inventarnummern 5761 & 5811; im Fall von Major Hoehne handelt es sich um die Inventarnummern 6267 & 1922. Hettlage übernahm die Inventarnummern 6004 & 6316, s. NL-HaNA, NBI 2.09.16 Nr. 866, Ingekomen- en uitgegane stukken, 1942–1943, Bl. 14.

1106 BArch Koblenz, B 323/200, Treuhandverwaltung von Kulturgut bei der Oberfinanzdirektion München, Bericht von Captain Jean Vlug und Ermittlungen gegen Kajetan Mühlmann, 1939–1949, 1956–1958, Appendix II, Liste der Zahlungen des Beauftragten der Sicherheitsabteilung für Kunstwerke Mühlmann an Kunsthandel v/h J. Goudstikker N.V. Amsterdam, Bl. 187–188, 194.

1107 NL-HaNA, NBI 2.09.16 Nr. 878, Verkoopboek (vervallen), 1940–1943, unfoliiert.

1108 NL-HaNA, NBI 2.09.16 Nr. 861, Boek van ingekomen- en uitgegane stukken, 1940–1942, Bl. 41; NL-HaNA, NBI 2.09.16 Nr. 866, Ingekomen- en uitgegane stukken, 1942–1943, Bl. 11.

1109 NL-HaNA, NBI 2.09.16 Nr. 878, Verkoopboek (vervallen), 1940–1943, unfoliiert.

1110 NL-HaNA, NBI 2.09.16 Nr. 861, Boek van ingekomen- en uitgegane stukken, 1940–1942, Bl. 47. – Joseph Fach erwarb außerdem die Inventarnummern 6298 & 6299, s. NL-HaNA, NBI 2.09.16 Nr. 866, Ingekomen- en uitgegane stukken, 1942–1943, Bl. 7.

Steen mit 49.000 Gulden den fast vierfachen Einkaufspreis.[1111] Noch etwas größer war die Gewinnspanne bei der Hamburger Kunsthalle, die für insgesamt 45.000 Gulden die *Wollfabrik* (5152) von Pieter de Molijn sowie eine Darstellung der *Kallisto* (5176) von Hendrick Goltzius erwarb.[1112] Lediglich etwa den doppelten Einkaufspreis zahlten dagegen Adolf Weinmüller mit 3.500 Gulden für ein *Blumenstillleben* (6295) von Jan van Os sowie das Stadtmuseum Danzig mit 16.580 Gulden für eine *Hirtenszene* (6262) von Pieter Lastman, die Anfang September 1942 für 8.400 Gulden bei der Auktion der Sammlung J. J. M. Chabot von Van Marle & Bignell ersteigert worden war.[1113] Das Gemälde befindet sich heute ebenso wie die zuvor ausführlicher behandelte *Landschaft mit Bauernhof* (1692) von Jan van Goyen im Nationalmuseum in Danzig.[1114]

1942 registrierte voorheen J. Goudstikker mit John Jahr, Wilhelm „Utz" Utermann und Will Dohm erstmals drei prominente Vertreter der deutschen Unterhaltungsbranche als Kunden. Während der Verleger und spätere Mitbegründer von Gruner + Jahr für 15.000 Gulden eine im März 1941 erfolglos bei Hans W. Lange angebotene *Strandansicht* (5766) von Jacob Esselens erwarb,[1115] übernahm der Journalist, Drehbuchautor und ‚Hauptschriftleiter der Reichsjugendführung' Utermann ein *Blumenstillleben* (5987) von Gaspar Peeter Verbruggen sowie ein *Soldatenlager* (6199) von Benjamin Cuyp.[1116] Der von Goebbels 1942 als ‚Staatsschauspieler' geehrte und 1944 auf die ‚Gottbegnadeten-Liste' gesetzte Will Dohm[1117] wiederum kaufte für 15.000 Gulden ein *Gartenfest* (5165) von Esaias van de Velde, das ebenfalls bei Hans W. Lange keinen Zuschlag erhalten hatte.[1118] Kennengelernt hatten

1111 NL-HaNA, CABR 2.09.09 Nr. 86247, Kunsthandel v/h J. Goudstikker N.V. Amsterdam an Kunsthaus Malmedé Köln, 2.10.1942, unfoliiert.

1112 Der Einkaufspreis der beiden Gemälde betrug zusammen 10.800 Gulden, s. NL-HaNA, NBI 2.09.16 Nr. 867, Voorraadboek schilderijen, 1940–1941, Bl. 7–8; NL-HaNA, NBI 2.09.16 Nr. 878, Verkoopboek (vervallen), 1940–1943, unfoliiert. – Laut eines MFAA-Berichts bezahlte das Museum 49.000 Gulden, s. NARA, M1949, RG 260, Records of the Monuments, Fine Arts, and Archives Section of the Preparations and Restitution Branch, OMGUS, 1945–1951, Records relating to Restitution, 1945–1948, 35.5 Dutch General, MFAA Branch US an MFAA Branch UK i. S. German art purchases from the Goudstikker Collection, 4.9.1945, unfoliiert.

1113 NL-HaNA, CABR 2.09.09 Nr. 86247, Kunsthandel v/h J. Goudstikker N.V. Amsterdam an Zentralauftragsstelle Den Haag, 2.2.1943, unfoliiert.

1114 Purc-Stepniak, Beata (u. a.): Muzeum Narodowe w Gdańsku. Skarby sztuki, Waschau 2016, S. 57.

1115 NL-HaNA, NBI 2.09.16 Nr. 861, Boek van ingekomen- en uitgegane stukken, 1940–1942, Bl. 43; NL-HaNA, NBI 2.09.16 Nr. 878, Verkoopboek (vervallen), 1940–1943, unfoliiert.

1116 NL-HaNA, NBI 2.09.16 Nr. 866, Ingekomen- en uitgegane stukken, 1942–1943, Bl. 2, 5.

1117 Klee 2009, S. 104–105.

1118 NL-HaNA, NBI 2.09.16 Nr. 866, Ingekomen- en uitgegane stukken, 1942–1943, Bl. 14; NL-HaNA, NBI 2.09.16 Nr. 878, Verkoopboek (vervallen), 1940–1943, unfoliiert. – Laut Walther Bernt erhielt Dohm schon im März 1941 bei 3.500 RM den Zuschlag für das Los 94 (5165), s. NARA, M1947, RG 260, Lange, Hans W., Auktion Goudstikker, Lange Berlin, 12.3.1941, unfoliiert. – Flick vermutet, dass Dohm das Gemälde im Auftrag von Miedl als Stützkauf ersteigerte, s. Flick 2022,

sich Miedl und Dohm wahrscheinlich über dessen Ehefrau Heli Finkenzeller, die die weibliche Hauptrolle im zweiten auf dem Cinetone-Gelände gedrehten Spielfilm „Fronttheater“ gespielt hatte.[1119] Auch wenn Dohm Henriette von Schirach zufolge zumindest einmal Gast bei einem Fest von Miedl war,[1120] wurde er offensichtlich nicht durch günstigere Preise oder gar Geschenke privilegiert.

Der Bilanz zufolge genossen derartige Vorzüge 1942 jedoch nur die wenigsten Kunden. Demnach wurden Gemälde mit einem Einkaufswert von 421.134 Gulden für 837.258 Gulden verkauft, also mit einer durchschnittlichen Gewinnspanne von 98,85 Prozent; 1941 betrug diese nur 30,85 Prozent. Zu dem Bruttogewinn in Höhe von 672.400 Gulden trugen die Gemäldeverkäufe allerdings nicht mehr zu über vierundneunzig, sondern lediglich mit 63,60 Prozent bei,[1121] während bei den Verkäufen von Teppichen beziehungsweise Möbeln deutliche Anstiege um siebzehn respektive elf Prozentpunkte zu verzeichnen waren. Eine detaillierte Darstellung dieser Verkäufe scheitert allerdings an der von voorheen J. Goudstikker selbst als „sehr mangelhaft“[1122] beschriebenen Dokumentation der Teppich- und Möbelbestände. Zum Verständnis der Entwicklungen im Kunsthandel voorheen J. Goudstikker wird jedoch im Folgenden auch für diese Handelssparte ein kurzer Überblick für das Jahr 1942 gegeben.

Laut der Bilanz erwarb voorheen J. Goudstikker 1942 auf dem niederländischen Kunstmarkt für mehr als eine halbe Million Gulden Perserteppiche.[1123] Eine erhebliche Anzahl davon wurde als Kommissionsware an Maria Almas-Dietrich, Witzig & Co. und die Schantung versandt. Allein am 26. November 1942 erhielt das Berliner Unternehmen demzufolge Teppiche im Wert von über 73.500 Gulden, von denen zweiundzwanzig Stück am 15. Dezember zu einem nicht genannten Preis veräußert wurden.[1124] Obwohl die Schantung bei Verkäufen wie diesem nicht mit der Rechnungsstellung betraut war, sondern lediglich als Mittelsmann fungierte, erhielt sie eine zehnprozentige Provision.[1125] In gleicher Höhe wurde wohl auch

---

S. 110. – In den konsultierten Quellen finden sich bis 1942 keine Hinweise zu Dohm. – Laut einer Akte aus dem Bundesarchiv Koblenz erwarb Dohm außerdem für 3.000 Gulden die Inventarnummer 6306; die Geschäftsunterlagen liefern dafür keine Bestätigung, s. BArch Koblenz, B 323/74, Treuhandverwaltung von Kulturgut bei der Oberfinanzdirektion München, Kunsthandel v. h. J. Goudstikker N. V., Bd. 1: Inventar der Kunsthandel J. Goudstikker N. V., Amsterdam, 1937–1943. Bl. 86.

1119 Klee 2009, S. 138.

1120 Von Schirach 2016, S. 19.

1121 NL-HaNA, NBI 2.09.16 Nr. 856, Rapport inzake Kunsthandel v/h J. Goudstikker N. V. te Amsterdam per 31. 12. 1942, 27. 6. 1944, Bijlage III, Bl. 6.

1122 NL-HaNA, NBI 2.09.16 Nr. 854, Kunsthandel v/h J. Goudstikker N. V. Amsterdam an Schantung Handels-AG Berlin, 27. 10. 1942, unfoliiert.

1123 Ebd.

1124 NL-HaNA, NBI 2.09.16 Nr. 880, Goederen in commissie,1940–1946, Bl. 87.

1125 NL-HaNA, NBI 2.09.16 Nr. 854, Kunsthandel v/h J. Goudstikker N. V. Amsterdam an Schantung Handels-AG Berlin, 26. 11. 1942, unfoliiert.

Almas-Dietrich entlohnt, die laut des Kommissionsbuchs über fünfzig Teppiche für Miedl anbot. Bis April 1942 erzielte sie dadurch nachweislich Einnahmen in Höhe von 17.000 bis 20.000 Gulden;[1126] für die folgenden Monate lassen sich ausgehend von dem Verkaufsbuch dann noch zwei Zahlungen von insgesamt 4.500 Gulden belegen.[1127] Ebenso wie die Schantung schickte sie die restlichen Teppiche 1942 an das Münchner Bankhaus, das in den ersten vier Monaten etwa 57.500 Gulden einnahm;[1128] bis Jahresende belief sich der Betrag schließlich auf über 126.000 Gulden. Wer die Käufer dieser Teppiche waren, lässt sich weder für München noch Berlin ausreichend abbilden. Bei Geschäften in Amsterdam geben die Unterlagen dagegen fast immer die Identität des Käufers an. Exemplarisch genannt werden können für 1942 Hermann Göring und Karl Bodenschatz, Helmut Horten, der ‚Gauleiter' Rudolf Jordan sowie die Gemeindeverwaltung der Hansestadt Hamburg, die mit 17.500 Gulden die höchste Summe ausgab.[1129] Insgesamt realisierte Miedl mit Teppichverkäufen einen Gesamterlös von 340.505 Gulden bei einem Einkaufswert von knapp 203.000 Gulden. Die durchschnittliche Gewinnspanne war folglich mit 67,74 Prozent über dreißig Prozentpunkte geringer als bei den Gemäldeverkäufen.

Lediglich der Verkauf von Möbeln übertraf 1942 mit einer Marge von 113 Prozent die Gemäldeverkäufe. Konkret verkaufte voorheen J. Goudstikker von dem für insgesamt rund 187.500 Gulden erworbenen Mobiliar Gegenstände im Einkaufswert von etwas über 82.000 Gulden, die mehr als 175.000 Gulden erlösten.[1130] Angeboten wurden die Möbelstücke offenbar vorrangig in Amsterdam: So teilte voorheen J. Goudstikker der Schantung beispielsweise im Oktober mit, dass die bei Hans W. Lange lagernden Stücke nicht zu „Spottpreisen"[1131] in Berlin verkauft, sondern nach Amsterdam geliefert werden sollten, da man „bekanntlich viel in Möbel umsetzt und immer Bedarf dafür hat." Käufer waren unter anderem das Stadtmuseum Danzig, das für mehrere Tische und Truhen aus der Gotik und Renaissance 26.400 Gulden zahlte,[1132] sowie das Düsseldorfer Auktionshaus Carl Eugen Pongs, dem im September fünf Schränke für 11.000 Gulden verkauft wurden. Auch Görings Schwägerin Ilse erwarb einen antiken Sternschrank, ein kleines flämisches Kabinett sowie

---

1126 NL-HaNA, NBI 2.09.16 Nr. 880, Goederen in commissie,1940–1946, Bl. 63–65; NL-HaNA, NBI 2.09.16 Nr. 857, Kunsthandel v/h J. Goudstikker N. V. Amsterdam an Bankhaus Joh. Witzig & Co. München, 8.4.1942, unfoliiert.

1127 NL-HaNA, NBI 2.09.16 Nr. 878, Verkoopboek (vervallen), 1940–1943, unfoliiert.

1128 NL-HaNA, NBI 2.09.16 Nr. 880, Goederen in commissie,1940–1946, Bl. 52.

1129 NL-HaNA, NBI 2.09.16 Nr. 878, Verkoopboek (vervallen), 1940–1943, unfoliiert.

1130 NL-HaNA, NBI 2.09.16 Nr. 856, Rapport inzake Kunsthandel v/h J. Goudstikker N. V. te Amsterdam per 31.12.1942, 27.6.1944, Bijlage III, Bl. 6.

1131 NL-HaNA, NBI 2.09.16 Nr. 854, Kunsthandel v/h J. Goudstikker N. V. Amsterdam an Schantung Handels-AG Berlin, 27.10.1942, unfoliiert; folgendes Zitat ebd.

1132 NL-HaNA, NBI 2.09.16 Nr. 878, Verkoopboek (vervallen), 1940–1943, unfoliiert.

einen italienischen Tisch und eine Kampfertruhe zum Preis von 7.500 Gulden.[1133] Wie das Beispiel weiterer vier chinesischer Kampfertruhen zeigt, tätigte des Unternehmen auf Wunsch seiner Kunden – in diesem Fall Seyß-Inquart – gezielt Käufe auf dem niederländischen Kunstmarkt, wenn im eigenen Bestand Lücken waren.[1134]

Stichhaltige Belege dafür, dass voorheen J. Goudstikker Möbel und Teppiche nicht nur von Kollegen, sondern auch aus jüdischen Haushalten erwarb, wurden zwar bislang nicht in den Quellen gefunden, zwei Dokumente deuten jedoch in diese Richtung: So teilte voorheen J. Goudstikker einem Kunden im Mai 1943 mit, dass er eine größere Anzahl von Teppichen bei einem niederländischen Händler erworben habe, der allerdings keine Auskunft zur Provenienz geben wolle, um seinen Lieferanten zu schützen.[1135] Überdies berichtete ein ehemaliger Angestellter von voorheen J. Goudstikker nach dem Krieg, Miedl habe verschiedene Einkäufer gehabt, die für ihn Hausrat aus jüdischen Wohnungen „besorgten"[1136].

Ein entscheidender Anstoß für den Verkauf ihrer Einrichtung war für die in den Niederlanden lebenden Juden wahrscheinlich eine Ankündigung am 20. März 1942 im Joodsche Weekblad: Juden mussten fortan für die „Entfernung von Mobiliar, Gegenständen, die zur Einrichtung der Wohnung gehörten, Hausrat oder anderem Besitz [...] beim Jüdischen Rat für Amsterdam schriftlich Genehmigung beantragen."[1137] Diese Anordnung diente der Vorbereitung der ab April 1942 vom ERR organisierten ‚M-Aktion', die die Beschlagnahme von Möbeln und Einrichtungsgegenständen aus „unbewachten jüdischen Wohnungen" in Frankreich, Belgien und den Niederlanden zum Ziel hatte. Selbst ohne Kenntnis dieser Zielsetzung ließ bereits die Einschränkung der freien Verfügbarkeit ihres Eigentums für Juden den Schluss zu, dass sie mit einer baldigen Konfiszierung zu rechnen hatten. Nicht wenige suchten deshalb nach Möglichkeiten, um ihren Hausrat vorher gewinnbringend zu veräußern oder bei nichtjüdischen Bekannten zu verstecken. Tatsächlich wurden ab Juli 1942 die infolge der zunehmenden Deportationen ‚unbewachten' Wohnungen vom ERR systematisch geplündert.[1138] Das geraubte Inventar aus insgesamt 29.000 niederländischen

1133 NL-HaNA, NBI 2.09.16 Nr. 878, Verkoopboek (vervallen), 1940–1943, unfoliiert; NL-HaNA, NBI 2.09.16 Nr. 866, Ingekomen- en uitgegane stukken, 1942–1943, Bl. 3, 7.

1134 Ebd., Bl. 5; NL-HaNA, NBI 2.09.16 Nr. 851, Kunsthandel v/h J. Goudstikker N.V. Amsterdam an Arthur Seyß-Inquart, 14. 11. 1942, unfoliiert.

1135 BArch Koblenz, B 323/457, Treuhandverwaltung von Kulturgut bei der Oberfinanzdirektion München, Geschäftsverkehr der Kunsthandlung v/h J. Goudsstikker N.V. mit dem Wirtschafts- und Devisenberater Heinrich Zimmermann, München, Bd. 2, 1942–1944, Kunsthandel v/h J. Goudstikker N.V. Amsterdam an Heinrich Zimmermann, 31. 5. 1943, Bl. 447.

1136 NL-HaNA, NBI 2.09.16.10 Nr. 203463, Inventaris van het archief van het Nederlands Beheersinstituut, beheersdossiers beginnend met de letter M, Miedl, (Kunsthandel) NV (I), Amsterdam, Gewest Amsterdam der Rijkspolitie i. S. Proces Verbaal van inbeslagname van een Perzisch tapijt bij J. Wiederholdt, 28. 2. 1949, unfoliiert.

1137 Aalders 2000, S. 360–361; folgendes Zitat ebd.

1138 Ebd.

Wohnungen transportierten die Besatzer vorwiegend nach Deutschland,[1139] da dort ab 1942 angesichts der gravierenden Schäden durch die alliierten Bombardements die Nachfrage für Hausrat rasant anstieg.[1140] Dies erklärt wahrscheinlich die sehr hohe Gewinnspanne und den sprunghaften Anstieg der Käuferzahl, die voorheen J. Goudstikker 1942 im gehobenen Segment des Möbelhandels verzeichnete. In Anbetracht des immer schmaler werdenden Gemäldeangebots könnte sich zudem das Interesse der deutschen Klientel auf andere Bereiche verlagert haben.

7.24 Resümee des Jahres 1942

1942 erwarb voorheen J. Goudstikker 154 Gemälde für 620.691 Gulden von fünfunddreißig Personen.[1141] Im Vergleich zu den beiden Vorjahren nahm die Zahl der Privatverkäufer deutlich zu, Kunsthändler und Auktionatoren stellten dagegen nur noch etwas mehr als die Hälfte der Anbieter. Das sich von Jahr zu Jahr hebende Preisniveau verstärkte offenbar den Verkaufsanreiz für Privatpersonen, während es professionellen Händlern, die nicht wie Miedl auf die finanziellen Ressourcen eines Firmengeflechts zugreifen konnten, die Akquise erschwerte. Dementsprechend traten sie 1942 auch nur selten bei voorheen J. Goudstikker als Käufer auf. Abgelöst wurden sie von Unternehmern, Direktoren und Vorstandsmitgliedern des deutschen Industrie- und Finanzsektors, die zuletzt 1940 dominiert hatten. Die in dieser Gruppe vertretenen ‚Ariseure' und Profiteure der Kriegswirtschaft konnten unter Ausnutzung des manipulierten Wechselkurses auch weiterhin selbst die von Miedl vervielfachten Einkaufspreise aufbringen. Die Wechselkursmanipulation bevorteilte natürlich gleichermaßen deutsche Kunsthändler und Museumsdirektoren sowie Parteifunktionäre. Mit über siebzig Gemälden erwarben deutsche Kunden eine etwas größere Anzahl als 1941. Da weder bekannt ist, wie viele Werke die Reichskanzlei übernahm, noch vier Überweisungen der ‚Dienststelle Mühlmann' nachvollzogen werden können, sollte davon ausgegangen werden, dass die tatsächliche Zahl um einiges höher lag. Fraglich ist überdies, ob Göring in diesem Jahr auf den Erwerb von Gemälden verzichtete, da er nur einmal als Käufer von Teppichen auftrat.

Die parallel zur ‚M-Aktion' erfolgte Ausweitung des Handels mit Teppichen und Möbeln war sicher kein Zufall, sondern belegt erneut Miedls schon in den 1930er Jahren mehrmals bewiesenes Talent, frühzeitig auf Bedürfnisse des Marktes und insbesondere solche des NS-Regimes zu reagieren. Bestenfalls sicherte er sich so nicht nur die Anerkennung und Unterstützung der nationalsozialistischen Führung, sondern auch maximale Profite. In puncto Umsatz, der von über sechs Millionen Gulden 1941 auf 1.303.721 Gulden sank, war 1942 kein

1139 Aly 2011, S. 150.

1140 NARA, M1946, RG 260, Interrogations: Miedl Case, No. 4, 13. 12. 1945, Bl. 2.

1141 NL-HaNA, NBI 2.09.16 Nr. 856, Rapport inzake Kunsthandel v/h J. Goudstikker N. V. te Amsterdam per 31. 12. 1942, 27. 6. 1944, Bijlage III, Bl. 6.

gutes Jahr. Allerdings wurde der geringere Umsatz auch mit einem wesentlich geringeren finanziellen Aufwand erwirtschaftet, sodass die durchschnittliche Gewinnspanne von 30,64 im Jahr 1941 auf 93,22 Prozent anstieg und voorheen J. Goudstikker 1942 mit einem Bruttogewinn von über 700.000 Gulden immerhin die Hälfte des Vorjahresbetrags erzielte.[1142]

7.25 Kunsthandelsgeschäfte 1943

Die 1941 von Goebbels nach deutschem Vorbild zur Kontrolle und Reglementierung des kulturellen Lebens initiierte ‚Niederländische Kulturkammer' begann im Frühjahr 1943 mit der Registrierung aller Kunsthändler im Land. Angekündigt hatte dies bereits ihr erster offizieller Bericht, der feststellte, „wenn es einen Bereich gibt, in dem ordnungsgemäße Maßnahmen ergriffen werden müssen, dann ist es der Bereich des Kunsthandels. Der Beruf des Kunsthändlers [...], für den man neben der natürlichen Eignung auch eine gewisse allgemeine Bildung und kunsthistorische Ausbildung benötigt, ist in unserem Land nicht geschützt [...]. Diese Freiheit wurde dankbar und häufig genutzt und der Titel des Kunsthändlers ist zu einem Sammelbegriff für alle Arten von Händlern alter und moderner Kunst, Trödlern, Rahmenmachern [...] und so weiter geworden."[1143] Demzufolge wurden 1943 mindestens 573 Unternehmen in den Niederlanden erfasst, von denen rund 400 der klassischen Definition eines Kunsthandels entsprachen.[1144] In dieser Konkurrenzsituation präsentierte sich voorheen J. Goudstikker potenziellen Neukunden überaus selbstbewusst, wenn er garantierte, „auch heute noch"[1145] in der Lage zu sein, „in jeder Beziehung mit guter und einwandfreier Ware dienen zu können", sah er sich doch nicht nur als das größte Haus in Amsterdam, sondern des ganzen Landes.[1146] Nachdem noch ein Jahr zuvor lediglich der Gemäldebestand beworben worden war, offerierte Miedl nun sowohl eine „große Kollektion von Bildern, insbesondere von Holländern und Flamen des 17. Jahrhunderts"[1147], als auch „antike Möbel, echte Teppiche und sonstige Kunstwerke".

Der Erwerb dieser von ihm kaufmännisch als „Waren" bezeichneten Einrichtungsgegenstände und Gemälde wurde 1943 je nach Geschäftsbuch sehr unterschiedlich dokumentiert.

1142 NL-HaNA, NBI 2.09.16 Nr. 856, Rapport inzake Kunsthandel v/h J. Goudstikker N. V. te Amsterdam per 31. 12. 1942, 27. 6. 1944, Bijlage III, Bl. 6.

1143 Euwe 2007, S. 36–37, 41, 74.

1144 Ebd.

1145 NL-HaNA, NBI 2.09.16 Nr. 851, Kunsthandel v/h J. Goudstikker N. V. Amsterdam an Dr. Viktor Dirksen Wuppertal, 26. 1. 1943, unfoliiert; folgendes Zitat ebd.

1146 Ebd., Kunsthandel v/h J. Goudstikker N. V. Amsterdam an Hotel Steigenberger Frankfurt a. M., 27. 3. 1943, unfoliiert.

1147 Ebd., Kunsthandel v/h J. Goudstikker N. V. Amsterdam an Dr. Viktor Dirksen Wuppertal, 26. 1. 1943, unfoliiert; folgendes Zitat ebd.

So verzeichnet das Ein- und Ausgangsbuch fragmentarisch nur einundfünfzig Kunstwerke,[1148] während im Vorratsbuch 178 lückenlos aufeinanderfolgende Inventarnummern aufgeführt sind.[1149] Vom 1. Januar bis zum 31. Juli 1943 hatte voorheen J. Goudstikker bereits für fast 866.000 Gulden 101 dieser Gemälde erworben. Im Vergleich dazu kaufte er ein Jahr zuvor im selben Zeitraum lediglich achtundvierzig Bilder zu einem Fünftel des Betrags.[1150] Inwieweit die Behauptung eines Prüfberichts zutrifft, voorheen J. Goudstikker habe 1943 für seine Erwerbungen weniger häufig Gebrauch von Bankkrediten gemacht,[1151] lässt sich nicht abschließend klären. Fest steht jedoch, dass allein vom Handelstrust West ein Darlehen in Höhe von 300.000 Gulden gewährt wurde;[1152] darüber hinaus war bei mindestens sechsunddreißig Gemälden anstelle des Namens des Verkäufers lediglich der Hinweis aufgeführt, die Bezahlung sei mittels kurzfristig fälliger Kredite erfolgt.[1153]

Auch wenn sich 1943 der Vorjahrestrend verstärkte und von den namentlich genannten einunddreißig Verkäufern nur noch vierzehn Kunsthändler oder Auktionatoren waren, blieben sie mit 113 Gemälden weiterhin Miedls Hauptlieferanten. Allein dreiundachtzig Arbeiten wurden auf Auktionen bei Frederik Muller & Co., Van Marle & Bignell sowie weiteren Versteigerern in den Niederlanden und Deutschland erworben. So schlug voorheen J. Goudstikker im März, Juli und Oktober 1943 beispielsweise bei Frederik Muller & Co. für insgesamt über 272.000 Gulden fünfundsechzig Gemälde zu; den höchsten Preis erzielte dabei mit Abstand das für fast 60.000 Gulden erworbene *Bildnis des Samuel Manasse Ben Isreal* (6361) von Govaert Flinck.[1154] In diesem Fall agierte voorheen J. Goudstikker im Auftrag Göpels für den ‚Sonderauftrag Linz'. Da der von Göpel bereits vor der Auktion festgelegte Kaufbetrag von 62.370 Gulden inklusive einer fünfprozentigen Provision für Miedl dem letztlich entrichteten entsprach, handelte es sich um ein Fait accompli unter Einbeziehung des Auktionshauses.[1155] In eigener Sache übernahm voorheen J. Goudstikker einen Monat später am 19. April von Van Marle & Bignell neun Werke, darunter für 22.200 Gulden die *Drei Bauern* (6392) von Adriaen van Ostade. Bei dem Amsterdamer Auktionator Fred. A.

1148 NL-HaNA, NBI 2.09.16 Nr. 866, Ingekomen- en uitgegane stukken, 1942–1943.

1149 NL-HaNA, NBI 2.09.16 Nr. 874, Voorraadboek schilderijen, 1943.

1150 NL-HaNA, NBI 2.09.16 Nr. 881, Aankoopen en verkoopen 1.1.–31.7.1942 en 1.1.–31.1.1943, unfoliiert.

1151 NL-HaNA, NBI 2.09.16 Nr. 851, Rapport inzake Kunsthandel v/h J. Goudstikker N.V. te Amsterdam per 31.12.1943, 4.11.1944, Bl. 8.

1152 NL-HaNA, 2.25.68 Nr. 14322, Direktion der Nederlandsche Bank i.S. Kredite Buitenlandsche Bankvereeniging N.V. Amsterdam, 18.1.1943, unfoliiert.

1153 NL-HaNA, NBI 2.09.16 Nr. 874, Voorraadboek schilderijen, 1943, unfoliiert.

1154 NL-HaNA, NBI 2.09.16 Nr. 866, Ingekomen- en uitgegane stukken, 1942–1943, Bl. 22.

1155 BArch Koblenz, B 323/111, Treuhandverwaltung von Kulturgut bei der Oberfinanzdirektion München, Reichskommissar für die besetzten niederländischen Gebiete – Generalkommissar zur besonderen Verwendung, Erwerbungen in den Niederlanden, Frankreich, Belgien und in der Schweiz, Bd. 1, 1942–1944, Erhard Göpel an Alois Miedl, 27.3.1943, Bl. 73.

van Braam ersteigerte er für über 17.000 Gulden ein *Eisvergnügen* (6413) von Pieter Brueghel dem Jüngeren sowie ein *Stillleben* (6414) von Pieter Claesz, das den Zuschlag angeblich bei 9.520 Gulden erhielt. Drei Gemälde des 19. Jahrhunderts sowie ein *Blumenstillleben* (6454) von Pieter Gerardus van Os wurden schließlich von dem ältesten Auktionshaus der Niederlande, dem Venduehuis der Notarissen in Den Haag, gekauft.[1156] Außerdem beauftragte Miedl den Geschäftsführer der Veland Franz Rieder, auf der Auktion von Hans W. Lange am 16. April 1943 für eine *Waldlandschaft* (6395) sowie den *Vierwaldstättersee* (6396) von Alexandre Calame zu bieten. Nachdem Rieder sich mit Geboten von 16.000 und 71.000 Reichsmark gegen die Konkurrentin Almas-Dietrich durchgesetzt hatte, wurden die beiden Gemälde nicht an voorheen J. Goudstikker verschickt, sondern im Depot der Deutschen Landvolkbank eingelagert.[1157] Zumindest im Fall des *Vierwaldstättersee* liegt die Annahme nahe, dass es sich bei dem Künstler tatsächlich um Johann Wilhelm Lindlar handelt. Dafür spricht zumindest ein zwar größer bemessenes, jedoch sonst identisches Gemälde *Vierwaldstättersee von Luzern aus gesehen* von Lindlar (Abb. 15), das das Amsterdam Museum 1860 aus dem Nachlass von Carel Joseph Fodor übernahm.[1158]

Der Großteil der dreißig von Kunsthändlern erworbenen Gemälde stammte aus dem 19. Jahrhundert, sodass der bereits ausgedünnte Bestand der von voorheen J. Goudstikker als Spezialität propagierten „Holländer und Flamen des 17. Jahrhunderts" nicht wesentlich aufgestockt wurde. Dass nur noch wenige Werke alte Meister übernommen wurden, lag an deren zunehmender Verknappung auf dem niederländischen Kunstmarkt. Händler wie etwa Etienne Delaunoy, der im Frühjahr 1943 eine *Marine* (6399) von Willem van Diest sowie ein *Stillleben* (6397) von Pieter Claesz und eine *Schmiede* (6398) von Gabriël Metsu für zusammen 32.000 Gulden veräußerte, fanden sich folglich in den Niederlanden immer

1156 NL-HaNA, NBI 2.09.16 Nr. 874, Voorraadboek schilderijen, 1943, unfoliiert.

1157 Über die Auktion meldete die Schantung Handels-AG: „Das Kaufinteresse für die qualitativ hochstehenden Gemälde der Auktion war sehr stark. Es wurden Einzelpreise erzielt, die seit Jahren auf den deutschen Auktionsmärkten nicht erreicht wurden", s. NL-HaNA, NBI 2.09.16 Nr. 856, Schantung Handels-AG Berlin an Kunsthandel v/h J. Goudstikker N.V. Amsterdam, 17.4.1943, unfoliiert. – Vom 27.–29.1.1943 bot v/h J. Goudstikker unter dem Einliefererkürzel „95 Berlin" das Gemälde *Der Brand von Delft* (ohne Inventarnummer) von Egbert van der Poel sowie zwei Probedrucke eines Kupferstichs von Richard Earlom, einen Eckschrank im Stil Louis XV. und drei Vasen bei Hans W. Lange an. Während das auf 4.000 Reichsmark taxierte Gemälde, das im Frühjahr 1940 bei Lange für 460 Reichsmark erworbenen worden war, keinen Käufer fand und auch das Möbelstück seinen Schätzwert um 500 Reichsmark verfehlte, erzielten die Drucke sowie die Vasen Zuschläge in Höhe von 1.400 beziehungsweise 10.800 Reichsmark, s. Aukt.-Kat. Hans W. Lange, Berlin, „Gemälde alter und neuerer Meister; mittelalterliche Plastik; Möbel, Bronzen, Tapisserien, Golduhren", 27.–29.1.1943, https://digi.ub.uni-heidelberg.de/diglit/lange1943_01_27x [zuletzt aufgerufen 6.4.2023]; NL-HaNA, NBI 2.09.16 Nr. 856, Schantung Handels-AG Berlin an Kunsthandel v/h J. Goudstikker N.V. Amsterdam, 1.2.1943, unfoliiert.

1158 http://hdl.handle.net/11259/collection.37767 [zuletzt aufgerufen 3.9.2024].

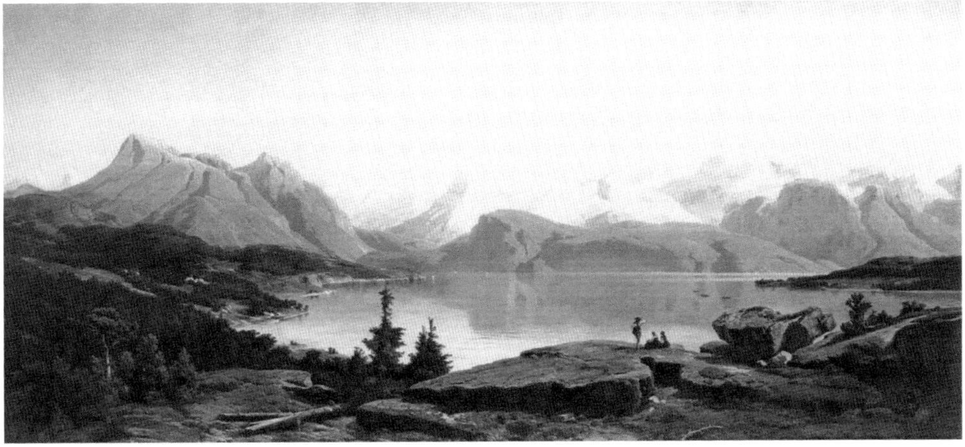

Abb. 15 Johann Wilhelm Lindlar, Vierwaldstättersee von Luzern aus gesehen, 1852, Öl auf Leinwand, 95,5 × 197,5 cm.

seltener. Dies galt auch für den deutschen Kunstmarkt, der nur wenige Angebote zu hohen Preisen bereithielt. Der Preis von 35.000 Gulden für eine von Hofer erworbene *Landschaft* (6471) von Jan van Goyen erwies sich demnach als geradezu günstig in Relation zu einer für 83.000 Gulden übernommenen *Landschaft mit Figuren* (6394) von Adriaen Brouwer aus dem Bestand des Kölner Kunsthauses Malmedé.[1159]

Von 1940 bis 1943 stieg der Preis für alte Meister durchschnittlich um das Sechsfache, für Gemälde der romantischen Schule (1750 bis circa 1860) sogar um das Achtfache.[1160] So erzielte Dirk Albert Hoogendijk mit den Gemälden *Reuevolle Magdalena* (6647) und *Christus und ein Engel im Olivenhain* (6648) von Jean-Baptiste Corot beispielsweise je 16.750 Gulden und auch Jacob Stodel erhielt für einen *Künstler im Atelier* (6469) des niederländischen Genremalers Johannes Anthonie Balthasar Stroebel fast 13.000 Gulden. In dieser Preisklasse lag auch eine *Marine* (6503) von Johannes Christiaan Schotel aus dem Bestand des Den Haager Kunsthandels J. Vermeulen, der für drei- bis mittlere vierstellige Beträge weitere zehn Gemälde des 19. Jahrhunderts verkaufte. H. Becker bekam für sieben Werke, darunter eine *Landschaft mit Bauernwagen* (6410) von Pieter Gerardus van Os, von Januar bis Juli 1943 insgesamt fast 20.000 Gulden.[1161]

Da das Angebot auf dem Kunstmarkt zunehmend von Malern der Romantik dominiert wurde, engte sich für voorheen J. Goudstikker der Erwerb von Gemälden alter Meister

1159 NL-HaNA, NBI 2.09.16 Nr. 874, Voorraadboek schilderijen, 1943, unfoliiert.

1160 Im Vergleich dazu stiegen die Preise für Gemälde moderner Meister nur um das Dreifache an, s. Euwe 2007, S. 64.

1161 Weitere Kunsthändler, die 1943 an Miedl verkauften, waren ein gewisser Boerstra (6373) und Joseph Fach (6381–6382), s. NL-HaNA, NBI 2.09.16 Nr. 874, Voorraadboek schilderijen, 1943, unfoliiert.

immer mehr auf Privatverkäufer ein. Immerhin zwölf der insgesamt vierundzwanzig von siebzehn Verkäufern erworbenen Werke gehörten in diese Kategorie, darunter mehrere der teuersten Einkäufe des Jahres. So zahlte man etwa für eine *Marine* (6525) von Simon de Vlieger an den Münchner Heinrich Zimmermann 17.500 Gulden und überwies der Nederlandsche Standaard Bank 22.500 Gulden für eine *Landschaft* (6451) von Jan van Goyen. Die bei Weitem höchsten Einnahmen erzielte allerdings Tietje: Diese beliefen sich von 7.000 Gulden für ein *Stadttor* (6376) von Jan van der Heyden über je 35.000 Gulden für eine *Frau mit Amor in Landschaft* (6375) von Narcisse Virgilio Diaz sowie für einen Quentin Massys zugeschriebenen *Mönchskopf* (6411) bis zu 65.000 Gulden für das Gemälde *Kühe in Landschaft* (6374) von Paulus Potter. Weit übertroffen wurden diese Preise von dem *Porträt eines jungen Mannes mit Schwert* (6527) aus der Rembrandt-Schule (s. Abb. 21), das am 31. Dezember 1943 für 270.000 Gulden erworben wurde.[1162] Erstanden hatte Tietje das aus der beschlagnahmten Sammlung E. Hartogs-Heyman stammende Gemälde Anfang Juli 1941 bei einer Auktion von Van Marle & Bignell,[1163] an der auch Posse teilgenommen hatte und zu seinem Bedauern überboten worden war: „Um den sogenannten Rembrandt tut es mir doch leid. Ich hätte nicht gedacht, dass er so viel über unser Limit hinausgehen würde."[1164] Miedl bot das Gemälde 1944 der Reichskanzlei für 300.000 Gulden an, erhielt von Hitler jedoch eine Absage.[1165]

Im Unterschied zum Vorjahr lassen sich für 1943 in den konsultierten Quellen keine Käufe nachweisen, die über die Angaben in den Geschäftsbüchern hinausgehen. Anscheinend zog Miedl angesichts des immer kleineren und teureren Angebots in den Niederlanden allerdings in Betracht, auf den französischen Markt auszuweichen. Anfang Oktober 1943 konsultierte er deswegen Rudolpha „Ruut" Begeer, die Tochter des Aufsichtsratsmitglieds der Buitenlandbank Carel J. A. Begeer, da diese während ihres Kunstgeschichtsstudiums in Paris Kontakt zu dortigen Kunsthändlern geknüpft hatte. Einige Tage nach diesem Gespräch schickte sie Miedl eine schriftliche Zusammenfassung ihrer Empfehlungen und wies ihn

1162 Es wird angenommen, dass das Gemälde von Govaert Flinck stammte, s. NL-HaNA, NBI 2.09.16 Nr. 874, Voorraadboek schilderijen, 1943, unfoliiert.

1163 NARA, M1946, RG 260, Records Concerning the Central Collecting Points: Munich Central Collecting Point, 1945–1951, Administrative Records, 1945–1951, Directives: General Directives and Notes concerning Loot, S. Lane Faison i. S. Geschichte des angeblichen Rembrandt Gemäldes Porträt eines jungen Mannes mit Schwert, 1951, unfoliiert.

1164 BArch Koblenz, B 323/113, Treuhandverwaltung von Kulturgut bei der Oberfinanzdirektion München, Reichskommissar für die besetzten niederländischen Gebiete – Generalkommissar zur besonderen Verwendung, Korrespondenz mit Gesandtschaftsrat Wickel, Sonderreferat Kulturaustausch beim Reichskommissar für die besetzten niederländischen Gebiete, Bd. 2, 1940–1941, Hans Posse an Felix W. Wickel, 4. 7. 1941, Bl. 58.

1165 NARA, M1946, RG 260, Directives: General Directives and Notes concerning Loot, S. Lane Faison i. S. Geschichte des angeblichen Rembrandt Gemäldes Porträt eines jungen Mannes mit Schwert, 1951, unfoliiert.

besonders auf die in der 35 avenue de Friedland gelegene Galerie G. Franc sowie den am Boulevard Raspail ansässigen Kunsthandel des Belgiers Joseph Leegenhoek hin. Damit es ihm leichterfalle, sich dort zurechtzufinden, führte sie nicht nur einige der dort angebotenen Werke mit Preisen auf, sondern beurteilte auch deren Qualität. So empfahl sie ihm etwa aus dem Bestand von Leegenhoek, einem ehemaligen Restaurator, der eng mit Hans Wendland zusammenarbeitete und unter anderem an Hofer und Almas-Dietrich verkaufte,[1166] ein „kleines Bildchen von Hieronymus Bosch"[1167] sowie „ein wunderbares Porträt Van Dyck zugeschrieben, einen Jüngling darstellend", das vier Millionen Francs kosten sollte. Bei der Galerie Franc riet sie dagegen, eine *Verwischte Landschaft* und eine *Wiese mit zwei Mädchen* von Pierre-Auguste Renoir nicht zu kaufen, während sie einen für zwei Millionen Francs angebotenen *Liegenden Akt*, eine *Landschaft mit drei Bäumen* und das *Porträt einer jungen Frau* desselben Künstlers als „sehr schön" bewertete. Das letztere mit 1,8 Millionen Francs bepreiste „ganz frühe" Gemälde gehörte Begeer zufolge nicht zum regulären Handelsbestand, sondern befand sich im Privatbesitz der Galeristin.

Aus zwei Schreiben Begeers, die sie Miedl zur Kontaktanbahnung für die beiden Pariser Kunsthändler übergab, geht hervor, dass ihr Engagement keineswegs ein von ihrem Vater vermittelter Freundschaftsdienst war. Vielmehr pflegte sie als Kunsthändlerin anscheinend bereits seit geraumer Zeit eine Geschäftsbeziehung zu Miedl, der ihr in der Regel eine zehnprozentige Provision zahlte.[1168] In ihren Schreiben empfahl sie ihn Franc als einen „sehr guten Kunden, der seine Geschäfte gerne mit Esprit, zügig und umfassend abwickelt"[1169], und riet Leegenhoek, sich bei einem Treffen mit Miedl ebenso zu verhalten.[1170] Offenbar kam es jedoch weder zu direkten Kontakten noch zu Käufen in Paris, da sich zwar die Originale der beiden Empfehlungsschreiben, aber keinerlei Belege für einen Kauf der von Begeer erwähnten Werke in den Unterlagen von voorheen J. Goudstikker befinden. Auch wenn Miedl, wie er nach Kriegsende behauptete, tatsächlich niemals Gemälde in Paris gekauft hat, wirkt seine Begründung, sich dort nicht genügend ausgekannt zu haben,[1171] angesichts von Begeers Unterstützung doch recht fadenscheinig. Miedls anhaltendes Interesse an impressionistischen Gemälden deutet indes darauf hin, dass er weiterhin hoffte, seine Familie im neutralen Ausland in Sicherheit bringen und deren Lebensunterhalt mit dem Verkauf dieser „international verwertbaren" Werke finanzieren zu können.

1166 BArch Koblenz, B 323/566, Treuhandverwaltung von Kulturgut bei der Oberfinanzdirektion München, Verzeichnis der der Treuhandverwaltung bekannt gewordenen Restitutionen von 1945 bis 1962, Restitutionen nach Frankreich, Bd. 1, 1962, Leegenhoek Paris, Bl. 40–41.

1167 NL-HaNA, NBI 2.09.16 Nr. 881, Ruut Begeer an Alois Miedl, 14.10.1943, unfoliiert; folgende Zitate ebd.

1168 Ebd.

1169 Ebd., Ruut Begeer an Galerie Franc Paris, 14.10.1943, unfoliiert.

1170 Ebd., Ruut Begeer an Joseph Leegenhoek Paris, 14.1.10.1943, unfoliiert.

1171 NARA, M1946, RG 260, Interrogations: Miedl Case, No. 3, 13.12.1945, Bl. 11.

In den Geschäftsbüchern fehlen die Personenangaben nicht nur bei über dreißig Erwerbungen, sondern auch bei den Käufern von einundzwanzig Gemälden. Beispielsweise wird bei einem *Eisvergnügen* (6413) von Pieter Brueghel dem Jüngeren und einer *Landschaft* (6451) von Jan van Goyen lediglich „ein Deutscher"[1172] vermerkt, der am 20. August 1943 insgesamt 46.500 Gulden gezahlt haben soll. Namentlich genannt wurden dagegen achtundfünfzig Käufer, von denen nur zehn in den Niederlanden ansässig waren. Mit Ausnahme von Hermsen, der ein *Stillleben mit Blumen* (5333) eines unbekannten Meisters erwarb, sowie eines gewissen Carl Ernst Freitag, der bereits 1942 im Verkaufsbuch als Käufer eines nicht näher bezeichneten Gemäldes im Wert von 1.400 Gulden aufgeführt wird, handelte es sich bei den acht anderen um Neukunden. Während ein Th. Pauwels aus Amsterdam oder ein Van Apeldoorn aus Heerde nur jeweils ein oder zwei Gemälde erwarben, kaufte ein Rotterdamer namens P. van Duuren sieben Werke, die abgesehen von einem *Künstleratelier* (6383) von Jan August Leys und einer *Landschaft* (6319) von Ferdinand Hendrik Sijpkens auf niederländischen Auktionen ersteigert worden waren. So etwa eine *Herbergsszene* (6336) von Cornelis Bega, die im Dezember 1942 bei Frederik Muller & Co. angeboten worden war, oder eine *Mondscheinlandschaft* (6261) von Aert van der Neer aus der Auktion von Van Marle & Bignell im September 1942. Ebenfalls aus dieser Versteigerung stammten ein *Fischerdorf* (6274) von Nicolaes Molenaer dem Jüngeren und ein *Bauernfest im Wirtshaus* (6273) von Jan Miense Molenaer, die für 25.000 beziehungsweise 30.000 Gulden an den in Amsterdam und Bergen aan Zee tätigen deutschen Kunsthändler Alfons Kaminski verkauft wurden. Darüber hinaus erwarb Kaminski,[1173] der wie Miedl erst nach der Besetzung der Niederlande in den Kunsthandel eingestiegen war,[1174] weitere sechsunddreißig Gemälde für annähernd 400.000 Gulden.

Seine in Deutschland ansässigen Kollegen blieben dagegen mit Ausnahme des Kunsthauses Malmedé, das im April 1943 für 100.000 Gulden eine *Landschaft mit Figuren* (6351) von Adriaen Brouwer übernahm, wesentlich zurückhaltender. Die Chemnitzer Kunsthandlung Gerstenberger etwa erwarb für insgesamt 33.500 Gulden eine *Landschaft* (6464) von Jan van Ravenswaay sowie eine *Stadtansicht* (6457) von Cornelis Springer, während der Besitzer der Kölner Bücherstube am Dom Hans Melchers 27.000 Gulden für ein *Stillleben mit Blumen und Früchten* (6425) von Abraham Mignon und eine großformatige *Landschaft* (6266) von Jacob van der Croos zahlte. Joseph Fach, der bislang ein Vielfaches der Einkaufspreise hatte aufwenden müssen, erhielt als langjähriger Kunde für vier Gemälde und zwei Gravuren (5716–5717) von Jean-François Janinet einen Nachlass von jeweils fünfzig Prozent. Schließlich führen die Unterlagen für zweiundzwanzig Gemälde als Käufer den Direktor

1172 NL-HaNA, NBI 2.09.16 Nr. 874, Voorraadboek schilderijen, 1943, unfoliiert.

1173 Ebd.

1174 Venema 1986, S. 295.

des Dorotheum Wien Hans Herbst auf.[1175] Ob die Werke am 15. Juli 1943 für 51.850 Gulden von ihm erworben oder in Kommission an das Auktionshaus zur Versteigerung geschickt wurden, geht aus den Unterlagen nicht hervor. Nachweislich wurden dort jedoch fünfzehn der Gemälde im Mai 1943 sowie Februar 1944 angeboten;[1176] das vor dem Zahlungsvermerk im Juli erfolgte Angebot im Mai deutet darauf hin, dass zumindest einige in Kommission gegeben wurden.

Abgesehen von dieser Handvoll Kunsthändler machte voorheen J. Goudstikker 1943 nach eigener Aussage „fast ausschließlich mit deutschen Sammlern und Museen"[1177] Geschäfte. 102.500 Gulden nahm voorheen J. Goudstikker bei der ersten und nachweislich einzigen Transaktion mit dem Wallraf-Richartz-Museum Köln ein, das insgesamt acht Gemälde erwarb. Zu den teuersten Werken gehörten mit 28.000 Gulden das *Bildnis der Herzogin von Berry* (B. P. 162) von François Gérard aus dem Bestand des ehemaligen Pensionsfonds sowie mit 45.000 Gulden eine *Abendlandschaft* (5118) von Aert van der Neer, die Almas-Dietrich im März 1941 als Scheinzuschlag auf der Hans-W.-Lange-Auktion ersteigert hatte. An den Kölnischen Kunstverein gingen ebenfalls acht Bilder für rund 25.000 Gulden.[1178] Erwerbungen in kleinerem Maßstab tätigten zudem die Hamburger Kunsthalle mit einer *Straßenszene* (5628) von Job Adriaensz. Berckheyde, das Stadtmuseum Danzig mit der Zeichnung einer *Kreuzabnahme* (PR 2546) von Daniel Chodowiecki und einem *Männerporträt* (6449) von Hendrik Pot sowie die Kunstsammlungen der Stadt Düsseldorf, die neben einem *Verkündigungsengel* (2344) und einer Grisaille des *Heiligen Andreas* (3112) von Jan Provost für 5.000 Gulden ein *Kircheninterieur* (5926) von Wilhelm Schubert van Ehrenberg übernahmen.

Neben diesen fünf Museen registrierte voorheen J. Goudstikker eine weit größere Anzahl von als Sammler kategorisierten Käufern. Einigen regelmäßigen Abnehmern wie Carl W. Schneider, an den Anfang des Jahres für 18.500 Gulden ein *Eisvergnügen* (6307) von Aert van der Neer veräußert wurde, standen mehrheitlich Neukunden gegenüber: Der Direktor der Humboldt Universitätsbibliothek Berlin Johannes Franke erwarb beispielsweise vier Gemälde, zu denen auch ein *Flötenspieler* (5864) von Gabriël Metsu gehörte. Dieses im September 1940 von der Buitenlandbank erworbene Gemälde[1179] gehörte dem aus Polen

1175 Herbst wird als Käufer folgender Inventarnummern aufgeführt: 6238–6249–6250–6280–6283–6317–6318–6320–6327–6338–6339–6352–6354–6379–6409–6417–6418–6419–6420–6438–6443–6444, s. NL-HaNA, NBI 2.09.16 Nr. 874, Voorraadboek schilderijen, 1943, unfoliiert.

1176 Aukt.-Kat. Dorotheum, Wien, „Ausstellung von Gemälden holländischer Meister des 19. Jahrhunderts", 6.–24. 5. 1943, https://digi.ub.uni-heidelberg.de/diglit/dorotheum1943_05_25 [zuletzt aufgerufen 18. 4. 2023]; Aukt.-Kat. Dorotheum, Wien, „487. Kunstauktion", 1.–3. 2. 1944, https://digi.ub.uni-heidelberg.de/diglit/dorotheum1944_02_01 [zuletzt aufgerufen 18. 4. 2023].

1177 NL-HaNA, NBI 2.09.16 Nr. 851, Kunsthandel v/h J. Goudstikker N. V. Amsterdam an Hotel Steigenberger Frankfurt a. M., 27. 3. 1943, unfoliiert.

1178 Der Kölnische Kunstverein erwarb folgende Inventarnummern: 6311–6343–6345–6346–6359–6369–6454–6493, s. NL-HaNA, NBI 2.09.16 Nr. 874, Voorraadboek schilderijen, 1943, unfoliiert.

1179 Ebd.

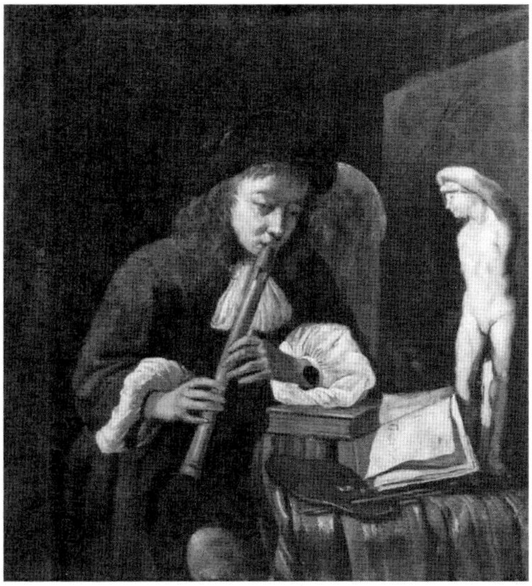

Abb. 16 Karel Slabbaert, Flötenspieler, o. D., Öl auf Holz, 19 × 17 cm.

stammenden jüdischen Bankier Chaim „Heinrich“ Einhorn,[1180] der im März 1943 zuerst in Westerbork inhaftiert wurde, bevor man ihn über die ‚Konzentrationslager‘ Vught und Theresienstadt im Oktober 1944 nach Auschwitz deportierte und dort ermordete.[1181] Ungeachtet der 1940 für das Gemälde gezahlten 2.500 Gulden handelt es sich um einen NS-verfolgungsbedingt erfolgten Verkauf, der einer Aufarbeitung bedarf. Durch das Fehlen einer Abbildung in den Geschäftsunterlagen des Kunsthandels wurde die Recherche zwar erschwert, nichtsdestoweniger konnte das Gemälde letztlich identifiziert werden. Ein Abgleich der überlieferten Werkangaben mit dem 2011 veröffentlichten Werkverzeichnis „Gabriel Metsu. Life and Work“ lieferte mit dem offenbar von Karel Slabbaert stammenden Gemälde *Flötenspieler* (Abb. 16) eine potenzielle Übereinstimmung. Ausgehend von dem Werkverzeichnis wurde das Gemälde, dessen Aufenthaltsort heute unbekannt ist, zuletzt am 9. Juni 1977 als Los 21 in der Versteigerung des Nachlasses von Hans A. Wetzlar bei Sotheby Mak van Waay angeboten.[1182] Die sich mit den Geschäftsunterlagen deckende Provenienzangabe des Auktionskatalogs hinsichtlich des Verkaufs an Franke bestätigte schließlich, dass es sich bei dem für 20.000 Gulden verkauften Los 21[1183] um das aus Einhorns Besitz stammende Gemälde handelt. Laut des Katalogeintrags der 1966 veranstalteten Ausstellung „Gabriel Metsu“ im Stedelijk Museum de Lakenhal Leiden wurde das als *Inspiratie* bezeichnete Gemälde am 5. September 1936 unter Los 2333 bei der Auktion „Mobiliar aus Schweizer Adelsbesitz“ von der Galerie Fischer, Luzern angeboten. Da die Provenienz Einhorn im Leidener Ausstellungskatalog nicht genannt wird,[1184] kann der Erwerbszeitraum vorerst lediglich auf 1936 bis 1940 eingegrenzt werden. Zudem muss bis auf Weiteres offenbleiben, von wem und wann vor 1966 Wetzlar das Gemälde kaufte.

1180 NL-HaNA, NBI 2.09.16 Nr. 881, Rechnung Chaim Heinrich Einhorn, 19. 9. 1940, unfoliiert.

1181 Arolsen-Archives, Inhaftierungsdokumente, Karteikarten aus der Kartothek des Judenrats in Amsterdam, Signatur 01020402 078, Heinrich Einhorn, unfoliiert.

1182 Waiboer, Adriaan E.: Gabriel Metsu. Life and Work. A Catalogue Raisonné, New Haven 2011, S. 322.

1183 Aukt.-Kat. Sotheby Mak van Waay Amsterdam, The Collection of the late Dr. Hans Wetzlar, Katalog-Nr. 277, 9. 6. 1977, Los 21, S. 21.

1184 Ausst.-Kat. Stedelijk Museum de Lakenhal Leiden, Gabriel Metsu, 22.6.–5. 9. 1966, Nr. 21, S. 75.

Bei einer *Gesellschaftsszene* (5783) von Pieter Codde kann der Verdacht auf einen NS-verfolgungsbedingten Entzug zumindest nicht ausgeschlossen werden, da das für 10.000 Gulden von dem Besteckfabrikbesitzer Hasso Rinke erworbene Gemälde von „Mühlmann" übernommen worden war. Für die Verkäufe an die deutsche Kunstfliegerin Elly Beinhorn sowie den Grafiker und Plakatgestalter Willy Petzold lässt sich dagegen keine Einschätzung abgeben, da sowohl die von Beinhorn für über 10.000 Gulden erworbene *Verherrlichung des Christuskindes* (6387) von Anthonis van Dyck als auch die von Petzold übernommene *Landschaft* (6367) von Jan Willem van Borselen 1943 auf niederländischen Auktionen erworben wurden. Das gilt auch für *Zwei junge Holzsammler* (6439) von Herman Frederik Carel ten Kate, das an den Frankfurter Hotelier Albert Steigenberger ging, sowie für sechs von fünfzehn Gemälden, die das Düsseldorfer Hotel „Breidenbacher Hof" im Februar, August und November 1943 erwarb.[1185] Da aus den Unterlagen nicht hervorgeht, ob die Gemälde für die Ausstattung des Hotels oder privat für dessen Eigentümer Georg Linsenmeyer bestimmt waren, bleibt unklar, ob die im Frühjahr verkaufte *Winteransicht* (6103) von Nicolaes Molenaer dem Jüngeren, *Der Überfall* (6200) von Esaias van de Velde und die *Marine* (6247) von Herman Henry op der Heyde im Juni 1943 in dem bei Luftangriffen getroffenen „Breidenbacher Hof" verbrannten.

Die beiden Gemälde mit dem Titel *Der Zahnarzt* von Pieter Quast (5916) und Benjamin Cuyp (5803) waren dagegen unzweifelhaft für die Geschäftsräume der Deutschen Zahnärzteschaft Berlin vorgesehen. Mit 7.000 Gulden lag deren Gesamtpreis erheblich unter dem 1943 von Sammlern zu entrichtenden Durchschnittspreis von über 9.000 Gulden, der in drei anderen Fällen wiederum bei Weitem übertroffen wurde: beispielsweise bei dem im Mai zunächst für 18.000 Gulden an Kaminski verkauften Bild *Dame und Dienstmädchen* (6412) von Pieter de Hooch, das nach seiner Retoure mit einem Aufschlag von 7.000 Gulden an einen gewissen Rudolf Ziersch aus Straßburg ging. Der im Dezember abgeschlossene Kauf umfasste außerdem das ebenfalls mit 25.000 Gulden bepreiste Gemälde *Katwijk* (6497) von Nicolaes Molenaer dem Jüngeren sowie die im April 1943 von Van Marle & Bignell erworbenen *Soldaten in der Scheune* (6390) von Benjamin Cuyp, die 30.000 Gulden kosteten. Dem Namen nach könnte es sich bei dem Käufer um den Wuppertaler Kunstsammler und Textilfabrikanten Rudolf Ziersch handeln; eine Verbindung zu Straßburg konnte jedoch bislang nicht nachgewiesen werden. Nicht eindeutig zu identifizieren sind auch eine Firma Heinemann und ein Hermann Schramm, beide in Neuss ansässig. Während letzterer Anfang Januar 1943 für 35.000 Gulden das Gemälde *Weinkeller* (5712) von Aelbert Cuyp erwarb, übernahm Heinemann einen Monat später für 45.000 Gulden ein *Männerbildnis* (5815) von Gerard Terborch.[1186]

Mit 50.000 Gulden noch teurer war ein *Italienischer Bauerntanz* (5931) von Peter Paul Rubens, den Miedl im Januar 1941 für ein Zehntel des Preises von dem aus Deutschland

---

1185 Für weitere fünf Gemälde nennen die Geschäftsbücher keine Verkäufer, s. NL-HaNA, NBI 2.09.16 Nr. 874, Voorraadboek schilderijen, 1943, unfoliiert.

1186 Die Inventarnummer 6412 lautete vor der Retoure durch Kaminski 6389, s. ebd.

emigrierten Juden Myrtel Frank erworben hatte.[1187] Der ehemalige Besitzer einer rheinländischen Textilfabrik betätigte sich offenbar im Gegenzug für den Schutz vor Deportation als Agent der ‚Dienststelle Mühlmann', handelte aber auch selbstständig mit Kunstwerken.[1188] Das von ihm verkaufte Gemälde übernahm im April 1943 Miedls und Hoffmanns Bekannter Georg Spitz, ein SD-Agent mit engen Verbindungen zur SS. Wohl weniger Sammler als Zwischenhändler, erwarb der aus einer jüdischen Wiener Familie stammende Spitz[1189] noch mehrfach Gemälde von voorheen J. Goudstikker und arbeitete anscheinend auf Provisionsbasis mit diesem zusammen.[1190] Darüber hinaus bestand zwischen Miedl und ihm eine durchaus dubiose Geschäftsbeziehung, auf die im Kapitel 9.1.1. detaillierter eingegangen wird.

Im Vergleich zu Spitz und den meisten anderen Sammlern fielen für Lages, Seekatz, Tietje und Hoffmann aus Miedls Bekanntenkreis ihre Einkäufe ausgesprochen günstig aus. Für das Gemälde *Blick auf Haarlem* (6244) von Wijnand Nuijen zahlte Seekatz beispielsweise mit 3.500 Gulden nur etwas mehr als das Doppelte des Einkaufspreises. Noch weniger aufwenden mussten Tietje sowie Hoffmann, der für seine Privatsammlung zwei *Marktansichten* (6197–6198) von Peeter Gijsels erwarb. Lages wurde das Aquarell *Bäuerin mit Kuh* (6368) von Anton Mauve, das bei der am 29. März 1943 veranstalteten Auktion von Frederik Muller & Co. für 907,50 Gulden zugeschlagen worden war, ohne Aufpreis überlassen.[1191] Auch die von anderen Regimefunktionären wie Karl Maria Hettlage oder Artur Axmanns Bruder Kurt gezahlten Beträge hielten sich in Relation zu den Einkaufspreisen meist in Grenzen. Voorheen J. Goudstikker begnügte sich etwa bei Hettlage mit einer Marge von gut 3.000 Gulden für den *Turm von Babel* (6004) von Hendrick van Cleve, während Axmann für eine *Mondscheinlandschaft* (6316) von Jacob Abels mit 2.500 Gulden lediglich den zweifachen Einkaufspreis zahlte und auf das *Häusliche Glück* (6335) von Albert Neuhuys nur 1.300 Gulden aufgeschlagen wurden. Sein Bruder Artur, der bereits im November 1942 für mehrere Zehntausend Gulden Gemälde von voorheen J. Goudstikker übernommen hatte, traf im Januar 1943 eine Vorauswahl weiterer sechs Werke für 73.000 Gulden, erwarb letztlich jedoch nur ein *Interieur* (6245) eines gewissen J. Grayer sowie die *Belagerung von Bergen op Zoom* (5757) von Hendrik de Meijer.

1187 NL-HaNA, NBI 2.09.16 Nr. 867, Voorraadboek schilderijen, 1940–1941, Bl. 41.

1188 Venema 1986, S. 285.

1189 NARA, M1946, RG 260, Repositories, Correspondence: South Bavaria, Bemried – Burgberg, Georg Spitz an MFAA München i. S. Declaration of property in objects of foreign origin, 28. 6. 1946, unfoliiert.

1190 Ebd. – Das Gemälde von Rubens verkaufte Spitz angeblich an den im NS-System erfolgreichen Kunsthändler Bernhard A. Böhmer, s. NARA, M1946, RG 260, Records Concerning the Central Collecting Points: Munich Central Collecting Point, 1945–1951, Restitution Research Records, 1945–1950, Investigations: Spitz, Georg, Edgar Breitenbach i. S. Von Georg Spitz gekaufte Goudstikker Gemälde und Teppiche, 11. 11. 1946, unfoliiert.

1191 Tietje kaufte 1943 folgende Inventarnummern: 6321–6326–6364–6433–6516, s. NL-HaNA, NBI 2.09.16 Nr. 874, Voorraadboek schilderijen, 1943, unfoliiert.

Käufer von neun Gemälden war schließlich der ‚Sonderauftrag Linz', für den sowohl das ‚Reichskommissariat Den Haag' als auch Hoffmann auftraten. Während letzterer für insgesamt 17.000 Gulden eine ursprünglich mit „X 10" inventarisierte Ansicht des *Marktplatzes Coburg* (5056) von Jacques François Carabain, eine *Venus* (6041) von Pietro Liberi sowie *Zwei Mädchen am Fenster* (6194) von Antoine Joseph Wiertz erwarb, veranlasste Seyß-Inquart den Kauf von sechs Werken zum Preis von fast 118.000 Gulden. Neben dem *Bildnis des Samuel Manasse Ben Isreal* (6361) von Govaert Flinck, das voorheen J. Goudstikker im Auftrag von Posses Nachfolger Hermann Voss ersteigert hatte, handelte es sich dabei um drei Landschaftsgemälde von Jan van Ravenswaay (6463), Andreas Schelfhout (6416) und Pieter Gerardus van Os (6410) sowie eine *Landschaft mit Ziegen* (642) von Jacob Sibrandsz. Mancadan und *Bei einem Kunsthändler* (6183) des Braunschweiger Monogrammisten.[1192] Als Geschenk bekam der ‚Sonderauftrag Linz' von voorheen J. Goudstikker bereits Anfang des Jahres den Stich *Holländische Wachtstube* (3087) von Pieter Tanjé nach einer Gouache von Cornelis Troost. Da der ‚Sonderauftrag Linz' die Originalvorlage nur kurz zuvor von dem Grafen W. F. Ch. H. van Aldenburg Bentinck erworben hatte, ist Miedls Geschenk wohl kaum zufällig. Um der Geste noch mehr Bedeutung zu verleihen, betonte Miedl bei der Geschenkübergabe ausdrücklich, dass die Grafik nicht zum regulären Handelsbestand gehöre, sondern bislang unverkäuflich im Treppenaufgang von voorheen J. Goudstikker gehangen habe. Gottfried Reimer verfasste daraufhin im Auftrag von Göpel ein überschwängliches Dankschreiben,[1193] da, wie letzterer hervorhob, das nichts koste, die Arbeit in Amsterdam aber sehr erleichtere.[1194]

Insgesamt verkaufte voorheen J. Goudstikker in diesem Jahr Gemälde für 1.739.800 Gulden; wobei die durchschnittliche Gewinnspanne mit 99,59 Prozent noch höher als 1942 ausfiel. Die bei Möbelstücken erzielte Rekordmarge des Vorjahres von 113 Prozent brach dagegen trotz einer leichten Umsatzsteigerung auf über 222.000 Gulden um fast einundvierzig Prozentpunkte ein.[1195] Ursächlich für diesen Rückgang war wahrscheinlich die Zurückhaltung deutscher Käufer bei ausladenden Möbelstücken, mit denen voorheen J. Goudstikker durchschnittlich höhere Margen erzielte. Voorheen J. Goudstikker hatte seine Kunden nämlich vorgewarnt, sie sollten beim „Ankauf von Möbelstücken in Holland nun äußerst vorsichtig sein, da die niederländische Eisenbahn ein Versandverbot ausgesprochen hat. Möbel können nur noch per Schiff transportiert werden, ob eine Umladung in Deutschland möglich ist, steht jedoch zur Frage."[1196]

1192 Ebd.

1193 BArch Koblenz, B 323/111, Gottlieb Reimer an Alois Miedl, 4. 3. 1943, Bl. 80.

1194 Ebd., Erhard Göpel an Gottlieb Reimer, 8. 3. 1943, Bl. 78–79.

1195 NL-HaNA, NBI 2.09.16 Nr. 851, Rapport inzake Kunsthandel v/h J. Goudstikker N. V. te Amsterdam per 31. 12. 1943, 4. 11. 1944, Bl. 8.

1196 BArch Koblenz, B 323/457, Kunsthandel v/h J. Goudstikker N. V. Amsterdam an Heinrich Zimmermann, 8. 10. 1943, Bl. 396–397.

Weniger drastisch reduzierte sich auch die durchschnittliche Gewinnspanne für Teppiche von 67,74 auf 53,40 Prozent bei einer exorbitanten Umsatzsteigerung von 340.505 auf über zwei Millionen Gulden.[1197] Während voorheen J. Goudstikker im ersten Halbjahr 1942 nur fünfundsiebzig Teppiche verkauft hatte, setzte er im gleichen Zeitraum 1943 über 300 Stück ab.[1198] Um die Miedl zufolge „nach wie vor sehr große Nachfrage nach guten Teppichen"[1199] zu decken, wurden innerhalb der ersten sieben Monate für rund 645.550 Gulden 315 Teppiche erworben,[1200] vorwiegend auf niederländischen Auktionen sowie von Händlern wie Alofs, Weinberg, Boerma und vor allem Groen und Van Bekkum. Da jedoch „das Angebot von Tag zu Tag geringer"[1201] wurde, hatten private Käufer wie Heinrich Zimmermann bei voorheen J. Goudstikker zunehmend das Nachsehen gegenüber staatlichen Institutionen. Schon im April 1943 wurde ihm mitgeteilt, man könne für ihn keine Teppiche reservieren, weil im Laufe des Monats zwei deutsche Museumdirektoren erwartet würden, die Erwerbungen in größerem Umfang beabsichtigten.[1202] Hierfür infrage kommen die Hamburger Kunsthalle, das Stadtmuseum Danzig oder auch das Münchner Jagd- und Fischereimuseum, das fast 61.000 Gulden für neun Perserteppiche zahlte.[1203] Freie Auswahl hatten außerdem mit siebenundzwanzig Teppichen das ‚Reichskommissariat der Ukraine' und der Kölner Oberbürgermeister Peter Winkelnkemper, der fünfzehn Teppiche für über 111.000 Gulden erwarb.[1204] Übertroffen wurde er nur von Hitler, der voorheen J. Goudstikker damit beauftragte, für Ausstellungszwecke in München fünfunddreißig Perserteppiche im Wert von rund 168.000 Gulden zu liefern.[1205] Obwohl Zimmermann sich hinter solchen Großkunden

1197 NL-HaNA, NBI 2.09.16 Nr. 851, Rapport inzake Kunsthandel v/h J. Goudstikker N. V. te Amsterdam per 31. 12. 1943, 4. 11. 1944, Bl. 8.

1198 NL-HaNA, NBI 2.09.16 Nr. 881, Aankoopen en verkoopen 1.1.–31. 7. 1942 en 1.1.–31. 1. 1943, unfoliiert.

1199 NL-HaNA, NBI 2.09.16 Nr. 851, Kunsthandel J. Goudstikker N. V. an Carl W. Schneider Berlin, 21. 6. 1943, unfoliiert.

1200 NL-HaNA, NBI 2.09.16 Nr. 881, Aankoopen en verkoopen 1.1.–31. 7. 1942 en 1.1.–31. 1. 1943, unfoliiert.

1201 NL-HaNA, NBI 2.09.16 Nr. 851, Kunsthandel J. Goudstikker N. V. an Carl W. Schneider Berlin, 21. 6. 1943, unfoliiert.

1202 BArch Koblenz, B 323/457, Kunsthandel v/h J. Goudstikker N. V. Amsterdam an Heinrich Zimmermann, 10. 4. 1943, Bl. 459.

1203 NL-HaNA, NBI 2.09.16.10 Nr. 203497, Kunstversand nach Deutschland durch die N. V. Van Gend & Loos Amsterdam im Auftrag von Kunsthandel v/h J. Goudstikker N. V. Amsterdam, unfoliiert.

1204 NL-HaNA, NBI 2.09.16 Nr. 866, Ingekomen- en uitgegane stukken, 1942–1943, Bl. 22, 41.

1205 StAM, Oberfinanzdirektion München Nr. 13831, Verwaltung Obersalzberg, Martin Bormann an Hauptzollamt München i. S. Niederschlagung von Zoll- und Umsatzausgleichssteuer für die Beschaffung von Perserteppichen, 9. 2. 1944, unfoliiert.

anstellen musste, tätigte auch er noch „sehr erhebliche Käufe“[1206] bei voorheen J. Goudstikker und beabsichtigte, dies weiterhin zu tun.

7.26 Resümee des Jahres 1943

Obwohl kaum mehr Gemälde als 1942 eingekauft wurden, stiegen die Ausgaben von voorheen J. Goudstikker mit fast 1,5 Millionen Gulden auf mehr als das Doppelte des Vorjahres.[1207] Als weitere Konsequenz der explodierenden Preise auf dem überhitzten Kunstmarkt wurden in den Geschäftsbüchern im Vergleich zu 1942 noch weniger niederländische Kunsthändler als Einlieferer aufgeführt. Deren zunehmende Nachschubprobleme blieben auch dem SD nicht verborgen: „Nach den Angaben der Kunsthändler wird heute das Zehn- oder Mehrfache sowohl für gute als auch wertlose Gemälde bezahlt.“[1208] Dass es auch auf Auktionen fast unmöglich wurde, Werke zu angemessenen Preisen zugeschlagen zu bekommen, stellte für voorheen J. Goudstikker, der auf diesem Weg fast die Hälfte aller Erwerbungen tätigte, im Gegensatz zu der Mehrheit der Kollegen kein Problem dar. Ausreichend finanzielle Mittel konnten zwar nichts an der Verknappung von Gemälden alter Meister auf dem niederländischen Kunstmarkt ändern, waren aber unerlässlich für deren Erwerb von privaten Anbietern, die für ihre Verkäufe von voorheen J. Goudstikker auch wiederholt die höchsten 1943 gezahlten Beträge erhielten. Namentlich genannt werden siebzehn Privatverkäufer, die tatsächliche Anzahl lässt sich jedoch aufgrund der teils wohl absichtlich rudimentären Buchführung weder für die Verkäufer noch für die Käufer zweifelsfrei rekonstruieren.

Auch die nur bruchstückhaft überlieferten Informationen zeigen auf der Käuferseite einen erheblichen Anstieg, der sich in fast 200 verkauften Gemälden widerspiegelt. Die größte Abnehmergruppe bestand aus Privatsammlern aus Deutschland, gefolgt von Museen und Kunsthandlungen sowie schließlich NS-Funktionären und -institutionen. Nicht wenige von ihnen erwarben in diesem Jahr neben Gemälden auch regelmäßig Perserteppiche, wohl auch, weil diese problemlos nach Deutschland transportiert werden konnten. Das Interesse an Möbelstücken, für die dies spätestens ab der zweiten Jahreshälfte nicht mehr galt, ging dagegen rapide zurück.

Obwohl sich die durchschnittliche Gewinnspanne gemessen am Einkaufspreis der Kunstgegenstände 1943 von 93,22 auf 71,90 Prozent reduzierte, betrug der Bruttogewinn mit

---

1206 BArch Koblenz, B 323/457, Heinrich Zimmermann an Kunsthandel v/h J. Goudstikker N.V. Amsterdam, 22.10.1943, Bl. 385. – Neben Teppichen erwarb Zimmermann 1943 folgende Inventarnummern: 6458–6492–5990, s. NL-HaNA, NBI 2.09.16 Nr. 874, Voorraadboek schilderijen, 1943, unfoliiert.

1207 NL-HaNA, NBI 2.09.16 Nr. 851, Rapport inzake Kunsthandel v/h J. Goudstikker N.V. te Amsterdam per 31.12.1943, 4.11.1944, Bijlage III, Bl. 5.

1208 Euwe 2007, S. 65, 72, 74.

1.600.400 Gulden mehr als das Doppelte des Vorjahres. Der um über zwei Millionen Gulden größere Gesamtumsatz von 4.010.200 Gulden war vor allem auf die Teppichverkäufe zurückzuführen, deren Anteil am Bruttogewinn sich um über zwanzig Prozentpunkte auf 41,78 Prozent erhöhte, während Möbel nur noch weniger als sechs Prozent zum Bruttogewinn beitrugen. Dank eines leichten Zuwachses der durchschnittlichen Gewinnspanne und mehr als einer Verdopplung des Vorjahresumsatzes blieben Gemälde mit 51,76 Prozent des Bruttogewinns weiterhin – wenn auch nur knapp – die wichtigste Handelssparte des Kunsthandels voorheen J. Goudstikker.[1209]

7.27 Liquidation der N.V. Buitenlandsche Bankvereeniging

Im Gegensatz zu der beachtlichen Umsatz- und Gewinnsteigerung des Kunsthandels voorheen J. Goudstikker verzeichneten die Miedl nahestehenden Bankhäuser 1943 einen Rückgang in offenbar allen Geschäftsbereichen. Witzig & Co., das „früher allein durch die Zinsspanne zwischen dem Schuldkonto der Schantung und dem Guthabenkonto der Buitenlandbank eine außergewöhnliche Einnahme von rund 30.000 Reichsmark jährlich gehabt“[1210] hatte, berichtete ihm im Juli, dass die Bank aktuell nur noch Kontokorrentgeschäfte tätigen könne. Um diese seit Ende 1941 entfallenen Einnahmen auszugleichen, schlug Prokurist Höglmeier ihm vor, sich bei den Kunsthandelsgeschäften „irgendwie nutzbar zu machen.“ Was er sich darunter konkret vorstellte und ob Miedl auf seinen Vorschlag einging, konnte in den Primärquellen nicht eruiert werden.

Vollständiger sind dagegen die Informationen zur Buitenlandbank, deren Liquidität spätestens seit Sommer 1942 als „nicht sehr günstig“[1211] beurteilt wurde. Noch ein Jahr zuvor hatte die Bank von der Aufhebung der Devisengrenze am 1. April beträchtlich profitiert; beispielsweise machte sie mit dem Verkauf eines Sperrmarkbetrages in Höhe von mehr als 3,5 Millionen Reichsmark, den sie noch am 31. März zum Kurs von unter sechzig Cent erworben hatte, einen erheblichen Gewinn.[1212] Darüber hinaus gehörte sie zu den vierunddreißig niederländischen Banken, die ab Ende August 1941 als „Devisenbanken“[1213] mit Fremdwährungen handeln durften. In diesem Geschäftsbereich standen 1941 Devisenkäufen

1209 NL-HaNA, NBI 2.09.16 Nr. 851, Rapport inzake Kunsthandel v/h J. Goudstikker N.V. te Amsterdam per 31.12.1943, 4.11.1944, Bijlage III, Bl. 6, 8.

1210 NL-HaNA, NBI 2.09.16 Nr. 881, Otto Höglmeier an Alois Miedl, 10.7.1943, unfoliiert; folgendes Zitat ebd.

1211 NL-HaNA, 2.25.68 Nr. 14322, Buitenlandsche Bank an De Nederlandsche Bank i.S. Prüfung der Monatsbilanz zum 31.8.1942, Oktober 1942, Bl. 19.

1212 NL-HaNA, NBI 2.09.16 Nr. 883, A.A.J. de Neef, Notities inzake ontvijandingsverzoek Alois Miedl, 30.1.1951, Bl. 5.

1213 Kreutzmüller 2005, S. 157; NL-HaNA, 2.25.68 Nr. 14322, Nederlandsche Bank N.V. Den Haag an Buitenlandsche Bankvereeniging N.V. Amsterdam, 9.9.1941, unfoliiert.

für fast vierzehn Millionen Gulden Devisenverkäufe von über fünfzehn Millionen Gulden gegenüber. Ein noch größeres Volumen erreichte der Handel mit Wertpapieren, deren An- und Verkäufe sich jeweils auf rund sechsunddreißig Millionen Gulden beliefen.[1214] Per saldo verbuchte die Bank 1941 einen Gewinn in Höhe von 770.000 bis 805.000 Gulden.[1215]

Der Handel mit Devisen und Wertpapieren brach 1942 zwar jeweils um knapp die Hälfte ein,[1216] dies war jedoch nicht dafür ausschlaggebend, dass Direktor Hans Ferdinand Wilhelm Meyer im Herbst 1942 mit der Situation der Bank unzufrieden war. Vielmehr beunruhigte ihn, dass die an Miedls Firmengeflecht vergebenen Kredite mittlerweile die Eigenmittel der Bank um das Eineinhalbfache überstiegen und fast zweiundvierzig Prozent der Bilanz ausmachten. Auch wenn er konzedierte, dass die zu Miedls engerem Kreis gehörende Mehrheit der Geldgeber sich dessen bewusst war, gab er zu bedenken, dass es „eine Reihe von Kreditoren gebe, die keine Insider seien und bei denen sich die Frage stellt, ob ihre Interessen in einem so einseitig ausgerichteten Institut wie der Buitenlandbank als angemessen gesichert angesehen werden sollten.“[1217] Sorgen bereiteten ihm darüber hinaus die seiner Meinung nach nur sehr schwer zu bewertenden von Miedl gestellten Kreditsicherheiten. Da die Aufsichtsratsmitglieder nach zahlreichen in den Sitzungsprotokollen festgehaltenen Kontroversen mit Miedl keine Einigung bei der Veränderung der bisherigen Kreditvergabe erzielten, strebte Meyer eine Umwandlung der Bank an, um „ihren privaten Charakter in seiner ganzen Tragweite nach außen hin zum Ausdruck zu bringen.“ Am 27. Februar 1943 beschloss daraufhin eine außerordentliche Aktionärsversammlung die Liquidation der Buitenlandbank rückwirkend zum 31. Dezember 1941.[1218] Nach einer rund einjährigen Liquidationsphase, in der die Bank den Handel mit Devisen und Wertpapieren weiter reduzierte, gründete Miedl am 1. Januar 1944 den „Alois Miedl Bankiersbedrijf“ mit Sitz an der Herengracht 268, der ein halbes Jahr später in „Bankierskantoor Alois Miedl N.V.“ umfirmiert wurde.[1219] Etwa zeitgleich wurden Miedl fünfundneunzig Prozent des Aktienkapitals der Buitenlandbank sowie der

1214 NL-HaNA, 2.25.68 Nr. 14322, Verwalter der Buitenlandsche Bankvereeniging an das Nederlandse Beheersinstituut Amsterdam, undatiert, Bl. 10, 12. – An das Berliner Bankhaus E. J. Meyer wurden 1941 Aktien für 28 Mio. Gulden verkauft, s. Kurz 1989, S. 47–48.

1215 Ebd., Bl. 2; ebd., Buitenlandsche Bank an De Nederlandsche Bank i. S. Prüfung der Monatsbilanz zum 31. 8. 1942, Oktober 1942, Bl. 19–20.

1216 Ebd., Verwalter der Buitenlandsche Bankvereeniging an Nederlandse Beheersinstituut Amsterdam, undatiert, Bl. 10, 12.

1217 Ebd., Dossier inzake Buitenlandsche Bankvereeniging N. V., 1934–1944, Buitenlandsche Bank an De Nederlandsche Bank i. S. Prüfung der Monatsbilanz zum 31. 8. 1942, Oktober 1942, Bl. 18–19; folgendes Zitat ebd.

1218 Ebd., Verwalter der Buitenlandsche Bankvereeniging an Nederlandse Beheersinstituut Amsterdam, undatiert, Bl. 1.

1219 Ebd., Financial Weekblad van de Fondsenhandel, Een Nederlandsche bankrelatie van den Duitschen spionnagedienst, 21. 12. 1945, unfoliiert.

1940 und 1941 erzielten Gewinne auf sein Privatkonto gutgeschrieben; ebenfalls privat von ihm abgerechnet wurden die Nettoerlöse der Jahre 1942 bis 1944.[1220]

Dass diese Erträge unter anderem aus dem Handel mit Wertpapieren aus jüdischem Besitz resultierten, ist zwar – wenig überraschend – aus den Geschäftsunterlagen nicht ersichtlich, Aussagen von drei ehemaligen Mitarbeitern in der Nachkriegszeit legen dies jedoch nahe. Miedls Schwarzbuchhalter Ligthart etwa sagte aus, dass man regelmäßig Aktien von Otto Rebholz erworben habe.[1221] Dieser aus Deutschland stammende Amsterdamer Bankier arbeitete nicht nur seit circa 1940 als V-Mann für den SD, sondern spielte zudem eine zentrale Rolle beim Handel von Wertpapieren aus jüdischem Besitz. Diese verkaufte er zugunsten des Deutschen Reichs unter anderem an Schweizer Kunden, denen die Provenienz verschleiert wurde.[1222] Inwiefern Rebholz auch Käufern in den Niederlanden eine unbedenkliche Herkunft vortäuschte, muss offenbleiben. Bei Miedl scheint eine solche Irreführung jedoch überflüssig gewesen zu sein, da er offenbar aktiv nach Möglichkeiten suchte, am Handel mit NS-verfolgungsbedingt entzogenen Wertpapieren teilzunehmen. Dafür spricht ein Briefwechsel mit dem ‚Verwalter jüdischen Vermögens' Ottomar Emil Bauer, dem Miedl vorschlug, die Buitenlandbank am Verkauf derartiger Aktien zu beteiligen.[1223] Während Miedl jegliche Zusammenarbeit mit Bauer nach Kriegsende bestritt,[1224] gaben sowohl Meyer als auch dessen Stellvertreter Herrndorf zu Protokoll, Bauer, der ein Bruder des Aufsichtsratsmitglied Arthur Paul Bauer war,[1225] habe regelmäßig Wertpapiere an die Bank verkauft, die damit einen Gesamtgewinn von mehr als einer Million Gulden erzielt habe.[1226]

1220 NL-HaNA, NBI 2.09.16.10 Nr. 203496, Politieke Recherche Afdeling Colaboratie, Amsterdam i. S. Rapport inzake N. V. Buitenlandsche Bankvereeniging, Bankierskantoor Alois Miedl, Amsterdam, 13. 11. 1946, Bl. 2. – Miedl erhielt im Rahmen der Liquidation der Buitenlandbank 1.277.945 Gulden, s. NL-HaNA, NBI 2.09.16.10 Nr. 203500, Inventaris van het archief van het Nederlands Beheersinstituut, beheersdossiers beginnend met de letter M, Miedl, A. (VI), Amsterdam, Liquidatie-Uitkeringen per 31. 12. 1941, unfoliiert.

1221 NL-HaNA, NBI 2.09.16 Nr. 883, Aussage von P. J. Ligthart, 19. 12. 1950, unfoliiert.

1222 NL-HaNA, NBI 2.09.16.05 Nr. 82001, Inventaris van het archief van het Nederlands Beheersinstituut, beheersdossiers beginnend met de letter G, Goudstikker, J. (Kunssthandel), Amsterdam, SS-Hauptsturmführer Egner zum Vorgang Rücksprache mit SS-Obersturmführer Gerbig vom Devisenschutzkommando Niederlande, Amsterdam i. S. V-Mann Otto Rebholz, Amsterdam, 26. 1. 1943, Bl. 1–2.

1223 NL-HaNA, NBI 2.09.16.10 Nr. 203494, Raad voor het Rechtsherstel, Afdeling Rechtspraak, Den Haag, Vonnis inzake Alois Miedl contra het Niederlandse Beheersinstituut, 5. 2. 1954, Bl. 11.

1224 NL-HaNA, NBI 2.09.16.10 Nr. 203497, Afdeling Ontvijanding van het Nederlandse Beheersinstituut i. S. Befragung Alois Miedl, 24. 2. 1951, Bl. 1.

1225 NL-HaNA, CABR 2.09.09 Nr. 86942-I, Politieke Recherche Afdeling Amsterdam i. S. Vermoedelijke collaboratie van Hans Ferdinand Wilhelm Meyer, 24. 7. 1946, unfoliiert.

1226 NL-HaNA, NBI 2.09.16.10 Nr. 203494, Raad voor het Rechtsherstel, Afdeling Rechtspraak, Den Haag, Vonnis inzake Alois Miedl contra het Niederlandse Beheersinstituut, 5. 2. 1954, Bl. 11.

7.28 Kunsthandelsgeschäfte 1944

Von der Insolvenzwelle, die den niederländischen Kunsthandel 1944 aufgrund des seit vier Jahren steigenden Preisniveaus bei gleichzeitig abnehmender Liquidität erfasste,[1227] blieb voorheen J. Goudstikker verschont; im Dezember 1943 klagte Miedl sogar, mit Arbeit überlastet zu sein.[1228] Ermöglicht wurde ihm dies trotz der Liquidation der Buitenlandbank, da er vom Handelstrust West nach wie vor regelmäßig Kredite erhielt, die offenbar immer höher ausfielen. Als die Muttergesellschaft Dresdner Bank diese Entwicklung zu unterbinden versuchte, drohte Miedl im Februar 1944 mit dem Abbruch der Geschäftsbeziehungen. Um einen Kunden wie ihn, der nicht nur fünf Prozent Zinsen, sondern auch fünfundzwanzig Prozent Provision zahlte, nicht an eine der anderen Stützpunktbanken zu verlieren, kam man auch weiterhin seinen Forderungen nach.[1229] Im Herbst 1944 waren demzufolge alle von voorheen J. Goudstikker gezogenen Schecks auf den Handelstrust West ausgestellt.[1230]

Gegenüber der Dresdner Bank rechtfertigte der Handelstrust West seine Nachgiebigkeit vor allem mit den profitablen umfangreichen Teppichkäufen, die Miedl auch 1944 mit diesen Krediten tätigte.[1231] Daneben erwarb voorheen J. Goudstikker in diesem Jahr für rund 750.000 Gulden 106 Gemälde, bei denen in achtundachtzig Fällen der Verkäufer angegeben ist.

7.28.1 Erwerbungen

Wie 1943 wurde der Großteil der Werke auf dem niederländischen Auktionsmarkt erworben, vornehmlich bei Frederik Muller & Co., aber auch bei Van Marle & Bignell, S. J. Mak van Waay und dem Amsterdamer Versteigerer G. Theodor Bom & Zoon. Während bei den drei letzteren für einen Gesamtbetrag von rund 12.000 Gulden sechs Gemälde übernommen wurden, erhielt man bei Frederik Muller & Co. bei vier Auktionen den Zuschlag für einundfünfzig Lose. Mehr als die Hälfte davon wurden am 29. Januar 1944 für fast 162.000 Gulden erworben, darunter auch ein *Wasserfall* (6550) von Jacob van Ruisdael sowie

1227 Euwe 2007, S. 63.

1228 NL-HaNA, NBI 2.09.16 Nr. 855, Kunsthandel v/h J. Goudstikker N.V. Amsterdam an Hauptbannführer Hartmann, 21.12.1943, unfoliiert.

1229 Sattler 2006, S. 761.

1230 NARA, M1946, RG 260, Records Concerning the Central Collecting Points: Munich Central Collecting Point, 1945–1951, Restitution Research Records, 1945–1950, Goudstikker Collection: Correspondence forwarded from Office of Military Government for Germany (US) (OMGUS), Kurt Erhardt an Emil Linder, 19.9.1944, unfoliiert.

1231 Sattler 2006, S. 761.

eine großformatige *Sommerlandschaft* (6552) von Johannes Bilders für 33.000 beziehungsweise rund 20.000 Gulden.

Die Transaktionen mit den sechs aufgeführten Kunsthändlern umfassten abgesehen von Walter Andreas Hofer, der im März 1944 sechs *Landschaften mit Figuren* (6583–6588) von Hubert Robert für 120.572 Gulden verkaufte, je nur ein Gemälde. Am teuersten war dabei mit 12.500 Gulden eine *Landschaft* (6582) von Lucas van Uden aus dem Bestand des Amsterdamer Händlers J. A. Agema, gefolgt von einer *Rheinlandschaft* (6637) von Jan Evert Morel, für die J. Vermeulen 6.500 Gulden erhielt. Weniger als 2.000 Gulden kosteten schließlich drei Landschaften, die von den Amsterdamern Eduard Johannes Alofs (6573) und J. M. van der Meulen (6638) sowie dem Den Haager Han Jüngeling (6633) angeboten worden waren.[1232]

Unter den restlichen fünfzehn nicht hauptberuflich auf dem Kunstmarkt aktiven Personen befand sich mit dem Hotelier Albert Steigenberger, der 1944 zudem elf Gemälde erwarb, nur ein deutscher Verkäufer. Das von ihm im Mai übernommene *Schlachtenbildnis* (6608) von Johannes Hermanus Koekkoek zählte mit 12.000 Gulden zu den kostspieligeren Erwerbungen des Jahres. Dies galt unter anderem auch für eine *Fröhliche Gesellschaft* (6574) von Jan Miense Molenaer, die für 18.500 Gulden von der Nederlandschen Standaard Bank gekauft wurde, sowie für das zum Preis von 20.000 Gulden übernommene Gemälde *Rebekka und Elieser am Brunnen* (6529) von Cornelis Buys aus der Sammlung des Amsterdamer Arztes Gillis Pieter Wijnmalen. Ob Emily Goudstikker-Sellisberger für das der Schongauer Werkstatt zugeschriebene Gemälde *Christus am Kreuz* (6534) tatsächlich 15.000 Gulden ausgezahlt bekam, bleibt ebenso fraglich wie die Identität des Besitzers einer *Biblischen Darstellung* (6572) von Ferdinand Bol, für die voorheen J. Goudstikker sogar 80.000 Gulden ausgab. Im Fall einer *Landschaft* (6530) von Joost van Geel ist die Identität des Verkäufers zwar nicht fraglich, aber gerade deshalb umso mehr die Echtheit des Gemäldes.[1233] Der Den Haager Restaurator Theo van Wijngaarden, von dem das Werk im Januar für 8.000 Gulden übernommen wurde, betätigte sich nämlich als Fälscher, bevorzugt von Blumenstillleben und Landschaftsmotiven.[1234]

Tatsächlich ließ sich auf dem niederländischen, französischen und belgischen Kunstmarkt 1944 ein Anstieg von Fälschungen, vor allem aber billig „produzierten" Bildern nachweisen,[1235] die häufig in Akkordarbeit von Laienmalern angefertigt wurden.[1236] Angesichts

---

1232 NL-HaNA, NBI 2.09.16 Nr. 872, Voorraadboek schilderijen, 1944, unfoliiert.

1233 Ebd.

1234 Lopez 2009, S. 35.

1235 David u. a. 2017, S. 33.

1236 Euwe, Jeroen/Oosterlinck, Kim: Quality and Authenticity in a Market under Pressure. The Case of the Dutch Art Market during World War II, in: Fleckner, Uwe/Gaehtgens, Thomas W./Huemer, Christian (Hrsg.): Markt und Macht. Der Kunsthandel im „Dritten Reich" (Schriften der Forschungsstelle „Entartete Kunst" Bd. XII), Berlin/Boston 2017, S. 51.

der laut Weltkunst „erschreckenden Formen“[1237], die „diese Auswüchse im holländischen Kunsthandel“ angenommen hatten, beschloss die ‚Niederländische Kulturkammer‘ im Mai 1944 die Schließung sämtlicher Geschäfte, die mit solchen Bildern handelten. Die steigende Nachfrage für diese als „Kitsch“ klassifizierten, erschwinglichen Gemälde beruhte auf der trügerischen Vorstellung der unter der zunehmenden Inflation leidenden niederländischen Bevölkerung, die mehrheitlich über weniger als 2.000 Gulden pro Jahr verfügte,[1238] damit etwas Werthaltiges zu erwerben. Aufwendige und damit teurere Fälschungen zielten dagegen auf zahlungskräftige Kunden und waren eine – ökonomisch gesehen – fast zwangsläufige Folge der Situation auf dem Markt alter Meister mit immer kleinerem Angebot bei hoher Nachfrage.

7.28.2 Der Vermeer-Tausch

Die vermeintliche Vergrößerung des schmalen Œuvres von Vermeer um ein bislang unbekanntes Werk, bei dem es sich tatsächlich um eine Fälschung von Wijngaardens Geschäftspartner Han van Meegeren handelte, begeisterte Händler und Sammler in den Niederlanden dermaßen, dass skeptische Überlegungen keinen Platz hatten. Angesichts der damit schon zweiten Neuentdeckung innerhalb kurzer Zeit wären diese allerdings angebracht gewesen. Bereits im Frühsommer 1943 war von Pieter de Boer ein Vermeer zugeschriebenes Gemälde mit dem Titel *Die Fußwaschung* angeboten worden. Nachdem Voss vom ‚Sonderauftrag Linz‘ den Kauf dieses – wiederum von Van Meegeren gefälschten – Bildes abgelehnt hatte, trat De Boer in Verhandlungen mit dem Rijksmuseum, das offenbar im Gegensatz zu Voss keinen Zweifel an der Echtheit hatte. Zu der Entscheidung des Museums, das Gemälde mit Unterstützung der „Vereeniging Rembrandt“ für über eine Million Gulden zu kaufen, trug maßgeblich bei, dass Göring Interesse daran angemeldet hatte. Aus Sorge, ein weiteres Spitzenwerk der niederländischen Malerei an das Deutsche Reich zu verlieren, wurde Hofer sogar zeitweilig die Besichtigung des Gemäldes verwehrt, angeblich so lange, bis er versprach, von einem Erwerb abzusehen.[1239] Wohl teils als Rechtfertigung schrieb er Göring im Juli 1943: „Die Sensation in Holland ist ein neu aufgefundener Vermeer [...]. Als ich das Bild besichtigte, stand das Museum bereits in Verhandlungen. In Anbetracht des Preises, des Sujets und des leider sehr schlechten Erhaltungszustandes verzichtete ich auf die Erwerbung des Bildes durch Sie.“[1240]

1237 Weltkunst, Jg. XVIII, Nr. 5, Kitschbekämpfung in Holland, 15.5.1944, S. 3; folgendes Zitat ebd.

1238 Euwe/Oosterlinck 2017, S. 51.

1239 BArch Koblenz, B 323/70, The Goering Collection (Bericht von Th. Rousseau), 15.9.1945, Bl. 144.

1240 NARA, M1946, RG 260, Göring, Hermann: Papers, Chronological (1943–1944), Walter Andreas Hofer an Hermann Göring, 14.7.1943, unfoliiert.

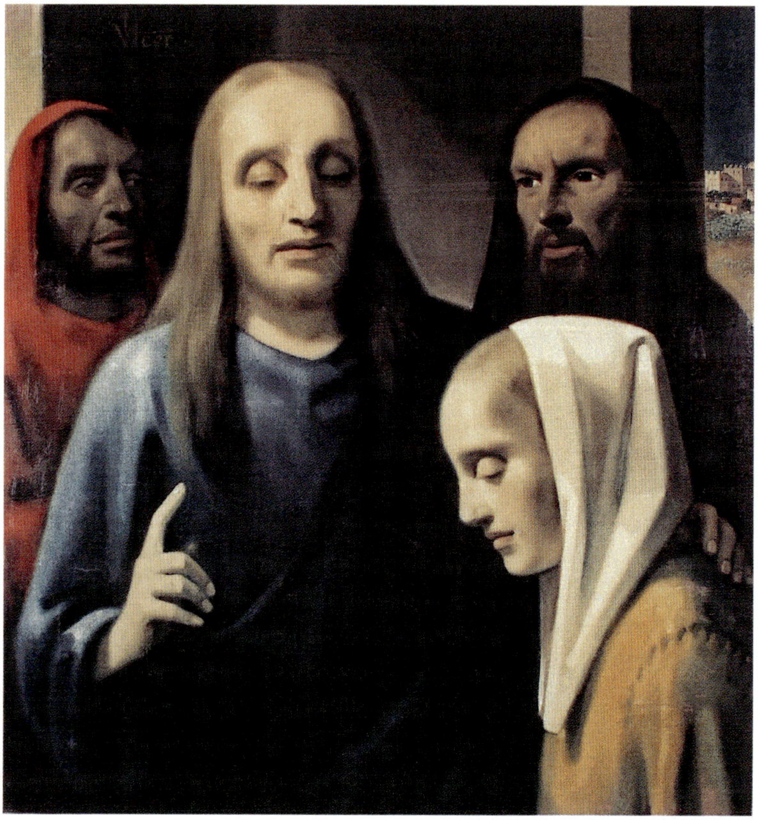

Abb. 17 Han van Meegeren, Christus und die Ehebrecherin, ca. 1930–1944, Öl auf Leinwand, 100 × 90 cm.

De Boer soll Hofer bereits zu diesem Zeitpunkt über die gerüchteweise Existenz eines zweiten, dem Handel noch nicht angebotenen Vermeer-Gemäldes informiert haben, das er – sollte er darauf Zugriff erlangen – Göring zu verkaufen beabsichtigte. Letztlich war es im September 1943 allerdings Miedl, der Hofer im Tresor des Bankhauses E. J. Meyer das auf den Boden einer Kiste genagelte, Vermeer zugeschriebene Gemälde *Christus und die Ehebrecherin* (Abb. 17) präsentierte.[1241] Miedl zufolge erfuhr er von dem Gemälde durch seinen ehemaligen Angestellten Rienstra,[1242] der im September 1942 von seinem Posten als Direktor der Buitenlandbank zurückgetreten war.[1243] Rienstra wiederum hatte Van Meegeren als Käufer seiner Wohnung an der Keizersgracht 321 kennengelernt[1244] und auf dessen

1241 BArch Koblenz, B 323/70, The Goering Collection (Bericht von Th. Rousseau), 15. 9. 1945, Bl. 145.

1242 NL-HaNA, NBI 2.09.16 Nr. 854, Alois Miedl i. S. Han van Meegeren, 7. 5. 1947, unfoliiert.

1243 NL-HaNA, 2.25.68 Nr. 14322, Informationen zu den Direktoren der Buitenlandsche Bankvereeniging N. V. Amsterdam, undatiert, unfoliiert.

1244 Ebd., Financial Weekblad van de Fondsenhandel, Een Nederlandsche bankrelatie van den Duitschen spionnagedienst, 21. 12. 1945, unfoliiert.

Wunsch mit ihm voorheen J. Goudstikker besichtigt. Laut Rienstra habe Van Meegeren ihn danach gebeten, das besagte Gemälde als Strohmann zu verkaufen, da er selbst anonym bleiben wolle, weil er im Auftrag einer älteren Witwe handele, die ihre Identität ebenfalls nicht preisgeben wolle. Auf wiederholte Fragen, ob das Gemälde aus jüdischem Besitz stamme, habe er keine Antwort erhalten, den Auftrag aber angenommen und Miedl von seinen Zweifeln berichtet.[1245] Weder von der undurchsichtigen Provenienz noch von der exorbitanten Preisforderung[1246] ließ sich Miedl abschrecken. Stattdessen handelte er einen Preis von 1,65 Millionen Gulden aus[1247] und beauftragte seinen Mitarbeiter Dik Senior sowie den ‚sternbefreiten' Kunsthistoriker Vitale Bloch mit der Begutachtung des Gemäldes, die beide zu einem positiven Ergebnis kamen.

Nach Miedls Darstellung habe ihm Plietzsch sogar geraten, das Bild keinesfalls zu verkaufen, da er ein Werk dieser Qualität nie mehr bekommen werde. Hoffmann habe es jedoch sofort für Hitler erwerben wollen, woraufhin Hofer interveniert und ihn daran erinnert habe, dass Göring 1941 auf den *Lesenden Mann* (5966) von Vermeer hatte verzichten müssen und daher nun Vorrang haben sollte. Nachdem das Gemälde von Hofer nach Carinhall gebracht worden war, zögerte Göring in den nächsten Monaten mit der Kaufentscheidung, einerseits wegen des seiner Meinung nach zu hohen Preises, anderseits aus Sorge, es könnte sich um jüdisches Eigentum handeln. Daran änderte sich auch nichts, als Miedl zur Eile drängte und ihm mitteilte, er habe von Hoogendijk als Vertreter einer Gruppe niederländischer Sammler zwischenzeitlich ein höheres Angebot erhalten.[1248] Um Görings Bedenken auszuräumen, veranlasste Miedl schließlich im Februar 1944 Van Meegeren zur schriftlichen Zusicherung, den Namen des Verkäufers innerhalb der nächsten zwei Jahre offenzulegen.[1249] Da Göring einen auf den Konten und in der Buchführung nachweisbaren Kauf dennoch weiterhin vermeiden wollte, einigte er sich mit Miedl auf einen Tausch, der am 9. Februar 1944 vollzogen wurde.

Während er neben dem vermeintlichen Gemälde von Vermeer weitere sechs Werke aus der Sammlung Renders übernahm, die er zwar bereits 1941 erhalten, bislang aber noch nicht bezahlt hatte, erhielt Miedl aus Görings Sammlung in Carinhall Gemälde im Wert

---

1245 Lopez 2009, S. 180–181.

1246 Gefordert wurden je nach Quelle 1,8 beziehungsweise zwei Mio. Gulden, s. NL-HaNA, NBI 2.09.16 Nr. 854, Alois Miedl i. S. Han van Meegeren, 7. 5. 1947, unfoliiert; BArch Koblenz, B 323/70, The Goering Collection (Bericht von Th. Rousseau), 15. 9. 1945, Bl. 145. – An anderer Stelle behauptete Miedl, Van Meegeren habe Schwarzgeld in Höhe von 2,5 Mio. Gulden gefordert, s. NL-HaNA, 2.05.286 Nr. 670, Alois Miedl i. S. Hugo Kaufmann & Co's Bank N. V. Amsterdam, 23. 4. 1948, Bl. 3.

1247 Lopez 2009, S. 184. – Korthals Altes und Roest van Limburg behaupteten 1948, Miedl habe nur 1.582.159 Gulden gezahlt. In dem Betrag war auch eine Provision in Höhe von 75.000 Gulden für Rienstra enthalten, s. NL-HaNA, NBI 2.09.16.10 Nr. 203498, Beheerders van de Kunsthandel v/h J. Goudstikker N. V. Amsterdam an Nederlandse Beheersinstituut Amsterdam, 13. 1. 1948, Bl. 2.

1248 NL-HaNA, NBI 2.09.16 Nr. 854, Alois Miedl i. S. Han van Meegeren, 7. 5. 1947, unfoliiert.

1249 Lopez 2009, S. 184–185.

von 1,65 Millionen Gulden.[1250] Je nach Quelle handelte es sich dabei um 137[1251] bis 172 Bilder[1252]; ausgehend von der Anzahl der überlieferten Inventarnummern umfasste der neu geschaffene „H"-Bestand wiederum 145 Gemälde, die größtenteils 1940 im Rahmen der ‚Arisierung' des Kunsthandels J. Goudstikker in Görings Besitz gelangt waren, teilweise auch von anderen Händlern stammten. Da Miedl den Tausch als Privatgeschäft behandelte, wurden die Gemälde nicht als Erwerbungen in den Geschäftsbüchern aufgeführt, sondern auf Provisionsbasis von zehn Prozent als Kommissionsware übernommen.[1253]

Privaten Sammlern wie Heinrich Zimmermann, die Interesse an den Gemälden zeigten, erteilte voorheen J. Goudstikker allerdings eine vorläufige Absage, da man „den größten Teil der Bilder aus der H-Sammlung für ein Museum zur Verfügung halten"[1254] musste. Höchstwahrscheinlich bezog sich voorheen J. Goudstikker dabei auf den ‚Sonderauftrag Linz', der bereits Anfang April 1944 für über 400.000 Gulden dreizehn Gemälde aus dem Bestand übernommen hatte. Unter den ausnahmslos hochpreisigen Werken stachen vor allem mit 60.000 Gulden ein *Männerbildnis* (H88) von Jan Cornelisz. Verspronck aus der Kunsthandlung Hoogendijk sowie mit 70.000 Gulden das Gemälde *Sturm über dem Haarlemer Meer* (H14) von Jan van Goyen aus dem Altbestand des Kunsthandel J. Goudstikker hervor.[1255] Nach Anzahl und Preisen wurde der ‚Sonderauftrag Linz' vom Dorotheum sogar noch weit übertroffen, wobei Dik Junior als Mittelsmann fungierte,[1256] der nach einem

---

1250 BArch Koblenz, B 323/70, The Goering Collection (Bericht von Th. Rousseau), 15. 9. 1945, Bl. 144.

1251 NARA, M1946, RG 260, Records Concerning the Central Collecting Points: Munich Central Collecting Point, 1945–1951, Restitution Research Records, 1945–1950, Göring, Hermann: Inventories (2 of 2), Herbert S. Leonhard an Office of Military Government for Germany i. S. Restitutable paintings in Holland, 10. 5. 1948, unfoliiert.

1252 NL-HaNA, NBI 2.09.16.10 Nr. 203496, E. J. Korthals Altes und W. C. Roest van Limburg i. S. voormalig vermogen van Alois Miedl, 28. 9. 1949, unfoliiert.

1253 NL-HaNA, NBI 2.09.16.10 Nr. 203498, Beheerders van de Kunsthandel v/h J. Goudstikker N. V. Amsterdam an Nederlandse Beheersinstituut Amsterdam, 13. 1. 1948, Bl. 2.

1254 BArch Koblenz, B 323/457, Kunsthandel v/h J. Goudstikker N. V. Amsterdam an Heinrich Zimmermann, 10. 5. 1944, Bl. 255.

1255 Der ‚Sonderauftrag Linz' erwarb folgende Nummern des H-Bestands: H14–H23–H24–H25–H61–H77–H88–H91–H97–H104–H116–H130–H140, s. NL-HaNA, NBI 2.09.16 Nr. 859, Boek van ingekomen- en uitgegane stukken, 1944, unfoliiert. – Am 1. 6. 1944 erwarb der ‚Sonderauftrag Linz' außerdem für 26.000 Gulden die Inventarnummer H45, s. NL-HaNA, NBI 2.09.16 Nr. 868, Inventaris van het dossierarchief van het Nederlandse Beheersinstituut, en van de in beslag genomen administraties, 1945–1967, Register clienten, 1941–1944, unfoliiert.

1256 BArch Koblenz, B 323/44, Treuhandverwaltung von Kulturgut bei der Oberfinanzdirektion München, Pfand- und Versteigerungsanstalt Dorotheum, Wien. – Verbleib von versteigerten Kunstobjekten aus Belgien, Frankreich und den Niederlanden, 1943–1946, Dr. Hans Herbst i. S. Verzeichnis über Ankäufe in Holland, März 1944, durch Vermittlung von Jan Dik Jun. Kollektion H, Bl. 5–6.

Streit mit Miedl[1257] seit Mai 1941 als selbstständiger Kunsthändler arbeitete und ab 1944 zudem für Hans Herbst Erwerbungen in den Niederlanden tätigte.[1258] Aus den Geschäftsunterlagen des Wiener Direktors geht hervor, dass das Dorotheum für einunddreißig Bilder insgesamt 1.563.000 Gulden zahlte; am teuersten war mit 175.000 Gulden ein Bildnis des *Apostel Paulus* (H50) von Jan van Scorel, das Göring im Juni 1940 von Hofers Schwager Bachstitz gekauft hatte. Ein unter „H21" geführter *Waffelbäcker* (3108) von Pieter Aertsen aus dem Altbestand des Kunsthandels J. Goudstikker kostete 160.000 Gulden und auch für eine *Grablegung Christi* (2475/H107) von Jan Provost und eine *Waldlandschaft* (2020/H35) von Jacob van Ruisdael mussten 125.000 beziehungsweise 120.000 Gulden aufgewandt werden.[1259] Wesentlich zurückhaltender blieben dagegen das Stadtmuseum Danzig mit einer *Biblischen Darstellung* (H119) von Jacob Grimmer aus dem Handelsbestand Peach sowie die Hamburger Kunsthalle, deren kommissarischer Leiter Carl Schellenberg sechs Gemälde erwarb.[1260]

Entgegen Miedls späterer offensichtlicher Schutzbehauptung, im „H"-Bestand hätten sich keine Werke aus den Niederlanden befunden,[1261] stammten über fünfzig Arbeiten aus dem Alt- sowie Neubestand von (voorheen) J. Goudstikker; weitere einunddreißig Bilder hatte Göring von niederländischen Kunsthändlern – vor allem De Boer, Delaunoy, Peach und Hoogendijk – gekauft. Weitere Erwerbsländer waren Deutschland, Österreich sowie Belgien und Frankreich. Da es sich nach Feststellung der Alliierten bei fast der Hälfte der Sammlung Göring um Raubkunst handelte – allein 700 Werke waren vom ERR beschlagnahmt worden[1262] –, verwundert es nicht, dass auch NS-verfolgungsbedingt entzogene Gemälde Teil des Tauschgeschäfts gewesen waren. In bislang dreizehn Fällen kann eine ‚Sicherstellung' durch den ERR, die ‚Dienststelle Mühlmann' oder Josef Angerer nachgewiesen werden.

1257 Miedl hatte ihm angeblich zusätzlich zu einer Provision 100.000 Gulden zugesagt, aber nicht gezahlt, s. Venema 1986, S. 218, 284.

1258 BArch Koblenz, B 323/44, Bericht von Dr. Hans Herbst, 5.3.1946, Bl. 3. – Für seine Tätigkeit erhielt Dik pro Kauf eine Provision in Höhe von 5 %, s. NL-HaNA, NBI 2.09.16.10 Nr. 203497, Befragung von Jan Dik Jr., 4.7.1945, unfoliiert.

1259 Das Dorotheum Wien erwarb folgende Nummern des H-Bestands: H9–H12–H13–H16–H17–H21–H22–H34–H35–H36a–H36b–H38a–H39–H46–H50–H63–H64–H66–H67–H68–H80–H85–H87–H107–H117–H124–H125–H135–H137–H138, s. BArch Koblenz, B 323/44, Dr. Hans Herbst i. S. Verzeichnis über Ankäufe in Holland, März 1944, durch Vermittlung von Jan Dik Jun. Kollektion H, Bl. 5–6.

1260 Die Hamburger Kunsthalle erwarb folgende Nummern des H-Bestands: H3–H44–H92–H100–H101–H106, s. NL-HaNA, NBI 2.09.16 Nr. 859, Boek van ingekomen- en uitgegane stukken, 1944, unfoliiert.

1261 NL-HaNA, 2.05.286 Nr. 670, Tijdelijk Zaakgelastigde an Minister van Buitenlandse Zaken, 6.11.1947, unfoliiert.

1262 Von zur Mühlen 2008, S. 145.

Angerer etwa hatte im September 1940 eine Théobald Michau zugeschriebene *Flusslandschaft* (H23), einen *Mann mit Hund* (H49) eines westfälischen Meisters sowie *Die Anbetung* (H73) aus der Schule von Fra Filippo Lippi beschlagnahmt, die der Pariser Kunsthändler Edouard Léon Jonas drei Monate vorher mit seinem restlichen Besitz nach Bordeaux verschickt hatte.[1263] Während letztere zwei Gemälde im Kunsthandel voorheen J. Goudstikker offenbar unverkauft blieben, war die *Flusslandschaft* Teil der Erwerbungen des ‚Sonderauftrag Linz'.[1264] Nach Kriegsende wurden Jonas, der mithilfe von Rose Valland Nachforschungen zu seiner Sammlung angestellt hatte, fünf in Deutschland aufgefundene Gemälde restituiert. Die zu diesem Zeitpunkt in Unkenntnis der Eigentumsverhältnisse von der Stichting Nederlands Kunstbezit verwahrten Gemälde *Flusslandschaft* und *Mann mit Hund* galten dagegen für die nächsten Jahrzehnte als verschollen. Erst 2011 wurden sie an die Erben nach Jonas restituiert.[1265]

Ebenfalls von Angerer konfisziert worden waren eine *Madonna mit Kind* (H47) von Francesco Fiorentino sowie eine *Weibliche Heilige mit Flügeln und Vogelkrallen* (H134) eines spanischen Meisters, die aus dem Bestand des Pariser Kunsthändlers Jacques Bacri stammten. Nachdem Bacri Frankreich bereits zu Kriegsbeginn verlassen hatte,[1266] beschlagnahmte Angerer noch vor dem ERR im Juli und August 1940 eine größere Anzahl von Kunstgegenständen aus dessen Unternehmen;[1267] der restliche Handelsbestand wurde 1942 vom ‚Devisenschutzkommando Frankreich' im Depot des Jeu de Paume eingelagert.[1268] Wie die beiden Werke aus dem Bestand Bacri blieben auch vier *Jahreszeiten*-Darstellungen (H30-H33) nach Abel Grimmer unverkauft, die Anfang Mai 1941 vom ERR aus dem Depot der Pariser Kunsthändler Hermann, Jean und Isaak Hamburger beschlagnahmt worden waren.[1269] Miedl

1263 Advisory Committee on the assessment of restitution applications for items of cultural value and the Second World War, RC 1.117, Recommandation regarding Jonas, 19. 12. 2011, https://www.restitutiecommissie.nl/en/recommendation/jonas/ [zuletzt aufgerufen 21. 4. 2023].

1264 NL-HaNA, NBI 2.09.16 Nr. 859, Boek van ingekomen- en uitgegane stukken, 1944, unfoliiert.

1265 https://www.sothebys.com/en/buy/auction/2021/tableaux-dessins-sculptures-1300-1900-session-ii/an-extensive-landscape-with-peasants-and-cows [zuletzt aufgerufen 3. 9. 2024]. – https://www.sothebys.com/en/buy/auction/2021/tableaux-dessins-sculptures-1300-1900-session-ii/portrait-of-a-man-holding-a-dog-in-his-hands [zuletzt aufgerufen 3. 9. 2024].

1266 BArch Koblenz, B 323/266, Treuhandverwaltung von Kulturgut bei der Oberfinanzdirektion München, Inventar- und Kistenlisten der vom ‚Einsatzstab Reichsleiter Rosenberg' beschlagnahmten Sammlungen, Sammlungen Andriesse – Bauer, 1941–1948, Notiz zu Jacques Bacri, 24. 2. 1941, Bl. 203.

1267 Ebd., ‚Einsatzstab Reichsleiter Rosenberg' an Militärbefehlshaber in Frankreich i. S. Kunsthandlung Bacri Frères, 16. 7. 1943, Bl. 201.

1268 Ebd., ‚Einsatzstab Reichsleiter Rosenberg', Inventarliste Kunsthändler Bacri, 26. 10. 1942, Bl. 183–195.

1269 Insgesamt konfiszierte der ERR aus dem Depot der Chase-Bank 34 Gemälde, s. BArch Koblenz, B 323/272, Treuhandverwaltung von Kulturgut bei der Oberfinanzdirektion München, Inventar- und Kistenlisten der vom ‚Einsatzstab Reichsleiter Rosenberg' beschlagnahmten Sammlungen,

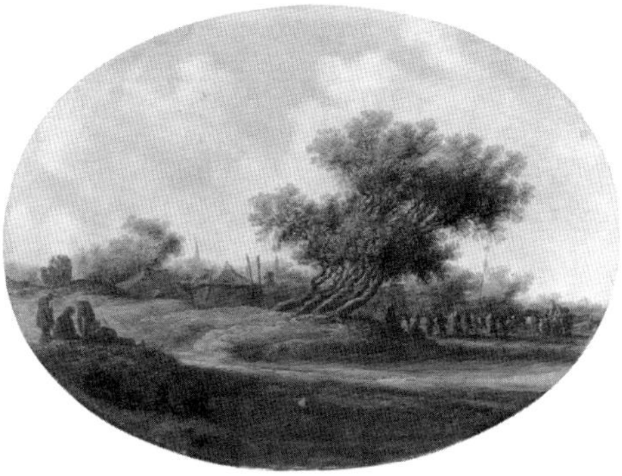

Abb. 18 Salomon van Ruysdael, Der Maibaum, 1633, Öl auf Holz, 39 × 51 cm.

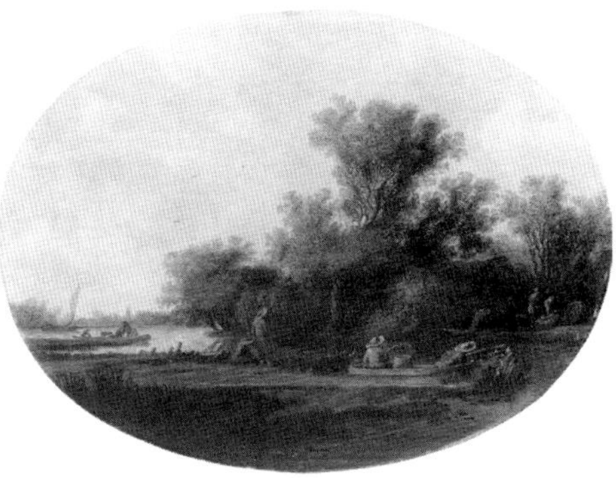

Abb. 19 Salomon van Ruysdael, Fischer im Boot, 1633, Öl auf Holz, 39 × 51 cm.

übergab diese Werke der Schantung, die sie auf einer Preisbasis von 80.000 Reichsmark bei E. J. Meyer deponierte.[1270]

Mit dem Dorotheum fand sich dagegen ein Käufer für die aus dem Besitz von Hugo Daniel Andriesse stammenden Gemälde *Der Maibaum* (H36a) und *Fischer im Boot* (H36b) von Salomon van Ruysdael (Abb. 18 & Abb. 19), die Herbst jeweils 65.000 Gulden kosteten.[1271] Der Belgier Andriesse hatte seine neunundzwanzig Gemälde umfassende Kunstsammlung[1272] im Dezember 1939, drei Monate vor seiner Emigration nach Amerika, in den Musées royaux d'Art et d'Histoire, Brüssel, eingelagert.[1273] Ein Jahr später erfolgte die ‚Sicherstellung' der Werke durch das ‚Devisenschutzkommando Belgien', das diese am 12. März 1942 an das Depot des Jeu de Paume übergab. Die von dem ERR unter den Inventarnummern 2 und 3 geführten Gemälde[1274] wurden von dem Dorotheum 1944 an den ‚Sonderauftrag Linz' verkauft, der sie spätestens ab Februar 1945 im ‚Führerbau' in München einlagerte. Von dort

Sammlungen Hamburger – Kalmann-Levy, 1943–1944, Inventarliste der Kunstgegenstände aus der Sammlung Hamburger, Bl. 22.

1270 NARA, M1946, RG 260, Goudstikker Collection: Correspondence forwarded from Office of Military Government for Germany (US) (OMGUS), Bilder-Depot E. J. Meyer Berlin, undatiert, unfoliiert. – Weitere 24 Gemälde des „H"-Bestands schickte Miedl zur Einlagerung an den in Bad Tölz lebenden Franz Schneller, s. NL-HaNA, NBI 2.09.16 Nr. 859, Boek van ingekomen- en uitgegane stukken, 1944, unfoliiert.

1271 BArch Koblenz, B 323/44, Dr. Hans Herbst i. S. Verzeichnis über Ankäufe in Holland, März 1944, durch Vermittlung von Jan Dik Jun. Kollektion H, Bl. 5–6.

1272 BArch Koblenz, B 323/266, Jeu de Paume, Eingangsbestätigung, 10. 3. 1942, Bl. 6.

1273 Ebd., Devisenschutzkommando Belgien an Leiter des Devisenschutzes in den besetzten Gebieten Belgiens und Frankreichs, 28. 11. 1941, Bl. 9.

1274 Ebd., ‚Einsatzstab Reichsleiter Rosenberg', Inventarliste, 13. 3. 1943, Bl. 4–5.

wurden sie in der Nacht vom 29. auf den 30. April 1945 mit über 600 weiteren Kunstobjekten gestohlen und gelten seitdem als verschollen.[1275]

Neben den beiden Gemälden von Van Ruysdael erwarb das Dorotheum außerdem zum Preis von 15.000 Gulden die *Falknerei* (H16) von Johann Lingelbach.[1276] Dieses offenbar im Auftrag der Berliner Kunsthandlung C. F. E. Schmidt erworbene Gemälde gehörte ursprünglich Max Wassermann, Paris, dessen Nachlass Mitte April 1941 vom ‚Devisenschutzkommando Frankreich' ‚sichergestellt' und an den ER übergeben worden war. Unter den Bildern befand sich auch eine *Grachtenansicht im Mondschein* (H141) von Aert van der Neer, die im Juli 1944 an den Leipziger Musikverleger Hans C. Sikorski verkauft wurde.[1277] Insgesamt soll Sikorski fast 230.000 Reichsmark für das besagte Gemälde und weitere fünf Arbeiten aus dem „H"-Bestand ausgegeben haben.[1278]

Obwohl es durch die Hände der häufig mit Raubkunst handelnden Gustav Rochlitz und Bruno Lohse gegangen war, ist dagegen ein *Porträt* (H114) eines westfälischen Meisters, das Anfang Mai 1944 an den Großindustriellen Rudolf Stahl verkauft wurde, nicht eindeutig als NS-verfolgungsbedingt entzogen zu identifizieren. Fraglich bleibt außerdem die Provenienz der von Göring angeblich bereits vor dem Krieg erworbenen *Landschaft mit Staffage* (H29) von Dionijs Verburgh, die zusammen mit der *Falknerei* (H78) von Philips Wouwerman, einem 1940 überreichten Geschenk des Direktors der Erdölwerke Hannover Hans Brochhaus, für 30.000 Gulden an Emil Kummerlé verkauft wurde. Einen *Grönlandfalken* (H86) von P.Th. Hamilton, den Göring 1938 ebenfalls als Präsent vom ‚Gau Oberösterreich' erhalten hatte, erwarb das Steigenberger-Hotel „Frankfurter Hof", das 1944 weitere zehn Gemälde kaufte. Unter den acht anderen Privatkäufern aus Deutschland, die vierzehn Gemälde des „H"-Bestands übernahmen, befand sich schließlich auch der zuvor vertröstete Zimmermann,

---

1275 Fuhrmeister, Christian/Hopp, Meike/Klingen, Stephan, Weidinger, Leonhard: „Führerbau-Diebstahl". Rekonstruktion des Bestandes im sog. Führerbau in München – Recherche zum Verbleib der verschwundenen Objekte, Anhang Aufstellung der Objekte, die offenbar Ende April 1945 aus dem Führerbau gestohlen wurden und nach wie vor verschollen sind bzw. wieder aufgetaucht sind, aber nicht restituiert wurden, München 2019, S. 318–319, s. https://nbn-resolving.org/urn:nbn:de:bvb:255-dtl-0000008000 [zuletzt aufgerufen 3.9.2024].

1276 BArch Koblenz, B 323/44, Dr. Hans Herbst i. S. Verzeichnis über Ankäufe in Holland, März 1944, durch Vermittlung von Jan Dik Jun. Kollektion H, Bl. 5–6.

1277 BArch Koblenz, B 323/434, Treuhandverwaltung von Kulturgut bei der Oberfinanzdirektion München, Restitutionsanträge aus Frankreich, Bearbeitung von Einzelfällen, Bd. 3, 1947–1963, E. Böhm an Bundesamt für äußere Restitution i. S. Sammlung Dr. Wassermann (Succession), 11.3.1960, Bl. 211.

1278 BArch Koblenz, B 323/461, Ella Entsch an Ministerpräsidenten von Bayern i. S. Bühnen- und Musikverlag Dr. Sikorski, 24.5.1946, Bl. 108. – Sikorski erwarb folgende Nummern des H-Bestands: H69–H70–H109–H129–H136, s. NL-HaNA, NBI 2.09.16 Nr. 859, Boek van ingekomen- en uitgegane stukken, 1944, unfoliiert.

der sich im Juni und August 1944 für eine *Gesellschaftsszene* (715/H7) von Dirck Hals und ein *Stillleben mit toten Vögeln und einer Katze* (5972/H105) von Frans Snyders entschied.[1279]

Den Nachkriegsaussagen von Görings Sekretärin Gisela Limberger sowie Hoffmann, Miedl sei mit der Wahl der Bilder unzufrieden gewesen[1280] und habe bei dem Tausch ein schlechtes Geschäft gemacht,[1281] stimmte er selbst 1947 nicht zu, vielmehr sei er mit der erzielten Lösung „sehr zufrieden"[1282] gewesen; immerhin nahm er 1944 durch den Verkauf von neunundsiebzig der insgesamt 145 Gemälde 2.417.000 Gulden ein.[1283] Der wahre Verlierer des Tauschgeschäfts war Göring, dem allerdings erst nach der Mitteilung der Alliierten bewusst wurde, dass das teuerste Gemälde seiner Sammlung eine Fälschung war.[1284]

7.28.3 Verkäufe

Neben den Werken des „H"-Bestands verkaufte voorheen J. Goudstikker bis September 1944 190 Gemälde, für die in siebenundzwanzig Fällen keine Käufer genannt werden.[1285] Wie schon in den Vorjahren lebten von den sechsundvierzig aufgeführten Kunden nur wenige in den Niederlanden, beispielsweise der Cellist Carel van Leeuwen-Boomkamp, der Ende Mai eine *Musikgesellschaft* (5863) von Willem van Mieris mit einem dreifachen Aufpreis für 13.500 Gulden erwarb. Dem Moderne Boekhandel Amsterdam wurde dagegen für eine *Kanalansicht* (6556) von Jacob Maris ebenso wie den vier anderen niederländischen Käufern weniger hohe Preisaufschläge berechnet. Acht der zwölf von ihnen gekauften Gemälde, darunter auch die *Kanalansicht*, hatte voorheen J. Goudstikker auf Auktionen bei S. J. Mak van Waay und vor allem Frederik Muller & Co. ersteigert. Letzterer wird im Vorratsbuch für den 31. Juli 1944 selbst als Käufer von sechsundzwanzig Kunstwerken gelistet, die kurz

1279 NL-HaNA, NBI 2.09.16 Nr. 859, Boek van ingekomen- en uitgegane stukken, 1944, unfoliiert.

1280 NARA, M1922, RG 260, Interrogations of All Close Friends of Nazi Big Wings: Koerner – Limberger, Befragung von Gisela Limberger, 9.10.1945, unfoliiert.

1281 NARA, M1944, RG 239, The Roberts Commission, 1943–1946, Detailed Interrogation Reports, 1945–1946, DIR No. 1 – Heinrich Hoffmann, Detailed Interrogation Report No. 1, 1.7.1945, unfoliiert.

1282 NL-HaNA, NBI 2.09.16 Nr. 854, Alois Miedl i.S. Han van Meegeren, 7.5.1947, unfoliiert.

1283 SAA, 1341 Nr. 112, Rapport van de Centrale Accountants Dienst van het Ministerie van Financien aan het NBI van het onderzoek naar de voorwaarden waaronder door de beheerders van het vermogen van Alois Miedl en van den Kunsthandel v/h J. Goudstikker N.V. restitutie van vermogenswaarden heeft plaatsgevonden aan de Kunsthandel J. Goudstikker N.V., 7.11.1951, Bl. 11.

1284 NARA, M1947, RG 260, Office of US Chief of Counsel: Interrogations of War Criminals, Befragung von Hermann Göring, 30.8.1946, unfoliiert.

1285 NL-HaNA, NBI 2.09.16 Nr. 872, Voorraadboek schilderijen, 1944, unfoliiert; NL-HaNA, NBI 2.09.16 Nr. 859, Boek van ingekomen- en uitgegane stukken, 1944, unfoliiert.

vorher von ihm in der dritten Frühjahrsauktion[1286] angeboten worden waren. Da weder ein Preisbericht noch eine Auktionsabrechnung erhalten sind, lässt sich nicht eindeutig feststellen, ob der Auktionator die Gemälde nachträglich selbst für fast 50.000 Gulden kaufte oder es sich dabei um Zuschläge handelt. Für letzteres spricht, dass sowohl bis zu zehnfache Einkaufspreise als auch weit darunterliegende Beträge gezahlt wurden: Ein *Kircheninterieur* (5122) von Gerrit Adriaensz. Berckheyde, das De Haan im Auftrag von Miedl 1940 für 1.815 Gulden erworben hatte, kostete nun 7.400 Gulden und der Preis für eine *Landschaft* (5877) von Herman Saftleven dem Jüngeren war von 350 auf 3.000 Gulden gestiegen. Dagegen wurde unter anderem ein *Porträt des Isaac Casaubon* (5550) von Peter Paul Rubens, das für 4.000 Gulden von Katz gekauft worden war, für nur 2.300 Gulden veräußert.[1287]

Abgesehen von dem Auktionshaus, das überdies die Gemälde sehr wahrscheinlich lediglich anbot, nennen die Geschäftsunterlagen 1944 keine im niederländischen Kunstbereich tätigen Käufer. Auf deutscher Seite erwarben sowohl das Stadtmuseum Danzig als auch die Chemnitzer Kunsthandlung Gerstenberger je drei Gemälde. Während an Gerstenberger Ende Februar zwei *Landschaften* von L. G. Klein (6511) und Anthony Oberman (6563) sowie die einen Monat zuvor bei Frederik Muller & Co. erworbene *Sommerlandschaft* (6552) von Johannes Bilders verkauft wurden, entschied sich das Museum für das *Porträt eines Gelehrten* (6543) von Frans van Mieris, eine *Landschaft* (6582) von Lucas van Uden sowie das Aquarell *Melkerin mit Kuh* (6557) von Anton Mauve. Der Kölnische Kunstverein, der 1943 acht Bilder übernommen hatte, blieb nun mit einer *Marine* (6565) von Hendrik Willem Mesdag zurückhaltender. Der Direktor des Rheinischen Landesmuseums Bonn Franz Rademacher akquirierte als Neukunde ebenfalls nur ein *Blumenstillleben* (6568) von Otto Marseus van Schrieck für 9.000 Gulden. Ein weiterer Neukunde, der Kunsthändler Bernhard A. Böhmer, der zur ‚Kommission zur Verwertung der Produkte entarteter Kunst' gehört hatte, zahlte für das Gemälde *Kühe in der Landschaft* (6374) von Paulus Potter, das Miedl für 65.000 Gulden von Tietje gekauft hatte, im Juli 1944 sogar 80.000 Gulden.[1288] Außerdem revidierte er offenbar seine Kaufentscheidung hinsichtlich eines mit 15.000 Gulden bepreisten *Bildnisses eines Greisen* (5967) von Jacopo Tintoretto, dessen Erwerb er noch im Herbst 1943 abgelehnt hatte.[1289]

Der letzte Käufer aus der Gruppe der Kunsthändler und Museumsdirektoren war der Kölner Georg Schilling, der nicht nur für Göring, sondern auch ab 1943 für den ‚Sonderauftrag Linz' in den Niederlanden, Frankreich und vor allem Belgien als Einkäufer aktiv

1286 Aukt.-Kat. Frederik Muller & Co., Amsterdam, „Derde Voorjaarsveiling 1944", 18.–21. 7. 1944, https://digi.ub.uni-heidelberg.de/diglit/mensing_fils1944_07_18 [zuletzt aufgerufen 26. 4. 2023].

1287 NL-HaNA, NBI 2.09.16 Nr. 872, Voorraadboek schilderijen, 1944, unfoliiert.

1288 Ebd.

1289 NARA, M1946, RG 260, Goudstikker Collection: Correspondence of Dutch Art, December 1942 – October 1944, Schantung Handels-AG Berlin an Kunsthandel v/h J. Goudstikker N. V. Amsterdam, 1. 9. 1943, unfoliiert.

war.[1290] Bei voorheen J. Goudstikker kaufte er – diesmal offenbar auf eigene Rechnung – für 17.500 Gulden eine *Dünenlandschaft* (6391) von Jan van Goyen sowie für über 45.000 Gulden einen *Wasserfall* (6550) von Jacob van Ruisdael. Für den ‚Sonderauftrag Linz' erwarb dagegen Göpel von Januar bis Juni 1944 laut der Geschäftsbücher neun Gemälde, die insgesamt 134.500 Gulden gekostet haben sollen. Neben einem mit 35.000 Gulden bewerteten *Porträt des Pieter Reael* (6589) von Govaert Flinck[1291] (Abb. 20) und den bereits thematisierten *Bergziegen* (723) von Jacob Sibrandsz. Mancadan kaufte er unter anderem mit *Geflügel und Kaninchen* (5017) von Jacomo Victors (s. Abb. 3) ein Gemälde aus der Sammlung von Philipp Brünell. Der Ankauf dieses NS-verfolgungsbedingt gefährdeten Bildes hatte Miedl 1940 200 Gulden gekostet; nun erhielt er von Göpel dafür 11.500 Gulden.[1292] Preislich übertroffen wurden alle diese Transaktionen jedoch von dem 1,95 auf 2,40 Meter großen Werk *Diana mit musizierenden Nymphen* (701) von Jacob Backer, das Voss laut Rechnung vom 22. Juni 1944 für 125.000 Reichsmark akquirierte.[1293] Nach Kriegsende sämtlich im Central Collecting Point München deponiert, wurde das *Porträt des Pieter Reael* im Herbst 1945 gestohlen und gelangte über den französischen Kunsthandel in eine kanadische Privatsammlung. Erst 1996 wurde das Gemälde an den niederländischen Staat restituiert und ein Jahr später als Dauerleihgabe dem Amsterdam Museum übergeben.[1294]

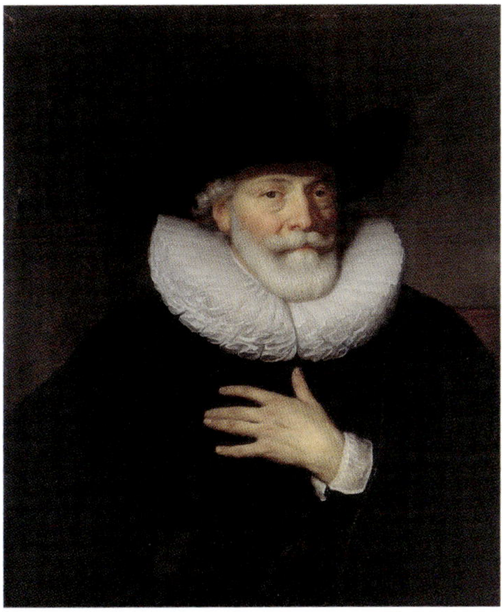

Abb. 20 Govert Flinck, Porträt des Pieter Reael, 1637, Öl auf Holz, 74,8 × 60 cm.

Von solchen Preisen weit entfernt, zahlenmäßig jedoch in der Mehrheit waren schließlich deutsche Sammler, die häufig bereits Geschäfte mit Miedl gemacht hatten. Beispielsweise Emil Kummerlé, der eine *Flusslandschaft* (6551) von Salomon van Ruysdael sowie das Bild-

---

1290 Iselt 2010, S. 284.

1291 Manche Quellen bezeichnen den auf dem Gemälde Abgebildeten fälschlicherweise als Abraham Boom.

1292 NL-HaNA, NBI 2.09.16 Nr. 872, Voorraadboek schilderijen, 1944, unfoliiert.

1293 BArch Koblenz, B 323/144, Treuhandverwaltung von Kulturgut bei der Oberfinanzdirektion München, Ankäufe für den „Sonderauftrag Linz" aus dem niederländischen Kunsthandel und Privatbesitz, Bd. 1, 1940–1944, Kunsthandel v/h J. Goudstikker N.V. Amsterdam an Hermann Voss, 17.8.1944, Bl. 65.

1294 http://hdl.handle.net/11259/collection.39677 [zuletzt aufgerufen 3.9.2024].

nis des *Heiligen Johannes* (2074) von Anthonis van Dyck und zwei *Fröhliche Gesellschaften* (6546/6574) von Jan Miense Molenaer erwarb, oder auch das Düsseldorfer Hotel „Breidenbacher Hof", dem im Februar 1944 acht Gemälde verkauft wurden. Tietje, der selbst nur ein *Dorffest* (6523) von Harmen Hals übernahm, akquirierte im Auftrag des Aufsichtsratsmitglieds der Vereinigten Stahlwerke AG Werner Carp zudem vier Gemälde für 95.500 Gulden. Am kostspieligsten fielen dabei mit 42.000 Gulden eine *Marine* (6399) von Willem van Diest aus der Sammlung J. J. M. Chabot sowie mit 28.000 Gulden das Gemälde *Geflügel im Garten* (5008) von Melchior de Hondecoeter aus. An den Direktor der Junkers Flugzeug- und Motorenwerke AG Dessau Walter Jander gingen eine *Winterlandschaft mit Schloss* (6613) von Hendrik Dirk Kruseman van Elten sowie das *Pferd im Stall* (6562) von Wouterus Verschuur und an das Bremer Bankgeschäft Hermann Wegmeyer drei Arbeiten von Franz Richard Unterberger (6488), Bernard Blommers (6599) und Wouterus Verschuur (6615). Ein Eugen Krug aus Stuttgart erwarb im Februar und Juni sogar acht Gemälde, darunter vier mit insgesamt 20.000 Gulden bepreiste *Mädchenbildnisse* (6536–6539) von Rosalba Carriera, während ein Karl Dillmann aus Köln acht Gemälde niederländischer Künstler des 19. Jahrhunderts für unter 14.000 Gulden erhielt. Sein Namensvetter Franz Dillmann aus Baden-Baden zahlte dagegen für fünf Werke 35.700 Gulden, fast die Hälfte davon für ein *Stallinterieur* (6460) von Wouterus Verschuur. Eine *Marine* (6525) von Simon de Vlieger, die Heinrich Zimmermann 1943 für 17.500 Gulden verkauft hatte, erwarb zum fast doppelten Preis im April Hitlers Chefadjutant Julius Schaub. Zimmermann wiederum übernahm sieben Gemälde für über 67.000 Gulden, nachdem ihm voorheen J. Goudstikker wohl als Kompensation für die vorläufige Absage eines Erwerbs aus dem „H"-Bestand Bilder in Aussicht gestellt hatte, „die Ihnen in der heutigen Zeit von anderer Seite nicht gezeigt werden können."[1295] Während er zwei *Stillleben* (6381–6382) von Jean Siméon Chardin offenbar im Auftrag der Münchner Kunsthändlerin Maria Gillhausen erwarb,[1296] wählte er für sich selbst zwei *Italienische Landschaften* (6427–6428) von Francesco Zuccarelli, die voorheen J. Goudstikker ebenso wie eine *Musikstunde* (6372) von Gerard Francksz. van der Kuijl 1943 bei Frederik Muller & Co. ersteigert hatte, ferner eine *Winterlandschaft* (6634) von Gerrit van Battem sowie das mit 22.500 Gulden bepreiste Gemälde *Drei Bauern* (6392) von Adriaen van Ostade, das aus dem Auktionsangebot von Van Marle & Bignell stammte.[1297]

Neben den Einkäufen für Maria Gillhausen kaufte Zimmermann regelmäßig auch Teppiche im Auftrag von Wolfgang Gurlitt.[1298] Der seit 1943 in Bad Aussee ansässige Kunst-

1295 BArch Koblenz, B 323/457, Kunsthandel v/h J. Goudstikker N.V. Amsterdam an Heinrich Zimmermann, 4.3.1944, Bl. 309.

1296 NARA, M1947, RG 260, Activity Reports, Monthly Report: Office of Military Government for Bavaria, July 1948 – October 1948, 27. Transport nach Holland, 25.10.1948, unfoliiert.

1297 NL-HaNA, NBI 2.09.16 Nr. 872, Voorraadboek schilderijen, 1944, unfoliiert.

1298 NL-HaNA, NBI 2.09.16.10 Nr. 203465, Inventaris van het archief van het Nederlands Beheersinstituut, beheersdossiers beginnend met de letter M, Miedl, (Kunsthandel) NV (III), Amsterdam,

händler war wie sein finanziell und in puncto Reputation deutlich erfolgreicherer Cousin Hildebrandt Gurlitt sowohl am ‚Sonderauftrag Linz' als auch zeitweilig an der ‚Verwertungsaktion entarteter Kunst' beteiligt.[1299] Über Zimmermann erwarb er von voorheen J. Goudstikker allein im März 1944 Teppiche im Wert von rund 168.500 Gulden.[1300] Nochmals circa 50.000 Gulden mehr gab der Oberstadtdirektor von Köln für dreiundzwanzig Teppiche aus.[1301] Weitere Käufer in diesem Geschäftssegment waren 1944 unter anderem der Kölner Lackfabrikant Theodor Kotthoff, der regelmäßig bei voorheen J. Goudstikker vorstellig wurde, das Hotel „Europäischer Hof" in Baden-Baden, die Hamburger Kunsthalle, der fünf Teppiche veräußert wurden, sowie Staatssekretär Paul Körner und der niederländische Vertreter des ‚Reichsministeriums für Rüstung und Kriegsproduktion' Richard Fiebig. Darüber hinaus übergab Miedl große Teppichbestände ab Oktober 1943 als Kommissionsware an Franz Schneller in Bad Tölz und wohl auch an Georg Auth in München,[1302] der zudem für seinen eigenen Handel Teppiche für circa 350.000 Reichsmark erwarb.[1303] Die ‚Reichsstelle für Textilwirtschaft' stellte 1944 fest, dass die von voorheen J. Goudstikker geforderten Preise „erheblich über den im innerdeutschen Verkehr üblichen Preisen"[1304] lagen: Teppiche, deren Quadratmeterpreis nach Einschätzung eines Sachverständigen bei höchstens 250 Reichsmark liegen dürfte, verkaufe man für das Vierfache.[1305] Bei Schneller, den immerhin zehn Prozent Provision motivierten, gingen die Alliierten später davon aus, dass die von ihm angesetzten Preise sogar 1000 Prozent über dem Realwert lagen.[1306]

Abgesehen von den Kommissionsverkäufen veräußerte voorheen J. Goudstikker von Januar bis September 1944 laut des Ein- und Ausgangsbuchs 215 Teppiche.[1307] Auch wenn

Kunsthandel v/h J. Goudstikker N.V. Amsterdam an Galerie Wolfgang Gurlitt, Bad Aussee, 10.7.1944, unfoliiert.

1299 Schwarz, Birgit: Wolfgang Gurlitt und der ‚Sonderauftrag Linz', in: Nowak-Thaller, Elisabeth/Schmutz, Hemma (Hrsg.): Wolfang Gurlitt Zauberprinz. Kunsthändler – Sammler, München 2019, S. 435–441.

1300 NL-HaNA, NBI 2.09.16.10 Nr. 203465, Kunsthandel v/h J. Goudstikker N.V. Amsterdam an Galerie Wolfgang Gurlitt, Bad Aussee, 22.6.1944, unfoliiert.

1301 NL-HaNA, SNK 2.08.42 Nr. 189, Inventaris van het archief van de Stichting Nederlands Kunstbezit en haar taakvoorganger/taakopvolgers, Stukken betreffende de N.V. Kunsthandel J. Goudstikker, 1950–1956, Oberstadtdirektor von Köln an Nederlandse Beheersinstituut, 13.6.1951, unfoliiert.

1302 NL-HaNA, NBI 2.09.16 Nr. 859, Boek van ingekomen- en uitgegane stukken, 1944, unfoliiert.

1303 NARA, M1949, RG 260, Records of the Monuments, Fine Arts, and Archives Section of the Preparations and Restitution Branch, OMGUS, 1945–1951, Claims of Cultural Property removed by German Forces, 1946–1948, Bavaria Decl. No. 13180, 27.6.1946, unfoliiert.

1304 NL-HaNA, CABR 2.09.09 Nr. 86247, Reichsstelle für Textilwirtschaft an Bevollmächtigten für die Preise, 5.8.1944, unfoliiert.

1305 Ebd., Reichsstelle für Textilwirtschaft an Bevollmächtigten für die Preise, 23.5.1944, unfoliiert.

1306 NARA, M1949, RG 260, Claims of Cultural Property removed by German Forces, 1946–1948, Bavaria Decl. No. 14835, 31.5.1946, unfoliiert.

1307 NL-HaNA, NBI 2.09.16 Nr. 859, Boek van ingekomen- en uitgegane stukken, 1944, unfoliiert.

keine Unterlagen dazu erhalten geblieben sind, waren die dadurch erzielten Einnahmen zweifellos siebenstellig. Der Gesamtumsatz von voorheen J. Goudstikker belief sich 1944 auf 4.794.531 Gulden; abzüglich der Anschaffungs- und sonstigen Kosten ergab sich daraus mit 1.447.166 Gulden ein im Vergleich zum Vorjahr nur etwas geringerer Bruttogewinn.[1308] Da dieses Ergebnis in nur neun Monaten erwirtschaftet worden war, signalisierte es jedoch keinen Rückschritt, sondern war realiter auf dem „kriegsmüden" niederländischen Kunstmarkt, der für nur noch wenige Händler ein lukratives Arbeitsfeld darstellte, sehr wahrscheinlich singulär. Miedl erfuhr von diesem positiven Abschluss sicher mit deutlicher Verzögerung, da er die Niederlande bereits Ende Juni mit seiner Familie Richtung Spanien verlassen[1309] und sich seitdem nicht mehr bei seinen Mitarbeitern vor Ort gemeldet hatte.[1310]

7.29 Resümee der Kunsthandelsgeschäfte 1940 bis 1944

In den fünf Jahren als Kunsthändler von voorheen J. Goudstikker erwarb Miedl den Inventarnummern nach 1.640 Gemälde. Tatsächlich reduziert sich diese Anzahl auf schätzungsweise 1.560 Werke, da Inventarnummern nach Retouren regelmäßig neu vergeben wurden. Das letzte am 4. September 1944 übernommene Gemälde *Winterlandschaft* (6639) von Jan Abrahamsz. Beerstraten etwa war identisch mit dem im Dezember 1940 von Katz gekauften, unter der Inventarnummer 5908 laufenden Bild.[1311] Der Dierener Kunsthandel, der in den ersten zwei Jahren von Miedls Tätigkeit seine zentrale Anlaufstelle für Kunstkäufe gewesen war, behauptete bis 1944 die Spitzenposition unter den niederländischen Kunsthändlern, die mit voorheen J. Goudstikker Geschäfte machten. 1940 und 1941 noch die bei weitem größte Gruppe der Anbieter, verloren Kunsthändler ab 1942 zunehmend an Bedeutung für Miedls Akquise, während Privatverkäufer reüssierten. Zurückzuführen war diese Entwicklung auf die sich unter der Besatzung wandelnden ökonomischen Rahmenbedingungen: Spätestens seit der Aufhebung der Devisengrenze und dem damit einhergehenden manipulierten Wechselkurs registrierte der niederländische Kunstmarkt einen Nachfrageboom von hochrangigen Regimefunktionären, Fachleuten aus dem Kunstbereich und vor allem wohlhabenden Privatsammlern aus Deutschland, der das Preisniveau sowohl für Verkäufe

1308 NL-HaNA, NBI 2.09.16 Nr. 851, Rapport inzake Kunsthandel v/h J. Goudstikker N. V. te Amsterdam per 31.12.1943, 4.11.1944, Bijlage III, Bl. 6, 8.

1309 SAA, 5225 Nr. 4327, Einwanderungsabteilung Amsterdam, 28.9.1950, unfoliiert.

1310 BArch Koblenz, B 323/458, Treuhandverwaltung von Kulturgut bei der Oberfinanzdirektion München, Kunsthandel v/h J. Goudstikker N.V. Amsterdam, Bd. 3, 1943–1948, Geschäftsbeziehungen des Kunsthandels v/h J. Goudstikker N. V. Amsterdam mit der Schantung Handels-AG Berlin, Josef Schneller an Emil Linder, 1.1.1945, Bl. 88–89.

1311 Die Inventarnummern beginnen bei 5000 und enden mit 6639, s. NL-HaNA, NBI 2.09.16 Nr. 872, Voorraadboek schilderijen, 1944, unfoliiert.

als auch für Käufe kontinuierlich in die Höhe trieb. Die Aussicht auf schnelle Gewinne durch die zahlungskräftige deutsche Klientel bewog wiederum Laienhändler im ganzen Land zur Gründung von Kunsthandlungen, wodurch sich die Konkurrenzsituation auf dem Kunstmarkt verschärfte und damit zu dessen weiterer Überhitzung beitrug. Der etablierte Amsterdamer Kunsthändler Evert J. M. Douwes kommentierte diese Entwicklung drastisch: „Wie Pilze wuchsen die Kunsthändler aus dem Boden, Männer, deren Namen uns Alteingesessenen völlig fremd waren, betätigten sich als Kunsthändler oder Auktionatoren, Ex-Kellner hatten ihr Serviertablett weggeräumt und versuchten, ihren Kunden wertlosen Plunder zu überhöhten Preisen in den Rachen zu stopfen. Unser schönes Geschäft wurde zerstört.“[1312] Dass Quantität und Qualität des Angebots immer schwerer gehalten werden konnten, hing abgesehen von der zunehmenden Konkurrenz vor allem damit zusammen, dass die beständig schrumpfenden Warenbestände auf dem niederländischen Kunstmarkt im Unterschied zur Vorkriegszeit nicht mehr über den englischen Markt aufgefüllt werden konnten.[1313] Infolge der Überbietungsspirale, in der sich die Kunsthändler im Verlauf des Krieges gefangen sahen, mussten viele von ihnen ab der zweiten Jahreshälfte 1943 ihre Geschäftsaktivitäten herunterfahren oder ganz einstellen. Die in den Geschäftsunterlagen des Kunsthandels voorheen J. Goudstikker dokumentierten Veränderungen bei den Verkäufern spiegeln diese Entwicklung wider.

Miedl war zwar auch mit diesen widrigen Umständen konfrontiert, konnte aber im Gegensatz zu der Mehrheit seiner Kollegen kontinuierlich expandieren. Ausgehend von den in der Nachkriegszeit gewonnenen Erkenntnissen des Nederlandse Beheersinstituut betrug der Anschaffungswert sämtlicher von Miedl erworbener „Waren“ 11.235.500 Gulden.[1314] Deren Finanzierung verdankte er seinen geschäftlichen Unternehmungen der Vorkriegsjahre, durch die ihm nun vor allem Kreditressourcen nicht nur seines eigenen Firmengeflechts, sondern auch seiner langjährigen Geschäftspartner und Freunde zur Verfügung standen. An erster Stelle muss Göring genannt werden, der – offensichtlich von Miedls ausgeprägtem Geschäftssinn, seiner Risikobereitschaft und seiner lösungsorientierten Herangehensweise an akute wirtschaftliche Bedürfnisse des NS-Regimes beeindruckt – dessen Kunsthandel durch seine Beteiligung an der ‚Arisierung‘ erst ermöglichte. Um sich mit seinem neuen Unternehmen gegen die etablierte und zumindest anfangs noch bestandsstärkere Konkurrenz behaupten zu können, bediente Miedl sich zum einen an Krediten der Schantung, der Buitenlandbank, des Münchner Bankhauses Witzig & Co. sowie seiner Tochtergesellschaften Veland und Sofico, die im Gegenzug mit Gemälden, aber auch Wertpapieren und Schuldforderungen besichert wurden. Dass die Deckung dabei häufig fragwürdig oder sogar nur vorgespiegelt war, wurde von Aufsichtsratsmitgliedern zwar regelmäßig kritisiert, aufgrund der einseitig

---

1312 Euwe 2007, S. 74.

1313 Ebd., S. 72.

1314 NL-HaNA, NBI 2.09.16.10 Nr. 203494, Raad voor het Rechtsherstel, Afdeling Rechtspraak, Den Haag, Vonnis inzake Alois Miedl contra het Niederlandse Beheersinstituut, 5.2.1954, Bl. 10.

auf Miedl ausgerichteten Kreditpolitik aber letztlich nicht unterbunden. Zum anderen waren auch Institutionen außerhalb Miedls Firmenblase wie beispielsweise der Handelstrust West regelmäßig zur Vergabe von Darlehen in Millionenhöhe bereit, wozu höchstwahrscheinlich neben den von ihm gezahlten hohen Zinssätzen auch seine geschäftlichen und privaten Verflechtungen mit ranghohen Vertretern des NS-Systems beitrugen. Insbesondere beim Handelstrust West spielten darüber hinaus sicherlich auch Miedls „Im- und Exportgeschäfte" mit rüstungsrelevanten Schwarzmarktwaren eine nicht unbedeutende Rolle.

Entscheidend für seinen Erfolg im Kunsthandel war jedoch nicht ausschließlich die Tatsache, dass er hochpreisige Käufe finanzieren konnte, sondern ebenso sein weniger kunsthistorisches als wirtschaftliches Gespür für Markttendenzen. Dass er seinen Fokus angesichts des immer schmaleren und teureren Gemäldeangebots ab 1942 verstärkt auf den Handel mit Möbelstücken sowie Teppichen legte und zumindest letztere auch über ihm nahestehende deutsche Unternehmen wie Witzig & Co. direktvertreiben ließ, war eine strategisch überaus kluge Entscheidung: Die aus dieser Produktdiversifikation resultierenden Verkäufe kompensierten nicht nur rückläufige Erlöse bei den Gemälden, sondern erweiterten auch die Zielgruppe der Interessenten. Durch den Kommissionsverkauf in Deutschland gelang es Miedl darüber hinaus, Kunden anzusprechen, für die eine Reise in die Niederlande – vor allem mit zunehmender Kriegsdauer – nicht infrage kam. Offensichtlich ging dieses Konzept auf, denn sowohl 1943 als auch 1944 lag der mit Teppichen erzielte Umsatz weit über dem der Gemälde; insgesamt soll er sich auf mindestens 5.500.000 Gulden belaufen haben.[1315]

Während der Erwerb von Teppichen aus jüdischem Hausrat bislang aufgrund der rudimentären Dokumentation in den Geschäftsunterlagen nicht bewiesen – aber durchaus vermutet – werden kann, finden sich hinsichtlich Gemäldekäufen in den konsultierten Aktenbeständen zahlreiche Beispiele, die Miedls Behauptung, keinen jüdischen Besitz irregulär erworben zu haben, unzweifelhaft widerlegen. Reelle Preise zahlte er vor allem jenen jüdischen Verkäufern, die in niederländische Kunstmarkt- und Sammlerkreise eingebunden waren. Interessanterweise scheint Miedl in den Geschäftsbüchern weniger an der Verschleierung von Käufen aus jüdischem Besitz als solchen aus belgischen Beständen gelegen zu haben. Möglicherweise spielten steuerliche Aspekte dabei eine Rolle. Auch muss fraglich bleiben, ob Miedl, der spätestens 1943 neue Beschaffungsmärkte in Betracht zog, tatsächlich auch im französischen Kunsthandel Direkterwerbungen tätigte. Dies kann jedenfalls angesichts der in den letzten beiden Jahren immer lückenhafteren Buchführung nicht ausgeschlossen werden.

Gegenläufig zu dem Jahr für Jahr feststellbaren Rückgang der Verkäuferzahl von anfänglich über fünfzig auf schließlich etwas mehr als zwanzig verzeichnete voorheen J. Goudstikker kontinuierlich mehr Käufer und erreichte 1943 den Höhepunkt. Dieser Umstand ist insofern

1315 SAA, 1341 Nr. 112, Rapport van de Centrale Accountants Dienst van het Ministerie van Financien aan het NBI van het onderzoek naar de voorwaarden waaronder door de beheerders van het vermogen van Alois Miedl en van den Kunsthandel v/h J. Goudstikker N.V. restitutie van vermogenswaarden heeft plaatsgevonden aan de Kunsthandel J. Goudstikker N.V., 7.11.1951, Bl. 12.

bemerkenswert, als angesichts der deutschen Niederlage in Stalingrad im Februar 1943 ein eher zurückhaltendes Auftreten der deutschen Kunden erwartbar gewesen wäre; tatsächlich löste das nun absehbare Kriegsende in besser informierten Kreisen anscheinend eine Art von Torschlusspanik aus. Dass deren Kaufkraft nach vier Kriegsjahren noch nicht erschöpft war, zeigt sich auch daran, dass die durchschnittliche Gewinnspanne bei Gemälden, die zwei Jahre zuvor bei nur 30,85 Prozent gelegen hatte, 1943 auf fast hundert Prozent anstieg.

Mit Ausnahme des Jahres 1941, in dem deutsche Kunstmarktakteure und Museumsfachleute bei voorheen J. Goudstikker zahlenmäßig dominierten, überwogen in der Käuferschaft Akteure des deutschen Finanz- und Wirtschaftssektors. Marketingmaßnahmen wie Annoncen in Kunst- und Kunstmarktzeitschriften hielt Miedl offensichtlich für verzichtbar, setzte bei der Kundenakquise vielmehr sowohl auf das bereits von Jacques Goudstikker aufgebaute Renommee seines Kunsthandels als auch auf Mundpropaganda, zu der sein Bekanntenkreis nachweislich in mehreren Fällen erfolgreich beitrug. Für diesen Freundschaftsdienst zeigte er sich wiederum mit Preisnachlässen oder sogar Gemäldegeschenken erkenntlich.

Präsente nutzte er außerdem, um die Kundenbindung zu prominenten und zahlungskräftigen Käufern wie Göring oder dem ‚Sonderauftrag Linz' zu stärken. Miedl behauptete nach Kriegsende, nur mit derart hohen Beträgen spekuliert zu haben, da er sich sicher gewesen sei, dass Göring in großem Umfang bei ihm einkaufen werde.[1316] Zumindest in den Geschäftsbüchern taucht Göring ab 1942 nur noch ein einziges Mal auf. Dieser Umstand ist nicht nur deshalb erstaunlich, weil Göring Miedl nach Kriegsende als seinen „Hauptkunsthändler"[1317] bezeichnete, sondern auch, weil er sich mit zunehmendem Machtverlust in den letzten Kriegsjahren auf den Ausbau seiner Kunstsammlung konzentrierte. Darzustellen, welche Bezugsquellen seine Agenten Hofer und Angerer anstelle Miedls im Zeitraum 1942 bis 1945 bevorzugten, sprengt den Rahmen dieser Arbeit; fest steht jedoch, dass Miedl sein Interesse erst wieder 1944 mit dem vermeintlichen Sensationsfund eines Vermeer-Gemäldes wecken konnte.

Im Unterschied zu Göring tätigte der ‚Sonderauftrag Linz' jedes Jahr aufs Neue umfangreiche Erwerbungen bei voorheen J. Goudstikker, die – auch aufgrund der hohen Preisaufschläge – wesentlich zu dem jeweiligen Jahresumsatz beitrugen. In den fünf Jahren ihres Bestehens durchlief diese Geschäftsbeziehung indes einen grundlegenden Wandel. Anfangs zeichnete sie sich vor allem durch eine starke Konkurrenz aus, die sich besonders in den Aussagen und dem Verhalten Hans Posses manifestierte. Großen Einfluss auf die Verkäufe an den ‚Sonderauftrag Linz' und die Reichskanzlei hatte dies letztlich nicht, da Miedl mit Heinrich Hoffmann und Maria Almas-Dietrich zwei Akteure auf seiner Seite hatte, die Zugang zu Hitler hatten und dessen Meinung und Geschmack beeinflussen konnten. Dass Posses Nachfolger Voss und auch Göpel offensichtlich eine neutralere, wenn nicht sogar

1316 NARA, M1946, RG 260, Interrogations: Miedl Case, No. 3, 13.12.1945, Bl. 8.

1317 NARA, M1922, RG 260, Interrogations of Hermann Göring, Mrs. Göring and Friends of the Family: Göring, H. – Sonnemann, E., Befragung Hermann Göring, 22. Dezember 1945, unfoliiert.

freundliche Haltung gegenüber Miedl einnahmen, hing wohl auch damit zusammen, dass die großen niederländischen Kunstsammlungen und Spitzenwerke, um die Hitlers und Görings Mittelsmänner 1940 konkurriert hatten, zu diesem Zeitpunkt längst verteilt waren.

In nur fünf Geschäftsjahren erzielte Miedl mit voorheen J. Goudstikker der Buchführung zufolge einen Gesamtumsatz von mehr als neunzehn Millionen Gulden, nach heutiger Kaufkraft äquivalent zu mehr als 107 Millionen Euro. Da nur für den Zeitraum 1941 bis 1944 Angaben zum jeweiligen Bruttogewinn vorliegen, lässt sich dieser lediglich auf mindestens fünf Millionen Gulden schätzen. Selbstredend spiegelte sich dieser exzeptionelle merkantile Erfolg in Miedls Privatvermögen wider; so betrug sein Eigenkapital, das zu Kriegsbeginn noch negativ gewesen sein soll, laut des Nederlandse Beheersinstituut bereits zwei Jahre später über drei Millionen Gulden.[1318] Wenngleich die Höhe seines Privatvermögens wegen des Fehlens diesbezüglicher Bilanzen[1319] ab 1943 nicht mehr eindeutig ermittelt werden kann, lässt sein aufwendiger Lebensstil auf beträchtlichen Wohlstand schließen. Abgesehen von Hausangestellten wie Privatsekretär, Chauffeur, Kindermädchen und Haushälterin konnte sich Miedl in den letzten Kriegsjahren noch Annehmlichkeiten leisten, die selbst Prominente des ‚Dritten Reichs' in Erstaunen versetzten. Henriette von Schirach etwa beschrieb mit wehmütigem Unterton einen Empfang auf Miedls Anwesen, der 1943 zu ihren Ehren veranstaltet wurde: „Ich glaubte mich in eine fremde Welt versetzt. Weiß beturbante Inder servierten zum Reis köstliche Zutaten auf erlesenem chinesischem Porzellan. Dazu gab es Kaviar, Hummer, Genever, Champagner. Bei unseren Empfängen in der Hofburg zu Wien trugen die Diener zwar Livreen aus der Zeit des Kaisers Franz Joseph, aber auf den Silberplatten, die sie hereinbrachten, lagen flache Brotscheiben mit Sardellenpaste und einer Kapernblüte als Garnitur. Dies hier war Luxus, wie wir ihn längst vergessen hatten."[1320] Dieses Luxusleben endete für Miedl und seine Familie zumindest vorläufig im Sommer 1944.

1318 NL-HaNA, 2.05.117 Nr. 21203, Inventaris van het code-archief van het Ministerie van Buitenlandse Zaken, 1945–1954, Miedl, A., 1950–1952, Nederlandse Beheersinstituut an Afdeling Rechtspraak van de Raad voor Rechtsherstel, 1951, unfoliiert.

1319 NL-HaNA, NBI 2.09.16 Nr. 854, Fa. Steneker & Flipse Amsterdam an E. J. Korthals Altes und W. C. Roest van Limburg i. S. Bericht zum Vermögen A. Miedl, 10.10.1947, Bl. 2–3.

1320 Von Schirach 2016, S. 19.

8. Leben im Umbruch (1944 bis 1954)

8.1 Übersiedlung nach Spanien

In der Nachkriegszeit begründete Miedl seine Entscheidung, die Niederlande mit seiner Familie im Sommer 1944 zu verlassen, stets mit dem zunehmenden Sicherheitsrisiko infolge Görings kontinuierlichen Machtverlusts. Wie üblich passte er die Darstellung der näheren Umstände der jeweiligen Situation in verschiedenen Versionen an: In einer ersten gab er an, ihm sei der Ernst der Lage im Frühjahr 1944 bei seinem letzten Besuch in Carinhall bewusst geworden, als er sich für die Ausreise von Hofers Schwager Kurt Walter Bachstitz eingesetzt habe. Dies sei ihm zwar letztlich gelungen, „aber die Begleitumstände zeigten mir deutlich, dass Göring in diesen Fragen vollkommen von Himmler abhängig war. […] Als mich in Berlin ein SS-Hauptmann, der zur Umgebung Görings gehörte, von sich aus darauf aufmerksam machte, dass Göring nicht mehr viel zu sagen habe, und dass ich wohl den Zeitpunkt, meine eigene Familie in Sicherheit zu bringen, versäumt hätte, verzichtete ich darauf, dasselbe was ich für Bachstitz gefordert hatte, für meine Frau und meine Kinder zu verlangen.“[1] Tatsächlich hatte Bachstitz seine Ausreisegenehmigung in die Schweiz auf Initiative von Hofer erhalten, dem er dafür anstelle von Lösegeld mehrere Gemälde für Görings Sammlung übergeben musste.[2]

Da sein angebliches Engagement für Bachstitz von diesem in der Schweiz widerlegt werden konnte, erwähnte es Miedl ein Jahr später in einem Schreiben an das Lausanner Bundesgericht nicht mehr und dramatisierte stattdessen die mutmaßliche Warnung des Berliner Offiziers: „Herr Miedl fahren Sie schnell nach Hause und verstecken Sie Ihre Frau und Kinder, ich habe gestern gehört wie im Reichssicherheitshauptamt das Schlimmste gegen Ihre Familie beschlossen wurde. Hoffentlich treffen Sie sie noch zu Hause an. Der Alte – und damit meinte er Göring – kann Ihnen nicht mehr helfen.“[3] Wiederum ein Jahr später modifizierte er seine Geschichte ein weiteres Mal im Rahmen des gegen Heinrich Hoffmann geführten Spruchkammerverfahrens. In seinem „Persilschein“ beteuerte Miedl nun, es sei Hoffmann gewesen, der ihm im Juni 1944, „als ich sonst auf keine fremde Hilfe mehr rechnen konnte, davon Kenntnis gab, dass von Seiten Himmler und Bormann ernste Maßnahmen gegen mich und meine Familie geplant seien […] und der mir den dringenden

1 NL-HaNA, NBI 2.09.16 Nr. 854, Alois Miedl an Prof. Antonio de Luna, Madrid, 10.4.1947, Bl. 9.

2 Sandkühler/Zeugin 2001, S. 60; Francini/Heuss/Kreis 2001, S. 43.

3 BAR, E9500.239A#2003/48#108*, Alois Miedl an Schweizerisches Bundesgericht Lausanne i.S. Klage Goudstikker/Duits gegen Miedl, 25.2.1948, unfoliiert.

Rat gab, umgehend mit meiner Familie zu flüchten."[4] Zweifelsohne war Miedls Familie 1944 in den Niederlanden gefährdet; mehr als fraglich ist jedoch, dass sich Himmler und Bormann persönlich für deren Festnahme eingesetzt haben sollen. Abgesehen davon, dass sie als Teil der NS-Spitze in der Endphase des Krieges höchstwahrscheinlich dringlichere Anliegen hatten, lassen sich dafür weder Gründe noch entsprechende Unterlagen finden. Sich und seine Familie als Opfer zentraler Akteure der Judenverfolgung darzustellen und damit die Distanz zum NS-Regime zu betonen, war vielmehr für Miedls Rehabilitierungsversuche kennzeichnend. Dieses Motiv bewog ihn wahrscheinlich auch dazu, beharrlich Görings Unterstützung bei seiner Ausreise zu leugnen.

Entgegen seiner Darstellung einer kurzfristig geplanten Flucht hatte Miedl bereits spätestens im Sommer 1943 begonnen, die Übersiedlung nach Spanien zu sondieren. Im Juni oder Juli 1943 traf er mehrmals in Paris den SS-Hauptsturmführer und Leiter der französischen Abteilung VI C des Reichssicherheitshauptamtes Ernst Alisch,[5] der ihm zu einem spanischen Einreisevisum verhelfen sollte[6] und dafür den Kontakt zum französischen Kollaborateur und SD-Agenten Jean Duval herstellte,[7] der in Spanien über zahlreiche Verbindungen verfügte.[8] Die von deutscher Seite notwendige Genehmigung zur Auswanderung erhielt Miedl von Göring spätestens Anfang 1944.[9] Am 8. April 1944 erteilte ihm schließlich auch das spanische Konsulat in Paris ein für vorerst drei Monate gültiges Einreisevisum,[10] von dem er im Mai 1944 erstmals Gebrauch machte. Auf dieser Erkundungsreise nach San Sebastian wurde er von Duval begleitet, der ihm erste Kontakte, etwa zu dem Belgier Charles Georges Koninckx,[11] vermittelte.

Koninckx, offiziell Einkäufer tropischer Früchte für das Brüsseler Familienunternehmen,[12] hatte während des Krieges einen zwielichtigen Ruf als Schmuggler und Schwarzmarkthändler.[13] Dass Miedl, der selbst erfolgreich über die Veland mit Schwarzmarktgütern

4 StAM, Spruchkammerakten K 741, Eidesstattliche Erklärung von Alois Miedl an die Spruchkammer, 8.8.1950, unfoliiert.

5 Ernst Alisch verwendete das Pseudonym Ernesto Seiler, s. NARA, M1944, RG 239, Card File on Art-Looting Suspects, 1943–1946, Alisch, Ernst, unfoliiert.

6 NARA, M1946, RG 260, Interrogations: Miedl Case, No. 3, 13.12.1945, Bl. 11.

7 Den Hollander 2007, S. 162.

8 NARA, M1946, RG 260, Interrogations: Miedl Case, No. 2, 13.12.1945, Bl. 22.

9 NARA, M1922, RG 260, Interrogations of Hermann Göring, Mrs. Göring and Friends of the Family: Göring, H. – Sonnemann, E., Befragung von Hermann Göring, 22.12.1945, unfoliiert.

10 NARA, M1946, RG 260, Belgium Claims, Alphabetical: Monteau-Wassermann, Alois Miedl an Lt. Theodore Rousseau, undatiert, unfoliiert.

11 SHD, Ministère des Armées, P 310973, AHG an DGER i. S. Alois Miedl, 23.5.1945, unfoliiert.

12 NARA, M1944, RG 239, Geographical Card Files on possible Art-Looting Subjects, 1943–1946, Spain, Charles Georges Koninckx, unfoliiert.

13 NARA, M1944, RG 239, Menten, H. W., Bericht zu Raubkunst in Spanien – Fall Miedl, 13.2.1945, unfoliiert.

gehandelt hatte, mit Koninckx in diesem Metier Geschäfte machen wollte, ist nicht unwahrscheinlich. Unabhängig davon stellte Koninckx für Miedl den Kontakt zum Madrider Museo del Prado her, indem er Ende des Monats ein Treffen mit José María Huarte Jéuregui, einem Freund des Prado-Direktors Fernando Álvarez de Sotomayor, arrangierte. Koninckx zufolge habe Miedl bei dieser Zusammenkunft angekündigt, er werde circa sechzig Gemälde, für deren Transport er in den Niederlanden bereits 700.000 Gulden gezahlt habe, nach Spanien überführen, falls die spanischen Behörden zustimmten. Dem Museo del Prado habe er angeboten, diese Kunstwerke auf Provisionsbasis als Kommissionsware auszustellen. Huarte Jéuregui habe allerdings Álvarez de Sotomayor wegen Miedls Nationalität nicht über dessen Vorschlag informiert.[14] Ob diese Darstellung der Wahrheit entspricht, muss dahingestellt bleiben; sicher ist lediglich, dass Miedl kurze Zeit später ohne die Zusage des Museums in die Niederlande zurückkehrte.

Die endgültige Abreise aus Amsterdam in Begleitung seiner Familie erfolgte schließlich am 27. Juni 1944 in zwei Fahrzeugen, die in Oostermeer und in der Herengracht 458 beladen worden waren. Der erste mit zweiundzwanzig Gemälden bepackte Wagen[15] wurde von dem Abwehroffizier Hauptmann Hans Scharrer gefahren, den Miedl angeblich nur wenige Tage zuvor durch Alfred Flesche kennengelernt hatte.[16] Im zweiten Wagen, der bis Utrecht von Miedls Chauffeur und anschließend von ihm selbst gefahren wurde,[17] waren zwei *Landschaften* von Adriaen Brouwer und Jacob Esselens sowie ein *Porträt* von Jacob Jordaens verstaut.[18] Dass Miedl die Mehrzahl der mitgenommenen Kunstwerke einem ihm im Grunde unbekannten Mann anvertraute, lag wahrscheinlich daran, dass nur Scharrer berechtigt war, den durch ein „R"-Kennzeichen als Regierungsfahrzeug deklarierten Wagen zu fahren, und dadurch die Grenzkontrollen umgehen konnte.[19] Nach einem Zwischenstopp in Brüssel erreichte die Gruppe problemlos am 29. Juni 1944 Paris, wo sie im Luxushotel le Bristol logierte. Nachdem Miedl seine Gemälde in einem Tresor der Zentrale des ‚Devisenschutzkommandos' zwischengelagert hatte, stieß er allerdings auf unerwartete Hindernisse.

Trotz einer Genehmigung des niederländischen Deviseninstituts Amsterdam wurden ihm seine französischen Wertpapiere nicht ausgehändigt, da die dafür nötige Zustimmung der

14 SHD, Ministère des Armées, P 310973, AHG an DGER i. S. Alois Miedl, 23. 5. 1945, unfoliiert.

15 NARA, M1946, RG 260, Belgium Claims, Alphabetical: Delacroix-Luxembourg, Capt. Jan Vlug i. S. Bericht über die Sammlung Renders – Brüssel, Februar 1947, Att. III Auszug eines Berichts von Alois Miedl an Ltd. Rousseau, Bl. 16.

16 NL-HaNA, 2.05.117 Nr. 5953, Verhör von Hans Scharrer, 19. 7. 1947, unfoliiert. – Ursprünglich wollte Flesche sich der Gruppe anschließen, entschied sich letztlich jedoch dagegen, s. NL-HaNA, NBI 2.09.16.10 Nr. 203497, L. Bouma an Nederlandse Beheersinstituut, 24. 10. 1950, unfoliiert.

17 NL-HaNA, 2.05.117 Nr. 5953, Verhör von Hans Scharrer, 19. 7. 1947, unfoliiert.

18 NL-HaNA, NBI 2.09.16.10 Nr. 203498, Kunsthandel v/h J. Goudstikker N. V. Amsterdam an Nederlandse Beheersinstituut, 15. 1. 1948, Bl. 1.

19 NL-HaNA, 2.05.117 Nr. 5953, Verhör von Hans Scharrer, 19. 7. 1947, unfoliiert.

deutschen Dienststellen in Paris nicht vorlag,[20] und auch die Ausreisevisa für seine Frau und Kinder wurden nicht erteilt.[21] Da Göring und dessen Adjutant sich zurückhielten und ihm telefonisch lediglich dazu rieten, sich die nötigen Papiere von Willy Lages in den Niederlanden ausstellen zu lassen,[22] begab er sich Anfang Juli mit Scharrer notgedrungen auf den Rückweg. Zweifelsohne aufgrund seiner persönlichen Beziehung zu Lages konnte er Amsterdam bereits nach zwei Tagen mit den Ausreisegenehmigungen wieder verlassen.[23] Zurück in Frankreich deponierte Miedl sowohl den mit zweiundzwanzig Gemälden beladenen Wagen als auch eine Kiste mit Wertpapieren, für die ihm das Deviseninstitut keine Ausfuhrerlaubnis erteilt hatte, bei Duval in Biarritz,[24] bevor er mit seiner Familie zur spanischen Grenze auf Höhe der französischen Stadt Hendaye fuhr. Im Gepäck führte er offen eine Aktentasche voll genehmigter Wertpapiere mit sich, die er am 5. Juli 1944 bereitwillig beim Zollamt in Irun deklarierte. Unverzollt, da von den Beamten unbemerkt, blieben dagegen die drei im Wagen versteckten Gemälde.[25] Um den Zoll auch für seinen in Frankreich zurückgelassenen Kunstbesitz zu umgehen, engagierte Miedl die von Deutschen kontrollierte spanische Speditionsfirma Baquera, Kusche & Martin S. A.,[26] die wegen ihrer engen Zusammenarbeit mit deutschen Geheimdiensten und der Reichsregierung[27] auf den sogenannten Schwarzen Listen der britischen und amerikanischen Regierung geführt wurde.[28] Die von Duval verwahrten

20 NL-HaNA, NBI 2.09.16.10 Nr. 203498, Befragung von Alois Miedl in Madrid, Frühjahr 1945, unfoliiert.

21 NL-HaNA, 2.05.286 Nr. 670, Feodora Miedl, Beschreibung ihres Aufenthalts in den Niederlanden und Spanien, undatiert, unfoliiert.

22 NL-HaNA, 2.05.117 Nr. 5953, Verhör von Hans Scharrer, 19.7.1947, unfoliiert.

23 NL-HaNA, NBI 2.09.16.10 Nr. 203496, Verhör von Jan Dik Sr., 22.9.1950, unfoliiert.

24 NARA, M1946, RG 260, Interrogations: Miedl Case, No. 2, 13.12.1945, Bl. 22.

25 NARA, M1946, RG 260, Belgium Claims, Alphabetical: Delacroix-Luxembourg, Capt. Jan Vlug i. S. Bericht über die Sammlung Renders – Brüssel, Februar 1947, Att. III Auszug eines Berichts von Alois Miedl an Ltd. Rousseau, Bl. 15. – Je nach Quelle betrug der Wert der Anteilsscheine zwischen 1,2 und vier Mio. Pesetas, s. TNA, T 209/7/1, US Department of State an Ministry of Economic Warfare i. S. Alois Miedl, Kunstagent, 26.9.1944, unfoliiert; BAR, E9500.239A#2003/48#79*, MEWFO Report from secret source on possessions of Alois Miedl in Spain, 2.8.1945, unfoliiert.

26 NARA, M1944, RG 239, Miedl, Alois, OSS London an Allied Commission for Stolen Art Objects i. S. Dutch, Flemish and Spanish paintings stolen from Holland and brought to Spain, 2.12.1944, unfoliiert.

27 NARA, M1933, RG 153, Folder 31, American Embassy Madrid, Safehaven Report on Baquera, Kusche & Martin S. A., 19.7.1945, Bl. 5.

28 Ebd., Foreign Economic Administration i. S. Looted art in occupied territories, neutral countries and Latin America, 5.5.1945, Bl. 29. – In der britischen Statutory List und der amerikanischen Proclaimed List wurden Personen und Unternehmen in neutralen Ländern aufgeführt, die aufgrund ihrer Verbindungen zum Deutschen Reich unter strenger Beobachtung der Alliierten standen s. Sandkühler/Zeugin 2001, S. 68.

Gemälde wurden daraufhin am 24. Juli 1944 problemlos in den Freihafen von Bilbao transportiert, wo sie von einem ebenfalls deutschfreundlichen Zollbeamten eingelagert wurden.[29]

Am 20. August 1944 überquerte Miedl erneut die Grenze in Begleitung des in Frankreich tätigen Gestapo-Agenten Otto Helmut Graebener,[30] um den zweiten Wagen und das restliche Gepäck bei Duval abzuholen.[31] Am folgenden Tag wurden die beiden Männer auf dem Rückweg im Grenzort Hendaye, der zu diesem Zeitpunkt nicht mehr unter deutscher Kontrolle stand,[32] vom französischen Militär festgenommen und getrennt voneinander befragt.[33] Die bereits erfolgte Übernahme der Grenzkontrolle durch die Franzosen ignorierend, instrumentalisierte Miedl später auch dieses Vorkommnis zur Selbstdarstellung als NS-Verfolgter, indem er behaupten ließ, die Nationalsozialisten hätten seine Flucht „mit allen Mitteln"[34] zu verhindern versucht und deshalb alle SD-Posten in Frankreich mit seiner Inhaftierung instruiert. Tatsächlich wurde er festgenommen, da die Franzosen seinem Begleiter Geheimdienstaktivitäten unterstellten.[35] Im Gegensatz zu Graebener, der bis 1946 in französischer Kriegsgefangenschaft bleiben sollte,[36] wurde Miedl schon in den frühen Morgenstunden des 22. August 1944 nach einer erfolgreichen Intervention des spanischen Oberst Julio Ortega freigelassen und begleitet von einem französischen Offizier sowie einem Vertreter der Sécurité Militaire in Hendaye zum Grenzübergang auf der Internationalen Brücke gebracht.[37]

---

29 NARA, M1944, RG 239, Menten, H.W., Bericht zu Raubkunst in Spanien – Fall Miedl, 13.2.1945, unfoliiert.

30 Den Hollander 2007, S. 159.

31 NARA, M1946, RG 260, Interrogations: Miedl Case, No. 2, 13.12.1945, Bl. 23.

32 The New York Times, Last Germans leave Hendaye Area, 13.9.1944, S. 3, https://www.nytimes.com/1944/08/13/archives/last-germans-leave-hendaye-area.html?url=http%3A%2F%2Ftimesmachine.content-tagging.us-east-1-01.prd.dvsp.nyt.net%2Ftimesmachine%2F1944%2F08%2F13%2F88606798.html [zuletzt aufgerufen 31.7.2023].

33 NARA, M1933, RG 153, Folder 31, Foreign Economic Administration i.S. Looted art in occupied territories, neutral countries and Latin America, 5.5.1945, Bl. 29.

34 NL-HaNA, 2.18.21.02 Nr. 4, Inventaris van het archief van het Adviesbureau Kortenhorst, 1941–1965, Me L. Bouma: inzake Alois Miedl, L. Bouma i.S. Rapport betreffende Alois Miedl, März 1949, Bl. 3.

35 NARA, M1946, RG 260, Interrogations: Miedl Case, No. 2, 13.12.1945, Bl. 23.

36 Generallandesarchiv Karlsruhe, 465 h Nr. 51089, 1945–1950, Spruchkammer Karlsruhe, Spruchkammerverfahren Otto Helmut Graebener, unfoliiert.

37 Angeblich wandte sich Miedls Ehefrau an Ortega, der trotz seiner Kollaboration mit den Deutschen Wohlwollen auf französischer Seite genoss, da er während der Besatzungszeit Flüchtlinge über die Grenze hatte entkommen lassen, s. NARA, M1946, RG 260, Interrogations: Miedl Case, No. 2, 13.12.1945, Bl. 23. – Die in Primär- und Sekundärquellen aufgestellten Behauptungen, Miedl sei auf Anweisung Görings oder mithilfe des deutschen Brigadegenerals und Militärattachés Eckhardt Richard Kramer freigelassen worden, können angesichts des deutschen Abzugs aus Hendaye ausgeschlossen werden, vgl. Den Hollander 2007, S. 162; NARA, M1933, RG 153, Folder 31, Foreign

8.2 Voorheen J. Goudstikker N.V. nach Miedls Weggang

Bei seiner Abreise aus den Niederlanden Ende Juni 1944 ließ Miedl mit seinen gesamten Geschäftsunterlagen[38] auch die darin festgehaltenen Verbindlichkeiten sowie die damit einhergehenden Probleme zurück. In den folgenden elf Monaten bis zur Befreiung des Landes bestand die zentrale Aufgabe seiner verbliebenen Mitarbeiter darin, diese zu bewältigen. Dass Miedl sie vor seinem Weggang weder über die bevorstehenden Herausforderungen in Kenntnis gesetzt noch detaillierte Absprachen zur Weiterführung des Unternehmens getroffen hatte, rechtfertigte er in der Nachkriegszeit mit seinem angeblichen Vorhaben, in die Niederlande zurückzukehren, „sobald meine Frau und meine Kinder in Spanien waren und ihr Aufenthalt durch die Behörden genehmigt und finanziell mit den vor mir mitgebrachten Werten gesichert war."[39] Diesen Plan teilte er seinen Angestellten allem Anschein nach jedoch nicht mit; vielmehr führte er angeblich in den Monaten vor der Abreise mit Hans Tietje täglich Vieraugengespräche, in denen es nach Überzeugung des Personals um den Verkauf des Geschäfts ging.[40]

Gegen einen bevorstehenden Verkauf sprach, dass Miedl am 14. Juni 1944 seine Mitarbeiter Wilhelmus Engelbert Heins und Josef Schneller zu Prokuristen des Kunsthandels voorheen J. Goudstikker mit Generalvollmacht ernannte.[41] Während der Amsterdamer Heins weiterhin vorwiegend die Buchhaltung führte, scheint Schneller mit sämtlichen anderen Aufgabenbereichen betraut gewesen zu sein. Als gebürtiger Münchner konnte Schneller nicht nur problemlos mit deutschen Geschäftspartnern und Kunden korrespondieren, vielmehr genoss er offenbar auch Miedls Vertrauen, da dieser ihn seit 1923 kannte und mit ihm ab 1925 bei Witzig & Co. zusammengearbeitet hatte.[42] Auf Miedls Angebot hin war er nach Amsterdam übersiedelt und arbeitete seit Juni 1942 in dessen Kunsthandel.[43] Am Tag seiner

---

Economic Administration i. S. Looted art in occupied territories, neutral countries and Latin America, 5. 5. 1945, Bl. 29.

38 NL-HaNA, NBI 2.09.16.10 Nr. 203500, Paul Paulsen an Bundesgerichtshof, II. Zivilsenat Karlsruhe i. S. Revisionsbeantwortung in Sachen Meyer gegen Miedl, 21. 9. 1961, Bl. 6.

39 NARA, M1946, RG 260, Belgium Claims, Alphabetical: Delacroix-Luxembourg, Capt. Jan Vlug i. S. Bericht über die Sammlung Renders – Brüssel, Februar 1947, Att. III Auszug eines Berichts von Alois Miedl an Ltd. Rousseau, Bl. 16.

40 Venema 1986, S. 271.

41 Die Ernennung von Heins und Schneller wurde am 1. 9. 1944 im Handelsregister eingetragen, s. SAA, 1341 Nr. 104, Handelsregister van de Kamer van Koophandel en Fabrieken voor Noordholland, Kunsthandel v/h J. Goudstikker N. V. Amsterdam, 1. 9. 1944, unfoliiert.

42 Morris, Errol: Bamboozling Ourselves (Part 7) [4. 6. 2009], in: archives.nytimes.com, https://archive.nytimes.com/opinionator.blogs.nytimes.com/2009/06/04/bamboozling-ourselves-part-7/#44 [zuletzt aufgerufen 16. 7. 2023].

43 NL-HaNA, NBI 2.09.16 Nr. 852, Bureau Bestrijding Vermogensvlucht i. S. Rapport verhoor J. Schneller op 4. 10. 1945, 6. 10. 1945, Bl. 2.

Abreise instruierte ihn Miedl lediglich, sich bei wichtigen Entscheidungen an Tietje zu wenden.[44] Den Primärquellen nach befolgte er diese Aufforderung allerdings selbst dann nicht, als er Anfang September 1944 zum Wehrdienst in der ‚Deutschen Schutztruppe' der Wehrmachtskommandantur Amsterdam einberufen wurde[45] und demzufolge nur noch wenig Zeit für das Unternehmen hatte.[46]

Zwar waren laut seiner Angabe „noch Millionenbeträge an Kunstwerken zu verwalten"[47], im Hinblick auf An- und vor allem Verkäufe vor Ort stellte seine häufige Abwesenheit in der Herengracht 458 aber kein Problem dar, da sich voorheen J. Goudstikker im Spätherbst 1944 in einem „vollständigen Geschäftsstillstand"[48] befand, der sowohl aus dem Wegfall deutscher Käufer als auch dem Umstand, „nie mit Holländern Geschäfte gemacht"[49] zu haben, resultierte. „Bisher ausschließlich mit deutschen Behörden, Museen und sonstigen deutschen Kunden in Geschäftsverbindung"[50] gestanden zu haben, erwies sich für voorheen J. Goudstikker jetzt als nachteilig. Anfang September 1944 hatten alliierte Truppen die Grenze überschritten, sodass die Niederlande zum Frontgebiet wurden. Spätestens nach den ersten Kampfhandlungen wurden die Deutschen als vormalige Hauptkäufergruppe auf dem niederländischen Kunstmarkt von inländischen Schwarzmarkthändlern abgelöst, die allerdings nicht bei voorheen J. Goudstikker kauften. Deren Motivation, illegale Einnahmen der Vorjahre durch den Erwerb von Wertgegenständen rechtzeitig vor Kriegsende zu verschleiern, war ausschlaggebend für den selbst in den letzten Kriegsmonaten kontinuierlichen Preisanstieg auf dem niederländischen Kunstmarkt.[51]

Während voorheen J. Goudstikker nicht von diesen lukrativen Geschäften profitierte, war Schneller mit der Bewältigung der Schulden des Unternehmens, die durch Miedls regelmäßige Kreditaufnahmen der vorangegangenen fünf Jahre 1944 zu einem siebenstelligen Betrag angewachsen waren, vollauf ausgelastet. Konkret schuldeten Miedl beziehungsweise seine beiden Amsterdamer Firmen mehreren deutschen Unternehmen im Herbst 1944 fast 2,5 Millionen Reichsmark, von denen allein die Schantung 1.776.753 Reichsmark für einen

44 Venema 1986, S. 166.

45 NL-HaNA, NBI 2.09.16 Nr. 856, Schantung Handels-AG Berlin an Kommandatur der Deutschen Schutztruppe Amsterdam, 20. 1. 1945, unfoliiert.

46 BArch Koblenz, B 323/457, Kunsthandel v/h J. Goudstikker N. V. Amsterdam an Heinrich Zimmermann, 24. 8. 1944, Bl. 91.

47 NL-HaNA, CABR 2.09.09 Nr. 86247, Kunsthandel v/h J. Goudstikker N. V. Amsterdam an Deutsche Handelskammer für die Niederlande, 8. 11. 1944, unfoliiert.

48 NARA, M1946, RG 260, Goudstikker Collection: Correspondence of Dutch Art, November 1944 – April 1945, Josef Schneller an Emil Linder, 8. 11. 1944, unfoliiert.

49 BArch Koblenz, B 323/457, Kunsthandel v/h J. Goudstikker N. V. Amsterdam an Heinrich Zimmermann, 21. 10. 1944, Bl. 30.

50 NL-HaNA, CABR 2.09.09 Nr. 86247, Kunsthandel v/h J. Goudstikker N. V. Amsterdam an Deutsche Handelskammer für die Niederlande, 8. 11. 1944, unfoliiert.

51 Euwe/Oosterlinck 2017, S. 62–63.

1942 vergebenen Kredit forderte.[52] Offenbar hatte das Berliner Unternehmen vor Miedls Abreise wiederholt Gespräche mit ihm über eine zumindest partielle Reduzierung des konstant ansteigenden Schuldensaldos geführt, die jedoch trotz seiner Versprechungen allesamt ergebnislos geblieben waren. Angesichts des neuen Verhandlungspartners Schneller schöpfte die Schantung auch neue Hoffnung. Bereits am 1. Juli 1944 beschwerte sie sich bei Schneller über „die sehr unerwünschte Entwicklung des Kontostandes"[53] und veranlasste vorsorglich eine Sicherungsabtretung ihrer Forderung an die Deutsche Landvolkbank Berlin, mit deren Krediten sie das Darlehen finanziert hatte.[54] In Anbetracht der alliierten Fortschritte durchaus nachvollziehbar, drängte sie schließlich Ende August 1944 auf eine schnelle Lösung mit dem Hinweis auf die „Entwicklung der allgemeinen Lage"[55], die nicht mehr abzuschätzen sei; sie müsse „als vorsichtiger Kaufmann alle Eventualitäten in Erwägung ziehen, auch die, dass unter Umständen der Geldverkehr mit Amsterdam gewissen Schwierigkeiten unterworfen werden könnte."

Als Zeichen seiner Kooperationsbereitschaft beauftragte Schneller daraufhin die Dresdner Bank mit einer Überweisung von 100.000 Reichsmark und forderte die Buitenlandbank auf, ein auf die Schantung laufendes, als Kreditsicherheit hinterlegtes Aktienzertifikat des Kunsthandels voorheen J. Goudstikker im Nennwert von 600.000 Gulden an diese zu versenden. Darüber hinaus verhandelte er zu diesem Zeitpunkt mit zwei Interessenten – letztlich erfolglos – über den Verkauf von Nijenrode, schickte mehrere Gemäldesendungen nach München sowie Berlin und trat noch ausstehende Forderungen aus Verkäufen des Kunsthandels voorheen J. Goudstikker ab.[56] Um die Kreditrückzahlung zudem zu erleichtern, erteilte er Erhardt am 6. und 12. September 1944 die Vollmachten, über die in Deutschland befindlichen Konten von voorheen J. Goudstikker zu verfügen und Miedl in allen Angelegenheiten rechtsgültig zu vertreten.[57] Sollte Schneller gehofft haben, die Schantung mit all diesen Maßnahmen vorerst zufriedengestellt zu haben, wurde er durch deren Forderung, dass weitere Zahlungen in Kürze erfolgen müssten, selbst wenn dafür Steuerzahlungen zurückgestellt werden müssten,[58] eines Besseren belehrt.

Tatsächlich sah sich Schneller zu diesem Zeitpunkt mit einer Steuerforderung an voorheen J. Goudstikker für die Jahre 1941 und 1942 in Höhe von 170.000 Gulden konfrontiert, was ihn jedoch nicht davon abgehalten hatte, „fast sämtliche Barmittel nach Deutschland"[59]

52 BArch Koblenz, B 323/458, Kurt Erhardt an Schantung Handels-AG Berlin, 19.9.1944, Bl. 78.

53 Ebd., Emil Linder an Josef Schneller, 1.7.1944, Bl. 131.

54 Ebd., Emil Linder an Josef Schneller, 5.9.1944, Bl. 127.

55 Ebd., Kurt Erhardt an Josef Schneller, 24.8.1944, Bl. 56; folgendes Zitat ebd.

56 Ebd., Josef Schneller an Kurt Erhardt, 30.8.1944, Bl. 128–129. – Anfang September 1944 befand sich noch eine Sendung im Wert von 2,5 Mio. RM auf dem Weg nach Berlin, s. ebd., Josef Schneller an Schantung Handels-AG Berlin, 5.9.1944, Bl. 126.

57 Ebd., Vollmachten, 6.9.1944 & 12.9.1944, Bl. 122.

58 Ebd., Emil Linder an Josef Schneller, 5.9.1944, Bl. 127.

59 Ebd., Josef Schneller an Emil Linder, 13.9.1944, Bl. 125; folgendes Zitat ebd.

zu überweisen. Offensichtlich enttäuscht über die inkulante Reaktion der Schantung und wohl auch die ausbleibende Anerkennung seiner bisherigen Anstrengungen, warf er Linder vor, dass „Sie und Erhardt erst jetzt mit aller Energie versuchen, das Problem Schantung/Goudstikker zu einer Lösung zu bringen und dass Sie niemals Herrn Miedl mit allem Nachdruck dazu veranlasst haben, die Schantung zu sichern. Seitdem Herr M. verreist ist, habe ich alles versucht, um der Firma Goudstikker Barmittel in größtem Maß zuzuführen, was mir auch zum Teil gelungen ist, sodass insbesondere alle Bankverpflichtungen vollständig abgewickelt werden konnten. Dies war vor allem wichtig, um die Sicherheiten frei zu bekommen, die ich nunmehr der Schantung zur Verfügung stellen konnte." Dagegen war es ihm trotz einer offiziellen Transportgenehmigung nicht mehr möglich gewesen, eine weitere Sendung von rund neunzig Gemälden im Wert von fast zwei Millionen Reichsmark nach Deutschland zu verschicken, da die Versandmöglichkeiten ab Herbst 1944 aufgrund des Kriegsverlaufs gravierend eingeschränkt waren.[60] Da diese Werte in den Niederlanden nicht mehr „zu Geld zu machen"[61] waren, sah sich Schneller nun nicht nur dem Druck der Schantung, sondern auch der Steuerbehörde ausgesetzt, deren Inspektoren angeblich sogar im Geschäft vorstellig geworden waren. Nur drei Monate nach seiner Ernennung zu Miedls Treuhänder resümierte er demgemäß „am Ende seiner Weisheit und seiner Kraft" zu sein.

Zur rechtlichen Absicherung der Forderungen handelte die Deutsche Landvolkbank Berlin am 28. September 1944 zwei Verträge mit Erhardt aus, der dabei sowohl als Bevollmächtigter von Miedl als auch von voorheen J. Goudstikker auftrat. Laut des ersten Übereinkommens übernahm Miedl die selbstschuldnerische Bürgschaft für die Schuld von voorheen J. Goudstikker, die mit seinem bei Witzig & Co. befindlichen Kontoguthaben in Höhe von 320.000 Reichsmark, den ebenfalls dort hinterlegten nominell 200.000 Reichsmark Schantung-Aktien, vierundfünfzig Schweizer Scheiben und Hinterglasbildern sowie sechs Gemälden besichert wurde.[62]

Während letztere allesamt im August 1940 von Katz erworben worden waren, stammten sieben der Wappen- und eine der Glasscheiben vermutlich aus der Sammlung des Münchner Mathematikers und Kunstmäzens Professor Alfred Pringsheim, der 1939 aufgrund seiner jüdischen Abstammung NS-verfolgungsbedingt in die Schweiz emigrierte. Nachdem er bereits 1933 einem Zwangsverkauf seines Wohnhauses hatte zustimmen müssen, wurden seine umfassende Silbersammlung sowie weitere Kunstgegenstände 1938 von der Gestapo beschlagnahmt und auch der Versteigerungserlös seiner bedeutenden Sammlung italienischer

60 Ebd., Josef Schneller an Schantung Handels-AG Berlin, 5.9.1944, Bl. 126. – Ab dem 5.9.1944 bestand außerdem kein Telefonverkehr mehr zwischen den Niederlanden und Deutschland, s. ebd., Emil Linder an Kurt Erhardt, 6.9.1944, Bl. 54.

61 Ebd., Josef Schneller an Emil Linder, 13.9.1944, Bl. 125; folgendes Zitat ebd.

62 Folgende Inventarnummern wurden besichert: 5201–5202–5234–5263–5598–5670, s. NARA, M1946, RG 260, Restitution Cases: Adolph Wüster, Vertrag zwischen Alois Miedl und der Deutschen Landvolkbank Berlin, 28.9.1944, unfoliiert.

Majoliken floss mit Ausnahme weniger Tausend Reichsmark der Reichskasse als ‚Reichsfluchtsteuer' zu.[63] Ausgehend von den Geschäftsunterlagen der Münchner Kunsthandlung Julius Böhler hatte Pringsheim die sieben Wappenscheiben ein Jahr zuvor am 19. Februar für nur 1.200 Reichsmark verkauft; am 30. April 1939 erhielt er dann weitere 500 Reichsmark für die Schweizer Glasscheibe. Dass Pringsheim seine Objekte aufgrund des Verfolgungsdrucks weit unter Wert verkaufte, zeigt sich deutlich an den von Böhler angesetzten Verkaufspreisen. So zahlte Miedl abzüglich eines Preisnachlasses bei drei Transaktionen 1940 und 1941 mit 13.281 Reichsmark den fast achtfachen Einstandspreis.[64] Eine weitere Rundscheibe, für die ihm von Böhler am 3. April 1941 637 Reichsmark berechnet wurden, hatte letzterer wiederum zwei Jahre zuvor auf der von Hans W. Lange durchgeführten Nachlass-Auktion des jüdischen Industriellen Adolph List, Magdeburg, für 280 Reichsmark erstanden.[65] Dass auch die Schantung bei diesem Anlass Glasscheiben ersteigerte, kann angesichts ihrer damaligen Teilnahme (s. Kap. 7.4) und der bislang unbekannten Provenienz der restlichen Wappenscheiben zumindest nicht ausgeschlossen werden. Sicher ist dagegen, dass die Schweizer Scheiben und Hinterglasbilder am 12. beziehungsweise 18. August 1942 von Witzig in drei Kisten im Depot der Gemeindesparkasse Lenggries eingelagert wurden, wo sie bis zum Vertragsabschluss zwischen der Deutschen Landvolkbank Berlin und Miedl verblieben.[66]

Im zweiten Vertrag, den Erhardt am 28. September 1944 im Namen von voorheen J. Goudstikker unterzeichnete, wurde der Deutschen Landvolkbank als weitere Sicherheit das Eigentum an sämtlichen an Witzig & Co. zur Aufbewahrung übergebenen Gemälden und Teppichen von voorheen J. Goudstikker übertragen. Da zweiundzwanzig dieser ansonsten dezentral in Bayern deponierten Kunstwerke bei einem Luftangriff im Münchner Bankhaus am 13. Juli 1944 beschädigt worden waren, wurden ihr zudem die Schadensersatzansprüche gegen das Deutsche Reich abgetreten.[67] Dem Vertrag beigefügt war eine von Witzig & Co.

63 Seelig, Lorenz: Die Münchner Sammlung Alfred Pringsheim. Versteigerung, Beschlagnahmung, Restitution, in: Entehrt. Ausgeplündert. Arisiert. Entrechtung und Enteignung der Juden (Veröffentlichungen der Koordinierungsstelle für Kulturgutverluste), Magdeburg 2005, S. 267–273.

64 ZI München, Datenbank „Böhler re:search", Karteikarten M_37–0054, M_37–0055, M_37–0062, M_37–0070, M_37–0119, M_37–0120, M_37–128, M_39–0181, http://boehler.zikg.eu [zuletzt aufgerufen 18. 7. 2023].

65 ZI München, Datenbank „Böhler re:search",, Karteikarte M_39–171, http://boehler.zikg.eu [zuletzt aufgerufen 18. 7. 2023].

66 BArch Koblenz, B 323/401, Treuhandverwaltung von Kulturgut bei der Oberfinanzdirektion München, Rück- und Freigabe von Kunstwerken, Rückerstattungs- und Wiedergutmachungsverfahren, Einzelfälle Widmann- Zweig, Bd. 45, 1947–1962, Otto Höglmeier an Heinrich Hoffmann, 29. 5. 1956, Bl. 142–143.

67 BArch Koblenz, B 323/458, Vertrag zwischen dem Kunsthandel v/h J. Goudstikker N. V. Amsterdam und der Deutschen Landvolkbank Berlin, 28. 9. 1944, Bl. 33. – Bei einem zweiten Luftangriff am 7. 1. 1945 brannte das Gebäude, in dem sich das Bankhaus Joh. Witzig & Co. befand, vollständig aus und stürzte ein. Die Bankmitarbeiter gingen davon aus, dass die 22 Gemälde dabei zerstört

erstellte Liste der vom Bankhaus verwahrten dreizehn Teppiche und dreiundfünfzig Gemälde. Neben mehrheitlich 1941 und 1942 von niederländischen Kunsthändlern erworbenen Bildern wurden außerdem jeweils zwei Werke des Altbestands (2037/2411) sowie des „S"-Bestands (S 13/S 55) aufgeführt. Weitere vier Arbeiten – das Aquarell einer *Schafherde* (6015) von Anton Braith, eine *Gebirgslandschaft* (6016) von Carl le Feubure, eine *Küstenlandschaft* (6017) von Karl Raupp sowie ein *Boot mit drei Männern* (6018) von Adolf Lier[68] – hatte Miedl am 23. April 1941 für nur 25 Gulden von Martin Aufhäuser gekauft. Die restlichen vier Gemälde stammten aus der Sammlung Émile Renders: eine *Kreuzigung* (6049) von Franco Flamand, die Darstellung einer *Madonna mit Kind* (6052) der Brügger Schule, eine *Grablegung* (6054) aus der Gruppe der Antwerpener Manieristen und der *Kreuzweg Christi* (6058) eines niederländischen Meisters.[69]

Hinsichtlich dieser letzten vier Kunstwerke sowie einer *Gebirgslandschaft* (6220) von Alexandre Calame und einer *Ansicht von Göschenen* (6221) von Joseph Nikolaus Bütler, die Miedl 1942 privat von dem Kunstsammler Jean Krebs erworben hatte, wies Schneller die Schantung Anfang Oktober 1944 ausdrücklich darauf hin, dass sie „unter keinen Umständen"[70] verkauft werden dürften. Zudem habe Miedl bezüglich der Gemälde *Disputierende Mönche* (6217) von Carl Spitzweg (s. Abb. 14) und *Landschaft* (6219) von Govert Dircksz. Camphuysen „besondere Abmachungen" mit Heinrich Hoffmann getroffen. Tatsächlich waren diese letzten beiden Bilder nicht Teil des Vertrags und zusammen mit weiteren sieben Arbeiten im Depot des Fotografen untergebracht. Dass Schneller sie dennoch ansprach, hing damit zusammen, dass man sich im Nachgang der Vertragsunterzeichnung offenbar darauf geeinigt hatte, die obige Liste um Werke aus anderen Aufbewahrungsorten zu erweitern.

---

wurden, s. ebd., Bankhaus Joh. Witzig & Co. München an Deutsche Landvolkbank Berlin, 8. 2. 1945, Bl. 39. – Mit der Durchsetzung der Schadensersatzansprüche wurde der Münchner Diplomingenieur und Stammkunde von v/h J. Goudstikker Heinrich Zimmermann betraut, s. NARA, M1949, RG 260, Claims of Cultural Property removed by German Forces, 1946–1948, Bavaria Decl. No. 1509, 31. 5. 1946, unfoliiert.

68 Die *Gebirgslandschaft* und das *Boot mit drei Männern* wurden den Erben nach Aufhäuser 2006 restituiert, s. Advisory Committee on the assessment of restitution applications for items of cultural value and the Second World War, RC 1.29, Recommendation regarding the application for the restitution of three men in a boat on turbulent water by A. H. Lier and mountain landscape with castle by T. le Feubure, 12. 7. 2006, https://www.restitutiecommissie.nl/en/recommendation/three-men-in-a-boat-by-a-h-lier-and-mountain-landscape-with-castle-by-t-le-feubure/ [zuletzt aufgerufen 12. 1. 2023].

69 BArch Koblenz, B 323/458, Anlage zum Vertrag zwischen Kunsthandel v/h J. Goudstikker Amsterdam und der Deutschen Landvolkbank Berlin, 28. 9. 1944, Bl. 33. – Nach damaliger Kenntnis von v/h J. Goudstikker befanden sich bei Witzig & Co. lediglich 27 Gemälde. Die von Schneller aufgeführten Inventarnummern 5996 und 6355 finden sich wiederum nicht auf der ursprünglichen Liste der Bank, s. ebd., Kurt Erhardt an Emil Linder, 16. 10. 1944, Bl. 71.

70 Ebd., Josef Schneller an Emil Linder, 7. 10. 1944, Bl. 71–72; folgendes Zitat ebd.

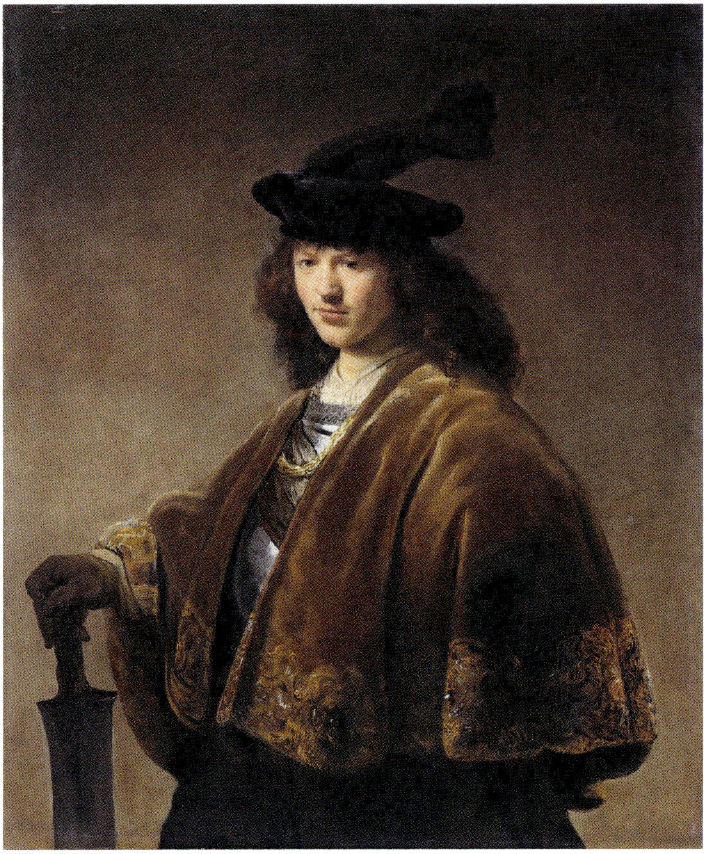

Abb. 21 Rembrandt van Rijn (Schule), Junger Mann mit Schwert, ca. 1633–1645, Öl auf Leinwand, 125 × 96,7 cm.

Abgesehen von den bei Hoffmann gelagerten Gemälden zählten dazu auch eine *Winterlandschaft* (5908) von Jan Abrahamsz. Beerstraten, die von dem vormaligen Kaufinteressenten Philipp Werner in Siegburg verwahrt wurde, sowie das aus der beschlagnahmten Sammlung E. Hartogs-Heyman stammende *Porträt eines jungen Mannes mit Schwert* (6527) aus der Rembrandt-Schule (Abb. 21) und das Frans Hals zugeschriebene *Männerporträt* (A 6278). Obwohl letzteres Metabesitz von Miedl und Hoffmann war, befand es sich wie auch das NS-verfolgungsbedingt entzogene Bild in Maria Almas-Dietrichs Kunsthandel.[71]

Eine Preisfestsetzung nahm Schneller nur selten vor, „da wir die Marktlage von deutschen Bildern hier wenig beurteilen können."[72] Eine dieser Ausnahmen war das mit 300.000 Gulden bezifferte *Porträt eines jungen Mannes mit Schwert*, das am 17. Oktober 1944 für 255.000 Gul-

71 NL-HaNA, NBI 2.09.16 Nr. 864, Depotboek, 1944, Bl. 26, 32.

72 BArch Koblenz, B 323/458, Josef Schneller an Emil Linder, 7.10.1944, Bl. 71–72.

den im ‚Führerbau' München an Miedls Bekannten Georg Spitz veräußert wurde.[73] 1955 an die Erben nach J. C. Hartogs restituiert, wurde das Bild am 16. Februar 1957 an die Samuel H. Kress Foundation verkauft, die es vier Jahre später dem North Carolina Museum of Art schenkte.[74]

Durch den Verkauf des Gemäldes im Oktober 1944 reduzierte sich die Schuldsumme, die zu diesem Zeitpunkt noch rund 800.000 bis 900.000 Reichsmark betrug,[75] auf etwa 515.000 Reichsmark. Am 23. Oktober 1944 sah Linder endlich aufgrund der gestellten Sicherheiten kein Ausfallrisiko mehr,[76] nachdem Schneller zwei Tage zuvor damit einverstanden gewesen war, Bruno Lohse „drei bis vier wertvolle Bilder"[77] nach Berlin mitzugeben, und diesem daraufhin fünf große Kisten mit Teppichen sowie zwei Cranach-Porträts *Ernst Herzog von Sachsen* und *Johann der Beständige, Kurfürst von Sachsen* aushändigte.[78] Einerseits hatte er infolge des „voll und ganz stockenden Absatzes in Holland"[79] keine Verwendung dafür, andererseits konnte er so die Wertgegenstände vor dem Finanzamt in Sicherheit bringen, das angesichts der immer noch unbeglichenen Steuerschuld von voorheen J. Goudstikker mit einer Zwangsvollstreckung des beweglichen und unbeweglichen Vermögens gedroht hatte.

Zwar war es Schneller bislang durch die wiederholte Zahlung kleinerer Beträge gelungen, diese Maßnahme hinauszuzögern, doch um der vorläufigen Forderung der Behörde nachkommen zu können, benötigte er kurzfristig 75.000 Reichsmark, um die er die Schantung bereits am 20. Oktober 1944 ersucht hatte.[80] Trotz weiterer Schreiben reagierte Linder darauf zunächst nicht, sodass Schneller seine Bitte rund eine Woche später eindringlich wiederholte und behauptete, die Zwangsvollstreckung bald nicht mehr aufhalten zu können.[81] Daraufhin genehmigte Linder die Überweisung Anfang November 1944, forderte jedoch zugleich eine Vergütung für die „Verdienste der letzten drei Jahre"[82] in Höhe von 50.000 bis

73 NL-HaNA, NBI 2.09.16.10 Nr. 203497, J. Horst an Nederlandse Beheersinstituut, 2.12.1950, unfoliiert. – Das Gemälde wurde im Juni 1951 von den Alliierten in Spitz' Landhaus bei Seebruck am Chiemsee konfisziert und an Hartogs-Heyman restituiert, s. NARA, M1946, RG 260, Directives: General Directives and Notes concerning Loot, S. Lane Faison i. S. Geschichte des angeblichen Rembrandt Gemäldes Porträt eines jungen Mannes mit Schwert, 1951, unfoliiert.

74 https://www.kressfoundation.org/kress-collection/artwork/b6b6ec0baea41b03b21933daad7b75824dd788db9b96955aed46bc8316c45cd [zuletzt aufgerufen 3.9.2024].

75 BArch Koblenz, B 323/458, Emil Linder an Josef Schneller, 21.10.1944, Bl. 118.

76 Ebd., Emil Linder an Kurt Erhardt, 23.10.1944, Bl. 70.

77 Ebd., Emil Linder an Josef Schneller, 21.10.1944, Bl. 118.

78 Die beiden Cranach Bildnisse hatte Miedl im April 1944 für 70.000 Gulden bei einer Auktion von Frederik Muller & Co. erworben, s. ebd., Josef Schneller an Emil Linder, 28.10.1944, Bl. 116.

79 Ebd., Bl. 118.

80 Ebd., Bl. 118. – Ab Winter 1944 befanden sich drei Kisten mit Gemälden des „H"-Bestands aus Miedls Privatbesitz im Depot in Bad Tölz, s. ebd., Josef Schneller an Kurt Erhardt, 4.12.1944, Bl. 94–95.

81 Ebd., Josef Schneller an Emil Linder, 28.10.1944, Bl. 116.

82 Ebd., Emil Linder an Josef Schneller, 6.11.1944, Bl. 115.

75.000 Reichsmark, um den auf 75.000 bis 100.000 Reichsmark geschätzten Bilanzverlust seines Unternehmens zu minimieren. Diese recht vage begründete Forderung ignorierte nun wiederum Schneller, auch noch als Linder etwa einen Monat später die „Sondereinnahme"[83] mit der Begleichung von Miedls Aufenthaltskosten im Ausland zu rechtfertigen versuchte. Vielmehr teilte er Linder umgehend lediglich mit, dass das Finanzamt für das Geschäftsjahr 1943 eine voraussichtliche Steuerschuld in Höhe von 450.000 Gulden veranschlagt habe, die „zwar noch nicht fällig, aber angesichts des vollständigen Geschäftsstillstands kritisch"[84] sei. Um den verstimmten Geschäftspartner zu besänftigen, bot Linder am Jahresende 1944 nicht nur weitere 50.000 Gulden an, um die Bezahlung der letztlich mit 400.000 Gulden bemessenen Steuerschuld weiter hinauszögern zu können, sondern bedankte sich auch dafür, „dass Sie mich in meiner Goudstikker-Sorge in so feiner, ausschlaggebender Weise unterstützt haben. Sicherlich wird auch Herr M., in dessen Interesse ja schließlich fast alles geschieht, Ihre Leistung bei der Entwirrung und Abwicklung der Engagements eines Tages zu würdigen wissen."[85] Schneller lehnte jedoch dieses Angebot am 15. Januar 1945 trotz der in der Zwischenzeit fällig gewordenen Steuerschuld vorläufig ab, da er davon ausging, „dass man der Firma Goudstikker als deutscher Firma nicht zu weh tun wird, solange wir hier noch die Macht haben. Sollte es wirklich noch so weit kommen, dass wir dieses Gebiet räumen müssen, was wir weder wünschen noch glauben, dann kann es mir ja auch ziemlich egal sein, wie die Firma von den Steuerbehörden behandelt wird."[86] Offensichtlich hatten zu diesem Zeitpunkt die Verpflichtungen von voorheen J. Goudstikker gegenüber dem niederländischen Staat für ihn keine Priorität. Ungeachtet der Tatsache, dass er seit Miedls Abreise nichts mehr von ihm gehört hatte, galt dies allerdings nicht für dessen Privatvermögen. Dementsprechend konzentrierte er sich ab Anfang 1945 darauf, schnellstmöglich dessen Einkommenssteuerschuld zu begleichen.[87]

Tatsächlich war es keine auf seine Abwesenheit zurückzuführende Ausnahme, sondern die Regel, dass Miedls Privatsteuern nicht fristgerecht gezahlt wurden. Bereits 1943 war er deshalb mit dem niederländischen Finanzamt in Konflikt geraten, das im Anschluss an eine Prüfung der Buitenlandbank auch seine private Buchführung untersuchen wollte. Dem niederländischen Rechnungsprüfer W. H. Kikkert zufolge habe er die Offenlegung seiner Einkommenssteuerunterlagen – offensichtlich auf Göring anspielend – mit der Begründung

83 BArch Koblenz, B 323/458, Emil Linder an Josef Schneller, 18.12.1944, Bl. 91.

84 Ebd., Josef Schneller an Emil Linder, 8.11.1944, Bl. 113.

85 Ebd., Emil Linder an Josef Schneller, 30.12.1944, Bl. 90. – Tatsächlich bezeichnete Miedl Schneller in der Nachkriegszeit als Nationalsozialisten, s. NL-HaNA, NBI 2.09.16.10 Nr. 203501, Afdeling Ontvijanding van het Nederlandse Beheersinstituut i.S. Befragung Alois Miedl, 18.9.1950, Bl. 13.

86 Ebd., Josef Schneller an Emil Linder, 1.1.1945, Bl. 88–89; Josef Schneller an Emil Linder, 15.1.1945, Bl. 85–86.

87 Ebd., Josef Schneller an Emil Linder, 15.1.1945, Bl. 85–86.

verweigert, „es passe jemandem nicht",[88] und die Behörde an das Reichsfinanzministerium verwiesen. Den niederländischen Steuerprüfern sei daraufhin von ihren deutschen Kollegen eine gemeinsame Untersuchung vorgeschlagen worden, allerdings ohne Einsichtnahme der Niederländer in die Abrechnungen mit Göring. Aus Sorge vor einem im Nachgang größeren Einfluss der Deutschen auf ihre Behörde sei dieser Vorschlag zwar abgelehnt, aber trotzdem Miedl präsentiert worden, um ihn gefügig zu machen: „Und so geschah es, Miedl war schockierter als wir erwartet hatten. Er bestand darauf, nicht von deutschen Steuerprüfern untersucht zu werden, und bot mir an, seine gesamte Verwaltung zu überprüfen, einschließlich der Affären mit Göring."[89] Letztlich konnte Miedl diese Prüfung jedoch verhindern, indem er mit Kikkert eine Zahlung von 600.000 Gulden[90] als Kompensation für die Einkommenssteuer bis einschließlich 1941 sowie die Vermögens- und Gewerbesteuer bis einschließlich 1942 aushandelte.[91]

1945 fehlte Miedls Verhandlungsgeschick, sodass sich Schneller vom Bankierskantoor Alois Miedl N. V., das seine Geschäftstätigkeit bereits im September 1944 eingestellt hatte,[92] 50.000 Gulden leihen musste, um das bereits eingeleitete Zwangsverfahren zu unterbrechen.[93] Mitte Februar 1945 erhielt er zudem nach Genehmigung der Deutschen Landvolkbank Berlin einen zweiten Kredit in gleicher Höhe von der Schantung[94] und konnte die Schulden auf etwa 70.000 Gulden reduzieren. Seinen Plan, dem Finanzamt als Hinhaltetaktik weitere „circa 20.000 bis 50.000 Gulden in den Rachen zu werfen"[95], vereitelte Mitte März ein Ultimatum von vier Wochen, das ihn zum Verkauf der bei E. J. Meyer deponierten 120.000 Reichsmark

88 NL-HaNA, NBI 2.09.16.10 Nr. 203496, Befragung von Staatsrechnungsprüfer W. H. Kikkert, 17.2.1951, Bl. 1–3.

89 Ebd.

90 Da Kikkert den Betrag von 600.000 Gulden zu niedrig fand, empfahl er dem Leiter des Centrale Vermogens Opsporingsdienst in der Nachkriegszeit, diesbezüglich in Berufung zu gehen. Dieser lehnte nach Kikkerts Meinung jedoch ab, da er angeblich vor Kriegsbeginn von Miedl für einen positiven Artikel über die Redjang Lebong eine „größere Summe" gezahlt bekommen hatte, s. ebd.

91 NL-HaNA, NBI 2.09.16 Nr. 854, Fa. Steneker & Flipse Amsterdam an E. J. Korthals Altes und W. C. Roest van Limburg i. S. Bericht zum Vermögen A. Miedl, 10.10.1947, Bl. 12. – Angeblich soll der Steuerinspektor nach dieser Einigung vonseiten Fischböcks und Seyß-Inquarts angewiesen worden sein, „Miedl bis zur Grenze seiner Liquidität auszunehmen", kam dieser Anordnung allerdings nicht nach, „weil er der Meinung war, dass Miedl möglicherweise ein guter Deutscher sei, da die deutschen Behörden so stark gegen ihn waren." s. NL-HaNA, NBI 2.09.16.10 Nr. 203496, Befragung von Staatsrechnungsprüfer W. H. Kikkert, 17.2.1951, Bl. 2–3.

92 NL-HaNA, NBI 2.09.16.10 Nr. 203492, Stichting Beheer, Bestuur en Toezicht Rechtspersonen, Exposé Nr. 22 i. S. Bankierskantoor Alois Miedl N. V. Amsterdam, 30.10.1954, Bl. 6.

93 BArch Koblenz, B 323/458, Josef Schneller an Emil Linder, 15.1.1945, Bl. 85–86.

94 Ebd., Deutsche Landvolkbank Berlin an Kunsthandel v/h J. Goudstikker N. V. Amsterdam, 13.2.1945, Bl. 82.

95 Ebd., Josef Schneller an Emil Linder, 3.3.1945, Bl. 61–62.

Schantung-Aktien zwang. Mit dem Erlös konnte er sowohl Miedls Einkommenssteuer als auch den vorgestreckten Kredit des Bankierskantoor abdecken.[96]

Anstatt spätestens ab diesem Zeitpunkt die Tilgung der Steuerschuld von voorheen J. Goudstikker voranzutreiben, konzentrierte sich Schneller ausschließlich darauf, dessen Debetsaldo bei der Deutschen Landvolkbank in Höhe von 136.600 Reichsmark auszugleichen.[97] Dafür beauftragte er nicht nur wiederholt Walter Peach mit Gemäldeverkäufen, sondern verschickte auch weiterhin sechsstellig bewertete Teppichsendungen nach Bad Tölz. Seine Sorge um deren sichere Ankunft in Deutschland war nicht unbegründet,[98] da er bereits Ende September 1944 eine zwischengelagerte Sendung im Wert von 100.000 Reichsmark durch einen Luftangriff auf Bielefeld verloren hatte.[99] Der Debetsaldo wurde am 22. März 1945 durch eine Überweisung von 100.000 Reichsmark auf unter 35.000 Reichsmark reduziert[100] und eine Woche später die Restschuld durch den Verkauf eines *Männerporträts* (5830) von Gabriël Metsu sowie der Darstellung *Trinkender Bauern* (5952) von David Teniers für insgesamt 34.000 Reichsmark beglichen.

Unbezahlt blieben dagegen bis Kriegsende die Steuerschulden von voorheen J. Goudstikker sowie eine Forderung der Schantung in Höhe von 461.000 Reichsmark, die sie 1944 nicht an die Landvolkbank abgetreten hatte.[101] Da die Schantung offenbar nicht mit einer Rückzahlung rechnete, belastete sie am 21. April 1945 vermöge der Erhardt erteilten Vollmacht das Konto von voorheen J. Goudstikker zumindest mit der bereits erwähnten „Sonderzahlung" von 75.000 Reichsmark.[102] Einwände Schnellers gegen diese Überweisung sind nicht dokumentiert. Möglicherweise hatte seine Loyalität gegenüber Miedl und dessen Belangen infolge der ausbleibenden Anerkennung und der zunehmend schwierigen Lebensbedingungen abgenommen, sodass er eher Linders Einschätzung beipflichtete: „Wie es Miedl und seiner Familie geht, wissen wir nicht, nehmen aber an: besser als Ihnen und uns."[103]

96 Ebd., Kurt Erhardt an Deutsche Landvolkbank Berlin, 13.3.1945, Bl. 36.

97 Ebd., Deutsche Landvolkbank Berlin an Kurt Erhardt, 23.2.1945, Bl. 38.

98 Peach mietete ab 1944 einige Räume im Gebäude an der Herengracht 468, s. BArch Koblenz, B 323/458, Josef Schneller an Emil Linder, 3.3.1945, Bl. 61–62. – Miedl kauft das Gebäude an der Herengracht 468 im Jahr 1941 für rund 109.000 Gulden von den Nachlassverwaltern des Amsterdamer Geschäftsmanns, Kunstsammlers und -mäzens Edwin vom Rath, s. NL-HaNA, NBI 2.09.16.10 Nr. 203464, Beginverslag van Bestuurders met bevoegdheid van Beheerders van de Kunsthandel voorheen J. Goudstikker te Amsterdam 15.7.1946, Bl. 5.

99 Ebd., Kunsthandel v/h J. Goudstikker N.V. Amsterdam an Kurt Erhardt, 3.11.1944, Bl. 66.

100 Ebd., Deutsche Landvolkbank Berlin an Kurt Erhardt, 22.3.1945 & 27.3.1945, Bl. 35.

101 Ebd., Schantung Handels-AG Berlin an Kurt Erhardt, 29.3.1945, Bl. 35.

102 Ebd., Notiz der Schantung Handels-AG Berlin, 21.4.1945, Bl. 58.

103 Ebd., Emil Linder an Josef Schneller, 22.1.1945, Bl. 83.

8.3 Im Fokus alliierter und niederländischer Untersuchungen

Tatsächlich waren Miedl und seine Familie zwar vom Krieg verschont, den Aufenthalt in Spanien betrachtete Miedl offenbar aber nur als eine Zwischenstation. Zumindest erwähnte er noch im Frühjahr 1945 Erhardt gegenüber, so bald wie möglich nach Deutschland zurückkehren zu wollen.[104] Angesichts der absehbaren Besetzung Deutschlands wäre er allerdings auch dort nicht den Nachforschungen der Alliierten entgangen, mit denen er sich in Spanien verstärkt konfrontiert sah.

Bereits 1939 hatte der letztlich gescheiterte Versuch, die kanadische Insel Anticosti zu erwerben, alliierte Nachrichtendienste auf ihn aufmerksam gemacht.[105] Überdies veranlassten die vielfältigen Beziehungen seines Unternehmensgeflechts zum NS-Regime den britischen Generalkonsul in Amsterdam am 17. April 1940 zu der Empfehlung, Veland, Buitenlandbank und Redjang Lebong auf die Statutory List zu setzen sowie Miedl mit großem Misstrauen zu behandeln und sehr genau zu beobachten. Letzteres war indes angesichts der kurz darauf erfolgten deutschen Besetzung der Niederlande nicht mehr zu realisieren.[106] Im August 1944 hatten die Briten wahrscheinlich von Miedls kurzzeitiger Festnahme beim Grenzübertritt erfahren und informierten umgehend die Gesandtschaft der Niederlande in Spanien über dessen Einreise mit dem zusätzlichen Hinweis, er habe eine Reihe wertvoller Gemälde aus der Sammlung Goudstikker mit sich geführt.[107] Um wie viele und welche Bilder es sich dabei konkret handelte, blieb unklar. So ging die britische Botschaft in Madrid von drei Bildern von Paul Cézanne sowie acht niederländischen Arbeiten des 18. Jahrhunderts aus, während das Oberkommando der alliierten Streitkräfte Werke von Rembrandt van Rijn, Peter Paul Rubens, Anthonis van Dyck und Jan Steen vermutete. Bei der Lokalisierung der fraglichen Gemälde wurden die Alliierten und Niederländer ab Spätherbst 1944 von den spanischen Behörden unterstützt, die sie nach ihrer Auffindung in Gewahrsam nehmen sollten.[108]

Im Rahmen der Nachforschungen befragten die Alliierten unter anderem am 7. Oktober 1944 Koninckx, der sich im Internierungslager Camp Polo Beyris in Bayonne in Haft befand,[109] nachdem er wie Miedl am 21. August beim Grenzübertritt in Hendaye festgenommen

104 Ebd., Kurt Erhardt an Josef Schneller, 5.3.1945, Bl. 61.

105 NARA, M1933, RG 153, Folder 31, Foreign Economic Administration i. S. Looted art in occupied territories, neutral countries and Latin America, 5.5.1945, Bl. 27.

106 NARA, M1934, RG 226, OSS Washington Secret Intelligence/Special Funds Records, 1942–1946, Washington Office, Special Funds Division Finance, Intelligence, WASH-SPDF-INT-1: Document 5089, Ministry of Economic Warfare an E. C. Acheson i. S. Alois Miedel [sic!], 24.11.1944, unfoliiert.

107 NL-HaNA, 2.05.286 Nr. 670, Gezantschap der Nederlanden i. S. Alois Miedl, 1949, Bl. 2.

108 NARA, M1934, RG 226, WASH-SPDF-INT-1: Document 5089, Ministry of Economic Warfare an E. C. Acheson i. S. Alois Miedel [sic!], 24.11.1944, unfoliiert.

109 NARA, M1944, RG 239, Menten, H. W., Bericht zu Raubkunst in Spanien – Fall Miedl, 13.2.1945, unfoliiert.

worden war.[110] Außerdem berichteten zwei vom britischen Kriegsministerium betriebene, deutschsprachige Tarnsender – der Soldatensender West und der Deutsche Kurzwellensender Atlantik – im selben Monat über den „Parteigenossen"[111] Miedl, der sich mit neun gestohlenen Gemälden im Wert von mehreren Millionen Reichsmark nach Madrid abgesetzt habe.[112] Indem die Briten einerseits Miedl für Nationalsozialisten und deren Sympathisanten als Verräter stigmatisierten und andererseits in kriminellen Kreisen Begehrlichkeiten weckten, erhofften sie sich nicht nur Hinweise auf dessen Aufenthaltsort, sondern legten ihm auch indirekt nah, sich zu seiner Sicherheit freiwillig zu stellen. Überdies setzten sie seinen Namen am 30. Oktober 1944 auf die britische sowie amerikanische Schwarze Liste[113] und erreichten, dass die spanische Polizei im November einen Haftbefehl gegen ihn erließ. Dass es nichtsdestoweniger misslang, Miedl in den folgenden Wochen an einem seiner wechselnden Aufenthaltsorte in San Sebastian und Madrid aufzuspüren,[114] war wahrscheinlich auf den nur halbherzigen Verfolgungswillen der Polizei des faschistischen Franco-Regimes gegenüber deutschen Staatsbürgern zurückzuführen.[115]

Auch hinsichtlich der Gemälde, die schließlich im Winter 1944 im Freihafen Bilbao lokalisiert wurden, kooperierten die Spanier mit den Alliierten und Niederländern nur sehr bedingt: So beauftragte das Außenministerium die Generalzolldirektion zwar mit der Inventarisierung der zweiundzwanzig Gemälde,[116] weigerte sich jedoch, ein sofortiges Einfuhrverbot nach Spanien zu erlassen, solange der von der niederländischen Gesandtschaft

110 NARA, M1946, RG 260, Interrogations: Miedl Case, No. 2, 13.12.1945, Bl. 23.

111 NARA, M1944, RG 239, Menten, H. W., Bericht zu Raubkunst in Spanien – Fall Miedl, 13.2.1945, unfoliiert; Gemeentearchief Alphen aan den Rijn, SCH_1944 De Schakel, De Schakel 1944–10–24, Nr. 112, Unsere gestohlenen Kunstschätze in Spanien, Bl. 2. – Die britischen Tarnsender sollten die Kampfmoral des deutschen Militärs und der Bevölkerung schwächen, s. Buomberger 1998, S. 93.

112 NARA, M1944, RG 239, Menten, H. W., Bericht zu Raubkunst in Spanien – Fall Miedl, 13.2.1945, unfoliiert.

113 NARA, M1922, RG 260, Records of the External Assets Investigation Section of the Property Division, OMGUS, 1945–1949, Reports and Exhibits relating to Investigations, 1931–1948, Safehaven: Reports and Correspondence – Appendices, Economic Warfare Division an US Secretary of State i. S. Economic Warfare Series No. 516. Transmitting copy of a memorandum submitting the Black List Committee on 19.10.1944, regarding Alois Miedel [sic!], 2.11.1944, unfoliiert.

114 NARA, M1944, RG 239, Menten, H. W., Bericht zu Raubkunst in Spanien – Fall Miedl, 13.2.1945, unfoliiert.

115 Collado Seidel, Carlos: Zufluchtsstätte für Nationalsozialisten? Spanien, die Alliierten und die Behandlung deutscher Agenten 1944–1947, in: Vierteljahreshefte für Zeitgeschichte, Heft 1, 1995, S. 154.

116 NARA, M1946, RG 260, Belgium Claims, Alphabetical: Delacroix-Luxembourg, Capt. Jan Vlug i. S. Bericht über die Sammlung Renders – Brüssel, Februar 1947, Att. Auszug eines Berichts von Alois Miedl an Ltd. Rousseau, Bl. 16.

erhobene Raubkunstvorwurf nicht belegt werden konnte.[117] Die niederländische Regierung lehnte wiederum die Angebote der Alliierten ab, in ihrem Namen gegen diese Entscheidung zu intervenieren, da sie befürchtete, die Spanier könnten ihre Kooperation unter Druck gänzlich einstellen. Angesichts „ihrer schwachen Position"[118] legte sie den Briten jedoch nahe, unabhängig von ihr vorzugehen, und ließ sie die Inventarliste der Gemälde in Bilbao einsehen.[119] Die anschließenden Strategiebesprechungen der Briten und Amerikaner resultierten Ende Januar 1945 in einer von US-Leutnant Theodore Rousseau geleiteten Untersuchung der Art Looting Investigation Unit (ALIU), die sich mit Miedls Aktivitäten in den Niederlanden und seinem Kunstbesitz in Spanien befasste.[120]

Bei dieser ersten wichtigen Untersuchung der Einheit interessierte sich Rousseau besonders für die Vermutung, Miedl könne neben den zweiundzwanzig Gemälden in Bilbao weitere Bilder ins Land geschmuggelt haben. Deren mutmaßliche Anzahl variierte dabei je nach Quelle stark: Während die beiden britischen Tarnsender von neun Kunstwerken berichtet hatten, schätzte Koninckx die Anzahl auf über sechzig Arbeiten.[121] Im Winter 1944 verbreitete sich zudem das Gerücht, Göring habe Miedl nach der Landung der Alliierten in der Normandie damit beauftragt, 200 seiner bedeutendsten Gemälde in Spanien in Sicherheit zu bringen. Angeblich waren die Bilder, denen Werte zwischen 100.000 und 500.000 Pesetas zugeschrieben wurden, von den spanischen Behörden zunächst konfisziert, nach Intervention des deutschen Brigadegenerals und Militärattachés Eckhardt Richard Kramer jedoch wieder freigegeben worden.[122] Das Gerücht beruhte sehr wahrscheinlich zum einen darauf, dass im September 1944 aus anonymer Quelle kolportiert wurde, der Direktor des Prado stehe mit Miedl in Verhandlungen über ein Gemälde aus Görings Besitz, für das er

117 NARA, M1944, RG 239, The Roberts Commission, 1943–1946, General Records, 1943–1946, Miscellaneous Materials, Lt. Theodore Rousseau an das spanische Außenministerium i. S. Memorandum, 17. 3. 1945, unfoliiert.

118 NARA, M1944, RG 239, The Roberts Commission, 1943–1946, Records relating to Restitution of Cultural Materials, 1943–1946, Miscellaneous Reports, Ministry of Economic Warfare an US Embassy Madrid i. S. Recent developments regarding paintings smuggled into Spain from the Netherlands by Alois Miedl, 6. 1. 1945, unfoliiert.

119 NARA, M1944, RG 239, Records relating to Restitution of Cultural Materials, 1943–1946, Miscellaneous Reports, Ministry of Economic Warfare an US Embassy Madrid i. S. Recent developments regarding paintings smuggled into Spain from the Netherlands by Alois Miedl, 6. 1. 1945, unfoliiert.

120 NARA, M1944, RG 239, Art Looting Investigation Unit: Final Report, 1. 5. 1946, Bl. 3.

121 NARA, M1944, RG 239, Menten, H. W., Bericht zu Raubkunst in Spanien – Fall Miedl, 13. 2. 1945, unfoliiert.

122 NARA, M1922, RG 260, Safehaven: Reports and Correspondence – Appendices, American Embassy London i. S. Economic Warfare (Safehaven) Series No. 321, 22. 9. 1945, unfoliiert. – In der Nachkriegszeit behaupteten verschiedene Befragte, darunter Eidenschink, Miedl habe für Göring und Hoffmann auch Gold, Diamanten und andere Wertgegenstände in das neutrale Ausland gebracht, s. NARA, M1922, RG 260, General Records pertaining to External Assets Investigations, 1939–1950, Eidenschink, Georg Josef, Eidenschink interrogation, Lager Moosburg, 19. 11. 1945, unfoliiert.

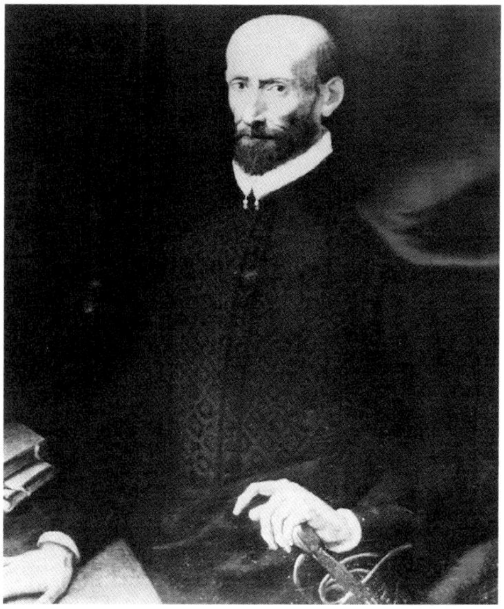

Abb. 22 El Greco (zugeschr.), Porträt eines älteren Bärtigen mit Degen, o. D., Öl auf Leinwand, 103,5 × 87 cm.

zwei Millionen Pesetas zu zahlen bereit sei.[123] Einen Monat später hieß es dann, es existiere ein von Miedl in Auftrag gegebener Katalog mit rund 200 Kunstwerken, die er für Göring auf Provisionsbasis verkaufen sollte. Weder die Existenz dieses Katalogs noch die später aufgestellte Behauptung, Miedl habe diesen im Januar 1945, nachdem ein Exemplar an die britische Botschaft gelangt sei, auf Anraten von Kramer zurückgezogen, lassen sich anhand der Primärquellen belegen. Zwar ebenso wenig Belege, aber diverse Theorien existieren dazu, wie die Gemälde nach Spanien gekommen sein sollen und wo sie sich befanden: Vermutet wurden sie in der deutschen Botschaft oder in Miedls Wohnung, wohin sie wahlweise als diplomatisches Gepäck, mithilfe der deutschen Geheimdienste oder auch von Schmugglern gelangt waren.[124]

Während Rousseaus Nachforschungen zu dieser vermeintlichen zweiten Gruppe von Bildern auch nach drei Monaten ergebnislos geblieben waren, konnte er bereits durch den Abgleich der Liste des Freihafens mit dem sogenannten Black Book, einer von Goudstikker vor seiner Flucht erstellten Auflistung des Handelsbestands, drei der Gemälde in Bilbao – eine *Reuevolle Magdalena* (1355) von Anthonis van Dyck, eine *Dame in Rosa* (1727) von Jacques-Louis David und *Christus im Tempel lehrend* (2307) von Aert de Gelder – zweifelsfrei der Provenienz Goudstikker zuordnen.[125] Daraufhin gestattete das spanische Außenministerium Rousseau im März 1945, die Bilder im Freihafen auf weitere Herkunftsvermerke zu überprüfen, und instruierte zudem die Generalzolldirektion, eine Freigabe der Gemälde an Miedl

123 Während seiner Befragungen im Frühjahr 1945 behauptete Miedl, der Direktor des Prado habe Interesse an dem in Bilbao gelagerten Gemälde *Porträt des Adam van Hasevelt* (2405) von Frans Hals und Nicolaes Maes sowie an dem *Quacksalber* (5236) von Jan Steen und einem *Großen Seestück* von Jan Goyen gehabt. Da die zwei letzten Bilder sich in deutschen Depots befanden, kam das Geschäft angeblich nicht zustande, s. NARA, M1946, RG 260, Interrogations: Miedl Case, No. 2, 13. 12. 1945, Bl. 22.

124 NARA, M1944, RG 239, Menten, H. W., Bericht zu Raubkunst in Spanien – Fall Miedl, 13. 2. 1945, unfoliiert.

125 NARA, M1946, RG 260, Interrogations: Miedl Case, No. 2, 13. 12. 1945, Bl. 1–2.

vorerst zu unterlassen.[126] Bei der Besichtigung am 24. März 1945 fanden Rousseau und der niederländische Gesandte drei Holzkisten mit den Initialen der Speditionsfirma Baquera, Kusche & Martin S. A. vor, die zweiundzwanzig teils auf der Rückseite beschriftete Gemälde enthielten.[127] Abgesehen von dem ebenfalls im Black Book vermerkten, zuvor jedoch von Rousseau übersehenen *Porträt des Adam van Hasevelt* (2405) von Frans Hals und Nicolaes Maes handelte es sich bei den restlichen achtzehn Bildern um Erwerbungen Miedls in den Niederlanden.[128]

Noch kurz vor seiner Abreise hatte er beispielsweise das Gemälde *Rebekka und Elieser am Brunnen* (6529) von Cornelis Buys aus der Sammlung des Amsterdamer Arztes Gillis Pieter Wijnmalen gekauft. Dreizehn weitere Werke stammten den Geschäftsbüchern nach wiederum vom niederländischen Kunstmarkt: Bei Auktionen von Frederik Muller & Co. hatte er ein John Hoppner zugeschriebenes *Damenporträt* (6542), eine *Dame in Rot* (6547) von Jean-Baptiste Perronneau und eine *Waldlandschaft* (6515) von Thomas Creswick ersteigert. Vier andere Gemälde, namentlich das Tondo *Maria mit Kind und zwei Engeln* (5203) von Bastiano Mainardi aus der Sammlung A. J. van Aalst,[129] ein El Greco zugeschriebenes *Porträt eines älteren Bärtigen mit Degen* (5418) (Abb. 22), ein *Männerbildnis* (5326) von Ferdinand Bol und eine *Madonna mit Kind und Heiligen* (5511) von Palma Vecchio, waren Teil der Transaktion mit Katz im August 1940 gewesen. Darüber hinaus hatte Miedl für seinen Privatbesitz von Katz im Oktober 1940 die Bilder *Mann beim Kartenspiel* (5883) und *Damenporträt* (5884) von Judith Leyster erstanden. Eine *Magdalena in der Wildnis* (6467) und *Christus im Olivenhain* (6468) von Jean-Baptiste Corot übernahm er 1943 von Dirk Albert Hoogendijk und von dem Den Haager Kunsthändler J. Bruinse erwarb er schließlich *Drei Kinderköpfe* (5751) von Thomas Lawrence sowie ein *Seestück* (5744) von Jan Porcellis, das sich vormals in der Larener Sammlung von Michiel Maximiliaan van Valkenburg befunden hatte. Miedl zufolge verkaufte ihm Van Valkenburg darüber hinaus im selben Jahr eine *Niederländische Landschaft* von Adriaen van de Velde, die als private Anschaffung angeblich nicht mit einer Inventarnummer versehen wurde. Dieses Vorgehen weicht zwar von dem bei früheren Privatkäufen üblichen ab – etwa im Fall der beiden Gemälde von Leyster –, könnte allerdings mit der zunehmend nachlässigen Buchführung von voorheen J. Goudstikker in späteren Kriegsjahren erklärt werden. Für eine Lucas van Uden zugeschriebene *Landschaft mit Figuren* lässt sich die Inventarnummer nicht eindeutig ermitteln: Während Miedl angab, das Gemälde 1942 auf einer Auktion bei Hans W. Lange ersteigert zu haben,[130] wies der

126 NARA, M1944, RG 239, Miscellaneous Materials, spanisches Außenministerium an US Botschaft Madrid, 20. 3. 1945, unfoliiert.

127 TNA, T 209/7/1, US Embassy Madrid an Ministry of Economic Warfare, 29. 3. 1945., unfoliiert.

128 NARA, M1946, RG 260, Interrogations: Miedl Case, No. 2, 13. 12. 1945, Bl. 5–17.

129 Miedl behauptete gegenüber Rousseau, die Inventarnummer 5203 im Jahr 1940 oder 1941 auf einer Auktion von Hans W. Lange gekauft zu haben, s. ebd.

130 Ebd.

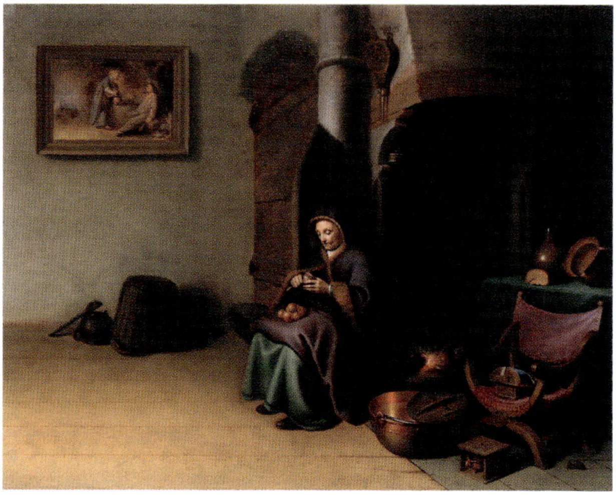

Abb. 23 Gerard Dou, Interieur mit Äpfel schälender Frau, ca. 1630, Öl auf Holz, 36,2 × 44,5 cm.

ALIU-Mitarbeiter Captain Jan Vlug das Gemälde 1947 mit der Inventarnummer 1445 dem Altbestand des Kunsthandels J. Goudstikker zu.[131] Da diese Nummer im Black Book von Jacques Goudstikker allerdings nicht aufgeführt wird, kann die Provenienz des Gemäldes vorläufig nicht zweifelsfrei belegt werden. Dasselbe gilt für ein venezianisches *Porträt eines Edelmannes* aus dem 16. Jahrhundert.

Scheinbar eindeutig war dagegen die Provenienz des letzten Gemäldes, das Miedl angeblich von dem Den Haager Restaurator Martin de Wild erworben hatte. Bereits die von Rousseau notierte Inventarnummer „5712“ des von ihm als *Alte in der Küche sitzende Frau* beschriebenen Bildes von Gerard Dou wirft jedoch Fragen auf, da dieser Nummer in den Geschäftsbüchern ein *Weinkeller* (5712) von Aelbert Cuyp zugeordnet ist. Durch Abgleich der von ihm erstellten Werkbeschreibung mit den im Besitz von voorheen J. Goudstikker befindlichen Gemälden von Dou zeigt sich, dass die richtige Inventarnummer „5782“ lautet, Rousseau also wahrscheinlich ein Flüchtigkeitsfehler unterlaufen war. Damit kann Miedls Provenienzangabe, die er mit dem auf der Werkrückseite eingestanzten Namen „De Wild“ zu bekräftigen suchte, widerlegt werden. Tatsächlich handelt es sich um das Gemälde *Interieur mit Äpfel schälender Frau* (5782) von Gerard Dou (Abb. 23),[132] dessen Kauf von

131 NARA, M1946, RG 260, Belgium Claims, Alphabetical: Delacroix-Luxembourg, Capt. Jan Vlug i. S. Bericht über die Sammlung Renders – Brüssel, Februar 1947, Att. I Liste der 22 von Miedl aus den Niederlanden nach Bilbao gebrachten Gemälde, die sich heute in Madrid befinden, Bl. 10.

132 Bei dem hier abgebildeten *Interieur mit Äpfel schälender Frau* von Gerard Dou handelt es sich nicht um das von der ‚Dienststelle Mühlmann‘ erworbene Gemälde, sondern um eine zweite, sich lediglich in den Maßangaben unterscheidende Version, die 1928 auf der Versteigerung Oskar Huldschinsky von der Berliner Gemäldegalerie erworben wurde, und zur Veranschaulichung dienen soll, s. https://id.smb.museum/object/868607 [zuletzt aufgerufen 3. 9. 2024].

der ‚Dienststelle Mühlmann' er bereits 1940 im Ein- und Ausgangsbuch verschleiert hatte, indem er nachträglich sich selbst als Verkäufer eintrug. Ausgehend von dem Geschäftsbuch der ‚Dienststelle Mühlmann' gehörte das Gemälde ursprünglich dem Tilburger Sammler H. F. J. Weijers, der es 1940 an den österreichischen Kunsthistoriker und Mitarbeiter der ‚Dienststelle Mühlmann' Franz Kieslinger verkaufte; nur wenige Monate später gelangte es dann von der ‚Dienststelle' in den Besitz von voorheen J. Goudstikker,[133] wo es nach zwei gescheiterten Verkaufsverhandlungen mit Göring beziehungsweise Albertus Cornelis Jacob Anton Stöcker[134] bis zu seinem Abtransport nach Spanien verblieb. Die lückenlose Provenienzkette für den Zeitraum 1940 bis 1945 lässt den Schluss zu, dass Martin de Wild das Gemälde entweder vor der Besetzung der Niederlande an Weijers verkauft oder zumindest vor ihm besessen hat. Da Rousseau über all diese Informationen in den Wirren der unmittelbaren Nachkriegszeit sehr wahrscheinlich nicht verfügte und Miedl sich dieses Umstands wiederum bewusst war, nutzte er De Wilds eingestanzten Namen, um sein Geschäft mit der ‚Dienststelle Mühlmann ' vor den Alliierten zu verbergen.

Auch wenn Rousseau und der niederländische Gesandte im Rahmen ihrer Untersuchung in Bilbao durch die Rückseitenanalyse der Gemälde neue Informationen gewinnen konnten – beispielsweise stellten sie fest, dass sich auf dreizehn der Gemälde Aufkleber des Kunsthandels J. Goudstikker befanden –, war es für sie bis zur Ermittlung der Vorbesitzer noch ein weiter Weg. Ihre Feststellung, die Bilder seien mehrheitlich, wenn nicht sogar alle aus den Niederlanden,[135] reichte nichtsdestoweniger aus, um am 1. April 1945 ein offizielles Gesuch an das spanische Außenministerium zu stellen, die Bilder bis zu einer Entscheidung der niederländischen Regierung über das weitere Vorgehen unter Zwangsverwaltung zu stellen. Belege dafür, dass Miedl die Gemälde unrechtmäßig erworben hatte, beabsichtigten sie so bald wie möglich nachzureichen. Trotz der Beteuerung der Spanier, vollumfänglich kooperieren zu wollen und die Herausgabe der Bilder vorerst zu untersagen,[136] lastete auf Rousseau ein beachtlicher Druck. Der „Fall Miedl"[137] hatte sich nicht nur in kurzer Zeit zum „Dreh- und Angelpunkt der alliierten Untersuchungen hinsichtlich des deutschen Kunstraubs in Holland" entwickelt, sondern war auch als Präzedenzfall bedeutend, da erstmals die Regierung eines neutralen Landes mit einer Restitutionsforderung

133 BArch Koblenz, B 323/199, Geschäftsbuch der „Dienststelle Dr. Mühlmann" beim Reichskommissar für die besetzten niederländischen Gebiete, Den Haag, Bl. 9. https://www.restitutiecommissie.nl/en/recommendation/weijers/ [zuletzt aufgerufen 2. 8. 2023].

134 NL-HaNA, NBI 2.09.16 Nr. 861, Boek van ingekomen- en uitgegane stukken, 1940–1942, Bl. 19, 48.

135 NARA, M1946, RG 260, Interrogations: Miedl Case, No. 2, 13. 12. 1945, Bl. 18.

136 NL-HaNA, 2.05.286 Nr. 670, Ministerie van Buitenlandse Zaken an Gezantschap der Nederlande i. S. Nota verbaal, 9. 2. 1949, Bl. 2.

137 NARA, M1922, RG 260, Göring, Hermann: External Assets-Report, External Assets Branch US, Report on External Assets of Hermann Göring, unfoliiert; folgendes Zitat ebd.

konfrontiert wurde.[138] Dementsprechend war für Rousseau die Causa Miedl „zu einem grundlegenden Fall für das gesamte Problem der Restitutionspolitik“[139] geworden und „seine sofortige Lösung zu einer dringenden Angelegenheit.“ Dafür benötigte Rousseau allerdings Informationen, die weder Koninckx noch die alliierten Nachrichtendienste, sondern nur Miedl liefern konnte.

Miedl war jedoch nach wie vor unauffindbar. Erst Mitte April 1945 gelang es Rousseau durch Unterstützung der britischen Botschaft und eines Mitarbeiters der Back List Section, Kontakt zu einem deutschen Agenten namens Tomas und einem ehemals in Den Haag tätigen spanischen Juden namens Arturo Reiss herzustellen, die wiederum über einen Mittelsmann ein Treffen Miedls mit einem angeblichen Interessenten für seine in Bilbao gelagerten Gemälde arrangierten. Obwohl Rousseau bei dem Treffen am 12. April 1945 seine Tarnung fallen ließ, ergriff Miedl nicht die Flucht, sondern äußerte sogar sein Bedauern darüber, nicht schon früher mit ihm in Kontakt gekommen zu sein.[140] Wie er Erhardt rund ein Jahr später in einem von den Alliierten abgefangenen Brief mitteilte, schilderte er Rousseau bei diesem Treffen bereitwillig, „was sich im niederländischen Kunstmarkt ereignet hat, denn es gibt keinen Grund, warum ich oder ein Dritter, der daran beteiligt war, ein Gefühl der Scham empfinden sollte.“[141] Ob er diese realitätsferne Überzeugung wirklich vertrat oder diese lediglich zu Papier brachte, da er ahnte, dass sein Schreiben in die Hände Dritter gelangen könnte, lässt sich zwar nicht mehr entscheiden, aber wahrscheinlicher ist angesichts seiner zahlreichen Verschleierungsversuche die zweite Variante.

Bei Rousseaus Befragungen im Anschluss an das erste Treffen beharrte Miedl darauf, sich keiner Schuld bewusst zu sein, und bagatellisierte seine bedeutende Rolle im Kunsthandel der Besatzungszeit. So bezeichnete er sich selbst als „gewöhnlichen Geschäftsmann“[142], der im Großen und Ganzen nur Freunde in den Niederlanden gehabt habe. Dass er in der Sendung des Deutschen Kurzwellensenders Atlantik als „Parteigenosse“ bezeichnet worden war, schien ihn ebenso zu schockieren wie Rousseaus Feststellung, es handele sich bei den Gemälden aus dem Kunsthandel J. Goudstikker um NS-Raubkunst. Obwohl die gemeinsam beschlossene Raubkunstdefinition der französischen, belgischen, luxemburgischen und niederländischen

138 NARA, M1946, RG 260, Interrogations: Miedl Case, No. 2, 13.12.1945, Bl. 18.

139 Ebd., Bl. 3; folgendes Zitat ebd.

140 Ebd., Interrogations: Miedl Case, No. 3, 13.12.1945, Bl. 1.

141 NL-HaNA, 2.05.286 Nr. 670, Alois Miedl an Kurt Erhardt, 15.7.1946, unfoliiert.

142 NARA, M1946, RG 260, Interrogations: Miedl Case, No. 3, 13.12.1945, Bl. 2. – Nachdem Feodora Miedl in Anwesenheit ihres Mannes „durch Worte und Ausdruck“ alles bestätigte, was er zu seiner Rolle als „Fluchthelfer“ aussagte, führte Rousseau eine kurze Befragung allein mit ihr durch. In diesem Gespräch berichtete sie angeblich abwechselnd lachend und weinend über ihre innere Zerrissenheit, ihren tiefen religiösen Glauben und die Güte ihres Mannes. Rousseaus Einschätzung nach wirkte sie, als stünde sie kurz vor einem Nervenzusammenbruch, s. ebd., Bl. 17; folgendes Zitat ebd.

Regierungen zweifelsfrei zutraf,[143] opponierte Miedl dagegen und argumentierte, er habe bei dem Kauf „besondere Sorgfalt"[144] zugunsten der Goudstikker-Erben walten lassen und auch sonst nie mit Raubkunst Geschäfte gemacht. Zukünftige Untersuchungen in den Niederlanden würden garantiert beweisen, dass er kein ‚Ariseur' und Profiteur des NS-Regimes, sondern vielmehr ein passionierter Fluchthelfer gewesen sei. Dass er gegenüber Rousseau nicht so „offen und ehrlich"[145] war, wie er vorgab, zeigte sich spätestens, als es um die nach Spanien mitgenommenen Gemälde ging. Da die Alliierten bereits Kenntnis von den zweiundzwanzig im Freihafen lagernden Bildern hatten, blieb ihm zwar nichts anderes übrig, als Auskunftsbereitschaft zu simulieren, indem er vage und teils sogar falsche Angaben machte; dagegen vergingen mehrere Wochen, bis er nach wiederholter Befragung zu der mutmaßlichen zweiten Gruppe von Gemälden zugab, weitere drei Kunstwerke in seinem Gepäck nach Spanien geschmuggelt zu haben.[146]

Obwohl Rousseau davon ausging, dass Miedl ihm weitaus mehr verheimlichte, hielt er in seinem Abschlussbericht für erwiesen, dass Miedl anstelle der vermuteten bis zu 200 Gemälde lediglich die besagten fünfundzwanzig Bilder zur Sicherung des Lebensunterhalts seiner Familie nach Spanien mitgenommen hatte.[147] Außerdem bescheinigte er ihm, grundsätzlich ehrlich zu sein, mit der kuriosen Begründung, es sei bis zum Ende der Untersuchungen am 8. Mai 1945[148] nicht gelungen, „ihn beim Lügen zu ertappen."[149] Angesichts von Rousseaus Informationsdefiziten und seiner sonstigen Einschätzung von Miedl war dies eine zumindest gewagte Schlussfolgerung: Zu Menschen in seinem privaten Umfeld sei er zwar freundlich und gutherzig, in erster Linie aber ein schlauer und knallharter Geschäftsmann sowie skrupelloser Spekulant, der „seine Spuren [im Großen und Ganzen] so sorgfältig verdeckt hat, dass allein dieser Umstand zur starken Vermutung führt, etwas Schlechtes würde sich darunter verstecken." Konkret spielte er damit darauf an, Miedl habe voorheen J. Goudstikker nicht nur – wie von ihm behauptet – als Nebengeschäft betrieben, sondern möglicherweise lediglich zur Verschleierung anderer, womöglich inkriminierbarer Geschäftsaktivitäten geführt.

---

143 Die Definition lautete: „Raubkunst ist jedes Eigentum, das seiner Natur nach restitutionsfähig ist und das infolge der Besatzung des gesamten oder eines Teils des Staatsgebiets durch den Feind, seine Vertreter oder Staatsangehörige aus dem nationalen Erbe, wie es vor der Besatzung bestand, entfernt wurde. Entweder direkt durch Raub und Enteignungen oder indirekt durch Käufe und andere Transaktionen, unabhängig von den verwendeten Zahlungsmitteln, s. ebd., Interrogations: Miedl Case, No. 2, 13.12.1945, Bl. 10.

144 Ebd., Interrogations: Miedl Case, No. 3, 13.12.1945, Bl. 3, 4–5.

145 Ebd., Bl. 17.

146 NARA, M1946, RG 260, Interrogations: Miedl Case, No. 2, 13.12.1945, Bl. 20.

147 NARA, M1944, RG 239, Menten, H.W., Charles H. Sawyer an Bernard Towell i.S. Miedl Dossier, 20.6.1945, unfoliiert.

148 NARA, M1944, RG 239, Art Looting Investigation Unit: Final Report, 1.5.1946, Bl. 3.

149 NARA, M1946, RG 260, Interrogations: Miedl Case, No. 3, 13.12.1945, Bl. 15, 17; folgendes Zitat ebd.

Da Rousseau davon ausging, dass Miedl „nie die ganze Geschichte erzählen [wird], wenn er nicht unter einer angemessenen Kontrolle steht“[150], empfahl er, ihn unverzüglich in die alliierte Militärzone zu bringen. Zwar hatte er von Miedl die Zusicherung erhalten, ihn erneut an einem Ort seiner Wahl auch außerhalb Spaniens befragen zu können,[151] doch schon früh wurde deutlich, dass er auf Miedls vorgebliche Bereitschaft, Spanien vorübergehend zu verlassen, nicht bauen konnte.[152] Demzufolge teilte die ALIU ihrem Büro in Madrid schon am 14. Mai 1945 mit, dass höchste Eile geboten sei, woraufhin der Plan gefasst wurde, Miedls Transfer nach Hendaye von Mitarbeitern des französischen Geheimdienstes durchführen zu lassen, die ihn vor Ort an Rousseau oder einen anderen Repräsentanten der ALIU übergeben sollten. Nachdem sich die Umsetzung aufgrund der ausstehenden Genehmigung des Pariser Hauptquartiers[153] bereits um rund einen Monat verzögert hatte, hielt sich der ALIU-Mitarbeiter Leutnant Samson Lane Faison ab dem 21. Juni 1945 in Hendaye auf, um Miedl in Empfang zu nehmen. Nur einige Tage zuvor hatte dieser allerdings „unmögliche, darunter formelle offizielle Garantien“[154] für seinen Schutz und seine Unterbringung im Ausland sowie seine Wiedereinreise nach Spanien gefordert. Da die ALIU dies ablehnte, ihn gleichzeitig aber nicht zur Ausreise zwingen konnte, versuchte sie, ihn durch ihre offen bekundete Enttäuschung über seine fehlende Kooperationsbereitschaft doch noch zu einer Meinungsänderung zu bewegen. Erwartungsgemäß blieb dieser Versuch ohne Erfolg, woraufhin Faison am 25. Juni 1945 unverrichteter Dinge nach London abreiste.[155]

Um nicht länger von seiner Kooperationsbereitschaft abhängig zu sein, verstärkten die Alliierten in Zusammenarbeit mit den Niederländern ihre Nachforschungen zu Miedl und dessen Vermögen außerhalb Spaniens. Auf der Suche nach Beweisen für den Raubkunstverdacht und andere Zuwiderhandlungen Miedls war das Gebäude in der Herengracht 458 auf Befehl des alliierten Stadtkommandanten bereits am 20. Mai 1945 beschlagnahmt[156] und dem niederländischen Widerstandskämpfer Joop Piller alias Joop van Amstel überlassen worden,

150 Ebd., Bl. 18.

151 SHD, Ministère des Armées, P 310973, OSS an DGER i. S. Überführung von Alois Miedl von Spanien nach Frankreich, 6. 6. 1945, unfoliiert.

152 NARA, M1946, RG 260, Interrogations: Miedl Case, No. 3, 13. 12. 1945, Bl. 18.

153 SHD, Ministère des Armées, P 310973, OSS an DGER i. S. Überführung von Alois Miedl von Spanien nach Frankreich, 6. 6. 1945, unfoliiert.

154 NARA, M1944, RG 239, Miedl, Alois, Lt. Samson Lane Faison an Chief X-2 Branch i. S. Orion Trip to Hendaye, 15.–29. 6. 1945, 30. 6. 1945, unfoliiert.

155 Ebd. – Die Behauptung, Miedl sei mit weiteren elf Kunsthändlern – darunter Bruno Lohse, Walter Andreas Hofer und Karl Haberstock – bis spätestens 1. August 1945 in einem französischen Internierungslager der Alliierten befragt worden, trifft nicht zu, s. NARA, M1944, RG 239, The Roberts Commission, 1943–1946, Subject Files, 1940–1946, Göring, Interim report on Hermann Górings Collection of looted art, 6. 6. 1945, unfoliiert.

156 NL-HaNA, NBI 2.09.16.10 Nr. 203464, Beginverslag van Bestuurders met bevoegdheid van Beheerders van de Kunsthandel voorheen J. Goudstikker te Amsterdam 15. 7. 1946, Bl. 5.

der die Räumlichkeiten für das von ihm gegründete „Bureau Bestrijding Vermogensvlucht" (BBV) nutzte. In den zurückgelassenen Geschäftsunterlagen des Kunsthandels voorheen J. Goudstikker glaubte Piller Beweise dafür gefunden zu haben, dass Miedl deutsche Geheimdienste auf der Iberischen Halbinsel sowie in Südamerika und den Niederlanden finanziert hatte.[157] Seine Annahme begründete er mit zwei Gemäldetransaktionen, die ihm verdächtig erschienen, da die beiden Kunden Alfredo Hirsch und Alfredo Zantop in Argentinien beziehungsweise Spanien lebten und im Ruf standen, Agenten der Abwehr- und Außenstelle (Ast) Köln zu sein.[158] Offensichtlich stellte er zu den Transaktionen keine weiteren Nachforschungen in den Geschäftsbüchern an, denn diese hätten offengelegt, dass seine These nicht fundiert war: So erhielt Hirsch von Miedl tatsächlich gar keine Bezahlung, weil sein am 1. Juli 1940 in Kommission gegebenes Gemälde *Christi Geburt* (C. B. 596) von Jacob Cornelisz. van Oostsanen bis Kriegsende unverkauft blieb;[159] die allegorische Darstellung *Meleager und Atalante* (5976) von Peter Paul Rubens wiederum wurde nicht von Zantop, der als Präsident der Grafos S. A. Barcelona Flugzeugmodelle für das ‚Deutsche Reich' herstellte,[160] sondern von dessen Schwiegermutter Anna von Buchenau, Lübeck, eingeliefert. Das im Depot von voorheen J. Goudstikker unter der Inventarnummer „D 106" eingelagerte Gemälde verkaufte sie über Miedl am 15. Oktober 1940 für 25.000 Gulden sowie 175.000 Pesetas, die an ihren Schwiegersohn überwiesen werden sollten, an Göring.[161] Nachdem Zantop der Betrag in Pesetas auch im Mai 1941 noch nicht zugegangen war, forderte er stattdessen 35.000 Reichsmark, um in Deutschland Maschinen für den Import nach Spanien zu kaufen.[162] Auch wenn nicht nachgewiesen werden kann, für welche Zwecke Zantop das Geld letztlich verwendete, ist allein aufgrund der beträchtlichen Zahlungsverzögerung die Wahrscheinlichkeit, dass damit deutsche Geheimdienste im Ausland finanziert werden sollten, äußerst gering. Für seine Behauptung, Miedl habe Spionageaktivitäten in den Niederlanden finanziert, berief sich Piller auf das 1935 von Himmler und Heß verfasste Schreiben; dabei verkürzte er die Passage, dass Miedl und Witzig „sowohl der Partei als auch der deutschen Volkswirtschaft

157 Lopez 2009, S. 200–202. – Das BBV hatte vorrangig die Aufspürung von NS-verfolgungsbedingt aus den Niederlanden entwendeten Wertgegenständen zur Aufgabe, s. https://www.oorlogsgetroffenen.nl/archiefvormer/Bureau_Bestrijding_Vermogensvlucht [zuletzt aufgerufen 24. 8. 2023].

158 NARA, M1944, RG 239, Miedl, Alois, BB/508 i. S. Hirsch, Adolf [sic!] or Alfredo, 6. 11. 1945, unfoliiert.

159 NL-HaNA, NBI 2.09.16 Nr. 860, Inventaris van het dossierarchief van het Nederlandse Beheersinstituut, en van de in beslag genomen administraties, 1945–1967, Liquidatiestukken, 1940–1946, Bl. 6.

160 Aufgrund seiner Tätigkeit wurde Zantop auf die „Proclaimed List" gesetzt, s. NARA, M1944, RG 239, Geographical Card Files on possible Art-Looting Subjects, 1943–1946, Western Hemisphere, Alfredo Zantop, unfoliiert.

161 NARA, M1944, RG 239, Miedl, Alois, Rekapitulation des Verkaufs am 15. 10. 1940, 17. 12. 1940, unfoliiert.

162 Ebd., Rhodius Koenigs Handel Handel Mij. Amsterdam an Kunsthandel v/h J. Goudstikker N. V. Amsterdam, 15. 5. 1941, unfoliiert.

wertvolle Dienste bei der Förderung der deutschen Ausfuhr“[163] geleistet hatten, zu der Aussage, Heß habe Miedl wertvolle Dienste für die NSDAP bescheinigt. Seine ohne weitere Belege daraus abgeleitete Folgerung überzeugte die Alliierten offenbar ebenso wenig wie seine anderen vermeintlichen Beweise, jedenfalls stellten sie diesbezüglich keine umfassenden eigenen Untersuchungen an und konzentrierten sich stattdessen auf die Auffindung von Miedls Kunstbesitz in Deutschland.

Im Rahmen ihrer Nachforschungen stießen die Alliierten auf mehrere über Deutschland verteilte Depots, in denen sich laut der Geschäftsunterlagen rund hundert Kunstwerke befanden. Mehr als die Hälfte dieser Gemälde wurde von dem Bankhaus Witzig & Co. in München und der näheren Umgebung gelagert, während eine Serie von sechs *Landschaften mit Figuren* (6583–6588) von Hubert Robert, das Bild *Heiliger Petrus mit Schlüssel* (6287) von Jusepe de Ribera sowie eine *Landschaft* (6219) von Govert Camphuysen und die *Disputierenden Mönche* (6217) von Carl Spitzweg (s. Abb. 14) sich bei Heinrich Hoffmann befanden. Neben einer *Madonna* (869) von Marco Meloni und einer *Winteransicht* (6639) von Jan Abrahamsz. Beerstraten, die von zwei Kunden von voorheen J. Goudstikker verwahrt wurden, lagerte außerdem eine Reihe von Gemälden aus Metabesitz bei Maria Almas-Dietrich und Julius Böhler in München, bei den Hamburger Frères und der Galerie M. Knoedler in Paris sowie bei Hans Wendland in Lugano.[164] In Berlin entdeckte ein amerikanischer Kunstschutzoffizier offenbar durch Zufall im August 1945 in der Galerie Gerd Rosen am Kurfürstendamm[165] die vier aus der Sammlung Hamburger beschlagnahmten *Jahreszeiten*-Darstellungen (H30–H33) nach Abel Grimmer sowie weitere neun Gemälde und Grafiken aus dem Handelsbestand von voorheen J. Goudstikker.[166] Wie ihm am 14. des Monats von zwei Mitarbeiterinnen der Schantung mitgeteilt wurde, hatte Linder sieben der Kunstwerke noch vor dem Einmarsch der Roten Armee aus dem Depot der Landvolkbank geholt und sie der Galerie zum Kauf angeboten, um die Gehälter bezahlen zu können; die restlichen bei der Landvolkbank verwahrten zwölf Gemälde – darunter das von Posse als „völlige Ruine“[167] diffamierte *Bildnis eines Admirals* (5109) von Jacopo Tintoretto – waren

163 NARA, M1944, RG 239, Menten, H. W., BB/508 an Chief X-2 Branch i. S. Orion Trip nach Holland vom 13. bis 18. Juli [1945], 23. 7. 1945, unfoliiert.

164 NL-HaNA, NBI 2.09.16.10 Nr. 203464, Rapport inzake Kunsthandel v/h J. Goudstikker N.V. Amsterdam betreffende de balans per 31. 12. 1945 en de winst- en verliesrekening over het tijdvak 27.5.–31. 12. 1945, 16. 7. 1947, Bijlage V, unfoliiert.

165 Poll, Nana/Wosnitza, Regine: Kunsthandel in Berlin nach 1945, in: Fischer-Defoy, Christine/Nürnberg, Kaspar (Hrsg.): Gute Geschäfte. Kunsthandel in Berlin 1933–1945, Berlin 2011, S. 185.

166 Neben den Gemälden von Grimmer wurden folgende Inventarnummern bei der Galerie Gerd Rosen gefunden: 1306–1439–5637–5720–5721–6106–6294-Pr 2566-Agnolo Bronzinos *Frauenfigur*, s. LA Berlin, C. Rep. 105 Nr. 3618, NZ Berlin, Holländische Kunstsammlung in Berlin gefunden, 3. 11. 1945, unfoliiert.

167 BArch Koblenz, B 323/163, Hans Posse an Ministerialrat Dr. Kurt Walter Hanssen, 22. 8. 1940, Bl. 6–7.

angeblich von den sowjetischen Streitkräften als Beutekunst beschlagnahmt worden.[168] Tatsächlich wurden sie im November 1945 unbeschadet im Depot Lenggries des Bankhauses Witzig & Co. gefunden.[169]

Da die vier *Jahreszeiten* nach Grimmer[170] und die verbliebenen zwei anderen bei Rosen angebotenen Bilder aus dem Depot des Bankhauses E. J. Meyer entnommen worden waren, wurde auch dessen Prokurist Erich Lippa am 28. September 1945 befragt. Dabei verlangten zwei britische MFAA-Offiziere, die „über viele Transaktionen Miedls genau im Bilde zu sein"[171] schienen, ausführliche Informationen über alle Angelegenheiten, die „irgendwie mit Herrn Alois Miedl zusammenhängen könnten."[172] Neben einer am selben Tag abzuliefernden Auflistung der fünf noch eingelagerten Gemälde – einem *Lesenden Bauern* (5754) von Isaac van Ostade, den zwei Cranach-Porträts *Ernst Herzog von Sachsen* und *Johann der Beständige, Kurfürst von Sachsen* sowie einer *Waldlandschaft* (6395) und dem *Vierwaldstätter See* (6396) von Alexandre Calame – sollte Lippa innerhalb von drei Wochen eine vollständige Aufstellung der Bilder und sonstigen Wertgegenstände anfertigen, die von Miedl oder dessen Unternehmen zeitweise bei der Bank hinterlegt worden waren. Warum diese – durchaus sinnvolle – Maßnahme von der MFAA letztlich nicht durchgesetzt wurde, ist unbekannt.[173] Ab November 1945 begannen die Alliierten mit dem Abtransport aller aufgefundenen Kunstwerke von voorheen J. Goudstikker in den „Central Collecting Point München".[174] Nur einen Monat später erhob Erhardt Anspruch auf die Rückgabe aller bereits sequestrierten Gemälde, blieb damit allerdings erwartungsgemäß erfolglos.[175]

Die Alliierten kontrollierten damit zwar Ende 1945 die von Miedl in Deutschland deponierten Kunstwerke, er selbst entzog sich jedoch nach wie vor in seinem spanischen Refugium ihrer Kontrolle. Nach dem gescheiterten Versuch, ihn zur freiwilligen Ausreise zu bewegen, setzten sie ihn im Oktober 1945 auf eine an das spanische Außenministerium

---

168 NARA, M1947, RG 260, Records Concerning the Central Collecting Points: Wiesbaden Central Collecting Point, 1945–1952, General Records, Miedl-Goudstikker, Lt. Conrad Doda i. S. Befragung der Schantung-Mitarbeiter, 14. 8. 1945, unfoliiert.

169 BArch Koblenz, B 323/458, MFAA-Offizier Jonathan Tupper Morey an Herbert S. Leonard i. S. Works of art stored by Bankhaus Witzig & Co. München, 29. 11. 1945, Bl. 24.

170 Die vier *Jahreszeiten* nach Grimmer wurden am 29. 9. 1970 unter den Losnummern 141a-d in der 196. Auktion bei Mak van Waay als ehemaliger Teil der Sammlung Goudstikker angeboten, s. Aukt.-Kat. Mak van Waay, Kunstveiling 196, 29. 9. 1970, Los 141a-d, S. 14, Amsterdam 1970.

171 LA Berlin, C. Rep. 105 Nr. 3618, Bankhaus E. J. Meyer Berlin, Aktennotiz, 28. 9. 1945, Bl. 1–2.

172 Ebd.

173 Ebd.

174 Davon ausgenommen waren Gemälde aus Metabesitz, s. BArch Koblenz, B 323/458, MFAA-Offizier Jonathan Tupper Morey an Herbert S. Leonard i. S. Works of art stored by Bankhaus Witzig & Co. München, 29. 11. 1945, Bl. 24.

175 Ebd., Kurt Erhardt an Military Government of Upper Bavaria, 20. 12. 1945, Bl. 23–24.

gerichtete Rückführungsliste.[176] Bereits im Mai 1944 hatte sich die spanische Regierung auf wirtschaftlichen Druck der Alliierten unter anderem verpflichtet, die auf ihrem Territorium tätigen deutschen Geheimagenten auszuweisen; dieser Personenkreis wurde am 10. September 1945 wesentlich erweitert durch eine vom Alliierten Kontrollrat verabschiedete Resolution, nach der „alle Deutschen, die für offizielle staatliche Organisationen gearbeitet hatten oder für Geheimdienste tätig gewesen waren, aus den Ländern, die im Krieg neutral geblieben waren"[177] repatriiert, also nach Deutschland zurückgeführt werden sollten. Die Entscheidung über eine Ausweisung lag allerdings ausschließlich beim spanischen Außenministerium.[178] Dass Miedl, der faktisch nicht zu diesen Zielgruppen gehörte, dennoch auf einer solchen Repatriierungsliste geführt wurde,[179] verdeutlicht, welch hohen Stellenwert die Alliierten seiner Befragung in ihrer Militärzone beimaßen. Offensichtlich von einem baldigen Erfolg ausgehend, stimmten sie Mitte Oktober 1945 der Forderung der niederländischen Regierung zu, Miedl nach den Verhören durch Rousseau an die Niederlande zu überstellen.[180]

Dazu sollte es jedoch nicht kommen, denn in den folgenden Monaten zeigte sich, dass das spanische Außenministerium nur in den seltensten Fällen dazu bereit war, einer Ausweisung der auf den Listen genannten Deutschen zuzustimmen. Die erste Rückführung am 29. Januar 1946 umfasste folglich nur dreiundzwanzig der ursprünglich für diesen Transport vorgesehenen 255 Personen und auch die anschließenden Repatriierungsversuche verliefen nicht besser.[181] Die Niederländer versuchten daraufhin im Frühjahr 1946 noch einmal, Miedl zu einer freiwilligen Ausreise aus Spanien zu bewegen. Da der damit beauftragte Kommandant C. H. van Brink allerdings „nicht befugt war, ihm Versprechungen hinsichtlich seines weiteren Schicksals zu machen"[182], waren die Erfolgsaussichten bei dem zu dieser Zeit angeblich „hochgradig gestressten" Miedl eher gering. Wie schon bei dem gescheiterten Versuch der Alliierten signalisierte er anfänglich Kooperationsbereitschaft, forderte dann aber Garantien, zu denen die Niederländer nicht bereit waren, und tauchte dann unter.

Auch nach diesem Misserfolg bestand aufseiten der Niederländer nach wie vor die Hoffnung, wenigstens Zugriff auf Miedls in Spanien deponierte Gemälde und Wertpapiere zu bekommen. Folglich forderten sie vom spanischen Außenministerium am 15. März 1946 eine Auslieferung der Wertgegenstände unter Berufung auf die zwei Jahre zuvor beschlossene

---

176 NARA, M1944, RG 239, Miedl, Alois, SAINT BB/052 an SAINT Germany i. S. Alois Miedl, 22. 10. 1945, unfoliiert.

177 Collado Seidel 1995, S. 139, 152 f. – Laut Collado Seidel arbeitete der Großteil der 1945 in Spanien lebenden 20.000 Deutschen in Sicherheits- und Geheimdiensten, s. ebd., S. 134.

178 Ebd.

179 NL-HaNA, 2.05.286 Nr. 670, C. H. van Brink an W. de Jager, 9. 10. 1945, Bl. 2.

180 NARA, M1944, RG 239, Miedl, Alois, SAINT BB/052 an SAINT Germany i. S. Alois Miedl, 22. 10. 1945, unfoliiert.

181 Collado Seidel 1995, S. 153–154, 156.

182 NL-HaNA, 2.05.286 Nr. 670, C. H. van Brink an Nederlandse Beheersinstituut, 5. 2. 1946, unfoliiert; folgendes Zitat ebd.

„Bretton Woods Resolution VI", die neutrale Länder zur Auffindung und Sicherstellung feindlicher Vermögenswerte und gestohlenen Eigentums auf ihren Hoheitsgebieten sowie zu deren Auslieferung an die wieder befreiten Länder anhielt. Dass das spanische Außenministerium nicht gewillt war, einer Herausgabe von Miedls Wertgegenständen lediglich auf Grundlage dieses Beschlusses zuzustimmen, machte es in seinem erst einen Monat später verfassten Antwortschreiben deutlich: Da der spanische Gesandte in den Niederlanden den Raubgutverdacht bisher nicht habe verifizieren können, bestehe man weiterhin auf Beweisen. Nachdem diese von den Niederländern auch einen Monat später noch nicht hinreichend erbracht werden konnten, übermittelte ihnen das Ministerium die Hiobsbotschaft, die Wertgegenstände „in allernächster Zeit"[183] an Miedl übergeben zu wollen. Obwohl der niederländische Gesandte in Madrid „nach mehreren Schreiben und Gesprächen in der Miedl-Affäre selbst zu dem Schluss gekommen war, dass die geforderten Beweise kaum zu erbringen waren", stellte er den Spaniern das Gegenteil in Aussicht[184] und überzeugte sie in der Folge davon, die Herausgabe weiter hinauszuzögern. Anstelle im Freihafen Bilbao wurden die zweiundzwanzig Gemälde jedoch ab dem Sommer 1946 im Depot des Museo del Prado aufbewahrt.[185]

Von der Überführung der Bilder in das Museum erfuhren die Niederländer von Miedl, der C. H. van Brink im August 1946 wider Erwarten um ein Gespräch bat. Am 22. des Monats trafen sie sich in Madrid, wo Miedl eines kleines Unternehmen betrieb, das Kopien alter Meister anfertigte.[186] Zu Van Brinks Überraschung behauptete Miedl eingangs, schon vor einiger Zeit ein Ein- und Ausreisevisum in die Niederlande bei den spanischen Behörden beantragt zu haben, das bislang jedoch noch nicht genehmigt worden sei, da die Spanier angeblich mehrere Bedingungen daran knüpften. So habe er von einem Bekannten mit „ausgezeichneten Beziehungen zum Außenministerium"[187] erfahren, dass ein solches Visum mit „ziemlicher Sicherheit" ausgestellt werde, wenn die niederländische Regierung eine Erklärung abgebe, laut der sie einen circa zwei- bis dreiwöchigen Aufenthalt von Miedl

183 Ebd., Ministerie van Buitenlandse Zaken an Gezantschap der Nederlande i. S. Nota verbaal, 9. 2. 1949, Bl. 2–3; folgendes Zitat ebd.

184 Ebd.

185 NL-HaNA, NBI 2.09.16.10 Nr. 203498, C. H. van Brink an Regeeringscommissaris in Algemene Dienst, 7. 12. 1946, unfoliiert.

186 Ebd. – Zu dem Madrider Unternehmen konnten im Rahmen der Recherche keine näheren Informationen gefunden werden. – In seinen Nachkriegsverhören gab Göring zu Protokoll, Miedl habe in Spanien behauptet, eine Bank in seinem Auftrag gründen zu wollen. Auch Hofer berichtete 1946, Miedls Plan habe darin bestanden, über die spanische Bank in Geschäftsverbindung mit der Buitenlandbank zu treten, s. NARA, M1922, RG 260, Göring, Hermann: External Assets-Report, External Assets Branch US, Report on External Assets of Hermann Göring, unfoliiert; NARA, M1946, RG 260, Investigations: Göring – Gurlitt, Walter Andreas Hofer i. S. Miedls Übersiedlung nach Spanien, 9. 12. 1946, unfoliiert.

187 Ebd., C. H. van Brink i. S. Alois Miedl, 26. 8. 1946, unfoliiert; folgendes Zitat ebd.

begrüße. Ferner müsse garantiert werden, dass seine Rückreise nach Spanien ungehindert verlaufe und sämtliche anfallenden Kosten aus seinen in den Niederlanden befindlichen Mitteln finanziert werden.[188] Dass er die Verantwortung für seine bisher wenig substanzielle Kooperationsbereitschaft auf das spanische Außenministerium schob und einen Sinneswandel signalisierte, sollte wahrscheinlich den nach den Erfahrungen im Frühjahr des Jahres eher skeptischen Van Brink besänftigen und dazu bringen, sich Miedls Vorschläge anzuhören. Van Brink ließ sich darauf zwar ein, kam aber in seinem Resümee im Dezember 1946 zu der Einschätzung, dass sich Miedl in ernsthaften finanziellen Schwierigkeiten befand und sich nur deshalb „an die niederländische Gesandtschaft klammerte, um sie zu seinem Fürsprecher zu machen."[189] Der Handel mit Kunstkopien brachte offenbar wenig ein und der Zugriff auf sein Vermögen im In- und Ausland war nach wie vor blockiert. In den Niederlanden stand es aufgrund des bereits von der Londoner Exilregierung erlassenen „Beschlusses über feindliche Vermögenswerte" (KB E 133, 20. Oktober 1944)[190] ab dem 26. Mai 1945 unter der treuhänderischen Verwaltung von Willem Christoph Roest van Limburg und Everhardus Joannes Korthals Altes[191] und in Spanien verhinderte die hartnäckige Intervention der Niederländer die Freigabe seiner dort deponierten Wertgegenstände. Um wenigstens auf diese Zugriff zu erhalten, bot er über Van Brink der niederländischen Regierung ein Quidproquo an: den freiwilligen Verzicht auf einen Teil seines in den Niederlanden unter staatlicher Kontrolle stehenden „Feindvermögens" gegen eine Empfehlung der niederländischen an die spanische Regierung, die Vermögenssperre in Spanien aufzuheben. Mit diesem als „inakzeptabel"[192] erachteten Angebot stieß er in den Niederlanden allerdings auf taube Ohren.

188 Ebd.

189 NL-HaNA, NBI 2.09.16.10 Nr. 203498, C. H. van Brink an Regeeringscommissaris in Algemene Dienst, 7.12.1946, unfoliiert.

190 NL-HaNA, NBI 2.09.16.10 Nr. 203501, W. C. Roest van Limburg und E. J. Korthals Altes an Inspecteur der Belastingen, 9.1.1946, unfoliiert.

191 SAA, 1341 Nr. 104, Handelsregister van der Kamer van Koophandel en Fabrieken te Amsterdam, 19.6.1945, unfoliiert. – Am 5.6.1945 übernahmen Roest van Limburg und Korthals Altes außerdem die treuhänderische Verwaltung des Bankierskantoor Alois Miedl N.V., dessen Gebäude in der Herengracht 268 bis Januar 1946 von der kanadischen Armee als Zahlstelle genutzt wurde. Anschließend wurde es bis 1951 an die Agentur für Wiederaufbau vermietet, bevor es mit einem Reingewinn von rund 207.500 Gulden versteigert wurde. Davon wurden 150.000 Gulden für die Begleichung von Miedls Steuerschulden verwendet, s. NIOD, 248 Nr. 1154, J. Kinsbergen i. S. Bankierskantoor Alois Miedl N.V., 30.11.1946, unfoliiert; NL-HaNA, NBI 2.09.16.10 Nr. 203492, Verslag van Beheerders over 1946, Bankierskantoor Alois Miedl N.V., unfoliiert; NL-HaNA, NBI 2.09.16.10 Nr. 203494, Verslag van Bestuurders over 1951, Bankierskantoor Alois Miedl N.V., unfoliiert.

192 NL-HaNA, NBI 2.09.16.10 Nr. 203498, C. H. van Brink an Regeeringscommissaris in Algemene Dienst, 7.12.1946, unfoliiert.

Im Frühjahr 1947 engagierte Miedl daraufhin den angesehenen spanischen Anwalt und Diplomaten Prof. Antonio de Luna, um sich bei den Niederländern zu rehabilitieren und sie doch noch zum Einlenken zu bewegen. Dabei beteuerte er nicht nur, dass er seine „finanziellen Verpflichtungen und Verträge immer erfüllt und in der Zeit von 1932 bis 1940 hauptsächlich über die […] Société Financière et Commerciale S.A. circa acht Millionen Gulden nach Holland gebracht“[193] habe, sondern deutete auch die von den Niederländern als Raub angesehene Verlagerung von Gemälden nach Deutschland zu einer altruistischen Tat um, indem er zahlreiche Personen anführte, „die ihr Leben und ihre Gesundheit den Bildern zu verdanken haben, die heute wieder unbeschädigt nach Holland zurückgebracht werden konnten. Mein unveränderter Standpunkt, dass Bilder nicht darunter leiden, ob sie in Holland im Luftschutzkeller stehen oder irgendwo in Deutschland, wogegen dies bei lebenden Menschen nicht zutrifft, hat sich als richtig erwiesen. Ich behaupte, dass nur die Rettung eines einzigen Menschenlebens den Hin- und Rücktransport der Bilder wert gewesen ist.“[194] Am Ende seiner seitenlangen, großspurigen Selbstdarstellung gab er sich bescheidener: Er müsse das Urteil, ob sein Verhalten während der Besatzungszeit gerechtfertigt war, der holländischen Regierung überlassen, und sei davon überzeugt, dass bei objektiver Nachprüfung seiner Angaben und unter Berücksichtigung der Zwangssituation, dieses Urteil kein schlechtes sein könne.[195]

Gegenüber Van Brink schlug er einen anderen Ton an. Ihm zufolge ließ Miedl anklingen, er könne verschiedenen niederländischen Behörden sehr unangenehme Dinge antun, und betonte überdies, er pflege nicht nur sehr gute Beziehungen zu einflussreichen amerikanischen Persönlichkeiten wie John D. Rockefeller Jr., sondern habe auch bereits mehrere Interviewanfragen der amerikanischen Zeitschriften Life und Time erhalten. Von dieser „verdeckten Erpressung“[196] berichtete Van Brink im Dezember 1947 Roest van Limburg und Korthals Altes, die sich davon aber nicht beeindrucken ließen. Ihrer Meinung nach war ein solches Verhalten „typisch für diesen Mann“ und Miedl schon immer und auch weiterhin eine in den Niederlanden äußerst unerwünschte Person, die sich durch ihre brachialen Methoden bereits vor dem Krieg einen überaus schlechten Namen gemacht und den Krieg zu ihren Gunsten ausgenutzt habe. Wider Erwarten vertrat Van Brink eine gegenteilige Auffassung, indem er betonte, Miedl habe keine widerrechtlichen Handlungen begangen, wiederholt NS-Verfolgten geholfen und wolle sich aufrichtig rehabilitieren.[197] Ob Van Brinks Sinneswandel, der es noch ein Jahr zuvor abgelehnt hatte, Miedls Fürsprecher zu sein, auf Überzeugung, Einschüchterung oder Bestechung beruhte, muss offenbleiben. Unabhängig davon schlug

193 NL-HaNA, NBI 2.09.16 Nr. 854, Alois Miedl an Prof. Antonio de Luna, Madrid, 10.4.1947, Bl. 3–4.

194 Ebd., Bl. 7.

195 Ebd., Bl. 9.

196 NL-HaNA, 2.05.117 Nr. 5953, C. H. van Brink i. S. Besprechungsprotokoll zu Alois Miedl, 11.12.1947, unfoliiert; folgendes Zitat ebd.

197 Ebd.

er Ary Robert de Vries, dem Direktor der „Stichting Nederlands Kunstbezit" (SNK)[198], die ihren Sitz seit Juni 1945 in der Herengracht 458 hatte,[199] Ende 1947 den Plan vor, „durch private Verhandlungen mit Miedl die für die Niederlande wichtigsten Gemälde aus der Sammlung in Spanien zu retten."[200]

Am 16. Januar 1948 wurde daraufhin in Amsterdam ein Vertrag zwischen De Vries und Miedl aufgesetzt, laut dem Miedl vier der in Spanien gelagerten Bilder – die *Dame in Rosa* (1727) von Jacques-Louis David, das *Seestück* (5744) von Jan Porcellis, die *Landschaft* von Adriaen van de Velde sowie *Rebekka und Elieser am Brunnen* (6529) von Cornelis Buys – der SNK übereignete. Zudem sollte Miedl der ausdrücklichen Bedingung zustimmen, auf seine Rechte an dem in Zürich deponierten Gemälde *Hochzeit zu Kana* (2643) von Jan Steen (s. Abb. 29) zu verzichten. Im Gegenzug anerkannte die SNK die angeblich rechtmäßigen Erwerbsumstände der übrigen einundzwanzig in Spanien befindlichen Kunstwerke, verzichtete auf alle Ansprüche auf diese Bilder und garantierte, dass auch die niederländischen Vorbesitzer keine Restitutionsanträge stellen durften.[201] Dieser moralisch mehr als fragwürdige Vertragsentwurf wurde von Miedl in zwei Punkten überarbeitet: Zum einen strich er den Absatz zu dem Gemälde von Steen und zum anderen setzte er einen separaten Vertrag für das Bild *Rebekka und Elieser am Brunnen* von Buys auf, das explizit in den Bestand des Rijksmuseums aufgenommen werden sollte. Die beiden im Mai 1948 von Miedl unterzeichneten Verträge[202] wurden von Van Brink an De Vries weitergeleitet, der jedoch Mitte August seine Unterschrift verweigerte.[203] Zu seiner Meinungsänderung dürfte entscheidend beigetragen haben, dass die Staatsanwaltschaft Anfang Juli 1948 offizielle und medienwirksame Ermittlungen gegen ihn und Benjamin Katz eingeleitet und die beiden Männer dann mehrere Tage zu dem Verdacht verhört hatte, De Vries habe Katz bei der Rückgabe von Gemälden unrechtmäßig bevorzugt.[204] Angesichts dieser laufenden Untersuchung war De

198 Die SNK wurde im Juni 1945 zur Auffindung und Restitution von NS-verfolgungsbedingt aus den Niederlanden geraubten Kunstgegenständen gegründet, vgl. NL-HaNA, SNK 2.08.42 Inventaris van het archief van de Stichting Nederlands Kunstbezit en haar taakvoorganger/taakopvolgers, 1945–1951.

199 NL-HaNA, NBI 2.09.16.10 Nr. 203464, Beginverslag van Bestuurders met bevoegdheid van Beheerders van de Kunsthandel voorheen J. Goudstikker te Amsterdam 15.7.1946, Bl. 5.

200 NL-HaNA, 2.05.286 Nr. 670, Ministerie van Buitenlandse Zaken an Gezantschap der Nederlande i. S. Nota verbaal, 9.2.1949, Bl. 4.

201 NL-HaNA, NBI 2.09.16.10 Nr. 203498, Vertrag zwischen Alois Miedl und A. B. de Vries im Auftrag der SNK, 16.1.1948, unfoliiert.

202 NL-HaNA, 2.05.286 Nr. 670, Verträge zwischen Alois Miedl und A. B. de Vries im Auftrag der SNK, Mai 1948, unfoliiert.

203 Ebd., C. H. van Brink i. S. A. Miedl – Gemälde Spanien, 4.9.1948, unfoliiert.

204 Advisory Committee on the assessment of restitution applications for items of cultural value and the Second World War, RC 1.90B, Art Dealership Katz (B), 17.12.2012, s. https://www.restitutiecommissie.nl/en/recommendation/art-dealership-katz-b/ [zuletzt aufgerufen 26.1.2023].

Vries sicherlich nicht daran gelegen, durch eine dubiose Vereinbarung mit Miedl weitere unliebsame Aufmerksamkeit auf sich zu ziehen.

Dass der Vertrag nicht zustande kam, erwies sich für Miedl noch im August 1948 als überaus vorteilhaft. Nachdem die spanischen Behörden seit mehreren Jahren vergeblich von den Alliierten und den Niederländern Beweise für den Raubkunstverdacht gefordert hatten, waren sie schließlich am Ende ihrer Geduld angelangt und gaben die sichergestellten Kunstwerke an Miedl frei.[205] Anstatt einige der besonders wertvollen Gemälde für die Freigabe der restlichen Werke an die Niederlande abgeben zu müssen, erlangte er dadurch nach vier Jahren ohne Abstriche Zugriff auf seine gesamte in Spanien deponierte Kunstsammlung, die er am 6. September 1950 in toto in die Schweiz schickte.[206]

8.4 Aufdeckung des Schweizer Gemäldedepots

Zum Zeitpunkt der Verlagerung der Gemälde war Miedl in der Schweiz bereits seit mehreren Jahren in eine Reihe von teils noch nicht abgeschlossenen Prozessen verstrickt, die Miedls Schweizer Anwalt Arthur Oskar Wiederkehr im September 1944 ausgelöst hatte. Am 20. des Monats informierte Wiederkehr das amerikanische Generalkonsulat Zürich, seit Herbst 1942 einige Bilder für einen deutschen Klienten – „von Beruf Kaufmann, kein Politiker“[207] – in Verwahrung zu haben. Seiner Darstellung nach kamen ihm aufgrund der Berichterstattung zu der „Bretton Woods Conference“ im Sommer 1944 erstmals Zweifel, woraufhin er den Kunstsachverständigen Nathan Katz konsultierte, der seinen Raubkunstverdacht erhärtete. Wiederkehr betonte zwar, davon überzeugt zu sein, dass sein „Auftraggeber die Bilder gekauft und bezahlt hat, da er selbst gar nicht die Möglichkeit gehabt hätte, zu beschlagnahmen“, schloss aber nicht aus, dass er „zur Rückgabe verpflichtet sein könnte, wenn eine Beschlagnahmung durch deutsche Stellen vorausgegangen sein sollte.“ Zur Überprüfung der Provenienz fügte er eine Auflistung der sechs impressionistischen Gemälde bei, war unter Berufung auf das Anwaltsgeheimnis jedoch nicht dazu bereit, den Namen seines Mandanten preiszugeben, und bat um streng vertrauliche Behandlung seines Schreibens. Um sich zusätzlich gegen den Vorwurf abzusichern, das Anwaltsgeheimnis damit bereits verletzt zu haben, argumentierte er mit „höheren Interessen“: Es sei ihm nicht zuzumuten, eventuell unehrlich erworbenes Eigentum zu schützen, vor allem, da dies nicht im Interesse der Schweiz liege.[208]

---

205 NL-HaNA, 2.05.286 Nr. 670, Tijdelijk Zaakgelastigde an Minister van Buitenlandse Zaken, 13.12.1948, unfoliiert.

206 Ebd., Niederländischer Gesandter in Madrid an Minister van Buitenlandse Zaken, 30.12.1951, unfoliiert.

207 BAR, E2001E#1967/113#9080*, Wiederkehr, Arthur, Zürich, 1945–1946, Arthur Wiederkehr an Amerikanisches Generalkonsulat Zürich, 20.9.1944, unfoliiert; folgende Zitate ebd.

208 Ebd.

Wiederkehr zufolge erhielt er erst im Februar 1945 eine Rückmeldung, als ihn der britische Kunsthistoriker Douglas Cooper kontaktierte,[209] der als Direktor der britischen MFAA sowie als Interessenvertreter der französischen Commission de récupération artistique (CRA) Nachforschungen zum Handel mit Raubkunst in der Schweiz anstellte.[210] Wiederkehrs vorgeschobenen patriotischen Motiven schenkte Cooper allerdings keinen Glauben; seiner Ansicht nach hoffte Wiederkehr, infolge seiner Kooperation von der Schwarzen Liste, auf die ihn die Alliierten im Winter 1942 aufgrund seiner Beteiligung an den Lösegelderpressungen gesetzt hatten,[211] gestrichen zu werden. Bei ihrem Gespräch am 2. März 1945 ergänzte Wiederkehr den Inhalt seines Schreibens um einige Details. So gab er an, er habe die ansonsten unter Verschluss gehaltenen Gemälde nur einmal von dem Schweizer Waffenfabrikanten und Kunstsammler Emil Georg Bührle in Begleitung von Hans Wendland besichtigen lassen, und zwar auf Vermittlung des deutsch-niederländischen Bankiers Hans Wolf von Görschen, der wiederum von Miedl beauftragt worden sei.[212]

Miedl sagte später vor Gericht dazu aus, er habe von Görschen Ende 1942 gebeten, zwei bis drei Gemälde aus dem Depot in der Volksbank Zürich zu verkaufen, sei wenig später jedoch informiert worden, Bührle habe einen Kauf abgelehnt.[213] Wendland wiederum behauptete, Bührle 1943 nach der Besichtigung dazu veranlasst zu haben. Er habe Bührle mitgeteilt, die Bilder bereits vor einigen Monaten bei Hofer in Berlin gesehen zu haben, und ihn vor der „verdächtigen Quelle“[214] – nämlich den Beständen des ERR – gewarnt.[215] Weshalb Wendland, der selbst in großem Maßstab mit Raubkunst handelte, einem Kunden wie Bührle, der wiederholt Raubkunst erwarb, ausgerechnet in diesem Fall von einem Kauf abgeraten haben soll, bleibt fraglich. Miedl unternahm nach Bührles Absage offenbar keine weiteren Schritte, um einen anderen Käufer zu finden, sondern forderte Wiederkehr im November 1944 auf, die Gemälde nach Spanien zu schicken. Da dieser zu dem Zeitpunkt

209 TNA, T 209/7/1, Douglas Cooper an Commercial Counsellor Bern i.S. Looted works of art in Switzerland, 2.3.1945, unfoliiert.

210 Nicholas 1995, S. 546.

211 BAR, E2001E#1000/1571#1473*, Consulate General of Switzerland Sydney an Sektion für Rechtswesen und private Vermögensinteressen im Ausland Bern, 9.3.1943, unfoliiert. – Im Juni 1946 führte eine Schweizer Aufsichtskommission eine Untersuchung zu möglichen nationalsozialistischen Aktivitäten der Rechtsanwälte im Kanton Zürich durch, die Wiederkehr entlastete. Im Herbst 1946 wurde er von der alliierten Schwarzen Liste gestrichen, s. Sandkühler/Zeugin 2001, S. 79, 138.

212 TNA, T 209/7/1, Douglas Cooper an Commercial Counsellor Bern i.S. Looted works of art in Switzerland, 2.3.1945, unfoliiert.

213 BAR, E9500.239A#2003/48#108*, Abschrift der Verhandlung vom 19.12.1950 im Obergerichtsgebäude Bern, 13.1.1951, unfoliiert.

214 BAR, J1.269–01#1999/82#26*, Galerie Fischer: Briefe Wendland, diverse Berichte, Memos, Briefe, 1923–1950, Kritische Stellungnahme zur Zeugenaussage Hofer vom 23.5.1950, Bl. 26.

215 Ebd.

bereits das amerikanische Generalkonsulat benachrichtigt hatte, reagierte er auf Miedls Ersuchen ausweichend.[216]

Am 10. März 1945 verfasste Cooper einen ausführlichen Bericht zu seiner Untersuchung über geraubte Kunstwerke und deren Verbleib in der Schweiz und ergänzte eine Liste, auf der er alle bislang ermittelten Raubkunstwerke in der Schweiz verzeichnet hatte, um die sechs Gemälde von Miedl.[217] Die 108 Bilder umfassende Auflistung[218] wurde dem Schweizer Bundesrat übermittelt, der die Werke am 20. August 1945 blockieren ließ.[219] Wiederkehr wurde daraufhin im November von der Schweizerischen Verrechnungsstelle aufgefordert, die Gemälde in Verwahrung des Kunstmuseums Bern zu geben.[220] Dessen Direktor Max Huggler wurde mit der Begutachtung beauftragt und bezifferte den Schätzwert der Bilder auf insgesamt 493.000 Schweizer Franken. Er betonte jedoch einschränkend, die Bedeutung einiger dieser Werke sei so groß, dass seine Bewertung nur subjektiver Natur sein könne.[221]

8.5 Schweizer Raubgutprozesse

Am 10. Dezember 1945 erließ der Schweizer Bundesrat nach mehrmonatigen Verhandlungen mit den Alliierten den sogenannten Raubgutbeschluss „betreffend die Klagen auf Rückgabe in kriegsbesetzten Gebieten weggenommener Vermögenswerte.“[222] Zwar hatte die Schweiz, in der Erwerbungen von NS-Raubkunst noch bis Mai 1944 legal gewesen waren,[223] bereits mit Wirkung vom 16. Februar 1945 deutsche Vermögenswerte auf ihrem Hoheitsgebiet gesperrt und sich Anfang März in einem Abkommen mit den Alliierten zur Restitution verpflichtet;[224] dennoch wurde der Bundesratsbeschluss (BRB) vom Dezember vehement kritisiert, da er von dem im Schweizerischen Zivilgesetzbuch (ZGB) verankerten Prinzip des

216 TNA, T 209/7/1, Douglas Cooper an Commercial Counsellor Bern i. S. Looted works of art in Switzerland, 2. 3. 1945, unfoliiert.

217 Am 14. 3. 1945 übergab Wiederkehr der britischen Gesandtschaft Fotografien der Familie Miedl und ein von ihm verfasstes Dossier, s. BAR, E9500.239A#2003/48#79*, Second Secretary of Embassy an Secretary of State Washington, 13. 4. 1945, unfoliiert.

218 Ebd., British Legation Bern an American Embassy London i. S. Pictures reported to the Legation as having been in Switzerland during the present year suspected of being looted, 24. 9. 1945, unfoliiert.

219 Buomberger 1998, S. 101.

220 BAR, E2001E#1967/113#9080*, Schweizerische Verrechnungsstelle an Eidgenössisches Politisches Departement, 14. 11. 1945, unfoliiert.

221 Ebd., Max Huggler an Eidgenössisches Politisches Departement, 15. 2. 1946, unfoliiert.

222 Buomberger 1998, S. 104.

223 Francini/Heuss/Kreis 2001, S. 56.

224 Siehr, Kurt: Rechtsfragen zum Handel mit geraubten Kulturgütern in den Jahren 1933–1950, in: Haldemann, Frank/Thürer, Daniel (Hrsg.): Die Schweiz, der Nationalsozialismus und das Recht, Bd. 2: Privatrecht, Zürich 2001, S. 162.

„Guten Glaubens", nach dem „gutgläubige Erwerber" besonderen Schutz genossen, wesentlich abwich.[225] So bestand der Rückgabeanspruch des ursprünglichen Eigentümers nach dem „Raubgutbeschluss" unabhängig vom guten oder bösen Glauben des Erwerbers:[226] „Wer in einem kriegsbesetzten Gebiet in völkerrechtswidriger Weise beraubt oder durch Gewalt, Beschlagnahme, Requisition oder andere ähnliche Handlungen seitens der militärischen oder zivilen Organe oder der bewaffneten Streitkräfte einer Besatzungsmacht um Besitz oder Eigentum von beweglichen Sachen oder Wertpapieren gebracht worden ist, kann vom gegenwärtigen gut- oder bösgläubigen Besitzer deren Rückgabe verlangen, wenn sie sich in der Schweiz befinden (Art. 1 BRB, 10.12.1945)."[227] Artikel 2 des „Raubgutbeschlusses" setzte nach der erfolgreichen Restitution an und ermöglichte es dem „gutgläubigen Erwerber", von seinem Rückgriffsrecht gegenüber dem „bösgläubigen Veräußerer" Gebrauch zu machen: „Falls allerdings der bösgläubige Veräußerer zahlungsunfähig ist oder in der Schweiz nicht belangt werden kann – so Artikel 4 – hat der Richter die Möglichkeit, dem gutgläubigen Erwerber eine billige Entschädigung auf Kosten der Eidgenossenschaft zuzusprechen." Zur Beurteilung der Klagen auf Grundlage des BRB wurde am Bundesgericht Lausanne eine Raubgutkammer mit drei Richtern etabliert.[228] Dass vor dieser Instanz nur sieben Kläger Restitutionsansprüche anmeldeten,[229] hing nicht – wie die Schweizer Bankiersvereinigung schlussfolgerte – damit zusammen, „dass die Tragweite des Problems der Kriegsbeutegüter wesentlich überschätzt worden"[230] war, sondern resultierte aus der nur zweijährigen Klagefrist.[231]

8.5.1 Paul Rosenberg gegen Miedl

Der erste vor der Raubgutkammer verhandelte Prozess war zugleich angesichts der Anzahl der zu restituierenden Gemälde sowie der Beklagten der bedeutendste. Am 8. Oktober 1946 reichte Paul Rosenberg, der nach seiner Flucht aus Paris eine Galerie in New York eröffnet hatte, Klage auf Rückgabe von siebenunddreißig Kunstwerken im Wert von rund 900.000

---

225 Buomberger 1998, S. 48. – „Als gutgläubig gilt nach Artikel 3 Abs. 2 ZGB derjenige Käufer, dem das fehlende Bewusstsein über die illegale Herkunft des Raubguts nicht vorgeworfen werden kann", s. Francini/Heuss/Kreis 2001, S. 55.

226 Vischer, Frank: Der Handel mit ausländischen Wertpapieren während des Krieges und die Probleme der deutschen Guthaben in der Schweiz sowie der nachrichtenlosen Vermögen aus rechtlicher Sicht, in: Haldemann, Frank/Thürer, Daniel (Hrsg.): Die Schweiz, der Nationalsozialismus und das Recht, Bd. 2: Privatrecht, Zürich 2001, S. 29.

227 Buomberger 1998, S. 105; folgendes Zitat ebd.

228 Siehr 2001, S. 170.

229 Francini/Heuss/Kreis 2001, S. 37.

230 Buomberger 1998, S. 111.

231 Vischer 2001, S. 32.

Schweizer Franken gegen Alois Miedl, den Luzerner Kunsthändler Theodor Fischer, Emil Georg Bührle und weitere vier Schweizer Kunstsammler ein.[232] Miedl behauptete, die Anwalts- und Gerichtskosten aufgrund der Sperrung seines deutschen Vermögens in der Schweiz nicht selbst tragen zu können, und beantragte einen sogenannten Armenanwalt. Da dies abgelehnt wurde und er sein spanisches Refugium nicht verlassen wollte, bestand seine Prozessteilnahme lediglich aus einem Schriftwechsel.

Anfangs leugnete er, gewusst zu haben, dass das *Selbstbildnis mit verbundenem Ohr* von Vincent van Gogh (s. Abb. 12) sowie die drei Aquarelle *Junger Mann mit roter Weste* (Abb. 24), *Stillleben mit Flaschen* (Abb. 25) und *Harlekin* (Abb. 26) von Paul Cézanne aus der Sammlung Rosenberg beschlagnahmt worden waren, und erklärte im August 1947, „in der Lage zu [sein], nachzuweisen, dass mir Hofer verschwiegen hat, dass diese Bilder aus jüdischem Besitz stammten, sondern dass er mir gegenüber erklärt hat, dass dieselben aus der Sammlung [Gottlieb] Reber in der Schweiz kommen."[233] Anschließend stellte er die Korrespondenz mit der Raubgutkammer für das restliche Jahr ein und blieb auch der Vorverhandlung am 27. November 1947 fern.[234] Erst am 12. März 1948 meldete er sich erneut und gab nun zu, die Aufschriften „Rosenberg" und „Rothschild" auf der Rückseite der Gemälde gesehen zu haben; außerdem sei ihm bewusst gewesen, dass es sich

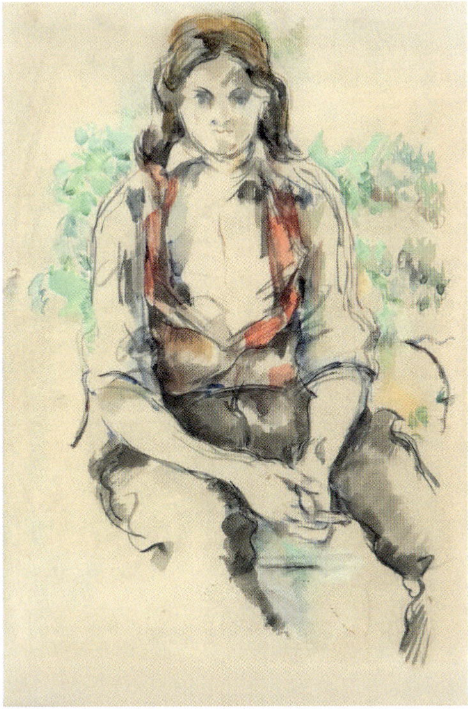

Abb. 24 Paul Cézanne, Junger Mann mit roter Weste, ca. 1889–1890, Aquarell auf Büttenpapier, 46 × 31 cm.

232 Die vier Sammler waren Pierre-Edouard Dubied, Henri-Louis Mermod, Fritz Trüssel und Berta Coninx-Girardet, s. Buomberger 1998, S. 116; BAR, E9500.239A#2003/48#109*, Bundesgericht Lausanne, Klagebeurteilungen u. a. Goudstikker-Miedl, 1907–1953, Schweizerisches Bundesgericht Lausanne, Kammer zur Beurteilung von Raubgutklagen, Sitzung vom 3. 6. 1948 i. S. Paul Rosenberg gegen Alois Miedl u. a., 3. 6. 1948, Bl. 10.

233 BAR, E9500.239A#2003/48#108*, Alois Miedl an Schweizerisches Bundesgericht Lausanne, 14. 8. 1947, unfoliiert.

234 BAR, E9500.239A#2003/48#109*, Bundesgericht Lausanne, Kammer zur Beurteilung von Raubgutklagen, Sitzung vom 3. 6. 1948 i. S. Paul Rosenberg gegen Alois Miedl u. a., 3. 6. 1948, Bl. 10.

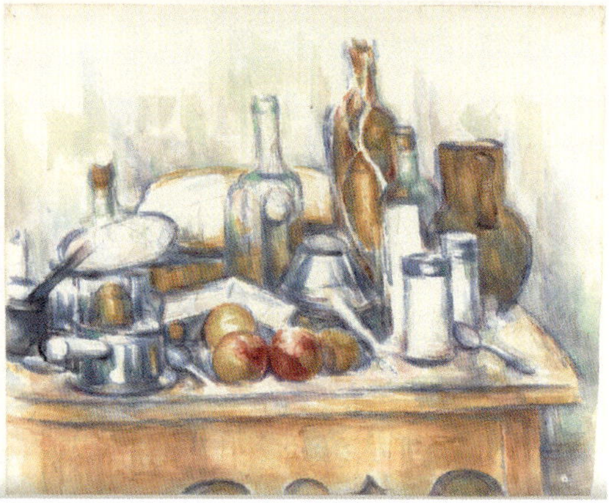

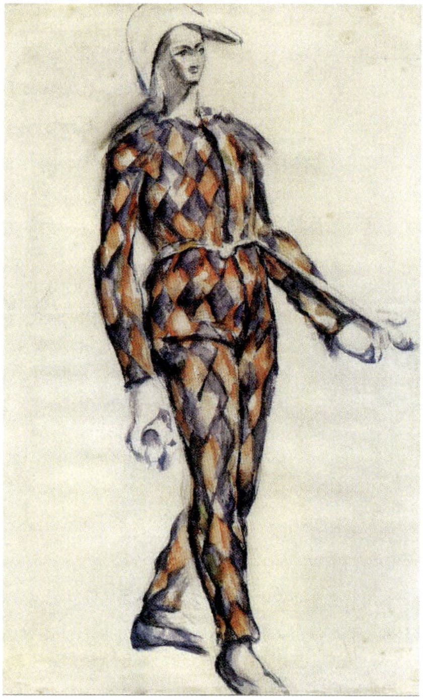

Abb. 25 Paul Cézanne, Stillleben mit Flaschen, ca. 1900–1906, Grafit und Aquarell auf Papier, 47 × 56 cm.

Abb. 26 Paul Cézanne, Harlekin, ca. 1888–1890, Grafit und Aquarell auf Papier, 48,3 × 30 cm.

in beiden Fällen um beschlagnahmte jüdische Sammlungen handelte.[235] Nichtsdestoweniger berief er sich weiter auf seinen guten Glauben mit der Begründung, Hofer habe ihm Kataloge vorgelegt, aus denen hervorging, dass die Bilder aus dem Eigentum von Reber, „also aus einwandfreiem schweizerischem Besitz"[236] stammten.

„Zum Zweck der Herbeiführung einer gütlichen und auch der moralischen Anschauung Rechnung tragenden Lösung" schlug Miedl eine außergerichtliche Einigung vor, die von Rosenberg jedoch wenig überraschend abgelehnt wurde, konnte er doch gemäß Artikel 1 des „Raubgutbeschlusses" unabhängig von der „Gut"- oder „Bösgläubigkeit" des Erwerbers eine Restitution verlangen.[237] Am 3. Juni 1948 verurteilte die Raubgutkammer Miedl sowie seine Mitbeklagten folglich zu der Rückgabe der Kunstwerke sowie der Begleichung der

235 BAR, E9500.239A#2003/48#108*, Eidgenössische Finanzverwaltung an Schweizerisches Bundesgericht Lausanne i. S. Vernehmung der Schweizerischen Eidgenossenschaft gegen Alois Miedl, 18. 4. 1950, unfoliiert.

236 BAR, E9500.239A#2003/48#109*, Schweizerisches Bundesgericht Lausanne, Kammer zur Beurteilung von Raubgutklagen, Sitzung vom 3. 6. 1948 i. S. Paul Rosenberg gegen Alois Miedl u. a., 3. 6. 1948, Bl. 10; folgendes Zitat ebd.

237 Ebd.

Prozesskosten.[238] Das *Selbstbildnis mit verbundenem Ohr* von Vincent van Gogh (s. Abb. 12) wurde 1951 von Rosenberg an das amerikanische Sammlerehepaar Mary und Leigh Block verkauft, die das Gemälde an das Art Institute of Chicago verliehen. Nach 1981 von einem Privatsammler erworben, befindet es sich heute als Leihgabe im Kunsthaus Zürich.

8.5.2 Baronin Alexandrine de Rothschild gegen Miedl

Am 13. November 1947 verklagte Baronin Alexandrine de Rothschild Miedl auf Rückgabe des Gemäldes *Landhaus am Wasser* von Paul Cézanne (s. Abb. 13).[239] Bei ihr verzichtete Miedl nicht nur darauf, erneut seine Unwissenheit hinsichtlich der Provenienz des Bildes zu beteuern, sondern ließ zudem die von der Raubgutkammer gesetzten Antwortfristen verstreichen, bevor er im März 1948 parallel zu Rosenberg auch de Rothschild eine außergerichtliche Einigung anbot. Nach der aufgrund der eindeutigen Rechtslage absehbaren Ablehnung dieses Vorschlags teilte er der Raubgutkammer zwei Wochen vor der auf den 24. Juni 1948 angesetzten Hauptverhandlung mit, die Klage unter Vorbehalt seines Anspruches auf Entschädigung durch die Eidgenossenschaft anzuerkennen.[240] Die Raubgutkammer wies das Kunstmuseum Bern daraufhin noch am Verhandlungstag an, das Gemälde de Rothschild auszuhändigen, und verurteilte Miedl zur Zahlung der Prozesskosten.[241] Tatsächlich erfolgte die Restitution jedoch erst Mitte der 1960er Jahre: Weshalb de Rothschild das Gemälde bis dahin im Kunstmuseum Bern belassen hatte, bleibt ebenso fraglich wie der Umstand, dass Huggler 1964 diesbezüglich nicht sie, sondern Miedl kontaktierte. Paradoxerweise traten die beiden Parteien daraufhin erneut in Verhandlungen hinsichtlich der Eigentumsfrage, in deren Folge Miedl eine Entschädigung von 10.000 Schweizer Franken zugebilligt wurde.[242] Das Gemälde wurde in der Folge von Yad Hanadiv, der philanthropischen Stiftung der Familie Rothschild in Israel, dem Israel Museum in Jerusalem geschenkt.[243]

238 Miedl musste noch vor Fischer und Bührle den größten Anteil der Gerichtskosten zahlen, s. ebd., Bl. 28–29.

239 BAR, E9500.239A#2003/48#108*, Baronin Alexandrine de Rothschild an Schweizerisches Bundesgericht Lausanne i. S. Klage gegen Alois Miedl betr. Rückgabe in kriegsbesetzten Gebieten weggenommener Vermögenswerte, 13. 12. 1947, unfoliiert.

240 Ebd., Alois Miedl an Schweizerisches Bundesgericht Lausanne, 10. 6. 1948, unfoliiert.

241 Ebd., Schweizerisches Bundesgericht Lausanne, Kammer zur Beurteilung von Raubgutklagen, Sitzung vom 24. 6. 1948 i. S. Baronin Alexandrine de Rothschild gegen Alois Miedl, 24. 6. 1948, unfoliiert.

242 Francini/Heuss/Kreis 2001, S. 385.

243 https://www.imj.org.il/en/collections/202151-0 [zuletzt aufgerufen 3. 9. 2024].

8.5.3 Miedl gegen die Schweizerische Eidgenossenschaft

Die bereits angekündigte Regressklage gegen die von der Finanzverwaltung vertretene Schweizerische Eidgenossenschaft reichte Miedl am 25. November 1948 ein. Seinen Rechtsanspruch auf eine billige Entschädigung begründete er gemäß Artikel 2 und 4 des „Raubgutbeschlusses" damit, als „gutgläubiger Erwerber" von dem „bösgläubigen Veräußerer" Hofer getäuscht worden zu sein. Auf der Basis von Hugglers Schätzwert beanspruchte er für die fünf restituierten Bilder „vorläufig 443.000 Schweizer Franken"[244], erhöhte den Betrag wenig später jedoch auf 550.000 Schweizer Franken, da die Bewertung des Museumsdirektors seiner Ansicht nach nicht den wirklichen Wert der Gemälde abbildete.[245]

Anfang April 1949 beantragte die beklagte Finanzverwaltung mit Verweis auf Miedls Kunsthandelsaktivitäten während der Besatzungszeit eine Klageabweisung, da sie die für einen Regress unabdingbare „Gutgläubigkeit" bei ihm nicht als gegeben ansah. So sei es ausgeschlossen, dass Miedls angesichts „seiner führenden Tätigkeit im Kunsthandel des okkupierten Hollands und Belgiens, [...] seiner ausgezeichneten Beziehungen zu den maßgeblichen Persönlichkeiten des deutschen Regimes und insbesondere zu Göring und Hofer" sowie des „Vermerks der Namen auf der Rückseite der Gemälde"[246] nicht über die „Raubgutqualität der fünf Bilder" Bescheid gewusst habe. Darüber hinaus betonte sie, dass Miedls Einreisegesuch wegen seines Renommees eines „sehr unerfreulichen Geschäftsmanns, der seine Tätigkeit nicht nur auf die besetzten Länder beschränkte, sondern auch auf internationalem Gebiet arbeitete" bereits 1942 von der Fremdenpolizei abgelehnt worden war.[247]

Mit diesen Anschuldigungen konfrontiert, reagierte Miedl Anfang Mai empört: Die Gegenseite habe „sichtbar unwürdig und tendenziös"[248] „neben vielen Unwahrheiten auch persönliche Beleidigungen gegen ihn und seine Familie" vorgebracht. Die Berichte, auf die sich die Eidgenossenschaft stütze, hielten einer Nachprüfung in keiner Weise stand, da sie von „größtenteils dunklen Subjekten" verfasst worden seien, die sich „gegenseitig im Konkurrenzkampf mit ihren Meldungen übertrumpften." Er sei weder der „repräsentative Agent Görings" gewesen, noch sei seine „Tätigkeit derjenigen Hofers gleichzustellen"; der Gipfelpunkt der Beleidigungen sei jedoch mit seiner Charakterisierung als „unerfreulicher

244 BAR, E9500.239A#2003/48#108*, Miedl an Schweizerisches Bundesgericht Lausanne i. S. Klage auf Geltendmachung des Rückgriffsrechts gegen die Schweizerische Eidgenossenschaft, 25. 11. 1948, unfoliiert.

245 Ebd.

246 BAR, J1.269–01#1999/82#33*, Eidgenössische Finanzverwaltung an Schweizerisches Bundesgericht Lausanne i. S. Antwort der Schweizer Eidgenossenschaft gegen Alois Miedl, 7. 4. 1949, unfoliiert; folgende Zitate ebd.

247 Ebd.

248 Ebd., Alois Miedl an Schweizerisches Bundesgericht Lausanne i. S. Alois Miedl gegen Schweizer Eidgenossenschaft, vertreten durch die Eidgenössische Finanzverwaltung Bern, 5. 5. 1949, unfoliiert.

Geschäftsmann" erreicht worden. Dass ihn in Anbetracht der Aussagen zu seiner Rolle im NS-Kunsthandel ausgerechnet diese Formulierung am meisten verärgerte, sagt viel über sein Selbstverständnis aus: der zu Unrecht beschuldigte ehrbare Kaufmann, der neben dem eigenen auch das Wohl der anderen im Auge behält. Eine substantiierte Widerlegung der ihn belastenden Zeugenaussagen lieferte er jedoch weder jetzt noch im weiteren Prozessverlauf. Um von den verfahrensrelevanten Punkten abzulenken und Zweifel an der Glaubwürdigkeit ihrer Quellen zu schüren, beschränkte er sich vielmehr darauf, der Finanzverwaltung im Grunde belanglose Fehler vorzuhalten, wie etwa, er habe nicht, wie von dieser behauptet, im Jahr 1942, sondern erst Ende 1943 seine Ausreise nach Spanien geplant. Zudem beantragte er eine Verfahrensaussetzung auf drei Monate, um weitere Belege zur Richtigstellung der gegen ihn erhobenen Vorwürfe zu beschaffen.[249]

Dass Miedls Kritik an den Quellen nicht ganz unberechtigt war, bestätigte die Finanzverwaltung im Oktober 1949 in einer internen Notiz, der zufolge sie nur „sehr wenig Material"[250] besaß, um Miedls „Bösgläubigkeit" zu beweisen. Hauptbeweismittel seien demnach einige wenige Aussagen von Walter Andreas Hofer, die Passagen über Miedl in dem alliierten Untersuchungsbericht zu der Kunstsammlung Hermann Göring sowie die Angabe der Fremdenpolizei, Miedl sei 1942 als „internationaler Schieber" die Einreise verweigert worden. Um an weiteres Belastungsmaterial zu gelangen, hatte die Finanzverwaltung außerdem bereits ein halbes Jahr zuvor den ehemals als MFAA-Offizier tätigen Kurator des Stedelijk Museum Amsterdam Hans Ludwig Cohn Jaffé mit der Erstellung eines Dossiers zu Miedls Aktivitäten während des Krieges beauftragt. Wider Erwarten weigerte sich dieser jedoch, einen solchen Bericht auszuhändigen, und verwies die Schweizer an andere niederländische Behörden. Die Vermutung, Jaffés Entscheidung könnte von Miedl oder dessen Mittelsmännern in Amsterdam beeinflusst worden sein, verstärkte nur das Bild der Finanzverwaltung, Miedl sei „ein ganz gerissener Kerl, der mit allen Mitteln arbeitet und mit allen Mitteln versucht, seinen Anspruch [...] durchzudrücken."[251] Zu dieser überaus negativen Einschätzung hat sehr wahrscheinlich auch beigetragen, dass Miedl die Autorität der Schweizer Behörden mindestens in einem Fall offenkundig missachtet hatte. So war er im Herbst 1949 trotz eines ihm erteilten Einreiseverbots nach Lausanne gefahren, hatte dort eine private Besprechung mit dem verantwortlichen Bundesrichter gefordert und – nachdem diese nicht zustande gekommen war – selbstbewusst mitgeteilt, er reise nun für geschäftliche Termine nach Bern und Zürich.[252]

Nach dem gescheiterten Versuch, sein Anliegen persönlich vorzutragen, wandte sich Miedl aus Spanien schriftlich an den zuständigen Bundesrichter und beteuerte, von der

---

249 Ebd.

250 BAR, E6100A-24#1000/1924#75*, Dr. Sieben i. A. Eidgenössische Finanzverwaltung i. S. Notiz an die Direktion betr. Raubgutprozess Alois Miedl, 20.10.1949, unfoliiert; folgendes Zitat ebd.

251 Ebd.

252 Ebd.

NS-verfolgungsbedingten Beschlagnahme der Gemälde und ihrem Transport im Diplomatengepäck in die deutsche Botschaft in Bern nichts gewusst zu haben. Er habe zudem nie zuvor etwas mit impressionistischer Kunst zu tun und daher auch keine Möglichkeit gehabt, Hofers Aussagen zu überprüfen. Angesichts der notorischen Beschlagnahme von als ‚entartet' diffamierten impressionistischen Kunstwerken durch die Nationalsozialisten waren Miedls Beteuerungen für den Schweizer Richter ebenso unglaubwürdig wie seine Behauptung, Hofer habe ihm nie Grund dazu geben, seine Äußerungen anzuzweifeln; vor allem, da er nur wenige Absätze später angab, Hofer sei landläufig als Lügner bekannt gewesen.[253]

Miedls erneuter Versuch, Hofer die Schuld zuzuschieben, zeigte aufseiten der Schweizer nicht die gewünschte Wirkung. In der „Gewissheit, dass der Prozessgegner, bei dem es sich um einen sehr skrupellosen Herrn handelt, eine Entschädigung von einer halben Million Schweizer Franken niemals verdient"[254], bezog die Finanzverwaltung vielmehr nun auch die Schweizerische Gesandtschaft Den Haag in die Nachforschungen ein.[255] Dort glaubte man zwar, bald weitere Einzelheiten zu Miedl liefern zu können, prognostizierte aber auch, es werde schwierig, „Beweise gegen Miedl zu sammeln, da er in gewisser Hinsicht geschickt ein doppeltes Spiel gespielt hat, indem er sowohl dem Besatzer als auch den besetzten Niederländern einen Gefallen getan hat."[256] Diese Vorahnung bestätigte sich spätestens im Februar 1950, als die Niederländisch-Schweizerische Handelskammer der Gesandtschaft den Bericht eines Informanten weiterleitete: „Zu meinem Bedauern kann ich Ihnen nicht viel Neues über Miedl sagen. Meine Informanten kennen ihn ziemlich gut, sind alle der Meinung, dass er im Dienst der deutschen Regierung und besonders von Göring persönlich viele Geschäfte in Holland getätigt hat, wobei er die Lage gründlich ausgenutzt hat, aber dass man ihm andererseits nicht nachweisen kann, dass er persönlich andere Geschäfte gemacht hat als vollkommen normale. Praktisch ging es so, dass die Drohungen von anderer Seite kamen und dass Miedl erst in den Vordergrund trat, wenn die Leute schon genügend vorbereitet waren und zu große Angst hatten, um das Geschäft abzulehnen. Er selbst hat dann nichts anderes getan als normale Käufe zu tätigen [...]. Man kann ihm also nicht nachweisen, dass er Leute dazu gezwungen hätte, Geschäfte zu tätigen, oder einen zu niedrigen Preis zu akzeptieren. Es scheint, dass er all dies ganz besonders geschickt gemacht hat. Alle meine Informanten sind der gleichen Meinung, aber nachweisen kann man ihm nichts."[257]

---

253 BAR, E9500.239A#2003/48#108*, Alois Miedl an das Schweizerische Bundesgericht Lausanne, 23. 11. 1949, unfoliiert.

254 BAR, E2200.49–02#1970/55#203*, Eidgenössische Finanzverwaltung an die Schweizerische Gesandtschaft Den Haag, 24. 11. 1949, unfoliiert.

255 Ebd.

256 BAR, E2001E#1967/113#9004*, Miedl, Alois, La Haye, 1949–1951, Schweizerische Gesandtschaft Den Haag an Eidgenössische Finanzverwaltung Bern, 30. 11. 1949, unfoliiert.

257 BAR, E6100A-24#1000/1924#75*, Schweizerische Gesandtschaft Den Haag an Eidgenössische Finanzverwaltung Bern, 10. 2. 1950, unfoliiert.

Obwohl die Finanzverwaltung nach diesem Rückschlag zu dem Schluss kam, keinen ausreichenden Nachweis für Miedls „Bösgläubigkeit" erbringen zu können, beantragte sie am 18. April 1950 von Neuem eine Klageabweisung. Dieses Mal berief sie sich jedoch auf Artikel 3 des Zivilgesetzbuches, laut dem sie nicht dazu verpflichtet war, seine „Bösgläubigkeit" zu beweisen, sondern lediglich rechtsgenügend darstellen musste, dass er bei dem Kauf nicht die unter den gegebenen Umständen zu erwartende Aufmerksamkeit hatte walten lassen. Demzufolge habe Miedl allein aufgrund seiner Kenntnisse über Görings Sammlertätigkeit wissen müssen, dass der Reichsmarschall keine als ‚entartet' geltenden Kunstwerke für seinen Privatbesitz erwarb. Auch sei seine Behauptung, Hofer habe ihm zum Nachweis der Provenienz Reber einen Katalog mit den Gemälden vorgelegt, erwiesenermaßen gelogen. Zum Beweis bezog sich die Finanzverwaltung im Folgenden auf die kunsthistorische Fachliteratur: Tatsächlich hatte sich nur ein Werk, nämlich das *Landhaus am Wasser* von Paul Cézanne (s. Abb. 13), zeitweilig im Besitz des Schweizer Sammlers befunden; aus dem 1938 publizierten Standardwerk des Kunsthistorikers Fritz Novotny ging allerdings hervor, dass es bereits zu diesem Zeitpunkt nicht mehr Teil der Sammlung Reber war. Ebenfalls bei Novotny beschrieben und abgebildet war das als Eigentum von „P. Rosenberg, Paris" ausgewiesene *Stillleben mit Flaschen* von Cézanne. Das *Selbstbildnis mit verbundenem Ohr* von Vincent van Gogh (s. Abb. 12) und der dazugehörige Eigentümervermerk „Paul Rosenberg, Paris" wurden wiederum in dem zuletzt 1939 aufgelegten Standard-Werkverzeichnis von Jacob-Baart de la Faille aufgeführt. Daran anknüpfend argumentierte die Finanzverwaltung, Kunstkäufer überprüften vor einem Kauf dieser Größenordnung in der Regel die Herkunft und Echtheit der Gemälde anhand der Fachliteratur. Dass Miedl auf der Provenienz Reber für alle Kunstwerke beharre, zeige, dass er diese Vorsichtsmaßnahme unterlassen habe und somit seiner gebotenen Sorgfaltspflicht nicht ausreichend nachgekommen sei; überdies habe er zugegeben, die ihm bekannten Namen „Rosenberg" und „Rothschild" auf der Rückseite der Werke gesehen zu haben. Sollte er dagegen die Publikationen doch eingesehen haben, habe er bei dem Kauf sogar „bösgläubig" gehandelt, wofür auch spreche, dass Hofer unlängst ausgesagt hatte, Miedl ausdrücklich über die Herkunft der Gemälde aus dem ERR-Bestand aufgeklärt zu haben.[258]

Der von der Finanzverwaltung erhoffte Erfolg dieser Doppelstrategie blieb allerdings aus, da die Raubgutkammer ihrem Antrag auf Klageabweisung weiterhin nicht stattgab. Während des ab dem 19. Dezember 1950 laufenden Prozesses wiederholte Miedl in seinem persönlich vorgetragenen Plädoyer einen Großteil des Inhalts seiner Korrespondenz der letzten zwei Jahre, leugnete jedoch plötzlich, sich an die Rückseitenvermerke auf den Gemälden erinnern zu können. Außerdem behauptete er nun, er habe Hofer nach Bührles

---

258 BAR, E9500.239A#2003/48#108*, Eidgenössische Finanzverwaltung an Schweizerisches Bundesgericht Lausanne i. S. Vernehmung der Schweizerischen Eidgenossenschaft gegen Alois Miedl, 18.4.1950, unfoliiert.

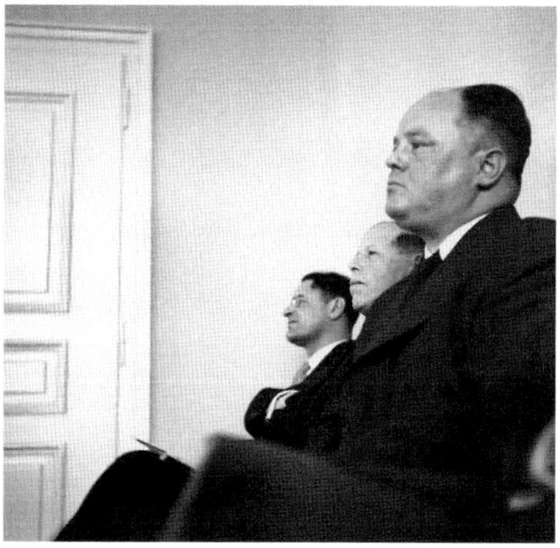

Abb. 27 Alois Miedl beim zeitgleich stattfindenden Regressprozess Bührle gegen Fischer, 18./19.12.1950. Fotograf Heinrich Hoffmann.

Kaufabsage über die Herkunft der Bilder zur Rede gestellt, woraufhin dieser geantwortet habe, dass Rosenberg in New York zwischenzeitlich verstorben sei und keine Erben habe. Für den Prozess irrelevant, jedoch dazu geeignet, Hofers Renommee zu schaden, fügte Miedl darüber hinaus hinzu, letzterer habe Rosenberg als einen „sehr unsympathischen, auf der ganzen Welt im gesamten Kunsthandel wegen seines Neids und seiner Missgunst verhassten Mann“[259] bezeichnet und ihn derart verängstigt, dass er die Bilder ohne weitere Nachfragen behalten habe. Trotz Zweifeln an dieser neuerlichen Darstellung Miedls kam das Gericht zu dem Schluss, dass die Finanzverwaltung keine hinreichenden Anhaltspunkte für dessen „Bösgläubigkeit“ geliefert hatte. Im Interesse der Prozessökonomie schlug der Richter daraufhin den Parteien einen Vergleich vor, laut dem die Eidgenossenschaft zur Abgeltung von Miedls Ansprüchen 150.000 Schweizer Franken zahlen sollte.[260]

Die Eidgenossenschaft sah sich infolge dieses Vorschlags in einer Zwickmühle: Ging sie auf den Vergleich ein, anerkannte sie damit zwangsläufig, dass Miedls Tätigkeit in den besetzten Gebieten, seine Geschäfte mit Göring, Hofer und anderen NS-Funktionären sowie die eindeutigen Rückseitenvermerke auf den Gemälden zusammengenommen kein ausreichender Beweis für dessen „Bösgläubigkeit“ waren. Lehnte sie den Vergleich andererseits ab, lief sie dem Gericht zufolge Gefahr, im Fall eines Urteils einen wesentlich höheren Betrag zahlen zu müssen. Erschwert wurde die Entscheidung zusätzlich, da es sich bei Miedl um einen Präzedenzfall handelte, der sich unmittelbar auf den weit größeren Regressprozess Theodor Fischer gegen die Eidgenossenschaft auswirken konnte. Da sie von Fischers „Bösgläubigkeit“ überzeugt war und keinesfalls riskieren wollte, dass ihm das Gericht infolge eines Urteils zugunsten Miedls ebenfalls „Gutgläubigkeit“ bescheinigte,[261] stimmte sie notgedrungen Vergleichsverhandlungen bis zu einem Betrag von maximal 150.000 Schweizer Franken zu.[262]

259 BAR, E9500.239A#2003/48#108*, Abschrift der Verhandlung vom 19.12.1950 im Obergerichtsgebäude Bern, 13.1.1951, unfoliiert.

260 Ebd.

261 BAR, E6100A-24#1000/1924#75*, Dr. Sieben i.A. Eidgenössische Finanzverwaltung i.S. Notiz an die Direktion betr. Miedl, 9.1.1951, unfoliiert.

262 Ebd., Eidgenössische Finanzverwaltung an Bundesrat i.S. Raubgutprozess Alois Miedl gegen Schweizerische Eidgenossenschaft, 31.1.1951, unfoliiert.

Im Rahmen der außergerichtlich geführten Verhandlungen erklärte sich die Eidgenossenschaft im Februar 1951 unter der Bedingung, dass Miedl die Klage vorbehaltlos zurücknahm, dazu bereit, bei der Schweizerischen Bankgesellschaft eine Garantie bis zu 150.000 Schweizer Franken für Kredite an ihn zu leisten. Sollte die Bank den Kredit auf die Dauer von fünf Jahren auf bis zu 800.000 Schweizer Franken erhöhen oder Miedl bis zur Garantiefrist am 1. Februar 1952 durch deren Vermittlung Geschäfte tätigen, die ihm 200.0000 Schweizer Franken brutto einbrachten, musste die Eidgenossenschaft ihrer Schuldverpflichtung nicht nachkommen. Falls jedoch keines der beiden Szenarien eintrat, musste sie am Fristende 150.0000 Schweizer Franken bezahlen.[263]

Die Vereinbarung bot offensichtlich Vorteile für beide Seiten; die Eidgenossenschaft konnte ihr Gesicht wahren und angesichts Miedls Klagerücknahme Anfang Februar 1951[264] zumindest nach außen hin einen Erfolg verbuchen, während Miedl wenige Tage nach dem Vergleichsabschluss 100.000 Schweizer Franken seines Kredits für die Gründung der Züricher Aktiengesellschaft See-Bagger verwendete.[265] Dieses Unternehmen bezweckte nicht nur den Erwerb und Betrieb von Baggern, sondern handelte auch mit Waren aller Art und führte Finanzierungen durch.[266] Da Miedl angab, für den Aufbau der Gesellschaft häufig in der Schweiz sein zu müssen, hob die Eidgenössische Fremdenpolizei auf Anweisung des Bundesgerichts seine Einreisebeschränkungen auf[267] und erteilte ihm im Dezember des Jahres ein Dauervisum.[268] Obwohl Miedl bis zum Fristende der Garantie weder eine Krediterhöhung beantragt noch mit der See-Bagger AG einen Bruttoertrag von 200.000 Schweizer Franken erzielt hatte, wurden ihm die 150.000 Schweizer Franken nicht Anfang Februar 1952, sondern erst vier Jahre später ausgezahlt.[269] Der Aufschub war offenbar zwischen Miedl und der Finanzverwaltung als Teil eines Quidproquo abgesprochen: Während die Finanzverwaltung zustimmte, den ehemals „sehr unerfreulichen Geschäftsmann“[270] Miedl in einflussreiche

263 Ebd., Vergleichsvereinbarung zwischen der Eidgenössischen Finanzverwaltung Bern und Alois Miedl, 6. 2. 1951, unfoliiert.

264 BAR, E9500.239A#2003/48#108*, Alois an Schweizerisches Bundesgericht Lausanne, Kammer zur Beurteilung von Raubgutklagen, 2. 2. 1951, unfoliiert.

265 StAM, Staatsanwaltschaften 46336/11, Miedl u. a., Beweisband II und III, Betschon i. S. See-Bagger AG Zürich, 27. 9. 1970, Bl. 109.

266 BAR, E6100A-24#1000/1924#75*, Schweizerisches Handelsamtsblatt, See-Bagger AG in Zürich, 16. 2. 1951, unfoliiert.

267 Ebd., Eidgenössische Fremdenpolizei Bern an Alois Miedl, 6. 4. 1951, unfoliiert.

268 Ebd., Eidgenössische Finanzverwaltung an Eidgenössische Fremdenpolizei Bern i. S. Alois Miedl, deutscher Staatsangehöriger, 22. 12. 1951, unfoliiert.

269 Ebd., Schweizerische Bankgesellschaft an Eidgenössische Finanzverwaltung i. S. Vorschuss an Alois Miedl, Zürich, 24. 7. 1956, unfoliiert.

270 BAR, J1.269-01#1999/82#33*, Eidgenössische Finanzverwaltung an Schweizerisches Bundesgericht Lausanne i. S. Antwort der Schweizer Eidgenossenschaft gegen Alois Miedl, 7. 4. 1949, unfoliiert.

Schweizer Geschäftskreise einzuführen und damit zu rehabilitieren,[271] erklärte er sich bereit, der Finanzverwaltung „im Zusammenhang mit gewissen deutsch-schweizerischen Finanzverhandlungen von erheblicher Bedeutung seine Dienste zu leihen."[272] Konkret bezog sich Miedl dabei auf die ab 1952 geführten schweizerisch-deutschen Verhandlungen bezüglich der deutschen Auslandsschulden,[273] zu denen er – wie die Finanzverwaltung später hervorhob – „mit seiner reichen Erfahrung, seinen ausgezeichneten Verbindungen zu führenden Kreisen der deutschen Wirtschaft und mit voller Tatkraft"[274] entscheidend beitrug. Dass Miedl trotz oder eben gerade wegen seiner Geschäftsaktivitäten während der 1930er Jahre und des Zweiten Weltkriegs noch in den 1950er Jahren über „ausgezeichnete Verbindungen zu führenden Kreisen der deutschen Wirtschaft"[275] verfügte, verdeutlicht nicht nur eindrücklich

271 Ebd., Eidgenössische Finanzverwaltung i. S. Aktennotiz über die Besprechung mit Herrn Miedl vom 16. 2. 1952, 18. 2. 1952; Eidgenössische Finanzverwaltung i. S. Notiz an die Direktion, betr. Miedl, 28. 1. 1952, unfoliiert.

272 Ebd., Eidgenössische Finanzverwaltung i. S. Miedl, Alois, 1903, deutscher Staatsangehöriger, früher wohnhaft in Madrid, 21. 4. 1953, unfoliiert.

273 Halbeisen, Patrick: Die Finanzbeziehungen zwischen der Schweiz und der Bundesrepublik Deutschland in der Nachkriegszeit. Etappen auf dem Weg zur Normalisierung, in: Fleury, Antoine/Möller, Horst/Schwarz, Hans-Peter (Hrsg.): Die Schweiz und Deutschland 1945–1961 (Schriftenreihe der Vierteljahreshefte für Zeitgeschichte), München 2004, S. 176.

274 BAR, E6100A-24#1000/1924#75*, Eidgenössische Finanzverwaltung i. S. Miedl, Alois, 1903, deutscher Staatsangehöriger, früher wohnhaft in Madrid, 21. 4. 1953, unfoliiert. – Im Zusammenhang mit den Verhandlungen forderten sowohl der deutsche Gesandte in Bern als auch der Schweizer Gesandte in Bonn vom deutschen Wirtschaftsministerium Informationen über Miedl an. Die ungeschönte Rekapitulation von Miedls Biografie gelangte über den Schweizer Gesandten an die Eidgenössische Finanzverwaltung, die Miedl widerrechtlich davon in Kenntnis setzte. Miedl präsentierte daraufhin mehrere Leumundszeugen, u. a. Kurt Erhardt sowie den ehemaligen bayerischen Justizminister Dr. Josef Müller, auf deren Aussagen hin die Finanzverwaltung schlussfolgerte, den Informationen aus dem Ministerium komme „nur der Charakter unbewiesener Behauptungen" zu. Mit dieser Rückendeckung ermittelte Miedl den Verfasser des Schreibens, Carl-Hermann Mueller-Graaf, und verklagte ihn 1953 auf Verleumdung. Nachdem diese Klage 1955 von einem Bonner Gericht abgewiesen worden war, reichte er eine Zivilklage auf Widerruf der Auskunft und Zahlung von 50.000 Mark Schadensersatz gegen das Bundeswirtschaftsministerium ein, s. ebd., Eidgenössische Finanzverwaltung i. S. Aktennotiz betr. Miedl, 12. 12. 1952, unfoliiert; ebd., Eidgenössische Finanzverwaltung i. S. Aktennotiz betr. Miedl, 30. 12. 1952, unfoliiert; BAR, E2800#1967/59#745*, Iklé, Max, directeur de l'Administration fédérale des finances, Affaire Alois Miedl, Albert Hubert an Bundesrat, Politisches Departement, Geheim, 6. 6. 1953, unfoliiert; PA AA, B 130-VS-REG/6002A, VS-Registraturen, Verschiedene Vorgänge, die als Verschlusssachen der Abteilung 1 eingeordnet sind, Alois Miedl i. S. Klageschrift, 10. 12. 1955, unfoliiert.

275 BAR, J1.269–01#1999/82#33*, Eidgenössische Finanzverwaltung an Schweizerisches Bundesgericht Lausanne i. S. Antwort der Schweizer Eidgenossenschaft gegen Alois Miedl, 7. 4. 1949, unfoliiert.

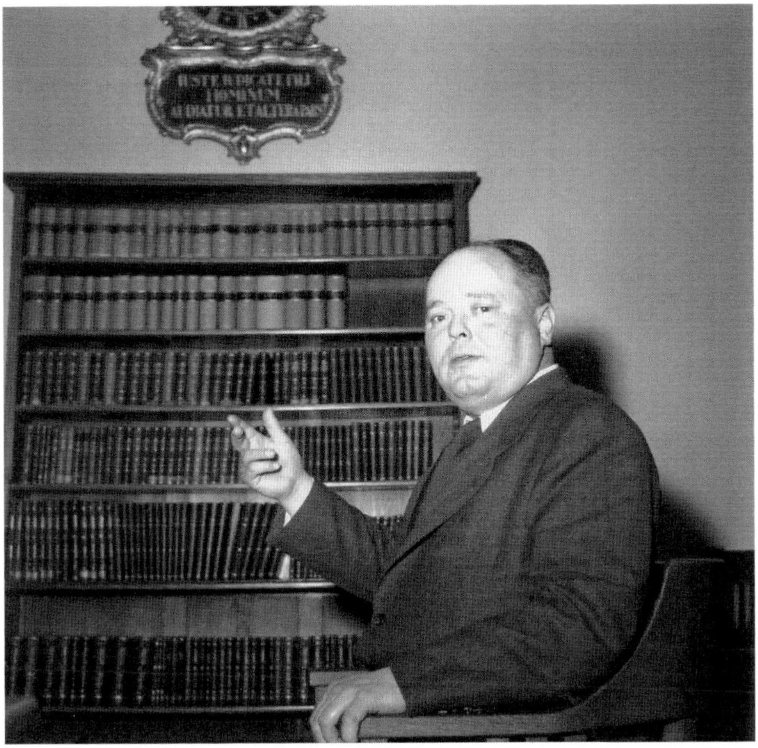

Abb. 28 Alois Miedl, Bern 1951. Fotograf Heinrich Hoffmann.

den „Fortbestand militärischer, wirtschaftlicher, politischer und wissenschaftlicher Eliten in der Nachkriegszeit“[276] Deutschlands, sondern unterstützt auch die zu Anfang dieser Arbeit aufgestellte These der Kontinuität seines systemübergreifenden Erfolgs.

8.5.4 Kunsthandel J. Goudstikker N.V./Duits Gallery Ltd. gegen Miedl

Zeitgleich zu Miedls Klagerücknahme im Regressprozess wurde im Februar 1951 eine gegen ihn gerichtete Klage vor dem Bundesgericht Lausanne zurückgezogen, die bereits am 15. November 1947 gemeinschaftlich vom Kunsthandel J. Goudstikker und der Londoner Galerie Duits angestrengt worden war. Streitgegenstand war das mit 22.000 Gulden bewertete Gemälde *Hochzeit zu Kana* (2643) von Jan Steen (Abb. 29), das die Kläger vor 1940 als Metabesitz erworben hatten. In der Klageschrift verwies der beauftragte Berner Anwalt Boris Lifschitz darauf, dass die ‚Arisierung‘ des Kunsthandels J. Goudstikker aufgrund des königlichen Beschlusses der niederländischen Exilregierung vom 7. Juni 1940 nichtig sei. Demzufolge

276 Fuhrmeister, Christian: Kontinuität und Blockade, in: Doll, Nikola u. a. (Hrsg.): Kunstgeschichte nach 1945. Kontinuität und Neubeginn in Deutschland, Köln/Weimar/Wien 2006, S. 21.

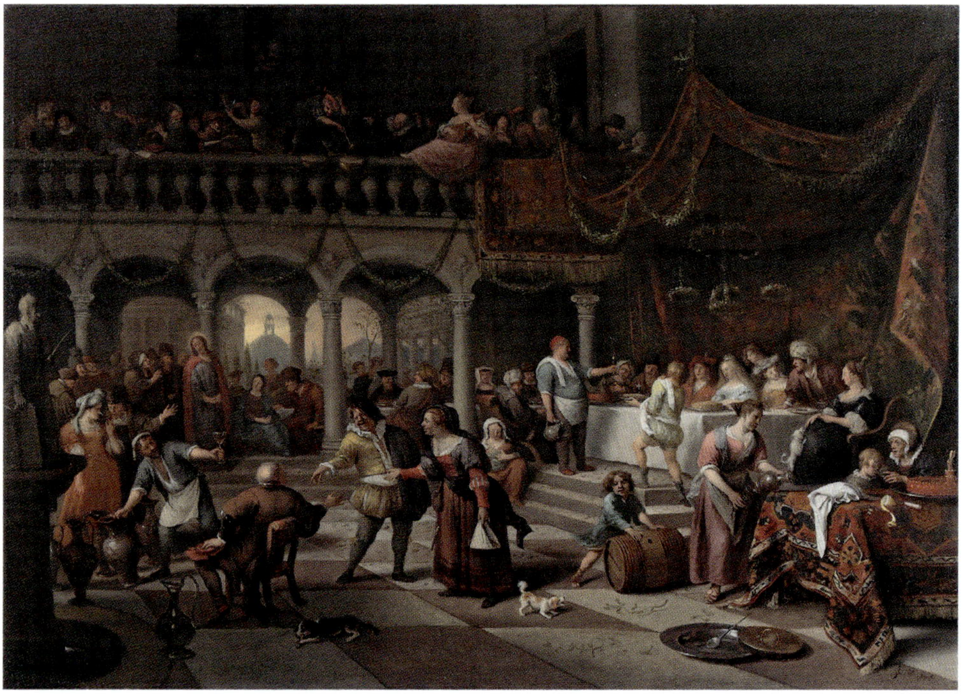

Abb. 29 Jan Steen, Hochzeit zu Kana, 1676, Öl auf Leinwand, 79,7 × 109,2 cm.

müssten der Erwerb des Gemäldes durch Göring sowie der spätere Verkauf an Miedl für ungültig erachtet werden; überdies gebe es keinerlei Zweifel an Miedls „Bösgläubigkeit" bei diesem Kauf.[277] Miedl, der sich erneut selbst verteidigte,[278] ging daraufhin Ende Februar 1948 mit einem Antrag auf Klageabweisung in die Offensive: Die Kläger nützten den „Raubgutbeschluss" mittels sachlich und moralisch unwahrer Vorwürfe aus und verschwiegen böswillig Tatsachen, um ihn in ein schlechtes Licht zu rücken. Zwar habe er die Hälfte des Kaufpreises für das Gemälde im Jahr 1940 angesichts der Anmelde- und Ablieferungspflicht bei der ‚Feindvermögensverwaltung' tatsächlich nicht an Duits überweisen können, der Betrag sei aber im Kaufpreis für den Kunsthandel J. Goudstikker enthalten gewesen, der wiederum bis 1945 auf seine Veranlassung vor einer Beschlagnahme geschützt worden sei. Folglich liege es

277 BAR, E9500.239A#2003/48#108*, Dr. Boris Lifschitz i. A. Kunsthandel J. Goudstikker N. V. Amsterdam/Duits Gallery Ltd. London an Schweizerisches Bundesgericht Lausanne i. S. Klage und Gesuch um Erlass von vorsorglichen Maßnahmen für Goudstikker/Duits gegen Alois Miedl, 15. 11. 1947, unfoliiert.

278 Ebd., Alois Miedl an Schweizerisches Bundesgericht Lausanne i. S. Klage Goudstikker/Duits gegen Alois Miedl, 28. 2. 1948, unfoliiert.

nun an den Goudstikker-Erben, die Schuld gegenüber Duits zu begleichen, anstatt sie auf Miedl „abzuwälzen und sich auf dessen Rücken noch weiter zu bereichern."[279] Als Beweis gegen die behauptete ‚Arisierung' führte Miedl eine auf den 25. März 1944 datierte Stellungnahme von Dik Senior und Ten Broek an, in der sie ihre schon 1940 verbreiteten Lügen und Verleumdungen gegenüber Jacques Goudstikker und dessen Unternehmen wiederholt hatten.[280] Dass Miedl sich maßgeblich auf diese Aussage stützte, kam Lifschitz sehr gelegen, da er am 21. Juni 1948 entgegnen konnte, dass sowohl Dik Senior als auch Ten Broek die besagte Stellungnahme zwischenzeitlich widerrufen und den Verkauf unter Zwang bestätigt hatten. Miedls Einsatz für den Schutz von Emily Goudstikker-Sellisberger anerkannte der Anwalt zwar, betonte aber, „diese guten Dienste vermögen ihn obgleich nicht von seiner Verantwortlichkeit mit Bezug auf das hier eingeklagte Gemälde zu entbinden."[281]

An der Hauptverhandlung am 15. Juni 1949 nahm neben Miedl und Lifschitz auch Ten Broek teil, der im Zeugenstand bekräftigte, von Miedl und Hofer unter Androhung einer Beschlagnahme zum Verkauf gezwungen worden zu sein. Zur Überraschung der Klägerseite ergänzte er, der Kaufpreis für den Kunsthandel J. Goudstikker sei „ziemlich normal, wenn nicht sogar gut"[282] gewesen. Auf Nachfrage, ob dies auch für den auf den Kunsthandel J. Goudstikker entfallenden hälftigen Kaufpreis des Gemäldes von Steen in Höhe von 11.000 Gulden gegolten habe, wich er aus und gab lediglich an, dass es sich vermutlich um den ursprünglichen Ankaufspreis gehandelt habe. Angesichts dieser ihrer Ansicht nach „dünnen Beweislage" bezweifelte die Raubgutkammer sowohl die Vorwürfe der Klägerseite als auch Miedls Argumentation und handelte mit den Parteien einen Vergleich aus, demzufolge die Kläger Miedls Eigentum an dem Gemälde nach einer Zahlung von 15.000 Schweizer Franken anerkannten.[283] Nur wenig später erfuhr das Bundesgericht, dass Wiederkehr bereits Anfang Mai 1949 ein Retentionsrecht an dem Gemälde geltend gemacht hatte zur Sicherung eines Miedl am 30. August 1945 gewährten Kredits in Höhe von 15.000 Schweizer Franken. Darüber informiert, dass ihm das Bild bis zur Zahlung dieser Forderung nicht ausgehändigt werde, teilte Miedl dem Gericht mit, kein Interesse mehr an dem Vergleich zu haben. Auch die Kläger bestanden nicht auf einer Vollstreckung des Vergleichs, da die Rechtslage im dann zu erwartenden Widerspruchsprozess mit dem Retentionsgläubiger Wiederkehr für sie

279 Ebd., Alois Miedl an Schweizerisches Bundesgericht Lausanne i. S. Klage Goudstikker/Duits gegen Alois Miedl, 25. 2. 1948, unfoliiert.

280 Ebd.

281 Ebd., Dr. Boris Lifschitz i. A. Kunsthandel J. Goudstikker N. V. Amsterdam/Duits Gallery Ltd. London an Schweizerisches Bundesgericht Lausanne i. S. Goudstikker/Duits gegen Alois Miedl, 21. 6. 1948, unfoliiert.

282 Ebd., Schweizerisches Bundesgericht Lausanne, Protokoll der Hauptverhandlung vom 15. 6. 1949 im Bundesgerichtsgebäude Lausanne i. S. Goudstikker/Duits gegen Alois Miedl, 11. 7. 1949, unfoliiert; folgendes Zitat ebd.

283 Ebd.

ungünstig war. Der Prozess wurde daraufhin unter Hinzuziehung der von Miedl bestellten Zeugen Dik Senior und Max Model weitergeführt.[284]

Im Gegensatz zu Model, der sich während seiner Vernehmung in New York weitgehend auf Erinnerungslücken berief,[285] war Dik Senior im März 1950 gerne dazu bereit, seine Darstellung der Ereignisse im Sommer 1940 noch einmal detailliert vorzutragen. Wider Erwarten revozierte er seine vorherige Aussage eines Zwangsverkaufs und berief sich stattdessen auf die von ihm und Ten Broek unterzeichnete Stellungnahme aus dem Jahr 1944, laut der „der Verkauf ganz freiwillig ohne Druck“[286] zustande gekommen war. Dasselbe galt für Ten Broek, der seine eidesstattliche Erklärung vom Juni 1949 im Dezember 1950 widerrief und in diesem Zusammenhang die schwerwiegende, aber nicht substanziierte Anschuldigung erhob, er habe den Meineid auf Druck der Anwälte der Klägerschaft begangen, da er Schwierigkeiten seitens der Goudstikker-Erben in den Niederlanden befürchtet habe. Die Frage, welche Schwierigkeiten er konkret erwartet habe, ließ er ebenso unbeantwortet wie die, warum er trotz dieser Befürchtung seine eidesstattliche Aussage nun doch zurückgezogen habe.

Plausibler als eine Einflussnahme der Klägeranwälte auf Dik Seniors und Ten Broeks Zeugenaussagen ist, dass Miedl sich nach dem gescheiterten Vergleich in dieser Hinsicht betätigte. Die Möglichkeit dazu bot sich ihm von Ende August bis Mitte September 1949, als er als Zeuge im Prozess gegen den SNK-Direktor Ary Robert de Vries und Benjamin Katz unter sicherem Geleit und begleitet von kritischen Kommentaren der niederländischen Presse[287] erstmalig seit 1944 wieder in die Niederlande reiste. Die Zusicherung des Besonderen Gerichtshofs Amsterdam, Miedl dürfe sich während seines dreißigtägigen Visums für „Gespräche mit interessierten Privatpersonen und Institutionen“[288] frei im Land bewegen, nutzte er höchstwahrscheinlich, um Dik Senior und Ten Broek unter vier Augen zum Umdenken zu bewegen. Jedenfalls konnte Miedl mit Ten Broeks Aussage im Dezember 1950 mehr als zufrieden sein: „Diese Lage [beim Kunsthandel J. Goudstikker]

284 BAR, E9500.239A#2003/48#108*, Schweizerisches Bundesgericht Lausanne, Kammer zur Beurteilung von Raubgutklagen i. S. Goudstikker/Duits gegen Alois Miedl, 1. 10. 1949, unfoliiert.

285 Ebd., Vizekonsul Dr. Friedrich P. Walthard i. S. Protokoll über die Zeugeneinvernahmen von Herrn Max Model, 2. 6. 1950, unfoliiert.

286 Ebd., Vertreter des Kantonsrichters Hilversum Dr. Th. Folkers i. S. Kommissarische Vernehmung von Jan Dik Sr., 11. 3. 1950, unfoliiert.

287 Anfang September 1949 publizierten die beiden überregionalen Tageszeitungen Het Parool und Trouw Artikel über Miedls Aufenthalt in den Niederlanden und zeigten sich irritiert darüber, dass der Staatsanwalt am Amsterdamer Gerichtshof die Auskunft gegeben hatte, „kein offizielles Interesse“ an Miedl zu haben, s. BAR, E6100A-24#1000/1924#75*, Het Parool, Jg. 9, Nr. 1428, Nederlandse kunstschatten in de oorlog onder dwang verkocht? Antiquair Katz trekt verklaring in, 5. 9. 1949, unfoliiert; Trouw, Jg. 7, Nr. 1333, Nieuw licht te verwachten in verkoop kunstschatten, 6. 9. 1949, unfoliiert.

288 SAA, 5225 Nr. 4327, Niederländische Gesandtschaft Madrid an L. Bouma, 12. 4. 1949, unfoliiert.

war derart, dass eine Pleite so gut wie unvermeidlich war. Der Verkauf an Miedl war derart günstig für die Partei Goudstikker und der gezahlte Preis so hoch, dass von irgendeinem Zwang, außer der schwierigen Finanzlage, gar keine Rede sein konnte."[289] Deshalb habe die Partei Goudstikker in den Niederlanden vor dem „Raad voor het Rechtsherstel"[290] auch keinen Restitutionsantrag für die 1940 von Miedl erworbenen Gemälde gestellt.[291] Dass Désirée Goudstikker zu diesem Zeitpunkt bereits seit fünf Jahren mit dem Nederlandse Beheersinstituut (NBI)[292] in Verhandlungen zur Wahrung ihrer Rechte stand, verschwieg Ten Broek selbstredend.

Auch wenn die Kläger vermuteten, dass Miedl die Kehrtwende der Zeugen bewirkt hatte, fehlten ihnen dafür die Beweise. Überdies war es nicht mehr möglich, Model in einer erneuten Befragung zu konkreten Aussagen zu bewegen, da dieser nur drei Monate nach seiner ersten Zeugenvernehmung in New York verstorben war. In Anbetracht der wenig aussichtsreichen Prozesslage unternahm Lifschitz am 23. Januar 1951 einen letzten Versuch, eine Entschädigung für seine Mandanten zu sichern. Er teilte dem Bundesgericht mit, dass seine Mandantschaft „mit Rücksicht auf das Ergebnis der bisher durchgeführten Zeugenbefragungen [...] heute eventuell bereit wäre, auf den Vergleich [...] vom 15. Juni 1949 zurückzukommen, und sich auch dann an denselben zu halten, wenn der Beklagte nicht in der Lage sein sollte, die Vergleichssumme von 15.000 Schweizer Franken vor der Freigabe des Bildes zu zahlen."[293] Unabhängig davon, ob Miedl ihnen eine Absage erteilte oder sie die Aussichtslosigkeit ihres Vorschlags selbst erkannten, nahmen der Kunsthandel J. Goudstikker und die Galerie Duits ihre Klage gegen ihn am 1. Februar 1951 zurück.[294]

---

289 BAR, E9500.239A#2003/48#108*, Eidesstattliche Erklärung von Arie Albertus ten Broek, 6.12.1950, unfoliiert.

290 Der „Rat für die Wiederherstellung der Rechte" wurde am 9.8.1945 auf Grundlage des „Besluit herstel rechtsverkeer" der Londoner Exilregierung vom 17.9.1944 eingerichtet. Ziel war es, „das von den Deutschen während der Besatzungszeit begangene Unrecht der Enteignung, Liquidation und des Verlusts von Vermögenswerten bestimmter Bevölkerungsgruppen und Institutionen so weit wie möglich wiedergutzumachen", vgl. NL-HaNA, 2.09.48.02, Inventaris van het archief van de Raad voor het Rechtsherstel: Afdeling Rechtsspraak, 1945–1967.

291 BAR, E9500.239A#2003/48#108*, Eidesstattliche Erklärung von Arie Albertus ten Broek, 6.12.1950, unfoliiert.

292 Das 1945 gegründete Nederlandse Beheersinstituut gehörte zur Abteilung „Beheer" des „Raad voor het Rechtsherstel". Seine Aufgaben bestanden unter anderem in der Auffindung, Verwaltung und Liquidation von „feindlichem Vermögen" und unbeaufsichtigtem Besitz, vgl. NL-HaNA, NBI 2.09.16, Inventaris van het dossierarchief van het Nederlandse Beheersinstituut, en van de in beslag genomen administraties, 1945–1967.

293 BAR, E9500.239A#2003/48#108*, Dr. Boris Lifschitz i.A. Kunsthandel J. Goudstikker N.V. Amsterdam/Duits Gallery Ltd. London an Schweizerisches Bundesgericht Lausanne, 23.1.1951, unfoliiert.

294 Ebd., Dr. Boris Lifschitz i.A. Kunsthandel J. Goudstikker N.V. Amsterdam/Duits Gallery Ltd. London an Schweizerisches Bundesgericht Lausanne, 1.2.1950, unfoliiert.

Das Bundesgericht wies das Kunstmuseum Bern umgehend an, das Gemälde von Steen an Wiederkehr auszuhändigen.[295]

Spätestens im Dezember 1952 befand sich das Gemälde wieder in Miedls Besitz, als er es an die Zuger Handels-Aktiengesellschaft Arbitrium verpfändete.[296] Dass Miedl das Gemälde von Wiederkehr zurückerhielt, nachdem er dessen Forderung beglichen hatte, ist zwar nicht völlig ausgeschlossen, wahrscheinlicher ist jedoch, dass es sich von Anfang an um ein bereits vor Prozessbeginn von Miedl und Wiederkehr eingeleitetes abgekartetes Spiel handelte. Dass Wiederkehr das Retentionsrecht für seine Forderung aus einem angeblichen, nur von den beiden Beteiligten bestätigten Kredit erst publik machte, als eine Klageabweisung gescheitert und ein Vergleich geschlossen war, und die jeweils fälligen Geldbeträge obendrein übereinstimmten, ist zu optimal für Miedl, um zufällig zu sein: In der Folge traten beide Parteien vom Vergleich zurück und Miedl hatte ausreichend Zeit, die von ihm bestellten Zeugen vor der Weiterführung des Prozesses zu seinen Gunsten zu beeinflussen, was letztlich wiederum die Klagerücknahme und Freigabe des Gemäldes an Wiederkehr beziehungsweise Miedl zur Folge hatte.

Aktuell befindet sich die *Hochzeit zu Kana* (2643) von Jan Steen (s. Abb. 29) im Besitz der Norton Simon Foundation des gleichnamigen Museums in Pasadena, Kalifornien. Ausgehend von dessen Provenienzkette wurde das Gemälde 1969 von dem New Yorker Kunsthändler Frederick Mont[297] erworben, der es ein Jahr zuvor von der Amsterdamer Kunsthandlung De Boer gekauft hatte. Tatsächlich hatte sich das Bild bereits ab Juli 1956 für zwei Monate als Kommissionsware von Pieter de Boer persönlich im Angebot des Amsterdamer Unternehmens befunden, bis es an den niederländischen Kunstsammler Adriaan Hendrik Kleiweg de Zwaan veräußert wurde. Pieter de Boer, der seit 1952 in Zürich und anschließend in der Gemeinde Hergiswil am See lebte,[298] hatte es wiederum wahrscheinlich dort direkt von Miedl erworben. Miedl hatte nämlich für eben diese Gemeinde im Dezember 1952 ein Gesuch zur Erlangung des Gemeinde- und Kantonsbürgerrechts gestellt und wohnte dort spätestens ab April 1953 zeitweilig zur Miete.[299] Obwohl die obligatorischen Voraussetzungen für den

295 BAR, E9500.239A#2003/48#109*, Schweizerisches Bundesgericht Lausanne, Kammer zur Beurteilung von Raubgutklagen i. S. Goudstikker/Duits gegen Alois Miedl betr. Rückgabe des Gemäldes von Jan Steen, 5. 2. 1951, unfoliiert.

296 BAR, E6100A-24#1000/1924#75*, Arbitrium Handels AG Zug an Eidgenössische Finanzverwaltung i. S. Miedl, 11. 12. 1952, unfoliiert.

297 Frederick Mondschein war in den 1930er Jahren Geschäftsführer der Wiener Galerie Sanct Lucas, emigrierte 1939 nach New York und nannte sich dann Mont, s. Barnes, Susan J. u. a.: Van Dyck. A complete Catalogue of the Paintings, New Haven 2004, S. 58–59; Yeide, Nancy (Hrsg.): The AAM Guide to Provenance Research, Washington 2001, S. 232.

298 Norton Simon Museum Pasadena, Kalifornien, Provenance, Jan Steen, „Marriage at Cana", https://www.nortonsimon.org/art/detail/F.1969.21.P/ [zuletzt aufgerufen 6. 9. 2023].

299 BAR, E6100A-24#1000/1924#75*, Dr. J. Odermatt i. A. Alois Miedl an Polizeidirektion des Kantons Nidwalden, 6. 4. 1953, unfoliiert.

Erwerb der Bürgerrechte nach Aussage seines Anwalts „formell nicht gegeben“[300] waren, wurde er aufgrund seiner „wertvollen Dienste“ im Verlauf der schweizerisch-deutschen Verhandlungen von der Eidgenössischen Finanzverwaltung bei seinem Vorhaben unterstützt.[301] Selbst diese Fürsprecher konnten die Fremdenpolizei Bern allerdings nicht dazu bewegen, sich über die gesetzlichen Bedingungen hinwegzusetzen, vor allem, da sie davon überzeugt war, dass Miedl Hergiswil lediglich als fiktiven Wohnsitz nutzen wollte. Möglicherweise erinnerte man sich bei der Fremdenpolizei auch noch an den „unerfreulichen Geschäftsmann“[302] und „internationalen Schieber“[303] von 1942. Folglich stellte sie am 4. Mai 1953 erneut einen Ablehnungsbescheid mit der Begründung aus, Miedls Domizilnahme sei aus Überfremdungsgründen unerwünscht.[304] Da ein weiterer Antrag in Anbetracht dieser „eindeutig ablehnenden Stellung der Fremdenpolizei Bern [...] von vornherein aussichtslos“[305] war, gab Miedl seinen Plan, sich in der Schweiz niederzulassen, auf und verlegte seinen Wohnsitz stattdessen ein Jahr später nach München.[306]

8.6 Gesuch auf „Entfeindung" in den Niederlanden

Auf Miedls Liste bevorzugter Wohnorte rangierte München tatsächlich nur auf dem dritten Platz. Dass er dennoch 1954 in seine Heimatstadt zurückkehrte, gründete auf der im selben Jahr getroffenen Entscheidung des „Raad voor het Rechtsherstel“, sein Gesuch auf „Entfeindung“, die ihm die erneute Niederlassung in Amsterdam und den Zugriff auf sein dortiges Vermögen ermöglicht hätte, endgültig abzulehnen.[307] Den entsprechenden Antrag hatte

300 Ebd., Chef der Eidgenössischen Fremdenpolizei Bern an Direktor der Eidgenössischen Finanzverwaltung, 11. 5. 1953, unfoliiert; folgendes Zitat ebd.

301 BAR, E4264#2006/96#8882*, Dr. J. Odermatt i. A. Alois Miedl an Polizeiabteilung des eidgenössischen Justiz- und Polizeidepartements Bern i. S. Gesuch um Erteilung der Bewilligung zur Erwerbung eines Gemeinde- und Kantonsbürgerrechts, unfoliiert.

302 BAR, J1.269–01#1999/82#33*, Eidgenössische Finanzverwaltung an Schweizerisches Bundesgericht Lausanne i. S. Antwort der Schweizer Eidgenossenschaft gegen Alois Miedl, 7. 4. 1949, unfoliiert.

303 BAR, E6100A-24#1000/1924#75*, Dr. Sieben i. A. Eidgenössische Finanzverwaltung i. S. Notiz an die Direktion betr. Raubgutprozess Alois Miedl, 20. 10. 1949, unfoliiert.

304 BAR, E4264#2006/96#8882*, Polizeidirektion des Kantons Nidwalden an Dr. J. Odermatt, 4. 5. 1953, unfoliiert.

305 BAR, E6100A-24#1000/1924#75*, Dr. J. Odermatt an Alois Miedl, 9. 5. 1953, unfoliiert.

306 StAM, Staatsanwaltschaften 46336/12, Miedl u. a., Beweisband IV, Süddeutsche Zeitung, Fahndung nach einem Millionen-Nachlass. Angehörige eines Bankiers und Kunsthändlers bezichtigen Haupterbin des Betrugs. Alte Meister weg, undatiert, Bl. 350.

307 NL-HaNA, NBI 2.09.16.10 Nr. 203494, Raad voor het Rechtsherstel, Afdeling Rechtspraak, Den Haag, Vonnis inzake Alois Miedl contra het Niederlandse Beheersinstituut, 5. 2. 1954, Bl. 30.

Miedl am 30. September 1949[308] in Reaktion auf die wenige Tage zuvor erfolgte Einigung zwischen Désirée Goudstikker und dem NBI hinsichtlich des unbeweglichen Vermögens gestellt. Dieser Übereinkunft, die Goudstikker ermöglichte, die von Miedl ‚arisierten' Immobilien für rund 380.000 Gulden zurückzukaufen,[309] waren zwei Jahre zäher Verhandlungen vorausgegangen. So vertraten Korthals Altes und Roest van Limburg als Repräsentanten des NBI die Meinung, die beiden Kaufverträge zwischen dem Kunsthandel J. Goudstikker und Miedl beziehungsweise Göring seien 1940 ohne Zwang zustande gekommen; Désirée Goudstikker, ihr Anwalt Max Meyer und Ernst Lemberger Junior, die nach dem Widerruf der Liquidation 1947 als Direktoren des Kunsthandels J. Goudstikker auftraten, waren indes vom Gegenteil überzeugt. „Eine optimale Wiederherstellung der Rechte"[310] bestand für sie folglich darin, „dass das vom alten Kunsthandel an Miedl übertragene Geschäft und die darin enthaltenen Vermögenswerte an den alten Kunsthandel zurückgegeben werden und dass – soweit dies nicht möglich ist – Miedl beziehungsweise der neue Kunsthandel für den vom alten Kunsthandel dadurch erlittenen Schaden haftet. Der alte Kunsthandel sollte auch für die in dem übertragenen Geschäft erzielten Gewinne entschädigt werden oder zumindest eine Entschädigung erhalten, die dem Gewinnverlust entspricht, den sie durch die Einstellung ihres Geschäfts erlitten hat. Im Gegenzug sollte der alte Kunsthandel den erhaltenen Kaufpreis zuzüglich der üblichen Verzinsung zurückzahlen." Wohl wissend, dass diese Ideallösung schon deshalb nicht umsetzbar war, weil es weder einen für die Restitution infrage kommenden Betrieb gab, noch alle an Miedl verkauften Kunstgegenstände auffindbar waren, schlug Meyer vor, die betreffenden Wertgegenstände durch „andere gleichartige Vermögenswerte" zu ersetzen und die Differenz nötigenfalls durch eine Entschädigungszahlung auszugleichen. Nachdem dieser und auch ein weiterer modifizierter Vorschlag vom NBI abgelehnt worden waren, einigte man sich vorerst auf den besagten Rückkauf der Immobilien.

Sollte Miedl gehofft haben, die Abwicklung dieser Übereinkunft mit seinem Antrag auf „Entfeindung" rückgängig machen oder zumindest aufschieben zu können, lag er falsch. Tatsächlich holte die SNK erst Mitte Februar 1950 Informationen über ihn bei Korthals Altes ein, die darüber hinaus verheerend für ihn ausfielen: Niemand habe so massenhaft niederländischen Kunstbesitz nach Deutschland verschleppt wie Miedl, der Kunstgegenstände ohnehin nur als Sachwerte betrachte. Nichtsdestoweniger solle man, wenn man an den Miedl-Komplex herantrete, davon ausgehen, es mit einem sehr gewandten Geschäftsmann zu tun zu haben, „der immer darauf eingestellt war, sich auf allen Seiten nur Freunde zu

308 NL-HaNA, 2.05.117 Nr. 21203, L. Bouma an Afdeling Rechtspraak van de Raad vor het Rechtsherstel, 16.4.1951, unfoliiert.

309 Advisory Committee on the assessment of restitution applications for items of cultural value and the Second World War, RC 1.15, Advies inzake het verzoek tot teruggave van de Amsterdamse Negotiatie Compagnie N.V. in Liquidatie van 267 kunstwerken uit de Rijkscollectie, Bl. 19.

310 Ebd., Bl. 12–17; folgende Zitate ebd.

erwerben und es fast nie übersehen hat, sich einer Rückendeckung zu versichern."[311] Folglich müsse man sich in seinem Fall vor einseitigen oder eindeutigen Darstellungen vorsehen, denn „die Zweideutigkeit war der Leitfaden seines Vorgehens." Um sein Anliegen persönlich zu vertreten, reiste Miedl – offenbar erneut unter sicherem Geleit – zu Gesprächen mit dem „Raad voor het Rechtsherstel" Mitte Juni 1950 in die Niederlande.[312] Während der Hauptsitzung am 1. Juli wies er bezüglich des Gemäldetransfers nach Deutschland jegliche Schuld von sich und wiederholte seine Aussage aus dem Jahr 1947, Bilder litten nicht darunter, ob sie nun in den Niederlanden oder in Deutschland im Luftschutzkeller stünden; daher würde er lieber erneut 1.000 Gemälde in das Ausland verschicken, als einen einzigen Menschen nach Deutschland deportieren zu lassen.[313]

Nachdem er seine Mitwirkung an der kulturellen und finanziellen Ausbeutung der Niederlande zu einer altruistischen Tat umgedeutet hatte, beteuerte er, zukünftig von großem Nutzen für den Aufbau der niederländischen Wirtschaft sein zu können. Im Gegenzug für eine „Entfeindung" stellte er der niederländischen Kommission – wie schon dem NS-Regime im Fall seines Devisenverfahrens – wirtschaftliche Vorteile in Aussicht: In den letzten Monaten sei er viel durch Europa gereist und habe vor allem in Deutschland Möglichkeiten gefunden, den internationalen Handel in den Niederlanden wieder aufblühen zu lassen. Konkret beabsichtige er, sich in Amsterdam unter Mitwirkung des Bankierskantoor Alois Miedl N. V. als Repräsentant der Gebrüder Goedhart AG sowie der Dalmia Cement Ltd. niederzulassen. Durch die Beteiligung der Schantung an dem britisch-indischen Unternehmen habe er seit 1936 Gewinne in Höhe von über 175.000 Pfund erzielt, die er in den Niederlanden zu investieren beabsichtige, die jedoch erst nach seiner „Entfeindung" von der indischen Regierung freigegeben würden.

Auch wenn diese Behauptung angezweifelt wurde, schien die Kommission seinen Vorschlägen nicht gänzlich abgeneigt zu sein. Unabdingbar vorausgesetzt wurde jedoch, dass Miedl zunächst seine von der Finanzbehörde auf eine bis eineinhalb Millionen Gulden geschätzten Steuerschulden beglich, was er auch in Aussicht stellte.[314] Noch am selben Tag beauftragte er seinen Anwalt L. Bouma, die exklusiv im Fall seiner Niederlassung in Amsterdam zu erwartenden wirtschaftsfördernden Effekte in einem Schreiben an das NBI darzustellen: Indien etwa beabsichtige, im Rahmen seines Industrialisierungsplans Maschinen in den Niederlanden zu kaufen; sollte dies allerdings nicht über die Vermittlung von Miedl möglich sein, werde die indische Regierung die Aufträge an andere Länder vergeben. Auch

311 NL-HaNA, SNK 2.08.42 Nr. 189, E. J. Korthals Altes an Stichting Nederlands Kunstbezit, 10. 2. 1950, Bl. 1–5; folgendes Zitat ebd.

312 SAA, 5225 Nr. 4327, Einwanderungsabteilung Amsterdam an Visadienst, 28. 9. 1950, unfoliiert.

313 NL-HaNA, NBI 2.09.16.10 Nr. 203496, M. Meiboom i. S. Besprechung mit Alois Miedl, 1. 7. 1950, unfoliiert.

314 Ebd.

die Goedhart AG werde nur mit ihm als Repräsentanten ihren Firmensitz in die Niederlande verlegen und zum Devisenaufkommen beitragen.[315]

Von Miedls Anwesenheit in Amsterdam erfuhr die Öffentlichkeit spätestens am 13. Juli 1950 durch die von der Kommunistischen Partei der Niederlande herausgegebene Tageszeitung De Waarheid, die in Unkenntnis der offenbar diskreten Verhandlungen die Frage stellte, „was Miedl in Amsterdam macht und zum wem er Kontakt aufgenommen hat. Er ist [...] von morgens bis abends mit Konferenzen beschäftigt."[316] Aus seinem „sehr gewöhnlichen, sehr legalen" Aufenthalt schloss die Zeitung auf hohe Beschützer in den Niederlanden und kritisierte scharf, dass unter den Augen der inaktiven Fremdenpolizei „ein Nazi, ein Vertrauter Görings, offenbar nicht nur in den Niederlanden geduldet ist, sondern hier ungestraft seine dunklen Praktiken fortsetzen kann."

Spätestens im Herbst 1950 wurde die Fremdenpolizei doch in Sachen Miedl aktiv, allerdings lediglich, um Leumundszeugen zu befragen, da Miedl zwischenzeitlich ein Niederlassungsgesuch eingereicht hatte. Neben den bisherigen Angaben hatte er darin ergänzt, in Amsterdam ein Im- und Exportunternehmen gründen zu wollen, über das Erz- und Bleilieferungen aus Spanien an die Schantung abgewickelt werden sollten. Privat beabsichtige er, mit seiner Familie in einem Hotel zu wohnen, da dafür keine Wohnungsgenehmigung erforderlich sei. Außerdem verfüge er in den Niederlanden über Eigentum im Wert von rund 100.000 Gulden, sodass er der Staatskasse zukünftig nicht zur Last falle. Die Fremdenpolizei befragte daraufhin eine Reihe von Zeugen, unter anderem den ehemaligen Leiter des Zentralen Vermögensermittlungsdienstes und jetzigen Direktor der Hollandsche Koopmansbank S. G. Appeldoorn. Alle Befragten hatten über Miedl nur Positives zu berichten und betonten sein wirtschaftliches Potenzial für die Niederlande. Da angeblich auch aus seiner politischen Akte beim NBI nichts Nachteiliges hervorging, ließ die Fremdenpolizei gegenüber der Generalstaatsanwaltschaft am 24. Oktober 1950 anklingen, keine Einwände gegen seine Niederlassung erheben zu wollen, behielt sich jedoch vor, die Beurteilung des Wirtschaftsministeriums abzuwarten.[317] Einen Tag vor dem Schreiben der Fremdenpolizei hatte bereits Miedls Anwalt das Ministerium kontaktiert, um unter Verweis auf die wirtschaftlichen Vorteile erneut um Unterstützung bei Miedls „Entfeindung" zu bitten,[318] erhielt vorerst jedoch weder eine Zu- noch Absage.

---

315 NL-HaNA, NBI 2.09.16.10 Nr. 203497, L. Bouma an Nederlandse Beheersinstituut, 1.7.1950, unfoliiert.

316 De Waarheid, Jg. 10, Nr. 362, Herr Aloys [sic!] Miedl, vertrouwensman van Göring, in Amsterdam. De man, die de firma Goudstikker kocht!, 13.7.1950, S. 5 [www.delpher.nl, zuletzt aufgerufen 8.9.2023]; folgende Zitate ebd.

317 SAA, 5225 Nr. 4327, Fremdenpolizei Amsterdam an Generalstaatsanwaltschaft, 24.10.1950, unfoliiert.

318 NL-HaNA, 2.18.21.02 Nr. 4, L. Bouma an Ministerie van Economische Zaken Den Haag, 23.10.1950, unfoliiert.

In dieser unentschiedenen Situation wurde Miedl Anfang November 1950 mit einem Artikel des Financieel Weekblad voor den Fondsenhandel konfrontiert, in dem unter anderem seine Rolle bei der Redjang-Lebong-Transaktion sowie dem gescheiterten Anticosti-Projekt thematisiert und überdies behauptet wurde, er habe vor der Besatzung über eine Million Gulden für Spionagezwecke verfügt.[319] Da er sich durch diese Darstellung nicht nur in „herabsetzender und entwürdigender Weise"[320] diffamiert sah, sondern auch im laufenden „Entfeindungs"-Verfahren erheblich beeinträchtigt, reichte er im Eilverfahren gegen die Zeitung sowie deren Chefredakteur eine Unterlassungsklage ein. Darin verlangte er, zukünftig derartige Veröffentlichungen gegen ihn zu unterlassen, ihm als Entschädigung insgesamt 10.000 Gulden zu zahlen und – bereits siegessicher – das Urteil auf der Titelseite der Zeitung zu veröffentlichen.[321] Während der Verhandlung am 2. November 1950 argumentierte Bouma, es sei mehr als unzulässig, „Publikationen mit solch hasserfüllten Inhalten"[322] vor dem Abschluss einer „Entfeindung" abzudrucken; die Gegenseite berief sich dagegen auf ihre Pflicht, die niederländische Regierung auf Miedls schlechten Ruf und seine Beziehung zu ranghohen Nationalsozialisten wie Hermann Göring aufmerksam zu machen.[323] Eine Woche später fällte der Amsterdamer Gerichtshof entgegen Miedls Erwartungen ein Urteil zugunsten der Beklagten. Demnach seien „die Grenzen, die ein Journalist bei der Erörterung eines solchen Falls einhalten muss, nicht überschritten worden."[324] Eine Ausnahme machte der Richter lediglich bei der Behauptung, Miedl habe einen erheblichen Guldenbetrag für Spionagezwecke besessen. Sollten die Beklagten diese ein weiteres Mal publizieren, drohte ihnen eine Konventionalstrafe in Höhe von 1.000 Gulden.[325]

Aus dem Schriftverkehr der niederländischen Behörden geht hervor, dass Miedls Befürchtung, dieses Urteil könnte die Entscheidung der „Entfeindungs"-Kommission maßgeblich beeinflussen, zwar unbegründet war, unabhängig davon die Ermittlungsergebnisse des NBI aber schon im Winter 1950 eine Ablehnung seines Antrags erwarten ließen. Diese Information teilte das Wirtschaftsministerium Miedls Anwalt mit, der immerhin erreichte, dass das Ministerium zwei Monate später dem NBI ankündigte, in Zusammenarbeit mit dem Finanzministerium zu prüfen, ob „Gründe des allgemeinen wirtschaftlichen Interesses eine

319 De Gooi- en Eemlander: nieuws- en advertentieblad, Jg. 79, Nr. 12438, Duitser Miedl dagvaardde het Financieel Weekblad wegens publicatie over zijn financieel een politiek verleden, 3. 11. 1950, S. 3 [www.delpher.nl, zuletzt aufgerufen 8. 9. 2023].

320 NL-HaNA, NBI 2.09.16.10 Nr. 203498, Urteil des Bezirksgerichts Amsterdam, 9. 11. 1950, unfoliiert.

321 Ebd.

322 De Gooi- en Eemlander: nieuws- en advertentieblad, Jg. 79, Nr. 12438, Duitser Miedl dagvaardde het Financieel Weekblad wegens publicatie over zijn financieel een politiek verleden, 3. 11. 1950, S. 3 [www.delpher.nl, zuletzt aufgerufen 8. 9. 2023].

323 Ebd.

324 NL-HaNA, NBI 2.09.16.10 Nr. 203498, Urteil des Bezirksgerichts Amsterdam, 9. 11. 1950, unfoliiert.

325 Ebd.

gegenteilige Entscheidung"[326] rechtfertigten. Offenbar kamen die beiden Ministerien zu dem Schluss, dass dies nicht zutraf; folglich lehnte das NBI Miedls Antrag auf „Entfeindung" am 16. März 1951 offiziell ab.[327] In dem Ablehnungsbescheid wurde Miedl angelastet, während der Besatzungszeit sowohl in eigenem Namen als auch über von ihm kontrollierte Gesellschaften eine große Aktivität beim Ankauf von niederländischen Gütern jeglicher Art an den Tag gelegt zu haben. Dabei habe er aus Sicht der Kommission vor allem das Eigentum von Personen ins Visier genommen, die NS-verfolgungsbedingte Maßnahmen zu befürchten hatten und die er mit seinen Beziehungen zu ranghohen Nationalsozialisten – allen voran Hermann Göring, aber auch Willy Lages und Ferdinand aus der Fünten – einschüchtern konnte. Durch die kulturelle und finanzielle Ausbeutung der Niederlande habe er letztendlich Erträge in Millionenhöhe erwirtschaftet. Angesichts all dessen vertrat die Kommission die Meinung, dass Miedls gute Taten seine schlechten Taten nicht aufwogen.[328]

Einen Monat nach Erhalt dieses Bescheids legte Miedl bei dem „Raad voor het Rechtsherstel" dagegen Berufung ein.[329] Die Auffassung des NBI, Miedl habe angesichts seiner Schulden in Höhe von 1,7 Millionen Gulden sowie der Tatsache, dass es sich um eine vermögensrechtliche Streitigkeit handelte, kein Recht auf eine Klage, wurde von dem „Raad voor het Rechtsherstel" zwar nicht geteilt;[330] an einer zeitnahen Verhandlung von Miedls Klage war ihm offenbar jedoch nicht gelegen. Miedls Bemühungen um eine „Entfeindung" gerieten somit im ersten Halbjahr 1951 vorerst ins Stocken.

Im selben Zeitraum war auch Désirée Goudstikker, die nach der Heirat mit dem Juristen August Eduard von Saher ab 1950 dessen Nachnamen führte, bei den Verhandlungen mit dem NBI an einen toten Punkt gelangt. Zwar hatten Korthals Altes und Roest van Limburg ihr bereits im Mai und Juni 1949 einen beträchtlichen Anteil des Warenbestands aus dem Besitz von Jacques Goudstikker – darunter mehr als 332 Gemälde sowie Grafiken – unter Vorbehalt zur Verfügung gestellt. Eine offizielle Einigung bezüglich des beweglichen Vermögens war allerdings auch nach vier Verhandlungsjahren noch nicht zustande gekommen. Anfang Mai 1950 legte von Saher erneut einen Lösungsvorschlag vor, den das NBI aber ablehnte, vor allem, weil von Saher auf die Wiederherstellung der Rechte hinsichtlich der 1940 von Göring erworbenen Kunstwerke verzichten wollte. Das NBI hielt ihr daraufhin vor, „aus einem Komplex von ineinander verwobenen Kriegsgeschäften, die als Ganzes gesehen werden

---

326 Ebd., Ministerie van Economische Zaken an Nederlandse Beheersinstituut, 8. 12. 1950, unfoliiert.

327 NL-HaNA, NBI 2.09.16.10 Nr. 203496, E. J. Korthals Altes und W. C. Roest van Limburg i. S. Ontvijanding Alois Miedl, 30. 8. 1952, unfoliiert.

328 NL-HaNA, NBI 2.09.16.10 Nr. 203494, Raad voor het Rechtsherstel, Afdeling Rechtspraak, Den Haag, Vonnis inzake Alois Miedl contra het Niederlandse Beheersinstituut, 5. 2. 1954, Bl. 5–6.

329 NL-HaNA, 2.05.117 Nr. 21203, L. Bouma an Afdeling Rechtspraak van de Raad vor het Rechtsherstel, 16. 4. 1951, unfoliiert.

330 NL-HaNA, NBI 2.09.16.10 Nr. 203494, Raad voor het Rechtsherstel, Afdeling Rechtspraak, Den Haag, Vonnis inzake Alois Miedl contra het Niederlandse Beheersinstituut, 5. 2. 1954, Bl. 3.

müssen, ein einzelnes Geschäft – nämlich den Kaufvertrag des Kunsthandels J. Goudstikker mit Miedl – herauszugreifen und dafür eine Wiederherstellung der Rechte zu fordern, nur weil es sich als ungünstig erwiesen hat, während die anderen Geschäfte – namentlich der Kaufvertrag mit Göring –, die für die Goudstikker-Erben günstig waren, von der Wiederherstellung der Rechte ausgeschlossen werden."[331] Darüber hinaus spreche aus Sicht des NBI nach wie vor der „exorbitant hohe" Kaufpreis in Verbindung mit der Zusage der Käufer, den Betrag vor einer Beschlagnahme zu schützen, überhaupt gegen einen erzwungenen Verkauf.

Angesichts der verhärteten Fronten schloss von Saher am 1. August 1952 schließlich einen für sie unvorteilhaften Vergleich mit dem NBI, demzufolge sie 165 Gemälde für über 102.000 Gulden zurückerwerben konnte. Im Gegenzug verzichtete sie darauf, Rechte gegen das NBI bezüglich der vom Kunsthandel J. Goudstikker an den Kunsthandel voorheen J. Goudstikker zwischen Mai 1940 und Mai 1945 gelieferten Gemälde und sonstigen Kunstgegenstände sowie deren Erlöse geltend zu machen.[332] Nachdem bereits am 27. März 1952 in einer außerordentlichen Hauptversammlung des Kunsthandels J. Goudstikker beschlossen worden war, das „durch die Einmischung des Reichsdeutschen Miedl [...] befleckte"[333] Unternehmen in „Amsterdamse Negotiatie Compagnie N.V." umzubenennen,[334] beinhaltete der Vergleich zudem die Umfirmierung des Kunsthandels voorheen J. Goudstikker in „Kunsthandel Miedl N.V.".[335]

Beim Abschluss des Vergleichs stellte von Sahers Anwalt ausdrücklich fest, dass sie sich extrem dadurch benachteiligt fühle, keine Entschädigung für die von Miedl im Kunsthandel voorheen J. Goudstikker erzielten Gewinne sowie für den Verlust des Firmenwerts zu erhalten, und nur wegen des unzumutbaren Zeitaufwands zustimme. Seine Mandantin sei

331 Advisory Committee on the assessment of restitution applications for items of cultural value and the Second World War, RC 1.15, Advies inzake het verzoek tot teruggave van de Amsterdamse Negotiatie Compagnie N.V. in Liquidatie van 267 kunstwerken uit de Rijkscollectie, Bl. 21–26; folgendes Zitat ebd.

332 NL-HaNA, SNK 2.08.42 Nr. 189, Vergelijking tussen Desirée von Saher en het Nederlandse Beheersinstituut, 1.8.1952, unfoliiert. – Nach Abschluss des Vergleichs verteilte der niederländische Staat rund 275 aus Deutschland restituierte Gemälde aus dem Handelsbestand Goudstikker auf Museen und Behörden, s. Den Hollander/Müller 2014, S. 228.

333 Die Liquidation des Kunsthandels Miedl N.V., der seit dem 9.4.1954 unter der Verwaltung der „Stichting Beheer, Bestuur en Toezicht Rechtspersonen" Den Haag stand, wurde am 19.4.1962 abgeschlossen, s. NL-HaNA, NBI 2.09.16.10 Nr. 203496, Nederlandse Beheersinstituut i.S. Liquidatie van het Kunsthandel Miedl N.V. Amsterdam, 19.4.1962, unfoliiert.

334 Advisory Committee on the assessment of restitution applications for items of cultural value and the Second World War, RC 1.15, Advies inzake het verzoek tot teruggave van de Amsterdamse Negotiatie Compagnie N.V. in Liquidatie van 267 kunstwerken uit de Rijkscollectie, Bl. 27. – Die Amsterdamse Negotiatie Compagnie N.V. wurde mit Wirkung vom 14.12.1955 aufgelöst, s. ebd., Bl. 5.

335 Ebd., Bl. 30.

im Zuge der Abwicklung des Nachlasses Goudstikker seit 1946 wiederholt von ihrer Familie und Tätigkeit in New York getrennt worden und „zutiefst enttäuscht darüber, dass sie, um das zu erreichen, was sie für die Wiederherstellung ihrer Rechte hält, möglicherweise noch viele Jahre lang prozessieren"[336] müsse.

Miedl wiederum sah sich durch den Vergleich in seinen Interessen beeinträchtigt und beantragte rund einen Monat nach der Unterzeichnung dessen Annullierung.[337] Seine Behauptung, nicht von Saher, sondern er selbst hätte Anrecht auf die Rückgabe von Vermögenswerten, war dabei nicht neu. Schon im September 1950 hatte er die Direktoren des Kunsthandels J. Goudstikker bezichtigt, ihm durch Einverleibung seines privaten Vermögens Schaden zugefügt zu haben. Von den Erben Goudstikker-Sellisberger und von Saher hatte er daher als Entschädigung 1.175.000 Gulden gefordert und hinzugefügt, sie seien ihm eigentlich allein aufgrund der Rettung ihres Lebens eine Entschädigung schuldig. Durchsetzen konnte er diese Forderung aufgrund seiner ausstehenden „Entfeindung" allerdings nicht.[338] Um bei seinem Annullierungsantrag nicht noch einmal an dieser Hürde zu scheitern, trieb Miedl seine „Entfeindung" ab Herbst 1952 wieder verstärkt voran. Im Februar und März 1953 versuchte er, den „Raad voor het Rechtsherstel" von seinem Narrativ zu überzeugen, scheiterte jedoch erneut. Seine Behauptung, er habe den Kunsthandel J. Goudstikker hauptsächlich erworben, um sich durch Bildergeschenke Görings Unterstützung bei der Hilfe für NS-Verfolgte zu sichern, wies der Rat entschieden zurück; ebenso wenig glaubte er ihm als dem Inbegriff eines „internationalen Großspekulanten"[339], „der jede Gelegenheit und jedes Mittel ergreift, um Geld zu verdienen", dass die durch voorheen J. Goudstikker erzielten Gewinne für ihn nur nebensächlich gewesen seien. In Anbetracht seines nachweisbaren Verhaltens vor und während des Kriegs bestätigte der Rat am 5. Februar 1954 endgültig die drei Jahre zuvor vom NBI beschlossene Ablehnung von Miedls „Entfeindungs"-Antrag.

336 NL-HaNA, SNK 2.08.42 Nr. 189, Vergelijking tussen Desirée von Saher en het Nederlandse Beheersinstituut, 1.8.1952, unfoliiert. – Nach Abzug der Beträge, die Désirée von Saher im Rahmen der Verhandlungen mit dem NBI für das unbewegliche und bewegliche Vermögen gezahlt hatte, verblieben ihr von der Kaufsumme des Kunsthandels J. Goudstikker nur noch 880.362,86 Gulden, s. Advisory Committee on the assessment of restitution applications for items of cultural value and the Second World War, RC 1.15, Advies inzake het verzoek tot teruggave van de Amsterdamse Negotiatie Compagnie N.V. in Liquidatie van 267 kunstwerken uit de Rijkscollectie, Bl. 31–32.

337 NL-HaNA, SNK 2.08.42 Nr. 189, Raad voor het Rechtsherstel i.S. Miedl/Goudstikker, 13.10.1954, unfoliiert.

338 SAA, 1341 Nr. 110, Archief van Jacques Goudstikker en Desi Goudstikker-Halban, 1898–1990, Stukken betreffende de door Alois Miedl bij de Kunsthandel v/h J. Goudstikker N.V. en de Kunsthandel J. Goudstikker N.V. neergelegde financiele claim, 1950, 1939–1940, August Eduard von Saher i.S. Memo concerning my conversation with A. Miedl 9. September 1950, 9.9.1950, unfoliiert.

339 NL-HaNA, NBI 2.09.16.10 Nr. 203494, Raad voor het Rechtsherstel, Afdeling Rechtspraak, Den Haag, Vonnis inzake Alois Miedl contra het Niederlandse Beheersinstituut, 5.2.1954, Bl. 2–3, 9, 16, 30; folgendes Zitat ebd.

Infolgedessen ging sein Vermögen unwiderruflich an den niederländischen Staat über, der damit unter anderem seine Steuerschulden von rund 1.852.000 Gulden beglich.[340]

Obwohl Miedl durch den Bescheid sein gesamtes Privateigentum in den Niederlanden entzogen wurde, war er zum Zeitpunkt seines Umzugs nach München keineswegs vermögenslos. In den 1970er Jahren gab seine Tochter freimütig zu, dass er „sowohl vor als auch während des Kriegs in weiser Voraussicht erhebliche Wertgegenstände sichergestellt [hatte], und zwar sowohl in der Schweiz, in Liechtenstein, Deutschland als auch sogar in Australien."[341] Die nach Australien verlagerten „wertvollen Gemälde" holte die Familie bereits 1951 persönlich ab und deponierte sie anschließend in Zürich. Alle „übrigen Wertgegenstände, wie Gemälde, Schmuck, Silber in Kisten, Bücherraritäten, Teppiche, Porzellan und Stilmöbel" blieben laut Ruth Miedl bis in die späten 1960er Jahre dezentral gelagert.

Im folgenden Kapitel wird unter anderem sowohl der Versuch einer Identifizierung der besagten Wertgegenstände – insbesondere der Gemälde – unternommen, als auch der Frage nach deren Verbleib nach 1954 nachgegangen.

340 Ebd.

341 StAM, Staatsanwaltschaften 46336/2, Miedl u. a., Hauptakt Bd. II, Zeugenaussage von Ruth Beikler, 17.7.1974, Bl. 525. – Ruth Miedl beantragte 1951 erfolglos eine Aufenthaltsgenehmigung in den Niederlanden, um dort Kunstgeschichte zu studieren, s. SAA, 5225 Nr. 4327, Fremdenpolizei Amsterdam an Generalstaatsanwaltschaft, 1.3.1951, unfoliiert; folgende Zitate ebd.

9. Kontinuität in München (1954 bis 1970)

9.1 Prozesse in den 1950er Jahren

Der meist ausbleibende Erfolg der sich über Jahre hinziehenden zivil- und verwaltungsgerichtlichen Verfahren in den Niederlanden und der Schweiz hatte keineswegs zur Folge, dass Miedl nach der Rückkehr in seine Heimatstadt München im Jahr 1954 Prozesse tunlichst vermied. Seiner bereits häufig praktizierten Devise „Angriff ist die beste Verteidigung" folgend, initiierte er 1956 zwei Gerichtsverfahren in München und Berlin, auf die im Folgenden eingegangen wird.

9.1.1 Miedl gegen Wilhelm Höttl

Im Frühjahr 1956 klagte Miedl im Eilverfahren vor der Zivilkammer des Landgerichts München I gegen die Verbreitung eines 1955 erschienenen Buches mit dem Titel „Unternehmen Bernhard", durch das er seine Reputation gefährdet sah. Autor dieses – laut Untertitel – „historischen Tatsachenberichts über die größte Geldfälscheraktion aller Zeiten"[1] war der ehemalige SS-Obersturmbannführer und hochrangige Mitarbeiter des ‚Reichssicherheitshauptamtes' (RSHA) Wilhelm Höttl,[2] der unter dem Pseudonym Walter Hagen bereits fünf Jahre zuvor den Bestseller „Die geheime Front. Organisationen, Personen und Aktionen des deutschen Geheimdienstes"[3] publiziert hatte. Benannt war die von Höttl thematisierte Geldfälscheraktion nach ihrem Leiter, dem SS-Sturmbannführer und Referatschef der Abteilung für Dokumentenfälschung VI F 4a im RSHA Bernhard Krüger. Die im September 1939 unter der Tarnbezeichnung „Unternehmen Andreas" gestartete Aktion war trotz erster Fortschritte bei der Fälschung von Pfundnoten 1941 zwar vorerst eingestellt worden, da Personal zur Vorbereitung der Invasion der Sowjetunion abgezogen wurde; im Herbst 1942 wurde sie aber unter Krügers Leitung erneut aufgenommen. Ursprünglich war geplant, mit den „gefälschten Pfund-Noten eine Luftschlacht über England zu inszenieren, wobei die

1 Höttl, Wilhelm: Unternehmen Bernhard. Ein historischer Tatsachenbericht über die größte Geldfälscheraktion aller Zeiten, Starnberg/Wels 1955.

2 Ludwig 1992, S. 390.

3 SAA, 15008 Nr. 20004, Collectie Stadsarchief Amsterdam: persdocumentatie op person, Miedl, Alois, De Volkskrant, Jg. 33, Nr. 9520, Proces in Munchen over Oostenrijks boek „Amsterdams" bankier contra Duitse meesterspion, 5.3.1956, Bl. 4.

Flugzeuge statt Bomben tonnenweise gefälschtes Geld über der Insel abwerfen sollten"[4], und damit das Vertrauen in die Währung zu erschüttern und die britische Wirtschaft zu destabilisieren. Spätestens 1942 entschied sich allerdings das RSHA, das Falschgeld insbesondere zur Kompensation des zunehmenden Devisenmangels zu nutzen und zur Bezahlung von Gütern und Dienstleistungen in Umlauf zu bringen. Bis Kriegsende sollen durch die Zwangsarbeit von im ‚Konzentrationslager' Sachsenhausen hermetisch abgeschirmten Häftlingen Pfundnoten im Gegenwert von 2,75 Milliarden Reichsmark produziert worden sein.[5]

Höttl beschrieb nicht nur die großen Linien des „Unternehmens Bernhard", sondern ging auf den fast 300 Seiten des Buches auch detailliert auf die damals Beteiligten ein. Eine zentrale Rolle spielte dabei Fritz Paul Schwend, der schon vor der ‚Machtergreifung' „sehr aktiv in der Bewegung"[6] gewesen war und seit seinem Parteieintritt im Jahr 1932 als „einwandfreier Nationalsozialist" galt. Unter dem Pseudonym SS-Obersturmbannführer Dr. Fritz Wendig betätigte er sich ab 1943 in der Tarndienststelle ‚Sonderstab Generalkommando 3. Germanisches SS-Panzerkorps' als Vertriebsleiter der Falschgeldaktion.[7] Nach Kriegsende floh Schwend nach Meran, wurde jedoch nur wenig später von den Alliierten festgenommen und zu seiner Beteiligung an dem „Unternehmen Bernhard" befragt. Da er umfassend kooperierte, kam er nicht in Haft und wurde sogar als Informant im Münchner Büro des US-Geheimdienstes OSS beschäftigt. 1947 setzte sich Schwend schließlich mithilfe gefälschter Ausweispapiere über Spanien nach Peru ab.[8]

Sowohl während seiner Verhöre durch die Alliierten als auch noch Jahrzehnte später gab Schwend bereitwillig die Identität seiner Komplizen preis, unter anderem von dem bereits erwähnten Georg Spitz. Spitz, der nach seiner Emigration aus Wien zeitweilig als Teilhaber der Bank seines Bruders in New York tätig gewesen war, wurde angeblich infolge eines Rechtsvergehens aus den USA ausgewiesen. Deutschland und die Tschechoslowakei, wo er sich danach niederließ, musste er nach Betrügereien unter den Pseudonymen Spitzer oder Spencer fluchtartig verlassen. Nachdem er sich 1935 in Frankreich an mehreren Überfällen auf Postzüge beteiligt hatte, floh er weiter nach Belgien, wo er 1938 festgenommen und zur Inhaftierung nach Straßburg ausgeliefert wurde. Bereits zwei Jahre später wurde er von den deutschen Besatzern als vorgeblich politischer Gefangener freigelassen. Wahrscheinlich

4 Mader, Julius: Der Banditenschatz. Ein Dokumentarbericht über Hitlers geheimen Gold- und Waffenschatz, Berlin 1965, S. 57–73.

5 Mader 1965, S. 57–73.

6 FOIA, Special Collection, Nazi War Crimes Disclosure Act 7, Nr. 171, Schwend, Fritz, NSDAP Kreisleitung Rosenheim an Karl Stein i. S. Politische Beurteilung Fritz Schwend, 18. 1. 1940, unfoliiert. – Schwend soll in den 1920er Jahren Mitglied einer Fememordorganisation der illegalen Reichswehr gewesen sein und sich als Agent des Geheimdienstes des deutschen Generalstabs in China betätigt haben, s. Mader 1965, S. 125; folgendes Zitat ebd.

7 StAM, Staatsanwaltschaften 46336/2, Zeugenaussage von Fritz Paul Schwend, 24. 11. 1977, Bl. 379.

8 FOIA, Special Collection, Nazi War Crimes Disclosure Act 7, Nr. 171, FPL Group i. S. FPLG Memorandum dated 24. 2. 1983, 9. 3. 1983, unfoliiert.

1942 lernte er einen Mitarbeiter des RSHA kennen, der ihm nicht nur einen gefälschten Reisepass ausstellte, sondern ihn auch für das „Unternehmen Bernhard" rekrutierte.[9] Als Hauptagent für Belgien, Frankreich und die Niederlande brachte er die gefälschten Pfundnoten fortan in Umlauf.[10]

Spitz kannte Miedl 1942 bereits seit zwei Jahren[11] und brachte ihn nun angeblich in Kontakt mit Schwend.[12] Sowohl letzterer als auch Höttl behaupteten nach dem Krieg, Miedl sei seitdem als Hauptagent für die Niederlande aktiv gewesen, wobei er auch seine Überseeverbindungen nach Asien genutzt habe.[13] Eben diese internationalen Beziehungen hätten Miedl für Schwend zu einem überaus wertvollen Mitarbeiter gemacht,[14] dem bei vollem Risiko fünfundzwanzig Prozent des Falschgeldumsatzes zustanden.[15] Während in der neueren Sekundärliteratur die bislang nicht belegte Behauptung aufgestellt wird, Miedl habe mit den gefälschten Pfundnoten Gemälde erworben,[16] mutmaßte Höttl 1955, der Gewinn sei in die Gründung einer Bank in Spanien geflossen. Dass er mit dieser Behauptung falsch lag, steht eindeutig fest; die grundlegende Frage, ob Miedl tatsächlich an den Machenschaften des „Unternehmens Bernhard" beteiligt war, lässt sich jedoch auch heute noch nicht mithilfe der konsultierten Quellen klären.

Eine Stellungnahme von Miedl ist zwar nicht überliefert, es kann allerdings davon ausgegangen werden, dass er der Darstellung Höttls im Rahmen des Prozesses widersprach. Anstoß nahm er jedoch nicht nur an der behaupteten Verbindung zur Falschgeldaktion, sondern vor allem auch daran, dass Höttl ihn als ‚Ariseur' bezeichnete.[17] Im Unterschied zu seinen gescheiterten „Entfeindungs"-Bemühungen in den Niederlanden gelang es Miedl offenbar, in diesem Punkt beim Landgericht München I zumindest Zweifel aufkommen zu lassen, das daraufhin einen Vergleich vorschlug. Am 7. März 1956 einigten sich die Parteien demzufolge darauf, dass der Verlag gegen eine Zahlung Miedls in Höhe von 10.000 D-Mark die von ihm beanstandeten Seiten aus den bereits gedruckten Exemplaren entfernte und sich gemeinsam mit Höttl dazu verpflichtete, zukünftig nichts mehr über Miedl zu veröffentlichen.[18]

---

9 NARA, M1946, RG 260, Investigations: Spitz, Georg, Eidesstattliche Erklärung von Sepp Dauser, 27.11.1947, unfoliiert.

10 Mader 1965, S. 345.

11 NARA, M1946, RG 260, Investigations: Spitz, Georg, Lt. Frans S. Baudouin an Herbert S. Leonhard i. S. Investigations on Georg Spitz, 3.12.1947, unfoliiert.

12 Ebd., Eidesstattliche Erklärung von Sepp Dauser, 27.11.1947, unfoliiert.

13 StAM, Staatsanwaltschaften 46336/2, Fritz Schwend an Franz Nowak, 13.11.1977, Bl. 377.

14 Ebd., Zeugenaussage von Fritz Paul Schwend, 24.11.1977, Bl. 379.

15 Mader 1965, S. 126.

16 López/Lussy 2005, S. 433.

17 SAA, 15008 Nr. 20004, De Volkskrant, Jg. 33, Nr. 9520, Proces in Munchen over Oostenrijks boek „Amsterdams" bankier contra Duitse meesterspion, 5.3.1956, Bl. 4.

18 Mader 1965, S. 210. – Laut freundlicher Auskunft des Staatsarchivs München vom 27.10.2023 sind keine Unterlagen zu dem Zivilprozess archiviert.

9.1.2 Miedl gegen Bankhaus E. J. Meyer

Miedls zweite Klage des Jahres 1956 richtete sich gegen seinen vormals langjährigen Geschäftspartner, das Berliner Bankhaus E. J. Meyer, von dem er aufgrund einer vermeintlich „schuldhaften Verletzung eines mit ihm bestehenden Depotvertrags“[19] Schadensersatz im Streitwert von 177.000 D-Mark forderte. Konkret beanstandete Miedl, dass das Bankhaus 1955 der Forderung der Stichting Beheer, Bestuur en Toezicht Rechtspersonen (SBBTR) nachgekommen war, die in seinem Depot befindlichen Aktien des Bankierskantoor Alois Miedl zugunsten von dessen Abwicklung zu veräußern. Mit dem Erlös von rund 115.500 Gulden, den der Verkauf von 411.750 Reichsmark Schantung-Aktien erbracht hatte, beglich die SBBTR Miedls bislang noch ausstehende Einkommenssteuer. Die Rechtsgrundlage für diese Maßnahme war in dem am 20. Mai 1957 beginnenden Prozess[20] zwischen den Parteien strittig. Miedl argumentierte, dass die 1954 erfolgte Einsetzung der SBBTR als Verwalterin seines Amsterdamer Bankhauses auf der niederländischen Feindvermögensgesetzgebung (E 133) beruhte und somit deren Enteignungsmaßnahmen nicht auf sein Vermögen in Deutschland anwendbar waren.[21] Die als Nebenintervenientin auftretende SBBTR hielt dagegen, dass die Liquidation der Aktien nicht als „Feindvermögen“ erfolgte, sondern als Eigentum einer niederländischen juristischen Person, zu der die Bank infolge des „Besluit Herstel Rechtsverkeer“ (E 100) vom September 1944 geworden war; demnach standen die Rechte an dem Liquidationserlös dem niederländischen Staat zu.[22] Dieser Argumentation folgte das Berliner Kammergericht allerdings nicht, indem es einerseits die Legitimität von Enteignungsmaßnahmen des niederländischen Staates, die auch im Ausland befindliches Vermögen erfassten, für grundsätzlich ungeklärt hielt. Darüber hinaus berief es sich auf den Sonderstatus Berlins, das aufgrund des Besatzungsrechts nicht unmittelbar zur Bundesrepublik Deutschland gehörte, sondern eine eigene, dem Alliierten Kontrollrat unterstehende Gebietshoheit hatte.[23] Nach Auffassung des Gerichts waren demzufolge Enteignungen in Westberlin nur auf Veranlassung der Westalliierten möglich. Am 20. Juni 1957 verurteilte die IX. Zivilkammer des Landgerichts Berlin die Beklagten, Miedl „Zug um Zug gegen Zahlung von 33.598 DM nebst 5 % Zinsen ab

19 NL-HaNA, 2.05.149 Nr. 921, Inventaris van de archieven van de Nederlandse Ambassade en de Consulaten in de Bondsrepubliek Duitsland, 1955–1974, Miedl, A., 1958–1965, Kammergericht, II. Zivilsenat Berlin an Bundesminister des Auswärtigen, 26.11.1964, Bl. 2.

20 NL-HaNA, NBI 2.09.16.10 Nr. 203500, Dr. Alfons Yersin an Stichting Beheer, Bestuur en Toezicht Rechtspersonen, 7.5.1957, unfoliiert.

21 NL-HaNA, 2.05.149 Nr. 921, Kammergericht, II. Zivilsenat Berlin an Bundesminister des Auswärtigen, 26.11.1964, Bl. 2–3.

22 NL-HaNA, NBI 2.09.16.10 Nr. 203501, Dr. Karpen an Kammergericht, II. Zivilsenat Berlin, unfoliiert.

23 Schuster, Werner: Die deutsche Rechtsprechung auf dem Gebiete des internationalen Privatrechts in den Jahren 1958 und 1959, Berlin/Tübingen 1966, S. 217.

1.5.1945 nominell 411.200 RM Aktien der Schantung Handels-Aktiengesellschaft Berlin auszuliefern. Den Beklagten wird gestattet, gegen Sicherheitsleistung von 180.000 DM die Zwangsvollstreckung abzuwenden."[24]

Sowohl E. J. Meyer als auch die SBBTR legten beim II. Zivilsenat des Kammergerichts Berlin Berufung gegen dieses Urteil ein[25] und deckten auf, dass hinter dem Berliner Bankhaus Ernst Decot, das die Aktien 1955 in toto zu einem Kurs von vierunddreißig Prozent erworben hatte,[26] tatsächlich Alois Miedl gestanden hatte. Zur Verschleierung seiner Urheberschaft hatte er überdies die bereits erwähnte Zuger Handels-Aktiengesellschaft Arbitrium sowie die von ihm gegründete Internationale Bagger-Anstalt in Vaduz zwischengeschaltet.[27] Im Fall, dass das erstinstanzliche Urteil Bestand haben sollte, wäre E. J. Meyer somit gezwungen gewesen, zumindest einen Großteil der Schantung-Aktien Miedl abzukaufen, um sie dann an ihn zu übergeben. Zudem war mittlerweile deren Kurs durch gezielte Käufe Miedls von vierunddreißig auf sechzig Prozent gestiegen, sodass sich der Kaufpreis für E. J. Meyer fast verdoppelt hätte.[28]

Nach einer mehrmonatigen Aussetzung des Verfahrens[29] konstatierte das Kammergericht Berlin am 3. Februar 1959 zwar, dass „der Börsenkurs für die Schantung-Aktien in letzter Zeit manipuliert wurde"[30], hielt dies jedoch für unerheblich, da es den Beklagten freistehe, „im Börsenhandel durch entsprechendes Vorgehen von ihrer Seite aus den Börsenkurs zu ihren Gunsten zu beeinflussen."[31] Nach dieser Anmerkung war der folgende Beschluss des Kammergerichts für die Beklagten wahrscheinlich nicht überraschend, demzufolge sie nominell 411.650 Reichsmark Schantung-Aktien abzuliefern hatten und die Sicherheitsleistung sich auf 250.000 D-Mark erhöhte.[32] Im Unterschied zur SBBTR ging das Berliner Bankhaus daraufhin in Revision und war damit am 21. Dezember 1961 erfolgreich: Der Bundesgerichtshof hob das Urteil auf und verwies das Verfahren an das Kammergericht

24 NL-HaNA, NBI 2.09.16.10 Nr. 203493, Dr. Erich Trost an Stichting Beheer, Bestuur en Toezicht Rechtspersonen, 25.6.1957, unfoliiert.

25 NL-HaNA, NBI 2.09.16.10 Nr. 203495, Stichting Beheer, Bestuur en Toezicht Rechtspersonen an Ontvangkantoor der Directe Belastingen, 6.9.1957, Bl. 2.

26 NL-HaNA, NBI 2.09.16.10 Nr. 203493, Dr. Alfons Yersin an Kammergericht, II. Zivilsenat Berlin, 2.10.1957, Bl. 8.

27 NL-HaNA, NBI 2.09.16.10 Nr. 203500, Rudolf Lang an Kammergericht, II. Zivilsenat Berlin, 12.6.1964, unfoliiert.

28 NL-HaNA, NBI 2.09.16.10 Nr. 203493, Dr. Alfons Yersin an Kammergericht, II. Zivilsenat Berlin, 2.10.1957, Bl. 8.

29 NL-HaNA, 2.05.149 Nr. 921, Kammergericht, II. Zivilsenat Berlin, Öffentliche Sitzung i.S. E. J. Meyer gegen Alois Miedl, 3.1.1958, unfoliiert.

30 NL-HaNA, NBI 2.09.16.10 Nr. 203493, Dr. Erich Trost an an Stichting Beheer, Bestuur en Toezicht Rechtspersonen, 6.2.1959, unfoliiert.

31 Ebd.

32 Ebd.

zurück,[33] das es schließlich am 26. Mai 1966 für unbestimmte Zeit aussetzte.[34] Ob es zu einer erneuten Aufnahme kam, lässt sich mithilfe der konsultierten Archivalien nicht feststellen.

9.2 Neue Unternehmensgeflechte

Von seinem Münchner Büro am Promenadeplatz 10[35] aus baute Miedl ab Mitte der 1950er Jahre ein zwar deutlich reduziertes, aber weiterhin verzweigtes internationales Unternehmensgeflecht mit der Schantung im Zentrum auf. Aufgrund des Kontrollratsgesetzes Nr. 5 vom 30. Oktober 1945 hatte die Schantung ihr gesamtes Auslandsvermögen in Höhe von über 2,85 Millionen Reichsmark verloren,[36] sodass ihr einziger noch bedeutsamer Aktivposten aus einer Beteiligung an der Gebrüder Goedhart AG bestand. Da eine Reaktivierung der Schantung unter diesen Bedingungen laut des Aufsichtsratsvorsitzenden Kurt Erhardt nicht möglich war, bemühte sich das Unternehmen nach Gründung der Bundesrepublik Deutschland um eine staatliche Entschädigung. Auch wenn die konsultierten Akten keinen Hinweis auf einen Erfolg dieser Bemühungen liefern, stabilisierte sich die Schantung in den 1950er Jahren und konnte 1953 ihre Beteiligung an der Gebrüder Goedhart AG von fünfundfünfzig auf siebzig Prozent erhöhen[37] sowie 1957 nominell 3.694.500 Reichsmarkanteile der Deutsch-Ostafrikanischen Gesellschaft (DOAG) vom Bund erwerben.[38]

Verwaltungsratsvorsitzender der DOAG, von der die Schantung 1929 Beteiligungen an zwei Sisalplantagen erworben hatte (s. Kap. 4.1), war seit Juli 1960 der ehemalige Reichsbankpräsident Hjalmar Schacht,[39] der 1961 auch den Vorsitz des Aufsichtsrats der Schantung

33 NL-HaNA, 2.05.118 Nr. 6985, Inventaris van het code-archief van het Ministerie van Buitenlandse Zaken, 1955–1964, Kunstschatten en effecten. – procedure A. Miedl contra Bankhaus E. J. Meyer, Nota naar aanleiding van de bespreking op 21 November 1963 op het Ministerie van Justitie betreffende het Bankierskantoor Miedl, November 1963, unfoliiert.

34 NL-HaNA, 2.05.313 Nr. 3869, Inventaris van het code-archief van het Ministerie van Buitenlandse Zaken, 1965–1974, Procedure van Alois Miedl contra Bankhaus E. J. Meyer c. s. inzake aandelen (Schantung) en kunstschatten, Richard Riebl an H. Luijken, 3. 6. 1966, unfoliiert.

35 StAM, Staatsanwaltschaften 46336/3 Miedl u. a., Hauptakt Bd. III, Zeugenvernehmung von Berta Hartwich, 24. 1. 1978, Bl. 701.

36 NL-HaNA, NBI 2.09.16.10 Nr. 203500, Die Zeit, Nr. 50, Der große Start misslingt. Misstrauensvotum gegen die Verwaltung der Schantung Handels-AG Berlin, 13. 12. 1963, unfoliiert.

37 NL-HaNA, NBI 2.09.16.10 Nr. 203495, E. J. Meyer i. S. Schantung Handels-Aktiengesellschaft Berlin, 5. 3. 1955, unfoliiert.

38 1961 erwarb Miedl die DOAG-Anteile von der Schantung, s. StAM, Staatsanwaltschaften 46336/10, Finanzamt München, Steuerfahndungsstelle i. S. Bericht über die nicht im Nachlassverzeichnis angeführten Werte, 28. 6. 1976, unfoliiert.

39 Die Zeit, Nr. 43, Was geht hier vor? Unwillen der Kleinaktionäre bei der DOAG, 23. 10. 1964, https://www.zeit.de/1964/43/was-geht-hier-vor [zuletzt aufgerufen 9. 10. 2023].

übernahm. Dass Schacht mit der bisherigen Unternehmensführung überaus unzufrieden war, zeigte sich bereits ein Jahr später im Geschäftsbericht: „Es herrscht Klarheit darüber, dass die bisherige Politik der Gesellschaft grundsätzlich zu ändern ist. Es sind in der Vergangenheit verfahrenstechnische Risiken von der Gesellschaft übernommen worden, die einer Handelsgesellschaft nicht zustehen.“[40] Zur Abhilfe plante er, das Geschäftsfeld der Schantung auf den Bereich der Entwicklungshilfe zu verlagern. Demzufolge wurde 1962 mit einer indonesischen Staatsgesellschaft ein Vorvertrag über die Errichtung einer Palmölpressanlage im Wert von siebzehn Millionen D-Mark abgeschlossen. Im Oktober 1963 ließ Schacht Bundespräsident Heinrich Lübke vor dessen Ostasienreise ein Memorandum zukommen, um dessen Unterstützung für das Projekt beim indonesischen Präsidenten Sukarno zu erreichen. Miedl, der zu diesem Zeitpunkt angeblich über „beste CSU-Beziehungen“[41] verfügte, versuchte zudem – letztlich erfolglos – mithilfe des Bundesministers des Innern Hermann Höcherl über das Bundespräsidialamt eine Audienz bei Sukarno für Schacht und den Schantung-Vorstand zu arrangieren. Die Kooperation war allerdings nicht von Dauer, da Schacht das Projekt nur wenige Wochen später von der Schantung abzog, offenbar infolge eines Zerwürfnisses aufgrund von Miedls fragwürdigem Geschäftsgebaren.

Tatsächlich hatte Miedl 1963 eigenmächtig circa eine Million D-Mark von den 3,2 Millionen D-Mark abgezweigt, die für den Kauf einer Spanplatten-Fabrikationsanlage durch die Schantung vorgesehen waren. Auch wenn er behauptete, den Betrag vollumfänglich in die Schantung reinvestiert zu haben, konnte Schacht darüber zweifellos nicht zur Tagesordnung übergehen: In der Hauptversammlung am 6. Dezember 1963 legten er und der geschlossen hinter ihm stehende Aufsichtsrat das Mandat „wegen bestehender Meinungsverschiedenheiten mit maßgebenden Aktionärskreisen“[42] nieder. Die mit rund 55.000 D-Mark vertretenen Kleinaktionäre erfuhren zudem, dass der Geschäftsbericht für 1962 bei einem Grundkapital von 1,5 Millionen D-Mark einen Bilanzverlust von 1,19 Millionen D-Mark auswies.[43] Maßgeblich dazu beigetragen hatte eine Wertberichtigung in Höhe von 500.000 D-Mark, die aufgrund eines fehlgeschlagenen Entwicklungshilfeprojekts nötig geworden war.[44] Trotz der dadurch entstandenen mehr als kritischen Bilanzsituation hielt der neu

40 NL-HaNA, NBI 2.09.16.10 Nr. 203500, Die Zeit, Nr. 50, Der große Start misslingt. Misstrauensvotum gegen die Verwaltung der Schantung Handels-AG Berlin, 13.12.1963, unfoliiert.

41 Der Spiegel, Nr. 4, Späte Liebe, 21.1.1964, https://www.spiegel.de/politik/spaete-liebe-a-41ddcd09-0002-0001-0000-000046162706 [zuletzt aufgerufen 9.10.2023].

42 NL-HaNA, NBI 2.09.16.10 Nr. 203500, Die Zeit, Nr. 50, Der große Start misslingt. Misstrauensvotum gegen die Verwaltung der Schantung Handels-AG Berlin, 13.12.1963, unfoliiert. – Im Juni 1964 trat Schacht auch von seinem Posten bei der DOAG zurück, s. Der Spiegel, Nr. 4, Späte Liebe, 21.1.1964, https://www.spiegel.de/politik/spaete-liebe-a-41ddcd09-0002-0001-0000-000046162706 [zuletzt aufgerufen 9.10.2023].

43 Ebd.

44 NL-HaNA, NBI 2.09.16.10 Nr. 203500, Der Tagesspiegel, Nr. 5550, Aufsichtsrat der Schantung legte Mandate nieder, 11.12.1963, unfoliiert.

gewählte – wohl „Miedl-affine" – Aufsichtsrat an der Weiterführung des Unternehmens fest und ließ verlauten, der Großaktionär Miedl habe bereits mit dessen Sanierung begonnen.[45] Falls Miedl tatsächlich Maßnahmen ergriff, waren sie nicht sonderlich erfolgreich: Vor ihrer 1972 erfolgten Umfirmierung in OSEC-Petroleum-Aktiengesellschaft[46] betrieb die Schantung nur noch in kleinerem Umfang Außenhandelsgeschäfte, mit denen keine Gewinne erzielt werden konnten.[47]

Rund 62,5 Prozent des Kapitals der Schantung wurde bis 1970 von der Gebrüder Goedhart AG gehalten, die sich wiederum zu neunzig Prozent im Besitz der Züricher Aktiengesellschaft See-Bagger (s. Kap. 8.5.3) sowie der bereits erwähnten Internationalen Bagger-Anstalt Vaduz befand. Gemeinsam verwalteten diese beiden Unternehmen weitere dreißig Prozent des Kapitals der Schantung sowie siebzig Prozent der DOAG.[48] Am 16. Dezember 1953 mit einem Kapital von 400.000 Schweizer Franken in das liechtensteinische Handelsregister eingetragen, war die Internationale Bagger-Anstalt Vaduz nur eine von insgesamt vier sogenannten Anstalten, die Miedl ab den 1950er Jahren in Liechtenstein gründete.[49] Tatsächlich verzeichnete das Fürstentum nach dem Zweiten Weltkrieg dank einer Reihe begünstigender Faktoren – etwa der kapitalfreundlichen Steuerpolitik, der Währung in Schweizer Franken und der Nähe zum Finanzplatz Schweiz – einen beachtlichen wirtschaftlichen Aufschwung. Erheblichen Anteil daran hatten spezielle nach dem alten liechtensteinischen Steuergesetz privilegierte Unternehmensformen wie die sogenannten Sitzunternehmen, Holdinggesellschaften und Anstalten. Die Anstalt privaten Rechts etwa bot aus Unternehmersicht drei entscheidende Vorteile: Die alleinige Entscheidungsgewalt lag beim Gründer, der nichtsdestoweniger mittels eines liechtensteinischen Repräsentanten anonym bleiben konnte und zudem den Steuerbehörden keine Bilanzen vorlegen musste. Demzufolge konnten Eigentümer von Anstalten ihre Vermögenswerte bei Schweizer Banken deponieren, die diese wiederum unter dem Namen des liechtensteinischen Unternehmens – und damit quasi anonym – in Wertanlagen investierten.[50]

Wohl für eben diesen Zweck gründete Miedl 1965 mit einem Eigenkapital von 10.000 Schweizer Franken die Föhn-Anstalt Vaduz, über die er für 350.000 D-Mark ein Anwesen

45 Ebd., Die Zeit, Nr. 50, Der große Start misslingt. Misstrauensvotum gegen die Verwaltung der Schantung Handels-AG Berlin, 13.12.1963, unfoliiert.

46 StAM, Staatsanwaltschaften 46336/9, Miedl u. a., Ermittlungsakte I und II, Schantung Handels-AG Berlin, undatiert, Bl. 288.

47 StAM, Staatsanwaltschaften 46336/10, Dr. Wolfgang Fahrenkamp an Amtsgericht München, 6.11.1970, unfoliiert.

48 StAM, Staatsanwaltschaften 46336/13, Zur Schantung Handels-AG Berlin, undatiert, unfoliiert.

49 StAM, Staatsanwaltschaften 46336/7, 19. Strafkammer des Landgerichts München I, 18.11.1980, unfoliiert.

50 López/Lussy 2005, S. 46–52, 108–110.

in der Austraße 5 in Oberwarngau erwarb;[51] zum Kauf einer Münchner Stadtvilla in der Pienzenauerstaße 17 gründete er wiederum in Vaduz die Garsena Holding-Anstalt.[52] Welche Verwendung der bereits 1956 gegründeten Garden-Establishment-Anstalt Vaduz zukam, bleibt unklar.[53] Anscheinend unterhielt sie jedoch ebenso wie die zwei zuvor genannten Unternehmen keinen Geschäftsbetrieb. Dies galt spätestens ab den 1960er Jahren auch für die See-Bagger AG, deren einzige Aufgabe darin bestand, die Zahlungen für Miedls Wohnung im Gaisbergweg 25 in Zürich zu überweisen.[54] Eine Ausnahme in dieser Gruppe von schweizerischen und liechtensteinischen Unternehmen bildete die Internationale Bagger-Anstalt Vaduz.

9.3 Kreditgeschäfte mit der Industrie- und Handelsbank Zürich

1954 trat Miedl über die Internationale Bagger-Anstalt Vaduz in Geschäftsbeziehung mit der Industrie- und Handelsbank Zürich (IHB), die 1949 von dem Schweizer Waffenfabrikanten und Kunstsammler Emil Georg Bührle ursprünglich zur Finanzierung eigener Investitionen und zur Vermögensverwaltung der Familie gegründet worden war. Zugang zu dieser exklusiven Privatbank erhielt Miedl sehr wahrscheinlich auf Empfehlung von Bührle persönlich, mit dem er laut Aussage des IHB-Direktors Gut bis zu dessen Tod im Jahr 1956 befreundet gewesen sein soll.[55] Diese Freundschaft, vor allem aber die Hoffnung, über Miedl Zugriff auf Gemälde für seine Sammlung zu erlangen, könnte Bührle aus Sicht von Gut auch dazu bewogen haben, bei Miedls Kreditrahmenbedingungen „ein Auge zuzudrücken“[56]. Unabhängig davon, ob Bührle tatsächlich noch in den 1950er Jahren über Miedl Kunst erwerben wollte, kann ausgehend von der 633 Kunstwerke umfassenden vollständigen Auflistung der Sammlung Bührle ausgeschlossen werden, dass Miedl für ihn in diesem Zeitraum als Kunsthändler oder Agent tätig wurde. Nachweislich nur ein einziges Mal trat Miedl als Vermittler auf, und zwar am 28. August 1948, als Bührle von

51 StAM, Staatsanwaltschaften 46336/7, 19. Strafkammer des Landgerichts München I, 18.11.1980, unfoliiert.

52 StAM, Staatsanwaltschaften 46336/2, Zeugenaussage von Fritz Paul Schwend, 24.11.1977, Bl. 476.

53 StAM, Staatsanwaltschaften 46336/11, Dr. Jürgen Moehring an Dr. Peter Marxer, 4.1.1972, unfoliiert.

54 StAM, Staatsanwaltschaften 46336/10, Dr. Wolfgang Fahrenkamp an Amtsgericht München, 6.11.1970, unfoliiert.

55 StAM, Staatsanwaltschaften 46336/9, IHB-Direktor Gut i. S. Alois Miedl, 25.9.1970, Bl. 102. – In den 1950er Jahren soll es eine geschäftliche Besprechung zwischen Bührle, Miedl und dem niederländischen Prinzgemahl Bernhard gegeben haben. Angeblich lernten sich Miedl und Prinz Bernhard über eine gemeinsame Bekannte, die Kunstsammlerin Catalina von Pannwitz, kennen, s. Venema 1986, S. 499–500. – In den konsultierten Primärquellen fanden sich keine Hinweise zu Prinz Bernhard.

56 StAM, Staatsanwaltschaften 46336/9, IHB-Direktor Gut i. S. Alois Miedl, 25.9.1970, Bl. 102.

dem Lausanner Kunstsammler Gottlieb Friedrich Reber für 400.000 Schweizer Franken das Gemälde *Le Garcon au gilet rouge* von Paul Cézanne erwarb. Als Kommission erhielt Miedl drei Tage später das ebenfalls von Cézanne gemalte Porträt *Victor Chocquet, d'après une photographie*, das Bührle Anfang August 1945 für 50.000 Schweizer Franken von der Gräfin Hedwig Bopp von Oberstadt gekauft hatte.[57]

In einem Jahre nach Miedls Tod laufenden Nachlassverfahren wurde bekannt, dass die IHB Miedl über einen langen Zeitraum durchgängig nur unzureichend besicherte, wenn nicht sogar ungedeckte Kredite gewährte, mit denen die Internationale Bagger-Anstalt ausnahmslos Wertpapierkäufe – häufig von spekulativen, unnotierten Aktien mit starken Kursschwankungen – tätigte, wodurch sich ihr Debetsaldo immer weiter erhöhte.[58] Mit einer dem Gericht vorgelegten, auf 1970 datierten Erklärung versuchte der IHB-Direktor Gut die Mitverantwortung für diese laxe Kreditvergabepraxis von sich abzuwälzen: Ihm sei erst nach 1962 klar geworden, „dass Miedl an sich kriminell sei“[59], da er hinter dem Rücken der Bank Geschäfte abgewickelt habe. Allerdings sei es da „schon zu spät gewesen, die Bank musste wohl oder übel mitspielen, um nicht weiteres Geld zu verlieren.“ In den folgenden Jahren wurde Miedl kontinuierlich gemahnt sowie aufgefordert, die fällige Schuld zu tilgen oder wenigstens weitere Sicherheiten zu leisten. Wie die IHB selbst eingestand, gelang es ihm jedoch immer von Neuem, sie mit leeren Zahlungsversprechen abzuspeisen. Infolgedessen belief sich der Debetsaldo der Internationalen Bagger-Anstalt nach der letzten Transaktion im Jahr 1969 auf fast 10,5 Millionen Schweizer Franken.[60]

Auf Drängen der IHB erklärte sich Miedl am 10. März 1970 schließlich dazu bereit, neben den bereits verpfändeten Unternehmensbeteiligungen eine zusätzliche Sicherheit durch die Verpfändung von siebzehn Gemälden zu leisten,[61] die bislang unter dem Namen von Prinz Hans Moritz von und zu Liechtenstein in der Liechtensteinischen Landesbank Vaduz deponiert waren.[62] Ab welchem Zeitpunkt sich die Bilder dort befanden, lässt sich ebenso wenig wie die Fragen klären, wann und bei welcher Gelegenheit Miedl den Prinzen kennengelernt hatte.

---

57 Gloor, Lukas: Der Bestand der Sammlung Emil Bührle. Illustrierte Liste aller 633 Käufe, 2021, S. 262, 264, https://www.buehrle.ch/fileadmin/user_upload/bilder/stiftung/bestandliste/Extrakt_Gesamtkatalog_Bu__hrle_DE.pdf [zuletzt aufgerufen 11.10.2023].

58 StAM, Staatsanwaltschaften 46336/1, Industrie- und Handelsbank Zürich an Bezirksanwaltschaft Zürich, 15.6.1977, unfoliiert.

59 StAM, Staatsanwaltschaften 46336/9, IHB-Direktor Gut i. S. Alois Miedl, 25.9.1970, Bl. 102; folgendes Zitat ebd.

60 StAM, Staatsanwaltschaften 46336/1, Industrie- und Handelsbank Zürich an Bezirksanwaltschaft Zürich, 15.6.1977, unfoliiert.

61 Ebd.

62 StAM, Staatsanwaltschaften 46336/11, Alois Miedl an Prinz Hans Moritz von und zu Liechtenstein, undatiert, Bl. 39.

Die verpfändeten Werke können dagegen mittels einer Auflistung der Gemälde sowie überlieferten Fotografien eindeutig identifiziert werden: Zum ursprünglichen Handelsbestand von Jacques Goudstikker gehörten demnach ein *Bildnis eines Jünglings mit Buch* (1942) von Jacobo Tintoretto sowie ein fälschlicherweise Jacob Jordaens zugeschriebener *Kinderkopf* (1080) von Thomas Willeboirts Bosschaert[63] (Abb. 30)[64] und das zuvor in Bilbao gelagerte *Porträt des Adam van Hasevelt* (2405) von Frans Hals; zwei Tondi mit dem Titel *Landhaus mit Eichenbaum* und *Dorfansicht* von Jan van Goyen sollen laut des Werkverzeichnisses von Hans-Ulrich Beck bereits vor 1940 von Goudstikker erworben worden sein.[65] Im Fall des ebenfalls zeitweise in Bilbao deponierten venezianischen *Porträts eines Edelmannes* aus dem 16. Jahrhundert bleibt hingegen offen, ob Goudstikker oder Miedl den Kauf tätigte. Letzterer übernahm von Katz im August 1940 sowohl das Gemälde *Eremit mit Buch und Feder* (5211) aus der Schule Rembrandts als auch ein – wohl fälschlich – El Greco zugeschriebenes *Porträt eines älteren Bärtigen mit Degen* (5418) (s. Abb. 22). Die einen Monat später angeschaffte *Berglandschaft* (5826) von Hercules Seghers wiederum stammte von dem Kunsthändler Antoon Ott aus Brummen. Weitere zwei Gemälde – *Franz von Assisi in der Landschaft* (6044) aus der Schule von Gerard David sowie *Christus und die betende Jungfrau Maria* (6043) aus der Schule des Petrus Christus – waren im Rahmen der Transaktion mit Émile Renders im Jahr 1941 in Miedls Besitz gelangt. Im Gegensatz zu diesen allesamt in den Geschäftsbüchern vermerkten Käufen lassen sich die Erwerbungsumstände für vier großformatige Darstellungen Venedigs aus der Werkstatt von Francesco Guardi nur über die vom „Central Collecting Point München" gemachten Angaben ermitteln. Demnach kaufte Miedl die Gemälde zwischen September 1943 und Februar 1944 von Hofer, der sie vorher er-

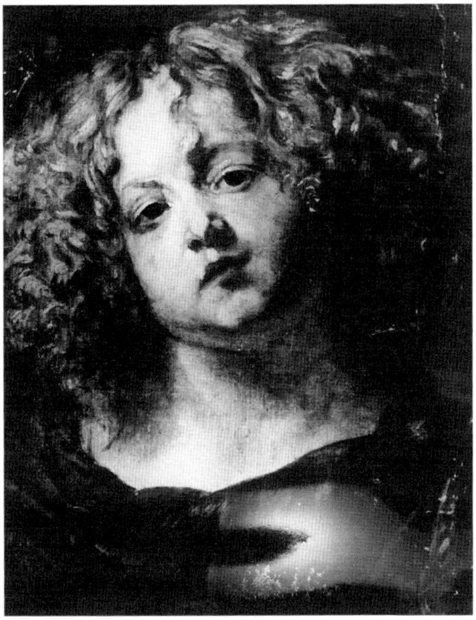

Abb. 30 Thomas Willeboirts Bosschaert, Kinderkopf, o. D., Öl auf Holz, 39 × 29 cm.

63 Fryklund, Carina: Thomas Willeboirts Bosschaert. Study of a boy's head, in: Art Bulletin of Nationalmuseum Stockholm, Vol. 22, 2015, S. 11–16.

64 Neben dem abgebildeten Gemälde, dessen Verbleib unbekannt ist, existieren zwei weitere fast identische Versionen des *Kinderkopfes*, die in der Hamburger Kunsthalle sowie dem Nationalmuseum Stockholm ausgestellt werden.

65 Beck, Hans-Ulrich: Jan van Goyen (1596–1656). Ein Œuvreverzeichnis, Bd. III, Ergänzungen zum Katalog der Handzeichnungen und Ergänzungen zum Katalog der Gemälde, Doornspijk 1987, S. 153.

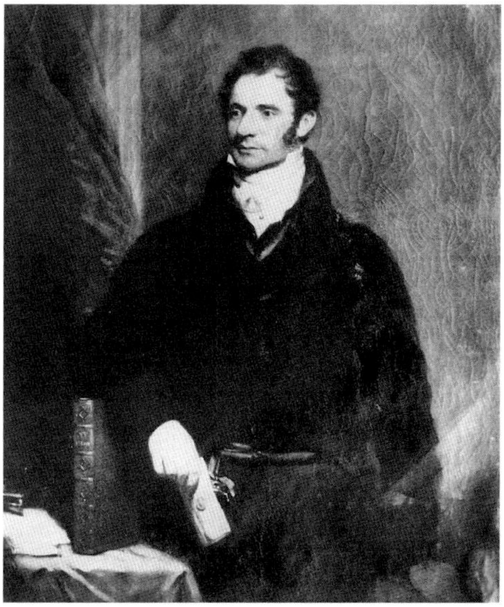

Abb. 31 Martin Archer Shee, Mann mit Brief, o. D., Öl auf Leinwand, 127,5 × 102 cm.

folglos dem ‚Sonderauftrag Linz' angeboten hatte. Am 9. Februar 1944 in Miedls Auftrag von Hoffmann im ‚Führerbau' München deponiert,[66] wurden sie erst am 23. Januar 1961 von der Treuhandverwaltung von Kulturgut der Oberfinanzdirektion München an ihn zurückgegeben.[67] Die letzten zwei Bilder erwarb Miedl schließlich nach 1945: Während vorerst ungeklärt bleibt, wer der Verkäufer des Martin Archer Shee zugeschriebenen Werkes *Mann mit Brief* (Abb. 31) war, ist bei einer *Abendlandschaft* im Stil Adriaen Brouwers sowohl das Verkaufsdatum 20. August 1948 als auch der Verkäufer Hans Wilhelm Tietje bekannt.[68] Die von der IHB insgesamt mit 300.000 bis 400.000 DM bewerteten siebzehn Gemälde[69] wurden in der Eschener Filiale der Liechtensteinischen Landesbank deponiert.[70]

Am 8. April 1970 fanden erneut Verhandlungen zwischen der IHB und Miedl statt, in denen die Bank einen weiteren Aufschub der Verwertung der Pfandobjekte entschieden ablehnte. Letztlich einigten sich die Parteien darauf, dass sämtliche in der Bank verwahrten Vermögenswerte an Zahlungs statt in deren Eigentum übergehen sollten, falls Miedl die Forderung nicht bis zum 30. April 1970 befriedigte. Da er diese Bedingung am Stich-

66 DHM, Datenbank zum „Central Collecting Point München", Property Card Art, 7485 Arcisstr. 3; 7505 Arcisstr. 23; 7506 Arcisstr.24; 7537 Arcisstr. 55, Francesco Guardi Werkstatt, Venedig, https://www.dhm.de/datenbank/ccp/dhm_ccp.php?seite=6&is_fulltext=true&fulltext=Guardi+Werkstatt&suchen=Schnellsuche&modus=rechts [zuletzt aufgerufen 13. 10. 2023].

67 BArch Koblenz, B 323/330, Treuhandverwaltung von Kulturgut bei der Oberfinanzdirektion München, Herausgabe von Kunstgegenständen aus Beständen der Treuhandverwaltung von Kulturgut München, Bd. 2, 1959–1963, Alois Miedl i. S. Empfangsbestätigung, 23. 1. 1961, Bl. 135.

68 StAM, Staatsanwaltschaften 46336/10, Auflistung der Kunstwerke aus Alois Miedls Besitz, 1970, unfoliiert.

69 StAM, Staatsanwaltschaften 46336/9, IHB-Direktor Gut i. S. Alois Miedl, 25. 9. 1970, Bl. 109. – Das Finanzamt München setzte den Wert der Bilder vorbehaltlich der Schätzung eines Sachverständigen 1976 vorläufig auf mindestens eine Mio. D-Mark fest, s. StAM, Staatsanwaltschaften 46336/10, Finanzamt München, Steuerfahndungsstelle i. S. Bericht über die nicht im Nachlassverzeichnis angeführten Werte, 28. 6. 1976, unfoliiert.

70 Ebd., Liechtensteinische Landesbank i. S. Depot der Industrie- und Handelsbank Zürich, 24. 9. 1970, unfoliiert.

tag nicht erfüllte, wurde neben den Gemälden sein in einer Vielzahl von verschachtelten Gesellschaften angelegtes Vermögen – darunter die Beteiligung an der Schantung und der Gebrüder Goedhart AG – am 15. Mai 1970 zu einem Kurswert von über 7,75 Millionen Schweizer Franken zwangsweise von der IHB verwertet.[71] Käufer des Gesamtpakets war ein südafrikanischer Geschäftsmann namens Wilhelm Theodore Wiehahn, der – wie sich einige Jahre später herausstellen sollte – in Absprache mit Miedl handelte. Seinem Steuerberater Hartmannsgruber zufolge war Miedl Anfang Mai nach Kapstadt geflogen und hatte dort mit Wiehahn, den er möglicherweise im Rahmen seiner Geschäfte mit der Kaoko Land- und Minengesellschaft kennengelernt hatte, vereinbart, dass dieser die hinterlegten Gemälde erwerben sowie die verpfändeten Beteiligungen bei der IHB unter Kurswert auslösen, anschließend realisieren und die Hälfte des Erlöses Miedl zukommen lassen sollte.[72] Nach der erfolgreichen Umsetzung dieses Plans reiste Miedl am 5. Juni 1970 – nur wenige Tage vor seinem Tod – ein weiteres Mal zu Wiehahn, um dessen eigens hierfür gegründeter Firma S.A. Diamond Mines „all seine Rechte, Titel und Interessen in und an seinen Aktiva in der ganzen Welt“[73] zu übertragen sowie Wiehahn zu seinem Generalbevollmächtigten über den Tod hinaus zu ernennen.[74] Dieses Manöver, das von Miedls Witwe später als der „größte Coup“[75] bezeichnet wurde, diente höchstwahrscheinlich dazu, Miedls Erbe der Besteuerung durch den deutschen Fiskus weitgehend zu entziehen.

9.4 Kunstbesitz im Ausland

Laut einer im Rahmen des Nachlassverfahrens erstellten Auflistung von Miedls Kunstbesitz befanden sich neun der siebzehn Gemälde, die im Mai 1970 von der IHB an Wiehahn verkauft wurden,[76] am 13. Juli 1968 bei einem gewissen Cohen in Boston. Im Zuge der Nachforschungen konnte weder dessen Identität noch der Zeitpunkt ermittelt werden, an dem die Bilder schließlich aus den USA nach Vaduz in die Liechtensteinische Landesbank transportiert worden waren. Zu diesen Gemälden gehörten neben den Arbeiten von Tintoretto (1942), Willeboirts Bosschaert (1080) (s. Abb. 30), Shee (s. Abb. 31) und Van Goyen auch das Gemälde aus der Schule Rembrandts sowie die El Greco und Brouwer

71 StAM, Staatsanwaltschaften 46336/1, Industrie- und Handelsbank Zürich an Bezirksanwaltschaft Zürich, 15. 6. 1977, unfoliiert.

72 StAM, Staatsanwaltschaften 46336/9, Fritz Hartmannsgruber i. S. Vereinbarung zwischen Alois Miedl und Wilhelm Theodore Wiehahn, 20. 7. 1974, unfoliiert.

73 StAM, Staatsanwaltschaften 46336/2, Oberstaatsanwaltschaft München I an Deutsches Generalkonsulat in New York, 7. 6. 1977, Bl. 309.

74 Ebd.

75 StAM, Staatsanwaltschaften 46336/1, Zeugenaussage von Alfons Theodor von Tempski, 29. 3. 1976, unfoliiert.

76 Ebd., Karl Beikler an Staatsanwaltschaft München I, 13. 7. 1976, Bl. 77.

zugeschriebenen Bilder und das venezianische *Porträt eines Edelmannes*. Ausgehend von der Liste verwahrte Cohen im Sommer 1968 weitere neunzehn Kunstwerke aus Miedls Besitz, die in vierzehn Fällen eindeutig identifiziert werden können: Zum ursprünglichen Handelsbestand von Jacques Goudstikker gehörten ein *Selbstporträt* (704) von Gerard Dou sowie das Gemälde *Reuevolle Magdalena* (1355) von Anthonis van Dyck und die Darstellung einer *Dame in Rosa* (1727) von Jacques-Louis David. Die beiden letzten Werke waren ebenso wie eine *Madonna mit Kind und Heiligen* (5511) von Palma Vecchio, ein John Hoppner zugeschriebenes *Damenporträt* (6542) und *Drei Kinderköpfe* (5751) von Thomas Lawrence in den 1940er Jahren im Freihafen Bilbao deponiert gewesen, bevor sie spätestens 1968 nach Boston geschickt wurden. Ferner lagerten bei Cohen zwei *Bäuerliche Bildnisse* (5130–5131) von David Teniers dem Jüngeren sowie der Holzschnitt *Maria mit Kind und Heiligen in Landschaft* (PR 2565) und ein Kupferstich des *Heiligen Hieronymus* (PR 2563) von Albrecht Dürer; außerdem die aus der Sammlung Renders stammenden Gemälde *Porträt des Jean de Dinteville* (6050) von Quentin Massys, die fälschlicherweise Rogier van der Weyden zugeschriebene *Madonna mit Kind* (6053) von Robert Campin (s. Abb. 33), *Christus vor Pilatus* (6057) von Lucas van Leyden und *Christus am Kreuz mit Stifter und Engel* (6056) eines flämischen Meisters (Abb. 32). Keiner Inventarnummer zuzuordnen sind eine *Küste mit Felsentor und Segelschiff* von Claude-Joseph Vernet, eine angeblich von Massys stammende *Flusslandschaft* sowie die Cornelis Buys zugeschriebenen Gemälde *Meerlandschaft mit Segelschiff und Beiboot*, *Porträt einer Frau mit blauer Schleife* und *Landschaft mit Figuren, Vieh und Reiter*.[77]

Der Verbleib dieser neunzehn Bilder nach Miedls Tod im Jahr 1970 lässt sich nur in wenigen Fällen ermitteln. Die *Reuevolle Magdalena* (1355) von Anthonis van Dyck etwa gelangte 1979 in den Besitz von Frederick Mont, der von De Boer bereits elf Jahre zuvor die *Hochzeit zu Kana* (2643) von Jan Steen (s. Abb. 29) erworben hatte. Wie aus der Auflistung der Kunstwerke hervorgeht, hatte Mont bereits am 16. Januar 1969 das *Porträt des Adam van Hasevelt* (2405) von Frans Hals sowie eine *Landschaft* von Pieter de Hooch „zum Studium beziehungsweise zur Begutachtung" zugeschickt bekommen. Höchstwahrscheinlich war der Kontakt zu Mont durch Prinz Hans Moritz von und zu Liechtenstein hergestellt worden, der ihn mit dem Verkauf von Kunstwerken aus seiner Sammlung betraut hatte.[78] Das Gemälde von Van Dyck verkaufte Mont an den in Beverly Hills ansässigen Kunstsammler Bernard Charles Salomon, der es am 6. Juni 1985 bei Sotheby's unter Los 82 zur Auktion gab. Vom 11. bis 13. April 2002 sollte das Bild wiederum bei Van Ham Kunstauktionen in Köln angeboten werden, wurde zuvor jedoch als ehemaliges Eigentum Goudstikkers iden-

77 StAM, Staatsanwaltschaften 46336/10, Auflistung der Kunstwerke aus Alois Miedls Besitz, 1970, unfoliiert; folgendes Zitat ebd.

78 The Frick Collection, Archives Directory for the History of Collecting in America, Mont, Frederick, https://research.frick.org/directory/detail/171 [zuletzt aufgerufen 13.10.2023].

tifiziert und in der Folge an dessen Erben restituiert.[79]

Weitere sechs Kunstwerke – das *Porträt des Jean de Dinteville* (6050) von Quentin Massys, die beiden *Bäuerlichen Bildnisse* (5130–5131) von David Teniers dem Jüngeren, der Kupferstich des *Heiligen Hieronymus* (PR 2563) von Albrecht Dürer, die *Küste mit Felsentor und Segelschiff* von Claude-Joseph Vernet und das *Selbstporträt* (704) von Gerard Dou – sollen laut der Liste mit vier zusätzlichen Gemälden – *Franz von Assisi in der Landschaft* (6044) aus der Schule von Gerard David, *Berglandschaft* (5826) von Hercules Seghers sowie *Schloss am Fluss* und *Hafenansicht mit Figuren bei Gewitterstimmung* von Claude-Joseph Vernet – im Oktober 1968 an den New Yorker Kunsthändler und Sammler Eugene Victor Thaw verkauft worden sein.[80]

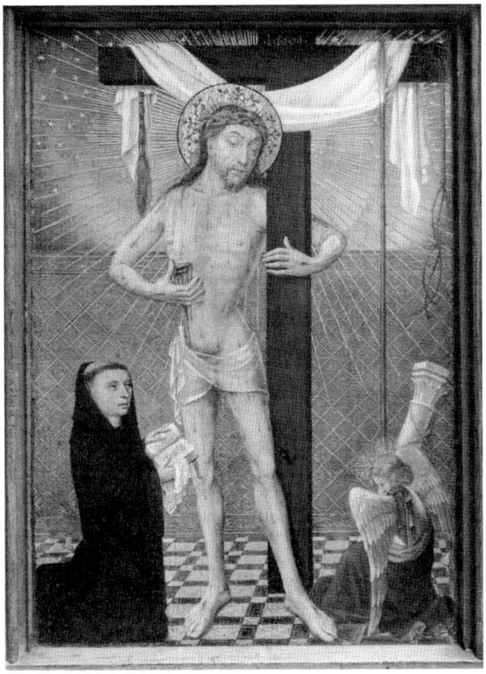

Abb. 32 Flämischer Meister, Christus am Kreuz mit Stifter und Engel, ca. 1475–1500, Öl auf Holz, 45 × 30,5 cm.

Thaw, der Miedl über den amerikanischen Kunsthändler Harold Diamond kennengelernt hatte, behauptete dagegen, 1969 lediglich die *Dame in Rosa* (1727) von Jacques-Louis David sowie *Christus am Kreuz mit Stifter und Engel* (6056) eines flämischen Meisters (s. Abb. 32) erworben zu haben.[81] Letzteres Gemälde wurde am 28. Juni 1974 unter Los 59 vom Londoner Auktionshaus Christie's an den ebenfalls dort ansässigen Antiquitätenhandel Partridge & Sons versteigert.[82] Für die These, dass Miedl die auf der Liste verzeichneten zehn Werke nicht an Thaw verkaufte, sondern ihm lediglich zur Verwahrung übergab, spricht zum einen, dass die Spedition Crowe die New Yorker Spedition Hudson Shipping im Dezember 1969 anwies, alle – nicht näher bezeichneten – Gemälde unverzüglich an ihre Adresse im Züricher Flughafen zu schicken.[83] Zum anderen befanden sich vier der angeblich an Thaw verkauften Gemälde 1970 nachweislich nicht in dessen Besitz. So wurden sowohl die Darstellung von

79 Barnes u. a. 2004, S. 58–59.

80 StAM, Staatsanwaltschaften 46336/10, Auflistung der Kunstwerke aus Alois Miedls Besitz, 1970, unfoliiert.

81 Ebd.

82 Vanwijnsberghe 2008, S. 239.

83 StAM, Staatsanwaltschaften 46336/10, Spedition Crowe Zürich an Alois Miedl, 18. 12. 1969, unfoliiert.

Franz von Assisi in der Landschaft (6044) als auch die *Berglandschaft* (5826) als Sicherheit an die IHB übergeben;[84] das *Selbstporträt* (704) von Gerard Dou wurde wiederum von Miedls zweiter Ehefrau Anna Maria Fendl, die er am 1. Mai 1968[85] – nur neun Monate nach dem Tod von Feodora Miedl[86] – geheiratet hatte, im Sommer 1970 zeitweilig in Cham deponiert, bevor sie es am 12. Dezember desselben Jahres von dort abholte.[87] Das Gemälde *Hafenansicht mit Figuren bei Gewitterstimmung* von Claude-Joseph Vernet soll Miedl Thaw zwar tatsächlich angeboten haben, jedoch konnten sich die beiden auf keinen Preis einigen.[88] Das angeblich von Miedl für 75.000 D-Mark erworbene Bild[89] wurde am 14. September 1970 von Anna Maria Miedl bei Crowe in Zürich abgeholt[90] und am 10. Dezember 1970 von ihr für 35.865 Schweizer Franken an die Galerie Fischer in Luzern verkauft. 1971 verkaufte Paul Fischer, dem Alois Miedl durch häufige Verhandlungen „bestens bekannt"[91] war, das Gemälde an einen anonymen Londoner Kunden. Bereits am 26. November 1970 hatte Fischer zehn Schweizer Hinterglasbilder und Schweizer Scheiben, die von Frau Miedl eingeliefert worden waren, zu einem Gesamtzuschlag von 33.270 Schweizer Franken versteigert.[92] Fünf dieser zehn Lose stammten nachweislich aus der Sammlung von Alfred Pringsheim, der 1937 und 1939 acht Glas- und Wappenscheiben für insgesamt 1.700 Reichsmark an Julius Böhler verkauft hatte. Böhler veräußerte Miedl die Schweizer Scheiben 1940 sowie 1941 für 13.281 Reichsmark (s. Kap. 8.2)[93] und stritt nach Kriegsende ab, nach 1939 Geschäfte mit Miedls Kunsthandel gemacht zu haben.[94]

---

84 Ebd., Auflistung der Kunstwerke aus Alois Miedls Besitz, 1970, unfoliiert.

85 StdA München, DE-1992-STANM-4468, Sterberegistereintrag Alois Miedl, Urkundennummer 1373, 12. 6. 1970, unfoliiert.

86 Feodora Miedl verstarb am 1. 8. 1967 an den Folgen eines Schlaganfalls, s. StdA München, DE-1992-STANM-3467, Sterberegistereintrag Feodora Miedl geb. Fleischer, Urkundennummer 2681, 3. 8. 1967, unfoliiert.

87 StAM, Staatsanwaltschaften 46336/13, Wesentliche Ergebnisse im Ermittlungsverfahren, undatiert, unfoliiert.

88 Ebd., Zeugenbefragung von Eugene Victor Thaw, 12. 12. 1979, unfoliiert.

89 StAM, Staatsanwaltschaften 46336/1, Zeugenaussage von Alfons Theodor von Tempski i. S. Ermittlungsverfahren gegen Annemarie [sic!] Miedl, 13. 3. 1976, Bl. 28.

90 StAM, Staatsanwaltschaften 46336/13, Wesentliche Ergebnisse im Ermittlungsverfahren, undatiert, unfoliiert.

91 StAM, Staatsanwaltschaften 46336/1, Kantonspolizei Luzern an Statthalteramt Luzern-Land i. S. Ermittlungsverfahren Annemarie [sic!] Miedl, 31. 5. 1976, Bl. 49–51.

92 Ebd.

93 ZI München, Datenbank „Böhler re:search", Karteikarten M_37–0054, M_37–0055, M_37–0062, M_37–0070, M_37–0119, M_37–0120, M_37–128, M_39–0181, http://boehler.zikg.eu [zuletzt aufgerufen 18. 7. 2023].

94 NARA, M1946, RG 260, Records Concerning the Central Collecting Points: Munich Central Collecting Point, 1945–1951, Restitution Claim Records, 1945–1951, Property Declarations: 12846–13336,

Ausgehend von der Auflistung von Miedls Kunstbesitz erwarb er noch mindestens ein weiteres Mal von Böhler Kunstwerke: Demnach übernahm er am 20. Dezember 1966 für 18.000 D-Mark ein *Mariae Ohnmacht* darstellendes italienisches Terrakottarelief aus dem 16. Jahrhundert sowie für 6.800 D-Mark das Gemälde *Figuren im Hof* von Jan Josef II Horemans. Das für 6.500 D-Mark erworbene Bild *Belagerung einer Stadt, Ludwig XIV.* von Adam Frans van der Meulen soll Miedl dagegen zwischen dem 12. und 16. Januar 1967 an Böhler retourniert haben.[95]

9.5 Darlehen der Galerie Interkunst München

Am 29. März 1970 erhielt Miedl ein Darlehen in Höhe von 250.000 D-Mark von der Münchner Galerie Interkunst.[96] Eigentümer dieser erstmals 1959 im Stadtadressbuch in der Amalienstraße aufgeführten Galerie[97] war Georg Hoffmann, der sich Mitte der 1960er Jahre durch den Erwerb und die Ausstellung des künstlerischen Nachlasses des französischen Post-Impressionisten Fernand Piet international einen Namen gemacht hatte.[98] Darüber hinaus veranstaltete Hoffmann vorzugsweise Einzelausstellungen von expressionistischen Künstlern wie Julius Hüther oder Franz Heckendorf, deren Werke von den Nationalsozialisten häufig als ‚entartet' diffamiert worden waren.[99] Als Sicherheit übergab Miedl vier Gemälde: das Tondo *Maria mit Kind und zwei Engeln* (5203) von Bastiano Mainardi und eine Adriaen van de Velde zugeschriebene *Landschaft*, die beide zeitweilig im Freihafen Bilbao gelagert gewesen waren; außerdem das aus der Sammlung Renders stammende Tondo *Madonna mit Kind* (6053) von Robert Campin (Abb. 33),[100] das nach einem Zwischenaufenthalt in Boston von Prinz Hans Moritz von und zu Liechtenstein in dessen Privatanwesen

Emanuel von der Muhll an Herbst S. Leonard i. S. Declaration 12911, Erik Berger, 30. 9. 1948, unfoliiert.

95 StAM, Staatsanwaltschaften 46336/10, Auflistung der Kunstwerke aus Alois Miedls Besitz, 1970, unfoliiert.

96 StAM, Staatsanwaltschaften 46336/13, Vertrag zwischen der Galerie Interkunst und Alois Miedl, undatiert, unfoliiert.

97 Freundliche Auskunft des Bayerischen Wirtschaftsarchivs, 28. 9. 2023. – In den Beständen des Bayerischen Wirtschaftsarchivs, des Staatsarchivs München und des Stadtarchivs München sind keine Geschäftsunterlagen der Galerie Interkunst überliefert.

98 StdA München, DE-1992-ZA-05318, Zeitungsausschnitte, Galerien – Interkunst, 1966–1973, Abendzeitung, Nr. 270, Gefrorene Erinnerungen aufgetaut, 20. 11. 1970, unfoliiert.

99 Vgl. Ausstellungsankündigungen und -rezensionen in, StdA München, DE-1992-ZA-05318, Zeitungsausschnitte, Galerien – Interkunst, 1966–1973.

100 StAM, Staatsanwaltschaften 46336/13, Vertrag zwischen der Galerie Interkunst und Alois Miedl, undatiert, unfoliiert.

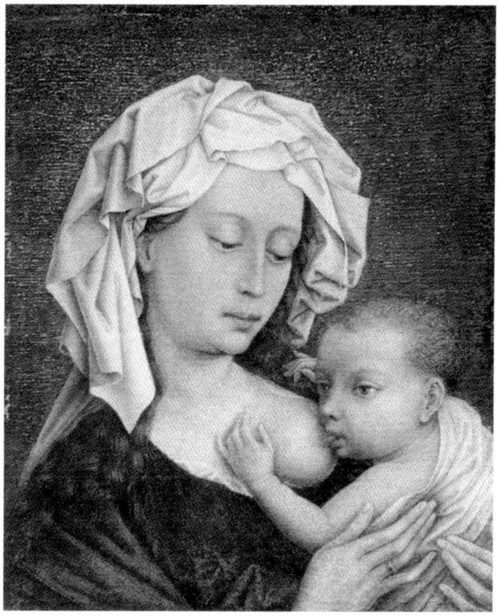

Abb. 33 Robert Campin, Madonna mit Kind, ca. 1451–1550, Öl auf Holz, 24 × 20 cm.

verwahrt worden war,[101] sowie eine *Winterlandschaft* (5071) von Esaias van de Velde,[102] die Miedl am 22. Juli 1940 für 900 Gulden von Walter Peach erworben hatte.[103] Walter Andreas Hofer, der 1971 von der Oberstaatsanwaltschaft München I mit der Schätzung der vier Gemälde beauftragt wurde, bewertete diese mit mindestens 300.000 D-Mark.[104]

Tatsächlich erzielte Hoffmann, der am 30. April 1970 von Miedl dazu autorisiert wurde,[105] allein durch den Verkauf des Tondos von Van der Weyden sowie der *Winterlandschaft* von Van de Velde einen Erlös von 280.000 D-Mark. Nach Tilgung des Darlehens beließ Miedl die beiden anderen Gemälde vorerst bei Hoffmann, wahrscheinlich um auch diese von ihm veräußern zu lassen.[106] Während der Verbleib der Van de Velde zugeschriebenen *Landschaft* nach Miedls Tod ungeklärt ist, wurde das Tondo *Madonna mit Kind* (6053) von Robert Campin (s. Abb. 33) spätestens im August 1972 von Anna Maria Miedl im Depot der Bayerischen Vereinsbank München hinterlegt.[107] Je nach Quelle wurde das Gemälde 1972[108] be-

101 StAM, Staatsanwaltschaften 46336/11, Alois Miedl an Prinz Hans Moritz von und zu Liechtenstein, undatiert, Bl. 39.

102 StAM, Staatsanwaltschaften 46336/13, Vertrag zwischen der Galerie Interkunst und Alois Miedl, undatiert, unfoliiert.

103 NL-HaNA, NBI 2.09.16 Nr. 867, Voorraadboek schilderijen, 1940–1941, Bl. 3.

104 StAM, Staatsanwaltschaften 46336/11, Aussage von Walter Andreas Hofer, 17.2.1971, Bl. 72. – Während Hofer das Tondo von Mainardi lediglich mit 50.000 bis 70.000 DM bewertete, schätzte es Dr. Rolf Kultzen von den Bayerischen Staatsgemäldesammlungen auf 150.000 bis 200.000 DM, s. StAM, Staatsanwaltschaften 46336/10, Finanzamt München, Steuerfahndungsstelle i. S. Bericht über die nicht im Nachlassverzeichnis angeführten Werte, 28.6.1976, unfoliiert.

105 StAM, Staatsanwaltschaften 46336/10, Auflistung der Kunstwerke aus Alois Miedls Besitz, 1970, unfoliiert.

106 StAM, Staatsanwaltschaften 46336/13, Vertrag zwischen der Galerie Interkunst und Alois Miedl, undatiert, unfoliiert.

107 StAM, Staatsanwaltschaften 46336/10, Dr. Wolfgang Fahrenkamp an Amtsgericht München, 25.8.1972, unfoliiert.

108 StAM, Staatsanwaltschaften 46336/1, Befragung von Annemarie [sic!] Miedl, 11.12.1975, Bl. 203.

ziehungsweise 1974[109] von Frau Miedl für 37.000 D-Mark an einen früheren Geschäftspartner Miedls, den Bonner Architekten Heiner Schmidbauer, verkauft.[110] Heute soll sich das Bild im Museum der Martin Bodmer Stiftung in Genf befinden.[111]

9.6 Kunstbesitz im Inland

Neben den bereits erwähnten Gemälden sind in den Nachlassakten weitere Kunstgegenstände aus Miedls Besitz aufgeführt, die sich nachweislich bis 1971 in seinen Wohnungen in der Ottostraße 9 in München, der Austraße 5 in Oberwarngau und dem Gaisbergweg 25 in Zürich befanden.

Zur Ausstattung der Schweizer Wohnung fehlen allerdings konkrete Angaben, da sie der Nachlassverwalter ohne nachvollziehbare Begründung nicht in das Inventar aufnahm,[112] obwohl diese Wohnung mit wertvollen Möbeln und Gemälden „vollgestellt"[113] gewesen sein soll. Miedls Arzt, der ihn mehrfach nach Zürich begleitet hatte, berichtete darüber hinaus, Miedl habe ihm gegenüber behauptet, allein mit den dort verwahrten Vermögenswerten ein sorgenfreies Leben bestreiten zu können.[114] Nicht auszuschließen ist, dass sich dort unter anderem das Rogier van der Weyden zugeschriebene Gemälde *Heilige Maria Magdalena in der Landschaft* (6051) befand. Tatsächlich handelt es sich dabei um eine in der zweiten Hälfte des 15. Jahrhunderts angefertigte Kopie eines Triptychonflügels von Van der Weyden, die etwa 1920 bis 1926 in Renders Auftrag von dem belgischen Restaurator und Fälscher Joseph van der Veken vollständig übermalt worden war.[115] In Unkenntnis dessen und unter Verschleierung der Provenienz verkaufte Miedl das Gemälde 1966 in Zürich an einen skandinavischen Sammler, dessen Erben sich wiederum im August 2004 an das Royal Institute for Cultural Heritage in Brüssel wandten. Heute ist das als „Magdalena Renders" bezeichnete Bild Eigentum des belgischen Staates.[116]

---

109 Ebd., Zeugenaussage von Gerda Miedl, undatiert, Bl. 70.

110 Ebd., Befragung von Heiner Schmidbauer, 3. 12. 1975, Bl. 198. – Schmidbauer hielt 1971 eine 18-prozentige Beteiligung an der Schantung Handels-AG; außerdem standen ihm 35 % des Entschädigungsanspruchs der Kaoko Land- und Minengesellschaft zu, s. ebd., Dr. Franz Schmitt i. S. Steuerliche Fragen im Zusammenhang mit der Verwertung der Entschädigungsansprüche der Kaoko Land- und Minengesellschaft, 1. 6. 1971, unfoliiert.

111 https://balat.kikirpa.be/object/40004785 [zuletzt aufgerufen 3. 9. 2024].

112 StAM, Staatsanwaltschaften 46336/1, Fakten der Staatsanwaltschaft München I, undatiert, Bl. 4.

113 Ebd., Zeugenbefragung von Adalbert D'Imblon, 30. 7. 1976, Bl. 90.

114 Ebd., Dr. Willibald Gawlik an Nachlassgericht München, 15. 6. 1974, Bl. 98.

115 https://balat.kikirpa.be/object/11003179 [zuletzt aufgerufen 3. 9. 2024].

116 Vanwijnsberghe, Dominique (Hrsg.): Autour de la Madeleine Renders. Un aspect de l'histoire des collections, de la restauration et de la contrefaçon en Belgique dans la première moitié du XXe siècle, Brüssel 2008, S. 42–43.

Für das Anwesen in Oberwarngau, das laut Miedls Tochter bereits zum Zeitpunkt des Kaufs für die „umfangreichen Vermögenswerte"[117] zu klein gewesen sein soll, listet das Inventar wertvolles Mobiliar, antike Bücher und Stiche sowie fünf Gemälde.[118] Neben drei Bildern unbekannter Provenienz – einem nicht signierten Bildnis einer *Dame im Brokatkleid*, einem auf 1830 datierten *Brustbild einer Dame* eines gewissen v. Luck und einem englischen *Porträt einer jungen Frau* aus dem Jahr 1780 – befanden sich dort auch zwei der bis 1950 in Bilbao gelagerten Gemälde aus dem Bestand des Kunsthandels voorheen J. Goudstikker: *Drei Kinderköpfe* (5751) von Thomas Lawrence sowie eine *Waldlandschaft* (6515) von Thomas Creswick.[119]

Ab den 1950er Jahren ließ Miedl seine in der Ottostraße 9 befindlichen Kunstwerke wiederholt von Bruno Lohse begutachten. Im Nachlassverfahren dazu befragt, erinnerte sich Lohse an die aus der Sammlung Renders stammenden Altarflügel (6047) von Jan Gossaert sowie an eine 1969 von Walter Andreas Hofer erworbene *Landschaft mit Figuren* von Claude-Joseph Vernet, die er mit 30.000 bis 50.000 D-Mark bewertete.[120] Im Unterschied zu den insgesamt drei Gemälden von Vernet in Miedls Besitz, die offenbar seinem persönlichem Kunstgeschmack entsprachen, kaufte er eine Vorstudie zum Gemälde *Festzug 1879 – Die Bierbrauer* von Hans Makart anscheinend lediglich in spekulativer Absicht. Lohse zufolge habe sich Miedl nach dem Erwerb des Bildes damit gebrüstet, der Verkäufer habe den Wert eines Bild mit „Bierbrauer"-Sujet in München unterschätzt. Bis zu seinem Tod habe Miedl dann allerdings erfolglos versucht, das Gemälde „dauernd zu verkaufen."[121] Im Frühjahr 1970 etwa bot Frau Miedl die Studie im Auftrag ihres Mannes dem Deutschen Brauereimuseum München an, das den geforderten Preis von 50.000 D-Mark jedoch zu hoch fand. Nachdem das Gemälde für mehrere Monate im Museum leihweise ausgestellt worden war, gelangte es im Oktober 1971 in eine Ausstellung der Landesvertretung Bayern in Bonn.[122] Zum weiteren Verbleib des Gemäldes machen die Nachlassakten keine Angaben.

In Miedls Büroräumen am Promenadeplatz 10 standen zwei Löwenskulpturen aus schwarz patinierter Bronze,[123] die zuvor das Entrée der Amsterdamer Buitenlandbank gesäumt hatten.[124] Bei der Datierung der Bronzen waren sich die Sachverständigen uneins: Während

117 StAM, Staatsanwaltschaften 46336/2, Zeugenaussage von Ruth Beikler, 17.7.1974, Bl. 525.
118 StAM, Staatsanwaltschaften 46336/1, Zeugenbefragung von Adalbert D'Imblon, 30.7.1976, Bl. 91.
119 StAM, Staatsanwaltschaften 46336/10, Verzeichnis mit Schätzung für Herrn RA Dr. Wolfgang Fahrenkamp i. S. Nachlass Alois Miedl, Oberwarngau, 8.6.1971, unfoliiert.
120 StAM, Staatsanwaltschaften 46336/4, Miedl u. a., Hauptakt Bd. IV, Zeugenaussage von Dr. Bruno Lohse, undatiert, Bl. 1237–1239; StAM, Staatsanwaltschaften 46336/11, Walter Andreas Hofer an Anna Maria Miedl, undatiert, Bl. 54.
121 StAM, Staatsanwaltschaften 46336/4, Zeugenaussage von Dr. Bruno Lohse, undatiert, Bl. 1239.
122 StAM, Staatsanwaltschaften 46336/2, Zeugenaussage von Ferdinand Erling, 30.10.1977, Bl. 341–342.
123 StAM, Staatsanwaltschaften 46336/3, Zeugenvernehmung von Berta Hartwich, 24.1.1978, Bl. 701.
124 StAM, Staatsanwaltschaften 46336/1, Zeugenaussage von Alfons Theodor von Tempski i. S. Ermittlungsverfahren gegen Annemarie [sic!] Miedl, 13.3.1976, Bl. 30.

das Münchner Auktionshaus Hartung & Karl von der Ming-Dynastie ausging,[125] ordnete Neumeister den Entstehungszeitraum in das 17. Jahrhundert ein;[126] nach Einschätzung des Münchner Kunsthändlers Hermann Harry Witt handelte es sich wiederum um Arbeiten des späten 19. Jahrhunderts.[127] Witt soll schließlich die beiden Löwen für 20.000 D-Mark von Anna Maria Miedl erworben haben.[128]

Ausgehend von den überlieferten Fotografien und der Auflistung der Kunstwerke besaß Miedl vier weitere Gemälde, die nach seinem Tod vom Nachlassverwalter nicht lokalisiert werden konnten. Zu diesen Bildern gehörten eine *Dame mit Papagei* (D 17) von Quentin Massys, die seit 1940 im Kunsthandel J. Goudstikker für den damaligen Richter am Ständigen Internationalen Gerichtshof Demetru Negulesco deponiert gewesen war,[129] sowie die im März 1941 bei Hans W. Lange angebotene, fälschlicherweise Pieter de Hooch zugeschriebene *Abfahrt vom Landhaus* (5225) von Hendrik van der Burch (s. Abb. 8). Zwei weitere Gemälde stammten aus der Sammlung von Michiel Maximiliaan van Valkenburg, wobei ein *Seestück* (5744) von Jan Porcellis mittels der Speditionsfirma Baquera, Kusche & Martin S.A. und eine *Abendlandschaft* von Adriaen Brouwer von Miedl in seinem Wagen geschmuggelt nach Spanien gebracht worden waren. Nach ihrer Verlagerung in die Schweiz im Jahr 1950 verliert sich die Spur dieser beiden Kunstwerke. Eventuell befanden sie sich mit den zwei anderen Bildern bis zu Miedls Tod in dessen Züricher Wohnung, sofern er sie nicht in einem seiner anderen Depots unterbrachte. Angeblich soll er auch im Bankhaus Labouchère & Co. in Amsterdam, bei der Föhn-Anstalt Vaduz sowie in Paris Bilder gelagert haben.[130] Welche Kunstgegenstände dort untergebracht waren, lässt sich vorerst ebenso wenig klären wie die Frage nach den angeblich im Jahr 1951 aus Australien zurückgeholten Gemälden.

Die von Miedl durch Verteilung in diverse Depots und Zwischenschaltung von Briefkastenfirmen offenbar bewusst arrangierte Intransparenz seiner Vermögensverhältnisse verhinderte zwar, dass ein vollständiges Inventar seines Nachlasses aufgenommen werden konnte;[131] dennoch liefern die Akten des Nachlassverfahrens die bislang umfangreichsten Informationen zu Miedls Kunstbesitz nach 1954. Von einer Privatsammlung, die auf einem kohärenten und langfristig angelegten Konzept beruht, kann in Miedls Fall keine Rede sein; zumindest während der 1940er Jahre wählte er Kunstwerke nicht nach qualitativ-künstlerischen, sondern nach spekulativ-monetären Gesichtspunkten aus. Die meist ohne

125 StAM, Staatsanwaltschaften 46336/11, Hartung & Karl München, 3.12.1975, unfoliiert.

126 StAM, Staatsanwaltschaften 46336/13, Neumeister München, 24.11.1975, unfoliiert.

127 Ebd., Hermann Harry Witt, 21.11.1975, unfoliiert.

128 StAM, Staatsanwaltschaften 46336/1, Befragung von Anna Maria Miedl, 23.9.1976, Bl. 120.

129 NL-HaNA, NBI 2.09.16 Nr. 860, Liquidatiestukken, 1940–1946, Bl. 1.

130 StAM, Staatsanwaltschaften 46336/1, Befragung von Franz Xaver Ortner, 26.5.1977, Bl. 236; StAM, Staatsanwaltschaften 46336/13, Pierre-Frédéric Beckhardt, Paris, 20.12.1970, unfoliiert.

131 Ebd., Zeugenaussage von Alfons Theodor von Tempski i. S. Ermittlungsverfahren gegen Annemarie [sic!] Miedl, 13.3.1976, Bl. 31.

Bezahlung aus dem Handelsbestand entnommenen – oder wie Miedls Tochter formulierte: „sichergestellten"[132] – Gemälde wurden mit wenigen Ausnahmen über mehrere Jahrzehnte hinweg in Depots eingelagert und in erster Linie als Sicherheiten für Miedls Kreditaufnahmen verwendet. Für die wenigen überlieferten Käufe nach Kriegsende – etwa in den 1960er Jahren von Böhler und Hofer – kann zwar nicht ausgeschlossen werden, dass Miedl sich von seinem persönlichen Kunstgeschmack leiten ließ. Am Beispiel der Vorstudie von Hans Makart zeigt sich jedoch, dass er auch in diesem Zeitraum Kunstwerke als reine Spekulationsobjekte erwarb. Miedl sollte dementsprechend grosso modo nicht als kunstsinniger Sammler nach klassischer Definition, sondern als einer der für seine Zeit noch raren Investmentkäufer verstanden werden.

9.7 Tod und Nachlassverfahren

Schon in den 1940er Jahren als „starker Raucher und Trinker"[133] beschrieben, änderte Miedl diesen Lebensstil auch dann nicht, als er in den 1960er Jahren an Kehlkopfkrebs erkrankte.[134] Nachdem eine Therapie in den USA wirkungslos geblieben war,[135] soll er zur Schmerzlinderung in seinen letzten Lebensjahren täglich eine Flasche Gin getrunken haben.[136] Vermutlich infolgedessen war er geschäftlich nicht mehr sonderlich erfolgreich. Laut des Amsterdamer Bankhauses Labouchère & Co., das die Zusammenarbeit mit ihm als „äußerst schwierig"[137] empfand, habe er wiederholt „unglücklich taktiert" und „mit seinen Holland-Geschäften große Verluste gemacht." Wie schon in den Hochphasen seiner Karriere ließ er sich von derartigen Rückschlägen jedoch nicht entmutigen, sondern suchte auch als er bereits schwer erkrankt war nach aussichtsreichen Geschäftsideen. Beispielsweise gründete er Ende der 1960er Jahre die ZUKA-Agrarprodukte GmbH, die vakuumverpackte Kartoffeln für die Gastronomie produzierte und vertrieb.[138]

Am 11. Juni 1970 starb Alois Miedl im Alter von siebenundsechzig Jahren in seiner Münchner Wohnung in der Ottostraße 9.[139] Als Alleinerbin hatte er am 21. März 1969 seine

132 StAM, Staatsanwaltschaften 46336/2, Zeugenaussage von Ruth Beikler, 17.7.1974, Bl. 525.
133 Cornell University Law Library, Eidenschink interrogation, Lager Moosburg, 6.11.1945, Bl. 9.
134 StAM, Staatsanwaltschaften 46336/1, Dr. Willibald Gawlik an Nachlassgericht München, 15.6.1974, Bl. 98.
135 StAM, Staatsanwaltschaften 46336/2, Zeugenaussage von Berta Hartwich, 17.2.1977, Bl. 638.
136 StAM, Staatsanwaltschaften 46336/1, Zeugenaussage von Alfons Theodor von Tempski, 29.3.1976, unfoliiert.
137 StAM, Staatsanwaltschaften 46336/13, Bankhaus Labouchère & Co. Amsterdam, undatiert, unfoliiert; folgende Zitate ebd.
138 StAM, Staatsanwaltschaften 46336/2, Zeugenaussage von Alexander Kaklies, 20.9.1977, Bl. 327.
139 StdA München, DE-1992-STANM-4468, Sterberegistereintrag Alois Miedl, Urkundennummer 1373, 12.6.1970, unfoliiert.

Ehefrau Anna Maria Miedl benannt; seine Kinder Ruth und Hans, von denen er sich in seinen letzten Lebensjahren entfremdet hatte, bedachte er dagegen nur mit einem Bruchteilsvermächtnis von je einem Viertel seines Reinvermögens,[140] woraufhin diese den Nachlassverwalter eindringlich darauf hinwiesen, dass ihr Vater „eine Fülle an Vermögenswerten besessen hatte, deren Existenz nicht aus Kontoauszügen ersichtlich“[141] werde. Anscheinend hatte selbst Miedl zum Ende seines Lebens hin keinen vollständigen Überblick mehr über sein auf Bankschließfächer in ganz Westeuropa verteiltes Vermögen.[142] Jedenfalls beauftragte er Anfang 1970 einen Rechtsanwalt, bei mindestens sieben spanischen Banken Nachforschungen zu Schließfächern auf den Namen von Feodora Miedl beziehungsweise von deren Mutter Hedwig Fleischer anzustellen, da seine erste Frau die Angewohnheit gehabt habe, sämtliche Wertsachen der Familie in Banksafes zu deponieren. Tatsächlich konnte der Rechtsanwalt ein solches Schließfach bei der Banco de Bilbao in Madrid ausfindig machen, aber nicht einsehen. Die Bank habe immerhin angedeutet, dass das hinterlegte Vermögen die Vorlage eines Erbscheins und sonstiger obligatorischer Unterlagen mehr als wert sei.[143]

Der Nachlassverwalter, der von der Existenz derartiger Werte zum Zeitpunkt der Erstellung des Nachlassverzeichnisses keine konkreten Kenntnisse hatte, schätzte am 27. August 1971 den Aktivnachlass auf rund 590.000 D-Mark und den Nachlasswert nach Abzug der Verbindlichkeiten auf lediglich 4.240 D-Mark.[144] Miedls Kinder gingen dagegen von mindestens zehn Millionen D-Mark aus.[145] Ruth Miedl verdächtigte daraufhin ihre Stiefmutter, einen Teil des Nachlasses unterschlagen zu haben, und stellte schließlich 1976 Strafanzeige gegen sie.[146] Im Lauf des mehrjährigen Prozesses bewahrheitete sich, dass Miedls zweite Ehefrau dem Nachlassverwalter tatsächlich „die Existenz von Schmuck, wertvollen Gemälden, Skulpturen, Boden- und Wandteppichen, Forderungen, Porzellan, Tafelsilber, Bücherkostbarkeiten, Skizzen usw.“[147] verschwiegen hatte. Die Staatsanwaltschaft ermittelte „in

140 StAM, Staatsanwaltschaften 46336/10, Testament von Alois Miedl, 21.3.1969, unfoliiert; StAM, Staatsanwaltschaften 46336/2, Zeugenaussage von Dr. Jürgen Moehring, 19.12.1977, unfoliiert.

141 StAM, Staatsanwaltschaften 46336/1, Fakten der Staatsanwaltschaft München I, undatiert, Bl. 4.

142 Ebd., Zeugenaussage von Alfons Theodor von Tempski, 29.3.1976, unfoliiert.

143 StAM, Staatsanwaltschaften 46336/2, Alfons Herring an Staatsanwaltschaft München I i. S. Ermittlungen in der Nachlass-Sache Alois Miedl, 4.1.1978, Bl. 634–635.

144 StAM, Staatsanwaltschaften 46336/1, Fakten der Staatsanwaltschaft München I, undatiert, Bl. 4.

145 StAM, Staatsanwaltschaften 46336/12, Süddeutsche Zeitung, Fahndung nach einem Millionen-Nachlass. Angehörige eines Bankiers und Kunsthändlers bezichtigen Haupterbin des Betrugs. Alte Meister weg, undatiert, Bl. 350.

146 StAM, Staatsanwaltschaften 46336/1, Rechtsanwälte Dr. Peter Storr und Hans Pietsch an Staatsanwaltschaft München I i. S. Strafanzeige gegen Annemarie [sic!] Miedl, 7.1.1976, unfoliiert. – Hans Miedl suizidierte sich 1973, s. StAM, Staatsanwaltschaften 46336/12, Süddeutsche Zeitung, Fahndung nach einem Millionen-Nachlass. Angehörige eines Bankiers und Kunsthändlers bezichtigen Haupterbin des Betrugs. Alte Meister weg, undatiert, Bl. 350.

147 StAM, Staatsanwaltschaften 46336/1, Fakten der Staatsanwaltschaft München I, undatiert, Bl. 3.

mühsamer Kleinarbeit die Existenz von Wertgegenständen und Wertpapieren"[148] im Wert von 230.000 D-Mark.[149] Die Mammutaufgabe, der sich selbst Juristen im Fall von Miedls komplexen Unternehmensgeflechten und Vermögensanlagen gegenübersahen, hatte ein Anwalt bereits 1970 humoristisch auf den Punkt gebracht: „Es ist jetzt Miedleuropäische Zeit. Ich glaube, das sagt alles. Wir sind rund um die Uhr am Arbeiten."[150] Dementsprechend war man sich auch zehn Jahre später noch darüber einig, dass es sich bei Miedls Nachlass um einen Extremfall handelte, der sich sowohl durch hohe Aktiva auszeichnete als auch durch Forderungen, die „zum Teil sowohl in Höhe als auch Umstrittenheit [sic!] nur als außergewöhnlich bezeichnet werden können."[151] Das Finanzamt München stellte abschließend fest, dass sich der Nachlasswert bei einem Aktivnachlass von 5.306.511 D-Mark auf mindestens 634.707 D-Mark belief.[152]

Während des Prozesses galt das Interesse der Presse primär der „schillernden Persönlichkeit des verstorbenen Bankiers Alois Miedl."[153] Dass Göring zu Miedls treuen Kunstkäufern gehört hatte, wurde zwar ebenso beiläufig erwähnt wie seine vermeintliche Beteiligung an dem „Unternehmen Bernhard"; ganz im Sinne der damals noch gängigen Nachkriegsverharmlosung charakterisierte man Miedl nichtsdestoweniger als „internationalen Bankier"[154], „Selfmademan" und „Kunsthändler großen Stils", während dessen problematische Aspekte mit Euphemismen wie „farbige Persönlichkeit"[155] und „sehr bunte Vergangenheit"[156] überdeckt wurden. Ähnlich verfuhr die Presse mit Maria Almas-Dietrich, die ein Jahr nach Miedl als „Grande Dame des Münchner Kunsthandels"[157] starb. Diese mit kaum verhohlener Faszination verfassten Presseartikel belegen eindrücklich die noch in den 1970er Jahren übliche kritiklose Akzeptanz, ja sogar gesellschaftliche Rehabilitierung von NS-Profiteuren.

148 StAM, Staatsanwaltschaften 46336/12, Süddeutsche Zeitung, Nr. 8, Anklage gegen Witwe eines Kunsthändlers. Miterben vermissen wertvolle Gegenstände im Nachlass. Auch Anwalt beschuldigt, 11.1.1979, S. 14, Bl. 239.

149 Ebd.

150 StAM, Staatsanwaltschaften 46336/10, Adalbert D'Imblon, 27.9.1970, unfoliiert.

151 StAM, Staatsanwaltschaften 46336/7, Dr. Hans Ulrich Schmidt an Amtsgericht München, 19.6.1980, Bl. 227–228.

152 StAM, Staatsanwaltschaften 46336/4, Finanzamt München i.S. Berechnung des Nachlasswertes von Alois Miedl, undatiert, Bl. 1103.

153 StAM, Staatsanwaltschaften 46336/6, Miedl u.a., Bd. VI, Dr. Jürgen Moehring an Generalstaatsanwaltschaft München, 9.1.1979, Bl. 52.

154 StAM, Staatsanwaltschaften 46336/12, Süddeutsche Zeitung, Nr. 8, Anklage gegen Witwe eines Kunsthändlers. Miterben vermissen wertvolle Gegenstände im Nachlass. Auch Anwalt beschuldigt, 11.1.1979, S. 14, Bl. 239; folgende Zitate ebd.

155 Ebd., Fahndung nach einem Millionen-Nachlass. Angehörige eines Bankiers und Kunsthändlers bezichtigen Haupterbin des Betrugs. Alte Meister weg, undatiert, Bl. 350.

156 Ebd., Süddeutsche Zeitung, Nr. 8, Anklage gegen Witwe eines Kunsthändlers. Miterben vermissen wertvolle Gegenstände im Nachlass. Auch Anwalt beschuldigt, 11.1.1979, S. 14, Bl. 239.

157 Barth 2014, S. 2.

10. Bilanz und Ausblick

Zu Beginn dieser Studie wurde die These vorgestellt, spätestens im Nationalsozialismus sei ein neuer Typus des Kunsthändlers entstanden, der im Gegensatz zum Durand-Ruel'schen Idealbild des aufgeklärten, den Profit hintanstellenden Kunstliebhabers als Laie vorrangig gewinnorientiert handelte. Verkörpert wurde dieser „neue Kunsthändler" durch Alois Miedl, dem Bruno Lohse Jahrzehnte später attestierte, keinerlei tieferes Kunstverständnis besessen zu haben, sondern ein reiner Kaufmann gewesen zu sein, der Kunst als Ware betrachtete.[1] Inwiefern diese Charakterisierung tatsächlich auf Miedl zutrifft, war ebenso Gegenstand dieser Studie wie die Überprüfung der damit verknüpften These, erst Miedls in den 1920er und 1930er Jahren erworbene ökonomische Expertise hätte seinen Erfolg als Kunsthändler im NS-Regime ermöglicht. Die dafür erforderliche Analyse seiner Geschäftsaktivitäten während der Zwischenkriegszeit erwies sich als überaus komplex, da er neben einer fraglos hohen unternehmerischen Kompetenz über ein reichhaltiges Repertoire illegaler oder zumindest unredlicher Geschäftsmethoden verfügte und das von ihm kontrollierte Firmengeflecht nicht nur branchenübergreifend, sondern auch transnational agierte. Gleichwohl ließen sich mittels einer quellenumfassenden sowie -kritischen Gesamtschau aus der Materialfülle Handlungsmuster extrahieren, die Miedls Globalisierungsgeschichte avant la lettre charakterisieren.

Früh geprägt wurde Miedl von der verwitweten, ambitionierten Mutter, die den im streng hierarchischen Deutschen Kaiserreich keineswegs üblichen Aufstieg der Familie aus dem Prekariat in das Kleinbürgertum durchgesetzt hatte und ihrem einzigen Sohn zudem eine qualifizierte Schul- und Berufsausbildung ermöglichte. Bereits als Minderjähriger legte er demzufolge ein außerordentliches, allerdings zur Selbstüberschätzung neigendes Selbstbewusstsein an den Tag, indem er etwa der Reichsregierung 1923 einen Plan zur Stabilisierung der hyperinflationären Papiermark unterbreitete. Im selben Jahr wurde er einer Kursmanipulation überführt und zeitweilig von der Börse ausgeschlossen, behielt diese Methode aber lebenslang ebenso bei wie die Tendenz zu hochspekulativen Geschäften, für deren Erfolg er nötigenfalls auch die Grenze des Erlaubten überschritt.

Miedls sich in den 1920er Jahren konstituierender Freundes- und Bekanntenkreis lässt keine politische Priorisierung erkennen; neben späteren Nationalsozialisten wie Georg Eidenschink und Fritz Rigele finden sich darin Konservative wie Karl Scharnagl, Liberale wie Kurt Erhardt und Sozialdemokraten wie Erhard Auer. Offensichtlich war Miedl, der 1925 mit Feodora Fleischer eine Jüdin heiratete, insbesondere nicht ‚völkisch' ideologisiert, instrumentalisierte nationalsozialistisches Vokabular jedoch später wiederholt, um sich berufliche oder private Vorteile zu verschaffen.

1 StAM, Staatsanwaltschaften 46336/4, Zeugenaussage von Dr. Bruno Lohse, undatiert, Bl. 1238.

Das Rüstzeug für den Schritt vom Bankkaufmann zum Unternehmer erhielt Miedl ab 1925 maßgeblich von Johannes Witzig, einem versierten, für seine intransparenten Geschäftsmethoden bekannten Bankier. Kernstück der von den beiden Männern ab 1929 verfolgten Expansionsstrategie im Export- und Kolonialsektor war die 1931 mittels verdeckter Aktienkäufe realisierte feindliche Übernahme der Schantung Handels AG als zentralem Bestandteil des in den Folgejahren von Miedl kontinuierlich erweiterten verschachtelten Firmengeflechts. Die Spekulation auf das Wachstumspotenzial dieser von den Restriktionen des Versailler Vertrags besonders betroffenen Branchen erwies sich spätestens im nationalsozialistischen Wirtschaftssystem als richtig. Die teils hochspekulativen Investitionen und Projekte seiner wachsenden Unternehmensgruppe präsentierte Miedl fortan als patriotische Beiträge zum „Wiederaufbau der deutschen Wirtschaft“ sowie zur „Förderung des deutschen Exports“; Politikern der Weimarer Republik und des NS-Regimes vermittelte er so den Eindruck, sein Profitstreben sei gegenüber dem wirtschaftlichen Erfolg Deutschlands zweitrangig.

Die infolge der deutschen Bankenkrise eingeführte Devisenbewirtschaftung drohte allerdings bereits Ende 1931, den kreditfinanzierten Erfolg zunichtezumachen, sodass Miedl in Absprache mit dem Schweizer Kreditgeber die gesetzlichen Einschränkungen mit einem riskanten Manöver unterlief. Als weder einflussreiche Fürsprecher noch juristische Winkelzüge das daraufhin gegen ihn eingeleitete Verfahren wegen Devisenvergehens stoppen konnten, er kurzzeitig sogar inhaftiert wurde, setzte er sich 1932 kurzerhand mit seiner Familie in die Niederlande ab. Auch nach dem Machtwechsel 1933 lief das Ermittlungsverfahren auf Druck des Reichswirtschaftsministeriums zunächst trotz diverser Anbiederungsversuche Miedls und der Unterstützung durch Teile der NS-Führung weiter. Dessen ungeachtet erweiterte er sein Firmenimperium durch Neugründungen respektive teils hochspekulative Übernahmen von Unternehmen um Handels- und Finanzierungsgesellschaften (Exima, Veland, Sofico), Industriebetriebe (Ribbert AG, Goedhart AG) sowie eine eigene Privatbank (Buitenlandbank); doch erst sein Einstieg in den für die NS-Kriegswirtschaft strategisch wichtigen Rohstoffsektor öffnete ihm beim ‚Beauftragten des Vierjahresplans‘ Göring schließlich die Türen. Die Übernahme der Minengesellschaft Redjang Lebong 1935 und das Engagement für die Holz- und Zellstoffversorgung im Anticosti-Projekt 1937 erwiesen sich für Miedl zwar als wirtschaftliche Fehlschläge, bewirkten aber nicht nur die Einstellung des Devisenverfahrens durch Göring, sondern legten letztlich auch den Grundstein für die spätere Geschäftsbeziehung und Görings Protektion während der Besatzung der Niederlande. Mit seiner Fähigkeit, Marktbedürfnisse – in diesem Fall den Rohstoffhunger des NS-Regimes – frühzeitig zu erkennen und sich prompt darauf einzustellen, konnte Miedl einerseits Göring von seinem wirtschaftlichen Potenzial überzeugen, andererseits kam ihm diese Eigenschaft dann auch im Kunsthandel zugute.

Alles in allem kennzeichnet Miedls Geschäftsgebaren ihn in der Zwischenkriegszeit als einen effizienten Netzwerker und risikobereiten Spekulanten, der die Expansion seines Firmengeflechts ganz in der Art eines Hedgefonds-Managers avant la lettre durch Kredite und

Asset Stripping[2] finanzierte. Dabei griff er gegebenenfalls auch auf fragwürdige bis hin zu illegalen Praktiken zurück. Zu seinem Instrumentarium gehörten Verschleierungstaktiken durch Einschalten von Mittelsmännern und Deckfirmen, Bestechung und Verleumdung. Mit diesem Profil war er geradezu prädestiniert für eine Zusammenarbeit mit wesensgleichen Nationalsozialisten wie Göring.

Erste Schritte als Kunsthändler machte Miedl bereits Ende der 1930er Jahre auf dem deutschen Kunstmarkt, wo er in großem Umfang Gemälde erwerben ließ, um sie in den Niederlanden gegen Devisen zu verkaufen. Damit demonstrierte er nicht nur seine Unkenntnis des seit Jahren stagnierenden niederländischen Kunstmarktes, sondern auch, dass er Kunst primär als devisenbringende Exportware ansah. Überdies stellte er 1939 für eine von Heinrich Hoffmann organisierte „große Kunsthandelsaktion"[3] gegen Provision Sperrmarkbeträge in Millionenhöhe zum Ankauf von Werken vermutlich als ‚entartet' diffamierter deutscher Künstler zur Verfügung, die dann im Ausland zugunsten des NS-Regimes vermarktet wurden. Diese zum Durand-Ruel'schen Ideal diametrale, Kunstwerke auf ihren Warencharakter reduzierende Vorgehensweise deckte sich vollkommen mit Görings Auffassung von der Rolle des deutschen Kunstmarktes im NS-Wirtschaftssystem.

Bei der in den besetzten Niederlanden ab 1940 einsetzenden „großen Bilderjagd"[4] verließ sich Göring ausschließlich auf Miedls Qualitäten als profitorientierter Geschäftsmann und verpflichtete als Kunstexperten Walter Andreas Hofer zur Zusammenarbeit mit ihm. Die ersten gemeinsamen Käufe in seinem privaten und beruflichen Umfeld nutzte Miedl als Probelauf für eine seiner bevorzugten Verhandlungstaktiken, in der er die für Juden repressiven, für ‚Arier' dagegen permissiven Konsequenzen der NS-‚Rassengesetze' zu seinem Vorteil kombinierte: So schreckte er im Fall mehrerer jüdischer Privatsammler nicht davor zurück, zunächst die jüdische Abstammung seiner dadurch ebenfalls bedrohten Ehefrau zur Etablierung einer Vertrauensbasis zu instrumentalisieren, um sich dann mit der Drohkulisse bevorstehender Beschlagnahmen als geringeres Übel zu präsentieren. Derart unter Druck gesetzt, verkauften ihm beispielsweise die Bankiers Martin Aufhäuser und Fritz Gutmann Kunstgegenstände aus ihren Sammlungen weit unter Wert. Miedls Nachkriegsbehauptung, sämtliche von ihm erworbenen Gemälde seien ihm „ausnahmslos freiwillig angeboten"[5] worden, kann somit bereits für die ersten Wochen der Besatzung als widerlegt gelten.

Miedls bis dato größte Transaktion – der Kauf der Gemäldesammlung des Bankiers Franz Koenigs – wurde für ihn finanziell zu einem Verlustgeschäft, nachdem er von Göring

---

2 Asset Stripping bezeichnet die Liquidation eines Teils oder der gesamten Aktiva eines Unternehmens zur Beschaffung von Liquidität oder zur Realisierung eines Gewinns, s. https://www.gabler-banklexikon.de/definition/asset-stripping-55754/version-343220 [zuletzt aufgerufen 17. 8. 2024].

3 BWA, K1/XXI 5, Akt 49, Fall 39, Bankhaus Joh. Witzig & Co. München an IHK München i. S. Antrag zur Genehmigung von Telefongesprächen mit dem Ausland, 30. 12. 1939, unfoliiert.

4 Fuhrmeister/Kienlechner 2018, S. 12.

5 NL-HaNA, NBI 2.09.16 Nr. 854, Alois Miedl an Prof. Antonio de Luna, Madrid, 10. 4. 1947, Bl. 6.

lediglich die Hälfte der Schätzwerte verlangt und ihm überdies mit dem Rubens-Gemälde *Das Bad der Diana* das Spitzenstück geschenkt hatte. Diesen monetären Nachteil nahm er als gewiefter Geschäftsmann jedoch in Kauf, da er darin eine lohnende Investition sah, um auch zukünftig auf dem niederländischen Kunstmarkt Görings erste Anlaufstelle zu bleiben. Der relativ große Aufwand der eher kleinteiligen Warenbeschaffung veranlasste Miedl bald, den Kauf einer renommierten Kunsthandlung mit bereits vorhandenem Handelsbestand, eingespielten Organisationsstrukturen und solventem Kundenstamm sowie – für den Kunstlaien Miedl essenziell – fachkundigem Personal anzuvisieren.

Ideal geeignet war aus seiner Sicht der führungslose Kunsthandel J. Goudstikker. Mit dem bereits im Fall der Redjang Lebong bewährten Mittel der Bestechung veranlasste er die Mitarbeiter des Kunsthandels Jan Dik Senior und Arie Albertus ten Broek zu einer Verleumdungskampagne, in der sie Goudstikkers Geschäftsführung diskreditierten und die wirtschaftliche Situation des Kunsthandels als katastrophal darstellten, um die Erben zu einem Verkauf weit unter Firmenwert zu drängen. Auch wenn die überlieferten Aussagen in ein Gewirr von Widersprüchen und Verschleierungsversuchen führen, lässt der Ablauf der Transaktion durchaus einen plausiblen Schluss zu: Offenbar planten Miedl und Göring von Anfang an, zunächst die tatsächlich durch die oben erwähnte Kombination von Solidarisierung und Drohung bei Goudstikkers Mutter erzwungene ‚Arisierung' des Kunsthandels offiziell als Rettung eines fast bankrotten jüdischen Unternehmens durch Miedl darzustellen und danach Göring wegen Miedls vorgeblicher – angesichts seiner sonstigen Liquiditätsreserven wenig glaubhaften – Finanzierungsprobleme an dieser „Rettung" zu beteiligen, indem er den Handelsbestand übernahm und die ihm nicht genehmen Werke wieder an Miedl verkaufte.

Um die Strukturen und Mechanismen des Miedl'schen Kunsthandelssystems fundiert abbilden zu können, wurde der umfangreiche Bestand der Geschäftsunterlagen eingehend analysiert sowie kontextualisiert. Die daraus gewonnenen Erkenntnisse können zwar nur als Annäherung an die tatsächlichen Aktivitäten des ab September 1940 unter voorheen J. Goudstikker firmierenden Kunsthandels verstanden werden, vor allem, da die Geschäftsbücher ab spätestens 1943 zunehmend fragmentarisch geführt wurden; darüber hinaus lassen sich für jedes der fünf Geschäftsjahre Flüchtigkeitsfehler wie auch Verschleierungsversuche nachweisen. Nichtsdestoweniger ermöglicht die hier vorgenommene Synopse des Quellenmaterials die erste umfassende Darstellung des Kunsthandels voorheen J. Goudstikker unter Miedls Leitung.

Unmittelbar nach der ‚Arisierung' begann Miedl mit der Aufstockung des durch Göring auf rund 530 Gemälde reduzierten Handelsbestands, vorrangig bei niederländischen Kunsthändlern unabhängig von deren Renommee. Eine finanzielle Benachteiligung jüdischer Händler lässt sich angesichts der gezahlten marktgerechten Preise im Jahr 1940 nicht bestätigen, dies gilt jedoch nicht für alle jüdischen Privatverkäufer. Während er im Kollegenkreis nicht als unlauter, profitsüchtig oder gar NS-Sympathisant wie etwa Walter Peach gelten wollte, schreckte er bei Juden, die nicht über Verbindungen zum niederländischen Kunstmarkt verfügten, nicht davor zurück, nur „schändlich kleine Preise“[6] zu zahlen und überdies bei seiner Ansicht nach zu hohen Preisforderungen durch Mittelsmänner Druck auszuüben. Er selbst wusch seine Hände in Unschuld und trat „erst in den Vordergrund, wenn die Leute […] zu große Angst hatten, um das Geschäft abzulehnen.“[7]

Schon im Sommer 1940 spielte Miedl infolge seiner extensiven Akquise auf dem niederländischen Kunstmarkt, in dem die Mehrzahl der Händler zu dieser Zeit zwar über volle Depots, aber kaum Kapital verfügte, eine dominierende Rolle. Während seine Kollegen im ersten Besatzungsjahr dementsprechend nur wenig Kaufneigung zeigten, genehmigte sich Miedl für Gemäldekäufe in Personalunion als Kreditgeber und -nehmer von seinem Firmengeflecht hohe Darlehen, deren Besicherungs- und Rückzahlungskonditionen er zudem willkürlich festlegen konnte. Insgesamt stockte er so seinen Handelsbestand allein in den ersten sechs Monaten seiner Geschäftstätigkeit um rund 1.000 Kunstwerke auf, wobei die Erwerbungen ab Oktober 1940 allerdings angesichts der schwindenden Bestände seiner niederländischen Kollegen kontinuierlich abnahmen. Mit Heinrich Hoffmann und Maria Almas-Dietrich hatte Miedl zudem zwei auf dem deutschen Kunstmarkt gewichtige Akteure an seiner Seite, die nicht nur direkten Zugang zu Hitler hatten, sondern auch dessen Meinung maßgeblich beeinflussen konnten. Mit deren Unterstützung gelang es ihm, den ‚Sonderauftrag Linz‘ sowie die Reichskanzlei von Anfang an als Stammkunden zu gewinnen, wobei letztere mit rund 2,3 Millionen Gulden den größten Umsatz des Jahres 1940 generierte. Neben diesen „Großkunden“ betätigte sich die Mehrheit der insgesamt nur fünfzehn sonstigen Käufer als Direktoren, Aufsichtsräte und Vorstandsvorsitzende deutscher Unternehmen im Finanz- und Industriesektor. Wie sich am Verhältnis von relativ wenigen Käufern zu immerhin achtundfünfzig Verkäufern zeigt, priorisierte Miedl anfangs einen breitgefächerten Ausbau seines Angebots, durch den er einer kleinen, aber höchst anspruchsvollen Klientel nicht nur beständig neue „Ware“ anbieten, sondern auch seine fehlende kunsthistorische Expertise kaschieren konnte.

Zur „Verwertung“ des inzwischen umfänglichen Handelsbestands beschickte Miedl im ersten Halbjahr 1941 zusätzlich eine „Reihe gewichtiger Auktionen“[8] in Deutschland, die jedoch sowohl hinsichtlich der Anzahl der versteigerten Gemälde als auch des Gesamterlöses weit hinter seinen Erwartungen zurückblieben. Dementsprechend hielt er sich 1941 bei Erwerbungen auffallend zurück, kaufte nur rund ein Zehntel der Gemäldeanzahl des Vorjahres. Niederländische Kunsthändler dominierten weiterhin als Anbieter und bildeten

---

6 Advisory Committee on the assessment of restitution applications for items of cultural value and the Second World War, RC 1.36, Recommendation regarding the application for the restitution of the painting Portrait of a Man by N. de Largillière, 31. 7. 2006, https://www.restitutiecommissie.nl/en/recommendation/portrait-of-a-man-by-n-de-largilliere/ [zuletzt aufgerufen 24. 1. 2023].

7 BAR, E6100A-24#1000/1924#75*, Schweizerische Gesandtschaft Den Haag an Eidgenössische Finanzverwaltung Bern, 10. 2. 1950, unfoliiert.

8 Weltkunst, Jg. XV, Nr. 1/2, Rückblick und Ausblick 1940–41, 5. 1. 1941, S. 1–2.

außerdem zusammen mit deutschen Kunsthändlern und Museumsfachleuten die Mehrheit der Käufer. Aufgrund der Aufhebung der deutsch-niederländischen Devisengrenze und des damit einhergehend manipulierten „deutschfreundlichen" Wechselkurses verdoppelte sich die Zahl der deutschen Kunden, für die der niederländische Kunstmarkt im Vergleich zum französischen deutlich günstiger wurde. Miedls Bruttogewinn von fast 1,5 Millionen Gulden umfasste neben den Einnahmen aus Verkäufen auch Erlöse aus dem Verleih von Kunstgegenständen, die ab 1941 häufig als Requisiten für Filmaufnahmen auf dem Gelände der N.V. Filmmaatschappij Cinetone – einem 1940 von ihm ‚arisierten' Filmstudio – verwendet wurden.

Der sich bereits 1941 ankündigende vorwiegend von deutscher Kundschaft getragene Nachfrageboom verstärkte sich 1942 und setzte aufgrund des beschränkten Angebots des international isolierten niederländischen Kunstmarktes zwangsläufig eine Preisspirale bis zum Ende der Besatzung in Gang. Das stetig steigende Preisniveau zwang viele niederländische Kunsthändler, ihre Akquise immer mehr einzuschränken. Dementsprechend traten sie bei voorheen J. Goudstikker nur noch selten als Käufer auf und verloren auch als Verkäufer für Miedl zunehmend an Bedeutung. Privatverkäufer, die bislang nur einen marginalen Anteil ausgemacht hatten, reüssierten dagegen von der Preisentwicklung und stellten 1942 bereits fast die Hälfte der Anbieter. Die gestärkte Verhandlungsposition der Privatverkäufer machte es auch für Miedl schwierig, „von privater Seite günstig zu kaufen"[9], sodass er in der Hoffnung auf günstigere Käufe deutlich häufiger als Bieter an niederländischen Auktionen teilnahm. Von den 154 nachweisbaren Erwerbungen des Jahres ersteigerte voorheen J. Goudstikker allein bei Frederik Muller & Co. fast dreißig Gemälde für etwas mehr als 70.000 Gulden. Andererseits trat voorheen J. Goudstikker vermehrt auch als Einlieferer bei diesen Auktionen auf, wobei der Erfolg wie schon 1940 zu wünschen übrig ließ. Unbefriedigend waren ebenfalls die Kommissionsverkäufe von Gemälden in Deutschland, mit denen Miedl etwa Maria Almas-Dietrich oder Julius Böhler betraut hatte, um den Kundenkreis zu erweitern. Die Mehrheit der deutschen Kundschaft, die sich 1942 erneut aus Finanz- und Industrieakteuren rekrutierte, bevorzugte offenbar den Einkauf im Stammhaus Herengracht 458. Gegenüber 1941 wurde zwar eine etwas größere Anzahl Bilder mit einer von rund einunddreißig auf fast neunundneunzig Prozent gestiegenen Gewinnspanne verkauft, der Erlös brach aber von fast 6.000.000 auf knapp 840.000 Gulden ein, da es sich überwiegend um zweitrangige Werke handelte. Dass der Bruttogewinn von voorheen J. Goudstikker sich dennoch lediglich halbierte, war einerseits auf geringere Anschaffungskosten, andererseits auf den zunehmenden Verkauf von Perserteppichen und antiken Möbelstücken zurückzuführen, dessen Anteil am Bruttogewinn von fünf auf sechsunddreißig Prozent stieg. Miedl bewies damit erneut sein Gespür für Bedürfnisse des Marktes und insbesondere des NS-Regimes, das 1942 parallel die ‚M-Aktion' initiierte, um durch Plünderung der Wohnungen vertriebener oder depor-

9 NL-HaNA, NBI 2.09.16 Nr. 857, Kunsthandel v/h J. Goudstikker N.V. Amsterdam an Bankhaus Joh. Witzig & Co. München, 19.6.1942, unfoliiert.

tierter Juden die aufgrund der Bombenschäden steigende deutsche Nachfrage für Mobiliar zu befriedigen. Im gehobenen Preissegment übernahm Miedl diesen Part.

Ab 1943 fehlen in der Buchführung von voorheen J. Goudstikker zwar immer häufiger identifizierende Angaben zu Käufern und Verkäufern, doch die Kunstmarkttendenzen der Vorjahre bilden sich weiterhin darin ab: Verknappung des Angebots von zudem weniger Anbietern bei wachsender Nachfrage trotz steigender Preise, die sich von 1940 bis 1943 für alte Meister durchschnittlich um das Sechsfache, für Gemälde der romantischen Schule, auf die zunehmend ausgewichen wurde, sogar um das Achtfache erhöhten. Obwohl mit vermutlich circa 170 Bildern nur unwesentlich mehr als 1942 erworben wurde, stieg deren Anschaffungspreis dementsprechend um mehr als das Doppelte auf fast 1,5 Millionen Gulden. Auf der Anbieterseite waren erstmals Privatverkäufer in der Mehrzahl, die auch die teuersten Werke alter Meister einlieferten, wohingegen die meisten, überwiegend aus dem 19. Jahrhundert stammenden Bilder von einer Handvoll Auktionshäusern und noch weniger Kunsthändlern als 1942 erworben wurden. Verkauft wurden mit annähernd 200 deutlich mehr Bilder als im Vorjahr, in erster Linie an deutsche Sammler, gefolgt von Museen und Kunsthandlungen. Trotz einer durchschnittlichen Gewinnspanne von fast hundert Prozent verringerte sich der Anteil der Gemäldeverkäufe am Bruttogewinn von voorheen J. Goudstikker in Höhe von über 1,6 Millionen Gulden weiter auf knapp zweiundfünfzig Prozent. Ein Einbruch des Bruttogewinns wie im Vorjahr wurde nur durch eine exorbitante Umsatzsteigerung der Teppichverkäufe auf über zwei Millionen Gulden vermieden, womit sich Miedls Änderung der Angebotsstrategie bestätigte. Dagegen verlor der Absatz von Möbelstücken infolge kriegsbedingter Transportprobleme an Bedeutung.

Infolge des seit vier Jahren stetig steigenden Preisniveaus bei gleichzeitig abnehmender Liquidität wurde der niederländische Kunsthandel 1944 von einer Insolvenzwelle erfasst. Die Geschäftsunterlagen der Einkäufe von voorheen J. Goudstikker spiegeln dies wider, da nur noch sechs niederländische Kunsthändler, aber fünfzehn Privatverkäufer registriert wurden. Der Großteil der von Miedl erworbenen Gemälde stammte allerdings weiterhin von niederländischen Auktionen. Seine Käufe finanzierte er weitgehend mittels immer höherer Kredite, die ihm in erster Linie vom Handelstrust West – der „Vertrauensbank anderer Dienststellen“[10], vor allem der SS – gegen hohe Zinsen und Provisionen gewährt wurden. Nach dem von Miedl als Privatgeschäft ausgewiesenen Vermeer-Tausch mit Göring im Frühjahr 1944 übernahm voorheen J. Goudstikker außerdem – je nach Quelle – 137 bis 172 Bilder auf Provisionsbasis als Kommissionsware; Miedl sicherte sich so für sein Privatkonto den Löwenanteil am Verkaufserlös dieser Gemälde des sogenannten „H“-Bestands, von denen mindestens dreizehn NS-verfolgungsbedingt entzogen worden waren. Dass er damit die seit 1943 vorbereitete und im Frühjahr 1944 kurz bevorstehende Übersiedlung seiner Familie nach Spanien finanziell absichern wollte, erscheint sehr plausibel. Insgesamt verkaufte voorheen J. Goudstikker im Jahr 1944 bis einschließlich September neben Gemälden des „H“-Bestands

10 Kreutzmüller 2005, S. 198.

fast 200 Kunstwerke sowie mindestens 215 Teppiche, wobei deutsche Sammler wiederum die Mehrheit der Käufer stellten. Der Anteil der im Vorjahr boomenden Teppichverkäufe am Gesamtumsatz von fast fünf Millionen Gulden und am Bruttogewinn von etwas weniger als 1,5 Millionen Gulden ist zwar mangels erhaltener Unterlagen nicht exakt zu ermitteln, zweifelsohne waren die dadurch erzielten Einnahmen aber siebenstellig. Insgesamt war das in neun Monaten erwirtschaftete Betriebsergebnis auf dem ausgebeuteten und nur noch für wenige Händler lukrativen niederländischen Kunstmarkt sehr wahrscheinlich singulär.

Dem von voorheen J. Goudstikker in nur fünf Geschäftsjahren erzielten Umsatz von circa neunzehn Millionen Gulden – nach heutiger Kaufkraft äquivalent zu 107 Millionen Euro – standen Anschaffungskosten für die von Miedl als „Waren" bezeichneten Gemälde und Einrichtungsgegenstände in Höhe von etwas weniger als elf Millionen Gulden gegenüber. Die sich daraus ergebende durchschnittliche Gewinnspanne von mehr als siebzig Prozent belegt nicht nur Miedls Fähigkeit, Profit zu maximieren, sondern auch die Solvenz seiner Hauptkundschaft: zum einen der Reichskanzlei und des ‚Sonderauftrags Linz' dank Hitlers unbegrenzter Ressourcen, zum anderen der Kriegsprofiteure aus dem Finanz- und Industriesektor, von denen er etliche aufgrund seiner sonstigen Geschäfte bereits seit den 1930er Jahren kannte. Göring taucht dagegen in den Geschäftsbüchern ab 1942 nur noch ein einziges Mal auf. Wenn er Miedl dennoch nach Kriegsende als seinen „Hauptkunsthändler"[11] bezeichnete, bezog er sich wahrscheinlich auf die außerordentliche Erweiterung seiner Kunstsammlung um fast 780 Kunstwerke infolge der ‚Arisierung' des Kunsthandels J. Goudstikker.

Im Gegensatz zu Jacques Goudstikker, der die Überzeugung vertrat, der Kunsthandel sei „so viel mehr als nur eine Quelle von Profit und Wohlstand"[12], nämlich eine soziokulturelle Bereicherung für die Niederlande,[13] richtete Miedl sein ganzes Handeln bei voorheen J. Goudstikker auf Profitmaximierung und weitgehend kreditfinanzierte Marktdominanz aus. Dank dieses finanziellen Rückhalts konnte er im Unterschied zu seinen niederländischen Konkurrenten bei Transaktionen auf dem Kunstmarkt deutlich größere Risiken eingehen, beispielsweise bei dem unterpreisigen Verkauf der Gemäldesammlung Koenigs an Göring. Neben seinen unternehmerischen Kompetenzen, Marktbedürfnisse frühzeitig zu erkennen, auf Veränderungen umgehend zu reagieren und intensiv zu netzwerken, verdankte Miedl den Erfolg im niederländischen Kunsthandel der Besatzungszeit maßgeblich illegalen oder zumindest anrüchigen Geschäftsmethoden, die er bereits in der Zwischenkriegszeit erprobt hatte. Wie schon bei der erzwungenen Ablösung der Redjang-Lebong-Geschäftsführung setzte er etwa im Vorfeld der ‚Arisierung' des Kunsthandels J. Goudstikker Bestechung, eine

11 NARA, M1922, RG 260, Interrogations of Hermann Göring, Mrs. Göring and Friends of the Family: Göring, H. – Sonnemann, E., Befragung Hermann Göring, 22. Dezember 1945, unfoliiert.

12 NL-HaNA, NBI 2.09.16 Nr. 882, J. Goudstikker door H. G. Cannegieter, Overdruk uit Morks-Magazijn, Dezember 1931, S. 617.

13 Ebd.

Schmutzkampagne sowie unverhohlene Drohungen ein. Derartige Methoden delegierte er in der Folgezeit an Mittelsmänner, die er auch bei seinen sonstigen Geschäften ebenso wie Strohmänner und Deckfirmen benutzte, wenn er – wie etwa bei der feindlichen Übernahme der Schantung – seine Beteiligung verdecken wollte. Aufgrund der von Miedl überdies vorgenommenen umfangreichen Manipulationen der Buchführung bezweifelte das niederländische Finanzministerium nach dem Krieg, „dass jemand anderes als Miedl jemals in der Lage sein wird, einen völlig korrekten Einblick in den tatsächlichen Stand der Dinge zu gewinnen."[14] Summa summarum erweisen sich die für Miedls Aktivitäten in der Zwischenkriegszeit charakteristischen Handlungsmuster – Risikobereitschaft und Spekulationswille, Kreditfinanzierung, Gespür für Marktbedürfnisse und -tendenzen, Rückgriff auf sein Netzwerk sowie Einsatz von fragwürdigen bis illegalen Geschäftsmethoden – auch als essenziell für seine profitable Kunsthandelstätigkeit während der Besatzungszeit. Dadurch wird die eingangs aufgestellte These bestätigt, erst Miedls Kenntnisse, Tätigkeiten und Kontakte im Finanz- und Wirtschaftssektor hätten seinen Erfolg im nationalsozialistischen Kunsthandelssystem ermöglicht.

Angesichts des bevorstehenden alliierten Sieges begann Miedl bereits vor Kriegsende, ein ihn entlastendes Narrativ seiner Aktivitäten im NS-Regime zu etablieren, in dem er vor allem die jüdische Abstammung seiner Ehefrau instrumentalisierte. Sowohl die Übersiedlung in die Niederlande 1932 als auch die nach Spanien 1944 präsentierte er fortan als Rettung seiner Familie vor drohender NS-Verfolgung. Während diese Version für 1932 völlig abwegig ist, ist sie für 1944 nicht a priori von der Hand zu weisen; ausgerechnet das Franco-faschistische Spanien als Zufluchtsort zu wählen, lässt allerdings den Schluss zu, dass sich Miedl damit vor allem dem Zugriff der Alliierten und Niederländer entziehen wollte, was ihm auch gelang. Seine mannigfaltigen Annäherungsbemühungen an das NS-Regime und späteren intensiven geschäftlichen und persönlichen Beziehungen zu dessen Repräsentanten stellte er ebenfalls als Maßnahmen dar, die primär dem Schutz seiner Familie und anderer jüdischer NS-Verfolgter dienten. Die von ihm betriebene hemmungslose Ausbeutung des niederländischen Kunstmarktes integrierte er in diese Legende, indem er angab, den Kunsthandel als „gewöhnlicher Geschäftsmann"[15] lediglich nebenbei zur Rettung von Menschenleben betrieben zu haben, wodurch er seine Tätigkeit einerseits bagatellisierte, andererseits altruistisch überhöhte. Tatsächlich konnte Miedl nach dem Krieg Leumundszeugnisse vorlegen, die seine Hilfe für Juden bestätigten, meist von ehemaligen Geschäftspartnern und Kunden des Kunsthandels. Ob Miedl in diesen Fällen uneigennützig half oder beabsichtigte, sich abzusichern, was insbesondere kurz vor dem Zusammenbruch des NS-Regimes bei belasteten Personen nicht

14 SAA, 1341 Nr. 112, Rapport van de Centrale Accountants Dienst van het Ministerie van Financien aan het NBI van het onderzoek naar de voorwaarden waaronder door de beheerders van het vermogen van Alois Miedl en van den Kunsthandel v/h J. Goudstikker N. V. restitutie van vermogenswaarden heeft plaatsgevonden aan de Kunsthandel J. Goudstikker N. V., 7. 11. 1951, Bl. 13.

15 NARA, M1946, RG 260, Interrogations: Miedl Case, No. 3, 13. 12. 1945, Bl. 2.

selten vorkam,[16] muss zwar offenbleiben. Am Beispiel des jüdischen Kunstsammlers Van Buuren zeigt sich jedoch, dass sein Engagement durchaus begrenzt sein konnte.

Die in seiner Unternehmerkarriere von Anfang an und insbesondere bei vorheen J. Goudstikker praktizierten auf Intransparenz und Verschleierung abzielenden Methoden kamen Miedl bei den ab dem Frühjahr 1945 einsetzenden Untersuchungen in puncto Raubkunst zugute. Seinen vorgeblich altruistischen Motiven schenkten die alliierten und niederländischen Offiziere zwar keinen Glauben, konnten ihn aber weder „beim Lügen [...] ertappen“[17], noch seine Ausweisung oder gar freiwillige Ausreise aus Spanien erreichen. Mit der Hinhaltetaktik, zeitweilig Kooperationsbereitschaft zu simulieren, zermürbte er seine Befrager, die mangels schlüssiger Beweise letztlich nur resümieren konnten, Miedl habe „seine Spuren so sorgfältig verdeckt, dass allein dieser Umstand zur starken Vermutung führt, etwas Schlechtes würde sich darunter verstecken.“[18]

Auch in den ab 1946 anlaufenden Raubgut- und Regressprozessen sahen sich die Schweizer Behörden mit Miedls Verzögerungstaktiken konfrontiert. Aufgrund der schweizerischen Gesetzeslage wurde er zwar im Fall der beschlagnahmten impressionistischen Gemälde aus den Sammlungen Rosenberg und de Rothschild schließlich zur vorbehaltlosen Restitution verpflichtet, führte daraufhin aber eine Regressklage gegen die Schweizer Eidgenossenschaft, die das Bundesgericht Lausanne aufgrund der dünnen Beweislage notgedrungen zu seinen Gunsten entschied. Im gegen ihn vom Kunsthandel J. Goudstikker und der Londoner Galerie Duits angestrengten Raubgutprozess veranlasste Miedl die Klägerseite vermutlich durch Zeugenbestechung in Verbindung mit einer sehr wahrscheinlich mit seinem Anwalt abgesprochenen Prozessmanipulation zur Klagerücknahme. Dass diese juristischen Erfolge keineswegs auf seiner Unschuld beruhten, tat seinem Selbstbild des ehrbaren Kaufmanns keinen Abbruch. Während Göring nach Kriegsende angeblich „der Vorwurf der sogenannten Plünderungen von Kunstschätzen am meisten zugesetzt“[19] hatte, sah Miedl den Gipfelpunkt der Diffamierung in seiner Charakterisierung als „sehr unerfreulicher Geschäftsmann“[20]. Indem er der Eidgenossenschaft bei den Verhandlungen zu den deutschen Auslandsschulden assistierte, konnte er sich zwar in der Schweiz rehabilitieren; 1953 scheiterte jedoch angesichts der durch ihn verursachten kulturellen und finanziellen Ausbeutung des Landes endgültig sein Versuch, die Niederländer durch Anpreisung wirtschaftlicher Vorteile zu seiner „Entfeindung“ zu bewegen.

---

16 Enzenbach, Isabel: Zur Problematik des Begriffs „Retter“, in: Kosmala, Beate/Schoppmann, Claudia (Hrsg.): Solidarität und Hilfe für Juden während der NS-Zeit, Bd. 5, Berlin 2002, S. 255.

17 NARA, M1946, RG 260, Interrogations: Miedl Case, No. 3, 13.12.1945, Bl. 15.

18 Ebd., Bl. 17.

19 Goldensohn 2005, S. 191.

20 BAR, J1.269–01#1999/82#33*, Alois Miedl an Schweizerisches Bundesgericht Lausanne i. S. Alois Miedl gegen Schweizer Eidgenossenschaft, vertreten durch die Eidgenössische Finanzverwaltung Bern, 5.5.1949, unfoliiert.

Der damit einhergehende Verlust seines Vermögens in den Niederlanden war zwar erheblich, falsifiziert jedoch nicht die These der Kontinuität seines systemübergreifenden Erfolgs. Tatsächlich unterschied sich Miedls Leben ab den 1950er Jahren nur unwesentlich von dem der 1930er: So führte er von München aus ein zwar deutlich reduziertes, aber weiterhin international verzweigtes Unternehmensgeflecht, das sich – wie bei ihm üblich – durch Intransparenz auszeichnete. Beruflich wie privat umgab er sich ganz im Sinne der Nachkriegskontinuität von NS-Eliten mit anderen Wirtschafts- und Kunsthandelsprofiteuren. Die von ihm vor 1945 in diversen Ländern deponierten Kunstwerke dienten ihm als international stabile Währung bis kurz vor seinem Tod zur Finanzierung seines aufwendigen Lebensstils.

***

Die in kunsthistorischen Diskursen tradierte Negation der Symbiose von Kunst und Geld gründet augenscheinlich sowohl auf einer romantisierenden Verklärung der Disziplin als auch auf der ihr inhärenten Objektfokussierung. Zwar hat die Konzentration auf den künstlerischen Wert von Kunstgegenständen fraglos auch heute noch ihre Berechtigung, kann aber als alleiniger methodischer Ansatz den aktuellen, meist außerhalb des Elfenbeinturms liegenden Anforderungen an das Fach Kunstgeschichte nur selten gerecht werden. Dass Kunst, die neben ihrem künstlerischen auch immer einen monetären Wert besitzt, realiter in mutualistischer Beziehung zum Kommerz steht, ist bereits in den Begriffen „Kunstmarkt" und „Kunsthandel" festgeschrieben. Kunstmarktforschung als systematische Untersuchung der Interaktion von Kunstmarktakteuren respektive deren Rückwirkung auf die Entwicklung bildender Kunst etablierte sich allerdings erst seit Ende der 1990er Jahre im Zuge der „Washingtoner Prinzipien" und der „Gemeinsamen Erklärung", zunächst zwar nur auf der Theorieebene, mit gut zehnjähriger Verzögerung aber auch in der Praxis als emanzipierte Teildisziplin. Gerade im Hinblick auf die NS-Kunstmarktforschung und damit einhergehend die Provenienzforschung wurde im zurückliegenden Jahrzehnt zweifelsohne wissenschaftliche Wiedergutmachung in Form zahlreicher Forschungsprojekte, Veranstaltungsreihen, Ausstellungen und Publikationen geleistet; nichtsdestoweniger klaffen noch zahlreiche Forschungslücken, die es durch Aufarbeitung der Fülle erhaltener Primärquellen im Rahmen der NS-Kunstmarkt- und Provenienzforschung zukünftig zu schließen gilt. In diesem Sinn bestand das Ziel der vorliegenden Studie nicht nur darin, die einleitend formulierten Thesen zu Miedl mittels Auswertung der Primärquellen fundiert zu beantworten, sondern auch jenseits des Einzelfalls zukünftigen Forschungsvorhaben möglichst detaillierte Informationen zu Kunstwerken wie Akteuren im Miedl'schen Kunsthandelskosmos bereitzustellen. Im Idealfall könnte sie somit einen Beitrag dazu leisten, fragmentarische Provenienzketten zu schließen.

Per se sind Kunstmärkte kein starres Gefüge, sondern flexible und ständigem Wandel unterworfene Systeme, die durch Angebot und Nachfrage – ergo Akteure – geformt werden. Eine Entscheidung für den biografischen Ansatz ist insofern nicht nur naheliegend, sondern auch vor dem Hintergrund des besonderen Potenzials der Biografik – mittels Kontextualisierung Rückschlüsse von Singularität auf Repräsentativität ziehen zu können – empfehlenswert. Miedls Biografie bietet in dieser Hinsicht beste Voraussetzungen: So lassen sich anhand der Analyse der Geschäftsvorgänge im Kunsthandel (voorheen) J. Goudstikker neben firmeninternen Strategiewechseln grundlegende Tendenzen bei der Preisentwicklung, dem Angebot und den Akteuren auf dem niederländischen Kunstmarkt der Besatzungszeit abbilden; da Kunstmärkte in reziproker Beziehung zueinander stehen, können bis zu einem gewissen Grad auch Rückschlüsse auf den deutschen Kunstmarkt gezogen werden. In Anbetracht der noch immer verhältnismäßig spärlichen Sekundärliteratur zum niederländischen Kunstmarkt der Besatzungszeit erweitert diese Studie die namentlich von Venema[21], Aalders[22], Euwe[23] und Oosterlinck[24] geschaffene empirische Basis und bestärkt die von ihnen demonstrierte Entwicklung in ihrer Repräsentativität. Angesichts der zahlreichen bislang unerforschten niederländischen Kunsthandlungen wären entsprechende Untersuchungen auch zukünftig mehr als wünschenswert.

Für die Einordnung der These, Miedls Kenntnisse, Tätigkeiten und Kontakte im Finanz- und Wirtschaftssektor der Zwischenkriegszeit hätten seinen Erfolg im NS-Kunsthandelssystem erst ermöglicht, war es unumgänglich, seine branchen- und länderübergreifenden Unternehmungen en détail zu analysieren. Erst dieser wirtschaftshistorische Exkurs dekuvriert und kontextualisiert das in Miedls intransparenten Geschäften verwendete, sowohl moralische als auch rechtliche Grenzen häufig ignorierende Instrumentarium, welches er als Kunsthändler bruchlos übernahm. Ein derartig interdisziplinärer Ansatz ist bislang in der Kunstgeschichte wie auch Kunstmarktforschung – trotz ihrer immanenten Interdisziplinarität – eher selten; Grund dafür könnte, wie zuletzt von Anne-Sophie Radermecker und Kaylee P. Alexander festgestellt, die Risikoscheu sein, „sich Theorien, Konzepte, Methoden und Daten aus Disziplinen anzueignen, die der Kunstgeschichte und den Geisteswissenschaften manchmal fern stehen.“[25]

Mit der Entscheidung, wirtschafts-, rechts- und zeithistorische Themenbereiche einzubeziehen – einem Ansatz, der auch von Gesa Jeuthe Vietzen und Benjamin Lahusen vertreten

21 Venema, Adriaan: Kunsthandel in Nederland 1940–1945, Amsterdam 1986.

22 Aalders, Gerard: Geraubt! Die Enteignung jüdischen Besitzes im Zweiten Weltkrieg, Köln 2000.

23 Euwe, Jereon: De Nederlandse Kunstmarkt 1940–1945, Amsterdam 2007.

24 Euwe, Jeroen/Oosterlinck, Kim: Quality and Authenticity in a Market under Pressure. The Case of the Dutch Art Market during World War II, in: Fleckner, Uwe/Gaehtgens, Thomas W./Huemer, Christian (Hrsg.): Markt und Macht. Der Kunsthandel im „Dritten Reich“ (Schriften der Forschungsstelle „Entartete Kunst“ Bd. XII), Berlin/Boston 2017, S. 49–66; Euwe, Jeroen/Oosterlinck, Kim: Art Price Economics in the Netherlands during World War II, in: Journal for Art Market Studies, Vol. 1 No. 1, 2017, S. 47–67.

25 Alexander, Kaylee P./Radermecker, Anne-Sophie: Auf dem Weg zur Transdisziplinarität. Aktuelle und zukünftige Perspektiven auf die Kunstmarktforschung, in: Sediment – Materialien und Forschungen zur Geschichte des Kunstmarkts, 32, 2023, S. 22.

wird[26] –, ist diese Studie ein ebensolches Risiko eingegangen. Dadurch konnte nicht nur die obige These eingeordnet, sondern auch nachgewiesen werden, dass Miedls expansive wirtschaftliche Aktivitäten der Zwischenkriegszeit zentrale Aspekte der NS-Wirtschaftspolitik paradigmatisch widerspiegeln und auf einer Mikroebene konkretisieren. Dem sich aus Miedls Zuarbeit gleichermaßen für ihn selbst und das NS-Regime ergebenden ökonomischen Synergismus entspricht auf der Machtebene die Erweiterung seiner Verhandlungsmethoden um das Mittel der Drohung mit den Willkürmaßnahmen der Diktatur, das er in den besetzten Niederlanden zum Nutzen des NS-Regimes und seiner Person integrierte.

Die Darstellung von Alois Miedls komplexer Biografie hat diese Studie in wirtschafts-, rechts- und zeithistorische Bereiche geführt, die fernab der traditionellen Themen der Kunstgeschichtsschreibung liegen. So wie die Arbeiten zur Kunstmarkt- und Provenienzforschung von Wirtschaftswissenschaftlern, Juristen und Historikern, die damit ebenfalls die Forschungsfelder ihres Fachs erweitern, für Kunsthistoriker erkenntnisreich sind, bietet auch das in dieser Studie erschlossene – aus kunsthistorischer Sicht fachfremde – Quellenmaterial durchaus Anknüpfungspunkte für andere Disziplinen.

Alles in allem kann Miedl, der Antipode des Durand-Ruel'schen Idealtypus eines Kunsthändlers, als Wegbereiter wie auch Katalysator des genuin kapitalistischen Kunstmarktes gelten. Die landläufige These, Kunst sei in Deutschland erst Anfang der 1980er Jahre zu einem spekulativen Wirtschaftsfaktor geworden,[27] muss dementsprechend modifiziert werden. Dass die Ursprünge de facto in der Zeit des Nationalsozialismus liegen, ist in Anbetracht der von den Nationalsozialisten zwar als sozialistisch propagierten, tatsächlich jedoch eminent kapitalistischen Wirtschaftspolitik[28] nur folgerichtig. Diese Politik war für Miedl das ideale Sprungbrett für die Perfektionierung seiner Kunst des Geschäftemachens mit der Kunst. Davon ausgehend erscheint es lohnenswert, den Fokus zukünftig gegebenenfalls neben der ideologischen und politischen verstärkt auf die gezielt wirtschaftliche „Verwertung“ von Kunstwerken im Nationalsozialismus zu legen.

26 Jeuthe Vietzen, Gesa/Lahusen, Benjamin: Der Umgang mit Provenienzen. Wissenschaftliche Erfordernisse und juristische Konsequenzen, in: Pérez de Laborda, Ingrid/Soika, Aya/Wiederkehr Sladeczek, Eva (Hrsg.): Handbuch Werkverzeichnis. Œuvrekatalog. Catalogue raisonné, Berlin 2023, S. 234.

27 Von Hülsen-Esch, Andrea: Geschichte und Ökonomie des Kunstmarkts – ein Überblick, in: Hausmann, Andrea (Hrsg.): Handbuch Kunstmarkt. Akteure, Management und Vermittlung (Schriften zum Kultur- und Museumsmanagement), Bielefeld 2014, S. 51.

28 Landa, Ishay: Der Lehrling und sein Meister. Liberale Tradition und Faschismus, Berlin 2022, S. 86, 90.

11. Quellen- und Literaturverzeichnis

11.1 Archivalien

Bundesarchiv Koblenz (BArch Koblenz)

N 1138/4, Ludwig Kastl, Vorschläge und Ausarbeitungen zur Sanierung der deutschen Wirtschaft, Schantung Handelsgesellschaft an die Reichsregierung, Plan zur Exportsteigerung und Belebung der deutschen Wirtschaft, 30.11.1931.

B 323/44, Treuhandverwaltung von Kulturgut bei der Oberfinanzdirektion München, Pfand und Versteigerungsanstalt Dorotheum, Wien. – Verbleib von versteigerten Kunstobjekten aus Belgien, Frankreich und den Niederlanden, 1943–1946.

B 323/70, Treuhandverwaltung von Kulturgut bei der Oberfinanzdirektion München, Consolidated Interrogation Report Nr. 2, The Goering Collection (Bericht von Th. Rousseau), 15.9.1945.

B 323/74, Treuhandverwaltung von Kulturgut bei der Oberfinanzdirektion München, Kunsthandel v. h. J. Goudstikker N. V., Bd. 1: Inventar der Kunsthandel J. Goudstikker N. V., Amsterdam, 1937–1943.

B 323/103, Treuhandverwaltung von Kulturgut bei der Oberfinanzdirektion München, Schriftverkehr mit dem Reichsleiter Martin Bormann, Beschlagnahme und Erwerb von Kunstwerken für das Linzer Museum, 1939–1941.

B 323/111, Treuhandverwaltung von Kulturgut bei der Oberfinanzdirektion München, Reichskommissar für die besetzten niederländischen Gebiete – Generalkommissar zur besonderen Verwendung, Erwerbungen in den Niederlanden, Frankreich, Belgien und in der Schweiz, Bd. 1, 1942–1944.

B 323/113, Treuhandverwaltung von Kulturgut bei der Oberfinanzdirektion München, Reichskommissar für die besetzten niederländischen Gebiete – Generalkommissar zur besonderen Verwendung, Korrespondenz mit Gesandtschaftsrat Wickel, Sonderreferat Kulturaustausch beim Reichskommissar für die besetzten niederländischen Gebiete, Bd. 2, 1940–1941.

B 323/120, Treuhandverwaltung von Kulturgut bei der Oberfinanzdirektion München, Der Sonderbeauftragte und der Referent für den „Sonderauftrag Linz" zur Verwertung von Kunstwerken aus Sicherstellungen und Beschlagnahmen, 1939–1945.

B 323/132, Treuhandverwaltung von Kulturgut bei der Oberfinanzdirektion München, Ankäufe für den „Sonderauftrag Linz" aus dem deutschen und österreichischen Kunsthandel und Privatbesitz, Bd. 4, 1939–1945.

B 323/134, Treuhandverwaltung von Kulturgut bei der Oberfinanzdirektion München, Ankäufe für den „Sonderauftrag Linz" aus dem deutschen und österreichischen Kunsthandel und Privatbesitz, Bd. 6, 1940–1945.

B 323/143, Treuhandverwaltung von Kulturgut bei der Oberfinanzdirektion München, Ankäufe für den „Sonderauftrag Linz“ aus dem deutschen und österreichischen Kunsthandel und Privatbesitz, Bd. 15, 1940–1945.
B 323/144, Treuhandverwaltung von Kulturgut bei der Oberfinanzdirektion München, Ankäufe für den „Sonderauftrag Linz“ aus dem niederländischen Kunsthandel und Privatbesitz, Bd. 1, 1940–1944.
B 323/145, Treuhandverwaltung von Kulturgut bei der Oberfinanzdirektion München, Ankäufe für den „Sonderauftrag Linz“ aus dem niederländischen Kunsthandel und Privatbesitz, Bd. 2, 1940–1944.
B 323/163, Treuhandverwaltung von Kulturgut bei der Oberfinanzdirektion München, Schriftwechsel mit dem Beauftragten für den „Sonderauftrag Linz“, Hans Posse, und dem Reichsführer-SS Heinrich Himmler, Bd. 1, 1938–1940.
B 323/174, Treuhandverwaltung von Kulturgut bei der Oberfinanzdirektion München, Rechnungen, Überweisungsanträge sowie -aufträge, Bd. 2, 1944–1945.
B 323/199, Treuhandverwaltung von Kulturgut bei der Oberfinanzdirektion München, Geschäftsbuch der „Dienststelle Mühlmann“ beim Reichskommissar für die besetzten niederländischen Gebiete, Den Haag, 1940–1941.
B 323/200, Treuhandverwaltung von Kulturgut bei der Oberfinanzdirektion München, Bericht von Captain Jean Vlug und Ermittlungen gegen Kajetan Mühlmann, 1939–1949, 1956–1958.
B 323/266, Treuhandverwaltung von Kulturgut bei der Oberfinanzdirektion München, Inventar- und Kistenlisten der vom ‚Einsatzstab Reichsleiter Rosenberg‘ beschlagnahmten Sammlungen, Sammlungen Andriesse – Bauer, 1941–1948.
B 323/272, Treuhandverwaltung von Kulturgut bei der Oberfinanzdirektion München, Inventar- und Kistenlisten der vom ‚Einsatzstab Reichsleiter Rosenberg‘ beschlagnahmten Sammlungen, Sammlungen Hamburger – Kalmann-Levy, 1943–1944.
B 323/330, Treuhandverwaltung von Kulturgut bei der Oberfinanzdirektion München, Herausgabe von Kunstgegenständen aus Beständen der Treuhandverwaltung von Kulturgut München, Bd. 2, 1959–1963.
B 323/401, Treuhandverwaltung von Kulturgut bei der Oberfinanzdirektion München, Rück- und Freigabe von Kunstwerken, Rückerstattungs- und Wiedergutmachungsverfahren, Einzelfälle Widmann – Zweig, Bd. 45, 1947–1962.
B 323/434, Treuhandverwaltung von Kulturgut bei der Oberfinanzdirektion München, Restitutionsanträge aus Frankreich, Bearbeitung von Einzelfällen, Bd. 3, 1947–1963.
B 323/457, Treuhandverwaltung von Kulturgut bei der Oberfinanzdirektion München, Geschäftsverkehr der Kunsthandlung v/h J. Goudstikker N. V. mit dem Wirtschafts- und Devisenberater Heinrich Zimmermann, München, Bd. 2, 1942–1944.
B 323/458, Treuhandverwaltung von Kulturgut bei der Oberfinanzdirektion München, Kunsthandel v/h J. Goudstikker N. V. Amsterdam, Geschäftsbeziehungen des Kunsthandels v/h. J. Goudstikker N. V. Amsterdam mit der Schantung Handels-AG Berlin, Bd. 3, 1943–1948.

B 323/461, Treuhandverwaltung von Kulturgut bei der Oberfinanzdirektion München, Restitutionsanträge der Kgl. Niederländischen Regierung, Bearbeitung von Einzelfällen, Bd. 2, 1947–1965.

B 323/516, Treuhandverwaltung von Kulturgut bei der Oberfinanzdirektion München, Entstehung der „Sammlung Göring" sowie Herkunft und Restitution der einzelnen Sammlungsobjekte, Bd. 3, 1945–1955.

B 323/566, Treuhandverwaltung von Kulturgut bei der Oberfinanzdirektion München, Verzeichnis der der Treuhandverwaltung bekannt gewordenen Restitutionen von 1945 bis 1962, Restitutionen nach Frankreich, Bd. 1, 1962.

B 323/574, Treuhandverwaltung von Kulturgut bei der Oberfinanzdirektion München, Verzeichnis der der Treuhandverwaltung bekannt gewordenen Restitutionen von 1945 bis 1962, Restitutionen in die Niederlande, Bd. 1, 1962.

B 323/575, Treuhandverwaltung von Kulturgut bei der Oberfinanzdirektion München, Verzeichnis der der Treuhandverwaltung bekannt gewordenen Restitutionen von 1945 bis 1962, Restitutionen in die Niederlande, Bd. 2, 1962.

Bundesarchiv Berlin-Lichterfelde (BArch Berlin-Lichterfelde)

R 2/11632, Reichsfinanzministerium, Haushaltsmittel für koloniale Zwecke und ihre Bewirtschaftung, 1936–1943.

R 2/11638, Reichsfinanzministerium, Lupa-Studiensyndikat (Goldausbeute in Deutsch-Ostafrika), 1934–1938.

R 2/16594, Reichsfinanzministerium (F1-F9), Exima Handelsgesellschaft mbH Berlin, 1933.

R 55/21012, Reichsministerium für Volksaufklärung und Propaganda, Aktion Entartete Kunst, Gesetz über Einziehung von Erzeugnissen Entarteter Kunst vom 31.Mai 1938.

R 55/21020, Reichsministerium für Volksaufklärung und Propaganda, Aktion Entartete Kunst, Kommission zur Verwertung der Produkte Entarteter Kunst, 1938–1941.

R 1001/1627, Reichskolonialamt, Kaoko Land- und Minengesellschaft.- Generalversammlungen, Bd. 1, Oktober 1910 – Dezember 1932.

R 2107/2461, Oberfinanzpräsident Berlin-Brandenburg, Außenstelle für feindliches Vermögen, Einzelfälle, Anmeldeunterlagen Alois Miedl.

R 3101/34204, Reichswirtschaftsministerium (Teil 2), Reichszuschüsse im Rahmen des Vierjahresplanes für Forschungsvorhaben, Erfindungen etc. – Einzelfälle. – Bewilligungsbescheide, Auszahlungsanordnungen u. a., Bd. 4: „Anticosti"-Expedition, 1937–1938.

R 3102/2626, Statistisches Reichsamt, China, Bd. 8, Schantung Handels-AG, 1937–1939.

R 3102/5584, Statistisches Reichsamt, Großunternehmen im Deutschen Reich, Bd. 326: Schantung Handels-Aktiengesellschaft Berlin, 1941–1943.

R 3103/306, Reichskommissar bei der Berliner Börse, 8 Abteilung G – Eisenbahngesellschaften, Schantung Handels-AG Berlin, 1902–1937.

R 3112/188, Reichsamt für Wirtschaftsausbau, Gründung der KG Rexhäuser & Co., Batavia, 1935–1938.

R 3118/931, Zulassungsstelle an der Berliner Börse, Schantung Handels-AG, Berlin, Bd. 2, 1914–1938.
R 9361-II/1218786, Sammlung Berlin Document Center: Personenbezogene Unterlagen der NSDAP, Parteikorrespondenz, Johannes Witzig.
R 9361-IX/28641626, Sammlung Berlin Document Center: Personenbezogene Unterlagen der NSDAP, Mitgliederkartei, Gaukartei, Louis [sic!] Miedl.

Politisches Archiv des Auswärtigen Amts Berlin (PA AA)

B 130-VS-REG/6002A, VS-Registraturen, Verschiedene Vorgänge, die als Verschlusssachen der Abteilung 1 eingeordnet sind.

Landesarchiv Berlin (LA Berlin)

C. Rep. 105 Nr. 3618, Magistrat von Berlin, Abteilung Finanzen.

Archiv des Liberalismus (Friedrich Naumann Stiftung) (ADL)

N 53–107, Bestand Thomas Dehler, Korrespondenz Erhardt-Dehler.

Historisches Archiv Commerzbank AG Frankfurt a. M. (HAC)

500/5228–2000, Auslandssekretariat, Handelstrust West.

Stadtarchiv München (StdA München)

DE-1992-STANM-1754, Heiratsregistereintrag Alois Miedl, Urkundennummer 194, 31. 3. 1924.
DE-1992-STANM-3467, Sterberegistereintrag Feodora Miedl geb. Fleischer, Urkundennummer 2681, 3. 8. 1967.
DE-1992-STANM-4468, Sterberegistereintrag Alois Miedl, Urkundennummer 1373, 12. 6. 1970.
DE-1992-STANM-7580, Geburtenregistereintrag Alois Miedl, Urkundennummer 772, 3. 3. 1903.
DE-1992-EWK-38, Einwohnermeldekarte Alois Miedl, 27. 1. 1927.
DE-1992-EWK-65-M-457, Einwohnermeldekarte Maria Miedl geb. Streicher, 25. 4. 1928.
DE-1992-PMB-M-235, Polizeilicher Meldebogen Alois Miedl Sr., 23. 11. 1890.
DE-1992-ZA-05318, Zeitungsausschnitte, Galerien – Interkunst, 1966–1973.

Bayerisches Wirtschaftsarchiv (BWA)

K1/XIV 26a, Akt 4, Fall 8, Akt der Industrie- und Handelskammer zu München, Depot- und Depositenrecht, Gutachten, Januar 1929.
K1/XXI 5, Akt 18, Fall 5, Akt der Industrie- und Handelskammer zu München, Behördliche Anfrage Juni 1928 – Oktober 1928.
K1/XXI 5, Akt 30, Fall 43, Akt der Industrie- und Handelskammer zu München, Behördliche Anfragen, März – Juli 1933.
K1/XXI 5, Akt 49, Fall 39, Akt der Industrie- und Handelskammer zu München, Behördliche Anfragen Juni 1937 – Oktober 1937.

K1/XXI 16, Akt 5, Fall 68, Akt der Industrie- und Handelskammer zu München, Kennzeichnung als deutsche Firma, Juli 1934 – Oktober 1934.

Staatsarchiv München (StAM)

Oberfinanzdirektion München Nr. 13831.
Staatsanwaltschaften Nr. 46244/1.
Staatsanwaltschaften Nr. 46336/1–13, 20–23.
Spruchkammerakten K 741, Heinrich Hoffmann.

Bayerisches Hauptstaatsarchiv (BayHStA)

Reichsstatthalter Nr. 612, 1934.
Ministerium für Handel, Industrie und Gewerbe (MHIG) Nr. 8128, Akten des Staatsministeriums des Äußern.
Ministerium für Handel, Industrie und Gewerbe (MHIG) Nr. 8230, Ehrengerichtsverfahren gegen den Bankgeschäftsinhaber Moritz Held, München, und einen Teilhaber Louis [sic!] Miedl, München.

Stadtarchiv Freising (StadtAFS)

Personenstands- und Meldeunterlagen, Familienbögen, Johannes Witzig.

Stadtarchiv Oettingen am Ries (StadtAOett)

Familienstandsbogen, Johann Friedrich Witzig und Luisa Witzig, geb. Bauer.

Generallandesarchiv Karlsruhe (GLAK)

465 h Nr. 51089, Spruchkammer Karlsruhe, 1945–1950, Spruchkammerverfahren Otto Helmut Graebener.

Staatsarchiv Bayreuth (StA Bayreuth)

Nr. 9660/293, Gesuche um Ausstellung von Verehelichungszeugnissen 1875–1915.

Zentralinstitut für Kunstgeschichte München (ZI München)

Fotoarchiv Kunsthandlung Julius Böhler, Kundenkartei Alois Miedl/Karteikarten Miedl 1937.

Arolsen Archives – International Center on Nazi Persecution

Inhaftierungsdokumente, Karteikarten aus der Kartothek des Judenrats in Amsterdam, Signatur 01020402 049, Bruno B. Danziger.
Inhaftierungsdokumente, Karteikarten aus der Kartothek des Judenrats in Amsterdam, Signatur 01020402 078, Arthur J. Einhorn.
Inhaftierungsdokumente, Karteikarten aus der Kartothek des Judenrats in Amsterdam, Signatur 01020402 078, Heinrich Einhorn.

Inhaftierungsdokumente, Karteikarten aus der Kartothek des Judenrats in Amsterdam, Signatur 01020402 257, Arnold van Buuren.

Liechtensteinisches Landesarchiv Vaduz (LI LA Vaduz)

RF 214/171, Alois Miedl – Einbürgerungsgesuch, 1942.

Schweizerisches Bundesarchiv (BAR)

E2001E#1000/1571#1473*, Wiederkehr, Arthur, Zürich.
E2001E#1967/113#9004*, Miedl, Alois, La Haye, 1949–1951.
E2001E#1967/113#9080*, Wiederkehr, Arthur, Zürich, 1945–1946.
E2200.38–03#1968/142#126*, Miedl Alois, Deutscher, Bundesgericht, Visa, 1948–1953.
E2200.49–02#1970/55#203*, Miedl A. z. Zt. In Madrid/Biens spoliés, 1949–1951.
E2800#1967/59#745*, Iklé, Max, directeur de l'Administration fédérale des finances, Affaire Alois Miedl.
E4264#2006/96#8882*, Miedl, Alois, 3.3.1903, 1952–1953.
E6100A-24#1000/1924#75*, Raubgut aus kriegsbesetzten Gebieten; Verschiedene am Raubgut Beteiligte (Dossier Nr. 2222), 1948–1954.
E7160–07#1968/54#1566*, Nr. 398, Wiederkehr, Arthur, Zürich.
E7160–07#1968/54#2134*, Nr. 965, Atmos AG, Zürich, 1946–1960.
E9500.239A#2003/47#525*, Unterlagen und Quellenkopien zum Kulturgüterraub, Looted pictures und Kunsthandel mit Paris und Berlin aus RG 84, Box 8 (1945) und andere (1941), 1941–1945.
E9500.239A#2003/48#79*, USA 3, National Archives and Records Administration Washington.
E9500.239A#2003/48#108*, Bundesgericht Lausanne, Klagebeurteilungen u. a. Goudstikker-Miedl, 1947–1951.
E9500.239A#2003/48#109*, Bundesgericht Lausanne, Klagebeurteilungen u. a. Goudstikker-Miedl, 1907–1953.
E9500.239A#2003/49#137*, Verschiedene Archive: Deutsche Vermögenswerte in der Schweiz, Dossiers: Steegmann, Wendland, Niederer, 1942–1949.
E9500.239A#2003/50#174*, Quellenkopien aus dem Deutschen Bundesarchiv Berlin.
J1.269–01#1999/82#26*, Galerie Fischer: Briefe Wendland, diverse Berichte, Memos, Briefe, 1923–1950.
J1.269–01#1999/82/31*, Akten BAR E7160–07#1968/54, Bd. 24; E7160–08#1968/28, Bd. 371.
J1.269–01#1999/82#33*, Alois Miedl, verschiedene Dokumente, 1949–1951.

Service historique de la Défense (SHD)

Ministère des Armées, P 310973, Dokumente aus der ehemaligen Kulturabteilung der D. G. E. R., die mit der Versandanzeige 21.1./4971 vom 8.10.52 übermittelt wurden, und sich auf Fälle beziehen, die in Frankreich vom ERR begangen wurden.

Nationaalarchief Den Haag (NL-HaNA)

2.05.117 Nr. 5953, Inventaris van het code-archief van het Ministerie van Buitenlandse Zaken, 1945–1954, kunstschatten en effecten van Miedl, Alois, 1946–1952.

2.05.117 Nr. 6605, Inventaris van het code-archief van het Ministerie van Buitenlandse Zaken, 1945–1954, Bardroff, M., Miedl, A., 1946.

2.05.117 Nr. 21203, Inventaris van het code-archief van het Ministerie van Buitenlandse Zaken, 1945–1954, Miedl, A., 1950–1952.

2.05.117 Nr. 27273, Inventaris van het code-archief van het Ministerie van Buitenlandse Zaken, 1945–1954, Brief van A. Miedl, bankier-kunsthandelaar, aan H. M. Hirschfeld, regeringscommissaris in algemene dienst, betreffende zijn rol bij de verkoop van Nederlandse kunstschatten tijdens de oorlog, met geleidebrief en bijlagen, 1949.

2.05.118 Nr. 6985, Inventaris van het code-archief van het Ministerie van Buitenlandse Zaken, 1955–1964, Kunstschatten en effecten. – procedure A. Miedl contra Bankhaus E. J. Meyer.

2.05.149 Nr. 921, Inventaris van de archieven van de Nederlandse Ambassade en de Consulaten in de Bondsrepubliek Duitsland, 1955–1974, Miedl, A., 1958–1965.

2.05.286 Nr. 670, Ministerie van Buitenlandse Zaken, Spanje Gezantschap/Ambassade Madrid, 1939–1954, Stukken betreffende de van Nederlandse schilderijenroof verdachte Alois Miedl, en zijn verblijf in Spanje, 1943–1951.

2.05.313 Nr. 3869, Inventaris van het code-archief van het Ministerie van Buitenlandse Zaken, 1965–1974, Procedure van Alois Miedl contra Bankhaus E. J. Meyer c. s. inzake aandelen (Schantung) en kunstschatten.

SNK 2.08.42 Nr. 189, Inventaris van het archief van de Stichting Nederlands Kunstbezit en haar taakvoorganger/taakopvolgers, Stukken betreffende de N. V. Kunsthandel J. Goudstikker, 1950–1956.

2.25.68 Nr. 13900, Inventaris van het Sectretariearchief, archieven van afdelingen van de hoofdbank en archieven van de bankkantoren van de Nederlandsche Bank N. V., 1814–1995, Dossier inzake Bankierskantoor A. Miedl, 1943–1951.

2.25.68 Nr. 14322, Inventaris van het Secretariearchief, archieven van afdelingen van de hoofdbank en archieven van de bankkantoren van de Nederlandsche Bank N. V., 1814–1995, Dossier inzake Buitenlandsche Bankvereeniging N. V., 1934–1944.

CABR 2.09.09 Nr. 86247, Inventaris van het archief van het Ministerie van Justitie: Centraal Archief van de Bijzondere Rechtspleging, 1945–1952, Alois Miedl.

CABR 2.09.09 Nr. 86942-I, Inventaris van het archief van het Ministerie van Justitie: Centraal Archief van de Bijzondere Rechtspleging, 1945–1952, Veland Import- en Export Handel Mij. Amsterdam.

CABR 2.09.09 Nr. 86942-II, Inventaris van het archief van het Ministerie van Justitie: Centraal Archief van de Bijzondere Rechtspleging, 1945–1952, Veland Import- en Export Handel Mij. Amsterdam.

CABR 2.09.09 Nr. 86942-III, Inventaris van het archief van het Ministerie van Justitie: Centraal Archief van de Bijzondere Rechtspleging, 1945–1952, Veland Import- en Export Handel Mij. Amsterdam.
NBI 2.09.16 Nr. 851, Inventaris van het dossierarchief van het Nederlandse Beheersinstituut, en van de in beslag genomen administraties, 1945–1967, Goudstikker-Miedl.
NBI 2.09.16 Nr. 852, Inventaris van het dossierarchief van het Nederlandse Beheersinstituut, en van de in beslag genomen administraties, 1945–1967, Kunsthandel J. Goudstikker in oprichting, 1940.
NBI 2.09.16 Nr. 854, Inventaris van het dossierarchief van het Nederlandse Beheersinstituut, en van de in beslag genomen administraties, 1945–1967, Correspondentie, u. a. H. Zimmermann, München.
NBI 2.09.16 Nr. 855, Inventaris van het dossierarchief van het Nederlandse Beheersinstituut, en van de in beslag genomen administraties, 1945–1967, Schantung Handels-AG, Berlin, 1941–1942.
NBI 2.09.16 Nr. 856, Inventaris van het dossierarchief van het Nederlandse Beheersinstituut, en van de in beslag genomen administraties, 1945–1967, Schantung Handels-AG, Berlin, 1943–1945.
NBI 2.09.16 Nr. 857, Inventaris van het dossierarchief van het Nederlandse Beheersinstituut, en van de in beslag genomen administraties, 1945–1967, N. V. Buitenlandse Bank Vereeniging, 1941–1946.
NBI 2.09.16 Nr. 858, Inventaris van het dossierarchief van het Nederlandse Beheersinstituut, en van de in beslag genomen administraties, 1945–1967, Correspondatie, 1946–1948.
NBI 2.09.16 Nr. 859, Inventaris van het dossierarchief van het Nederlandse Beheersinstituut, en van de in beslag genomen administraties, 1945–1967, Boek van ingekomen- en uitgegane stukken, 1944.
NBI 2.09.16 Nr. 860, Inventaris van het dossierarchief van het Nederlandse Beheersinstituut, en van de in beslag genomen administraties, 1945–1967, Liquidatiestukken, 1940–1946.
NBI 2.09.16 Nr. 861, Inventaris van het dossierarchief van het Nederlandse Beheersinstituut, en van de in beslag genomen administraties, 1945–1967, Boek van ingekomen- en uitgegane stukken, 1940–1942.
NBI 2.09.16 Nr. 863, Inventaris van het dossierarchief van het Nederlandse Beheersinstituut, en van de in beslag genomen administraties, 1945–1967, Best. dossier 1942–1950.
NBI 2.09.16 Nr. 864, Inventaris van het dossierarchief van het Nederlandse Beheersinstituut, en van de in beslag genomen administraties, 1945–1967, Depotboek, 1944.
NBI 2.09.16 Nr. 866, Inventaris van het dossierarchief van het Nederlandse Beheersinstituut, en van de in beslag genomen administraties, 1945–1967, Ingekomen- en uitgegane stukken, 1942–1943.
NBI 2.09.16 Nr. 867, Inventaris van het dossierarchief van het Nederlandse Beheersinstituut, en van de in beslag genomen administraties, 1945–1967, Voorraadboek schilderijen, 1940–1941.

NBI 2.09.16 Nr. 868, Inventaris van het dossierarchief van het Nederlandse Beheersinstituut, en van de in beslag genomen administraties, 1945–1967, Register clienten, 1941–1944.
NBI 2.09.16 Nr. 870, Inventaris van het dossierarchief van het Nederlandse Beheersinstituut, en van de in beslag genomen administraties, 1945–1967, Verkoopboek, 1940–1943.
NBI 2.09.16 Nr. 872, Inventaris van het dossierarchief van het Nederlandse Beheersinstituut, en van de in beslag genomen administraties, 1945–1967, Voorraadboek schilderijen, 1944.
NBI 2.09.16 Nr. 874, Inventaris van het dossierarchief van het Nederlandse Beheersinstituut, en van de in beslag genomen administraties, 1945–1967, Voorraadboek schilderijen, 1943.
NBI 2.09.16 Nr. 878, Inventaris van het dossierarchief van het Nederlandse Beheersinstituut, en van de in beslag genomen administraties, 1945–1967, Verkoopboek (vervallen), 1940–1943.
NBI 2.09.16 Nr. 880, Inventaris van het dossierarchief van het Nederlandse Beheersinstituut, en van de in beslag genomen administraties, 1945–1967, Goederen in commissie, 1940–1946.
NBI 2.09.16 Nr. 881, Inventaris van het dossierarchief van het Nederlandse Beheersinstituut, en van de in beslag genomen administraties, 1945–1967, Inkoop facturen, 1940–1942.
NBI 2.09.16 Nr. 882, Inventaris van het dossierarchief van het Nederlandse Beheersinstituut, en van de in beslag genomen administraties, 1945–1967, Levensbeschrijving Goudstikker 1931. – Inventarislijsten, 1940.
NBI 2.09.16 Nr. 883, Inventaris van het dossierarchief van het Nederlandse Beheersinstituut, en van de in beslag genomen administraties, 1945–1967, Correspondentie Miedl, 1950–1951.
NBI 2.09.16.04 Nr. 6299, Inventaris van het archief van het Nederlands Beheersinstituut, beheersdossiers beginnend met de letters E en F, Ekenhorst T., Miedl R. M. T. Madrid (WE 5202).
NBI 2.09.16.05 Nr. 82001, Inventaris van het archief van het Nederlands Beheersinstituut, beheersdossiers beginnend met de letter G, Goudstikker, J. (Kunssthandel), Amsterdam.
NBI 2.09.16.10 Nr. 203463, Inventaris van het archief van het Nederlands Beheersinstituut, beheersdossiers beginnend met de letter M, Miedl, (Kunsthandel) NV (I), Amsterdam.
NBI 2.09.16.10 Nr. 203464, Inventaris van het archief van het Nederlands Beheersinstituut, beheersdossiers beginnend met de letter M, Miedl, (Kunsthandel) NV (II), Amsterdam.
NBI 2.09.16.10 Nr. 203465, Inventaris van het archief van het Nederlands Beheersinstituut, beheersdossiers beginnend met de letter M, Miedl, (Kunsthandel) NV (III), Amsterdam.
NBI 2.09.16.10 Nr. 203491, Inventaris van het archief van het Nederlands Beheersinstituut, beheersdossiers beginnend met de letter M, Miedl, (Bankierskantoor) (I), Amsterdam.
NBI 2.09.16.10 Nr. 203492, Inventaris van het archief van het Nederlands Beheersinstituut, beheersdossiers beginnend met de letter M, Miedl, (Bankierskantoor) (II), Amsterdam.
NBI 2.09.16.10 Nr. 203493, Inventaris van het archief van het Nederlands Beheersinstituut, beheersdossiers beginnend met de letter M, Miedl, (Bankierskantoor) (III), Amsterdam.

NBI 2.09.16.10 Nr. 203494, Inventaris van het archief van het Nederlands Beheersinstituut, beheersdossiers beginnend met de letter M, Miedl, (Bankierskantoor) (IV), Amsterdam.
NBI 2.09.16.10 Nr. 203495, Inventaris van het archief van het Nederlands Beheersinstituut, beheersdossiers beginnend met de letter M, Miedl, (Bankierskantoor) (V), Amsterdam.
NBI 2.09.16.10 Nr. 203496, Inventaris van het archief van het Nederlands Beheersinstituut, beheersdossiers beginnend met de letter M, Miedl A. (I), Amsterdam.
NBI 2.09.16.10 Nr. 203497, Inventaris van het archief van het Nederlands Beheersinstituut, beheersdossiers beginnend met de letter M, Miedl A. (II), Amsterdam.
NBI 2.09.16.10 Nr. 203498, Inventaris van het archief van het Nederlands Beheersinstituut, beheersdossiers beginnend met de letter M, Miedl A. (III), Amsterdam.
NBI 2.09.16.10 Nr. 203500, Inventaris van het archief van het Nederlands Beheersinstituut, beheersdossiers beginnend met de letter M, Miedl, A. (VI), Amsterdam.
NBI 2.09.16.10 Nr. 203501, Inventaris van het archief van het Nederlands Beheersinstituut, beheersdossiers beginnend met de letter M, Miedl, A. (VI), Amsterdam.
2.18.21.02 Nr. 4, Inventaris van het archief van het Adviesbureau Kortenhorst, 1941–1965, Me L. Bouma: inzake Alois Miedl.

Haags Gemeentearchief

0354–01 Nr. 1550, Bevolkingsregister gemeente Den Haag, Carl Alfred Schönlicht.

Stadsarchief Amsterdam (SAA)

1341 Nr. 7, Archief van Jacques Goudstikker en Desi Goudstikker-Halban, 1898–1990, Brief van Jacques Goudstikker aan zijn vrienden, 1939.
1341 Nr. 10, Archief van Jacques Goudstikker en Desi Goudstikker-Halban, 1898–1990, Testament van Jacques Goudstikker, 1937.
1341 Nr. 38, Archief van Jacques Goudstikker en Desi Goudstikker-Halban, 1898–1990, Zakboekje met aantekening van gekochte en verkochte schilderijen.
1341 Nr. 76, Archief van Jacques Goudstikker en Desi Goudstikker-Halban, 1898–1990, Stukken betreffende het beheer van het vermogen en de afwikkeling van de nalatenschap van Jacques Goudstikker, 1946–1961.
1341 Nr. 79, Archief van Jacques Goudstikker en Desi Goudstikker-Halban, 1898–1990, Accountantsrapporten over de administratie van de Kunsthandel J. Goudstikker N. V., later de Kunsthandel J. Goudstikker in liquidatie, Over de periode 30. 6. 1940 tot 31. 12. 1945, 1953.
1341 Nr. 98, Archief van Jacques Goudstikker en Desi Goudstikker-Halban, 1898–1990, Stukken betreffende de verkoop van de bezittingen van Jacques Goudstikker, 1940, 1952.
1341 Nr. 99, Archief van Jacques Goudstikker en Desi Goudstikker-Halban, 1898–1990, Stukken betreffende de liquidatie van de Kunsthandel J. Goudstikker N. V., 1940–1941, 1952.

1341 Nr. 100, Archief van Jacques Goudstikker en Desi Goudstikker-Halban, 1898–1990, Stukken betreffende de bezittingen van Jacques Goudstikker en de liquidatie daarvan, 1940–1952.

1341 Nr. 101, Archief van Jacques Goudstikker en Desi Goudstikker-Halban, 1898–1990, Lijst van op 28 en 29 october 1941 te Frankfurt a/d Main geveilde schilderijen onder nr. 706.

1341 Nr. 103, Archief van Jacques Goudstikker en Desi Goudstikker-Halban, 1898–1990, Rapport inzake de Kunsthandel v. h. J. Goudstikker N. V. in oprichting per 13 september 1940.

1341 Nr. 104, Archief van Jacques Goudstikker en Desi Goudstikker-Halban, 1898–1990, Stukken betreffende de Kunsthandel v. h. J. Goudstikker N. V., gedeponeerd bij het Handelsregister van de Kramer van Koophandel te Amsterdam, 1940–1945.

1341 Nr. 108, Archief van Jacques Goudstikker en Desi Goudstikker-Halban, 1898–1990, Stukken betreffende het rechtsherstel van de Kunsthandel J. Goudstikker N. V. inzake het achttiende-eeuwse poppenhuis uit de collectie Goudstikker, 1947–1951.

1341 Nr. 110, Archief van Jacques Goudstikker en Desi Goudstikker-Halban, 1898–1990, Stukken betreffende de door Alois Miedl bij de Kunsthandel v/h J. Goudstikker N. V. en de Kunsthandel J. Goudstikker N. V. neergelegde financiele claim, 1950, 1939–1940.

1341 Nr. 112, Archief van Jacques Goudstikker en Desi Goudstikker-Halban, 1898–1990, Rapport van de Centrale Accountants Dienst van het Ministerie van Financien aan het NBI van het onderzoek naar de voorwaarden waaronder door de beheerders van het vermogen van Alois Miedl en van den Kunsthandel v. h. J. Goudstikker N. V. restitutie van vermogenswaarden heeft plaatsgevonden aan de Kunsthandel J. Goudstikker N. V., 1951.

5000 Nr. Nr. 1682, Archief van het Bevolkingsregister, Deel 83.

5225 Nr. 4327, Archief van de Gemeentepolitie, Stukken betreffende een visumaanvraag door de Duitser Alois Miedl, tijdens de bezetting bankier-kunsthandelaar, 1953.

5225 Nr. 4343, Archief van de Gemeentepolitie, Stukken betreffende de visumaanvraag door Hans Wilhelm Christian Tietje en zijn vrouw Marga, tijdens de bezetting behulpzaam geweest voor het verzet., 1953.

15008 Nr. 20004, Collectie Stadsarchief Amsterdam: persdocumentatie op person, Miedl, Alois.

30061 Nr. 24, Inventaris van de Collectie Unifoto, Brief van directeur van de Kunsthandel voorheen J. Goudstikker N. V., Herengracht 458, de in Nederland woonachtige Abwehrspion en bankier Alois Miedl, betreffende de vergoeding (totaal 400.000) die hij in september 1940 aan het personeel van de Kunsthandel J. Goudstikker heeft uitbetaald, wegens hun bereidheid de dienstbetrekking te continueren, 1942.

30238 Nr. 144, Archief van het Bevolkingsregister Amsterdam, Registratiekaart Arnold van Buuren.

30238 Nr. 173, Archief van het Bevolkingsregister Amsterdam, Registratiekaart Bruno Boas Danziger.

30238 Nr. 217, Archief van het Bevolkingsregister Amsterdam, Registratiekaart Arthur Josef Einhorn.

30238 Nr. 428, Archief van het Bevolkingsregister Amsterdam, Registratiekaart Wilhelm Kleemann.
30238 Nr. 724, Archief van het Bevolkingsregister Amsterdam, Registratiekaart Martin Schönemann.
31180 Nr. 45, Inventaris van het Archief van Arnold van Buuren en Juliëtte Van Buuren-Polak, Concept-brief van A. van Buuren aan Dhr. A. Miedl van de Buitenlandsche Bankvereeniging te Amsterdam betreffende het verzoek om enige ‚bewegingsvrijheid' te krijgen voor zijn schilderijenbezit als mede voor zijn gezondheid alsmede voor zijn vrouw en kinderen, Arnold van Buuren an Alois Miedl, 1942.

Instituut voor Oorlogs-, Holocaust- en Genocidestudies (NIOD)

KB I Nr. 2254, Knipselcollectie personen, Flesche, Alfred.
39 Nr. 2627, Generalkommissariat für Finanzen und Wirtschaft, Jaarverslag van de Buitenlandsche Bankvereeniging over het jaar 1940, Mai 1941.
77 Nr. 583, Generalkommissariat für das Sicherheitswesen (Höhere SS- und Polizeiführer Nord-West), Stukken betreffende de Blau- en Schwarzaktionen inzake de bestrijding van de zwarte handel, 1941–1943.
94f Nr. 15, Collectie dossiers afkomstig uit de archieven van de Omnia-Treuhandgesellschaft m. b. H., de Deutsche Revisions- und Treuhand A. G. en de Wirtschaftsprüfstelle, Stukken betreffende het leveren van kantoormachines door Veland Import en Export Handel Mij. N. V. aan de heer M. A. J. Verlinden te Arnhem, 1941–1942.
94f Nr. 510, Collectie dossiers afkomstig uit de archieven van de Omnia-Treuhandgesellschaft m. b. H., de Deutsche Revisions- und Treuhand A. G. en de Wirtschaftsprüfstelle, Buitenlandsche Bankvereeniging N. V. te Amsterdam, Anmeldung von Unternehmen, Buitenlandsche Bankvereeniging N. V.
197f Nr. 2, Bureau Bestrijding Vermogensvlucht, Map bevattende enkele naoorlogse rapporten en verhoren, die betrekking hebben op de contacten van H. W. C. Tietje met Alois Miedl, in verband met vermogensvlucht naar Duitsland door de verkoop van schilderijen.
211 Nr. 1–5, Göring, H. W.
248 Nr. 1154, Miedle [sic!], Alois.
249–0278A Nr. a1, Dossier – Goudstikker, N. V. Kunsthandel J., Korte geschiedenis van de Kunsthandel J. Goudstikker N. V. van december 1939 tot april 1942, geschreven door A. E. D. von Saher, April 1952.

Gemeentearchief Alphen aan den Rijn

SCH_1944 De Schakel, De Schakel 1944–10–24.

The National Archives Kew (TNA)

FO 371/36364/6, Inter-Allied Declaration against Axis plundering of occupied territory. Code 64 file 8, January 1943 – February 1943, Report compiled by the Inter Allied Information

Committee sent from Mr Lias at the Ministry of Information to Mr J G Ward at the Foreign Office providing details of Axis looting in occupied territories, 8.1.1943.

FO 837/1154/3, Looted works of art, archives, etc., February 1944 – September 1945, A memorandum about Alois Miedl, who was involved in looting art for Göring, and which states that he took 12 pictures to Spain, including three paintings by Cézanne.

T 209/7/1, Ministry of Economic Warfare, 1944–1945, Identification of looted works of art.

T 209/26/2, Miscellaneous reports on looted art, 1945, Report sent by TH Clark of the Foreign Office, written for the Economic Warfare Department in August 1945, on the subject of looted art in occupied territories, neutral countries and Latin America, sent to the Macmillan Committee, 5. October 1945.

T 209/29/13, Interrogation Reports of collectors of looted works of art, 1945, Attachment 18–42.

The National Archives Washington (NARA)

M1922, RG 260, Records of the External Assets Investigation Section of the Property Division, OMGUS, 1945–1949, Reports and Exhibits relating to Investigations, 1931–1948, Interrogations of All Close Friends of Nazi Big Wings: Angerer – Haberstock.

M1922, RG 260, Records of the External Assets Investigation Section of the Property Division, OMGUS, 1945–1949, Reports and Exhibits relating to Investigations, 1931–1948, Interrogations of All Close Friends of Nazi Big Wings: Koerner – Limberger.

M1922, RG 260, Records of the External Assets Investigation Section of the Property Division, OMGUS, 1945–1949, Reports and Exhibits relating to Investigations, 1931–1948, Interrogations of All Close Friends of Nazi Big Wings: Lohse – Thyssen.

M1922, RG 260, Records of the External Assets Investigation Section of the Property Division, OMGUS, 1945–1949, Reports and Exhibits relating to Investigations, 1931–1948, Göring, Hermann: External Assets-Report.

M1922, RG 260, Records of the External Assets Investigation Section of the Property Division, OMGUS, 1945–1949, Reports and Exhibits relating to Investigations, 1931–1948, Gebrüder Goedhart AG.

M1922, RG 260, Records of the External Assets Investigation Section of the Property Division, OMGUS, 1945–1949, Reports and Exhibits relating to Investigations, 1931–1948, Safehaven: Reports and Correspondence – Appendices.

M1922, RG 260, Records of the External Assets Investigation Section of the Property Division, OMGUS, 1945–1949, General Records pertaining to External Assets Investigations, 1939–1950, Interrogations of Hermann Göring, Mrs. Göring and Friends of the Family: Göring, H. – Sonnemann, E.

M1922, RG 260, Records of the External Assets Investigation Section of the Property Division, OMGUS, 1945–1949, General Records pertaining to External Assets Investigations, 1939–1950, Interrogations of Hermann Göring, Mrs. Göring and Friends of the Family: Ahman, E. – Göring, E.

M1922, RG 260, Records of the External Assets Investigation Section of the Property Division, OMGUS, 1945–1949, General Records pertaining to External Assets Investigations, 1939–1950, Eidenschink, Georg Josef.
M1922, RG 260, Records of the External Assets Investigation Section of the Property Division, OMGUS, 1945–1949, General Records pertaining to External Assets Investigations, 1939–1950, Schantung Handels-AG.
M1926, RG 260, Records of the Reparations and Restitutions Branch of the US Allied Commission for Austria Section, 1945–1950, Claims, 1937–1950, French Art Treasure Correspondence.
M1933, RG 153, Safehaven Reports of the War Crimes Branch, 1944–1945, Folder 31.
M1934, RG 226, OSS Washington Secret Intelligence/Special Funds Records, 1942–1946, Washington Office, Special Funds Division Finance, Intelligence, WASH-SPDF-INT-1: Document 5089.
M1944, RG 239, The Roberts Commission, 1943–1946, Subject Files, 1940–1946, Menten, H.W.
M1944, RG 239, The Roberts Commission, 1943–1946, Subject Files, 1940–1946, Art Looting Investigation Unit: Final Report.
M1944, RG 239, The Roberts Commission, 1943–1946, Subject Files, 1940–1946, Miedl, Alois.
M1944, RG 239, The Roberts Commission, 1943–1946, Subject Files, 1940–1946, Göring.
M1944, RG 239, The Roberts Commission, 1943–1946, Card File on Art-Looting Suspects, 1943–1946.
M1944, RG 239, The Roberts Commission, 1943–1946, Geographical Card Files on possible Art-Looting Subjects, 1943–1946, Spain.
M1944, RG 239, The Roberts Commission, 1943–1946, Geographical Card Files on possible Art-Looting Subjects, 1943–1946, United States.
M1944, RG 239, The Roberts Commission, 1943–1946, Geographical Card Files on possible Art-Looting Subjects, 1943–1946, Western Hemisphere.
M1944, RG 239, The Roberts Commission, 1943–1946, Reports, 1944–1946, Interrogations: Kajetan Mühlmann and the Dienststelle Mühlmann.
M1944, RG 239, The Roberts Commission, 1943–1946, Detailed Interrogation Reports, 1945–1946, DIR No. 1 – Heinrich Hoffmann.
M1944, RG 239, The Roberts Commission, 1943–1946, General Records, 1943–1946, Miscellaneous Materials.
M1944, RG 239, The Roberts Commission, 1943–1946, Records relating to Restitution of Cultural Materials, 1943–1946, Miscellaneous Reports.
M1946, RG 260, Records Concerning the Central Collecting Points: Munich Central Collecting Point, 1945–1951, Restitution Claim Records, 1945–1951, Belgium Claims, Alphabetical: Delacroix-Luxembourg.

M1946, RG 260, Records Concerning the Central Collecting Points: Munich Central Collecting Point, 1945–1951, Restitution Claim Records, 1945–1951, Belgium Claims, Alphabetical: Monteau-Wassermann.
M1946, RG 260, Records Concerning the Central Collecting Points: Munich Central Collecting Point, 1945–1951, Restitution Claim Records, 1945–1951, Netherlands Claims, Alphabetical.
M1946, RG 260, Records Concerning the Central Collecting Points: Munich Central Collecting Point, 1945–1951, Restitution Claim Records, 1945–1951, Jewish Claims: Numbered: 0001–0003.
M1946, RG 260, Records Concerning the Central Collecting Points: Munich Central Collecting Point, 1945–1951, Restitution Claim Records, 1945–1951, Numerical Claims: 50031–50035.
M1946, RG 260, Records Concerning the Central Collecting Points: Munich Central Collecting Point, 1945–1951, Restitution Claim Records, 1945–1951, Property Declarations: 12846–13336.
M1946, RG 260, Records Concerning the Central Collecting Points: Munich Central Collecting Point, 1945–1951, Restitution Claim Records, 1945–1951, Restitution Cases: Adolph Wüster.
M1946, RG 260, Records Concerning the Central Collecting Points: Munich Central Collecting Point, 1945–1951, Restitution Research Records, 1945–1950, ERR: Consolidated Interrogation Report No. 2.
M1946, RG 260, Records Concerning the Central Collecting Points: Munich Central Collecting Point, 1945–1951, Restitution Research Records, 1945–1950, Interrogations: Miedl Case.
M1946, RG 260, Records Concerning the Central Collecting Points: Munich Central Collecting Point, 1945–1951, Restitution Research Records, 1945–1950, Goudstikker Collection: Lists and Reports.
M1946, RG 260, Records Concerning the Central Collecting Points: Munich Central Collecting Point, 1945–1951, Restitution Research Records, 1945–1950, Goudstikker Collection: Correspondence of Dutch Art, December 1942 – October 1944.
M1946, RG 260, Records Concerning the Central Collecting Points: Munich Central Collecting Point, 1945–1951, Restitution Research Records, 1945–1950, Goudstikker Collection: Correspondence of Dutch Art, November 1944 – April 1945.
M1946, RG 260, Records Concerning the Central Collecting Points: Munich Central Collecting Point, 1945–1951, Restitution Research Records, 1945–1950, Goudstikker Collection: Correspondence forwarded from Office of Military Government for Germany (US) (OMGUS).
M1946, RG 260, Records Concerning the Central Collecting Points: Munich Central Collecting Point, 1945–1951, Restitution Research Records, 1945–1950, Mühlmann, Kajetan: Investigation – Personal Statements, 1945.

M1946, RG 260, Records Concerning the Central Collecting Points: Munich Central Collecting Point, 1945–1951, Restitution Research Records, 1945–1950, Mühlmann, Kajetan: Detailed Interrogation Report No. 1.
M1946, RG 260, Records Concerning the Central Collecting Points: Munich Central Collecting Point, 1945–1951, Restitution Research Records, 1945–1950, Art Dealers and Auction Houses in Germany and Austria.
M1946, RG 260, Records Concerning the Central Collecting Points: Munich Central Collecting Point, 1945–1951, Restitution Research Records, 1945–1950, Investigations: Göring – Gurlitt.
M1946, RG 260, Records Concerning the Central Collecting Points: Munich Central Collecting Point, 1945–1951, Restitution Research Records, 1945–1950, Göring, Hermann: Papers, Chronological (1941–1942).
M1946, RG 260, Records Concerning the Central Collecting Points: Munich Central Collecting Point, 1945–1951, Restitution Research Records, 1945–1950, Göring, Hermann: Papers, Chronological (1943–1944).
M1946, RG 260, Records Concerning the Central Collecting Points: Munich Central Collecting Point, 1945–1951, Restitution Research Records, 1945–1950, Göring, Hermann: Inventories (2 of 2).
M1946, RG 260, Records Concerning the Central Collecting Points: Munich Central Collecting Point, 1945–1951, Restitution Research Records, 1945–1950, Linz Museum: Correspondence of Martin Bormann and Hans Posse, July 1940 – December 1940.
M1946, RG 260, Records Concerning the Central Collecting Points: Munich Central Collecting Point, 1945–1951, Restitution Research Records, 1945–1950, Linz Museum: Correspondence of Martin Bormann and Hans Posse, January 1941 – March 1941.
M1946, RG 260, Records Concerning the Central Collecting Points: Munich Central Collecting Point, 1945–1951, Restitution Research Records, 1945–1950, Linz Museum: Consolidated Interrogation Report No. 4.
M1946, RG 260, Records Concerning the Central Collecting Points: Munich Central Collecting Point, 1945–1951, Restitution Research Records, 1945–1950, Investigations by foreign representatives: Netherlands.
M1946, RG 260, Records Concerning the Central Collecting Points: Munich Central Collecting Point, 1945–1951, Restitution Research Records, 1945–1950, Reger, Hans: Correspondence (E-H).
M1946, RG 260, Records Concerning the Central Collecting Points: Munich Central Collecting Point, 1945–1951, Restitution Research Records, 1945–1950, Reger, Hans: Correspondence (I-Z).
M1946, RG 260, Records Concerning the Central Collecting Points: Munich Central Collecting Point, 1945–1951, Restitution Research Records, 1945–1950, Reger, Hans: Transport Correspondence and Lists, July 1943 – March 1944.

M1946, RG 260, Records Concerning the Central Collecting Points: Munich Central Collecting Point, 1945–1951, Restitution Research Records, 1945–1950, Investigations: Spitz, Georg.

M1946, RG 260, Records Concerning the Central Collecting Points: Munich Central Collecting Point, 1945–1951, Records relating to the Status of Monuments, Museums and Archives, 1945–1949, Repositories, Correspondence: South Bavaria, Bemried – Burgberg.

M1946, RG 260, Records Concerning the Central Collecting Points: Munich Central Collecting Point, 1945–1951, Records relating to the Status of Monuments, Museums and Archives, 1945–1949, Repositories, Correspondence: South Bavaria, München A-G.

M1946, RG 260, Records Concerning the Central Collecting Points: Munich Central Collecting Point, 1945–1951, Administrative Records, 1945–1951, Directives: General Directives and Notes concerning Loot.

M1947, RG 260, Records Concerning the Central Collecting Points: Wiesbaden Central Collecting Point, 1945–1952, Administrative Records, Intelligence: German disposal of works of art; Vaucher Commission Lists, July 16, 1945.

M1947, RG 260, Records Concerning the Central Collecting Points: Wiesbaden Central Collecting Point, 1945–1952, Activity Reports, Monthly Report: Office of Military Government for Bavaria, April 1947 – June 1947.

M1947, RG 260, Records Concerning the Central Collecting Points: Wiesbaden Central Collecting Point, 1945–1952, Activity Reports, Monthly Report: Office of Military Government for Bavaria, July 1947 – September 1947.

M1947, RG 260, Records Concerning the Central Collecting Points: Wiesbaden Central Collecting Point, 1945–1952, Activity Reports, Monthly Report: Office of Military Government for Bavaria, July 1948 – October 1948.

M1947, RG 260, Records Concerning the Central Collecting Points: Wiesbaden Central Collecting Point, 1945–1952, Restitution, Research and Reference Records, Hoffmann, Heinrich: Documents and T. R., Notes.

M1947, RG 260, Records Concerning the Central Collecting Points: Wiesbaden Central Collecting Point, 1945–1952, Restitution, Research and Reference Records, Hofer, Walter A.: Hofer Göring Documents, Göring Lists.

M1947, RG 260, Records Concerning the Central Collecting Points: Wiesbaden Central Collecting Point, 1945–1952, Restitution, Research and Reference Records, Weinmüller, Adolf.

M1947, RG 260, Records Concerning the Central Collecting Points: Wiesbaden Central Collecting Point, 1945–1952, Restitution, Research and Reference Records, Office of US Chief of Counsel: Interrogations of War Criminals.

M1947, RG 260, Records Concerning the Central Collecting Points: Wiesbaden Central Collecting Point, 1945–1952, General Records, Lange, Hans W.

M1947, RG 260, Records Concerning the Central Collecting Points: Wiesbaden Central Collecting Point, 1945–1952, General Records, Miedl-Goudstikker.

M1949, RG 260, Records of the Monuments, Fine Arts, and Archives Section of the Preparations and Restitution Branch, OMGUS, 1945–1951, Cultural Property Claim Applications, 1946–1948, Netherlands Claim No: N21 Kleemann Wilh. (USA).
M1949, RG 260, Records of the Monuments, Fine Arts, and Archives Section of the Preparations and Restitution Branch, OMGUS, 1945–1951, Cultural Property Claim Applications, 1946–1948, B6 Belgium, Renders, Émile.
M1949, RG 260, Records of the Monuments, Fine Arts, and Archives Section of the Preparations and Restitution Branch, OMGUS, 1945–1951, Records relating to Restitution, 1945–1948, 35.5 Dutch General.
M1949, RG 260, Records of the Monuments, Fine Arts, and Archives Section of the Preparations and Restitution Branch, OMGUS, 1945–1951, Claims of Cultural Property removed by German Forces, 1946–1948, Bavaria Decl. No. 1509.
M1949, RG 260, Records of the Monuments, Fine Arts, and Archives Section of the Preparations and Restitution Branch, OMGUS, 1945–1951, Claims of Cultural Property removed by German Forces, 1946–1948, Bavaria Decl. No. 13180.
M1949, RG 260, Records of the Monuments, Fine Arts, and Archives Section of the Preparations and Restitution Branch, OMGUS, 1945–1951, Claims of Cultural Property removed by German Forces, 1946–1948, Bavaria Decl. No. 14835.

Cornell University Law Library

Donovan Nuremberg Trials Collection, 53.015, Others investigated or interrogated, Eidenschink interrogation, Lager Moosburg, 6.11.1945.

Freedom of Information Act Library (FOIA), US Department of Justice

Special Collection, Nazi War Crimes Disclosure Act 7, Nr. 171, Schwend, Fritz.

11.2 Sekundärliteratur

Aalders, Gerard: Geraubt! Die Enteignung jüdischen Besitzes im Zweiten Weltkrieg, Köln 2000.
Adler, Hans Günther: Theresienstadt. Das Antlitz einer Zwangsgemeinschaft, Göttingen 2005.
Alexander, Kaylee P./**Radermecker**, Anne-Sophie: Auf dem Weg zur Transdisziplinarität. Aktuelle und zukünftige Perspektiven auf die Kunstmarktforschung, in: Sediment – Materialien und Forschungen zur Geschichte des Kunstmarkts, 32, 2023, S. 22–33.
Alford, Kenneth D.: Hermann Göring and the Nazi Art Collection. The Looting of Europe's Art Treasures and their Dispersal after World War II, Jefferson (North Carolina) 2012.
Aly, Götz: Hitlers Volksstaat. Raub, Rassenkrieg und nationaler Sozialismus, Frankfurt a. M. 2011.

Anton, Michael: Rechtshandbuch Kulturgüterschutz und Kunstrestitutionsrecht. Bd. 1: Illegaler Kulturgüterverkehr, Berlin/New York 2010.

Bähr, Johannes: Der Wettlauf um Belgien und das Scheitern der anfänglichen Expansionspläne für das besetzte Westeuropa, in: Wixforth, Harald: Die Expansion der Dresdner Bank in Europa, München 2006, S. 665–681.

Bahrmann, Nadine: „… out of the private possessions of New Yorkers". Die Werke Max Liebermanns 1940 in den New Yorker Schoenemann Galleries, in: Fleckner, Uwe/Gaehtgens, Thomas W./Huemer, Christian (Hrsg.): Markt und Macht. Der Kunsthandel im „Dritten Reich" (Schriften der Forschungsstelle „Entartete Kunst" Bd. XII), Berlin/Boston 2017, S. 167–190.

Balbaschewski, Marc: Das Bankhaus H. Aufhäuser 1870–1938. Netzwerkbildung und ihre Auswirkung auf die Verdrängungsbestrebungen und „Arisierung" im Nationalsozialismus, Diss., Darmstadt 2015.

Banken, Ralf: Das nationalsozialistische Devisenrecht als Steuerungs- und Diskriminierungsinstrument 1933–1945, in: Bär, Johannes/Banken, Ralf (Hrsg.): Wirtschaftssteuerung durch Recht im Nationalsozialismus, Frankfurt a. M. 2006, S. 121–236.

Bannicke, Elke: Zur Entstehung von Medaillen und Gedenkmünzen im 20. Jahrhundert in Verbindung mit der Berliner Stempelsammlung, in: Steguweit, Wolfgang (Hrsg.): Die Medaille und Gedenkmünze des 20. Jahrhunderts in Deutschland (Die Kunstmedaille in Deutschland Bd. 14), Berlin 2000, S. 279–291.

Barkai, Avraham: Das Wirtschaftssystem des Nationalsozialismus. Ideologie, Theorie, Politik 1933–1945, Frankfurt a. M. 1988.

Barnes, Susan J. u. a.: Van Dyck. A complete Catalogue of the Paintings, New Haven 2004.

Barth, Sophia: Maria Almas-Dietrich, B. A., München 2014.

Barthelmess, Petra u. a.: Tarnung, Transfer, Transit. Die Schweiz als Drehscheibe verdeckter deutscher Operationen (1939–1952) (Unabhängige Expertenkommission Schweiz – Zweiter Weltkrieg Bd. 9), Zürich 2001.

Beck, Hans-Ulrich: Jan van Goyen (1596–1656). Ein Œuvreverzeichnis, Bd. III, Ergänzungen zum Katalog der Handzeichnungen und Ergänzungen zum Katalog der Gemälde, Doornspijk 1987.

Bouwens, Bram/**Langeveld**, Herman: Whisky, Wapens en Weelde. Daniël Wolf, ondernemer in crisis- en oorlogstijd, Amsterdam 2018.

Bross, Werner: Gespräche mit Göring. Nürnberg 1946, Kiel 2003.

Büttner, Ursula: Weimar. Die überforderte Republik 1918–1933, Stuttgart 2008.

Buomberger, Thomas: Raubkunst – Kunstraub. Die Schweiz und der Handel mit gestohlenen Kulturgütern zur Zeit des Zweiten Weltkriegs, Zürich 1998.

Cabanne, Pierre: Die Geschichte großer Sammler. Von der Liebe zu großen Kunstwerken und der Leidenschaft sie zu sammeln, Bern/Stuttgart 1961.

Cleary, Mary Kate: Paul Rosenberg and his Collection. Reconstructing the Fate of Nazi-spoliated Art, in: Fleckner, Uwe/Gaehtgens, Thomas W./Huemer, Christian (Hrsg.):

Markt und Macht. Der Kunsthandel im „Dritten Reich“ (Schriften der Forschungsstelle „Entartete Kunst“ Bd. XII), Berlin/Boston 2017, S. 219–235.

Cloer, Ernst u. a.: Deutsche Schulgeschichte von 1800 bis zur Gegenwart. Eine Einführung, München/Weinheim 2005.

Collado Seidel, Carlos: Zufluchtsstätte für Nationalsozialisten? Spanien, die Alliierten und die Behandlung deutscher Agenten 1944–1947, in: Vierteljahreshefte für Zeitgeschichte, Heft 1, 1995, S. 131–157.

David, Géradine u. a.: Preise spielen gar keine Rolle. The Booming Art Market in Occupied Western Europe 1940–1945, in: Fleckner, Uwe/Gaehtgens, Thomas W./Huemer, Christian (Hrsg.): Markt und Macht. Der Kunsthandel im „Dritten Reich” (Schriften der Forschungsstelle „Entartete Kunst“ Bd. XII), Berlin/Boston 2017, S. 27–47.

De Jong, Louis: Die deutsche fünfte Kolonne im Zweiten Weltkrieg, Stuttgart 1959.

De Jong, Louis: Het koninkrijk der Nederlanden in de Tweede Wereldoorlog, Den Haag 1969–1982.

De Mildt, D. W./**Rüter**, C. F. (Hrsg.): Justiz und NS-Verbrechen. Sammlung deutscher Strafurteile wegen nationalsozialistischer Tötungsverbrechen 1945–1999, Bd. XXV, Amsterdam/München 2001.

Den Hollander, Pieter: Roofkunst. De zaak Goudstikker, Amsterdam 2007.

Den Hollander, Pieter/**Müller**, Melissa: Jacques Goudstikker, in: Müller, Melissa/Tatzkow, Monika (Hrsg.): Verlorene Bilder, Verlorene Leben. Jüdische Sammler und was aus ihren Kunstwerken wurde, München 2014, S. 214–229.

Dollinger, Hans: Die Münchner Straßennamen, München 2007.

Ebi, Michael: Export um jeden Preis, Stuttgart 2004.

Elen, Albert J.: German Master Drawings from the Koenigs Collection. Return of a Lost Treasure, Rotterdam 2004.

Elsner von der Malsburg, Maximilian: „Arisierung“ von Privatbanken am Beispiel des Bankhauses E. J. Meyer in Berlin (Rechtshistorische Reihe Nr. 453), Frankfurt a. M. 2015.

Enderlein, Angelika: Der Berliner Kunsthandel in der Weimarer Republik und im NS-Staat. Zum Schicksal der Sammlung Graetz, Berlin 2006.

Enzenbach, Isabel: Zur Problematik des Begriffs „Retter“, in: Kosmala, Beate/Schoppmann, Claudia (Hrsg.): Solidarität und Hilfe für Juden während der NS-Zeit, Bd. 5, Berlin 2002, S. 241–256.

Erker, Paul: Zulieferer für Hitlers Krieg. Der Continental-Konzern in der NS-Zeit, München 2020.

Euwe, Jeroen: De Nederlandse Kunstmarkt 1940–1945, Amsterdam 2007.

Euwe, Jeroen: Amsterdam als Finanzzentrum für Deutschland 1914–1931, in: Klemann, Hein A. M./Wielenga, Friso (Hrsg.): Deutschland und die Niederlande. Wirtschaftsbeziehungen im 19. und 20. Jahrhundert (Niederlande-Studien Bd. 46), Berlin/München/Münster/New York 2009, S. 153–172.

Euwe, Jeroen/**Oosterlinck**, Kim: Quality and Authenticity in a Market under Pressure. The Case of the Dutch Art Market during World War II, in: Fleckner, Uwe/Gaehtgens, Thomas W./Huemer, Christian (Hrsg.): Markt und Macht. Der Kunsthandel im „Dritten Reich" (Schriften der Forschungsstelle „Entartete Kunst" Bd. XII), Berlin/Boston 2017, S. 49–66.

Euwe, Jeroen/**Oosterlinck**, Kim: Art Price Economics in the Netherlands during World War II, in: Journal for Art Market Studies, Vol. 1 No. 1, 2017, S. 47–67.

Evans, Richard J.: Das Dritte Reich. Bd. 1: Aufstieg, München 2004.

Evans, Richard J.: Das Dritte Reich. Bd. 3: Krieg, München 2009.

Fiebig, Nils: Alois Miedl – Der Bankier und die Raubkunst. Geschäfte im Schatten der Macht, Würzburg 2020.

Fischer, Albert: Münchens Finanzinstitute in Kriegs- und Krisenzeiten, in: Pohl, Manfred (Hrsg.): Geschichte des Finanzplatzes München, München 2007, S. 141–184.

Fischer, Wolfram: Die Wirtschaftspolitik Deutschlands 1918–1945, Hannover 1961.

Flick, Caroline: Hans W. Lange. Antiquitäten als Lebensinhalt, in: Fischer-Defoy, Christine/Nürnberg, Kaspar (Hrsg.): Gute Geschäfte. Kunsthandel in Berlin 1933–1945, Berlin 2011, S. 59–66.

Flick, Caroline: Verwertungskampagne. Beobachtungen zur niederländischen Kunsthandlung Goudstikker-Miedl, Berlin 2002, in: carolineflick.de, https://carolineflick.de/verwertungskampagne/ [zuletzt aufgerufen 6. 5. 2023].

Francini, Esther Tisa/**Heuss**, Anja/**Kreis**, Georg: Fluchtgut – Raubgut. Der Transfer von Kulturgütern in und über die Schweiz 1933–1945 und die Frage der Restitution (Unabhängige Expertenkommission Schweiz – Zweiter Weltkrieg Bd. 1), Zürich 2001.

Friedländer, Saul: Das Dritte Reich und die Juden, München 2008.

Friedrich-Ebert-Stiftung (Hrsg.): Grundstein. Mitteilungsblatt für den Deutschen Arbeiterverband des Baugewerbes, Jg. 46 Nr. 41, 14. 10. 1933.

Fryklund, Carina: Thomas Willeboirts Bosschaert. Study of a boy's head, in: Art Bulletin of Nationalmuseum Stockholm, Vol. 22, 2015, S. 11–16.

Fuhrmeister, Christian: Kontinuität und Blockade, in: Doll, Nikola u. a. (Hrsg.): Kunstgeschichte nach 1945. Kontinuität und Neubeginn in Deutschland, Köln/Weimar/Wien 2006, S. 21–38.

Fuhrmeister, Christian/**Kienlechner**, Susanne: Erhard Göpel im Nationalsozialismus – eine Skizze, Januar 2018, S. 1–36, urn:nbn:de:bvb:255-dtl-0000003675 [zuletzt aufgerufen 11. 1. 2023].

Geyer, Martin H.: Verkehrte Welt. Revolution, Inflation und Moderne, München 1914–1924, Göttingen 1998.

Gloor, Lukas: Der Bestand der Sammlung Emil Bührle. Illustrierte Liste aller 633 Käufe, 2021.

Gömmel, Rainer: Der Aufstieg zum führenden bayerischen Finanzplatz (1860er Jahre bis 1914), in: Pohl, Manfred (Hrsg.): Geschichte des Finanzplatzes München, München 2007, S. 91–140.

Godau-Schüttke, Klaus-Detlev: Der Bundesgerichtshof – Justiz in Deutschland, Berlin 2005.

Goldensohn, Leon: Die Nürnberger Interviews. Gespräche mit Angeklagten und Zeugen, Düsseldorf/Zürich 2005.

Goodman, Simon: De wolven namen alles mee, Amsterdam 2015.

Grimsted, Patricia Kennedy: A Goudstikker van Goyen in Gdańsk: A Case Study of Nazi-Looted Art in Poland, in: International Journal of Cultural Property, Vol. 27, Issue 1, Februar 2020, S. 53–96.

Gruchmann, Lothar: Justiz im Dritten Reich 1933–1940. Anpassung und Unterwerfung in der Ära Gürtner, München 2001.

Haase, Günther: Kunstraub und Kunstschutz, Bd. I, Norderstedt 2008.

Haffner, Sebastian: Die deutsche Revolution 1918/19, Reinbek bei Hamburg 2018.

Halbeisen, Patrick: Die Finanzbeziehungen zwischen der Schweiz und der Bundesrepublik Deutschland in der Nachkriegszeit. Etappen auf dem Weg zur Normalisierung, in: Fleury, Antoine/Möller, Horst/Schwarz, Hans-Peter (Hrsg.): Die Schweiz und Deutschland 1945–1961 (Schriftenreihe der Vierteljahreshefte für Zeitgeschichte), München 2004, S. 165–180.

Happe, Katja: Deutsche in den Niederlanden 1918–1945. Eine historische Untersuchung zu nationalen Identifikationsangeboten im Prozess der Konstruktion individueller Identitäten, Diss., Siegen 2004.

Happe, Katja/**Lambauer**, Barbara/**Maier-Wolthausen**, Clemens: Die Verfolgung und Ermordung der europäischen Juden durch das nationalsozialistische Deutschland 1933–1945, Bd. 12: West- und Nordeuropa Juni 1942–1945, Berlin/Boston/München 2015.

Hesse, Jan-Otmar/**Köster**, Roman/**Plumpe**, Werner (Hrsg.): Die Große Depression. Die Weltwirtschaftskrise 1929–1939, Bonn 2017.

Heusler, Andreas: Ausbeutung und Disziplinierung. Zur Rolle des Münchner Sondergerichts und der Stapoleitstelle München im Kontext der nationalsozialistischen Fremdarbeiterpolitik [15. 1. 1998], in: Forum historiae iuris, S. 1–37, https://forhistiur.net/1998-01-heusler/#Fn12 [zuletzt aufgerufen 18. 5. 2021].

Heydenreuter, Reinhard: Finanzkontrolle in Bayern unterm Hakenkreuz 1933–1945. Der Bayerische Oberste Rechnungshof und die Außenstelle München des Rechnungshofs des Deutschen Reichs, München 2012.

Hirschfeld, Gerhard: Fremdherrschaft und Kollaboration. Die Niederlande unter deutscher Besatzung 1940–1945 (Studien zur Zeitgeschichte Bd. 25), München 1984.

Historische Kommission der Bayerischen Akademie der Wissenschaften (Hrsg.): Neue Deutsche Biographie, Bd. 12, Berlin 1980.

Höttl, Wilhelm: Unternehmen Bernhard. Ein historischer Tatsachenbericht über die größte Geldfälscheraktion aller Zeiten, Starnberg/Wels 1955.

Hollmann, Andrea/**März**, Roland: Hermann Göring und sein Agent Josef Angerer. Annexion und Verkauf „Entarteter Kunst" aus deutschem Museumsbesitz 1938 (Schriften der Berliner Forschungsstelle „Entartete Kunst"), Paderborn 2014.

Hopp, Meike: Kunsthandel im Nationalsozialismus. Adolf Weinmüller in München und Wien, Köln/Weimar/Wien 2012.

Huizinga, Johan: Der Einfluss Deutschlands in der Geschichte der niederländischen Kultur, in: Archiv für Kulturgeschichte, Vol. 16, 1.5.1926, S. 208–221.

Iselt, Kathrin: „Sonderbeauftragter des Führers". Der Kunsthistoriker und Museumsmann Hermann Voss (1884–1969), Köln/Weimar/Wien 2010.

James, Harold: Die Deutsche Bank und die „Arisierung", München 2001.

Jensen, Jens Christian: Carl Spitzweg. Gemälde und Zeichnungen im Museum Georg Schäfer, Schweinfurt, Schweinfurt 2014.

Jeuthe, Gesa: Kunstwerke im Wandel. Die Preisentwicklung der deutschen Moderne im nationalen und internationalen Kunstmarkt 1925 bis 1955, Berlin 2010.

Jeuthe Vietzen, Gesa/**Lahusen**, Benjamin: Der Umgang mit Provenienzen. Wissenschaftliche Erfordernisse und juristische Konsequenzen, in: Pérez de Laborda, Ingrid/Soika, Aya/Wiederkehr Sladeczek, Eva (Hrsg.): Handbuch Werkverzeichnis. Œuvrekatalog. Catalogue raisonné, Berlin 2023, S. 233–240.

Keller, Tait: Apostles of the Alps. Mountaineering and Nation Building in Germany and Austria 1860–1939, Chapel Hill 2016.

K. G. Sauer Verlag (Hrsg.): Allgemeines Künstler-Lexikon. Die bildenden Künstler aller Zeiten und Völker, Bd. 56, Leipzig/München 2007.

Kindleberger, Charles: Die Weltwirtschaftskrise 1929–1939, München 2019.

Klee, Ernst: Das Personen Lexikon zum Dritten Reich. Wer war was vor und nach 1945, Hamburg 2016.

Klein, Christian: Handbuch Biographie. Methoden, Traditionen, Theorien, Stuttgart 2009.

Klemann, Hein A. M.: Wirtschaftliche Verflechtungen im Schatten zweier Kriege 1914–1940, in: Klemann, Hein A. M./Wielenga, Friso (Hrsg.): Deutschland und die Niederlande. Wirtschaftsbeziehungen im 19. und 20. Jahrhundert (Niederlande-Studien Bd. 46), Berlin/München/Münster/New York 2009, S. 19–44.

Köhler, Ingo: Die „Arisierung" der Privatbanken im Dritten Reich. Verdrängung, Ausschaltung und die Frage der Wiedergutmachung, München 2008.

Koenigs, Christine F.: Unterstützung des deutschen Widerstands. Franz Koenigs und Hans Leibholz, in: Blesgen, Detlef J. (Hrsg.): Financiers, Finanzen und Finanzierung des Widerstands (Schriftenreihe der Forschungsgemeinschaft 20. Juli 1944 Bd. 5), Berlin 2006, S. 137–164.

Körner, Torsten: Der kleine Mann als Star. Heinz Rühmann und seine Filme der 50er Jahre, Frankfurt/New York 2001.

Koll, Johannes: Biographik und NS-Forschung, in: Neue Politische Literatur. Berichte über das internationale Schrifttum, Jg. 57 Heft 1, 2012, S. 67–127.

Koll, Johannes: Arthur Seyß-Inquart und die deutsche Besatzungspolitik in den Niederlanden 1940–1945, Köln/Weimar/Wien 2015.

Koop, Volker: Hitlers Griff nach Afrika. Kolonialpolitik im Dritten Reich, Bonn 2018.

Kreutzmüller, Christoph: Händler und Handlungsgehilfen. Der Finanzplatz Amsterdam und die deutschen Großbanken 1918–1945, Stuttgart 2005.
Kreutzmüller, Christoph/**Wildt**, Michael (Hrsg.): Berlin 1933–1945. Stadt und Gesellschaft im Nationalsozialismus, München 2013.
Kurz, Jakob: Kunstraub in Europa 1938–1945, Hamburg 1989.
Landa, Ishay: Der Lehrling und sein Meister. Liberale Tradition und Faschismus, Berlin 2021.
Landwehr, Manuela: Kunst und ökonomische Theorie, Wiesbaden 1998.
Lauterbach, Iris: Der Central Collecting Point in München. Kunstschutz, Restitution, Neubeginn, München 2015.
Linne, Karsten: Deutschland jenseits des Äquators? Die NS-Kolonialplanungen für Afrika, Berlin 2008.
Lockhart, Robert Hamilton Bruce: Return to Malaya, Glasgow 1945.
Löbe, Karl: Prof. Dr. Arnold Agatz 85. Jahre. Ein erfülltes Ingenieurleben, in: Jahrbuch der Hafenbautechnischen Gesellschaft 1975/76, Bd. 35, Berlin/Heidelberg 1977, S. XVII–XLIII.
Löhr, Hanns C.: Der eiserne Sammler. Die Kollektion Hermann Göring. Kunst und Korruption im Dritten Reich, Berlin 2009.
Lopez, Jonathan: The Man who made Vermeers. Unvarnishing the Legend of Master Forger Han van Meegeren, Boston/New York 2009.
López, Rodrigo/**Lussy**, Hanspeter: Finanzbeziehungen Liechtensteins zur Zeit des Nationalsozialismus (Unabhängige Historikerkommission Liechtenstein – Zweiter Weltkrieg Bd. 3), Zürich 2005.
Ludwig, Johannes: Boykott, Enteignung, Mord. Die „Entjudung" der deutschen Wirtschaft, München 1992.
Mader, Julius: Der Banditenschatz. Ein Dokumentarbericht über Hitlers geheimen Gold- und Waffenschatz, Berlin 1965.
Mailänder, Nicholas: Im Zeichen des Edelweiss. Die Geschichte Münchens als Bergsteigerstadt, Zürich 2006.
Meyer, August: Hitlers Holding – Die Reichswerke „Hermann Göring", München/Wien 1999.
Middelberg, Mathias: Judenrecht, Judenpolitik und der Jurist Hans Calmeyer in den besetzten Niederlanden 1940–1945 (Osnabrücker Schriften zur Rechtsgeschichte Bd. 5), Göttingen 2005.
Mörzer Bruyns, Willem F. J.: Frederik Muller & Co. and Anton Mensing. The first international art auction house in Amsterdam and its director, in: Quaerendo, 34.3., 2004, S. 211–239.
Mueller, John F.: The Kaiser, Hitler and the Jewish Department Store. The Reich's Retailer, London 2022.
Nebenhay, Christian M.: Die goldenen Sessel meines Vaters. Gustav Nebenhay (1881–1935) Antiquar und Kunsthändler in Leipzig, Wien 1983.

Nicholas, Lynn H.: Der Raub der Europa. Das Schicksal europäischer Kunstwerke im Dritten Reich, München 1995.

Niven, Bill: Hitler and Film. The Führer's hidden passion, New Haven 2018.

Nonn, Christoph: Nationale Volksbewegung, bürgerliche Interessenpartei, gesellschaftliche Reformkraft. Der Liberalismus am Rhein, in: Conze, Eckart u. a. (Hrsg.): Jahrbuch zur Liberalismus-Forschung (Friedrich-Naumann-Stiftung für die Freiheit Jg. 30), Baden-Baden 2018, S. 31–52.

Nürnberg, Kaspar: Leo Spik und sein Kunstversteigerungshaus „Union", in: Fischer-Defoy, Christine/Nürnberg, Kaspar (Hrsg.): Gute Geschäfte. Kunsthandel in Berlin 1933–1945, Berlin 2011, S. 105–112.

Oosterlinck, Kim: Sovereign Debts and War Finance in Belgium, France and the Netherlands, in: Boldorf, Marcel/Buchheim, Christoph (Hrsg.): Europäische Volkswirtschaften unter deutscher Hegemonie 1938–1945, München 2012, S. 93–106.

Peters, Sebastian: Heinrich Hoffmann (1885–1957). Hitlers Fotograf und seine Netzwerke zwischen Politik, Propaganda und Profit, Diss., München 2021.

Petropoulos, Jonathan: Kunstraub und Sammelwahn. Kunst und Politik im Dritten Reich, Berlin 1999.

Piper, Ernst: Geschichte des Nationalsozialismus. Von den Anfängen bis heute, Bonn 2018.

Poll, Nana/**Wosnitza**, Regine: Kunsthandel in Berlin nach 1945, in: Fischer-Defoy, Christine/Nürnberg, Kaspar (Hrsg.): Gute Geschäfte. Kunsthandel in Berlin 1933–1945, Berlin 2011, S. 183–187.

Pressler, Florian: Die erste Weltwirtschaftskrise. Eine kleine Geschichte der großen Depression, München 2019.

Purc-Stepniak, Beata u. a. (Hrsg.): Muzeum Narodowe w Gdańsku. Skarby sztuki, Waschau 2016.

Rappl, Marian: Arisierungen in München. Die Verdrängung der jüdischen Gewerbetreibenden aus dem Wirtschaftsleben der Stadt 1933–1939, in: Zeitschrift für bayerische Landesgeschichte, Bd. 63 Heft 1, 2000, S. 123–184.

Reichs-Kredit-Gesellschaft Aktiengesellschaft (Hrsg.): Das Zusatzausfuhrverfahren. Scrips und Konversionsguthaben, Auslandsbondsgeschäft, Kurssicherung, Berlin 1933.

Reinhard, Augustin: Heerwesen und Dienst der königlich bayerischen Armee, München 1877.

Rigele, Fritz: 50 Jahre Bergsteiger. Erlebnisse und Gedanken, Berlin 1935.

Roschauer, Oliver: Asyl und Auslieferung. Entwicklung von Strafanspruch und Auslieferungsrecht in der Zeit vom Deutschen Bund bis zum Ende des Deutschen Kaiserreichs, Münster 2021.

Rydell, Anders: Hitlers Bilder. Kunstraub der Nazis – Raubkunst der Gegenwart, Frankfurt a. M. 2014.

Saltzman, Cynthia: Das Bildnis des Dr. Gachet. Geschichte eines Meisterwerks, Frankfurt a. M./Leipzig 2003.

Sandkühler, Thomas/**Zeugin**, Bettina: Die Schweiz und die deutschen Lösegelderpressungen in den besetzten Niederlanden. Vermögensentziehung, Freikauf, Austausch 1940–1945 (Unabhängige Expertenkommission Schweiz – Zweiter Weltkrieg Bd. 24), Zürich 2001.

Sandner, Harald: Hitler – Das Itinerar. Aufenthaltsorte und Reisen von 1889 bis 1945, Bd. II, 1928–1933, 17. 5. 1932, Berlin 2018.

Sattler, Friederike: Der Handelstrust West in den Niederlanden, in: Wixforth, Harald: Die Expansion der Dresdner Bank in Europa, München 2006, S. 682–791.

Schardt, Sandra: Uneheliche Kinder in der Neuzeit. Rechtliche Normen im Hochstift und in der Erzdiözese Bamberg, in: Franz, Ute/Hermann, Iris (Hrsg.): Kolloquium Forschende Frauen 2016 und 2017. Beiträge Bamberger Nachwuchswissenschaftlerinnen (Forschende Frauen in Bamberg Bd. 9), Bamberg 2018, S. 47–74.

Schiweck, Ingo: „… weil wir lieber im Kino sitzen als in Sack und Asche." Der deutsche Spielfilm in den besetzten Niederlanden 1940–1945 (Niederlande-Studien Bd. 28), Münster 2002.

Schleusener, Jan: Raub von Kulturgut. Der Zugriff des NS-Staats auf jüdischen Kunstbesitz in München und seine Nachgeschichte, Bayerische Studien zur Museumsgeschichte, Bd. 3, Berlin/München 2016.

Schmalzl, Markus: Erhard Auer. Wegbereiter der Parlamentarischen Demokratie in Bayern, Kallmünz 2013.

Schmiechen-Ackermann, Detlef: Nationalsozialismus und Arbeitermilieus. Der nationalsozialistische Angriff auf die proletarischen Wohnquartiere und die Reaktion in den sozialistischen Vereinen, Bonn 1998.

Schmokel, Wolfe W.: Der Traum vom Reich. Der deutsche Kolonialismus zwischen 1919 und 1945, Gütersloh 1967.

Schoeps, Julius H.: Das Erbe der Mendelssohns, Frankfurt a. M. 2016.

Schrage, Eltjo: Die Regeln der Kunst. Juristische Abenteuer um Kunst und Kultur (Schriften zum Kunst- und Kulturrecht Bd. 5), Baden-Baden 2009.

Schütz, Raymund: Kille mist. Het Nederlandse notariaat en de erfenis van de oorlog, Amsterdam 2016.

Schultheis, Franz: The Art, the Market and Sociology. Concluding Remarks, in: Glauser, Andrea u. a. (Hrsg.): The Sociology of Arts and Markets. New Developments and persistent Patterns, Cham (CH) 2020, S. 411–419.

Schumacher, Martin: M. d. B. – Die Volksvertretung 1946–1972, Berlin 2006.

Schuster, Werner: Die deutsche Rechtsprechung auf dem Gebiete des internationalen Privatrechts in den Jahren 1958 und 1959, Berlin/Tübingen 1966.

Schwarz, Birgit: Wolfgang Gurlitt und der „Sonderauftrag Linz", in: Nowak-Thaller, Elisabeth/Schmutz, Hemma (Hrsg.): Wolfgang Gurlitt Zauberprinz. Kunsthändler – Sammler, München 2019, S. 435–441.

Schwarz, Birgit: Geniewahn: Hitler und die Kunst, Wien 2024.

Seelig, Lorenz: Die Münchner Sammlung Alfred Pringsheim. Versteigerung, Beschlagnahmung, Restitution, in: Entehrt. Ausgeplündert. Arisiert. Entrechtung und Enteignung der Juden (Veröffentlichungen der Koordinierungsstelle für Kulturgutverluste), Magdeburg 2005, S. 265–290.

Sels, Geert: Kunst voor Das Reich. Op zoek naar Nazi roof kunst uit België, Tielt 2022.

Senger, Nina: Ein Gemälde aus der Galerie Goudstikker. „Winterlandschaft mit Schlittschuhläufern bei einem Wirtshaus“, in: Bertz, Inka/Dorrmann, Michael (Hrsg.): Raub und Restitution. Kulturgut aus jüdischem Besitz von 1933 bis heute, Berlin/Frankfurt a. M. 2008, S. 230–244.

Siehr, Kurt: Rechtsfragen zum Handel mit geraubten Kulturgütern in den Jahren 1933–1950, in: Haldemann, Frank/Thürer, Daniel (Hrsg.): Die Schweiz, der Nationalsozialismus und das Recht, Bd. 2: Privatrecht, Zürich 2001, S. 125–203.

Spoerer, Mark/**Streb**, Jochen: Neue deutsche Wirtschaftsgeschichte des 20. Jahrhunderts, München 2013.

Stalmann, Volker: Rheinische Linksliberale in der Weimarer Republik. Bernhard Falk und Anton Erkelenz, in: Conze, Eckart u. a. (Hrsg.): Jahrbuch zur Liberalismus-Forschung (Friedrich-Naumann-Stiftung für die Freiheit Jg. 30), Baden-Baden 2018, S. 177–199.

Straumann, Tobias: 1931 – Die Finanzkrise und Hitlers Aufstieg, Darmstadt 2020.

Steiner, André: Einkommen und Lebenshaltungskosten, in: Boldorf, Marcel (Hrsg.): Deutsche Wirtschaft im Ersten Weltkrieg (Handbücher zur Wirtschaftsgeschichte), Berlin/Boston 2020, S. 449–476.

Sutton, Peter C. (Hrsg.): Reclaimed. Paintings from the Collection of Jacques Goudstikker, London/New Haven 2008.

Teichert, Eckart: Autarkie und Großraumwirtschaft in Deutschland 1930–1939. Außenwirtschaftspolitische Konzeptionen zwischen Wirtschaftskrise und Zweitem Weltkrieg, München 1984.

Thiede, Heidi: Martin Aufhäuser und seine Kunstsammlung, in: Münchner Beiträge zur jüdischen Geschichte und Kultur. Kunststadt München? Unterbrochene Lebenswege?, Jg. 6 Heft 2, 2012, S. 95–104.

Thomas, Robert H.: The German attempt to purchase Anticosti Island, in: Canadian Military Journal, Spring 2001, S. 47–52.

Valentiner, Wilhelm R.: Pieter de Hooch. Des Meisters Gemälde in 180 Abbildungen, Stuttgart 1929.

Van Velten, A. A.: Juridische verwikkelingen rond de voormalige collectie Goudstikker (I), in: Weekblad voor Privaatrecht, Notariaat en Registrie, Jg. 137, Nr. 6659, 25.3.2006, S. 233–243.

Vanwijnsberghe, Dominique (Hrsg.): Autour de la Madeleine Renders. Un aspect de l'histoire des collections, de la restauration et de la contrefaçon en Belgique dans la première moitié du XXe siècle, Brüssel 2008.

Venema, Adriaan: Kunsthandel in Nederland 1940–1945, Amsterdam 1986.

Vischer, Frank: Der Handel mit ausländischen Wertpapieren während des Krieges und die Probleme der deutschen Guthaben in der Schweiz sowie der nachrichtenlosen Vermögen aus rechtlicher Sicht, in: Haldemann, Frank/Thürer, Daniel: Die Schweiz, der Nationalsozialismus und das Recht, II: Privatrecht (Unabhängige Expertenkommission Schweiz – Zweiter Weltkrieg Bd. 19), Zürich 2001, S. 15–65.
Volkmann, Hans-Erich: Ökonomie und Expansion. Grundzüge der NS-Wirtschaftspolitik. Ausgewählte Schriften, München 2003.
von Hülsen-Esch, Andrea: Geschichte und Ökonomie des Kunstmarkts – ein Überblick, in: Hausmann, Andrea (Hrsg.): Handbuch Kunstmarkt. Akteure, Management und Vermittlung (Schriften zum Kultur- und Museumsmanagement), Bielefeld 2014, S. 37–56.
von Schirach, Henriette: Der Preis der Herrlichkeit. Erlebte Zeitgeschichte, München 2016.
von Sebottendorf, Rudolf: Bevor Hitler kam. Ursprüngliches aus der Frühzeit der nationalsozialistischen Bewegung, München 1933.
von zur Mühlen, Ilse: Die Kunstsammlung Hermann Göring. Ein Provenienzbericht der Bayerischen Staatsgemäldesammlungen, München 2004.
von zur Mühlen, Ilse: Hermann Göring als Kunstsammler, in: Bertz, Inka/Dorrmann, Michael (Hrsg.): Raub und Restitution. Kulturgut aus jüdischem Besitz von 1933 bis heute, Berlin/Frankfurt a. M. 2008, S. 141–147.
Waibel, Jens: Die deutschen Auslandsschulen – Materialien zur Außenpolitik des Dritten Reiches, Diss., Frankfurt a. O. 2010.
Waiboer, Adriaan E.: Gabriel Metsu. Life and Work. A Catalogue Raisonné, New Haven 2011.
Weber, Reinhard: Das Schicksal der jüdischen Rechtsanwälte in Bayern nach 1933, München 2006.
Weickert, Hans: Kiautschou. Das deutsche Schutzgebiet in Ostasien, Berlin 1908.
Winkler, Heinrich-August: Weimar 1918–1933. Die Geschichte der ersten deutschen Demokratie, München 1993.
Wlasich, Gert: Die Schering AG in der Zeit des Nationalsozialismus, Berlin 2011.
Wubs, Ben: International business and national war interests. Unilever between Reich und Empire 1939–1945, London 2008.
Yeide, Nancy (Hrsg.): The AAM Guide to Provenance Research, Washington 2001.
Yeide, Nancy: Beyond the Dreams of Avarice. The Hermann Goering Collection, Dallas 2009.
Ziegelmayer, Wilhelm: Rohstoff-Fragen der Deutschen Volksernährung. Eine Darstellung der ernährungswirtschaftlichen Aufgaben unserer Zeit, Dresden/Leipzig 1936.

11.3 Online-Ressourcen

ANNO Historische Zeitungen und Zeitschriften, Österreichische Nationalbibliothek, url: https://anno.onb.ac.at
Arolsen Archives. International Center on Nazi Persecution, url: https://arolsen-archives.org

Bayerischer Rundfunk, url: https://www.br.de/index.html
Belgium WWII, url: https://www.belgiumwwii.be/de/
Caroline Flick. Texte zum Kunsthandel 1933–1945, url: https://carolineflick.de
Chronik Widdershausen, url: https://www.widdershausen.de/index.html
Delpher, url: https://www.delpher.nl
Datenbank „Böhler re:search", Zentralinstitut für Kunstgeschichte München, url: http://boehler.zikg.eu
Datenbank zum „Central Collecting Point München", Deutsches Historisches Museum (DHM), url: https://www.dhm.de/datenbank/ccp/
Datenbank zur „Kunstsammlung Hermann Göring", Deutsches Historisches Museum (DHM), url: https://www.dhm.de/datenbank/goering/
Datenbank zum „Sonderauftrag Linz", Deutsches Historisches Museum (DHM), url: https://www.dhm.de/datenbank/linzdb/
De Restitutiecommissie, url: https://www.restitutiecommissie.nl
Der SPIEGEL Online, url: https://www.spiegel.de
Dictionary of Art Historians, url: https://arthistorians.info
Forschungsprojekt „Beamte nationalsozialistischer Reichsministerien", url: https://ns-reichsministerien.de/ueber-das-projekt/forschungsgegenstand/
Forum historiae iuris, url: https://forhistiur.net
Gabler Banklexikon, url: https://www.gabler-banklexikon.de
German Sales 1930–1945. Art Works, Art Markets, and Cultural Policy, Universitätsbibliothek Heidelberg/Staatliche Museen zu Berlin/Getty Research Institute Los Angeles, url: https://www.arthistoricum.net/themen/portale/german-sales
Heidelberger historische Bestände – digital, Universitätsbibliothek Heidelberg, url: https://www.ub.uni-heidelberg.de/helios/digi/digilit.html
Kommentierte Online-Edition der fünf Reisetagebücher Hans Posses (1939–1942), Deutsches Zentrum Kulturgutverluste, url: https://editionhansposse.gnm.de
Kunstverwaltung des Bundes, url: https://kunstverwaltung.bund.de/DE/Home/home_node.html
Library and Archives Canada, url: https://web.archive.org/web/20091211082338/http://www.collectionscanada.gc.ca/index-e.html
Main-Post Online, url: https://www.mainpost.de
Matricula Online, url: https://data.matricula-online.eu/de/
Onderzoeksgids Oorlogsgetroffenen WO2, url: https://www.oorlogsgetroffenen.nl/#
Online-Sammlung der Bayerischen Staatsgemäldesammlungen, url: http://www.sammlung.pinakothek.de/de/
Oorlogsgravenstichting, url: https://oorlogsgravenstichting.nl
Proveana. Datenbank Provenienzforschung, Deutsches Zentrum Kulturgutverluste, url: https://www.proveana.de/de/start
RKD Nederlands Instituut voor Kunstgeschiedenis, url: https://rkd.nl/nl/

Sammlung Emil Bührle, url: https://www.buehrle.ch
Stolpersteine in Freiburg, url: https://www.stolpersteine-in-freiburg.de
The Frick Collection, url: https://www.frick.org
The New York Times Online, url: https://www.nytimes.com
United States Holocaust Memorial Museum, url: https://www.ushmm.org/de
ZEIT Online, url: https://www.zeit.de/index

12. Abbildungsverzeichnis

Bei unbekanntem Copyright der Abbildungen wird um Meldung der Rechteinhaber gebeten.

Abb. 1: Lucas Gassel, Flucht nach Ägypten, 1542, Öl auf Holz, 67,5 × 88,5 cm. © Collectie Rijksdienst voor het Cultureel Erfgoed, NK2278.

Abb. 2: Lucas Cranach der Ältere, Venus, ca. 1518, Öl auf Lindenholz, 178 × 71 cm, National Gallery of Canada (NGC), Ottawa, erworben 1953, Zugangsnummer 6087 © NGC.

Abb. 3: Jacomo Victors, Geflügelhof mit Kaninchen, 1670, Öl auf Leinwand, 101 × 128 cm. © Kunstverwaltung des Bundes, Berlin, Registratur, Fotosammlung, Mü 32078.

Abb. 4: Adolph von Menzel, Blücher und Wellington auf dem Schlachtfeld von Belle-Alliance, 1858, Öl auf Leinwand, 173,5 × 252,8 cm, Bayerische Staatsgemäldesammlungen, Neue Pinakothek München, BStGS Inventarnummer 12342 © bpk | Bayerische Staatsgemäldesammlungen.

Abb. 5: Jacopo de' Barbari, Porträt von Heinrich IV., Herzog zu Mecklenburg, 1507, Öl auf Holz, 59,3 × 37,5 cm. © Mauritshuis, Den Haag, Inventarnummer 989.

Abb. 6: Nicolas de Largillière, Brustbild eines vornehmen Herren, 1675–1699, Öl auf Leinwand, 80 × 62,5 cm. © Collectie Rijksdienst voor het Cultureel Erfgoed, NK1847.

Abb. 7: Theodor Hosemann, Die Kirschenernte, 1868, Öl auf Leinwand, 84 × 110 cm. © Belvedere, Wien 2024, Inventarnummer 8019, CC0 1.0, https://sammlung.belvedere.at/objects/1058/die-kirschenernte, letzter Zugriff: 24.11.2024.

Abb. 8: Hendrik van der Burch, Abfahrt vom Landhaus, ca. 1660, Öl auf Leinwand, 64 × 80 cm, Universitätsbibliothek Heidelberg, Aukt.-Kat. Hans W. Lange: Wertvolle Gemälde alter Meister – Flandrische Tapisserien, 12.3.1941, Los 55, Tafel 29 © unbestimmt.

Abb. 9: Jacopo Tintoretto, Bildnis des Bildhauers Ottavio Stada, 1567, Öl auf Leinwand, 128 × 101 cm. © Rijksmuseum Amsterdam, Inventarnummer SK-A-3902, Erwerb aus dem J. W. Edwin Vom Rath Fonds/Rijksmuseum Fonds, CC0 1.0, http://hdl.handle.net/10934/RM0001.COLLECT.5578, letzter Zugriff: 24.11.2024.

Abb. 10: Anton Hermann Stadler, Gebirgslandschaft, 1904, Öl auf Holz, 47,2 × 56 cm. © Collectie Rijksdienst voor het Cultureel Erfgoed, NK3277.

Abb. 11: Anton Hermann Stadler, Landschaft, 1908, Öl auf Holz, 54,5 × 48,2 cm. © Collectie Rijksdienst voor het Cultureel Erfgoed, NK3278.

Abb. 12: Vincent van Gogh, Selbstporträt mit verbundenem Ohr, 1889, Öl auf Leinwand, 50,8 × 45,1 cm. © Privatsammlung.

Abb. 13: Paul Cézanne, Landhaus am Wasser, ca. 1890, Öl auf Leinwand, 81 × 65 cm, Geschenk von Yad Hanadiv, Jerusalem, aus der Sammlung von Miriam Alexandrine de Rothschild, Tochter des ersten Barons Edmond de Rothschild, B66.1043 © The Israel Museum by Pierre Alain Ferrazzini.

Abb. 14: Carl Spitzweg, Disputierende Mönche, 1858–1860, Öl auf Leinwand, 44,5 × 34,2 cm. © Museum Georg Schäfer, Schweinfurt, Inventarnummer 2417.

Abb. 15: Johann Wilhelm Lindlar, Vierwaldstättersee von Luzern aus gesehen, 1852, Öl auf Leinwand, 95,5 × 197,5 cm. © Amsterdam Museum, Nachlass C. F. Fodor, Inventarnummer SA 1557, PDM 1.0, http://hdl.handle.net/11259/collection.37767, letzter Zugriff: 24. 11. 2024.

Abb. 16: Karel Slabbaert, Flötenspieler, o. D., Öl auf Holz, 19 × 17 cm, Kunstveilingen Sotheby Mak van Waay B. V., Catalogue Nummer 277, The Collection of the late Dr. Hans Wetzlar, 9. 6. 1977, Nr. 21 © unbestimmt.

Abb. 17: Han van Meegeren, Christus und die Ehebrecherin, ca. 1930–1944, Öl auf Leinwand, 100 × 90 cm. © Collectie Rijksdienst voor het Cultureel Erfgoed, NK3394.

Abb. 18: Salomon van Ruysdael, Der Maibaum, 1633, Öl auf Holz, 39 × 51 cm. © Bundesarchiv, B 323 Bild-062-014.

Abb. 19: Salomon van Ruysdael, Fischer im Boot, 1633, Öl auf Holz, 39 × 51 cm. © Bundesarchiv, B 323 Bild-062-015.

Abb. 20: Govert Flinck, Porträt des Pieter Reael, 1637, Öl auf Holz, 74,8 × 60 cm. © Amsterdam Museum, Leihgabe Rijksdienst voor het Cultureel Erfgoed, Rijswijk/Amsterdam, Inventarnummer SB 6325, PDM 1.0, http://hdl.handle.net/11259/collection.39677, letzter Zugriff: 24. 11. 2024.

Abb. 21: Rembrandt van Rijn (Schule), Junger Mann mit Schwert, ca. 1633–1645, Öl auf Leinwand, 125 × 96,7 cm. © Samuel H. Kress Collection, North Carolina Museum of Art, Zugangsnummer GL.60.17.68., https://www.kressfoundation.org/kress-collection/artwork/b6b6ec0baea41b03b21933daad7b75824dd788db9b96955aed46bc8316c45cd, letzter Zugriff: 24. 11. 2024.

Abb. 22: El Greco (zugeschr.), Porträt eines älteren Bärtigen mit Degen, o. D., Öl auf Leinwand, 103,5 × 87 cm. © Staatsarchiv München, Staatsanwaltschaften 46336/17.

Abb. 23: Gerard Dou, Interieur mit Äpfel schälender Frau, ca. 1630, Öl auf Holz, 36,2 × 44,5 cm. © Gemäldegalerie, Inventarnummer 2031, Staatliche Museen zu Berlin/Jörg P. Anders, PDM 1.0., https://id.smb.museum/object/868607/interieur-mit-%C3%A4pfel-sch%C3%A4lender-frau, letzter Zugriff: 24. 11. 2024.

Abb. 24: Paul Cézanne, Junger Mann mit roter Weste, ca. 1889–1890, Aquarell auf Büttenpapier, 46 × 31 cm. © Privatsammlung, Paris.

Abb. 25: Paul Cézanne, Stillleben mit Flaschen, ca. 1900–1906, Grafit und Aquarell auf Papier, 47 × 56 cm. © Privatsammlung.

Abb. 26: Paul Cézanne, Harlekin, ca. 1888–1890, Grafit und Aquarell auf Papier, 48,3 × 30 cm. © Privatsammlung, Paris.

Abb. 27: Alois Miedl beim zeitgleich stattfindenden Regress-Prozess Bührle gegen Fischer, 18./19.12.1950, Fotograf Heinrich Hoffmann, Signatur Fotoarchiv Hoffmann X.42, Bild-Nr. hoff-61607 © Bayerische Staatsbibliothek München/Fotoarchiv.

Abb. 28: Alois Miedl, Bern 1951, Fotograf Heinrich Hoffmann, Signatur Fotoarchiv Hoffmann X.42, Bild-Nr. hoff-61592 © Bayerische Staatsbibliothek München/Fotoarchiv.

Abb. 29: Jan Steen, Hochzeit zu Kana, 1676, Öl auf Leinwand, 79,7 × 109,2 cm. © The Norton Simon Foundation, Zugangsnummer F.1969.21.P.

Abb. 30: Thomas Willeboirts Bosschaert, Kinderkopf, o. D., Öl auf Holz, 39 × 29 cm. © Staatsarchiv München, Staatsanwaltschaften 46336/17.

Abb. 31: Martin Archer Shee, Mann mit Brief, o. D., Öl auf Leinwand, 127,5 × 102 cm. © Staatsarchiv München, Staatsanwaltschaften 46336/17.

Abb. 32: Flämischer Meister, Christus am Kreuz mit Stifter und Engel, ca. 1475–1500, Öl auf Holz, 45 × 30,5 cm. © KIK-IRPA, Brüssel, Foto B129879, Foto o. V., Musées royaux des Beaux-Arts de Belgique, CC BY 4.0, https://balat.kikirpa.be/object/40002050, letzter Zugriff: 24.11.2024.

Abb. 33: Robert Campin, Madonna mit Kind, ca. 1451–1550, Öl auf Holz, 24 × 20 cm. © KIK-IRPA, Brüssel, Foto B207399, Foto o. V., IRPA, CC BY 4.0, https://balat.kikirpa.be/object/40004785, letzter Zugriff: 24.11.2024.

13. Register

13.1 Künstler

13.2 Personen und Institutionen

I

J

K

S